Ein **gartenpraxis** Buch

Dieses Buch entstand unter Mitwirkung von Herausgeber, Beiräten, Mitarbeitern und Redaktion der Zeitschrift „Gartenpraxis"

Wir danken besonders

Johannes Apel, Technischer Leiter des Botanischen Gartens Hamburg
Richard Blachian, Gehölzfachmann
Dr. Otto Bünemann, Leiter des Botanischen Gartens Rombergpark
und des Deutschen Rosariums Dortmund
Dr. h. c. Fritz Encke, ehemals Leiter des Palmengartens Frankfurt a. M.
Alfred Feßler, Technischer Leiter des Botanischen Gartens Tübingen
Kuno Krieger, Kleingewächshaus-Fachmann
Hermann Müssel, Technischer Leiter des Sichtungsgartens Weihenstephan
Karlheinz Rücker, Gartenbauredakteur
Dr. Hans Simon, Staudengärtner und Gartengestalter
Harry Umgelter, Pflanzenschutzfachmann
Peter Wirth, Gartenbau- und Landschaftsarchitekt
Dietrich Woessner, Rosenfachmann

Fritz Köhlein

# Gartenarbeiten

Mit zwei Beiträgen
von Prof. Dr. Peter Boeker, Bonn
und Willi Reich, Stuttgart

Zweite Auflage
148 Farbfotos, 104 Schwarzweißfotos
und 275 Zeichnungen

Verlag Eugen Ulmer Stuttgart

CIP–Kurztitelaufnahme der Deutschen Bibliothek

**Köhlein, Fritz:**
Gartenarbeiten / Fritz Köhlein. Mit 2 Beitr. von
Peter Boeker u. Willi Reich. – 2. Aufl., Pb.-Ausg. –
Stuttgart : Ulmer, 1983.
(Ein Gartenpraxis-Buch)
ISBN 3-8001-6201-6


Printed in Germany
Einbandgestaltung: Alfred Krugmann
Satz: IBV Lichtsatz KG, Berlin
Druck: Ara-Druck GmbH, Stuttgart

# Vorwort

Wie demoskopische Umfragen zeigen, wird bei der Frage nach den liebsten Hobbybeschäftigungen an erster Stelle die Gartenarbeit genannt. Das ist kein Wunder, gibt es doch Millionen Gärten, die ihren Besitzern Ausgleich durch körperliche Betätigung, Freude und Nutzen durch Blumen, Obst und Gemüse bringen. Nicht unterschätzt werden darf, und das steht immer mehr im Mittelpunkt, daß hier selbst gestaltet werden kann: Die Phantasie hat eine herrliche Möglichkeit, sich frei zu entfalten. Dieses Buch soll in erster Linie eine Hilfe in allen praktischen Gartenfragen sein, es soll aber auch Denkanstöße geben zu eben dieser gestalterischen Tätigkeit.

Der Büchermarkt ist nicht arm an allgemeinen Gartenbüchern, doch unterscheidet sich das hier vorliegende in wesentlichen Punkten von schon vorhandenen. Der Autor kommt nicht aus Profi-Kreisen, sondern er ist Hobbygärtner – das allerdings leidenschaftlich seit über 25 Jahren. Es stehen immer sehr einfache, überall anwendbare Methoden im Vordergrund, die guten Erfolg garantieren. Mancher orthodoxe Zopf wurde abgeschnitten, was vielleicht hier und da auf Widerstand stoßen wird. Das Buch verhehlt nicht, daß der Autor gewisse Lieblingsgebiete hat. Auch der Gartenfreund und Leser dieses Buches wird das eine oder andere Pflanzenthema haben, mit dem er sich besonders gern befaßt.

Was nicht zu finden ist, sind Pflanzenbeschreibungen zur Erweiterung der Pflanzenkenntnisse. Dafür sind andere, hervorragende Bücher da. Wer sich optimal informieren will, kommt ohnehin nie mit einem Buch aus. Die erwähnten Pflanzen sind in den meisten Fällen sowohl mit ihren deutschen als auch mit ihren botanischen Namen angegeben. Der Anfänger sollte sich von einigen Wortungetümen nicht schrecken lassen, er wird bald merken, daß die genaue botanische Bezeichnung eine große Hilfe ist.

Da ich den Anforderungen dieses Buches auf den Gebieten des Rasens und des Obstbaues alleine nicht gerecht werden konnte, bin ich den Herren Prof. Dr. Boeker, Institut für Pflanzenbau der Universität Bonn, und Gartenbauingenieur (grad.) Willi Reich, Bundesfachberater des Bundesverbandes der Gartenfreunde, Stuttgart, sehr dankbar, daß sie die betreffenden Abschnitte übernommen haben. Einige weitere Experten aus dem Arbeitskreis der Zeitschrift „Gartenpraxis“ haben dankenswerterweise die Texte durchgesehen und mit dafür Sorge getragen, daß dem Gartenfreund in jeder Hinsicht fachgerechte Anleitungen geboten werden. Meinem Verleger, Herrn Roland Ulmer, danke ich für sein Vertrauen, für seine ständige Anteilnahme während der Entstehung sowie für die schöne Ausstattung des Buches, den Damen und Herren in Lektorat und Herstellungsabteilung für die hervorragende Zusammenarbeit. Nicht zuletzt gilt mein Dank Herrn H. G. Lechler, Stuttgart, der mit großem Einfühlungsvermögen und Geschick aus meinen Rohskizzen die vielen Zeichnungen angefertigt hat.

Mir selbst bleibt nur die Hoffnung, daß dieses Buch vielen Garten- und Pflanzenfreunden eine Hilfe und Anregung sein kann.

Bindlach — Fritz Köhlein

# Inhaltsverzeichnis

# Planung

## Der maßgeschneiderte Garten

Gartenbesitzer wird man auf verschiedene Weise. Man erbt einen fertigen Garten, mit oder ohne Haus, man pachtet eine Parzelle in einer Kleingartenanlage, oder es wird ein Garten gekauft. In all diesen Fällen liegt ein Grundstück vor, das vom vorigen Besitzer bereits gestaltet wurde. Erst im Laufe der Zeit wird es der neue Eigentümer seinen eigenen Wünschen anpassen, soweit dies überhaupt möglich ist.

### Wunsch und Wirklichkeit

Die Chance, seine Idealvorstellungen verwirklichen zu können, ist bei einem völligen Neubeginn wesentlich größer. Vorhanden ist eine Wiese oder ein Acker. Daraus soll der Garten entstehen, das Wochenendgrundstück oder beim Neubau eines Eigenheimes der Hausgarten. Hier können dann die Wünsche und die Wirklichkeit einander gegenübergestellt werden. Am Schluß wird fast immer ein Kompromiß übrigbleiben. In vielen Fällen dürfte sich akuter Geldmangel als Haupthindernis für die Realisierung der Wünsche des künftigen Gartenbesitzers erweisen.
Die Faustzahl, beim Eigenheimbau etwa 25% der Bausumme für die Außenanlagen zu reservieren, bleibt meist ein Traum. Nur zielstrebige, geduldige Eigeninitiative führt dann doch zum Ziel. Wer sich einen Gartenarchitekten leisten kann, hat es einfacher, aber auch dann sollten die eigenen Vorstellungen mit dem Planer vorher genau durchgesprochen werden.

### Forderungen an den Garten

Jeder hat ein anderes Gartenideal. Der eine möchte nur eine weite Rasenfläche mit einigen Gehölzen an der Grundstücksgrenze; ein anderer liebt Rosen in jeder Form, und wieder ein anderer sammelt Pflanzen aller Kontinente. Noch vielfältiger sind die Forderungen der einzelnen Familienmitglieder, die ja ebenfalls an dem Garten interessiert sind. Deshalb heißen die ersten Gartengeräte: Papier und Bleistift! Alle Wünsche an den Garten werden notiert. Dies sollte vor dem Grundstückskauf geschehen, damit beim Besichtigen einzelner Objekte möglichst schon alles berücksichtigt werden kann. Der Vater notiert zum Beispiel: Kleingewächshaus für die Kakteensammlung, größere Rasenfläche ohne Ecken (leichte Bearbeitung mit dem elektrischen Rasenmäher), ein kleines Becken mit Seerosen und Goldfischen. Die Mutter wünscht einen geschützten Terrassenplatz, ein Kräuterbeet und einen verdeckten Kompostplatz, dann noch ein Schnittblumenbeet, um die Wohnung möglichst oft mit Blumenschmuck versorgen zu können. Die Kinder möchten einen Platz für die Tischtennisplatte haben, eine Ecke für den Sandkasten und ein Beet, wo sie selbst Erdbeeren ernten oder Kapuzinerkresse, Ringelblumen und Astern säen können.

### Das Grundstück

Die Größe des Gartens ist nicht nur abhängig vom Geldbeutel beziehungsweise den örtlichen Bodenpreisen, sondern auch von der für den Garten zur Verfügung stehenden Arbeitskraft und -zeit der Familienmitglieder. Man kann natürlich jeden Garten sehr arbeitsintensiv, aber auch recht arbeitsextensiv gestalten. Mit 500 $m^2$ Fläche läßt sich schon unglaublich viel anfangen; moderne Bauplätze sind meist nicht größer. Kleinere Gärten müssen deswegen besonders individuell gestaltet werden. Ab 800 $m^2$ sollte die Liebe zum Garten schon größer sein, um die fast notgedrungen damit verbundene Tätigkeit nicht als Last zu empfinden. Bei 1500 $m^2$ liegt etwa die obere Grenze selbst für den leidenschaftlichen Hobbygärtner, falls der Garten nicht nur aus Rasen und Sträuchern besteht.
Auch die Form des Grundstücks prägt den Garten. Ein ausgewogenes Rechteck ist günstig; die schmalen, langen Gärten bieten für die Planung größere Probleme. Unregelmäßige Flächen ergeben oft „tote“ Ecken, die aber mit Geschick auch in reizvolle Nischen umfunktioniert werden können.
Die Lage des Grundstücks beeinflußt die Wachstumsbedingungen und damit auch die spätere Pflanzenauswahl. Eine leichte Neigung nach Süden oder Südwesten bietet viel Auswahlmöglichkeiten. Steile Hanglagen sind schwierig zu bearbeiten. Gerade Flächen machen weniger Arbeit als stärker bewegtes Gelände; sie sind aber gestalterisch nicht so reizvoll.

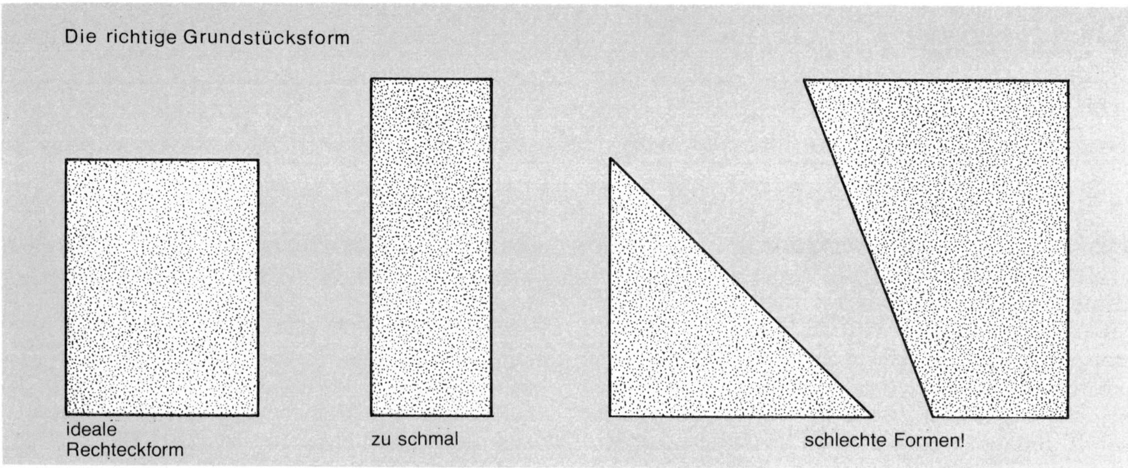
Die richtige Grundstücksform
ideale
Rechteckform
zu schmal
schlechte Formen!

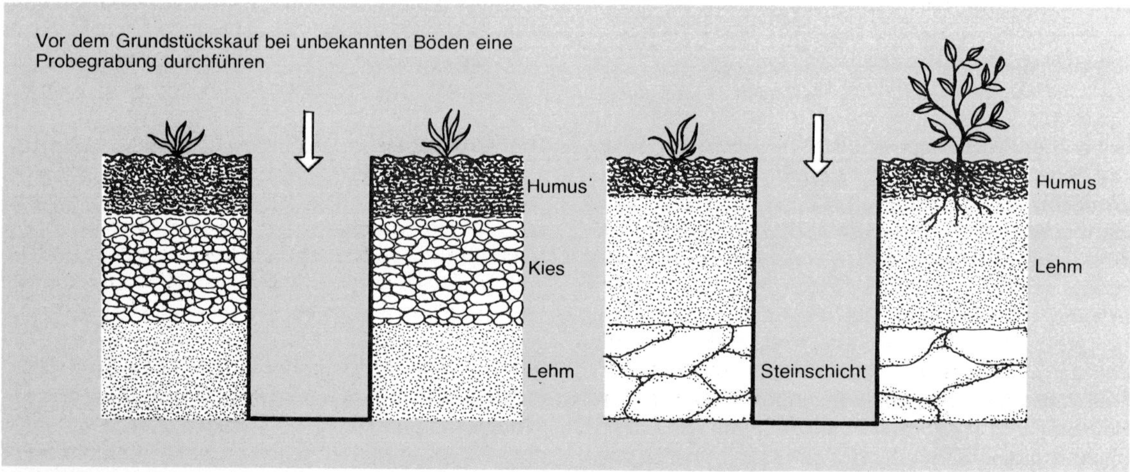
Vor dem Grundstückskauf bei unbekannten Böden eine Probegrabung durchführen
Humus
Kies
Lehm
Humus
Lehm
Steinschicht

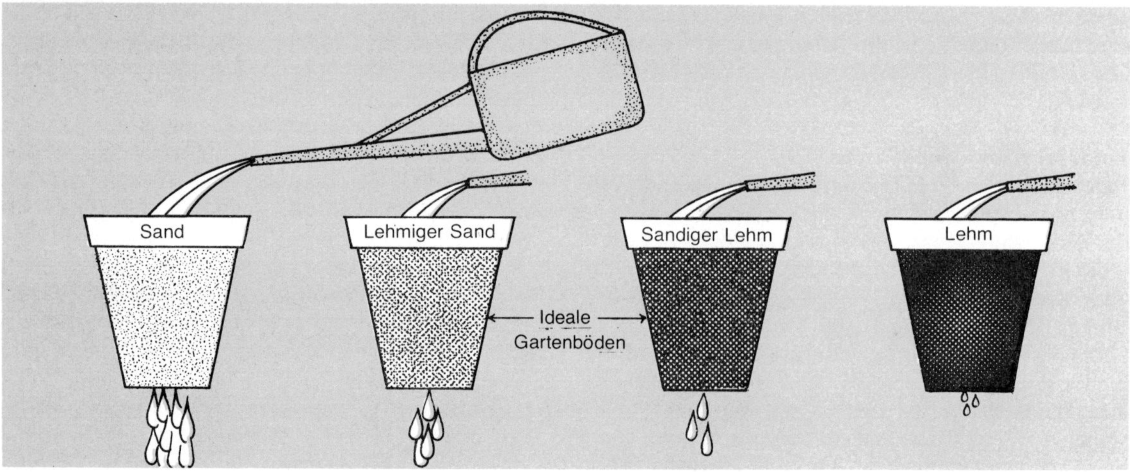
Sand
Lehmiger Sand
Sandiger Lehm
Lehm
Ideale
Gartenböden

Windgeschützte Grundstücke sind meist vorzuziehen, aber tiefe Tallagen können oft durch Spät- und Frühfröste gefährdet sein. Schon vorhandene Hecken an der Grundstücksgrenze oder einzelne ältere Bäume oder Baumgruppen bieten der Neupflanzung einen ersten Schutz. In der heutigen Zeit muß auch sehr auf umweltbedingte Einflüsse geachtet werden, wie Lärmbelästigung durch Industrie und Verkehr, Geruchs- und Staubentwicklung (Zement- und Leimfabriken, Hütten- und Chemiewerke). Weiter ist zu beachten, ob ein Sichtschutz vor neugierigen Blicken geschaffen werden kann. Bei ungehinderter Sonneneinstrahlung gibt es viele Möglichkeiten der Bepflanzung, aber ein guter Gärtner wird auch aus einem steil abfallenden, schattigen Nordhang oder an der Nordseite eines Hochwaldes einen reizvollen Garten anlegen können. Auf schon bebaute und gestaltete Nachbargrundstücke sollte in der Gesamtkonzeption Rücksicht genommen werden.

**Untergrund, Grundwasser und Versorgungsleitungen**

Bevor der Kauf- oder Pachtvertrag unterzeichnet wird, sollte unbedingt die Art des Untergrundes geprüft werden. Oft genügt es, die Besitzer der Nachbargrundstücke zu fragen. Unter Umständen muß selbst eine Probegrabung gemacht werden. Wer nach 10 cm Mutterboden auf Kies stößt, wird wenig Freude an seinen Pflanzen haben. Das gilt auch bei Muschelkalkplatten. Je dicker die Mutterbodenschicht, um so besser. Besonders in manchen Tallagen ist der Grundwasserstand zu hoch. Für Rasen, Stauden und Gemüse genügen 50–80 cm, bei Bäumen und Sträuchern muß der Grundwasserspiegel etwa 1,5 m tief liegen. Allzuoft tritt das Problem des zu hohen Grundwassers nicht auf, da gerade dieser in den letzten Jahrzehnten vielerorts zunehmend abgesunken ist. Stellt sich das Problem doch, so hilft nur Dränage und die Anlage eines kleinen Weihers an der tiefsten Stelle des Gartens, der dadurch zugleich eine besondere Note bekommt. Wichtig sind die Versorgungsleitungen (Wasser, Strom, Gas, Abwasser), und zwar nicht nur fürs Haus. Auch bei einem Wochenendgrundstück und in der Kleingartenkolonie läßt sich mit einem Wasserhahn mitten im Garten viel Arbeit sparen. Wasser ist am wichtigsten. Zwar lassen sich Gärten auch ohne zusätzliches Wasser anlegen („Heidegärten", „Sukkulentengärten"), aber das bleiben Ausnahmen. Für elektrische Rasenmäher, Heckenscheren, Pumpen sollte ein Elektro-Anschluß in erreichbarer Nähe sein. Gas wird für den Garten weniger benötigt, höchstens für die Kochgelegenheit im Wochenendhäuschen. Ebenso ist es mit der Abwasserleitung bei einem vom Haus entfernten Gartengrundstück – ein Torf-Trockenklosett tut es notfalls auch.

**Wir machen ein Gartenplanspiel**

Haus und Garten gehören zueinander. Man kann eines vom anderen nicht trennen, und so muß man alles sehen: den Garten vom Haus aus, als eine Erweiterung der Wohnung, das Haus vom Garten aus, das sich harmonisch in diesen einfügen soll. Um beides zu erreichen, bedarf es vieler Überlegungen. Das Hinzuziehen eines Fachmannes schützt vor Fehlplanungen. Dabei sollte auch der Gartennachbar nicht ganz außer acht gelassen werden, denn zu einem schönen Wohnen gehört auch ein gut nachbarliches Verhält-

Die gewünschten Details im Maßstab 1:50 ausschneiden und damit den Garten „einrichten"

nis. Vielleicht wäre mancher Streit zu vermeiden, wenn von vornherein besprochen würde, wo große Bäume gepflanzt werden sollen und wo nicht.
Das Planen beginnt, indem man zunächst alle Gartenwünsche zusammenträgt. Nur dürfen diese nicht größer sein als der Garten. In gemeinsamen Beratungen muß dann festgelegt werden, was realisiert werden kann.
Danach können wir unter Berücksichtigung der vom Garten geforderten Funktionen die Raumgliederung unseres Gartens vornehmen und ein Gartenplanspiel üben. Befriedigt es, so kann der Fachmann noch gehört werden. Die Durchführung dieses Gartenspieles ist einfach. Auf einem Karton zeichnen wir die Größe des Grundstücks auf, möglichst mit Höhenlinien. Damit wir eine gute Vorstellung vom künftigen Garten erhalten, machen wir das im Maßstab von 1 : 50 (1 cm auf dem Plan = 0,5 m in Wirklichkeit).
Das Wohnhaus muß in seiner Grundstellung genau eingezeichnet sein, auch die Lage der Fenster und vor allen Dingen der Türen muß ersichtlich sein. Die Zugänge sind ja schließlich die Voraussetzung für eine gute Verbindung von Haus und Garten.
Nun schneide man seine Wunschobjekte (Wasserbecken, Sitzplatz, Bäume, Mauern usw.) maßstabgerecht aus farbigem Karton aus und verteile sie auf der Fläche, wobei man vom Haus aus den Garten betrachtet und dann wieder von einem besonderen Platz aus im Garten das Ganze überblickt. Auf diese Weise bekommt man einen gründlichen Eindruck vom Gartenraum und spürt etwas von der Wirkung des Hauses auf den Garten und ebenso umgekehrt.
Haben wir auf diese Weise die große Linie des Gartens festgelegt, dann ist es nicht mehr allzu schwer, den Gartenplan zu fertigen. Mit Hilfe des Fachmannes werden nun die Wünsche in Form und Farbe zusammengefaßt und schließlich auch Vorschläge für die Bepflanzung zusammengestellt.
Im Gartenplan kommt natürlich der Wegführung eine besondere Bedeutung zu. Der Weg soll nicht nur den Garten erschließen, er soll sich auch harmonisch dem Ganzen einordnen. Er soll die einzelnen Elemente des Gartens verbinden.

## Der Wohngarten am Haus

### Die Terrasse – Mittelpunkt sommerlichen Gartenlebens

Kein Gartentyp hat in den letzten Jahren so an Bedeutung gewonnen wie der Wohngarten. Wenigstens in der warmen Jahreszeit will man heute gern so weit wie möglich im Freien leben. Wichtigste Verbindung zwischen Haus und Garten ist die Terrasse, Mittelpunkt sommerlichen Lebens. Moderne Wohnräume gehen unmerklich in den Garten über, durch große, lichte Fensterfronten oder durch eine etwas in die Grundfläche des Hauses hineingebaute Terrasse. Weit über die Terrasse vorgezogene Dächer haben die gleiche Wirkung. Die Größe hängt von der Gesamtgröße des Hauses, von der Anzahl der Personen in der Familie und vom Umfang der gepflegten Geselligkeit ab. Kleine, von einer niederen Mauer umschlossene Terrassen haben einen intimen Charakter, große Flächen ohne Begrenzung können den Übergang zum Garten besser herstellen. Der Boden wird mit Natursteinplatten, Waschbetonplatten oder Klinkerziegel, seltener auch mit Holz belegt. Vorsicht vor bunt eingefärbten Betonplatten! Sie bleichen aus, blühen aus (graue Zementadern an der Oberfläche) und die mit Eisenoxidrot eingefärbten Platten haben nach zwei Jahren eine Färbung wie Himbeerlimonade. Wer Platten in zwei Farbtönen verlegen will, richte sich danach, daß eine Farbe vorherrschen muß und ein Verhältnis 6:1, das heißt, auf 6 $m^2$ rote Platten 1 $m^2$ graue Platten, angenehm wirkt.
Die Verlegung auf Sand genügt. Bei aufgeschüttetem Boden kann nach seiner Verdichtung eine etwa 5 cm starke Schicht aus magerem Beton (6 Teile Kiessand, 1 Teil Zement) aufgelegt werden. Terrassenflächen, die mehr als 1,2 m über den gewachsenen Boden kommen, erhalten zusätzlich eine Armierung aus Baustahlgewebe. Bei Betonuntergrund leichte Neigung zum Garten berücksichtigen! Vor dem Verlegen muß der Boden selbstverständlich sorgfältig verdichtet werden. Der Übergang zum Garten kann fast unmerklich sein durch eine Rasenfläche; meistens verzichtet man aber ungern auf eine kleine Pflanzung um diesen erweiterten Wohnraum. Hier ist der richtige Platz für seltenere Stauden und Gehölze (Pampasgras, Chinaschilf, Hibiskus und Zaubernuß). In einzelnen Fällen kann eine 40 cm hohe Mauer an der Seite zwei Funktionen erfüllen: einmal dient sie als Abgrenzung, zum anderen als Sitzplatz und als Platz für niedere Kübelpflanzen. Auch ein Pflanztrog, wie er fertig gekauft oder aus U-Steinen selbst gemacht werden kann, gibt der Wohnterrasse einen gewissen Abschluß.

### Andere bauliche Elemente

Mehr als bei anderen Gartentypen ist im Wohngarten auf gute Wege zu achten, sonst dürfte die Reinigung des Wohnraumes Schwierigkeiten bereiten. Höhenunterschiede sollten möglichst gering gehalten und

Einzelne gelungene Details mittels Gartenstrahler aus dem Dunkel hervorholen. Strahler selbst möglichst hinter Busch oder Strauch verdecken

nur notfalls durch Stufen und Treppen überwunden werden. Stärker geneigte Steinflächen bilden bei Glatteis im Winter eine erhebliche Gefahrenquelle. Mehr und mehr spielt auch das Licht im Wohngarten eine Rolle. Gartenlampen dienen der Beleuchtung von Wegeflächen, und Gartenstrahler können im Sommer ganze Gartenteile verzaubern. Steckdosen an der Terrasse oder an anderen Stellen im Garten (Verlegung mittels Erdkabel) sollten mit eingeplant werden. Infrarotstrahler können die Sitzecke im Frühling und im Herbst erwärmen. Auch das Wasser als gestalterisches Element wird in immer neuen Variationen verwendet. Noch nie hat die Industrie ein solch vielgestaltiges Programm an Gartenmöbeln angeboten wie jetzt.
Nicht vergessen werden auch die Kinder: Schaukel, Sandkasten, Planschbecken und vieles mehr wird – je nach Alter – von den Kindern verlangt.

**Gärtnerische Elemente**

Bei allen Möglichkeiten, die uns Technik und Industrie bieten, sollte im Wohngarten stets die Pflanze das Wichtigste sein. Sein Mittelpunkt ist meist die Rasenfläche, je nach persönlichem Geschmack mehr gepflegt oder mehr naturhaft verwildert. Wichtig, weil für lange Zeit festgelegt, ist die Pflanzung der Gehölze. Gerne wird bei etwas größeren Gärten ein „Hausbaum“ gepflanzt als Gartenmittelpunkt, ähnlich dem Hausbaum auf alten Bauernhöfen. Das muß natürlich keine Linde oder Roßkastanie sein. Kleiner bleibende Bäume wie Felsenbirne *(Amelanchier laevis)*, Zieräpfel, Ebereschen oder Zierkirschen dienen – der Größe des Gartens in ihrer Wuchsstärke angepaßt – dem gleichen Zweck. Der Essigbaum *(Rhus typhina)* wurde dafür leider allzusehr strapaziert. Wegen seiner mittleren Größe, seinem Wuchscharakter, seiner Gesundheit und seiner Herbstfärbung ist der Katsurabaum *(Cercidiphyllum japonicum)* besonders empfehlenswert. Die Grenzbepflanzung kann durch eine streng geschnittene Hecke oder durch locker wachsende Sträucher erfolgen. Die Randbepflanzung der Rasenfläche richtet sich nach der möglichen Arbeitszeit der Familie im Garten. Wenn man die Rasenfläche unmittelbar an den Weg grenzen läßt, spart man Arbeit, verzichtet aber auch auf Abwechslung durch Blumen. Bei einer Umpflanzung des Rasens sollten höhere und niedere Staudengruppen einander ablösen (nur keine monotone Arena!). Einjahrsblumenflächen und Gruppenpflanzen-Kombinationen beleben das Bild. Blumenzwiebeln finden dazwischen einen Pflanzplatz. Die frühesten Blüher kommen in die Nähe der Terrasse, dort, wo der Schnee im Frühjahr zuerst verschwindet. Viel zu wenig werden Schlingpflanzen im Hausgarten verwendet. Sie schmücken kahle Hauswände und alte Baumstämme mit wohltuendem Charme.
Beliebt sind Koniferen im Wohngarten. Niedrig wachsende Arten (*Pinus mugo* ssp. *mugo*, *Juniperus chinensis* 'Pfitzeriana Compacta', könnten an die Terrassenecke gestellt werden. Höher werdende Gehölze, wie Serbische Fichte *(Picea omorika)*, Hemlockstanne *(Tsuga canadensis)* kommen mehr in Randposition. Die Verwendung von Blaufichten (*Picea pungens* 'Glauca') ist Geschmackssache.
In vielen Fällen wird die Anlage kein reiner Wohngarten sein; eine kleine Fläche ist dann mit Erdbeeren, Rhabarber, Küchenkräutern, Beerengehölzen, Spindelobst, Feingemüse, Schnittblumen und ande-

rem bestellt. Eine optische Trennung zum Wohngarten – und sei es nur durch einen Weg – ist in der Regel sinnvoll. Besser ist eine kleine Hecke, besonders wenn auch ein Kompostplatz damit abgeschirmt werden kann.

## Der Kleingarten

**Je näher, um so intensiver**

„Ein Garten will täglich seinen Herrn sehen." Dieses alte Sprichwort mag übertrieben anmuten, ist im Kern aber wahr. Je weiter der Garten entfernt ist, um so pflegeleichter muß seine Anlage sein. Notfalls muß auf sehr pflegeaufwendige Pflanzen verzichtet werden. Frühbeetkästen mit einer Mistpackung, wo die Lüftung laufend reguliert werden muß, kommen bei größeren Entfernungen nicht in Frage. Problematisch wird bei einer größeren Weite von der Wohnung auch die Überwachung, da leider auch heute noch in Gartenlauben, Wochenendhäusern eingebrochen wird – den sogenannten Mundraub nicht einmal gerechnet.

**Eine Gartenkolonie verlangt Gemeinsinn**

Meist liegen hier genau festgelegte Satzungen mit Geboten und Verboten vor, die von allen Mitgliedern beachtet werden müssen. Sie beziehen sich auf den Bau einheitlicher Gartenlauben, Zäune und anderer Baulichkeiten. Oft sogar ist die Verwendung bestimmter Pflanzen verboten. Andererseits bringt eine Gemeinschaftsanlage auch Vorteile: günstige Finanzierung der Wasserversorgung, Stromanschluß, Wegebau, gemeinsamer verbilligter Pflanzeneinkauf, Kantine, gesellige Veranstaltungen (Maitanz, Sommernachtsfest, Erntedankfest). Der Pachtzins in einer Kleingartenanlage ist fast immer sehr niedrig. Zwar ist der finanzielle Gewinn aus einem Garten nie besonders hoch, aber der ideelle ist nicht zu unterschätzen. Beachten Sie bei der Miete, daß es sich auch wirklich um eine Daueranlage handelt. Kleingartenanlagen sind meist in den Flächennutzungsplänen der Städte und Gemeinden als Grünflächen verankert und müssen als öffentliches Grün angesehen werden.

**Das Gartenhaus**

Je weiter der Kleingarten von der Wohnung entfernt ist, um so wichtiger ist ein kleines Gartenhaus (Laube) oder mindestens ein Geräteschuppen. Die Werkzeuge müssen eingeschlossen werden, und die Familie muß sich auch einmal bei einem Gewitterregen unterstellen können. In geschlossenen Kleingartenanlagen wird in der Regel ein einheitlicher Typ vorgeschlagen. In größeren Anlagen werden zur Auflockerung des gesamten Gebietes auch zwei oder drei Laubentypen aufgestellt, jedoch meist zu Gruppen zusammengefaßt.
Außerhalb solcher Kleingartenanlagen ist die Errichtung von Gartenlauben nicht so einfach. Die einzelnen Bundesländer haben verschiedene Vorschriften, und es empfiehlt sich in jedem Falle, bei den zuständigen Behörden anzufragen, wie die Bauvorschriften lauten. Kleingärten zwischen 300–400 m² verlangen einen nicht allzu großen Laubentyp (eine Grundfläche von ca. 15 m²). Auch beim Bau von Wochenendhäusern muß man sich vorher erkundigen, um unliebsame Folgen (Abbruch) auszuschließen.

**Wasserversorgung**

Falls keine Wasserleitung, kein natürliches Gewässer vorhanden ist, hilft nur ein Brunnen. Dieser stößt oft auf gesetzliche Widerstände und auf hohen finanziellen Aufwand. Deshalb ist dieser Punkt vorher gut zu überlegen. Falls keine Wasserversorgung vorhanden ist, bleibt nur die Beschränkung auf Pflanzen, die auch einmal eine Trockenperiode aushalten. Sie müssen mit dem anfallenden Wasser, das vom Dach des Garten- oder Wochenendhauses in einer Tonne aufgefangen wird, auskommen. Dauert die Trockenzeit einmal zu lange, so bleibt nur der Transport von Wasser in einigen Plastikkanistern, die im Kofferraum des Autos verstaut werden. Maßnahmen, die den Boden feucht halten, sind besonders zu beachten (Torfabdeckung, Mulchen mit grobem Kompost, Laub, Stroh usw.). Wichtig ist hier auch der Windschutz durch Hecken und sonstige höhere Pflanzungen; die Taubildung wird dadurch erheblich gesteigert (bis zu einem Liter je Quadratmeter während einer Nacht).

**Pflanzen im Kleingarten**

In den letzten Jahrzehnten sind Kartoffeln, Kohl und Zwiebeln aus dem Bild des Kleingartens weitgehend verschwunden. Heute soll auch der Kleingarten dem Ausgleich und der Erholung dienen. An Gemüse wird sogenanntes Feingemüse angebaut, und dieses auch nur wegen der „erntefrischen" Qualität und nicht wegen finanzieller Vorteile (Tomaten, Gurken, Paprika, Salat, Rettich und Radieschen, Spinat, Feldsalat, Erbsen und Buschbohnen). Bei den Obstbäumen werden die hochstämmigen Formen durch Spindelbüsche ersetzt. Verstärkter Anbau von Erdbeeren, Stachel- und Johannisbeeren dient nur dem Frischverbrauch; Johannisbeeren werden als Büsche, Stachelbeeren auch als Hochstämme gepflanzt. Himbee-

*Der Kleingarten hat sein Gesicht geändert, aus einer reinen Nutzfläche wurde ein Erholungsort.*

ren verlangen einige Pflege. Brombeeren kann man, wenn genügend Platz vorhanden, mit einplanen. Sie werden durch die neuen dornenlosen Sorten pflegeleichter. Stauden verdrängen in zunehmendem Maße die Sommerblumen. Sie haben den Vorteil einer breiter gefächerten Blütezeit und müssen nicht alle Jahre neu gepflanzt werden. Bei den Sommerblumen sollte man nur Spitzensorten verwenden. Und die Blumenzwiebeln nicht vergessen!

## Der Vorgarten

### Umbau alter Anlagen

Wer Besitzer eines Altbaues wird, mit einem typischen Vorgarten früherer Zeit, wird nach Wegen suchen, ihn unseren modernen Ansprüchen anzupassen. Hohe Säulen und eiserne Gitter werden – sofern sie keinen künstlerischen Wert haben – am besten durch eine niedere Hecke ersetzt. Abgängige Bäume werden entfernt, Hecken aus Schneebeeren und anderen billigen „Decksträuchern" werden ebenfalls ausgegraben. Der gesamte, jahrzehntelang ausgelaugte Boden wird aufgefrischt (Torf, pulverisierter Rinder- oder Geflügeldung, Horn- oder Blutmehl, Müllkompost). Bei der Neubepflanzung sei vor zu vielen Gehölzen gewarnt: sie würden den oft nur schmalen Vorgartenstreifen bald wieder in einen düsteren Dschungel verwandeln.

### Neuanlage

Die Gestaltung eines Vorgartens ist besonders abhängig von seiner Lage und seiner Größe. Er ist nicht nur dem Hausbesitzer eine Visitenkarte, sondern er prägt auch gleichermaßen die Straße und damit das gesamte Wohnviertel.

Die Einfriedung wird meist durch den Bebauungsplan vorgeschrieben. Schön sind natürlich Vorgärten ohne Einzäunung oder solche, die lediglich mit einer niedrigen Mauer (ca. 30 cm hoch) oder kleineren Gehölzen eingefriedet sind. Auch niedrige Hecken erfüllen den Zweck eines Abschlusses zur Straße hin, zum Beispiel *Berberis thunbergii, Potentilla fruticosa* 'Farreri'.

Vorgärten sind so zu gestalten, daß sie großzügig wirken. Das wird erreicht, wenn die Mitte der Fläche von

Pflanzen freigehalten wird. Runde oder regelmäßige eckige Beete im Vorgarten sind überlebt. Sträucher werden an den Rand gepflanzt, Rosengruppen entlang dem Weg – am besten nur einseitig. Der Rasen oder eine Fläche mit Teppichstauden kann an den Weg anschließen, der auf den Hauseingang zuführt. Als Zugang zum Haus genügt ein 120 cm breiter Weg. Entlang dem Haus, evtl. als Verbindung zur Garage oder zum rückwärtigen Gartenteil, werden Trittplatten gelegt.

Das Haus sollte in Grün eingebunden werden, vor allen Dingen der Hauseingang. Wackenkies entlang der Hauswand, davor einige Gehölze und dann die Trittplatten sind eine gute Kombination.

Kleine Vorgärten (oft nur in einer Breite von 3–4 m) können auch einheitlich mit einem niedrigen Gehölz (*Cotoneaster dammeri, Erica carnea*) oder verschiedenen Gräsern bepflanzt werden. Kleine Rasenflächen sind schlecht zu pflegen. Hinzu kommt, daß der Vorgarten oft nach Norden liegt und Rasenflächen dadurch leicht kümmern. Solche Dauerbepflanzungen kosten zwar bei der Anlage etwas mehr Geld, die Kosten werden aber durch geringere Pflegeaufwendungen ausgeglichen.

**Gehölze im Vorgarten**

Größere Bäume gehören nicht in einen kleinen Vorgarten. Überlegen Sie vorher, wie groß die geplanten Gehölze nach zehn Jahren sind! Sträucher sollte man nur an den Seiten oder nur zur Abdeckung des Mülltonnenbehälters pflanzen. Rosen beleben den Vorgarten und lassen sich durch Rückschnitt klein halten. Und hier ein paar Vorschläge: Streifen oder Beet mit Polyantha- und Floribunda-Hybriden; dauerblühende Strauchrosen am Eingang; eine Kletterrose an die Hauswand oder Garagenseite. Sortenvielfalt vermeiden! Wenn Sie Nadelgehölze pflanzen, dann wirkt der Vorgarten im Winter nicht so kahl; sie passen auch gut zu Rosen. Rhododendren sehen immer gut aus, doch vertragen sie keinen Kalk im Boden und im Gießwasser; in Trockenlagen darf der Standort nicht zu sonnig sein – dort nur harte Sorten pflanzen. Kleiner bleibende Arten, besonders die neuen *Rhododendron*-Repens-Hybriden, sind sehr gut für Vorgärten geeignet. Die Sorte 'Baden-Baden' verträgt dabei auch eine sonnigere Lage. Auch andere Immergrüne mit einplanen, wie *Berberis candidula* (Immergrüne Berberitze), *Prunus laurocerasus* in Sorten (Kirschlorbeer), *Mahonia aquifolium* (Mahonie), *Ilex aquifolium* (Stechpalme), *Pyracantha coccinea* (Feuerdorn). Nicht vergessen sollte man dabei die niederen immergrünen Bodendecker wie *Vinca minor* (Immergrün), *Erica carnea* (Schneeheide), *Hedera helix* 'Conglomerata' (Kleiner Efeu).

Wer buntgescheckte Blätter wünscht, nimmt *Euonymus fortunei* 'Gracilis' (immergrünes Pfaffenhütchen). Bei Koniferen muß man vorsichtig sein: höhere Arten wirken oft zu düster und zu streng. Kleine, mehr breit wachsende Arten oder auch Säulenformen können verwendet werden. Vorsicht vor dem Pfitzerwacholder: er nimmt nach einigen Jahren ein Drittel des Vorgartens ein. Schlinger sollten nicht vergessen werden, besonders *Clematis*-Arten (neben der Haustür oder an der Garagenwand).

**Sonstige Pflanzen**

Für einen farbenfrohen, sonnigen Vorgarten eignen sich besonders auch kleine Sommerblumenpflanzungen und hier speziell Prachtsorten. Es brauchen keine großen Flächen zu sein; Einfassungen, Eckpflanzungen, bepflanzte Schalen heben die Wirkung. Gute Kombinationen niederer gelber und orange *Tagetes* mit roter *Salvia splendens* (Prachtsalbei), zitronengelber *Tagetes* mit blauen Lobelien oder *Ageratum* (Leberbalsam) sind möglich. Frühlingsblühende Polsterstauden sind im Vorgarten problematischer – die Prachtentfaltung ist bald vorbei, und die blütenlosen Pflanzen sind im Sommer nicht besonders wirkungsvoll. Leider sind die erwünschten niederen Dauerblüher bei den Stauden nicht zahlreich. Gute Wirkungen sind mit frühlingsblühenden Blumenzwiebeln zu erzielen, besonders mit Kleinblumenzwiebeln, Narzissen und Sorten von *Tulipa kaufmanniana* und *T. greigii.* Wen das vergilbte Laub stört, nimmt die Pflanzen heraus und schlägt sie an einem weniger auffälligen Platz im Garten ein, bis sie eingezogen sind. Zwischen flache Bodendecker eingestreut, beleben sie das Bild und bedürfen praktisch keiner Pflege.

**Dekorative Elemente**

Daß gerade in den Vorgärten immer noch ganze Heere von Gartenzwergen stehen, ist eigentlich nicht zu verstehen. Ist es nicht viel schöner, die Aufmerksamkeit der Passanten durch schöne Pflanzen anstatt durch grell bemalte Figuren zu erwecken?

Auch Windmühlen, Burgen und ähnliche „Bauwerke" wirken eher lächerlich. Die Verwendung dekorativer Elemente erfordert viel Fingerspitzengefühl. Moderne Bronzeplastiken sind hübsch, aber teuer, gut sind ähnliche aus Majolika. Dekorativ können auch schön geformte, große Tonvasen sein, ferner flache Schalen als Vogeltränken oder künstlerisch gestaltete Sonnenuhren. Mit viel Gespür lassen sich

*Diese japanische Steinlaterne ist ein Beispiel für die Verwendung dekorativer Elemente.*

*Eine schöne Pfauenplastik im Staudensichtungsgarten Weihenstephan bei Freising.*

auch Rokoko-Putten, Jugendstil-Plastiken, Plastiken der Naiven Kunst oder selbstgefertigte Figuren in den Vorgarten einordnen.

## Verschiedene Hobbygärten

**Rosengarten**
Wer schon eine Vorliebe für bestimmte Pflanzengattungen und Gartentypen hat, wird vor der Neugestaltung seines Gartens auf besondere Punkte achten. Beliebt sind Gärten mit überwiegend Rosen. Flaches bis leicht geneigtes Gelände in voller Sonne ist gut brauchbar. Besonders gute Erfahrungen wurden auf lehmig-sandigem Boden mit ausgeglichenem Kalkgehalt gemacht. Der Rosengarten soll ziemlich geschützt liegen (Hecke, Mauer); Rosen lieben Wärme, doch birgt die Pflanzung unmittelbar an Südmauern auch Gefahren, z. B. sehr hohen Spinnmilbenbefall. Wer ein Kletterrosensortiment ziehen will, benötigt Rankgerüste (Pergolen). Der Garten kann in streng geometrischer Form mit Plattenwegen und niederen Buchsbaumhecken angelegt werden. Reizvoll ist dabei die gleichzeitige Verwendung von Busch- und Hochstammrosen. Bei Gärten in freier Pflanzung werden dagegen mehr Partnerpflanzen benötigt, besonders dunkelgrüne und silbergraue. Geeignete Sitzplätze reichlich vorsehen, vor allem in der Nähe von duftenden Sorten.

**Staudengarten**
Es gibt praktisch keinen Garten, der nicht für Stauden geeignet ist, da es Stauden für jede Gartensituation gibt. Meist ist die Auswahl beim Kauf eines Grundstücks beschränkt, und das Haus ist vorrangig. Die Staudenpflanzung wird dann dem vorhandenen Gelände angepaßt. Entsprechend den standörtlichen Gegebenheiten sind dann zu pflanzen: Beetstauden, Sumpfstauden, trockenheitsresistente Stauden, Halbschatten- und Steingartenstauden.

**Sommerblumen und Dahliengärten**
Fast immer handelt es sich bei solchen Gärten um eine streng geometrische Anlage. Der Vorteil liegt

darin, daß alljährlich völlig neu gestaltet und gepflanzt werden kann. Sommerblumen erfordern einen großen Arbeitsaufwand, teilweise auch ein größeres finanzielles Opfer. Eine gute Wasserversorgung ist bei einem Sommerblumengarten Voraussetzung. Liebhaber dieser Sparte sollten Frühbeetkästen oder noch besser ein kleines Gewächshaus besitzen, um seltene Arten selbst aus Samen ziehen zu können. Wer speziell Dahlien als Steckenpferd hat, benötigt als wichtigstes einen guten Überwinterungsraum, der frostfrei, aber auch nicht zu warm sein soll. Keller in zentralbeheizten Häusern sind problematisch.

## Kauf, Pacht und Paragraphen

### Der Kauf

Wer die Möglichkeit und die entsprechende finanzielle Grundlage hat, soll den Kauf eines Grundstükkes immer einer Pacht vorziehen. Niemand kann den Besitzer mehr von seinem Grund und Boden vertreiben (es sei denn, es ginge um dem Allgemeinwohl dienende Maßnahmen wie Straßenbau, Erweiterung von Kasernen, Flughafengelände usw.).

Am Anfang steht der notariell abgeschlossene Kaufvertrag und die Eintragung in das Grundbuch. Diese kann allerdings sehr lange dauern, besonders wenn es sich um ein Teilstück eines eingetragenen Grundbesitzes handelt. Das Vermessungsamt ist fast immer überlastet, und es vergehen oft einige Jahre, bis das neu erworbene Grundstück vermessen ist. Wichtig ist es, sich über eingetragene Grundrechte zu informieren (Geh- und Fahrrecht); Pachtverträge werden durch Verkauf nicht aufgehoben (Vorinformation!).

### Pacht

Auch hier ist ein rechtsgültiger Vertrag notwendig, Absprache oder Handschlag genügt nicht. Der Pachtvertrag sollte möglichst langfristig abgeschlossen werden. Falls der Verpachtende finanzielle Bedenken hat wegen einer mehrjährigen Laufzeit, sollte hier eine elastische Regelung getroffen werden (Anpassung an die prozentuale Veränderung der Lebenshaltungskosten). Vorher erkunden, ob der Besitzer bestimmte Arten der Grundstücksnutzung nicht zuläßt! Schon vor Beginn der Pachtzeit ist zu klären, in welchem Zustand das Grundstück nach ihrem Ablauf zurückgegeben werden muß, ob in seinem ehemaligen Zustand, oder ob der Besitzer dem Pächter eine Entschädigung für die Baulichkeiten gibt, die er auf dem Pachtland errichtet hat. Das ist sehr wichtig. Weniger bekannt ist, daß alle ausdauernden, winterharten Pflanzen schon zum Zeitpunkt des Pflanzens in den Besitz des Grundeigentümers übergehen. Wer also ein Blaukissen oder eine Herbstaster pflanzt, ist nicht mehr ihr Besitzer, sondern nur noch Nutznießer. Meistens wird der Verpächter nichts dagegen haben, wenn der Pächter diese nach Ablauf des Vertrages mitnimmt, doch muß auf die gesetzlichen Tatsachen hingewiesen werden, falls es zu Streitigkeiten kommt. Ähnlich liegen die Verhältnisse bei Miete. Oft ist mit der Miete die Nutzung eines kleinen Gartenstücks verbunden. Das Pflanzen von Gehölzen ist vom Vermieter sowieso untersagt.

### Grenzvorschriften

Hauptsächlicher Streitpunkt sind die verschiedenen Probleme der Grundstücksgrenze. Es gibt keine für das Bundesgebiet einheitliche Regelung. Je nach

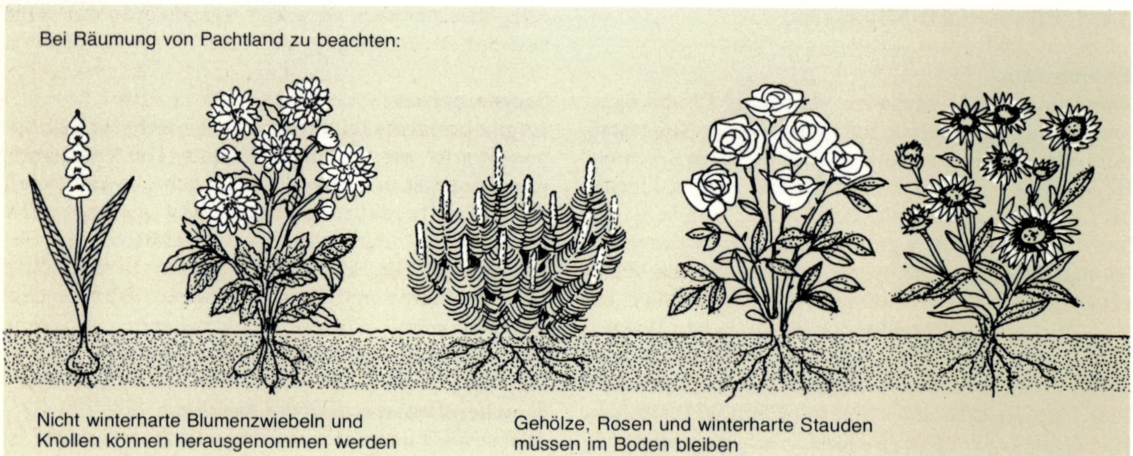

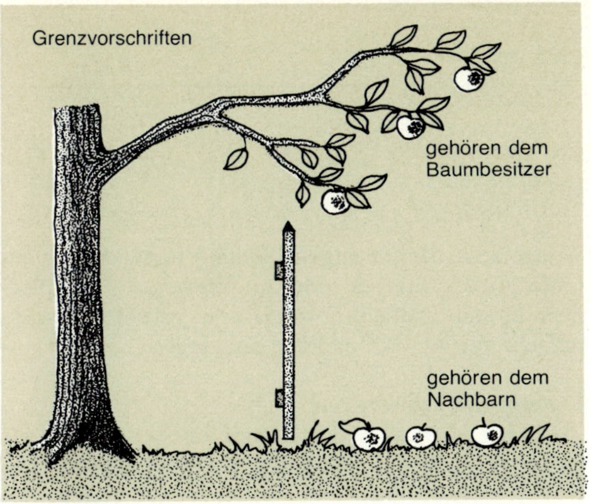


Land und sogar Ort können verschiedene Bestimmungen bestehen. Das beginnt schon bei der Einfriedung. Speziell in Neubaugebieten gibt es örtliche Bestimmungen, die eine genaue Art vorschreiben, wie Latten-, Jäger-, Maschendraht- oder Ziergitterzaun. Vorherige Information erspart Ärger, besonders wenn das Grundstück vor dem Hausbau gärtnerisch genutzt wird und eine bestimmte Auflage von seiten des Bauamtes nicht vorliegt. Oft ist auch das Anbringen von Sichtschutz-Rohrmatten an der Innenseite des Zaunes nicht gestattet. Der Abstand der Gehölze an der Grundstücksgrenze ist sehr unterschiedlich geregelt, so daß verbindliche Hinweise hier nicht gegeben werden können. Auskunft erteilen die Kreisfachberater für Gartenbau oder die Bauämter.

Größere Koniferen und Zierbäume sollten mindestens 1,5 m von der Grundstücksgrenze entfernt sein, Blütensträucher mindestens 0,5 m. Man muß sich in diesen Detailfragen mit dem Nachbarn verständigen. Wenn der Anlieger in den ersten fünf Jahren der Pflanzung keine Einwände macht, kann er die Entfernung der Pflanzen später nicht mehr fordern.

Überhängende Äste sind Ursache von Zwistigkeiten. Sie dürfen nicht einfach abgeschnitten werden, sondern dem Besitzer des Baumes ist eine angemessene Zeit zuzugestehen, während der er den Ast oder die Zweige selbst entfernen kann, d. h., es ist auch auf den jahreszeitlichen Rhythmus der Pflanze Rücksicht zu nehmen. Wird vom Besitzer des Gehölzes nichts unternommen, so kann der Grundstückseigner, auf dessen Besitz der Ast überhängt, diesen entfernen. Auch Wurzeln machen an der Grenze nicht halt. Hier liegt eine Regelung im BGB § 910 vor. Wurzeln verursachen spürbare Schäden, wenn sie z. B. über die Grenze in den Gemüsegarten des Nachbarn vordringen. Der Besitzer des Gemüsegartens kann die Wurzeln dann abschneiden und entfernen oder entsprechende Maßnahmen dagegen unternehmen (Einlassen von Betonplatten, Dachpappe, Asbestzementplatten). Die strittigen Wurzeln müssen aber am Nachbargrundstück schädigend wirken, sonst ist die Entfernung nicht zulässig.

Bei überhängenden Früchten besteht ebenfalls eine verbindliche Vorschrift durch das BGB. Früchte an überhängenden Ästen gehören dem Baumbesitzer, herabgefallene dagegen dem Grundstücksbesitzer, auf dessen Land sie liegen.

Errichtet ein Gartenbesitzer ein Becken, einen Gartenteich, einen Senkgarten oder ähnliches an der Grundstücksgrenze, was eine Oberflächenvertiefung voraussetzt, so müssen Maßnahmen getroffen werden, damit die Erde des Nachbarn nicht ins Rutschen kommt oder sonstige Schädigungen auftreten. Das gleiche gilt beim Aufschütten von Boden.

**Allerlei Paragraphen**

Haustiere sind dem Angrenzer oft ein Dorn im Auge. Er darf diese Tiere, falls sie auf seinen Grund eingedrungen sind, nicht einfach töten. Der Besitzer muß darauf aufmerksam gemacht werden, daß durch seine Tiere Schaden verursacht wurde; trifft er keine geeigneten Maßnahmen, kann nur eine Klage bei Gericht Klärung bringen. Eine gute Einfriedung schützt vor Ärger. Kaninchenjagd im eigenen Garten ist ebenfalls verboten.

Immer noch gibt es die Vorschrift zur Bekämpfung pilzlicher und tierischer Schädlinge. Manchmal zweifelt man angesichts vieler vergammelter Gärten.

Das Gebot der Sonntagsruhe wird nicht mehr so streng genommen wie früher, doch sollten grobe oder ruhestörende Arbeiten möglichst nicht an solchen Tagen durchgeführt werden, besonders wenn die Nachbarschaft in dieser Hinsicht empfindlich ist. Lärmbekämpfung gehört zum Umweltschutz. Örtliche Vorschriften, die die Anwendung von Rasenmähern mit Benzinmotoren einschränken, werden vermehrt erlassen. (Bei der Anschaffung Typen mit Elektromotor oder, falls kein Netzanschluß vorhanden, ein batterieangetriebenes Gerät kaufen.) Der Anlieger muß vor stärkeren Geruchsbelästigungen (z. B. durch Pflanzenschutzmittel, Rauch usw.) verschont werden. Daß man in das Nebengrundstück keine Steine, kranken Pflanzenteile, Unkraut oder ähnliches wirft, ist selbstverständlich. Ein freundliches Wort zum Nachbarn oder eine über den Zaun gereichte schöne Pflanze hilft vieles klären.

# Anlage

## Wege und Plattenflächen

Wege erschließen und gliedern den Garten. Sie prägen auch sein architektonisches Bild, und sie erleichtern das Arbeiten in vielerlei Hinsicht. Auch beim Wegebau haben sich die Ansichten und Praktiken grundlegend geändert. Der wassergebundene Kies- und Schotter- oder Schlackenweg wird kaum noch gebaut, weil viel Pflege nötig ist (Unkraut, Reinigung), ebensowenig Asphaltwege (spezielle Verfahren der Anlage). Auch am Ort hergestellte, durchgehende Betonwege sind kaum noch gefragt. Gartenwege sollen strapazierfähig und zugleich dekorativ sein, trotzdem aber leicht änderbar – Gartenwege sind nicht für die Ewigkeit gebaut. Die Industrie hat eine große Anzahl von Kunststeinplatten im Angebot, auch teure aus Naturstein werden wieder mehr verwendet.

**Breite und Gefälle**

Die Wegbreite ist von der Art der Benutzung abhängig und von der Größe des Gartens. Die Proportionen müssen stimmen. Eine Faustzahl lautet: eine Person benötigt 60 cm. In größeren Gärten kann der Eingangsweg deshalb für drei Personen ausgelegt werden, was einer Breite von 1,8 m entspricht; er kann aber ohne weiteres auch breiter sein. In kleineren Gärten ist der Hauptweg 1,2–1,5 m breit; schmaler als 1 m sollte er nicht sein. Wege, die zum Begehen durch eine Person gedacht sind, messen 40–60 cm.

Wege mit wenig Fugen im Belag, von denen bei Dauerregen das Wasser nicht so schnell abfließen oder versickern kann, müssen ein leichtes Gefälle aufweisen. Entweder wird die Mitte des Weges unmerklich erhöht, oder das Gefälle geht nach einer Seite – bei Gebäuden immer vom Gebäude weg, bei Abhängen immer zum Abhang. Als Längsgefälle rechnet man mindestens 1–2 cm je Meter. Das ist handwerklich nicht schwierig zu erstellen. Man nimmt eine 1 m lange Latte, auf deren einem Ende an der unteren Seite ein 1 cm starkes Klötzchen genagelt wird (bei 1 cm Gefälle). Dieses Ende mit dem Klötzchen zeigt in Richtung des Gefälles; beim Kontrollieren mit der Wasserwaage muß die Oberfläche der Latte in der Waage sein. Bei strengem, lehmig undurchlässigem Untergrund lohnt es sich, am Wegende einen verdeckten, mit grobem Steinmaterial gefüllten Sickerschacht von 60–80 cm Tiefe anzulegen.

**Untergrund vorbereiten**

Zunächst wird der Verlauf des künftigen Weges genau abgesteckt: Im Abstand von 1 m werden Pflöcke eingeschlagen, deren oberes Ende die Oberfläche des Weges angibt; dabei ist schon das Gefälle mit zu berücksichtigen. Dann wird der vorhandene Mutterboden etwa 10–15 cm tief entfernt. Der durch das Ausheben gelockerte Boden wird wieder festgestampft. Besonders bei lehmigen Böden ist es ratsam, zuerst eine Schicht grobes Material einzubringen (Schotter oder Kies, Ziegelbrocken, Schlacke usw.). Darauf kommt eine mindestens 5 cm starke Schicht Sand als Bett für die Platten. Nur bei besonders stark beanspruchten Wegen werden die Platten auf eine etwa 4 cm starke Schicht Magerbeton aus 6 Teilen Sand und 1 Teil Zement verlegt.

**Verlegen der Platten**

Auf einem so vorbereiteten Untergrund können Platten aus Kunst- oder aus Naturstein verlegt werden. Das ist nicht schwierig. An Handwerkszeug benötigt man: Hartgummihammer oder Fäustling, kurze Holzbohle, Wasserwaage und Schnur. Vor dem Verlegen die Sandschicht mit einem Maurer-Reibebrett nochmals eben klopfen! Die einzelnen Platten werden nun im gewünschten Muster verlegt, kleine Unebenheiten werden durch Klopfen mit dem Hammer ausgeglichen. Nie mit einem Hammer aus Metall direkt auf die Platte schlagen! Geklopft wird auf ein Stück etwa 5 cm starke Holzbohle. Liegt trotzdem eine Seite tiefer, dann die Platte seitlich heben und mit Sand unterfüttern. Auf gleiche Fugenbreite achten! Immer wieder mit der Wasserwaage nachprüfen! Anschließend wird mehrmals Sand in die Fugen gekehrt und mit Wasser eingeschlämmt.

**Eingefärbte Betonplatten**

Beton läßt sich auch bunt einfärben. Es gibt diese Platten in Baustoffhandlungen zu kaufen. Beim

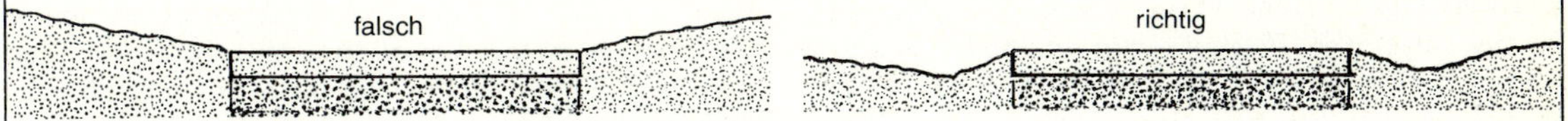


Plattenwege so anlegen, daß auch bei Dauerregen kein Stau entseht

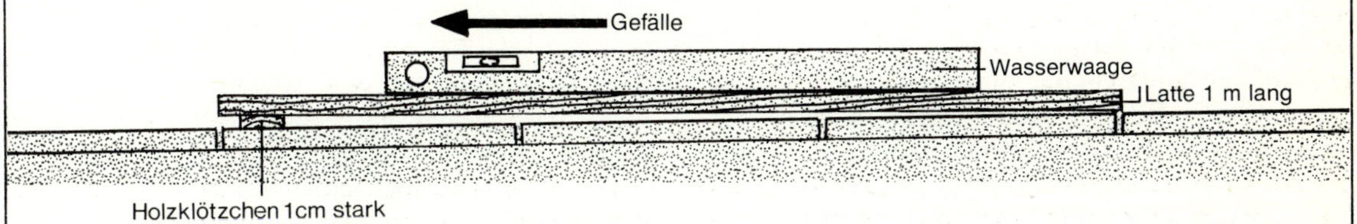


So erreicht man ein gleichmäßiges Gefälle (hier pro Meter 1 cm)

Aufbau eines Plattenweges

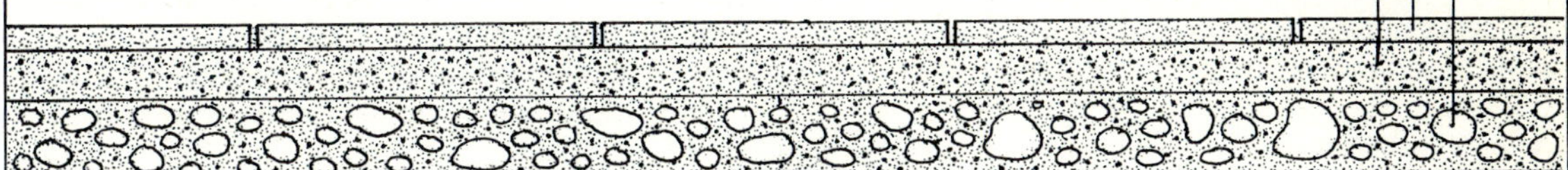

Kleine Unebenheiten beim Plattenlegen werden durch Schlagen mit einem Gummihammer auf eine kurze Holzbohle ausgeglichen

Bau einer Terrasse

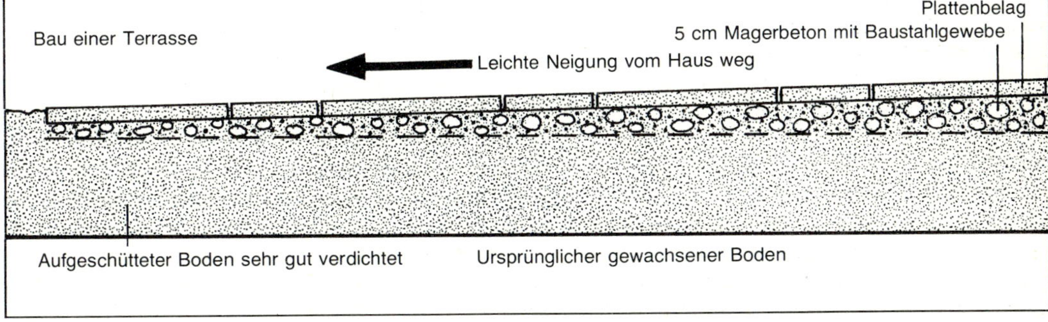

Selbstfertigen der Platten mittels eines Holzrahmens wird beim Mischen des Betons der Farbstoff zugegeben (etwa 3%). Dieser muß zementecht sein. Eisenoxidschwarz gibt dunkelgraue, Eisenoxidrot rote, Eisenoxidgelb gelbe, Manganblau bläuliche und Chromoxidgrün grüne Platten. Verschiedenfarbige, kräftig eingefärbte Platten sehen scheußlich aus und sollten nicht verwendet werden. Hellere Färbungen sind zu bevorzugen. So wirken z.B. leicht gelblich eingefärbte Platten sehr gut (dem Sandstein ähnlich).

**Muster**

In vielen Fällen wirken gleichgroße, quadratische Platten aneinandergereiht zu monoton. Bei gleicher Plattengröße wird schon durch streckenweises Versetzen ein aufgelockerter Effekt erzielt. Mit gleichgroßen, rechteckigen Platten kann durch Längs- und Querverlegung ein ansprechendes Muster erzielt werden. Verlegen im altrömischen Verband erfordert Platten in drei verschiedenen Größen: entweder 75 × 50 cm, 50 × 50 cm und 25 × 50 cm oder (besser) 60 × 40 cm, 40 × 40 cm und 20 × 40 cm. Dekorativ sehen auch gemischte Wegbeläge aus, etwa wenn Betonplatten mit quadratischen oder schmaleren Pflasterflächen wechseln.

**Natursteinplatten**

Zwischen Natursteinplatten und Kunststeinplatten besteht ein wesentlicher Preisunterschied. Natursteinplatten wirken meist besser. Es wird hartes und weiches Material unterschieden. Die harten Natursteinplatten werden selten angetroffen (Preis!); Platten aus Basalt, Granit, Gneis, Diabas, Quarzit, Syenit und Porphyr sind absolut witterungs- und frostbeständig. Weichgestein ist aus Ablagerungen entstanden und leichter zu bearbeiten. Hierzu gehören Muschelkalk, Dolomit, Travertin, Kalkschiefer, Schiefer und Sandstein. Besonders der hübsche, leicht zu bearbeitende Solnhofer Kalkschiefer ist nicht frostbeständig; oft wittert im Winter eine dünne Schicht ab. Grundsätzlich sollte das in der Umgebung gefundene Gestein bevorzugt werden. Natursteinplatten können diagonal und polygonal verlegt werden. In den meisten Fällen kann eine Natursteinplatte mit den unregelmäßigen, rauhen Bruchkanten nicht selbst verlegt werden. Dazu ist entsprechendes Gerät nötig (Säge mit Steinschneidscheibe).

**Fugen**

Gute Fugen erhöhen die Wirkung. Sie müssen gleichbreit sein, und einzelne Stellen sollten nicht durch kleine Reste ausgeflickt werden. Nie sollten vier Platten an einem Punkt zusammentreffen. Die polygonalen Platten müssen mittelgroße Winkel aufweisen, spitze und überstumpfe wirken schlecht. Bruchrauhe Ränder stören. Im Einzelfall (es sollen Ausnahmen sein) kann dazwischen eine 10 cm breite Fuge eingeplant werden, die später bepflanzt wird (mit *Sagina, Paronychia, Herniaria* und sonstigen dichten Polsterpflanzen). Doch nie bei viel beanspruchten Wegen. Dekorativ wirken Wege durch Grasflächen mit laufend 10 cm Fugenabstand, in denen Gras gesät wird.

**Waschbetonplatten**

Kein Material hat in seiner Verwendung einen solchen Siegeszug erlebt wie Waschbeton. Besonders Wege und Flächen, im römischen Verband verlegt, ergeben einen guten Effekt. Da auch Pflanzenwannen, Tröge und Springbrunnenteile aus gleichem Material angeboten werden, gibt es gute Kombinationsmöglichkeiten. Selbstherstellung erfordert viel handwerkliches Geschick; meist „ersaufen“ die Kieselsteine im Beton, deshalb wird davon abgeraten. Größere Waschbetonflächen lassen sich unterbrechen, indem quadratische oder rechteckige Felder nicht mit Platten belegt, sondern mit größeren Flußkieseln gefüllt werden. Das Sammeln besonders schöner Kiesel kann zur Leidenschaft werden.

**Hartbeton-Pflastersteine**

In den letzten Jahren hat ein neuer Belag zunehmend Einzug in die Gärten gefunden: die Hartbeton-Verbundpflastersteine. Es gibt sie in verschiedenen Formen, Farben (betongrau, weiß, anthrazit) und Stärken (6 cm, 8 cm, 10 cm, für leichte bis schwere Belastung). Vorteile: sie sind dekorativ, frostbeständig, druckfest, rutschsicher, preiswert. Teilweise werden von den Firmen dazu Kurvensätze, Endsteine und Winkelsteine angeboten. Es lassen sich Muster verlegen. Die Stärke des Unterbaues (Schotterlage) richtet sich nach den vorhandenen Bodenverhältnissen. Nachdem der Boden durch Stampfen und Rütteln verdichtet worden ist, wird eine ca. 5 cm starke Sandschicht aufgebracht und abgezogen; diese Sandfläche darf nicht betreten oder befahren werden. Darauf werden nun die Beton-Verbundpflastersteine nach einer vorher angefertigten Skizze verlegt. Zug um Zug sind die Steine engfugig zu setzen; man steht dabei auf den bereits verlegten Flächen, die man ohne weiteres schon mit Schubkarren befahren kann. Zum Schluß werden die Fugen mit Sand ausgekehrt. Für Gartenwege und Plätze genügt diese Verlegungsart; wird die Fläche stärker belastet (Garageneinfahrten), muß man mit einem Flächenrüttler verdichten.

Holzpflaster. Große und kleine Abschnitte wechseln sich ab

Trittplattenweg im Rasen

Abstand von Plattenmitte zu Plattenmitte

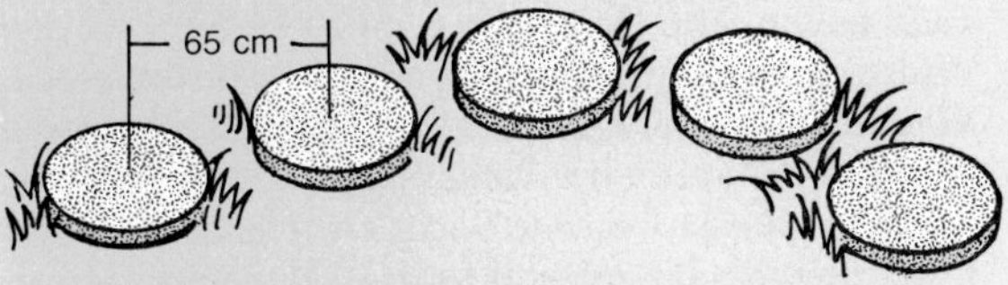


Die Platten sollen mit der Oberfläche nur 2–3 cm über dem Niveau der Umgebung liegen

Wege aus Spitzgrabensteinen

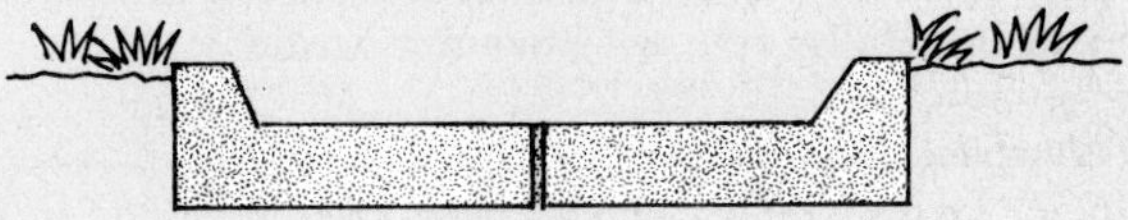

Sandbett

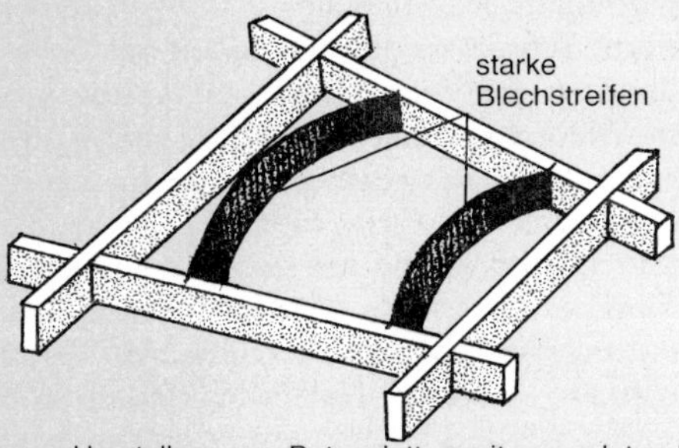


Form zur Herstellung von Betonplatten mit gerundeten Kanten

Formbeispiele für Verbundstein-Pflaster

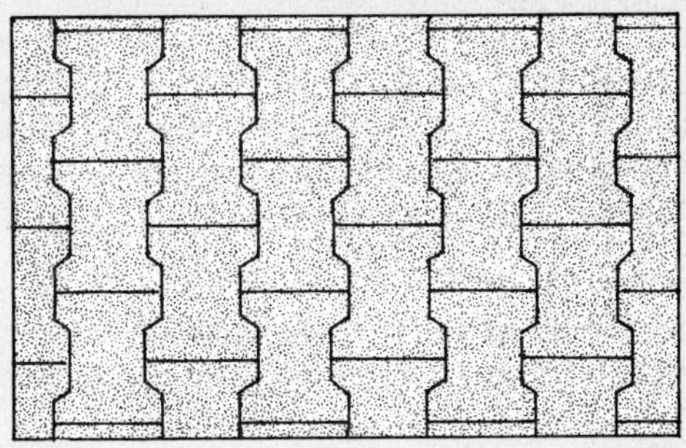

Standard-Muster

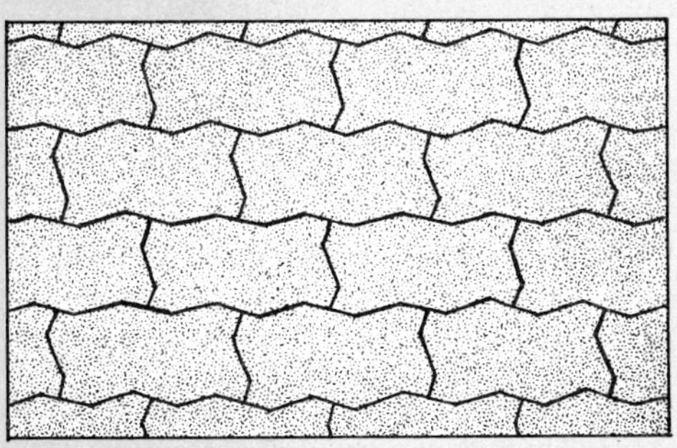

Parkett-Muster

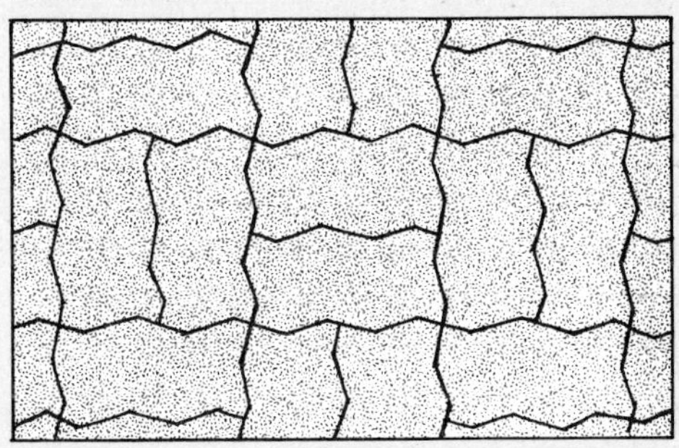

**Holzpflaster**
Mehr dekorativ als praktisch, ist diese Art Wegebau besonders auf Gartenschauen zu sehen. Von Holzpflasterung auf viel benutzten Wegen wird abgeraten: trotz bester Verdichtung werden die mit Sand gefüllten Zwischenräume zwischen den Stammabschnitten immer tiefer liegen als das Holz. Gut ist so ein „Holzweg“ durch Rasenflächen oder zwischen dem Rasen und einer Koniferengruppe. Weichholz ist nicht lange haltbar, Hartholz teuer. Also vorher mit einem fäulnisverhütenden Holzschutzmittel imprägnieren oder in Bitumenlösung eintauchen (selbstverständlich nur bis zur dekorativen Oberfläche). Am besten wirken Hölzer mit etwa drei verschiedenen Stärken, es kommt dabei nicht auf den Zentimeter an. Das Wegbett wird 20–30 cm tief ausgehoben und am Grund wieder verdichtet. Die Länge der Holzabschnitte entspricht dieser Tiefe. Die Zwischenräume werden mit Sand ausgefüllt (evtl. mit Stampfer verdichten).

**Naturpflastersteine**
In den meisten Fällen werden neue Pflastersteine für Gartenwege verwendet. In vielen Gegenden geben Stadtverwaltungen jedoch auch Pflastersteine aus Granit und Basalt, manchmal auch aus Kalkstein, billig ab, da gepflasterte Straßen mehr und mehr mit Teerdecken ausgestattet werden. Inzwischen sind diese auch rar geworden. Entweder wird dicht an dicht oder mit breiter Sandfüllung in den Fugen verlegt. Gerne verwendet man ein Rasenpflaster, wobei die Steine mit breiten Fugen (3–5 cm) versetzt werden. In die leeren Fugen kommt gute Erde, etwas verdichtet, in die dann Gras gesät wird.
Es gibt auch fertige Beton-Rasensteine im Handel zu kaufen. Gut wirken Wege, bei denen rechteckige Plattenflächen mit gepflasterten Flächen abwechseln.

**Klinkerweg**
Besonders in Norddeutschland, wo Hartbrandklinker viel für den Hausbau verwendet werden, kommen diese auch als Wegematerial in Frage; es lassen sich damit hübsche Muster verlegen. Ist die Belastung nicht groß, kann der Stein flach auf ein Sandbett verlegt werden. Bei stärkerer Beanspruchung sollten die Klinker mit der Schmalseite nach oben liegen. Ziegelsteine mit Hohlräumen sind nicht widerstandsfähig genug für die Verwendung im Garten.

**Trittplatten im Rasen**
Weniger aus ästhetischen Gründen als mehr aus der Praxis heraus sind oft Trittplattenwege zu verlegen. Aus dem Rasen wird das Rechteck oder das Quadrat, entsprechend der Form der Platte, ausgestochen, mit Sand gefüllt und anschließend verdichtet. Die darin verlegte Platte muß trotz Verdichtung etwa 2 cm über die Erdoberfläche heraussstehen. Regen und die spätere Belastung schaffen den Niveau-Ausgleich. Wo vorhanden, können für diesen Zweck auch flache Urgesteinsfindlinge verwendet werden. Der Abstand von Plattenmitte zu Plattenmitte beträgt 65 cm. Leicht geschwungene Trittplattenwege wirken eleganter als schnurgerade.

**Wege aus Spitzgrabensteinen**
Im Straßenbau werden immer mehr Spitzgrabensteine zu beiden Seiten der Teerdecke verwendet. Es sind quadratische Betonplatten, die auf der einen Seite einen etwa 10 cm höheren Wulst aufweisen. Diese Steine lassen sich gut für Hauptwege im Garten verlegen. Die Wulstseite kommt selbstverständlich nach außen. Die Platten werden so verlegt, daß die Wulstoberseite mit dem Gelände übereinstimmt; der Weg liegt dann etwas tiefer. Ist die Plattenoberseite gleich dem Niveau der Umgebung, so steigt das Gelände zur Wulstoberseite leicht an, was bei Randbepflanzungen ganz reizvoll ist.

**Kantenbegrenzung**
Wege durch Rasenflächen benötigen keinen Kantenschutz; führen sie durch bearbeitetes Gelände, so ist allerdings die Verwendung von Kantsteinen anzuraten. Billig und schnell verlegbar sind Kantsteine aus Beton. Normalerweise gibt es sie in den Abmessungen: Länge 0,6–1,0 m, Höhe 25–30 cm, Stärke etwa 5 cm. Es gibt Steine mit gerader und mit gewölbter Oberkante; spezielle Ausführungen haben eine Andeutung von Nut und Feder an den Stoßkanten. Auch hochkant gestellte Hartbrandklinker können verwendet werden. Natursteine sind für diesen Zweck recht kostspielig. Die Oberkante der Einfassung sollte nur ca. 5 cm über der Wegoberfläche liegen. Die Geradlinigkeit solcher Einfassungen kann durch Überwachsen mit Polsterpflanzen gemildert werden.

## Treppen

Gärten, speziell Wohngärten, im bewegten Gelände haben ein wesentlich dekorativeres Aussehen als solche im völlig flachen Land. Um die Höhenunterschiede zu überwinden, werden Treppen benötigt; auch kleinere Höhenunterschiede sollten nicht durch stärker fallende Wege ausgeglichen werden. Der Geschmack hat sich gewandelt: Seitenwangen werden nur dort angebracht, wo sie wirklich benötigt werden; an ihre Stelle tritt die Bepflanzung mit Stauden und Zwerggehölzen. Flache Treppen wirken viel eleganter als steile. Welches Material man aus dem reichhaltigen Angebot auch wählen mag – oberster Grundsatz muß bleiben, daß für die Treppen der gleiche Werkstoff genommen wird wie für die Wege.

**Berechnung**

Eine Treppe muß um so flacher sein, je breiter die Auftrittfläche ist. Es gibt beim Bau einige Faustzahlen, die beachtet werden müssen. Die Norm ist, daß die doppelte Steighöhe plus der Auftrittbreite eine Schrittlänge ergeben soll. Die mittlere Schrittlänge liegt etwa bei 65 cm. Eine Stufenhöhe von 12,5 cm ergibt eine Auftrittbreite von 40 cm (2 × 12,5 cm = 25 cm + 40 cm = 65 cm). Dies ist das durchschnittliche Maß; man kann natürlich auch variieren und eine Stufenhöhe von 10 cm oder 14 cm (nie über 15 cm!) wählen, nur die Berechnung muß einigermaßen stimmen. Beispiel: 2 × 14 cm = 28 cm + 37 cm = 65 cm, es ist also hier eine Auftrittbreite von 37 cm nötig. Zuerst ist der zu überwindende Höhenunterschied festzustellen; dazu schlägt man am Fuß der zukünftigen Treppe eine Latte senkrecht in den Boden; vom oberen Treppenende (Austritt) wird eine Schnur waagrecht (Wasserwaage!) bis zu dieser Latte gespannt – die Entfernung vom Fuß der Latte bis zur Schnur ergibt den Höhenunterschied. Beträgt dieser beispielsweise 1,37 m, so müssen bei einer Stufenhöhe von 12,5 cm 11 Stufen eingebaut werden. Da dies einer Auftrittbreite von 40 cm entspricht, wird die gesamte Treppe 11 × 40 cm = 4,4 m lang. Nach 8–12 Stufen sollte ein Absatz zum Ausruhen eingebaut werden, der ein Mehrfaches der Auftrittbreite beträgt. Gut ist eine Schrittlänge (65 cm) plus eine Auftrittbreite der geplanten Treppe. Eine weitere Regel ist, möglichst immer eine ungerade Zahl von Stufen zu wählen. Ist die zu überwindende Böschung sehr steil, wird die Treppe schräg zum Hang angelegt. Sie soll auch bei kleiner Ausführung möglichst nicht rechtwinkelig zur Böschung verlaufen, das wirkt zu steif.

**Erdstufentreppe**

Im Hausgarten ist diese Art höchstens für wenig begangene und verdeckte Stellen zu empfehlen, wohl aber, als eine billige Lösung, im Wochenend- und Siedlergarten. Man nimmt dazu Fichtenhölzer von 5–8 cm Durchmesser; sie können geschält oder ungeschält, ganz oder halbiert sein. Die Rundhölzer und die außerdem benötigten Pfähle werden vor ihrer Verwendung mit Karbolineum oder einem anderen Holzschutzmittel gestrichen; das macht sie haltbarer. Beiderseits der Stufen wird je ein angespitzter Pfahl in die Erde geschlagen; dahinter werden quer zum Hang die Rundhölzer gelegt und an die Pflöcke genagelt. Dann die Stufe mit grobem Material (Kies, Schotter, Schlacke) hinterfüllen und dieses feststampfen. An die Oberfläche kommt das gleiche Material, nur in wesentlich feinerer Körnung. Die Stufen sollten an der Oberfläche eine leichte Neigung zur Vorderkante haben, etwa 1–2 %, was für alle Treppen gilt. So wird stehendes Wasser vermieden.

**Treppen aus Eisenbahnschwellen**

Ähnlich den vorher beschriebenen Treppen sind solche aus alten Eisenbahnschwellen, die noch viele Jahre haltbar sind, nachdem die Bundesbahn sie ausgeschieden hat. Die Enden werden seitlich ins Gelände etwas eingegraben. Die Schwellen sind schwer, so daß Haltepfähle meist nicht nötig sind. Ebenfalls entfällt das Imprägnieren – sie haben im Laufe ihres Eisenbahner-Lebens genügend Mineralöle abbekommen.

**Treppen aus Natursteinplatten**

Nicht zu schwache Platten wählen! Schwere Ausführung nehmen, damit sie nicht wackeln. Sie werden entweder direkt auf die gewachsene Erde oder auch in Sand gesetzt. Wichtig ist, daß die Ränder gut und gleichmäßig aufliegen. Wasserwaage! Als Riegel nimmt man das gleiche Material, aus dem die Auftrittplatten sind. Eine möglichst gerade Seite kommt nach vorne. Wenn die Riegel gut hinterfüttert sind, kommt die nächste Lage Auftrittplatten; sie soll 2 cm nach vorne über die Riegel überstehen. Natursteinplatten müssen oft etwas korrigiert und zugehauen werden; solche Platten muß man immer in Sand legen, damit kein Hohlraum darunter ist. Der Umgang mit Meißel und Fäustel erfordert Geschick. Mit vorsichtigen Schlägen auf den Meißel erst eine kleine Rille schlagen, die dann mit immer stärker werdenen Schlägen weiter vertieft wird, bis die Platte wie gewünscht springt.

**Kunststeintreppen**

Betonwerke bieten Riegel und Platten in verschiedener Ausführung an. Der Bau einer Kunststeintreppe unterscheidet sich wenig vom Bau einer Natursteintreppe. Mörtel ist hier wie dort entbehrlich; wer die Treppe stabil wünscht, nimmt mageren Kalkmörtel (1 Teil Kalk, 6 Teile Sand) und bringt davon eine Schicht von etwa 2 cm zwischen Riegel und Auftrittplatte ein.

Faustzahl beim Treppenbau: Doppelte Steighöhe + Auftrittsbreite = 65 cm

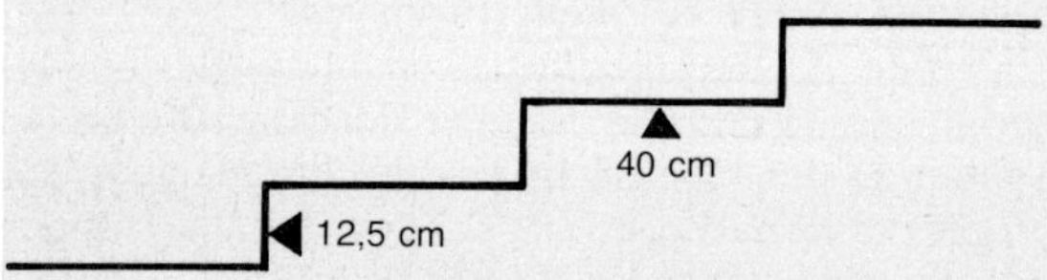


Beispiel: 12,5 + 12,5 + 40 = 65 cm

Behelfsmäßige Erdstufen

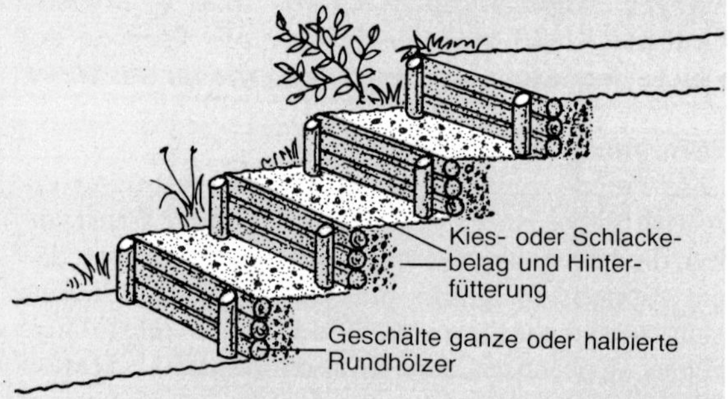


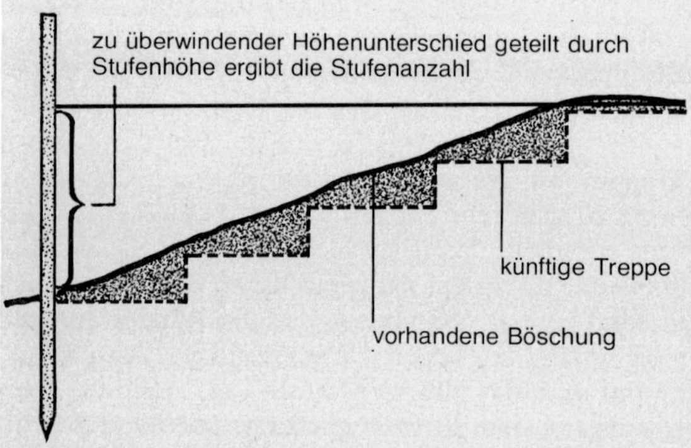


Preiswerte Waschbetontreppe

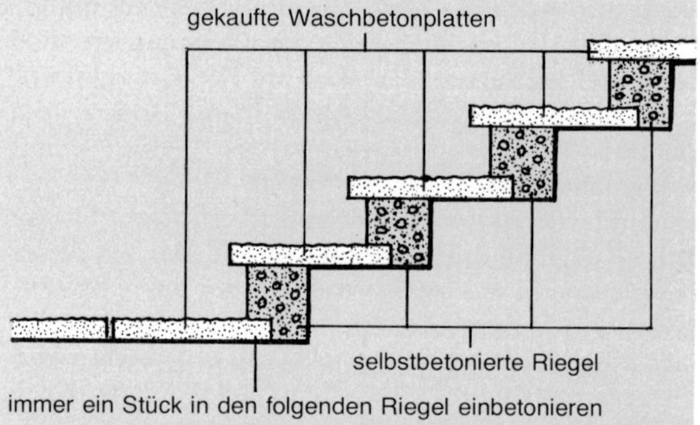


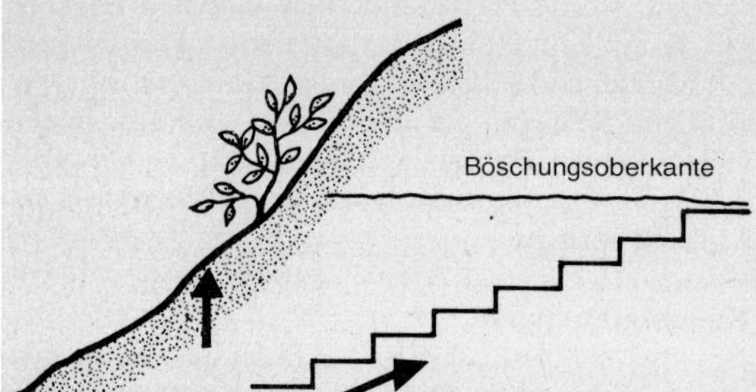


bei steilen Böschungen Treppen schräg zum Hang anlegen

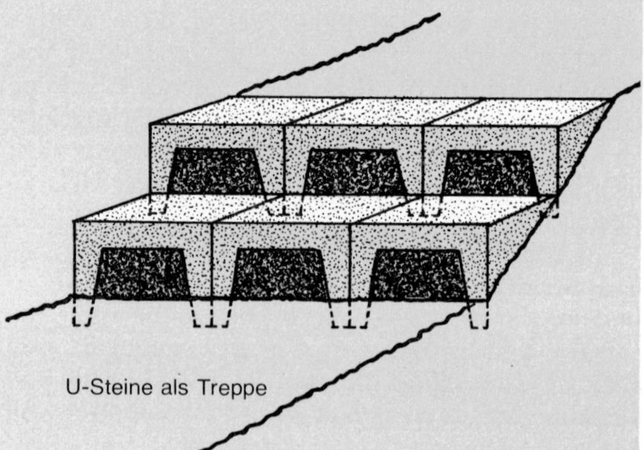

U-Steine als Treppe

Bei Mauern darauf achten, daß die senkrechten Fugen immer versetzt sind

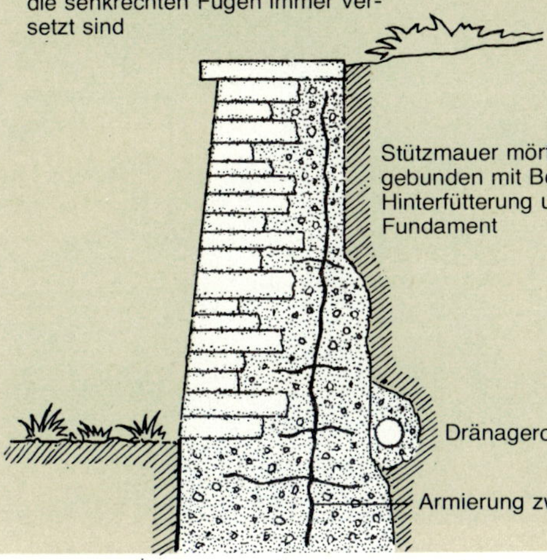


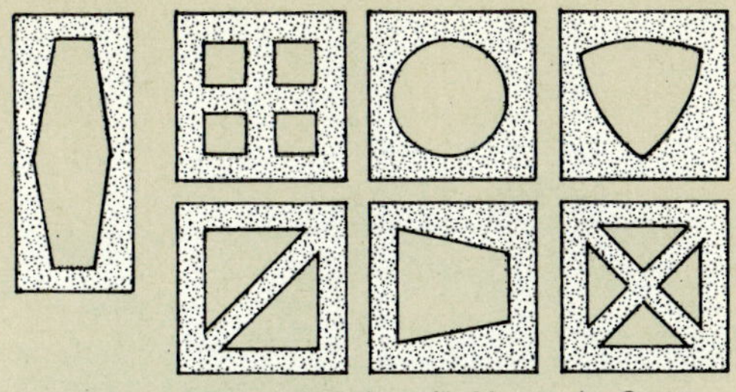

Beispiele von Ornamentsteinen für Mauern im Garten (interne Abgrenzungen, Terrassenumfriedung u. ä.)

Waschbetonmauern nach 12–24 Stunden mit einer steifen Bürste auswaschen (je nach Wetterlage und Mischung)

Bei leichtem Boden sollte wenigstens die unterste Stufe in Zementmörtel liegen.

**Blockstufen**
Sie können aus Natur- und Kunststein sein; es gibt genormte Größen. Ihr beträchtliches Gewicht macht ein Betonfundament meist überflüssig. Der Eigenbau ist problematisch, deswegen wird davon abgeraten.

**Verschiedene Treppen**
Treppen kann man pflastern, wenn die Vorderseite aus einem durchgehenden Beton- oder Natursteinriegel besteht. Kleinere Treppen können auch aus Hohlblock- und U-Steinen gestaltet werden. Sogenannte Pflanztreppen sind in den meisten Fällen kaum mehr als eine Spielerei: in den Auftrittflächen Löcher frei zu lassen, um sie mit Polsterpflanzen zu bestücken, ist nicht sehr sinnvoll – Treppen sind zum unbehinderten Begehen da, und für die Pflanzen gibt es bessere Plätze. Feste, preiswerte Treppen lassen sich auf folgende Weise herstellen: da besonders Waschbeton-Blockstufen recht teuer sind, werden die Riegel betoniert (4 : 1) und die Auftrittflächen mit normalen Waschbetonplatten belegt (oder, je nach Wunsch, mit anderen Kunststeinplatten). Der hintere Teil der Auftrittplatte sollte dabei von dem folgenden Riegel immer etwas überbetoniert sein, um ihm einen festen Halt zu geben. Schließlich sind noch Klinkertreppen zu erwähnen; die Klinker müssen unbedingt in Beton verlegt werden. Treppen aus normalen Ziegelsteinen nutzen sich sehr leicht ab

## Mauern

Große Mauern, die etwa 1 m Höhe überschreiten, sollten dem Fachmann überlassen bleiben, denn mangelnde handwerkliche Genauigkeit verursacht ein zu hohes Sicherheitsrisiko; für den Amateur ist auch zu viel Zusatzmaterial erforderlich (Schalbretter bei Betonmauern usw.). Stützmauern ersetzen Böschungen, die gärtnerisch oft problematisch sind. Das verwendete Material sollte zum Treppen- und Wegematerial passen. Hohe Mauern sind teuer und wirken – auch wenn sie vom Fachmann ausgeführt werden – meist wuchtig und oft kahl und schwer. Für den Gartenfreund leichter zu errichten sind Trockenmauern. Über sie ist im Abschnitt Steingarten nachzulesen. Bleibt hier zunächst nur die niedrige Stütz- und Trennmauer.

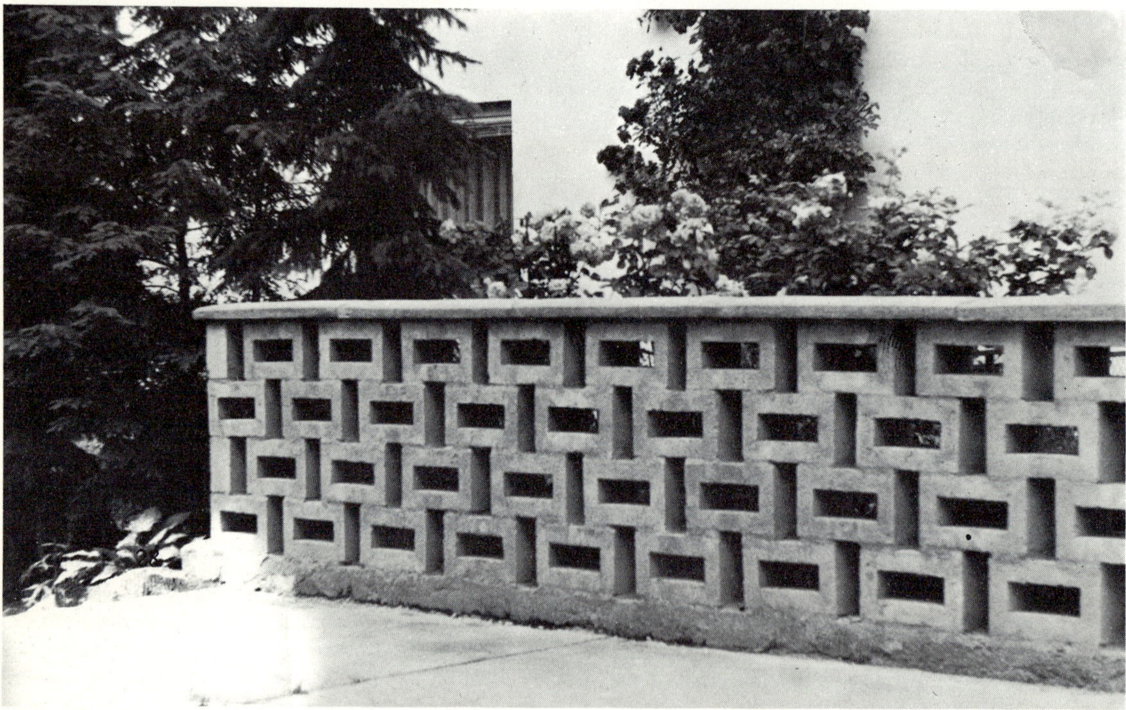

**Fundament**

Mit Mörtel ausgefugte Natur- oder Kunststeinmauern sowie Betonmauern benötigen ein Fundament aus Beton Bn 100 (10 Teile Kies, möglichst unterschiedlicher Körnung, und 1 Teil Zement). Das Fundament sollte bis in frostfreie Tiefe gehen. Im Rheinland genügen 60 cm, in Bayern sind 80 cm nötig. Wer nicht durchgehend so tief bauen will, setzt alle 3 m einen Fundamentpfeiler bis in frostfreie Tiefe. Für die dazwischen liegenden Mauerteile genügt dann eine Fundamenttiefe von 25–30 cm. Wird die Mauer auf aufgeschüttetem Boden errichtet, müssen die Fundamentpfeiler unbedingt bis in den gewachsenen Boden reichen.

**Natursteinmauern**

Natursteinmaterial wirkt immer gut. Besonders beliebt ist gesägtes Material, das an der Sichtfläche bruchrauh ist oder künstlich bruchrauh geschlagen ist (Bossiersteine). Beim Mauern ist darauf zu achten, daß eine senkrechte Fuge nie über zwei Steine hinausführt; das ist nur dann zulässig, wenn einzelne Steine von doppelter Stärke hier und da zur Auflokkerung des Bildes mit eingebaut werden. Exakte Ausführung ist Voraussetzung. Wasserwaage und Schnur sind die Hauptwerkzeuge. Wie beim Hausbau werden die Ecksteine zuerst gesetzt.

Die Fugen sollen etwa ½–1 cm stark sein. Bei schmalen Riemchen wirken enge Fugen am besten. Man verwendet Zementmörtel im Mischungsverhältnis 1:6 bis 1:4 (Zement:Sand). Bei saugendem Steinmaterial (z. B. Sandstein) ist ein Kalkmörtel (1 Teil Zement, 2 Teile Kalk) besser. Wichtig ist, daß die Sichtseiten bei den Arbeiten nicht verschmutzt werden. Spritzer immer gleich und gründlich entfernen! Aus statischen Gründen müssen Stützmauern eine leichte Neigung nach hinten haben (etwa 10% ihrer Höhe). Hinterfütterung siehe nächsten Absatz.

**Kunststeinmauern**

Sie sind allgemein einfacher zu errichten als Natursteinmauern. Auch bei ihnen wirken versetzte Fugen besser. Die Industrie bietet Material an mit künstlicher Bossierfläche. Oft müssen solche Mauern einen stärkeren Druck vom Hang her auffangen und werden deshalb mit Beton hinterfüttert, im Extremfall sogar mit Stahlbeton (Baustahlgewebe). Entweder man läßt dann am oberen Ende die Schicht Beton zum Kunst- oder Naturstein hinauslaufen, oder man deckt die gesamte Mauer mit einer Platte ab, damit die Betonhinterfütterung unsichtbar bleibt.

**Betonmauern**

Haupthindernis für den Selbstbau ist das Fehlen von genügend Schalmaterial. Heute arbeitet der Gartenbesitzer mit Transportbeton. Man erhält die genau richtige Mischung, und die Menge kann berechnet werden. Hat man Sorge, daß der Beton in der vorhandenen Zeit nicht verarbeitet werden kann, so läßt

*Seite 28 oben: Lebendige Mauer aus unbearbeiteten Muschelkalksteinen. Seite 28 unten: Leicht selbst zu bauende Mauer aus Beton-Gartensteinen. Unten links: Mauer aus bruchrauhem, grauem Schiefergestein (handwerkliches Geschick!) mit Zymbelkraut. Unten rechts: Vorbildliche Natursteinmauer mit Pflanzfugen für Polsterpflanzen.*

man Verzögerer beimischen. Betontype B 50 und B 80 wird für Fundamente genommen, B 160 für niedere Mauern und B 225 für Stahlbeton. An der Innenseite der Schalung können Klötze und Leisten aufgenagelt werden, die dann im Beton ein räumliches Muster hinterlassen. Bei längeren Mauern sind senkrechte Dehnfugen, bei stärkerem Druck ist Armierung mit Baustahlgewebe vorzusehen.

**Waschbetonmauern**
Betonmischung 1:6 verwenden; bei der Sand-Kies-Mischung über dem Fundament einen höheren Anteil von gebrochenem Rundkies mit 5–30 mm Durchmesser nehmen. Flußkies und Kiesel mit sehr verschiedenartig gefärbtem Korn sind besonders gut. Waschbeton nur erdfeucht in die Verschalung stampfen, nicht zu flüssig machen. Je nach Temperatur und Luftfeuchtigkeit nach 12–24 Stunden an der Sichtseite ausschalen. Kiesel von den anhaftenden Zementresten mit Wasserschlauch und Drahtbürste reinigen. Der Zeitpunkt dieser Arbeit ist für die Qualität der Sichtfläche entscheidend.

**Klinkermauern**
Fugen bündig mauern. Meist werden nur an der Vorderseite Hartbrandklinker verwendet. Dahinter befindet sich ein Betonkern. Oder es wird eine Betonmauer an der Sichtseite mit Klinkerkacheln verblendet. An der Oberseite können Klinker mit der Schmalseite nach oben zu Mustern verlegt werden. Besonders hier ist auch auf die Farbgebung der einzelnen Steine zu achten, die zwischen gelblich und schwarzrot schwankt.

**Durchbrochene Mauern**
Vermehrt werden durchbrochene Mauern aus filigranen Betonsteinen zur Unterteilung im Garten verwendet, sei es an der Terrasse, zwischen Reihenhausgärten oder als Einfassung von speziellen Hobby-Gärten. Diese „durchsichtigen Mauern“ wirken gleichzeitig trennend und verbindend. Auf ein gutes Fundament gesetzt, können sie vom Liebhabergärtner selbst gebaut werden. Außer den verbreiteten Quadrat- und Rechtecksteinen gibt es solche mit Balkenkreuz, Kreis, Schild, Diagonalkreuz, Kegel usw. bis hin zu pseudogotischem „Maßwerk“. Bei verschiedenen Fabrikaten (z. B. Kraus) lassen sich die Steine auch verglasen (mit Silikonkautschuk). Wo nötig, gibt es Basisplatten (z. B. bei Wabensteinen). Die fertige Mauer kann weiß gestrichen werden (Dispersions-Binderfarbe). An durchbrochenen Mauern können Schling- und Kletterpflanzen ranken.

## Zäune

Die mancherorts erstrebte Gartenlandschaft ohne Zaun gibt wohl doch nicht das Maß an Geborgenheit, das man von einem Garten erwartet, denn Zäune sind weiterhin gefragt. Der Zaun soll schlicht sein, am angenehmsten wirkt Holz als Baustoff. Wichtig ist, daß er seiner Umgebung angepaßt ist. In vielen Fällen, besonders in städtischen Siedlungen, wird die Zaungestaltung vom Bauamt vorgeschrieben. Ein Grundsatz ist, daß die glatte Seite immer nach außen kommt (Pfosten, Betonpfeiler nach innen, Drahtgeflecht, Latten nach außen).

**Holzpfosten**
Sie lassen sich leicht bearbeiten, sind billig und sehen naturnah aus, haben aber nur eine beschränkte Lebensdauer. Geeignet sind entrindete Rundpfosten mit 8–10 cm Durchmesser aus Fichtenstangen. Hartholz ist haltbarer, aber teurer und in der in Frage kommenden Länge schlecht zu beschaffen. Die Pfosten werden mit einem Beil angespitzt und so weit, wie sie in den Boden kommen, mit Bitumen gestrichen, wenn es sich nicht um kesseldruckimprägnierte Pfosten handelt. Notfalls genügt auch Ankohlen der unteren Teile in einem offenen Feuer. Die oberen Teile werden mit einem mild braun gefärbten Holzschutzmittel gestrichen. Der Abstand der einzelnen Pfosten voneinander richtet sich danach, ob ein Draht- oder ein Lattenzaun angebracht werden soll (Lattenzaun 2 m, Drahtzaun 2,5–3 m). Mit einer Brechstange ein rundes Anfangsloch stoßen. Einschlagen der Pfosten mit einem Holzschlägel oder mit einem Eisenschlägel, bei dem ein Brettchen dazwischen gelegt wird, damit der Pfosten nicht aufspaltet. Eckpfosten erhalten Diagonalverstrebungen. Auf gleiche Höhe absägen mit einer kleinen Schräge nach innen. Wer auf der Oberseite ein überlappendes Blech anbringt, erhöht die Lebensdauer der Holzpfosten. Diese können auch quadratisch oder rechteckig sein. Um die empfindliche Zone an der Erdoberfläche zu schützen, ist es am besten – aber auch am teuersten –, wenn die Hölzer selbst nicht in die Erde kommen, sondern auf einbetonierte Eisen geschraubt werden. Das kann ein U-förmiges Flacheisen oder ein T-Eisen sein. In diesem Fall müssen die Betonsockel auf dem Eisen vorher sorgfältig eingesetzt werden.

**Drahtzäune**
Sie sind preiswert, aber nicht besonders schön. Am einfachsten ist es, vier 3 mm starke verzinkte Drähte mit Krampen an Holzpfosten zu nageln. Beliebt ist

Maschendraht. Neben verzinkter Ware wird auch kunststoffummantelter Aluminium-Maschendraht verwendet. Möglichst dunkelgrün ummantelten Draht nehmen! Das dazu verwendete Weich-PVC-Material ist nicht völlig lichtecht. Hellgelbes Drahtgewebe bleicht z. B. aus und wird an der Sonnenseite braun. Bei dunklen Farben fällt das weniger auf. Ein 1,5 m hoher Maschendrahtzaun benötigt drei Spanndrähte. Nicht vergessen, Spanner einzubauen! Es gibt sie in jedem Eisenwarengeschäft. Um Maschendrahtzäunen etwas von ihrer Nüchternheit zu nehmen, werden sie in gewissen Abständen berankt. Wicken eignen sich besonders gut. Außer Holzpfosten können auch dauerhafte Betonpfosten, die es in jedem Beton- oder Baugeschäft zu kaufen gibt, mit den dazugehörenden Eckverstrebungen genommen werden. Eine empfehlenswerte, dauerhafte, dichte Einfriedung bietet ein Maschendrahtzaun mit Betonpfosten plus Hainbuchenhecke. Vom Draht ist später nichts mehr zu sehen, er befindet sich im Innern der Hecke. In Gegenden mit großem Kaninchenbestand muß der Maschendraht mindestens 30 cm in den Boden eingegraben werden.

**Holzzäune**

Sie wirken immer gut, besonders wenn die sichtbaren Teile mit einem matten, hellbraunen Holzschutzmittel behandelt werden. Für den normalen Lattenzaun nimmt man entweder gehobelte Dachlatten oder halbierte, entrindete Fichtenstangen. Die oberen Enden schräg sägen. Der Abstand kann variieren, gewöhnlich beträgt er eine Lattenbreite. Die Latten werden auf zwei Querriegel genagelt (etwa 8–10 cm breit und 4–5 cm stark). An den Pfosten überplatten sie sich und werden zusammen auf diesem festgenagelt (zwei Nägel von oben, einer von unten). Die Querriegel mit den Latten können natürlich auch auf einbetonierte Rohre, T-Eisen usw. verschraubt werden. Oder sie werden zwischen Betonsäulen auf ein einbetoniertes Eisen geschraubt.

Beliebt ist besonders ein niederer Jägerzaun (Kreuzzaun), doch entsteht an den Kreuzstellen bei ungenügendem Holzschutz leicht Fäulnis. Elegant wirken niedere Bretterzäune. Auf einem Betonsockel (Waschbeton) werden T-Eisen eingesetzt (grundieren mit Bleimennige oder Zinkstaubgrundierung); darauf werden zwei etwa 15–20 cm breite und 4 cm starke Bretter verschraubt. Zunehmend verwendet werden „Flechtzäune“. 10 cm breite, gehobelte Bretter von 1,5 m–2 m Länge und 1,5 – 2 cm Stärke werden abwechselnd vor und hinter dem Pfosten vernagelt. In der Mitte zwischen den Pfosten überkreuzen sich

Holzpfosten, die in die Erde kommen, vorher ankohlen oder mit Bitumen anstreichen

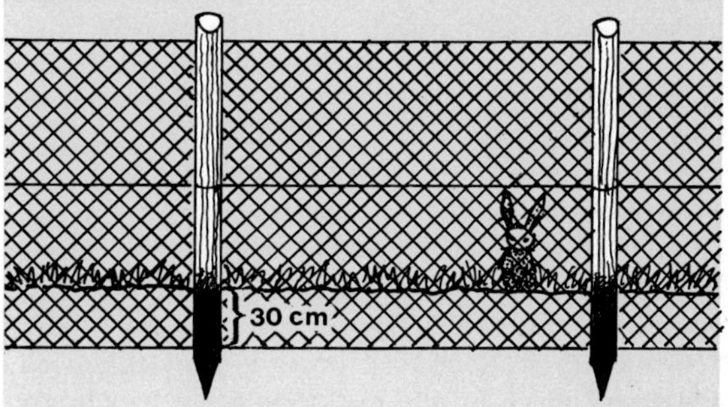


In Kaninchengefährdeten Gegenden Maschendraht 30 cm in den Boden einlassen

Holzzäune

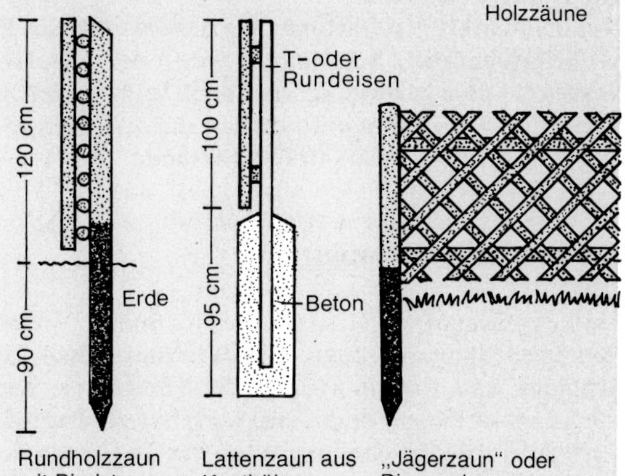


Rundholzzaun mit Bindstangen

Lattenzaun aus Kanthölzern

„Jägerzaun“ oder Diagonalzaun

dann die Bretter. Es gibt diese Flechtzäune auch fertig vorbereitet zu kaufen; bei ihnen sind die einzelnen Flechthölzer wesentlich schmaler (Schwarzwälder Holzgeflecht). Die Flechtbahnen können waagerecht oder auch senkrecht verlaufen. Man verwendet dabei vier Querriegel.
Für bestimmte Gartenteile (zum Beispiel als Sichtschutz am Schwimmbad) paßt auch ein Palisadenzaun. Senkrecht geschälte Rundhölzer von 8–15 cm Durchmesser werden ca. 25 cm in ein Betonfundament dicht an dicht einbetoniert. Nochmals muß auf den entsprechenden Holzschutz – am besten eine Tiefenimprägnierung nach dem Kesseldruckverfahren – hingewiesen werden.

#### Kunststoffzäune

Kunststoffzäune sind zwar weitgehend witterungsbeständig, haben aber Nachteile. Meist besteht das Material aus Hart-PVC. Ein Teil des darin enthaltenen Weichmachers verflüchtigt sich mit der Zeit. Das Material versprödet, und bei dünnwandigem Material besteht leicht Bruchgefahr. Nur unifarbenen, braun eingefärbten Kunststoff verwenden, Holzimitation wirkt kitschig. Das Verschrauben nach Anleitung bereitet keine Mühe.

#### Eisenzäune

Hohe Eisenzäune wird niemand verwenden. Anders ist es mit den aus rechteckigen Profileisen und Ziergittern geschweißten Eisenzäunen – zwar teure Schlosserarbeit, doch liegt in ihrer Einfachheit viel Eleganz. Daher darf die Lackierung, die hier besonders wichtig ist, nicht grell farbig sein. Dauerhaft ist ein DD-Zweikomponenten-Lack.

#### Rohr- und Schilfzäune

Nur in rückwärtigen Gartenteilen zu verwenden, z. B. als Sichtschutz am Schwimmbecken oder an einer Sitzecke. Diese Matten können auch selbst gefertigt werden. Die Stabilität wird erhöht durch Umnageln mit einem Latten- oder Bretterrahmen.

## Pergola (Rankgerüst)

Sie bietet Schutz vor Wind und greller Sonne. Vor allem aber dient sie dazu, ideale Pflanzplätze für Schlinger und Ranker zu schaffen. Besonders wirkungsvoll ist die mit dem Haus verbundene Pergola, doch auch zur Überdachung eines frei im Garten liegenden Sitzplatzes ist sie geeignet. Als raumbildendes Gartenelement verdient sie eine sorgfältige Planung und erfordert eine einwandfreie bauliche Verarbeitung. Holz ist der richtige Werkstoff – zumindest für ihre Lager- und Querhölzer. Das Rankgerüst kann freistehend oder überdacht sein. Die Pflanzen müssen dem Charakter der Pergola entsprechen. Ein pompöses Rankgerüst und eine schwache, mehltaubefallene Rose bieten einen unerfreulichen Anblick.

#### Säulen oder Pfeiler

Diese sollen als tragende Elemente sehr stabil sein – zu der Balkenlast kommt später das enorme Gewicht belaubter, alter Schlinggewächse hinzu. Für Säulen aus Holz wird eine Stärke von 12 × 12 cm bis 16 × 16 cm empfohlen; sie sollen nicht direkt auf dem Boden aufsitzen, sondern kommen in ein U-förmiges Eisenstück, das in den Boden einbetoniert ist. Eisensäulen aus rundem oder rechteckigem Rohr dagegen werden direkt in das Fundament gesetzt; zur Aufnahme der Lagerhölzer benötigen sie am oberen Ende U-förmige Eisen. Die Pfeiler können natürlich auch gemauert sein. Pfeiler aus Naturstein wirken sehr gut, sind aber teuer; ein Eisenrohr im Kern erhöht die Stabilität.

#### Überdachte Pergolen

Pergolen verlieren allzu oft ihren Charme, wenn man sie überdacht, darum sei zur Vorsicht geraten. Man wird zur Überdachung immer und zur Verblendung der Rückseite (Windschutz) bevorzugt durchscheinendes Material verwenden. Geeignet sind glasfaserverstärkte Polyester-Platten mit Wellprofil oder Plexiglas xt-Stegdoppelplatten. Folgendes beachten:

1. Die Verlegung dieser Platten muß so erfolgen, daß die Kletterpflanzen an der Basis genügend Wasser erhalten.
2. Die Überdachung soll zum Wasserabfluß leicht nach hinten geneigt sein.
3. Die Kraft eines Sturmes darf nicht unterschätzt werden. Feste Verschraubung mit großen, stabilen Beilagescheiben.

#### Zusätzliche Möglichkeiten

Anstelle der Lagerhölzer können auch rechteckige Profileisen genommen werden; guter Rostschutz ist dann nötig! Die Verwendung von Rohrmatten ist nicht empfehlenswert – die Lebensdauer ist zu gering. Stärkeres Bambusrohr wirkt immer etwas fremd und ist auch nicht genügend witterungsbeständig. Zwischen den Säulen können durch Einfügen von rostgeschütztem, kunststoffummanteltem Baustahlgewebe weitere Möglichkeiten zur Berankung geschaffen werden.

**Freistehende Pergolen**
Auf die Säulen – aus welchem Werkstoff sie auch sein mögen – kommen die Lagerhölzer. Sind die Säulen aus Holz und rechteckig im Querschnitt (8 × 10 cm, 10 × 12 cm, 10 × 16 cm), dann müssen die Lagerhölzer schwächer sein. Sie werden hochkant gestellt; die Gesamthöhe beträgt zwischen 2,20 m und 2,60 m. Am Schluß kommen die Querhölzer auf die Lagerhölzer, ebenfalls hochkant. Ihre Stärke wird entsprechend dem Verhältnis zu den anderen Balken (6 × 8 cm, 6 × 10 cm oder 8 × 12 cm) gewählt. Die Enden müssen nach unten und hinten etwas schräg gesägt werden. Bei der Auflage der Querhölzer auf die Lagerhölzer wird etwas angeplattet. Wichtig ist auch hier wieder der geeignete Holzschutz, der gleichzeitig färbt und schützt (nur pflanzenunschädliche Produkte verwenden, z. B. Bondex). Der Anstrich muß nach einem Jahr wiederholt werden, da die Balken bestimmt Risse bekommen, auch wenn geeignetes Holz (Kiefer, Lärche) verwendet wurde. Die Imprägnierung ist zu diesem Zeitpunkt ohne weiters möglich, da die Schlinger noch klein sind.

## Wasserversorgung

Sie ist das A und O eines Gartens. Auch wenn sich Gärten mit bestimmten Stauden und Gehölzen gestalten lassen, die ohne zusätzliche Wasserversorgung auskommen, so ist das aber nicht die Norm. Wasser ist nicht gleich Wasser, darum lasse man stets seine Zusammensetzung untersuchen oder erfrage sie beim Wasserwerk. Selbst Regenwasser ist heute infolge unterschiedlicher Verschmutzung nicht mehr überall für Pflanzen brauchbar. Das übrige Leitungs-, Brunnen- oder Flußwasser hat verschiedene Härtegrade, hat freie Kohlensäure oder bestimmte gelöste Salze. Es gibt genügend Firmen für Wasserbau, die solche Analysen machen.

**Wasserleitung**
Ein Wasseranschluß im Garten sollte bei jedem Hausbau gleich mit eingeplant sein. Diese Stichleitung muß im Winter vom Keller aus abgestellt und entleert werden können, was eines gewissen Gefälles bedarf. Den Entleerungshahn vor der Absperrung nicht vergessen! Diese Gartenleitung braucht dann nicht auf Frosttiefe verlegt zu werden, auch wenn sie weiter vom Haus wegführt. Ist der Garten unbebaut und ist trotzdem Leitungsanschluß möglich, so muß ein Schacht innerhalb der Grundstücksgrenze gebaut werden, wo in frostfreier Tiefe abgesperrt und entleert werden kann. Die übrige Leitung bis zur Zapfstelle braucht dann nur 30 cm tief verlegt zu werden. Im Winter wird der Schacht mit Styropor frostfrei gehalten. Ist das Wasser aus dem städtischen Leitungsnetz gewöhnlich stark gechlort, so muß man einen entsprechenden Behälter an die Zapfstelle stellen, damit bis zum Verbrauch die Hauptmenge dieses desinfizierenden Gases entwichen ist.

**Wasser aus natürlichen Gewässern**
Wasser aus Seen und Flüssen zu schöpfen, ist heute kaum mehr aktuell. Aber es gibt geeignete Elektropumpen, die in solchen seltenen Fällen die Hauptarbeit übernehmen (Stromanschluß vorausgesetzt). Sie kosten mit Saugstück etwa 450,– DM, ohne Kabel und Schlauch. Für größere Gärten lohnt sich die An-

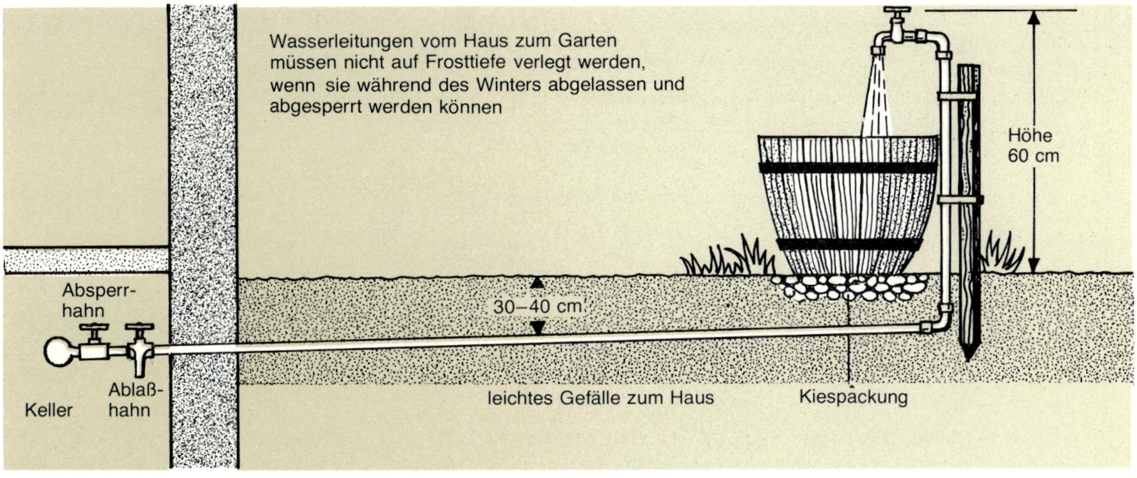

schaffung bei den steigenden Wasserpreisen. Vorher muß allerdings die Rechtslage hinsichtlich der Wasserentnahme geklärt werden. Auch die Wasserqualität sollte beachtet werden. Entnahme unterhalb einer Chemischen Fabrik, einer Galvanisieranstalt usw. bringt mehr Schaden als Nutzen.

**Wasser aus Brunnen**

Nur in Gärten ohne Netzanschluß wird noch mit Seilwinde und Schöpfeimer gearbeitet. Sonst leistet normalerweise die Elektropumpe die Arbeit. Bei Neuanlage eines Brunnens muß hier erst die gesetzliche Möglichkeit geprüft werden. Wenn das Grundwasser tiefer als 4 m liegt, ist der Neubau ziemlich aufwendig und sollte vom Fachmann durchgeführt werden. In Kalkgegenden ist das Brunnenwasser, das meistens Oberflächenwasser ist, sehr hart. Das ist bei kalkempfindlichen Pflanzen zu berücksichtigen.

**Regenwasser**

Unverschmutztes Regenwasser kann zur Bewässerung unserer Gärten wieder an Bedeutung gewinnen. Es ist den Pflanzen am zuträglichsten. Die Wasserversorgung wird von Jahr zu Jahr schwieriger, der Kubikmeterpreis steigt. Es lohnt sich, entsprechende Anlagen zu schaffen, um das kostbare Naß nutzbar zu machen. Das einfachste ist, am Abfallrohr der Dachrinne ein Stück mit Auslaufstutzen einzusetzen. Wird dieser hochgeklappt, so fließt das Regenwasser in die Kanalisation; ist er ausgeklappt, so rinnt es in den davor aufgestellten Regenwasserbehälter. Dieses System hat den Vorteil, daß man bei beginnendem Regen das erste verschmutzte Wasser noch in die Kanalisation laufen lassen kann.

Bei ebenerdigen Häusern mit leicht geneigtem Satteldach kann Nützliches mit Dekorativem verbunden werden: Die Dachrinne wird vom Haus aus noch 1–1,5 m vorgezogen. Aus diesem Ende plätschert das Regenwasser in den entsprechenden Behälter (z. B. in die Erde eingelassene Brunnenringe, bei denen ein konisches Stück nach unten gesetzt wird). Ist der Wasserbehälter schmaler oder hat ein Hausbewohner etwas gegen das Plätschern, so wird am Ende der Dachrinne eine Kette angebracht, an der dann das Wasser gesittet nach unten läuft. Nutzen Sie Regenwasser, so es in ländlichen Gegenden noch sauber ist.

## Vorbereitende Erdarbeiten

**Hausbau und Neuanlage**

Vor der Anlage ist der Garten ein Stück Wiese, Acker oder Ödland. Der Mutterboden (belebter Boden) ist in sehr verschiedener Qualität und unterschiedlicher Stärke vorhanden. Vor den Bauarbeiten eines Neubaues muß er vor den Maschinen und Materialablagerungen gerettet werden. Eine Raupe schiebt den Mutterboden in eine Ecke auf Haufen, wo er nicht stört. Vorher überzeugt man sich von der Stärke der belebten Schicht – sie ist durch die dunklere Färbung zu erkennen –; im Durchschnitt ist sie etwa 30 cm stark. Meist wird jedoch auch ein Teil der etwa 20 cm starken Übergangszone zum rein mineralischen Unterboden mit zum Humushaufen gebracht. Später reicht dieser nie aus! Erst nach der Mutterbodenbergung darf mit dem Ausheben des Grundes begonnen werden – sogar laut Gesetz! Der Mutterbodenhaufen ist meist ein Hort für Unkräuter wie Disteln, Quecken

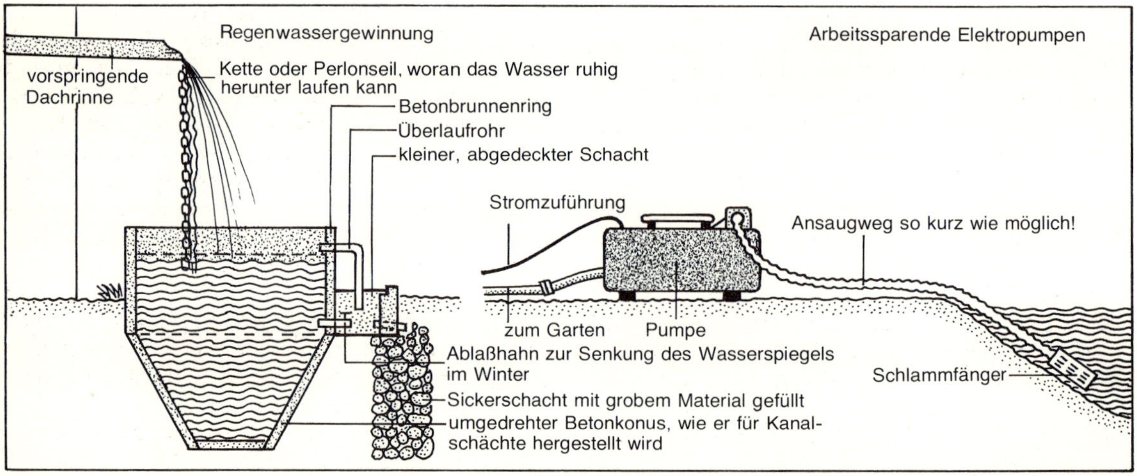

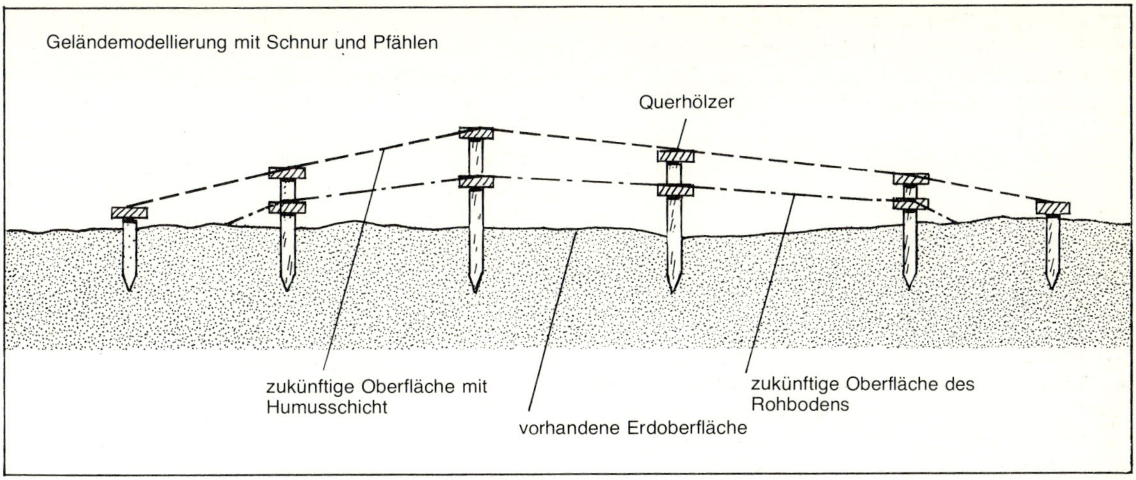


usw. Zum Entfernen ist oft keine Zeit. Deshalb ist es besser, vorher Lupinen (Stickstoffbringer) oder Akkersenf darauf zu säen. Der Ackersenf gibt eine besonders lockere Erdoberfläche und garantiert eine gute Durchlüftung des Haufens. Wer das umgebende Gelände nach dem Bau sieht, glaubt fast nie, daß daraus einmal ein fruchtbarer Garten wird.

**Geländemodellierung**

Ein topographisch bewegter Garten wirkt stets lebendiger und anziehender als eine völlig plane Fläche. Selbst wenn die gesamte Landschaft ganz eben ist, sollten in einem Wohngarten leichte Erhebungen geschaffen werden. Leider allzuoft liegt die Terrasse sehr erhöht, was den Garten optisch verkleinert. Und dabei hätte es zum Wasserabfluß nur weniger Zentimeter bedurft. Eine knappe, steile Böschung betont dann unsinnigerweise noch den „Hochsitz". Ganz flach sollte die Böschung statt dessen in das übrige Gelände übergehen, dann kann auch eine entsprechende Bepflanzung durchgeführt werden.
Andere Möglichkeiten zu modellieren, bieten sich an den seitlichen Grenzen. Oft läßt sich durch Absprache mit dem Nachbarn ein gemeinschaftlicher kleiner „Grenzwall" errichten, der sogar schalldämmend zur Straße wirken kann. Die Wegführung kann auch $^1/_2$ Meter tiefer liegen. Auch hier führt man die Böschung zu beiden Seiten flach auf das normale Niveau.
Alle Modellierungen werden mit dem toten mineralischen Boden durchgeführt. Bei größeren Projekten macht dies eine Bauraupe. Kleinere Anlagen werden mit Spaten und gummibereifter Schubkarre selbst bewältigt. Die Strecke Aushub–Anschüttung bekommt einen Bohlenpfad; so kann man auch bei feuchter Witterung arbeiten. Vor Beginn dieser Arbeiten wird die auf dem Gartenplan eingezeichnete Modellierung auf der zukünftigen Gartenfläche mit Pflöcken und Schnüren markiert; kleine Querhölzer an den Pflöcken geben die Oberfläche des zukünftigen Mutterbodens an. Mittels Latten oder Brettern wird der Böschungswinkel angeschlagen. Diese Modellierung soll möglichst im Herbst erfolgen, besonders wenn sie von Baumaschinen durchgeführt wird. Die festgewalzte Erdoberfläche, speziell bei Lehmboden, wird durch Frost wenigstens wieder etwas gelockert. Im Frühling wird der Mutterboden in gleichmäßiger Stärke von 20–30 cm aufgebracht.

**Beete und Nutzgarten**

Ist am Gartenrand ein kleiner Nutzgarten geplant, so müssen die Beete vorbereitet werden. Auch hierzu braucht man Pflöcke und Schnur.
Gerade bei der Neuanlage, wo noch keine großen Pflanzen als Windschutz vorhanden sind, muß die Windrichtung beachtet werden. Die Beete werden senkrecht zur Hauptwindrichtung geplant. Kommt der Wind hauptsächlich aus Westen, so werden die Beete in Nord-Süd-Richtung angelegt. (In den ersten Jahren sollten höher wachsende Sommerblumen wie *Cosmos,* hohe *Tagetes* und Löwenmaul die Hauptbarriere gegen den Wind bilden.)
Normale Beete haben eine Breite von 1,20 m, damit sie bei durchschnittlicher Armlänge noch gut zu bearbeiten und zu beernten sind. Dazwischen liegt immer ein Tretpfad von 30 cm. Die Wege werden entlang einer gespannten Schnur getreten. Die Beete sollen sich kaum über das normale Niveau erheben; erhöhte Beete leiden unter zu schnellem Austrocknen.

# Boden und Düngung

## Bodenarten und ihre Pflege

Im Laufe der Entwicklungsgeschichte der Erde hat die Verwitterung aus dem Oberflächengestein ein Gemenge feiner und gröberer mineralischer Teile gemacht. In seiner obersten Schicht ist dieser Boden durch verwesende organische Pflanzenteile angereichert. So ist, grob gesagt, auch unser Gartenboden entstanden. Seine Zusammensetzung kann sehr unterschiedlich und sogar auf kleinstem Raum wechselnd sein. Durch verschiedene Zugaben wird der vorhandene Boden möglichst seinem Idealzustand nahe gebracht. Die humusreiche oberste Schicht ist in fruchtbaren Gebieten etwa 30 cm stark, sie wird auch „Mutterboden" genannt. Ein stark humoser Boden mit gesundem Bodenleben und einem guten Nährstoffgehalt ist ein idealer Gartenboden.

### Verschiedene Bodenarten

Fast immer ist der Gartenboden ein Übergangstyp der nachstehend aufgeführten „extremen Böden". Nach der Bodenart, die im eigenen Garten vorherrscht, wählt man die Verbesserungsmaßnahmen aus. Die Bezeichnung „schwerer" und „leichter" Gartenboden ist von der schwereren und leichteren Bearbeitung abgeleitet. Der ideale Zustand liegt in der Mitte. Man unterscheidet folgende Bodenarten:

*Sandboden.* Er enthält keinen oder nur wenig Humus, läßt sich leicht bearbeiten, ist sehr wasserdurchlässig, trocknet also leicht aus und ist leicht zu erwärmen. Für einen Gartenboden ohne Beimischung ist er ungeeignet. Er kann aber durch viel Torfmull, organische Dünger und Lehmzusatz zu einem brauchbaren Gartenboden umgewandelt werden.

*Tonboden.* Nimmt sehr viel Feuchtigkeit durch Quellung auf und gibt diese nur langsam wieder ab. Er läßt sich sehr schwer erwärmen und durchlüften. Man muß ihn mit viel Kompost, Torf und anderen organischen Düngern auflockern und somit gartenbrauchbar machen.

*Lehmboden.* Er setzt sich überwiegend aus Partikeln zusammen, die wesentlich kleiner als Sand, aber doch größer als Ton sind. Man nennt diese Korngröße „Schluff". Das Korngrößen-Spektrum eines Lehmbodens kann recht unterschiedlich sein. Entsprechend liegt der Lehmboden in seinen Eigenschaften zwischen dem Ton- und dem Sandboden.

*Moorboden.* Reine Moorböden werden nicht oft angetroffen. Bei entsprechenden Entwässerungsmaßnahmen und vorsichtigen, regelmäßigen Kalkgaben läßt sich dieser Boden zu brauchbarem Gartenland umwandeln. Für sogenannte Moorbeetpflanzen (Ericaceen wie Rhododendron, Heide, Kalmien etc.) darf er nur schwach aufgekalkt werden.

*Kalkboden.* Nährstoffarmer Boden, der leicht austrocknet. Er benötigt viel Humus und eine dauerhafte Pflanzendecke, um zu brauchbarem Gartenland zu werden.

Alle anderen Böden können sozusagen als Gemenge dieser Böden in den verschiedensten Mischungsverhältnissen aufgefaßt werden. Liegt ein *lehmiger Sandboden* (noch verhältnismäßig leicht) oder ein *sandiger Lehmboden* (schon relativ schwer) vor, so hat man die beste Ausgangsbasis für einen guten Gartenboden. Die Wasserhaltung, Durchlüftung und Erwärmbarkeit liegt im Mittelfeld. Es sind meist nährstoffreiche, fruchtbare Böden. Bei Kalkarmut benötigen solche Böden entsprechende Gaben an kohlensaurem, gemahlenem Kalk. Fast immer ist der Humusgehalt zu niedrig und Humuszufuhr in irgendeiner Form nötig. Der Neuling wird, außer bei extremen Böden, bei der Einstufung seines Gartenbodens die exakte Bestimmung selten selbst vornehmen können. Bei entsprechenden staatlichen Untersuchungsstellen (Landwirtschaftsämtern) wird die genaue Analyse auf Bodenart, Säuregrad und Gehalt an bestimmten Nährstoffen für wenig Geld durchgeführt.

### Humus

Die meisten Böden leiden an Humusmangel. Als Humus wird der organische Bestandteil der Erde bezeichnet, also alle Teile, die Kohlenstoff enthalten. Durch Fäulnis, Verwesung, Vermoderung und Vertorfung pflanzlicher und tierischer Körper entsteht Humus. Am Abbau dieser organischen Teile ist eine Unmenge von Bodenbakterien und sonstigen Kleinlebewesen beteiligt. Zusätzlich ist Sauerstoff und Wasser nötig. Beim Abbau dieser organischen Bestandteile entsteht Kohlendioxid (Kohlensäure). Durch die Bearbeitung des Bodens kann mehr Sauerstoff eindringen und Kohlendioxid entweichen. Dadurch wird der Abbau der Humusteile beschleunigt; Nährsalze werden frei für die wachsenden Pflanzen, die zusätzlich zum Aufbau das entweichende Kohlendioxid benötigen und durch das Blatt aufnehmen. Der Humus hat aber noch eine weitere wichtige Funktion im Boden: In sandigem Boden erhöht er durch seine Kapillarität die Wasserhaltekraft, und auf schweren Böden trägt sein Reichtum an feinsten Poren zur Auflockerung des Bodens und damit zur besseren Durchlüftung bei. Die Pflanzenwurzeln aber benötigen Luft und Wasser gleichzeitig im Boden. In der Verbesserung der physikalischen Struktur, der Schaffung einer sogenannten Krümelstruktur liegt sein hoher Nutzen hauptsächlich begründet. Deswegen ist er auch für Sand- und Tonböden gleichermaßen vorteilhaft und wichtig; Sandböden macht er bündiger, Tonböden lockert er. Mit bestimmten Tonmineralien geht er eine innige Verbindung ein. Diese sogenannten Ton-Humus-Komplexe, die sich zum Beispiel im Kot des Regenwurmes finden, sind besonders dauerhafte Humusformen.

Die Pflanzen wachsen auf humosen, intensiv bearbeiteten Böden ziemlich rasch, aber der vorhandene Humus wird auch rascher abgebaut. Das muß durch laufende Zufuhr von organischem Material ausgeglichen werden (Torf, Kompost, tierische Dünger, Horn- und Blutmehl, Laubmull usw.). Nicht jeder Humus ist gleich wertvoll. Es gibt Rohhumus (auch als saurer Humus bezeichnet), der wenig fruchtbar (nährstoffarm) ist (Hochmoore, Nadelwälder). Durch Kalkung, Düngung und Luftzufuhr kann auch dieser Rohhumus in eine brauchbare Form überführt werden. Dieser wird als milder oder neutraler Humus bezeichnet. Ein normaler guter Gartenboden enthält 5–10% Humus. Dieser steht meist nicht in ausreichender Menge zur Verfügung, deshalb ist ein eigener Komposthaufen oder ein Kompostsilo besonders wichtig. Ein wichtiger Humuslieferant ist auch der Torf.

**Torfmull – unersetzlicher Helfer**

Es ist nicht auszudenken, wie wir in unseren modernen Gärten ohne Torf auskommen könnten. Er wird aus den oberen, hellen Schichten der Moore gewonnen und besteht zu dreiviertel aus organischer Masse, die aber praktisch ohne Nährstoffe ist. Wichtig ist vor allem seine wasserhaltende Kraft – er bindet das Vierfache seines eigenen Volumens. Durch entsprechende Mineraldünger und andere Zusätze entstehen Mischungen für spezielle Anwendungszwecke, von denen eine große Palette im Handel verbreitet ist. Die Bezeichnung des normalen Torfes ohne jeden Zusatz wurde unglücklich gewählt; er heißt Düngetorf, obwohl er keine direkte düngende Wirkung hat. Aber auch die anderen bodenverbessernden Eigenschaften sind nicht zu unterschätzen. Für die Gartenanlage bei Neubauten leistet er beste Hilfe, auch wenn die ehemalige Humusschicht, auf einen Haufen geschoben, die Bauarbeiten gut überstanden hat. Dieser Humus wird gelockert, gleichmäßig verteilt und mit Torf angereichert. Ist die verbleibende Humusschicht dünn und die darunter befindliche, mineralische Erde aus hellem Sand oder tonigem Boden, so werden für 100 m² 10 Ballen Düngetorf (ohne Nährstoffe) und 5 Ballen mit Nährstoffen angereichterter Torf (z. B.

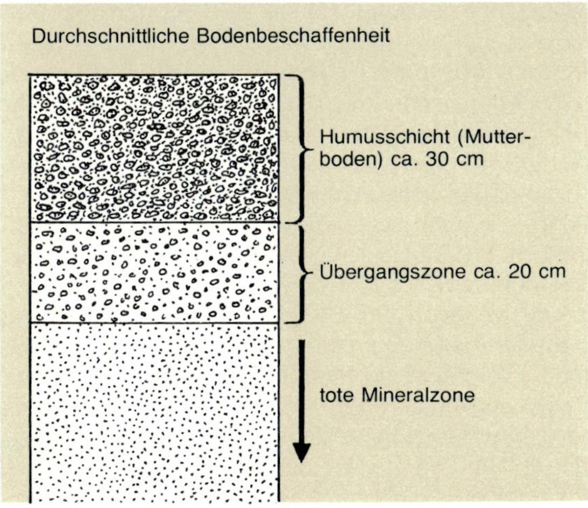


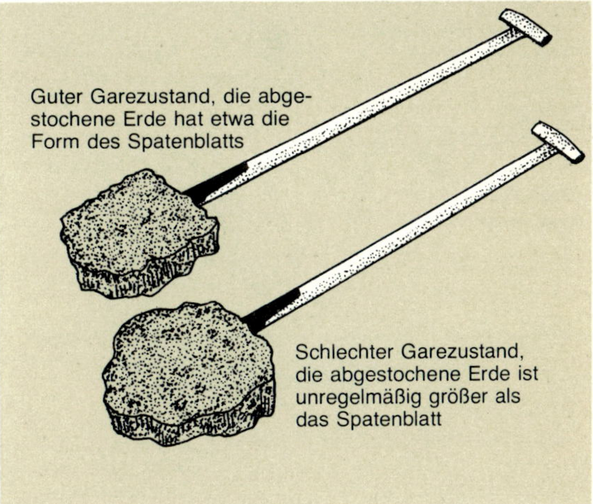

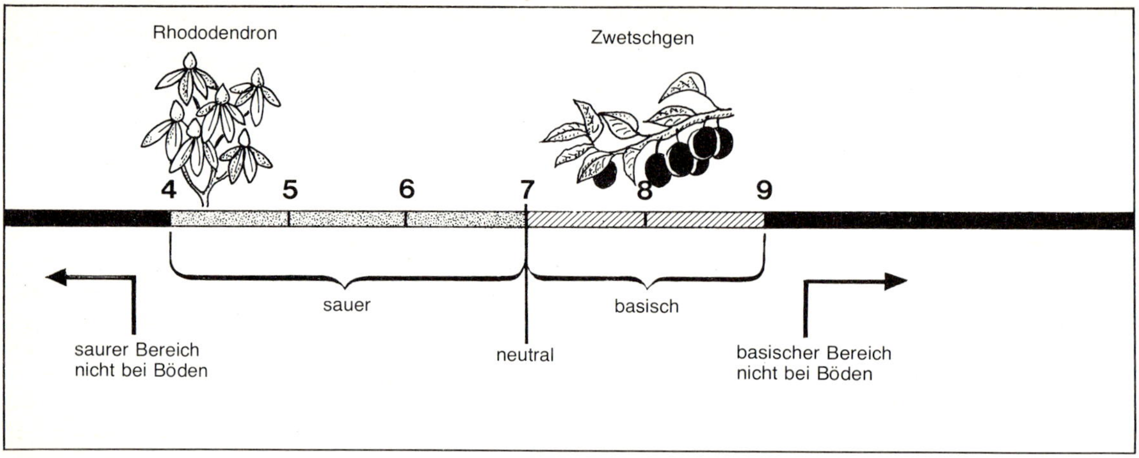


Supermanural) benötigt. Diese Menge kann bei guten Böden bis auf 2 Ballen Düngetorf und 2 Ballen nährstoffangereichertem Torf reduziert werden. Soll mit der Torfgabe die Bodenreaktion nicht verändert werden, wird pro 5 Ballen Torf, gleichgültig welcher Art, 1 kg Düngekalk (gemahlener, kohlensaurer Kalk) ausgestreut. Alles – Erde, Torf und Kalk – muß intensiv mit dem Grubber oder noch besser mit einer Motorfräse eingearbeitet werden.

**Boden und Wasser**

Normalerweise soll der Boden möglichst lange die Feuchtigkeit halten. Wo das nicht gewünscht ist, wird durch Dränage für eine schnellere Entwässerung gesorgt. Je feiner die Bodenstruktur ist, um so länger wird das Wasser festgehalten. (Viel hacken!) Außerdem werden bei der Bearbeitung des Bodens die Kapillarröhrchen unterbrochen, durch die das Wasser aus den unteren Schichten nach oben steigt. Dadurch wird das Wasser ebenfalls länger festgehalten. Deshalb den Boden nicht andrücken! Krümelstruktur begünstigt auch das Eindringen des Niederschlagswassers; trockener, harter Boden verhindert dagegen eine rasche Wasseraufnahme. Die Verdunstung des Wassers hängt vor allem von der relativen Luftfeuchtigkeit ab.

Bei hoher Temperatur erniedrigt sich meist die Luftfeuchtigkeit, was die Verdunstung begünstigt. Ruhige Luft vermindert sie (Windschutz-Pflanzungen). Ebene, glattgerechte Böden haben eine wesentlich kleinere Oberfläche als in grober Scholle liegende, sie verdunsten deshalb weniger.

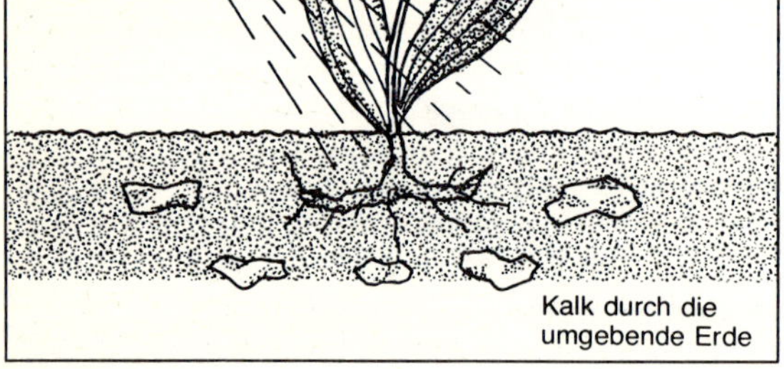


**Bodenreaktion**

Man unterscheidet sauren, basischen (auch alkalischen) und neutralen Boden. Die meisten Pflanzen wachsen bei neutralem Boden sehr gut oder haben breite Verträglichkeitsgrenzen. Einzelne Pflanzen oder Gruppen benötigen aber mehr sauren oder mehr alkalischen Boden. Bei manchen ist die Verträglichkeitsgrenze eng. In Böden, die nicht dem Optimum entsprechen, wachsen die Blumen und Gehölze zwar auch noch, aber nicht ganz so gut. Erst wenn die Verträglichkeitsgrenzen über- oder unterschritten werden, kümmern die Pflanzen oder gehen ein. Deshalb ist die Kenntnis der Bodenreaktion wichtig. Diese kann durch Bodennutzung, Düngung, Witterung und andere Faktoren beeinflußt werden. Man kann den Boden auf seinen Reaktionsgrad untersuchen lassen oder diese Messung selbst vornehmen mit dem Hellige-Pehameter oder kleinen „Bodenlabors", wie sie aus England angeboten werden. Saurer Boden kann durch Kalkgaben, Entwässerung und basische Düngemittel (Kalksalpeter, Kalkstickstoff, Thomasmehl) neutralisiert werden. Andererseits kann kalkreiche Erde durch viel Torf (Humussäuren) und sauer wirkende Dünger (Superphosphat, Ammonsulfat, Kalimsulfat) in ihrer alkalischen (basischen) Wirkung abgeschwächt werden. Die Säure- bzw. Alkali-Werte werden in der Chemie nach pH-Werten von 1 (extrem sauer) bis 14 (extrem alkalisch) gemessen. Im Boden sind aber nur die Werte zwischen 4 und 9 interessant, da es darunter und darüber kein pflanzliches Leben mehr gibt. Neutraler Boden liegt bei pH 6,5–7,0. Rhododendren lieben einen Reaktionsgrad von pH 4,1–4,5, Pflaumen- und andere Steinobstgewächse ein pH von 6,5–8. Auch Gemüsearten haben unterschiedliche Ansprüche; so gedeihen Zwiebeln besser auf schwach basischen Böden, die Kohlarten dagegen auf schwach sauren.

## Organische Düngung

Die Pflanze benötigt zum Wachstum außer Wasser und Kohlensäure eine Reihe von Mineralsalzen. Diese sind in der Regel im Boden vorhanden. Die ihm von den Pflanzen entzogenen Mengen werden ihm entweder durch Mineraldünger oder durch organische Düngung zurückgegeben. Der Verrottungsprozeß des Humus macht die Salze frei zur Aufnahme durch die Pflanze. Die Düngung soll dem Boden nur das vorher Entzogene wiedergeben. Im eigenen Garten sollte beides Hand in Hand gehen. Wer Gemüse und Beerenobst zieht und genügend organischen Dünger zur Verfügung hat, kann unter Umständen auf mineralischen Dünger ganz verzichten.

### Tierische Dünger

Rinderdünger in Normalform, also frisch vom Bauernhof, wird nicht mehr allzuviel verwendet. Der Eigenbedarf der Landwirtschaft ist groß, die Qualität ist oft unterschiedlich. Der Verrottungsprozeß bei hoher Strohmenge dauert zu lange, und die Arbeit damit kann auch nicht als angenehm bezeichnet werden. Frischer tierischer Dünger sollte erst kompostiert werden. Nach der unterschiedlichen Verwesungswärme wird folgende Unterteilung getroffen: „Kalter Dünger“ (von Rind, Schwein und Gans), „Warmer oder gärhitziger Dünger“ (von Pferd, Ziege, Schaf und Geflügel außer Gans). Das ist nur noch in ländlichen Gegenden wichtig.

Dem Gartenbesitzer wird heute tierischer Dünger in hygienischer, pulverisierter, schnell wirksamer Form in Säcken zu erträglichen Preisen angeboten. Cofuna kommt aus Frankreich und ist mit Traubenrückständen verkompostierter Rindermist. Ein ähnliches Produkt kommt aus Amerika von den großen Rinderfarmen unter der Bezeichnung California Rinderdung; beide Produkte sind empfehlenswert. Gallipur heißt ein getrockneter, pulverförmiger Geflügelmist aus großen Geflügelzüchtereien – gut für Zierpflanzen. Menschlicher Dung fällt nur in abgelegenen Gärten bei Torf-Trockenklosetts an. Wenn überhaupt, so darf er aus hygienischen Gründen nur kompostiert und auch dann natürlich nur für Zierpflanzen verwendet werden. Allgemein ist Vorsicht im Platze bei der Verwendung von frischem Mist; er führt oft zu Wachstumsstockungen! Zu den tierischen Düngern muß auch der Peru-Guano gerechnet werden, der aus dicken Ablagerungen von fischfressenden Seevögeln gewonnen wird. Er zeigt gute Wirkung, aber man sollte die Gaben nicht zu groß nehmen. Gute, brauchbare Düngemittel sind ferner Horn-, Knochen- und Blutmehl. Gemischt sind sie unter den Marken-Bezeichnungen Hornphos und Oscorna erhältlich, mit Mineraldünger versetzt unter dem Namen Hornoska.

### Torfmischdünger

Diese stellen wohl den Hauptanteil der in modernen Wohngärten verarbeiteten Düngemittel. Mehr als 1/3 beträgt der Anteil der organischen Substanz, der Haupt- und Spurenelemente beigemischt sind. Handelsnamen sind Super Manural, Biohum, Huminal, Nettolin. Teilweise liegt dieser Mischdünger in grobfaseriger oder in pulverisierter Form vor. Man kann mit diesen Produkten eigentlich nichts falsch machen. Sie können jederzeit angewendet werden, hauptsächlich aber im Frühling und Herbst. Neuerdings gibt es Torf-Mischdünger, der mit einem Anteil später frei werdender Nährstoffe versetzt ist. Dazu gehört z. B. der Langzeitdünger Super-Manural 2 Plus.

### Gründüngung

Die Gründüngung empfiehlt sich eigentlich nur noch bei der Neuanlage von Gärten oder in Gartenteilen, in denen starke Bodenmüdigkeitserscheinungen auftreten und eine Neupflanzung vorgenommen werden soll. Es werden stickstoffsammelnde Schmetterlingsblütler (Leguminosen) gesät, wie Erbsen, Wicken, Serradella, oder Pflanzen, die in kurzer Zeit besonders viel Grünmasse bilden, wie Hohenheimer Gelbsenf, Lihoraps usw. Diese bleiben über eine Vegetationsperiode stehen und werden nach dem Frost in den Boden eingearbeitet. Die Wirkung ist doppelt.

Alle Leguminosen bilden an den Wurzeln Knöllchen mit Bodenbakterien, die die Eigenschaft besitzen, Stickstoff aus der Luft zu binden und den Boden damit anzureichern. Hinzu kommt die Humusbildung durch die untergearbeiteten Pflanzenteile. Besonders bei leichten, sandigen Böden ist bei der Neuanlage eine Gründüngung zu empfehlen. Deshalb sollte auch der während der Bauzeit auf Haufen geschobene Mutterboden mit Leguminosen angesät werden.

Auch für länger liegende Komposthaufen ist solche Ansaat zu empfehlen; hier wirkt zusätzlich die dadurch entstehende Beschattung günstig. Eine Gründüngung erfolgt automatisch beim Anbau von Bohnen und Erbsen. Nach der Ernte das mit den Wurzeln ausgerissene Kraut nicht verbrennen, sondern beim Umstechen mit untergraben.

### Rasenerde

Bei Neuanlagen oder Erweiterungen von intensiv bearbeiteten Flächen fallen oft größere Mengen von Rasensoden an. Sie werden mit dem Spaten in kleinen Rechteckstücken abgestochen, abgehoben, Oberseite zu Oberseite aufgeschichtet und zur Verrottung mit Rasenschnitt abgedeckt. Die Verrottung selbst kann durch Einstreuen von Ätzkalk beschleunigt werden. Besser ist es, die gewonnene Rasenerde erst im kommenden Jahr zu verwenden. Besonders für die Anzucht von Feingemüse im Hausgarten ist Rasenerde zu empfehlen.

## Der Kompost

Der Kompost ist einer der besten Humuslieferanten für den Garten. Ein kleiner Kompostsilo oder ein kleiner Komposthaufen darf in keinem Garten fehlen. Kompost ist eine feine, durchgereifte, humose Erde, die aus allerlei in Haus und Garten anfallenden organischen Abfällen gewonnen wird. Das A und O der Kompostbereitung ist genügende Sauerstoffzufuhr, damit die luftliebenden Bakterien die gewünschte wertvolle Komposterde bereiten können. Bei dieser „Vererdung“ werden auch die Nährstoffe aus der organischen Verbindung wieder in eine für die Pflanzen aufnehmbare Form überführt. Wenn ein Komposthaufen stinkt, fehlt Sauerstoff, die Abfälle faulen statt zu verrotten.

Kompost ist ein unentbehrlicher Pflanzendünger und Bodenverbesserer, doch reicht er allein nicht aus. Zu empfehlen ist für unsere Gärten eine ausgewogene Düngung, wobei sowohl organische Substanzen (Kompost, Erde, tierischer Dünger, Torfmischdünger), als auch Mineralsalze zu berücksichtigen sind. Ein zusätzlicher Vorteil stellt sich bei der Kompostwirtschaft ein: die Mülltonne wird entlastet.

### Kompostplatz

Der Platz für die Kompostbereitung ist sorgfältig auszuwählen; er muß feucht und schattig sein. Da er in der Regel kein Schmuckstück des Gartens ist, sucht man eine abgelegene Ecke dafür. Nordseiten von Hecken, Geräteschuppen, Mauern, Koniferengruppen eignen sich daher gut. Auch unter der Krone eines schattenspendenden Baumes ist er zweckmäßig untergebracht. Ist der Kompostplatz etwa von der Hausterrasse einsehbar, so wird er mit einer Hecke umpflanzt (z.B. aus schmal geschnittenen Hainbuchen). In den ersten Jahren nach der Anlage gibt es freilich noch keine hohen Koniferengruppen oder breitkronigen Bäume. Hier hilft bei starker Besonnung nur Abdecken mit schwarzer Polyäthylenfolie (aber bei Regen entfernen!) oder Bepflanzen mit Kürbis.

### Komposthaufen

Ob ein Komposthaufen oder ein -silo vorzuziehen ist, entscheidet allein der vorhandene Platz. Die Wirkung ist gleich, ein Silo spart lediglich Raum. Wer Zeit und Platz hat, bereitet Kompost in dreijährigem Rhythmus. Am künftigen Kompostplatz werden die Rasensoden entfernt, falls er vorher mit Gras bewachsen war, so daß eine flache Mulde entsteht. Es soll aber noch Mutterboden vorhanden sein, in den sich die Regenwürmer bei starker Kälte zurückziehen kön-

*Sehr dauerhaft ist ein Betonfertigteil-Silo.*

Dreijährige Kompostwirtschaft

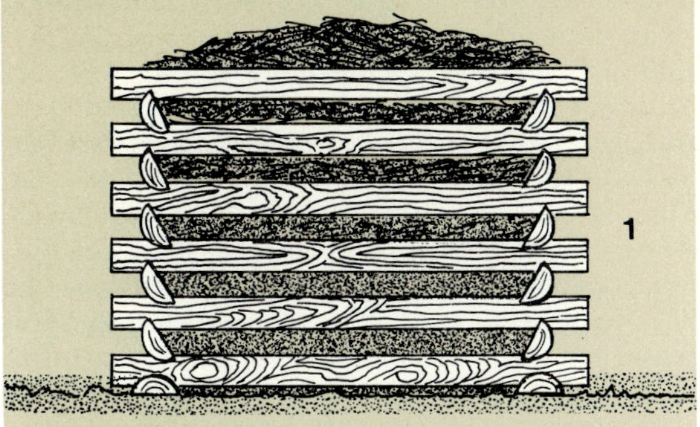


Kompostsilo aus entrindeten Fichtenstangen, unter dem Namen „Schwarzwälder Kompostlege“ im Handel, von geschickten Bastlern auch selbst zu bauen

1 Kompostsilo wird laufend gefüllt
2 In diesem Jahr ruhender Kompost (wurde im Spätherbst des vorigen Jahres aus dem Silo genommen)
3 Gebrauchsfertige Komposterde (wurde im Spätherbst des vorigen Jahres von Platz 2 auf Platz 3 geschaufelt)

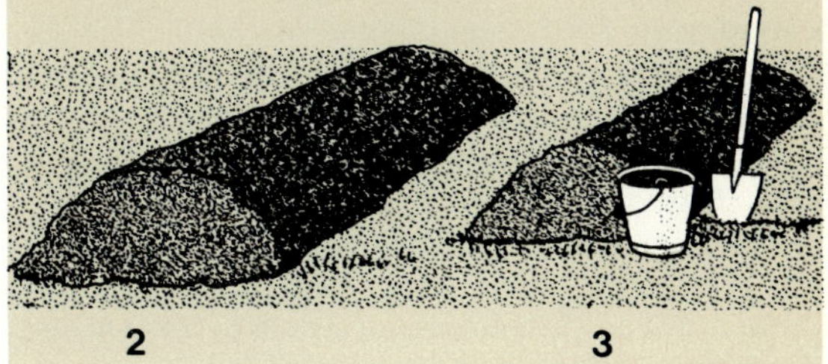


nen. Auf Sandboden wird eine Lehmschicht aufgebracht. Alles anfallende Kompostmaterial wird in etwa 20–30 cm hohen Schichten gelagert und hauchdünn mit Brannt- oder Ätzkalk eingepudert (½ kg/m³ Kompostmaterial), dann folgt eine weitere Schicht. Die Länge des Komposthaufens richtet sich nach der anfallenden Rohmaterialmenge; die Höhe soll 1,2 m nicht überschreiten, die Breite nicht 1,5 m. Auf diesen Haufen gelangen vom Frühling bis in den Herbst alle Abfälle. Kurz vor dem Frost wird auf eine daneben liegende Kompostfläche umgeschichtet. Im zweiten Herbst kommt dieser Kompost auf den dritten daneben liegenden Platz und steht zur Verfügung. Nach dem Anlaufen dieser Kompostwirtschaft sind also immer drei Haufen vorhanden: einer, auf den die Abfälle gebracht werden, ein ruhender und ein Haufen mit reifer Komposterde. Dieses System ist besonders dort zu empfehlen, wo viel Grünmaterial anfällt. In wärmeren Gegenden, wo die Verrottung schneller vor sich geht, kann auch mit zwei Haufen gearbeitet werden. Beschleunigend wirken die schon erwähnte Bestäubung mit Kalk, schichtweise Zugabe von halbreifem Kompost als Impfung mit Bakterien, starke Zerkleinerung (Zerhacken) des anfallenden Materials, Zugabe von käuflichem trockenem Kompostimpfstoff (z. B. Edafil) und öfteres Umsetzen. Zusätzlich muß auf gutes Feuchthalten geachtet werden. (Nicht naß!) Kompostgruben sind unbedingt zu vermeiden, da sie nicht genug Luft an das Material heranlassen.

**Kompostsilo**

In den meisten Gärten kommt aus Platzmangel nur ein Silo in Frage, weil damit auf kleinerer Grundfläche mehr Material untergebracht werden kann. Einerlei, aus welchem Werkstoff die Konstruktion ist, stets kann genügend Sauerstoff von allen Seiten einwirken. Bei der Verwendung von Silos sollte besonders auf gute Zerkleinerung des Materials geachtet werden (keine langen, harten Staudenstengel!). Wichtig ist ebenfalls, daß von Zeit zu Zeit etwas Erde zwischen die anfallenden Schichten gestreut wird. Die Zugabe von Branntkalk richtet sich nach der gewünschten Beschleunigung. Mit Kalk bereiteten Kompost nicht zur Düngung von säureliebenden Pflanzen nehmen (Rhododendron, Magnolien, Wistarien). Bei einem richtig betriebenen Kompostsilo kann die fertige Erde von unten entnommen werden, während oben immer wieder frisches Material hinzukommt – ein unaufhörlicher Kreislauf. Ein Silo kann

Elektro-Erddämpfer

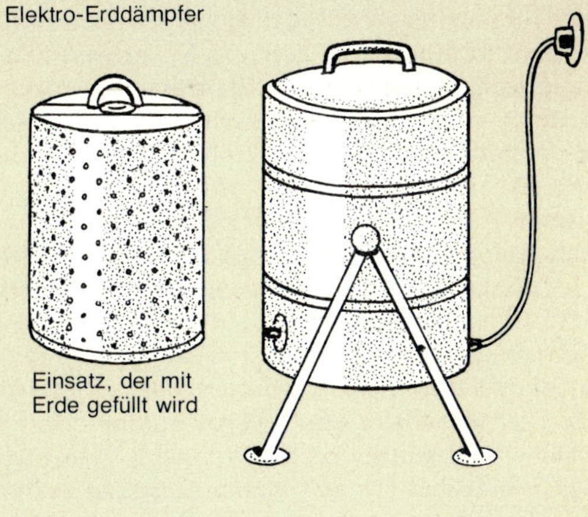

aus imprägnierten Fichtenstangen selbst gebastelt werden. Für die Nichtbastler hat die Industrie ein großes Angebot bereit:
*Holz.* Silos aus diesem Material sind preisgünstig, passen sich durch das natürliche Aussehen gut in den Garten ein. Sie sind bei guter Imprägnierung (nicht Karbolineum) zufriedenstellend dauerhaft. Dieser Silo ist ein festgefügtes Bauwerk; die eingekerbten Fichtenstangen werden mit dem Wachsen des Materials aufgelegt, immer zwei längs, zwei quer (z. B. Schwarzwälder Kompostlege).
*Beton.* Dieser Silo hat anstelle der Hölzer Betonriegel. Hier genügt keine Einkerbung; die Einzelteile werden an den Ecken durch Einschieben von Rundeisen in die dafür vorgesehenen Löcher zusammengehalten. Das Material ist unbeschränkt haltbar. Eine gute Abdeckung ist empfehlenswert. (In allen Betonwarenhandlungen erhältlich.)
*Kunststoff.* Sonst der Feind jeden Komposts, ist Kunststoff als Silo gut zu gebrauchen. Dauer der Verrottung etwa drei Monate (z. B. Engel-Kompostkasten).
*Draht.* Besonders für Gärten mit kleineren Kompostmengen. Meist aus verzinktem oder mit Kunststoff ummanteltem starkem Welldraht. Es sind viereckige und runde Formen im Handel (Draht-Bremer, Draht-Hitschler).
*Feuerverzinktes Blech.* Gute Ringkonstruktion, die Höhe wird je nach anfallendem Kompostmaterial durch weiteres Einsetzen von Metallringen individuell bestimmt (z. B. Schneider-Komposter).
*Asbestzement-Platten.* Dauerhaftes Material, wenn auch nicht ganz so stabil wie Betonriegel.

**Kompostwürdiges Material**

Der Komposthaufen ist zwar keine Müllabladestelle, aber noch immer wird viel zuwenig geeignetes Material zum Kompostieren genutzt. Es können alle im Garten anfallenden grünen Pflanzenteile verwendet werden, weiter alle organischen Küchenabfälle, Grasschnitt und Laub (bei großen Mengen immer Erde dazwischen geben). Sämtliche Arten frischen Mist nur auf dem Umweg über den Kompost verwenden! Auf den Komposthaufen gehören faulendes Heu, Schlamm vom Gartensumpf und Gartenteich, nicht-samentragendes Unkraut ohne dauerhafte Rhizome, zerhackte Zweige (wenn nicht zu stark), Papier (zerknüllt, keine ganzen Versandhauskataloge), zerrissene Kartons, faul gewordenes Obst, Sägespäne, Holzwolle und vieles andere mehr. Manches, was früher für den Kompost streng verboten war, wie Papier und Schalen von Südfrüchten, kann ohne weiteres auf den Kompost. Mit der Zerkleinerung braucht man nicht pingelig zu sein, aber ein 2 m langer Sonnenblumenstengel braucht unzerkleinert einfach zu lange für das Verrotten. Kranke Teile lieber in den Müll stecken, obwohl ein guter Kompost auch gegenüber vielen Krankheitskeimen eine gewisse „Selbstreinigung“ aufweist. Nicht auf den Komposthaufen gehören: Kunststoff (Polyäthylen, PVC), Metall (Alu-Folien), Knochen, Lumpen (besonders von synthetischen Geweben), Kohlenasche (im Gegensatz zu Holzasche), Koksschlacke (im Gegensatz zu Braunkohlenstaub). Zugekauftes Horn-, Knochen- oder Blutmehl erhöht die Qualität. Die Industrie bietet neuerdings Maschinen zum Zerkleinern von Kompostmaterial auch für den Liebhaber-Gärtner an.

**Papierkompost System Mücke**

Beachtenswert ist die Kompostbereitung System Mücke mit der Papierkompostierung. Bis zu 20% Papier, Pappe, Wellpappe können dem übrigen Material zugegeben werden. Der Silo aus feuerverzinktem Blech mit den Abmessungen 80 × 80 × 60 cm hat an der Wandung Luftlöcher, die den Verrottungsvorgang beschleunigen. Die einzelnen Mantelwände können bis zu 1,4 m hochgezogen werden; dies ermöglicht einen Durchsatz von etwa 4 $m^3$ Gartenabfall und Papier. Ein Rost verhindert stinkende Faulgärung und den Zutritt von schädlichen Nagern.
Voraussetzung für einen guten, in drei Monaten reifen Papierkompost ist zerknülltes Papier (keine dikken Illustrierten, Kataloge und Bücher). Pappe wird in Stücke gerissen, ebenso Waschmittel-Trageeimer. All dieses Zellulosematerial muß abwechselnd in Schichten mit den anderen Gartenabfällen aufgebracht werden. Bei hohem Papier- und Pappeanteil kann zur besseren Verrottung dieses Material vorher in Stickstoffbrühe eingeweicht werden (10 kg Papier + Wasser + 400 g Kalksalpeter).
Ähnlich wie dieser Silo funktioniert die Komposttonne nach Mücke; sie ist ebenfalls aus feuerverzinktem Blech, lieferbar aber auch aus glasfaserverstärktem Kunststoff (GFK). Dieser Kessel faßt 200 l. Auch hier werden Sickersäfte in einer Wanne aufgefangen. Das System ist besonders heute, da die Reinhaltung der Umwelt wichtig ist, von Bedeutung. (Verbrennen von Papp- und Papierabfällen ist verboten.)

**Müllkompost**

Die in manchen Städten bereits praktizierte Kompostierung von Stadtmüll erzeugt einen für den Garten geeigneten Müllkompost, sofern man damit keine

einseitige Überdüngung vornimmt. Metallteile und Kunststoffe werden vorher entfernt. Glas befindet sich zwar noch in diesem Material, doch in kleinste Stücke zerkleinert und ohne scharfe Schnittkanten, sondern mit abgerundeten Flächen. Besonders bei Stauden und Gehölzen wurden sehr gute Wachstumserfolge erzielt. Wegen des hohen Schwermetallgehalts am besten nur bei der Neuanlage des Gartens zu empfehlen.
Abgeraten werden muß jedoch von der Verwendung von Klärschlamm im Garten. Dieser enthält oft noch Krankheitserreger (Wurmeier usw.) oder nicht abgebaute Chemikalien, die aus Werksabwässern in die Kläranlage gelangen. Der Garten ist zu schade, um hier ein Risiko einzugehen – trotz des billigen Materials.

**Torf-Schnellkompost**
In neu angelegten Gärten ist meist noch kein „natürlicher" Kompost vorhanden; dann hilft man sich mit der Bereitung eines Torf-Schnellkomposts: 1 Ballen Torf wird zerkleinert, gut durchfeuchtet und intensiv mit 7 kg Thomasphosphat, 5 kg Kalkstickstoff und 5 kg Patent-Kali vermischt. Die Wassermenge darf nicht größer sein, als der Torf aufnehmen kann, sonst werden Nährstoffe fortgespült. Diese Masse wird 50–70 cm hoch aufgeschichtet und 10 cm hoch mit Erde zugedeckt. Nach vier bis fünf Wochen wird die gesamte Masse (einschließlich Erdschicht) umgeschaufelt, wieder zu einem Haufen gesetzt und mit einem halb so starken Erdmantel abgedeckt. Nach weiteren vier Wochen ist ein von Bodenbakterien belebter, nährstoffreicher Humusdünger vorhanden. Seit immer mehr industriell vorgefertigte Humusdünger in den Handel kommen (Huminal, Nettolin, Florahum), wird nicht mehr so oft vom eigenen Torf-Schnellkompost Gebrauch gemacht.

**Unkrautfreie Komposterde**
Unkrautfreie Komposterde gibt es nicht. Auch schädliche Insekten lassen sich nicht ganz ausschalten. Der Erwerbsgärtner nimmt gasentwickelnde Mittel, mit denen er unter Folienabdeckung die Komposthaufen entseucht. Ein flüssiges Bodenentseuchungsmittel ist Di-Trapex, eine granulierte Aufbereitung Basamid-Granulat. Schädlinge, viele Krankheitserreger und Unkrautsamen werden abgetötet, natürlich auch nützliche Bakterien und andere Kleinlebewesen. Bei normaler Kompostanwendung kann das wenige Unkraut gejätet werden. Wer öfter absolut einwandfreie Komposterde benötigt, kaufe einen Elektro-Erddämpfer. Es gibt Größen von 50 l, die für den Liebhabergärtner geeignet sind. Die in einem perforierten Einsatz befindliche Erde wird zwei Stunden lang gedämpft und ist dann völlig keimfrei. (Besonders geeignet für Lilien- und Orchideenliebhaber.) Notfalls kann auch ein elektrischer Kartoffeldämpfer genommen werden, wie er in der Landwirtschaft üblich ist.

## Mineralische Düngung

Die Gefahr der Überdüngung mit mineralischen Düngern ist im Haus- und Kleingarten nicht so groß wie in der Landwirtschaft, wo die Ernteergebnisse pro Hektar von Jahr zu Jahr gesteigert werden müssen. Natürlich sollten alle vorhandenen organischen Dünger-Quellen ausgeschöpft werden, doch kann zusätzlich mineralisch gedüngt werden. Die Düngung soll ausgewogen sein und nicht einseitig. Die Pflanzen entziehen dem Boden Nährstoffe. Sie müssen ihm zurückgegeben werden. Wenn im Garten keine Pflanze, kein Blatt, kein Zweig entnommen würde, sondern alles Absterbende an Ort und Stelle vermodern könnte, wäre keine Düngung nötig. Durch die zusätzlich gegebenen mineralischen Salze darf das Bodenleben von den Bakterien bis zum Regenwurm nicht zerstört werden. Eine gut, aber nicht übermäßig oder einseitig ernährte Pflanze ist wesentlich widerstandsfähiger gegen Krankheiten als eine unterernährte.

**Hauptnährstoffe**
Pflanzen benötigen eine ganze Reihe von Elementen für ein gesundes, natürliches Wachstum. Fünf dieser Elemente – als Hauptnährstoffe bekannt – benötigen alle Pflanzen: Stickstoff, Kalium (Kali), Phosphor (Phosphorsäure), Kalzium (Kalk) und Magnesium.
Einer der wichtigsten Sätze in der Pflanzenernährung hat nach wie vor Gültigkeit: Das Gedeihen der Pflanzen ist nahezu ausschließlich abhängig von demjenigen Nährstoff, der in der geringsten Menge zur Verfügung steht (Minimum-Gesetz). In Normalböden kommen durch die Humusdüngung und durch mineralische Volldünger die Hauptnährsalze in genügendem Maße und in ausgewogener Mischung in den Boden. Eine spezielle Düngung, bei der ein Nährstoff stark überwiegt, ist nur bei Kulturen nötig, die diesen Nährstoff der Erde einseitig entziehen oder bei denen der Boden von vornherein Mangel an gewissen Hauptnährsalzen aufweist. Stickstoff wird oft aus dem Boden sehr leicht ausgewaschen, deshalb auf laufende Zufuhr achten. Er wird zur Eiweißerzeugung benötigt, die in den Grünteilen (Blättern) der

Pflanze vor sich geht. Anzeichen für Stickstoffmangel: mageres Laub, allgemein schwaches Wachstum. Kali gibt stärkeres Zellgewebe (Stengel, Stamm, Zweige) und wird zur Kohlenhydratbildung benötigt (z. B. starke Kaligaben in der Landwirtschaft bei Kartoffeln und Zuckerrüben). Phosphorsäure ist wesentlich an der Blüten- und Fruchtbildung beteiligt. Magnesium wird u.a. bei der Bildung des Chlorophylls benötigt; es wirkt auf sauren Böden leicht basisch. Kalk bindet Huminsäure, wirkt günstig auf das Bodenleben und ist wichtig für den Transport der Nährstoffe in der Pflanze.

**Spurenelemente**

Außer diesen Hauptnährstoffen gibt es eine ganze Reihe von Elementen, die diese oder jene Pflanzenart in geringen Spuren zum guten Gedeihen benötigt. Während dies in früheren Zeiten oft außer acht gelassen wurde, liegen neuere Erkenntnisse über die Wichtigkeit dieser Nährstoffe vor. Zu den Spurenelementen gehören Mangan, Kupfer, Bor und verschiedene andere. Wer im Garten Humusdünger, Torfmischdünger und mineralische Dünger verwendet, bringt genügend Spurenelemente in den Boden; eine zusätzliche Gabe ist nicht nötig, zumal heute die meisten Volldünger Spurenelementzugaben enthalten. Ein Mangel an Spurenelementen tritt dennoch gelegentlich auf Böden auf, deren Säuregrad (pH) plötzlich stark verändert wurde (zu starke Aufkalkung) oder von Natur aus besonders extrem ist.

**Mischdünger – Einzeldünger**

In den früheren Gartenbüchern waren immer große Mischtabellen angeführt. Daraus war zu ersehen, welche Mineraldünger nicht zusammen angewendet werden durften. Das ist überholt durch die Mischdünger. Man merke nur: Kalk nicht zusammen mit anderen Düngern ausstreuen. Die Verwendung von Einzeldüngern ist stark zurückgegangen, seit die Industrie Mischdünger in den verschiedensten Mischungsverhältnissen der Hauptnährstoffe anbietet. Der Gartenbesitzer kann es sich noch leichter machen: ihm genügt ein Blaukorn-Volldünger, einerlei, welches Fabrikat. In diesem Dünger liegt eine ausgewogene Mischung der Hauptnährstoffe vor, und er enthält die Spurenelemente in den nötigen Dosierungen (Nitrophoska blau spezial, chloridfrei, Complesal-Blaukorn mit Spurennährstoffen usw.).

Für den Gartenfreund werden Kleinpackungen spezieller Rosen-, Erdbeer-, Rhododendrondünger usw. angeboten. Die Wirkung dieser Spezialmischungen ist gut, doch ihre Verwendung ist eine Geldfrage, und es ist zu überlegen, ob ein chloridfreier Blaukorndünger nicht das gleiche schafft. Einzeldünger (es gibt eine verwirrende Vielzahl) haben nur noch spezielle Anwendungsbereiche (z. B. um die Bodenreaktion zu beeinflussen). Ein Gartenfreund müßte mehr Chemiker als Gartenliebhaber sein. Ohne Bedenken sollte besonders auf kalkarme Böden hin und wieder etwas Düngekalk gestreut werden (gemahlener, kohlensaurer Kalk). Auch die Verwendung von Thomasphosphat (Thomasmehl) ist für den blühenden Garten (besonders Sommerblumen und Beetstauden) zu empfehlen, es fördert die Blütenbildung der Pflanzen. Spezielle Dünger wurden für den Rasen entwickelt, bei denen der Stickstoff in schnell wirkender Form und zugleich in solcher mit später Wirkung vorliegt (Floranid).

**Düngergaben**

Die mineralische Düngung kann durch Ausstreuen und durch Flüssig-Düngung erfolgen. Die Mischdünger (aber auch alle anderen) streut man aus einem Plastikeimer mit der bloßen Hand aus. Da diese Dünger „mit Gefühl" und sehr gleichmäßig verteilt werden sollen, würden Plastikhandschuhe nur stören. Anschließendes Händewaschen ist selbstverständlich. Wann gedüngt werden soll, hängt ganz von den Pflanzen ab. Es gibt keine Norm. Dauerpflanzungen (Stauden, Sträucher) werden am besten im November gedüngt. Es wird nichts unterhackt. Wird mineralischer Dünger im Frühling ausgestreut, so soll er etwas unterhackt werden. In jedem Fall soll der Boden dabei gut feucht sein – wichtig für Flachwurzler, sonst gibt es „Verbrennungsschäden". Während der Vegetationsperiode am besten nur flüssig düngen. Die im Handel befindlichen flüssigen Fabrikate sind normalerweise recht teuer. Der übliche Blaukorn-Volldünger wird in Wasser gelöst. Gut umrühren! Meßzylinder und Waage werden kaum benötigt. Mit einer halben Handvoll Volldünger auf eine 10-Liter-Gießkanne kann man nicht viel falsch machen. Besser an trüben Tagen flüssig düngen und mit der Düngerlösung benetzte Pflanzenteile wegen der Verbrennungsgefahr mit normalem Wasser anschließend abbrausen.

## Bodenbearbeitung

**Umgraben**

Es bleibt die wichtigste Gartenarbeit und will gelernt sein. Der Spaten wird in den Boden gestoßen, in mittleren und schweren Böden mit Auftreten auf den

oberen Spatenrand ganz in den Boden gedrückt. Die abgestochene Erde wird hochgehoben und so gewendet, daß die obere Schicht in den Boden kommt. Das ist die Grundtechnik, doch vieles muß beachtet werden. Vor Beginn der Arbeiten einen Graben über die gesamte Breite ausheben (für den ersten Abstich). Die aus dem Graben gewonnene Erde wird über das Beet verteilt. Immer die gesamte Breite des umzustechenden Geländes durchgehend umstechen. Etwa einzubringende Komposterde oder Mist vor dem Umgraben auf der Oberfläche verteilen. Mist soll schräg zwischen den einzelnen Schollen zu liegen kommen und nicht luftdicht eingegraben werden. Ein Spatenblatt ist 30 cm hoch, so daß die Höhe des umgegrabenen Landes gut 25 cm beträgt. Grundsätzlich soll alles Land im Herbst nach dem Abernten grobschollig umgegraben werden. Dadurch wird der Winterfrost zum Helfer des Gartenbesitzers. Die mit Wasser gefüllten Kapillarröhrchen gefrieren und sprengen den verdichteten Boden. Beim Umgraben wird auf Fremdkörper geachtet, die entfernt werden müssen (Steine, Kohlstrünke, Glasscherben usw.).
Oft läßt sich diese Arbeit nicht im Herbst durchführen, wenn die Beete noch mit Spät- und Wintergemüse bestellt sind (Feldsalat, Winterspinat, Grünkohl). Diese Flächen werden im Frühling nicht mehr mit ganzer Spatentiefe umgegraben, um ein zu schnelles Austrocknen zu verhindern. Etwa 15 cm genügen, und das Arbeiten mit der Grabgabel ist dann empfehlenswerter. Jetzt wird der Boden sofort nach dem Graben glattgeharkt. In fast jedem Gartenbuch ist das tiefe Umgraben (Holländern, Rigolen) beschrieben, aber niemand führt es so durch. Hin und wieder ist ein tieferes Umgraben nötig, aber es genügt zu wissen, daß der Mutterboden (die obere Spatenschicht) nicht in untere Schichten kommen darf.

**Harken oder Rechen**
Im Norden spricht man vom Harken und im Süden vom Rechen. Es handelt sich um das Einebnen der Beete. Der Winter hat durch Frosteinwirkung eine lockere Krume geschaffen; mit einem Rechen kann das Beet glattgeharkt werden. Sind noch feste Brokken vorhanden, so wird erst mit einem Kultivator durchgezogen. Im Frühling umgegrabenes Land wird mit dem Grubberkultivator oder mit der Handfräse so weit vorbereitet, daß es ebenfalls glattgerecht werden kann.

**Hacken**
Das Hacken mit der Schlaghacke ist nicht völlig überholt, aber diese Hacke wird nicht mehr so oft verwendet – die modernen Ziehgeräte haben sie zurückgedrängt. Mit ihr benötigt man einen ziemlichen Kraftaufwand, und die Wirkungsweise geht zu tief, so daß oft Faserwurzeln zerstört werden. Der im Frühling lockere Boden verdichtet sich sehr bald, um so eher, je schwerer er ist. Auch das Unkraut macht sich bald bemerkbar. Mit dem Spitzenjäter kann mühelos durchgezogen werden. Wer etwas tiefer lockern will, nimmt den Kultivator. Falls im Frühling die umgegrabenen Schollen vor dem Glattrechen noch zu brockig sind, kann man an Stelle der alten Schlaghacke eine Handfräse dazu nehmen. Lockerung von schmalen Flächen kann mit einem dreizinkigen Grubber geschehen.

## Unkräuter und ihre Beseitigung

Nicht nur Wildpflanzen, sondern oft sogar Gartenblumen müssen als Unkraut bezeichnet werden, wenn sie dort aufgehen, wo wir sie nicht haben wollen. Die beste Methode, Unkraut zu bekämpfen, ist und bleibt regelmäßiges Hacken. Auf Beeten, die in Reihen bepflanzt sind, hilft der Spitzenjäter. Ein chemisches Mittel, das alle Unkrautarten vernichtet, die Kulturpflanzen aber schont, gibt es nicht. Im Gemüsegarten sollte man auf eine chemische Unkrautbekämpfung ganz verzichten.

**Einjährige Unkräuter**
Diese säen sich alljährlich in großen Mengen aus, deshalb immer wieder vor der Samenbildung entfernen. Zu diesen Massenunkräutern gehören Vogelmiere oder Hühnerdarm *(Stellaria media)*, einjähri-

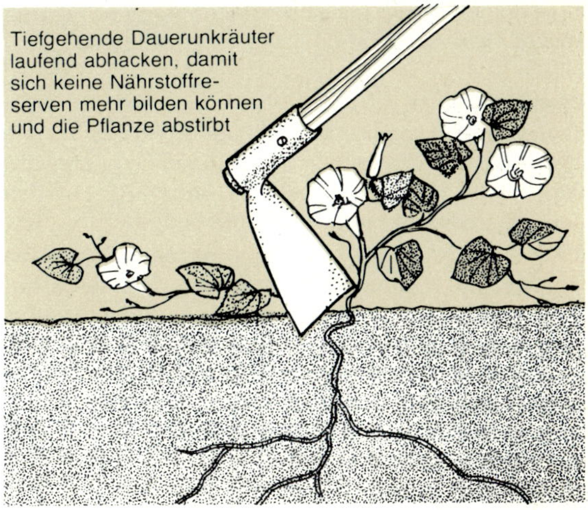

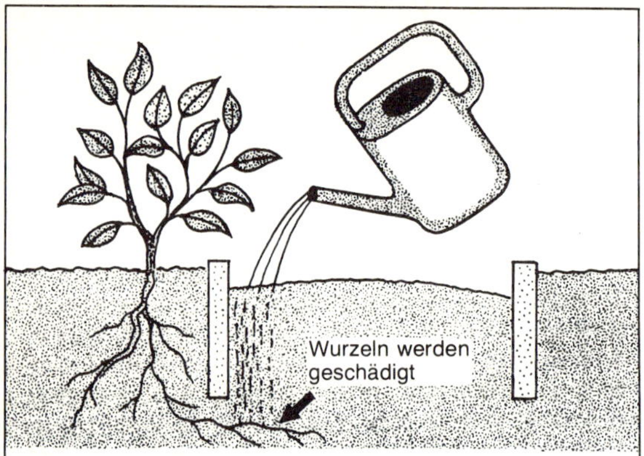

Bei totaler Unkrautbekämpfung: Vorsicht in Grenzbezirken von Kulturpflanzen (Abstand!)

ges Rispengras *(Poa annua)*, Hederich *(Raphanus raphanistrum)*, Hirtentäschel *(Capsella bursa-pastoris)*, Wolfsmilch *(Euphorbia helioscopia)*, einjähriges Stiefmütterchen *(Viola tricolor)*, Weißer Gänsefuß („Melde", *Chenopodium album*), Kreuzkraut *(Senecio vulgaris)*, Knopf- oder Franzosenkraut *(Galinsoga parviflora)* und viele andere. Besonders das Franzosenkraut kann man schwer wieder loswerden. Selbst nicht voll ausgebildeter Samen reift auf dem Kompost noch nach! Deshalb in die Mülltonne! Ein Vorteil ist, daß die Vegetationsperiode dieser Pflanze erst im Juni beginnt, da sie höhere Temperaturen benötigt, dann aber ist sie intensiv zu bekämpfen.
Längere Zeit brachliegende Flächen mit Lupinen oder anderen für die Gründüngung geeigneten Pflanzen einsäen. Zur Zeit des Keimens können die Unkräuter auch mit Kalkstickstoff behandelt werden. Im allgemeinen bringt man Kalkstickstoff zwei bis drei Wochen vor der Saat oder der Pflanzung aus.

**Dauerunkräuter**
Einige sind wegen ihrer tiefgehenden Wurzeln schwer zu entfernen (Ackerwinde über 1 m tief); andere wieder säen sich massenhaft an (Löwenzahn). Bei den tiefgehenden Unkräutern hilft nur unentwegtes, immerwährendes Abhacken. Wenn so die Assimilation bei ihnen immer wieder verhindert wird, kann die benötigte organische Substanz nicht mehr gebildet werden; dann muß auch das beste Wurzelsystem einmal aufgeben. Die chemische Industrie hat verschiedene Mittel entwickelt (Herbizide), mit denen sich die damit behandelten Pflanzen kurzfristig zu Tode wachsen. Einfach ist es, Unkräuter im Rasen zu beseitigen. Hierfür gibt es selektive Wuchsmittel, die nur die zweikeimblättrigen Pflanzen wie Gänseblümchen, Löwenzahn, Wegerich und viele andere vernichten, die einkeimblättrigen schmalen Gräser aber unbeschädigt lassen (Rasen-Hedomat, Rasenunkrautvernichter Banvel M, Rasen-Certrol, Rasen-Celatox u. a.). Mit dem Cela-Unkrautstab beseitigt man einzelne Unkräuter im Rasen durch betupfen.

**Unkräuter zwischen Gehölzen**
Eine einfache chemische Unkrautbekämpfung läßt sich zwischen Gehölzen durchführen. Es gibt eine Reihe von Präparaten, die nur krautige Pflanzen vernichten, aber verholztem Gewebe nicht schaden. Vor der Anwendung muß man sich überzeugen (besonders bei Beeren und Rosen), daß keine grünen Jungtriebe vorhanden sind, die geschädigt werden können. Es gibt diese Bekämpfungsmittel als Granulate (Ustinex Z-Granulat, Gesatop-Granulat) und in flüssiger Form (Gramoxone, Domatol). Bei flüssiger Anwendung hat sich ein „Gartengießer" bewährt, der auf die Gießkanne aufgesetzt wird. Eptam 5-Granulat ist ein spezielles Queckenbekämpfungsmittel zwischen Gehölzen. Anwendungsvorschriften genau beachten.

**Totale Vernichtung**
Eine Reihe von Unkrautvernichtungsmitteln tötet jeden Pflanzenwuchs ab. Entsprechend vorsichtig muß man mit der Anwendung sein, damit keine Nutzpflanzen davon betroffen werden. Solche sogenannten Totalherbizide werden auf Garten- und Wirtschaftswegen, Plattenwegen, Hartbetonpflasterflächen, Terrassen, Garagenausfahrten usw. angewendet. Die Anwendung sollte im Gegensatz zu den vorher erwähnten Unkrautvernichtungsmitteln schon im zeitigen Frühjahr erfolgen; dadurch bleiben die damit behandelten Gartenteile während der Vegetationsperiode unkrautfrei. Bekannte Mittel sind Ustinex PA, Novanox, Rasikal, Ektorex. Alle Gießkannen und sonstigen Geräte, die mit dem Unkrautvernichtungsmittel in Verbindung kamen, gründlich mit Wasser reinigen. Alle Herbizide verlangen eine sehr genaue Befolgung der Gebrauchsanweisung, da sonst schwerwiegende Umweltschäden (Grundwasservergiftung, Fischsterben usw.) verursacht werden können.

# Pflanzenschutz

## Ursache, Vorbeugung, biologischer Schutz

Schädlinge, ob tierischer oder pilzlicher Art, hat es immer schon gegeben, sie sind keine „Erfindung" der Neuzeit. Gewandelt hat sich das Vegetationsbild unserer Erde. Aus Lebensgemeinschaften wurden Monokulturen. Der Mensch benötigt, um seine Ernährung zu sichern, die großen Flächen, die nur mit einer Pflanzenart bebaut sind. Selbst die Wälder sind Monokulturen; riesige Areale sind nur mit Fichten oder Kiefern bepflanzt. Einzelne Schädlinge finden plötzlich ein Überangebot an Nahrung, sie vermehren sich dementsprechend. Den natürlichen Feinden wird wiederum der Lebensraum beschränkt. Durch Überdüngung sind die Pflanzen weniger widerstandsfähig, und das natürliche Bodenleben wird gestört. Was in der Natur im großen die Felder und Wälder sind, ist im kleinen Maßstab unser Garten. Jedes mit Pflanzen einer Art besetzte Beet im Garten des Rosen- oder Dahlienfreundes ist eine Monokultur.

### Schutzmaßnahmen

Kräftige, wüchsige Pflanzen sind widerstandsfähiger gegen Schädlingsbefall als Kümmerlinge. Die Gartenpflanze soll ausreichend gedüngt, aber nicht überdüngt sein, weil das zu verweichlichtem, anfälligem Zellgewebe führt. Die Nahrungszufuhr soll nicht einseitig mineralischer Natur sein; ein entsprechender Anteil Humusdünger muß ebenfalls regelmäßig gegeben werden. Ein gesunder, garer, humusreicher Boden ist der erste Pflanzenschutz; als wirkungsvolle Maßnahme haben sich Gaben von Komposterde bewährt.

Ein weiterer vorbeugender Schutz ist die Wahl der richtigen Sorten von Pflanzen. Bei verschiedenen Pflanzenarten wird auf Resistenz gegenüber bestimmten Krankheiten gezüchtet (z. B. welkresistente Asternsorten). Oder an bestimmten Stellen im Garten erweist sich die eine Rosensorte widerstandsfähiger gegen Mehltau als die andere.

Gewissen Schutz gewähren Mischkulturen. Die Monokultur auf dem Beet wird dadurch durchbrochen. Manche Küchenkräuter mit ihren aromatischen Ölen halten Schädlinge fern. Deshalb soll man sie nicht in eine entfernte Ecke pflanzen, sondern mitten unters Gemüse. Außerdem müssen die natürlichen Feinde der Schädlinge geschützt werden, einerlei, ob es sich um insektenvertilgende Vogelarten oder um Raubinsekten handelt. Alle schwächenden Einwirkungen müssen von den Pflanzen ferngehalten werden. Spätfrostgeschädige Gartengewächse sind wesentlich anfälliger gegen Schädlingsbefall als solche, die durch entsprechende Schutzmaßnahmen nicht gelitten haben. Sehr wichtig, weil sehr wirksam, ist die Erkennung und Bekämpfung von Schaderregern und Krankheiten im Anfangsstadium. Wer mit wachen Augen und möglichst einer Lupe in der Hand durch den Garten geht, wird Schädlingsbefall frühzeitig erkennen und ihn oft mit wenigen Handgriffen mechanisch bekämpfen können.

### Biologische Bekämpfung

Der Gartenfreund kann sich mit einigen Helfern aus dem Tierreich verbünden. Gern gesehener Gast ist der Igel. Er verzehrt eine große Menge von Käfern, Schnecken, Tausendfüßlern, Engerlingen, Erdraupen, Drahtwürmern usw. Insektenfresser sind auch die Spitzmäuse. Leider werden sie oft mit Feldmäusen verwechselt und bekämpft. Kröten helfen uns bei der Schneckenvertilgung. Fledermäuse schnappen bei ihren Flügen auch Eulenschmetterlinge und andere Falter weg, deren Raupen im Garten schädlich sind. Vögel unterscheiden zwar nicht zwischen Schad- und Nutzinsekt, doch dürften es bei weitem mehr Schädlinge als Nützlinge sein, die vernichtet werden. Stare hacken den Boden auf und holen besonders aus Grasflächen die schädlichen Engerlinge. Nicht zuletzt unter den Insekten selbst gibt es Räuber, die anderen den Garaus machen. Marienkäfer und ihre Larven sowie die Larven der Schwebfliegen und Florfliegen sind als Blattlausvertilger am bekanntesten. Auch Raubmilben, Schlupfwespen, Raubwanzen und andere helfen, die Vermehrung der Schädlinge in Grenzen zu halten.

Die meisten aktiven biologischen Bekämpfungsmethoden stecken noch in den Kinderschuhen, und die wenigen im großen Stil bewährten kommen für den Hausgarten noch nicht in Frage.

## Tierische Schädlinge

Auf kaum einem anderen Gebiet liefern sich Gegner und Befürworter einen so heißen Kampf wie beim Einsatz chemischer Pflanzenschutzmittel. Die Wahrheit dürfte in der Mitte liegen. Sicher würde ohne chemischen Pflanzenschutz ein noch größerer Teil der Weltbevölkerung hungern. Der private Hausgarten ist aber nicht mit der landwirtschaftlichen Massenproduktion zu vergleichen. Hier kann eine intensivere Kompostwirtschaft betrieben werden, und Bekämpfungen ohne Gift lassen sich leichter durchführen. Die Anfänge des Schädlings- und Krankheitsbefalls werden eher bemerkt, und vieles andere ist im Hausgarten von Vorteil, der ja auch nie einer Monokultur wie in der Landwirtschaft gleicht.

Besonders das selbstgezogene Gemüse ist im Ansehen wieder gestiegen, weil man für den Eigenbedarf gerne ungespritztes oder mit weniger giftigen Pflanzenschutzmitteln behandeltes Obst und Gemüse haben möchte. Werden aber giftige Pflanzenschutzmittel eingesetzt, muß ihre Anwendung unbedingt nach Gebrauchsanweisung erfolgen, und es muß die für die einzelnen Gemüsearten angegebene Mindestwartezeit bis zur Ernte eingehalten werden. Die Länge der Wartezeit ist kein Hinweis auf die Giftigkeit oder Bedenklichkeit eines Stoffes. Deshalb nur die für die einzelnen Kulturen zugelassenen Mittel verwenden, wobei bei Gemüse, das bald zur Ernte ansteht, solche mit kurzen Wartezeiten zu bevorzugen sind.

**Spraydosen**

Besonders bei geringem Flächenbefall und bei Befallsbeginn tun die heute erhältlichen Spraydosen gute Dienste. Ihre Handhabung ist leicht und bequem, besonders für die Anwendung im Zimmer, auf dem Balkon oder im Kleingewächshaus. Blatt-, Blut-, Schmier- und Schildläuse, Weiße Fliege, Thrips, Spinnmilben, Zikaden, Blattwanzen, Raupen, Käfer und andere Plagegeister können mit diesen Sprühmitteln vernichtet werden (z. B. Lizetan-Spray, Hortex-Pflanzenspray, Paral-Spray). Die Gefahr der Umweltbelastung durch das Treibgas dieser Sprays ist umstritten. Die eigentlichen Spritzgeräte für die Pflanzenschutzarbeiten im Garten sind im Abschnitt „Geräte und Hilfsmittel" zu finden.

**Gegen beißende und saugende Insekten**

Aus dem riesigen Sortiment an chemischen Bekämpfungsmitteln gegen Schadinsekten sind nicht alle für den Hobby-Gärtner geeignet; oft ist ihre Anwendung zu gefährlich, ihr Anwendungsbereich zu speziell, oder es gibt sie nicht in der Kleinpackung, die der Gartenbesitzer benötigt. Zur Bekämpfung fast aller im Garten vorkommenden saugenden und beißenden Schadinsekten eigenen sich z. B. folgende Mittel (Anwendung stets bezogen auf 10 l Wasser):

Unden flüssig (0,15% = 15 $cm^3$), Metasystox R (0,1% = 10 $cm^3$, nur gegen saugende Schadinsekten), E 605 forte (0,035% = 3,5 $cm^3$), Perfekthion (0,1–0,15% = 10–15 $cm^3$), Phosdrin 50 (0,05% = 5 $cm^3$).

Für lokal begrenzte Anwendung können an Stelle flüssiger Schädlingsbekämpfungsmittel auch Stäubemittel mit ähnlicher Wirkung eingesetzt werden. Staub nicht einatmen, Gummihandschuhe tragen. Bewährte Stäubemittel sind E 605 Staub, Nexit-Staub.

**Netzmittel**

Viele Pflanzen haben Blätter mit einer wachsartigen Außenschicht, die vor zu starkem Verdunsten schützt. Werden nun Brühen oder Mischungen von Insektiziden oder Fungiziden auf die Pflanzen gespritzt, so perlen diese zusammen und tropfen ab; der größte Teil der Wirkung geht also verloren. In diesen Fällen muß ein geeignetes Benetzungsmittel zugesetzt werden. Ein Präparat ist unter der Bezeichnung Citowett im Handel. Auch wenn es sich um Gespinste von Raupen oder Spinnmilben-Kolonien handelt, kann ein Netzmittel nützlich sein. Der Zusatz ist 0,025ig, 2,5 cm³ auf 10 l Wasser. (Wird auch 0,05 %ig bei Kirschen gespritzt, wenn das Platzen durch Regen zu befürchten ist.) Ist Citowett einmal beim Spritzen schwer benetzbarer Pflanzen nicht zur Hand, so tut es auch ein Tropfen Spülmittel.

**Mittel gegen Nematoden**

Nematoden sind kleine, selten mehr als 1 mm große und mit dem Auge kaum sichtbare Fadenwürmer. Sie leben im Pflanzeninnern oder saugen an der Wurzeloberfläche. In die geschädigten Gewebeteile können leicht Bakterien und Pilze eindringen, die das Zerstörungswerk der Nematoden fortsetzen.

Diese Nematoden sind sehr widerstandsfähig gegen Schädlingsbekämpfungsmittel. Daher dreimal in Abständen von 4–5 Tagen mit E 605 forte oder mit Metasystox R spritzen.

Es gibt ein wirksames, aber hochgiftiges Mittel (Temik 10G), das auf den Boden gestreut wird. Dieses Mittel, das auch die Älchen bei Prachtstauden (*Phlox, Helenium,* Herbstastern) vernichtet, ist – aus gutem Grund – nicht in Kleinpackungen für den Gartenfreund im Handel, denn es ist im Umgang sehr gefährlich. Eine übliche 1-kg-Packung ist nicht billig. Wer die von Nematoden übriggelassenen Reste einst prachtvoller *Phlox*-Rabatten gesehen hat oder die kaum zum Blühen kommenden Herbstastern und dann schier verzweifelt, kann begreifen, daß der eine oder andere Gartenfreund es doch verwendet. Mehrere Nachbarn können es gemeinsam kaufen, aber dürfen es nicht aus der Originalpackung in andere Gefäße abfüllen. Außer gegen die Wurzelgallen-, Blatt-, Stock- und Stengelälchen wirkt es auch gegen saugende Insekten. Das Produkt wirkt systemisch, d. h., es wird von der Pflanze über die Wurzeln aufgenommen, mit dem Saftstrom transportiert und in der ganzen Pflanze verteilt. Deshalb mit der Bekämpfung einsetzen, wenn die Pflanze im zügigen Wachstum ist, Neuanwendung nach 8-12 Wochen. Ausstreuen auf den Boden rund um die betroffenen Pflanzen, anschließend mit der Gießkanne abregnen und unbedingt auch flach einharken. Anwendung in Staudenrabatten 5 g/m². Kein Gemüse auf mit Temik behandelte Flächen! Das Produkt ist hochgiftig, nicht mit der bloßen Hand berühren. Besonders auch gefährlich für Vögel, die das Produkt aufpicken!

**Wühlmaus, Feldmaus, Maulwurf**

Über diese Schädlinge ärgert sich der Gartenfreund mit am meisten. Wühlmäuse sind Vegetarier; sie fressen viele Gartenpflanzen, besonders Möhren, Sellerie, Tulpenzwiebeln, Lilien, Obstbaumwurzeln,

*Schadbild an Lilien durch Lilienhähnchen.*

*Fraßschäden an Kohl durch Kohlweißlingsraupen.*

Ameisen stören manchmal durch Haufenbildung, z. B. im Steingarten

Stäubemittel kann man mit Hilfe eines alten Damen-Perlonstrumpfes gleichmäßig aufbringen

Wurzelstöcke von Rittersporn, Pfingstrosen usw. Hyazinthen, Narzissen und Herbstzeitlosen werden verschont. Da sie sich sehr stark vermehren, sind sie eine ernste Gefahr. Schrittmacher für die Wühlmaus ist meist der Maulwurf mit seinen Gängen. Oft ist der Gartenbesitzer im Zweifel, ob es sich bei den Gängen und Erdhaufen um die Bauten der Wühlmaus oder des Maulwurfs handelt. Gänge öffnen; ist der Gang innerhalb einer halben Stunde zugeschoben, handelt es sich mit größter Wahrscheinlichkeit um eine Wühlmaus.
Der sicherste Weg, Wühlmäuse loszuwerden, ist immer noch der Fallenfang. Bewährt hat sich die Attenkofersche Wühlmausfalle, die von beiden Seiten begangen werden kann. Die Witterung der Wühlmaus ist sehr fein. Hände vor dem Aufstellen der Falle mit Kräutern einreiben (Möhren- oder Sellerieblätter). Ein Stück (ca. 15 cm) Gang freilegen, an den Köderdraht ein Stück Sellerie oder Möhre spießen. Falle vorsichtig aufstellen und das freigelegte Stück mit der Falle so mit Blättern und Gras bedecken, daß kein Licht mehr in den Gang fallen kann. Beste Erfolgsaussichten hat man beim Einbau der Falle in einen Hauptgang (Gangsystem durch Abtasten mit einer Stahlrute oder ähnlichem erforschen). Zusätzlich kann an einigen Enden von Nebengängen das Mittel Voma Wühlmaustod eingebracht werden. Es entwickelt sich in Verbindung mit der feuchten Erde Phosphorwasserstoff (starkes Atemgift). In panischer Angst rennen die Wühlmäuse in den Hauptgang in die Falle. Selbstverständlich kann auch nur mit Fallen gearbeitet werden, was eine etwas größere Geduld erfordert. Ein anderes Vergasungsmittel ist Polytanol. Man kann in die Gänge auch Auspuffgase von Benzinmotoren einleiten. Vom Auspuff des Mopeds oder eines anderen Fahrzeuges wird ein Schlauch in den Gang geführt und ringsum gut abgedichtet. Das Kohlenmonoxid wirkt innerhalb weniger Minuten tödlich. Man läßt den Motor etwa 8 Minuten im Leerlauf laufen.
Fraßgifte wirken besonders im Frühling, wenn die Nager ausgehungert sind. Es gibt eine ganze Reihe, meist ist es vergiftetes Johannisbrot; Blumenzwiebeln können mit Toxaphen-Staub eingepudert werden. Auch eine Reihe von Pflanzen, deren nähere Umgebung von den Wühlmäusen gemieden wird, wie Kaiserkrone *(Fritillaria imperialis),* Kreuzblätterige Wolfsmilch *(Euphorbia lathyris),* Knoblauch *(Allium sativum)* sind bemerkenswert. Mit technischen Produkten, die einen starken Geruch haben, lassen sich die Nager ebenfalls vertreiben (Petroleumlappen, Karbidbrocken). Eine Schutzmaßnahme für seltene Blumenzwiebeln ist, sie in Körbchen aus Drahtgittern zu pflanzen.
Wichtig ist der Schutz natürlicher Feinde (Bussard, Eule, Igel und Katze).
Der Maulwurf als Insekten- und Fleischfresser schadet den Pflanzen direkt nicht, wohl aber indirekt durch seine Wühlarbeit – besonders ärgerlich im Rasen – und als Vorläufer der Wühlmaus. Bekämpfung wie diese. Feldmäuse werden durch Auslegen von Giftweizen beseitigt. Nicht offen auslegen (wegen der Vögel), sondern in seitlich gelegte leere Blumentöpfe.

**Schnecken**

Als ob sie es wüßten – sie gehen immer an die seltensten und wertvollsten Pflanzen. Schnecken sind nachts am Werk und schaden durch ihre Gefräßigkeit. Die ärgsten Schädlinge unter ihnen sind die

Nacktschnecken, aber auch die Gehäuseschnecken können den Pflanzen übel mitspielen. Die Weinbergschnecke lebt von Brennesseln und anderen Unkräutern, verschont aber auch Kulturpflanzen nicht. Es gibt im Handel viele Granulate zum Ausstreuen (Schneckenkorn Spiess-Urania, Helarion, Mesurol, Schneckentod Schacht). Es handelt sich meist um Kleie-Körner, die durch Bindemittel regenfest gemacht sind und eine ausgesuchte, für die Schnecken giftige Ködersubstanz haben. Wirkt meist auch gegen Asseln und Tausendfüßler. Normalerweise genügen etwa 10 Korn pro $m^2$. Gegen starke Zuwanderung, eventuell vom Nachbargrundstück, hilft ein schmaler Schutzstreifen aus Schneckenkorn.
Doch muß erwähnt werden, daß das Ausbringen dieser Mittel auch für so nützliche Tiere wie den Igel den sicheren Tod bedeutet. Nicht nur durch Autos, sondern vor allem auch durch vergiftete Schnecken ist die Zahl der Igel so plötzlich zurückgegangen.

#### Ameisen

Ameisen schaden kaum einmal direkt; sie können aber durch die bekannte Haufenbildung manchmal recht lästig werden. Ameisen interessieren sich für die Blattläuse bzw. deren Ausscheidungen, den „Honigtau"; da sie diese ihre beliebten Nahrungsspender regelrecht hüten, sind sie indirekt an den Blattlausschäden beteiligt. Es gibt verschiedene Ameisenmittel (Merck Ameisenmittel, Tugon, Ameisenmittel Schering), die man in das Nest und auf die Pfade streut.

#### Vögel

Stare und Amseln können einen Gartenbesitzer zur Verzweiflung bringen. Sie fressen Kirschen, Erdbeeren und alle möglichen Beerenfrüchte. Im Herbst folgen die Früchte der Ziersträucher. Im März/April zerfleddern die Amseln Krokus (besonders gelbe) und Zwiebeliris. Polsterpflanzen werden zerpflückt und die Steinbrech- und Hauswurzpflanzungen durcheinandergebracht. Da diese Singvögel unter Schutz stehen, bleibt nur der Schutz der gefährdeten Pflanzen durch Netze (alte Fischernetze oder Vogelschutznetze aus synthetischem Gewebe). Auch Elstern machen sich manchmal unangenehm bemerkbar. Spatzen und Finken fallen in die frisch gesäte Saat, in die keimenden Pflanzen und den jungen Salat ein; auch hier helfen nur dünne Schutznetze, denn über Windmühlen und Feldscheuchen lachen sie!

#### Wild

Gärten, die am Rande von Ortschaften oder außerhalb liegen, können auch durch Wild stark geschädigt werden. Im nördlichen Deutschland sind besonders auch Kaninchen am Werk. Das Drahtgeflecht des Zaunes soll bei stark gefährdeten Anlagen etwa 30 cm in den Boden reichen. Junge Gehölze bekommen eine Maschendrahthose. Zweige vom Obstbaumschnitt liegen lassen als „Winterfütterung", die Stämme werden dann meist geschont. Zum Schutz der Rinde vor dem Abnagen durch Wild gibt es eine Reihe chemischer Mittel (gegen Sommerwildverbiß z.B. AA protect und Arikal conc., gegen Winter- und Sommerwildverbiß Cunitex sowie gegen Winterwildverbiß durch Hasen und Kaninchen an Obst- und Ziergehölzen das Mittel Ha Te 4a). Abwehr durch Geruchmittel (Wildverwitterungsschutz) ist möglich. Im Abstand von 5-6 m werden an der Grundstücksgrenze auf Pfählen Lappen befestigt, die öfters mit diesen Mitteln getränkt werden (z. B. Arbin).

### Pilzbekämpfung

#### Spritzmittel

Es ist ein vielseitiges Fungizid-Programm im Handel. Doch hier sollte sich der Hobby-Gärtner auf wenige, möglichst breit wirkende Mittel beschränken. Oft treten im Garten folgende Pilzkrankheiten auf:
Falscher Mehltau: schwach gelbbraune Flecke auf den Blättern, weißer Pilzrasen auf der Unterseite.
Echter Mehltau: weißer Schimmelüberzug über den befallenen Pflanzenteilen.
Rost: braune und orange Pusteln auf den Blättern, besonders bei Nelken, Rosen und Obstgehölzen.
Sternrußtau: braune, kreisrunde Flecke auf Rosenblättern.
Grauschimmel: an Erdbeeren, Tulpen und Lilien.
Kraut- und Braunfäule: an Tomaten.
Schorf: an Äpfeln.
Das sind nur die häufigsten Pilzkrankheiten, die übrigen werden bei den einzelnen Pflanzengruppen behandelt. Zur Bekämpfung im Hausgarten haben sich die folgenden Mittel gut bewährt (Anwendung jeweils bezogen auf 10 l Wasser):
Euparen (0,25%ig = 25 g), Polyram-Combi (0,15–0,20%ig = 20 g), Orthocid 50 (0,2%ig = 20 g, bei Gemüse nicht zugelassen, Anwendungsvorschriften beachten), Dithane Ultra (0,2%ig = 20 g, bei Gemüse nur für Gurken, Tomaten und Spargel zulässig). Es gibt bei den Pilzbekämpfungsmitteln außer den genannten organischen Produkten auch eine Reihe von anorganischen Bekämpfungsmitteln, wie Cupravit (Kupfermittel) und Netzschwefel; Kupferkalkbrühe wird kaum noch verwendet.

*Botrytis-Erkrankung an Tulpen. Von dieser Krankheit werden besonders Tulpen befallen, die an alten Tulpenplätzen gepflanzt wurden.*

*Blattbrand oder Blattdürre an Bartiris-Blättern. Vorbeugendes Spritzen im Frühling mit Zineb unter Netzmittelzusatz hilft.*

**Bodendesinfektion**

Verschiedentlich steht für spezielle Zwecke (Pflanzenanzucht, Lilienpflanzung) keine einwandfreie Erde zur Verfügung, die frei von schädlichen Pilzen ist. Sie kann mit geeigneten Bodenentseuchungsmitteln behandelt werden, z. B. mit Basamid-Granulat. Es wird ausgestreut und eingeharkt. Der Boden sollte dabei eine möglichst feinkrümelige Struktur aufweisen und keinesfalls trocken sein. Basamid wirkt bei der Anwendung im Frühling bis zum Frühsommer und im Spätherbst auch gegen Unkräuter. Es ist ein giftiges Präparat, Vorschrift genau einhalten. Durchschnittliche Aufwandmenge 50 g/m².

## Verschiedenes zum Pflanzenschutz

**Mangelkrankheiten**

Verschiedentlich treten bei bestimmten Pflanzen Mangelkrankheiten auf, die auf das Fehlen bestimmter benötigter Elemente zurückzuführen sind. Die bekannteste ist die Gelbfärbung der Blätter, Chlorose genannt, die verschiedene Ursachen haben kann. Wenn Pflanzen, die eine saure Bodenreaktion lieben, in zu kalkhaltigem Boden stehen, werden die Blätter gelb; die Pflanze kümmert, und als Folge davon treten oft weitere Pflanzenkrankheiten auf. Ursache: die im Boden vorhandenen Eisenverbindungen werden durch den Kalk in eine für die Pflanzen nicht aufnehmbare Form umgewandelt. Langfristig wirkende Maßnahmen gegen Chlorose sind starke Gaben von Düngetorf und von Mineraldünger mit saurer Reaktion (Superphosphat, Akrisal). Um schnell zu helfen, ist das Chlorosemittel Fetrilon zu empfehlen. Es enthält 5% Eisen in organischer Bindung, das vom Kalk nicht festgelegt werden kann. Man kann Fetrilon in 0,1%iger Lösung sowohl über die Blätter als auch über die Wurzeln verabreichen. Gelbsüchtige Pflanzen werden innerhalb einiger Wochen wieder grün. Beim Pflanzen chloroseanfälliger Stauden und Sträucher in Kalkgegenden viel Torf verwenden und eventuell mit Fetrilon vorbeugen!

Magnesiummangel führt zu Blattschäden. Hier helfen leichte Gaben von Bittersalz (Magnesiumsulfat). Es kann 2%ig gespritzt oder ausgestreut werden. Ist Magnesiummangel nachgewiesen, so ist mit der Kalidüngung sofort aufzuhören, da diese Mangelkrankheit durch zuviel Kali verstärkt und sogar ausgelöst wird. Selbst der magnesiumhaltige Patentkali kann die Magnesiummangelerscheinungen noch verstärken.

**Pflanzenapotheke**
Die meisten vorhandenen Spritz- und Stäubemittel sind stark giftig und müssen deshalb unter Verschluß aufbewahrt werden. An einem frostfreien Ort, am besten in einem Raum im Keller, werden die verschiedenen Mittel und Geräte in einem kleinen verschließbaren Wandschrank gelagert.
Es gibt kein Mittel, das universell eingesetzt werden könnte. Breit einsetzbar ist z. B. Unden flüssig (gegen beißende und saugende Insekten). Schwieriger ist es, ein pilzwirksames Mittel auszuwählen. Vorschlag: Polyram-Combi und Euparen. Wer Gehölze hat, benötigt Baumwachs bzw. ein Wundverschlußmittel. Größere Spritzen werden gesondert aufbewahrt, aber kleine Zerstäuber für Zimmerpflanzen gehören in das Schränkchen. ferner ein alter Becher oder eine Blechbüchse und ein alter Löffel zum Anrühren der Chemikalien. Gut zu gebrauchen ist ein gläserner Meßzylinder, ein Sieb und ein Trichter zum Einfüllen in die Spritzgeräte. Zu diesem kleinen Grundsortiment werden sich mit der Zeit weitere Mittel gesellen, je nach der Art des Gartens. Wer viele Obstbäume hat, wird vor allem zur Austriebspritzung Folidol im Grundsortiment benötigen.

**Vorsicht beim Umgang mit Pflanzenschutzmitteln**
Die meisten im Pflanzenschutz benötigten Mittel sind auch dem Menschen gefährlich. Größte Vorsicht ist am Platze. Die giftigen Chemikalien nicht mit den bloßen Händen berühren, besser Gummihandschuhe tragen! Beim Spritzen und Stäuben stellt man sich immer in die Richtung, aus der der Wind kommt, damit die Gifte nicht eingeatmet werden. Abtrift zum Nachbarn (z. B. auf Gemüsebeete!) vermeiden! Bei großflächigem Spritzen Gummistiefel und einen alten Gummi- oder Kunststoffmantel tragen. Tuch um den Hals. Während der Arbeit nicht essen, trinken oder rauchen! Nach Beendigung von der Spritzbrühe benetzte Körperteile gründlich mit Wasser und Seife waschen. Auch alle Geräte mit Wasser durchspülen und auslaufen lassen (Schutz vor Korrosion und Oxidation). Pumpendichtung einfetten.

*Bei größeren Spritzungen haben sich die gelben Schlechtwetteranzüge der Bauhandwerker aus kunststoffkaschiertem Gewebe bewährt.*

# Geräte und Hilfsmittel

## Werkzeuge zur Erdbewegung

**Spaten**

Die erste Qualität ist beim Spaten gerade gut genug, nämlich handgeschmiedeter Schwedenstahl mit leichter Wölbung, nicht zu schwer, leicht federnd und mit zwei Schienenzwingen zur Stielbefestigung, der Stiel aus Eschenholz mit T- oder D-Griff. Für Frauen gibt es eine extraleichte Form, die jedoch nicht minder stabil ist. Der Spaten ist das billigste und beste Trimmgerät.

**Grabgabel**

Erleichtert das Graben, auf schweren Böden, hilft beim Herausnehmen von Wurzelgemüse, Stauden usw. und ist unentbehrlich beim Umgraben von stark mit Quecken und Ackerwinden verseuchten Böden. Dadurch werden die langen Wurzeln nicht zerstochen (aus jedem Teilstückchen entsteht eine neue Pflanze). Handgeschmiedete Qualität nehmen! Ähnlich ist die Wolf-Spatengabel, sie ist allerdings nichts für sehr schweren Boden.

**Schaufel**

Wird benötigt zum Umschichten des Komposts, zur Herstellung spezieller Erdmischungen, zum Betonmischen und zum Einladen in die Schubkarre. Es sind Platt- und Spitzschaufeln im Gebrauch; für die Arbeiten im Garten ist die Spitzschaufel vorzuziehen. Von beiden Formen gibt es auch Kindergrößen (Polar-Helios).

## Zieh- und Hackgeräte

**Rechen und „Rechenähnliche"**

Hölzerne Ausführungen von Rechen sind überholt. Richtig sind aus einem Stück geschmiedete Eisenrechen. Zum Herrichten der Beete ist eine breitere Ausführung zu empfehlen (14-18 Zinken), zum Rechen zwischen den Pflanzungen ist eine schmale Form besser (8-12 Zinken). Ein rechenähnliches Gerät ist der Drahtbesen zum Laubzusammenrechen und der ähnliche Kleinfeger zum Sauberhalten kleiner Flächen. Rillenzieher sind mehr für den Gärtner, für den Gartenfreund lohnt sich die Anschaffung nicht!

**Kultivator, Grubber, Häufler**

Erleichtern gegenüber dem Arbeiten mit der Schlaghacke die Arbeit sehr. Vor zu leichter Ausführung wird gewarnt! Diese Werkzeuge werden aufrechtgehend hinterhergezogen. Es gibt starre Kultivatoren mit drei oder fünf Zinken, an deren Ende kleine Schare sind. Besser ist der verstellbare Kultivator mit fünf verschieden verstellbaren Zinken. Ein Kultivator ohne Schare an den Zinken wird Grubber genannt, er ist bei sehr schweren Böden besser. Zum Anhäufeln gibt es den Häufler, mit dem eine Furche gezogen wird und der zu beiden Seiten die Erde hochschiebt.

**Handfräse (Rollkrümler) und Spitzenjäter**

Unter beiden Namen geht dieses Gerät zum Zerkleinern von Brocken im Frühling. Mit dem Kultivator wird die im Herbst umgestochene Erde grob verteilt, dann folgt die Handfräse. Auch Unkraut wird mit ihr gejätet und Dünger oder Kompost untergebracht. Die Handfräse hat 4-7 Sternräder, hinter denen eine Pendelhacke angebracht ist.
Der Spitzenjäter ist ideal zur Unkrautbekämpfung auf Beeten; die oberste Erdschicht wird gleichzeitig gelockert. Dank des Seitenschutzes kann man näher an die Kulturpflanzen heran als bei anderen Geräten. Nicht verzichten soll man auf einen Bodenlüfter mit einem Zinken, um bequem in engen Zwischenräumen lockern zu können. Auch der Sägejäter, eine breitere Schare mit scharfer, sägeförmiger Kante, erleichtert die Arbeit. Geräte, die auf der Vorder- und Rückseite diese Arbeitskante haben (Arbeitsweise: hin- und herschieben), heißen Sägeschuffel.

**Motorisierte Hack- und Grabgeräte**

Motorisierte Hack- und Grabgeräte in Einzelausführung sind für einen Garten normaler Größe nicht lohnend. Fräsen kommen bei Gärten mit größeren Beetflächen am ehesten in Frage. Empfehlenswert sind die zahlreich angebotenen Kombigeräte. An einem immer gleichbleibenden Motorteil können zahlreiche

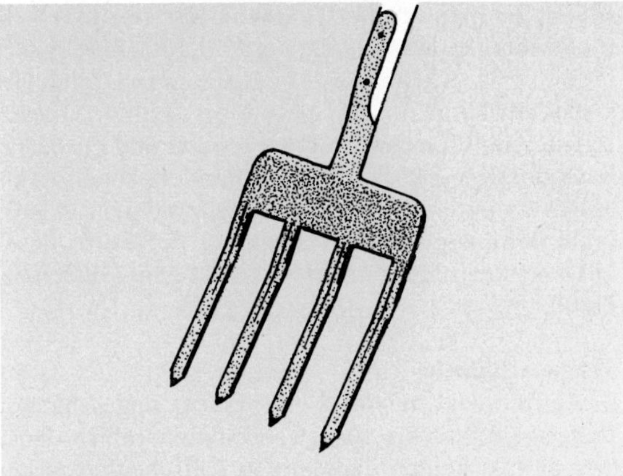

Grabgabel

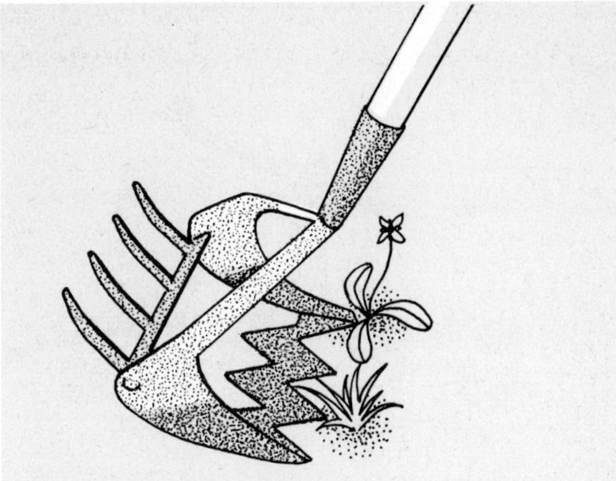

Der Spitzenjäter, ein kraftsparendes Arbeitsgerät

Zusatzgeräte angeschlossen werden. Bekannte Fabrikate sind: Solo-Combi (4 PS, Zusatzgeräte: Rasenmäher, Balkenmäher, Hacke mit ein oder zwei Gängen, Wasserpumpe, Außenborder für Boote, Stromgenerator, Schneeräumer und Erdbohrgerät), Hobbygerät Holder-H 4 (4 PS, Zusatzgeräte: Sichelmäher, Balkenmäher, Hacke, Kehrmaschine, Transportgerät, Schneeräumer), Hako-Jardinette (4 PS, Zusatzgeräte: Hacke für verschiedene Arbeitsbreiten, Beetpflug, Schneeräumer), Irus-Combi (4 und 6 PS, Zusatzgeräte: Hacke, Balkenmäher, Sichelmäher, Mulchmäher, Pflug, Transporter, Schneeräumer, Kehrer).
Die Dimensionen sind so bemessen, daß die Einzelteile der Geräte einschließlich Motor bequem in einem normalen PKW transportiert werden können.

Für kleine Gärten gibt es die Mini-Duplex-Motorhacke „S". Frappierend ist dabei, daß diese mit einer oft schon vorhandenen Heimwerker-Bohrmaschine angetrieben werden kann. Wahlweise gibt es auch Ausführungen mit Benzinmotor oder 12-V-Batteriemotor. Umweltfreundlich-geräuschärmer sind selbstverständlich die elektrischen Antriebsarten.

## Geräte zur Bewässerung

**Gießkannen**
Wie beim Spaten ist auch hier das beste gerade gut genug. Unbequeme, runde, lackierte Schwarzblechkannen haben in modernen Gärten nichts zu suchen. Die Frage: feuerverzinkte Gießkannen oder solche aus Kunststoff (Polyäthylen oder Polypropylen) kann

Fächerrechen erleichtern das Sauberhalten von Wegen und Plätzen

Leichte Gartengießkanne (Kunststoff)

Ideale Gewächshauskanne (verzinktes Blech)

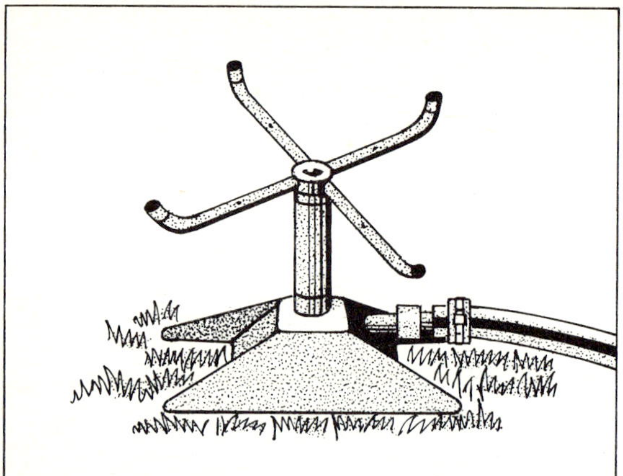

Einfache Kreiselregner machen wenig Ärger

nicht klar entschieden werden. Gießkannen aus Plastikmaterial haben am frühen Morgen keinen so kalten Griff, und sie sind leichter. Gute verzinkte Kannen sind dauerhafter, auch wenn das Plastikmaterial unverrottbar ist. Ständiger Temperaturwechsel läßt es verspröden, oft wird auch ein spitzer Gegenstand durch die Wandung gestoßen, oder es tritt plötzlich ein Riß auf. (Im eigenen Garten sind zwei über 50 Jahre alte feuerverzinkte Gießkannen im Gebrauch.) In einem größeren Garten sollten trotz Wasserschlauch immer zwei Kannen mit 10–12 l Inhalt vorhanden sein, für Frauen eine entsprechend kleinere. Die ovale Form mit durchgehendem Längsbügel ist am besten, eventuell mit zwei Brausen, davon eine feine Flachbrause. Nach dem Gießen von Düngerlösungen oder Schädlingsbekämpfungsmitteln nachspülen! Im Winter Plastikkannen frostfrei aufbewahren, Metallkannen trocken mit der Öffnung nach unten. Für Kleingewächshäuser sind 4-Liter-Gewächshauskannen mit besonders feiner, flacher Brause empfehlenswert. Für Freiland und Gewächshaus gibt es sogenannte Wasserstanden, ebenfalls aus feuerverzinktem Blech oder starkwandigem Plastikmaterial; aus glasfaserverstärktem Polyester; damit hat man stets abgestandenes Wasser zum Gießen zur Hand.

**Wasserschläuche**

In Gärten, die an das Leitungsnetz angeschlossen sind, ist ein Wasserschlauch selbstverständlich. Auch hier gibt es keinen eindeutigen Entscheid zwischen Gummi- und Kunststoffschlauch (PVC), sofern es sich bei dem Plastikmaterial um eine gute Qualität handelt. Der einzige Vorteil des Gummischlauches ist größere Flexibilität bei niederen Temperaturen (dafür höherer Preis). Der Schlauch muß so lang sein, daß jeder Platz im Garten erreicht werden kann. Ob die Kupplungen aus Messing oder Kunststoff (Gardena-System) sein sollen, hängt von der Beanspruchung ab; dauerhafter sind kräftige Messingkupplungen. Bei den Brausen, die in großer Auswahl angeboten werden, kommt es nicht so sehr auf ihre Konstruktion an – wichtig ist dagegen, daß sie ein besonderes fein verdüstes Wasser abgeben. Denn feinste Tröpfchen erwärmen sich besser, bis sie die Pflanze erreichen, und das Chlor aus dem städtischen Leitungsnetz kann besser entweichen. Ein Schlauchwagen ist sehr praktisch, zumindest ist aber ein Schlauchhalter zur Aufbewahrung nötig (Knickgefahr). Es gibt Düngerspritzen, die an den Schlauch

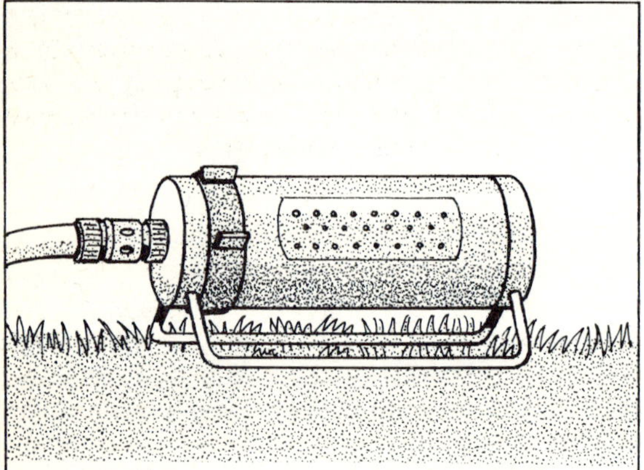

Walzenregner mit einstellbarer Beregnungsfläche

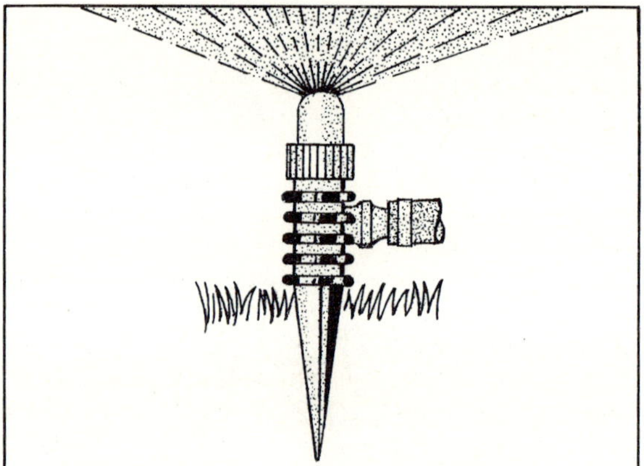

Kleinregner für Langzeitberieselung feuchtigkeitsliebender Pflanzen

angeschlossen werden und bei denen sich das Düngemittel und das Wasser gut vermengen.

**Regner, Sprühschläuche und Wasserpumpen**
Es ist eine große Anzahl verschiedener Regner im Handel, teils aus Kunststoff, teils aus Metall, als Kreiselregner und als Schwenkregner. Zu kompliziert gebaute Schwenkregner haben den Nachteil, oft zu versagen, wenn der Druck sich mindert oder wenn die Gelenke durch Kalkablagerungen usw. belegt sind. Einfach gebaute Kreiselregner, bei denen die Armatur aus vernickeltem Messing besteht, sind funktionstüchtig. Die beregnete Fläche ist dabei allerdings kreisrund.
Nicht alle Pflanzen haben den gleichen Wasserbedarf. Darum soll man nur bei wirklicher Trockenheit beregnen, denn sonst können bei bestimmten Pflanzen Krankheiten auftreten (Mehltau z. B. an Rosen, Rittersporn und Herbstastern). Lediglich beim Rasen ist das Regnen unbedenklich. In vielen Fällen sind Sprühschläuche vorzuziehen: Die Fläche wird auf die Pflanzen beschränkt, die wirklich Wasser benötigen (gut geeignet für den Nutzgarten).
Elektrische Wasserpumpen bringen viele Erleichterungen, so beim Beregnen mit Wasser aus natürlichen Gewässern, Verspritzen von gesammeltem Regenwasser, Entleeren von Wasserbecken und anderen Behältern im Herbst vor Wintereinbruch. Die kleineren Ausführungen sind kompakt und handlich. Sie schaffen ungefähr 20 l in der Minute bei einer Spritzweite von 15 m, bis 7 m Höhe selbstansaugend (Siemens, KSB, Versandhäuser).

## Schneidewerkzeuge

**Heckenscheren**
Bei allen Schneidewerkzeugen auf beste Qualität achten! Es gibt eine große Anzahl von Modellen. Besondere Vorteile sind Hartverchromung, lackierte Eschengriffe, im Gesenk geschmiedet, Wellenschneide, Hohlschliff (Reibung beim Schneidevorgang auf die Schneidekante begrenzt), mit Kugellager (leicht gehend, besonders für Damen), Gummianschlag, Astabschneider (Freunde-Qualitätsscheren). Manuelle Heckenscheren müssen auch dort vorhanden sein, wo eine Elektro-Heckenschere benutzt wird, zum Nachputzen und für Einzeltriebe. Für den großen Obstgarten gibt es eine langstielige Astschere. Bei streng geschnittenen Hecken in Gärten mit Stromanschluß ist eine elektrische Heckenschere unbedingt zu empfehlen. Die Schnittbreite soll nicht zu kurz sein. Beidseitig schneidende Geräte sind vorteilhafter. Auf VDE-Zeichen achten. Für Gärten ohne Stromanschluß gibt es Batterie-Heckenscheren mit langlebigen Nickel-Kadmium-Trockenbatterien (Black & Decker, bevauge). Die Schneiden der elektrischen Heckenscheren werden durch die Pflanzensäfte stark beansprucht, darum immer nach Gebrauch fetten und ölen.

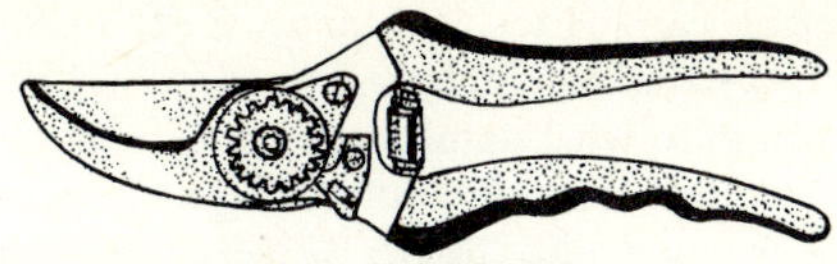

Stabile Schere mit zwei Schneiden

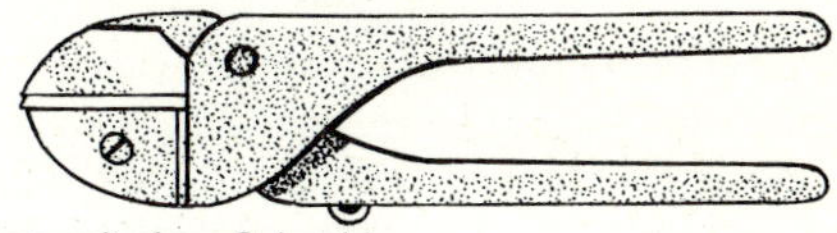

Schere mit einer Schneide

Von den vielerlei Gartenscheren sollten Typen mit einer Schneide (Amboßscheren) oder sehr stabile Scheren mit zwei Schneiden gewählt werden. Billige zweischneidige Scheren bringen nur Ärger

**Scheren**
Soll man ein- oder zweischneidige Baum- und Rosenscheren nehmen? Für den Gartenliebhaber zeichnen sich die einschneidigen Scheren durch einen Vorteil aus: es gibt kein Einklemmen der Zweige. Immer auf beste Klingenschärfe achten, um Quetschungen an der Schnittfläche zu verhindern. Federn schmutzfrei halten, gut ölen. Achten auf rostfreie Edelstahlklingen (auswechselbare Ausführung ist besser), kunststoffummantelte Griffe, Einhandverschluß. Auch für den Blumenschnitt eine geeignete Blumenschere verwenden; hier ist ein hartverchromtes, zweischneidiges Modell vorzuziehen.

**Messer**
In Gärten mit einer größeren Stückzahl von Gehölzen braucht man das krumme Gärtnermesser (Hippe). Spezialisten kaufen der Hand angemessene Größen. Auf gute Schärfe achten, abziehen auf Belgischen Brocken. Für die verschiedenen Veredlungstechniken gibt es ein großes Sortiment von speziellen Messern (Okuliermesser, Kopuliermesser). Diese Präzisionswerkzeuge, die außer der Schnittfläche auch einen sogenannten Löser haben, dürfen nicht für andere Arbeiten benutzt werden. Der Gartenprakti-

ker wird auf einige starke Küchenmesser mit Sägeschliff nicht verzichten können, besonders das Schneiden von dichtstengeligen Staudenbüschen und Ziergrasschöpfen wird damit erleichtert. Die Handgriffe sollten mit Tagesleuchtfarbe gestrichen werden, sonst wandern die Messer versehentlich immer wieder auf den Komposthaufen.

**Sonstige Schneid- und Sägewerkzeuge**
Bei hohen Bäumen ist die Raupenschere unentbehrlich; auf langen Stangen befestigt, lassen sich sonst nicht erreichbare Zweige und Äste mittels Stielzug abschneiden. Ein spezielles Werkzeug für die Spargelkultur ist der langstielige Spargelstecher, bei dem man das gebogene Braunschweiger Modell und das gerade Spaten-Modell unterscheidet. Bleibt noch das große Sortiment der Sägen. Am empfehlenswertesten sind kleine Handbogensägen. In Obstbaumkulturen ist auch eine auf einen Holzstiel aufsteckbare Baumsäge nötig; damit werden nicht erreichbare, für die Raupenschere zu starke Äste entfernt.

## Spritzgeräte

Ganz ohne Spritzgeräte kommt der Gartenbesitzer auf die Dauer nicht aus, und sei er auch ein Gegner des chemischen Pflanzenschutzes. Auch die Schädlingsbekämpfungsmittel aus pflanzlichen Rohstoffen müssen versprüht werden (Pyrethrum-Präparate, Tabakbrühe); außerdem ist die Spritze bei genügend anderen Gelegenheiten nützlich; Pflanzen- und Blumenpflege durch Besprühen mit normalem Wasser, Unkrautvernichtung, Blumendüngen im Kleingewächshaus usw.

**Hochleistungsspritzen**
Diese bestehen meist aus einem feuerverzinkten Stahlbehälter, der etwa zu zwei Drittel mit der zu versprühenden Flüssigkeit gefüllt wird; in der darüber verbleibenden Luft wird mit einer Luftpumpe ein Überdruck erzeugt, der die Flüssigkeit hinausdrückt und im Luftstrom zerstäubt (Rückschlagventil zwischen Behälter und Pumpenzylinder). Diese Geräte sparen Kraft, denn sie werden vor dem Spritzvorgang aufgepumpt. Dabei wird das Oberkörpergewicht mit eingesetzt, die Arme sind dadurch entlastet. Das Gerät wird gewöhnlich auf dem Rücken getragen, und beide Hände sind frei zum Bewegen des Spritzrohres, für das es entsprechende Verlängerungsrohre gibt. Die Spritzflüssigkeit wird bei diesem System nicht durch die Pumpe geleitet; deshalb ist es auch weniger störungsanfällig. Da sie aber frei von größeren Partikeln sein muß (Verstopfung der Düse), läßt man sie beim Einfüllen besser durch ein Sieb laufen. Kein zu kleines Gerät anschaffen – Bäume und Sträucher werden von Jahr zu Jahr größer (Ferrum 358 oder Resistent von Mesto, ferner Gloria 172 R und Gloria 141). Alle diese Typen sind mit Manometer ausgerüstet. Entsprechend kleinere Formen aus Kunststoff zum Umhängen sind Perla 5 von Mesto und Hobby von Gloria.

**Gärtner-Handspritzen**
Für kleinere Gärten und engeren Anwendungsbereich gibt es Handspritzen. Sie bestehen meist aus einem länglichen, 2,5 l fassenden Plastikbehälter, auf dem sich eine doppeltwirkende Messingpumpe befindet. Durch Hin- und Herbewegen des Handgriffes wird ein Druck von etwa 8-12 atü erzeugt. Diese Geräte sind sehr handlich, wenn man auch bei länger dauernden Arbeiten seine Muskeln spürt (Gloria-Gartenspritze 217 G und Gärtnerspritze 350 von Mesto).

**Feinsprüher**
Kleinste Geräte (Einhandsprüher) aus Kunststoff mit 0,5–1 l Inhalt, besonders geeignet für Zimmer, Balkon, Kleintreibhaus, zum Versprühen von Wasser (Erhöhung der Luftfeuchtigkeit), auch von Schädlingsbekämpfungsmitteln und Düngern, wenn die Flüssigkeit frei von gröberen Teilchen ist (feinste Düse). Das Gerät wird in die Hand genommen und durch Öffnen und Schließen der Hand betätigt. Neu im Handel sind Feinsprüher zum Aufpumpen.

Einhand-Feinsprüher

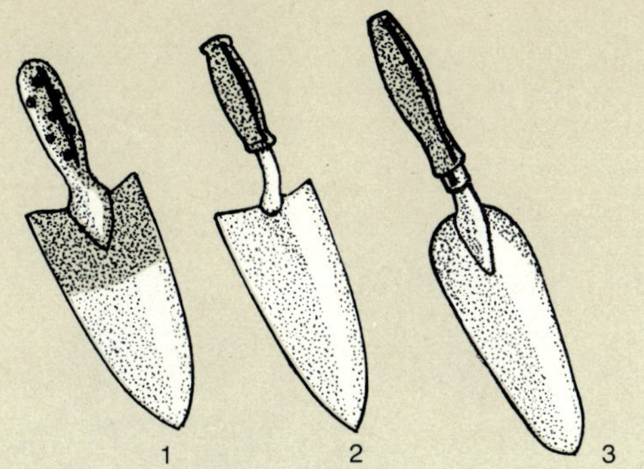


1 Pflanzkelle, nur für leichte Böden
2 Robuster handgeschmiedeter Handspaten
3 Bewährte Edelstahl-Kelle

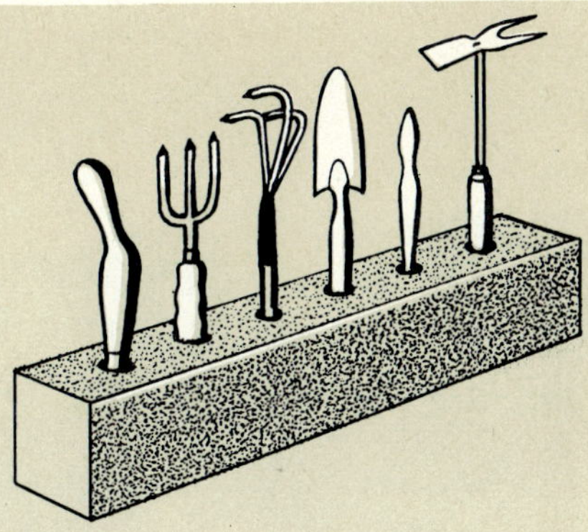

Praktischer Ständer für Kleingeräte. Von links nach rechts: Ganzmetall-Setzer, Pflanz- und Jätegabel, Bodenlockerer, Handspaten, Pikierstift, Jätehaue

## Sonstiges Werkzeug

### Kleingeräte

Zum Pflanzen wird eine Ganzstahlkelle benötigt; sie soll von bester Qualität sein, sonst ist sie besonders bei schwererem Boden schnell verbogen. Noch viel besser ist ein geschmiedeter, geschliffener Handspaten. Weiter gehören zur Ausrüstung ein kleiner Grubber, ein kleiner Rechen sowie Pflanzer, die es in verschiedenen Ausführungen gibt – als Hohlpflanzer, als Ganzstahlpflanzer oder als Holzpflanzer und mit T-Griff. Was noch? Eine Pflanzenleine mit zwei Steckhölzern, ein Rasenkantenstecher und ein Jäthäckchen, vielleicht auch ein Distelstecher. Zur Aussaat gibt es Handsärollen.

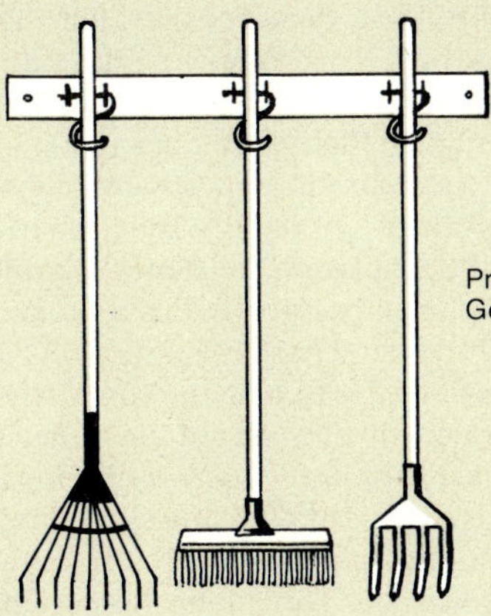

Praktische Gerätehalter

### Schubkarre

Größere Gärten kommen ohne Schubkarre nicht aus. In kleineren Hausgärten kann alles in Plastikeimern transportiert werden, das wird aber ab einer gewissen Größe zu mühevoll. In Frage kommen nur noch kleinere, leichte, gummibereifte Schubkarren mit Stahlrohrgestell.

## Gerätepflege

### Dauerpflege

Nur gut gepflegte Werkzeuge funktionieren. Je komplizierter ein Gerät ist, um so intensiver muß die Wartung sein. Nach jeder Arbeit Erde, Gras- und andere Pflanzenreste sofort an Ort und Stelle entfernen. Ölen und Fetten vor längeren Benutzungspausen (Winter) nicht vergessen.

### Pflege im Winter

Beste Gelegenheit, die Geräte gründlich zu überholen. Alle Schneiden schärfen, Stiele lackieren, Metallteile entrosten mittels Schleifpapier oder mit chemischen Entrostungsmitteln und anschließend einfetten. Lockere Stiele wieder befestigen. Auch Rasenmäher und Spritzwerkzeuge auseinandernehmen. Aus allen Pumpen, Schläuchen, Spritzen und Gießkannen Wasserreste entfernen und evtl. mit Dieselöl einpinseln.

### Aufbewahrung

Gebraucht wird ein Geräterechen; ein Bastler wird ihn selbst herstellen: aus einem Brett ragen etwa 20 cm lange Zapfen; daran werden die Geräte aufge-

*Das Angebot an Kunststofftöpfen ist reichhaltig. Die viereckige Ausführung ist platzsparender.*

*Mobile Gartenleuchten können an warmen Sommerabenden ganze Gartenteile verzaubern.*

hängt. Die Industrie bietet zum Selbstbau von Gerätehaltern Halteklammern aus kunststoffüberzogenem Federstahl an. Man kann auch einen Gerätetisch mit den entsprechenden Löchern zimmern und Rechen, Schaufeln und andere Werkzeuge hineinstekken.

## Blumen- und Anzuchttöpfe

**Tontopf**
Er ist schwer und zerbrechlich, aber trotz Plastiktöpfen immer noch unentbehrlich. Bei Aussaaten muß vor Kunststofftöpfen gewarnt werden – die Erde versauert darin zu leicht. Hier ist der Tontopf richtig. Auch bei der Anzucht von trockenheitsliebenden Pflanzen ist ein 6- oder 8-cm-Tontopf besser. Bei Wiederverwendung gut reinigen, am besten hitzesterilisieren (Brutstätte von Schädlingen und Pilzen).

**Plastiktopf**
Bestimmte Kulturen, besonders feuchtigkeitsliebende Pflanzen, wachsen im Kunststofftopf besser, z.B. die meisten Primelarten. Zur Staudenanzucht haben sich Töpfe aus Polystyrol und Polyäthylen (Spritzguß) bewährt. Vierecktöpfe sind wegen der Platzersparnis besser als Rundtöpfe. Für Jungpflanzen hat sich die Größe 7x7x8 cm bewährt. Es gibt alle Zwischengrößen bis 18x18x18 (5,8 l), aber solche Formate benötigt der Gartenliebhaber normalerweise nicht. Auch dünnwandige Töpfe aus gezogenem Material (Hagü-Töpfe) sind im Handel. Schwarze Foliencontainer sind nur für Baumschulen zu empfehlen. Rundtöpfe aus schlagfesten Polystyrol in Mittelgrößen eignen sich für die Zimmerpflanzenanzucht im Kleingewächshaus. Lilien und Gehölzen vorbehalten sind große Container aus schwarzem Polyäthylen bis zur Größe von 30x20 cm. Gittertöpfe aus dem gleichen Material haben sich für die Stecklingsanzucht bewährt, besonders die kleinen Größen. Zur Anzucht gibt es auch Platten mit zusammenhängenden Kunststofftöpfchen (Multi-Topf, Multi-Topf-Baby).

**Torftopf**
Für den Gartenliebhaber besonders zu empfehlen, bekannt als Jiffy-Pot, Jack-Pot oder Finn-Pot. Diese Töpfchen sind aus Torf gepresst und enthalten als Starthilfe mineralischen Volldünger. Quadratische Formen nutzen den Platz besser aus und sind deshalb vorzuziehen; sie sind auch in zusammenhängenden Platten (Jiffy-Strips) zu haben. Eine Abart sind die Finn-humus-Pflanzplatten, bei denen allerdings nicht mehr von Töpfchen gesprochen werden kann. Ähnlich ist Jiffy-7; das sind hartgepresste, von einem Plastiknetz umgebene Torfscheiben. Mit Wasser in Verbindung gebracht, quellen sie auf und sehen dann wie ein 5 cm hoher, gefüllter Topf aus (Kleinpackungen mit 12 Töpfen zu je 6 cm Durchmesser). Jetzt werden auch sie in zusammenhängender Form (Jiffi-7-Tape) angeboten. Nicht aus Torf, aber diesem ähnlich eine vollsynthetische Würfelverbundplatte, B

(Bayer-Leverkusen), sie ist ideal zur Stecklingsvermehrung. Das Substrat, ein steriler Schaumstoff, wird vor dem Stecken angefeuchtet. Das Material ist ohne Dünger, deshalb mit 0,1%iger Volldüngerlösung zu gießen. Ähnlich in der Verwendung ist das dänische Grodan, eine mit Kunstharz behandelte Steinwolle in Würfelform.

## Folienverwendung

### Zur Anzucht

Folien aus Polyäthylen haben im Gartenbau weitgehend Eingang gefunden. Ihre milchige Struktur schützt Anzuchten vor Verbrennung durch allzu scharfe Sonneneinstrahlung. Mit diesen Folien lassen sich einfache Frühbeete oder auch behelfsmäßige Kleingewächshäuser aus Lattenkonstruktionen erstellen. Selbst Frühbeete mit Glasfenstern sollten eine Folienauflage bekommen, um ungefährliches, diffuses Licht zu erhalten. Auch bei der Stecklingsvermehrung sind damit gute Erfolge zu erzielen, weil eine einfache oder doppelte Folienabdeckung gespannte Luft erzeugt. Sollen einzelne Stecklinge oder Ableger im Tontopf bewurzelt werden, so wird ein Polybeutel darüber gestülpt. Folientunnel schützen Frühbeetaussaaten und frühe Pflanzungen vor Spätfrösten; Folienhäuser aus Baustahlgewebe und Polyäthylenfolie haben vielfach die alten Glashäuser zurückgedrängt.

Bei großflächiger Verwendung nicht zu dünne Folie wählen (es gibt sie in Stärken von 0,05–0,2 mm, normale Breiten für den Gartenbau sind von 1,5–4 m im Handel, transparent oder farbig). Zur Befestigung genügt PVC-Klebeband (Tesafilm). Folien auf Latten können mit einer einfachen aufgeklappten Klammermaschine befestigt werden, wie sie in Büros üblich sind. Außerdem gibt es elektrische Geräte, um die Folien zu verschweißen. Der Nutzen als Winterschutz ist umstritten.

### Mulchfolie

Mit einer tiefschwarz eingefärbten Mulchfolie wurden gute Erfahrungen im Erdbeeranbau gemacht: Die Folie wird ausgelegt, kreuzweise eingeschnitten, die Ecken werden zurückgeklappt und die Erdbeeren eingepflanzt. Vorteile: Entwicklung höherer Bodentemperaturen, Verminderung der Bodenaustrocknung, keine Unkrautbekämpfung. Mulchfolien dienen auch zum Abdecken von Komposthaufen, falls die natürliche Beschattung nicht ausreicht, ebenso beim Entseuchen (z.B. mit Basamid-Granulat) von Erdhaufen zur Unkraut- und Schädlingsbekämpfung.

### Folienbeutel

Unentbehrliches Requisit für Gartenliebhaber: Verpackungsmaterial beim Pflanzentausch, Frischhaltebeutel für im Urlaub ausgegrabene Pflanzen – dabei müssen die grünen Teile atmen können, Tüten also nicht dicht verschliessen. In größeren Beuteln werden Dahlien überwintert, dabei etwas Torf mit zugeben. Zur Schuppenvermehrung bei Lilien und zur Aufbewahrung von vielen anderen Dingen gut geeignet.

## Kennzeichnung

Dauerhafte Kennzeichnung ist im Garten oft nötig, z.B. bei Aussaaten, bei der vegetativen Vermehrung, zur Unterscheidung von Sortimenten und Pflanzensammlungen. Die Kennzeichnung im Freiland soll

Beispiele von größeren Stecketiketten

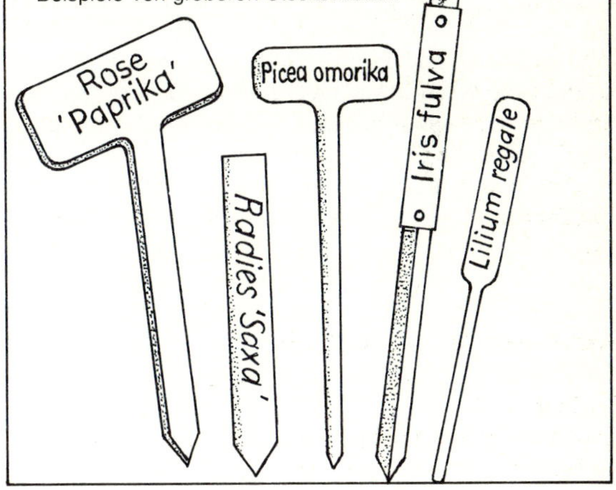

Wo Stecketiketten verwendet werden, möglichst lange nehmen und tief stecken. Frost im Winter, Amseln im Sommer holen sie sonst heraus

dauerhaft sein und unauffällig, normalerweise soll sie nicht der in einem botanischen Garten ähneln.

**Etiketten**
Die gelb eingefärbten Holzetiketten werden mehr und mehr durch Plastiketiketten zurückgedrängt, obwohl die Holzetiketten durch ihre Festigkeit gewisse Vorteile bieten, aber eben nicht lange genug halten. Deshalb nur zur Kennzeichnung von Aussaaten nehmen, als Steck- oder Hängeetiketten. Bei den Plastiketiketten sind verschiedenfarbige Ausführungen im Handel; weiße Grundfarbe ist am besten. Nicht zu dünne Qualität kaufen. Empfehlenswert ist eine Stärke von 0,6 mm. Gängigste Größe ist 14 x 2 cm. Bei den Hängeetiketten gut auf verzinkten Draht achten. Große Standetiketten (Meyer-Standetiketten) sind wichtig für Sammler bestimmter Pflanzengattungen. Sie bestehen aus einem verzinkten Stahlstab, an dem Plastikschilder unterschiedlicher Größe mit Messingklammern befestigt werden; dazu gibt es Quer- und Längsschilder. Weiter bietet der Handel Standetiketten aus Vollplastik an; das beschriftete Kunststoffschild wird von oben eingeschoben.

**Beschriftung**
Ein Problem, wenn die Beschriftung dauerhaft sein soll. Billigste Möglichkeit ist ein Fettstift oder ein wetterfester, schwarzer Spezialstift zur Etikettenbeschriftung (z. B. Staedler Mars-Lumichrom). Von den Filzschnellschreibern sind für diesen Zweck nur wenige geeignet (Edding 3000 Schnellschreiber). Soll mit einer Feder geschrieben werden, empfiehlt sich Meyer-Spezialtinte; sie enthält ein Lösungsmittel (Cyclohexanon), das die PVC-Etiketten anlöst und eine dauerhafte Beschriftung gewährleistet. Bei gewöhnlichen Bleistiften Vorsicht! Nur wenige sind wisch- und wasserfest. Die mit den oben genannten Materialien beschrifteten Etiketten können mehrmals benutzt werden; die alte Schrift wird mittels Schleifpapier oder einer Rasierklinge entfernt.

## Bindematerial

**Bast**
Zum Hochbinden einzelner Zweige, zum Veredeln, zum Binden von Blumensträußen ist Raffiabast als artverwandtes Naturprodukt immer noch am empfehlenswertesten. Nicht zu kleine Packungen kaufen. Preiswert ist Kiloware. Es wird normale Bindequalität angeboten, ebenso allerfeinste Veredlungsware mit langen, breiten Fäden. Auch Kunstbast wird an-

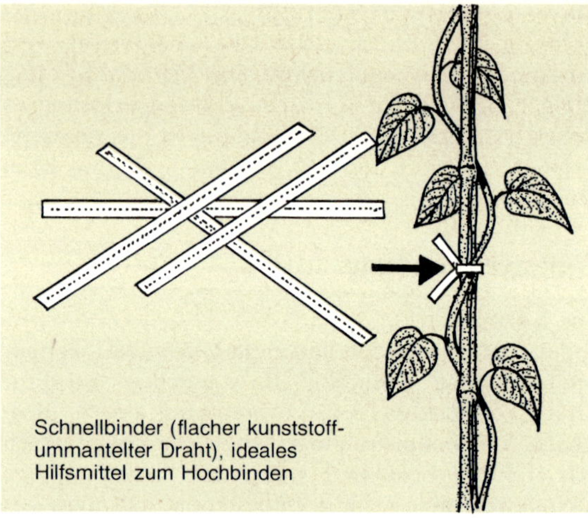
Schnellbinder (flacher kunststoffummantelter Draht), ideales Hilfsmittel zum Hochbinden

geboten in den verschiedensten Farben, es sollte ein weniger auffälliger, grüner Ton vorgezogen werden.

**Bindfaden aus Kunststoff**
Dieser bietet viele Vorteile gegenüber einer Schnur aus natürlichem Material. Besonders seine Festigkeit und Unverrottbarkeit ist hervorzuheben, beim Aufbinden also lange haltbar. Freilich bleibt dieses Material auch auf dem Komposthaufen unverrottbar.

**Allerlei Bindematerial**
Sehr praktisch sind die sogenannten Schnellbinder oder Bindestreifen, ein Bindedraht mit einem flachen Plastikmantel in verschiedenen Farben. Herüberhängende Zweige, Schlingpflanzen und anderes kann schnell aufgebunden werden. Es gibt Längen von 10, 15 und 20 cm. Sisalkordel wird im Liebhabergarten kaum noch verwendet; junge Bäume werden mit Plastikmaterial an den Pfählen befestigt (geeignet sind Kunststoffgriffe von Waschmittelgroßpackungen).

## Behälter für viele Zwecke

**Pikier- und Saatkisten**
Wer Pflanzen aus Samen zieht oder sonstiges selbst vermehrt, benötigt Saat- und andere Arbeitskästen. Billig sind immer noch selbstgebastelte rechteckige Saatkistchen aus Holz (Wasserabzugslöcher bohren!). Bei öfterer Verwendung gut reinigen und desinfizieren (Albisal-Lösung). Saatschalen aus gebranntem Ton und aus Asbestzement sind wegen des höheren Gewichts kaum mehr im Gebrauch. Dagegen ist das Angebot an Plastikpikierkisten sehr groß; diese eignen sich gut auch zur Aufnahme von vierek-

kigen Kunststoff- und Tontöpfchen. Am Boden befinden sich auf leicht erhöhten Stegen Wasserabzugslöcher. Die Größe beträgt bei fast allen Typen 50x32x5cm. Unter dem Namen Piki-Box gibt es ein Modell, das am Boden über 3000 Wasserabzugslöcher hat.

**Plastikeimer**
Einige dieser billigen, praktischen Behälter werden in jedem Garten benötigt. Die etwas elastischere Ausführung, wie sie im Baugewerbe üblich ist, ist besser für den Garten als harte, hochglänzende, dünnwandige Haushaltsware. Der Bügel soll aus plastikummanteltem, starkem Metall sein. Inhalt 10 Liter.

## Drahtwaren

**Siebe**
Der intensivere Gartenliebhaber benötigt öfter gesiebte Erde. Bei größeren Mengen (z.B. Kompost) ist ein Durchwurfsieb nötig. Es besteht aus starkem verzinktem Drahtgeflecht, das 80x130cm groß und auf einen stabilen Holzrahmen aufgenagelt ist. Die Maschenweite beträgt 10x10mm (Drahtstärke 1,8mm) oder 16x16mm (Drahtstärke 2,2mm). Praktisch sind auch kleine runde Erdsiebe mit 45cm Durchmesser und einem Rahmen aus Buchenholz. Maschenweiten sind von 1–10mm erhältlich. Für kleinste Mengen (z.B. Aussaat im Blumentopf) ist ein Spielzeug-Plastiksieb am handlichsten.

**Drahtstützen**
Zum Stützen gibt es eine ganze Reihe von Hilfsmitteln aus glattem, gewelltem oder gedrehtem starkem Draht, z.B. Stahldraht-Bohnenstangen, Tomatenstäbe, Schlingentomatenstäbe, Tomatenstützbügel, Staudenhalter, Erbsenranker, Einzelwellstab, Blumenstütze, Wellstabpyramide, Doppelwellstab (Draht Bremer, Draht Hitschler). Auch Saatschützer gibt es fix und fertig. Das Drahtmaterial ist teils feuerverzinkt, teils kunststoffummantelt. Auf die Kompostsilos dieses Materials wurde schon hingewiesen.

**Bindedraht**
Wer gerne Blumenarrangements bindet, benötigt einen feinen Blumendraht. Für stärkere Arbeiten (Adventsgebinde, Buketts) gibt es einen Bindedraht mit aufgeschäumtem grünen Plastikmaterial als Mantel. Es hat einen Gesamtdurchmesser von 2,2mm, läßt sich trotzdem leicht drehen, drillen und knoten (Bindedraht Poroco).

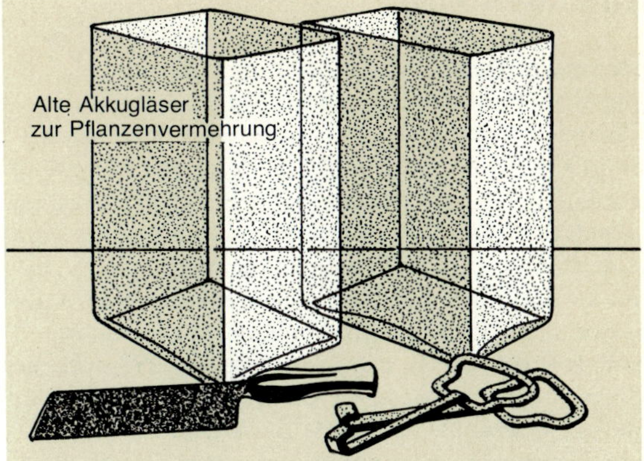

Fleischhaumesser zur Kompostzerkleinerung
Milchkannenhenkel zum Kübeltransport

Eimer, Spielzeug-Sandsieb (für Aussaaten) und Trichter (zum Einfüllen der Spritzbrühe)

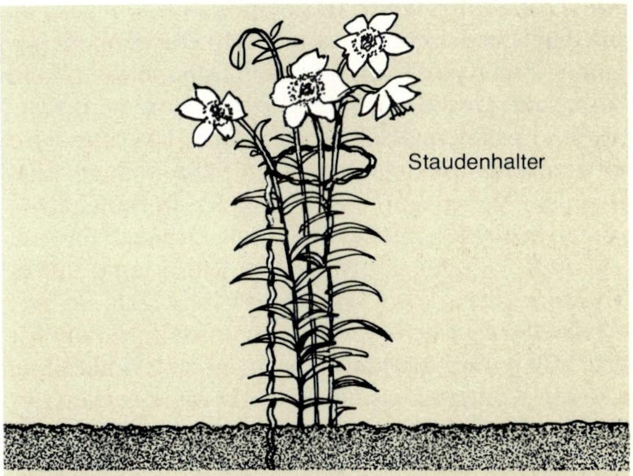

Hilfsmittel aus kunststoffummantelten oder verzinktem Welldraht

## Kunststoffschaum

### Styroporplatten

Die vom Bau her bekannten Styroporplatten (geschäumtes Polystyrol) können für verschiedene Anwendungszwecke auch vom Hobbygärtner eingesetzt werden. Besonders Platten im Format 100x50x2cm eignen sich dafür. Wichtigste Eigenschaft ist die gute Isolierfähigkeit. Alle Frühbeetteile werden innen damit ausgekleidet. Bei Kleingewächshäusern wird der Sockel oder das Fundament innen und außen damit isoliert (bis 50cm in die Erde gehend). Wesentliche Heizungskosten lassen sich dadurch ersparen. Der Handel liefert entsprechende Baukleber für Styropor zum Befestigen. Auch als Winterschutz sind die Platten gut zu verwenden. Kisten, die als Schutz über empfindliche Pflanzen (Pampasgras, Mammutblatt) gestülpt werden, sollen vorher mit Styropor ausgekleidet werden. Wird Wurzelgemüse im Kalten Kasten eingemietet, so folgen auf die Sandschicht einige Platten. Asiatische Erdorchideen (*Cypripedium macranthon* u.a.) können wohl Frost, aber nicht häufigeres Auftauen und Gefrieren vertragen. Nach dem ersten kräftigen Frost kommen Styroporplatten auf die Pflanzstelle, um den Frost lange zu halten. Zerbrochene Platten, Verpackungsmaterial aus Styropor können, in grobe Stücke zerkleinert, als gute Dränagemittel verwendet werden. Die auf allen Märkten anfallenden holländischen Gurkenkisten aus Styropor ergeben schöne Pikier- und Pflanzkisten.

### Styromull

Die kleinen bis groben Flocken aus Styropor heißen im Handel Styromull. Besonders bei Neubauten auf schweren Böden kann die Bodenlockerung mit Styromull Nutzen bringen. Die gesamte Fläche wird etwa 2cm damit bedeckt und eingebracht (Fräse nicht geeignet). Styromull verrottet nicht und nimmt kein Wasser auf. Deshalb ist seine Anwendung im Privatgarten so problematisch. Außer der Lockerung wird bei einem damit angereicherten Boden auch eine schnellere Wärmeaufnahme erreicht. In Steingärten können Schichten mit Styromull als Dränage dienen, z.B. im Kern oder in etwa 20cm Entfernung hinter Trockenmauern. Die Durchwurzelung geht in mit Styromull angereicherten Anzuchterden schnell vor sich. Lilien sind ebenfalls für so eine Beimischung dankbar. Container und Kübel bekommen unten immer eine Styromullschicht. Bei Arbeiten im Freiland ist darauf zu achten, daß es windstill ist, sonst werden die extrem leichten Flocken in die ganze Nachbarschaft verweht.

### Hygromull

Geschäumtes Kunstharz, sieht wie Styromull aus. Die einzelnen Zellen sind bei diesem Substrat aber offen und deshalb aufnahmefähig für Wasser und Nährstofflösungen. Der Abbau im Boden erfolgt sehr langsam. Wegen seiner wasserhaltenden Kraft ist Hygromull besonders für leichte Böden zu gebrauchen. Weiße Styromull- und Hygromullflocken an der Erdoberfläche sehen nicht schön aus, deshalb die Erde nach dieser Verwendung mit Torf abdecken.

## Gartenkleidung

### Schlechtwetterkleidung

Vom abgelegten „guten Stück" bis zum modischen Gartenkleid ist alles geeignet, wenn es nur praktisch ist. Der intensivere Gartenliebhaber benötigt aber auch für schlechtes Wetter eine entsprechende Kleidung, hat er doch auch im Spätherbst noch zu tun. Das Richtige sind dann die auch im Baugewerbe verwendeten Wetterschutzanzüge aus geschmeidigem gummiertem Gewebe. Jacke mit Kapuze, Trägerlatzhose – sehr praktisch! Gummistiefel mit Einlagen vervollständigen diese Kleidung.

### Hut und Handschuhe

Wer nicht nur kurzzeitig im Garten arbeitet, sollte in den Sommermonaten einen breitkrempigen Strohhut tragen. Die volle Sonne auf den ungeschützten Kopf, und das stundenlang, ist noch niemandem bekommen. Handschuhe sind ein Problem; besonders die Gummihandschuhe sind bei längeren Arbeiten sehr kurzlebig, außerdem schwitzen die Hände darin sehr stark. Zumindest die Innenseite mit Talkum einpudern. Bewährt haben sich die aus einem leinenähnlichen Stoff bestehenden Fingerhandschuhe, deren Griffseiten mit Leder überzogen sind.

### Hose und Schürze

Kräftige Arbeitslatzhosen mit großen aufgesetzten Taschen sind praktisch. Keine zu engen Jeans, mit denen man nicht in die Knie gehen kann! Auch grüne Gärtnerschürzen zum Umbinden, ebenfalls mit aufgesetzter Tasche in der Schürzenmitte, sind beliebt.

# Frühbeete und ähnliche Einrichtungen

## Folien

Je intensiver man sich mit Pflanzen beschäftigt, um so mehr wird das Interesse wachsen, auch Blumen- und Gemüsepflanzen, bei denen eine Freilandaussaat nicht möglich ist, selbst heranzuziehen oder Frühgemüsebau zu betreiben. Die Möglichkeiten sind heute im Kunststoffzeitalter besonders zahlreich.

### Folientunnel

In jedem Fachgeschäft gibt es Folientunnel zu kaufen. Ihr Gerüst bilden mit Kunststoff (PVC) ummantelte Metallbögen, die in Abständen von ca. 50 cm den Überzug aus milchiger Polyäthylenfolie tragen; die Schmalseiten haben einen in der Mitte geschlitzten Vorhang aus dem gleichen Material. Um dem Tunnel Halt zu geben und ihn zugfrei zu machen, wird der Foliensaum mit Erde bedeckt. Folientunnel sind besonders zur Frühgemüsetreiberei geeignet (Kopfsalat, Radies, Spinat, Kohlrabi, Blumenkohl); im Sommer erweisen sie sich bei kalter Witterung erneut als nützlich, z. B. für Gurken, und schließlich zeigen sie noch nach der Ernte einen weiteren Vorteil: diese platzsparende Konstruktion wird einfach zusammengefaltet. Lebensdauer etwa 3 Jahre, dann ist eine neue Bespannung nötig.

Für geschickte Bastler ist ein Eigenbau nicht schwierig: Ein 8 mm starkes Rundeisen wird mit der Eisensäge auf die benötigte Länge gesägt. Anschließend biegen, mit Bleimennige oder Kaltzinkfarbe grundieren und mit einem wetterfesten Kunstharzlack endlackieren. Folien zurechtschneiden, pro Rundbogen 2 cm in der Länge zugeben für den zu nähenden Schlauch, in den die Rundbogen geschoben werden sollen. Die Folie wird an diesen Stellen gefaltet und in 1 cm Abstand vom Knick mit einer Büroklammermaschine geheftet, etwa immer in 2–3 cm Abstand. Der Schlauch läßt sich auch nähen. Dabei ein schmales Baumwollband mitlaufen lassen, sonst gibt es Schwierigkeiten! Der vordere und hintere Vorhang wird zugeschnitten und auf gleiche Art wie angegeben befestigt. Bei selbstgebauten wie bei gekauften Folientunnel nimmt die Transparenz bei Gebrauch nach etwa 3 Jahren ab. Auch Versprödungserscheinungen treten auf, und die Bögen müssen neu bezogen werden. Bögen aus Aluminiumstäben sind pflegeleichter und haltbarer. In die Folientunnel legt sich gern Nachbars Katze auf den frisch gepflanzten Salat! Schutzgitter oder ähnliches beim Lüften davorstellen. Neu sind aufklappbare Folientunnel.

### Andere Folienhäuser

Für eine einfache Folienabdeckung genügt ein Lattengestell mit entsprechender Bespannung. Keine Konstruktion mit waagrechter Oberfläche erstellen: das Wasser kann nicht ablaufen, und es bildet sich bei starkem Regen ein See, der die Folie niederdrückt. Dann lieber gleich Drahtrollglas verwenden! Das ist ein Kunststoff mit eingeschweißtem verzinktem Drahtgitter (Hortoced), Lebensdauer etwa 3 Jahre. Besser ist es aber, alle Beetabdeckungen mit spitzem Dach zu bauen. Leicht lassen sich Abdeckungen aus dünnem Baustahlgewebe biegen. Darüber wird Folie gespannt und mit länglichen Polyäthylensäckchen, die mit Sand gefüllt sind, an den Längsseiten zum Schutz vor Wind beschwert.

Fertige Plexiglas-Abdeckungen, die es im Handel zu kaufen gibt, können je nach Bedarf aneinandergereiht werden. Die Seiten werden mit glatten Plexiglasplatten verschlossen. Das obere und untere Ende der einfach auf den Boden zu stellenden Konstruktion ist rinnenförmig hochgebogen; diese Rinne wird mit Erde gefüllt, um eine gute Windsicherung zu haben. Das Material ist nicht billig, aber haltbar und völlig lichtecht (keine Vergilbung oder Vergrauung).

Frühbeete im Kleinen sind die käuflichen Frostschutzhauben (PVC). Sie sind milchig oder leicht transparent eingefärbt. Am oberen Ende befindet sich ein Dunstloch. An den abgewinkelten Rand wird zur Befestigung ein Drahtbügel in die Erde gesteckt; auch die Bedeckung des Randes mit Erde gibt einen gewissen Windschutz. Durch die Einzelverwendung solcher Hauben kann man die Ernte auf einen längeren Zeitraum ausdehnen. Besonders wärmespeichernd sind Garda-Frostschutzdecken mit dreifacher Folie und 17 000 kleinen Luftpolstern je m².

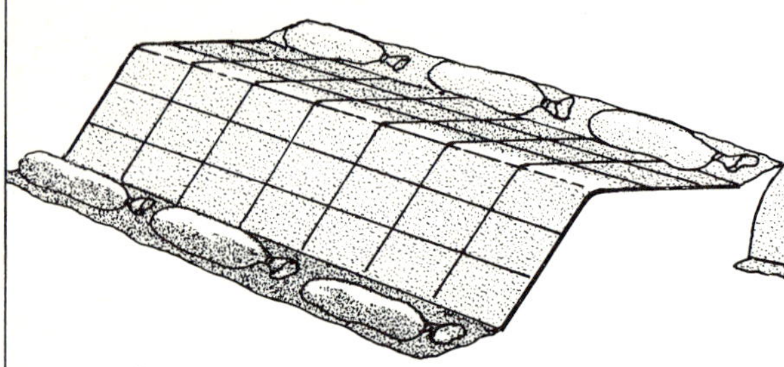

Anzuchttunnel aus Baustahlgewebe. Folie mit Sandsäckchen beschweren (Wind!)

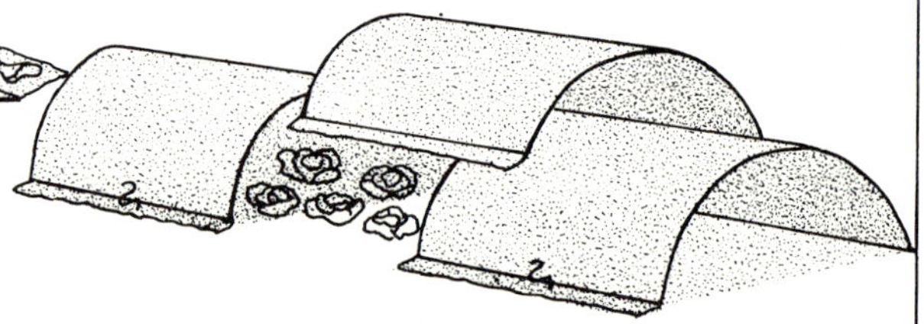

Wertvolle Neuentwicklung: hochklappbare Folientunnel

## Frühbeetersatz

### Wanderkasten

Als Wanderkasten wird ein Bretterrahmen bezeichnet, der je nach Bedarf von Beet zu Beet gesetzt wird. Die Abdeckung kann aus einem Glasfenster bestehen oder einem mit Folie bespannten Lattenrahmen. Keine waagrechte Oberfläche! Die Vorderseite muß tiefer liegen, damit das Regenwasser abläuft. Kopfzerbrechen macht oft die Aufbewahrung des Kastens nach dem Ende der Anzuchtperiode.

### Windschutzbeet

Um ein Beet werden dreiseitig etwa 50 cm hohe Rohrmatten senkrecht aufgestellt und an Holzpfosten (in den Ecken) befestigt; die Südseite bleibt frei. Ein Lattenrahmen, etwa 10 cm hoch, umschließt das Beet; nachts wird mit einer Rohrmatte oder Folie abgedeckt. Die Folie darf in frostgefährdeten Nächten die Pflanzen selbst nicht berühren, deshalb können die Pflanzen nur im Jugendstadium geschützt werden. Zum Ablauf von Regenwasser muß genug Neigung vorhanden sein. Unter die Anzuchterde bester Qualität kann eine Pferdemistpackung kommen oder eine halbverrottete Laubpackung.

## Das warme Frühbeet

### Gemauerte und betonierte Kästen

In vergangenen Zeiten waren selbstgemauerte Frühbeetkästen viel im Gebrauch, die Ruinen in manchen Gärten zeugen noch davon. Es wird davon abgeraten – auch vom Selbstbau! Eigene Wünsche und Gewohnheiten ändern sich mit den Jahren, und spätere Generationen wünschen oft eine andere Gartengestaltung. Fertigteile aus Eisenbeton sind besser. Trotz ihres Gewichts lassen sich die Einzelteile an Ort und Stelle gut zusammenfügen. Etwa 15 cm tief soll die Konstruktion in der Erde sitzen. Leider ist die Wärmeleitfähigkeit dieses Materials sehr gut; die durch Sonneneinstrahlung im Innern gespeicherte Wärme wird schnell nach außen abgeleitet. Deshalb sollte man alle Frühbeete aus Ziegelsteinen und Beton innen mit 2 cm starken Styroporplatten auskleiden. (Auch innerhalb der Erdoberfläche.)

### Holzkästen

Sie sind immer noch am weitesten verbreitet. Üblich ist der Eigenbau. Meist werden astarme Fichtenholzbretter verwendet; Hartholz, wie Eiche, ist wesentlich länger haltbar, aber teuer. Die Wandstärke soll 2 cm oder mehr betragen. Das genormte deutsche Frühbeetfenster von 1,0 x 1,5 m bestimmt die Größe des Kastens. (Holländer-Fenster sind abweichend davon 0,8 x 1,5 m.) Einzelne Fenster lohnen nicht. Ein Kasten sollte mindestens drei oder vier Fenster umfassen. Bei drei Fenstern hat das Frühbeet 4,5 $m^2$ Kulturfläche. Wer abgelegte alte Fenster aus einem Haus hat, muß sich diesen Größen natürlich anpassen. Ein einfacher Frühbeetkasten mit drei Fenstern läßt sich einfach zusammennageln. Benötigtes Material: je ein Brett von 35 x 300 cm und 50 x 300 cm und zwei Seitenteile; sie sind 150 cm lang, am unteren Ende 35 cm, am oberen 50 cm hoch. In die Ecken des Kastens kommen rechteckige Pfosten, die vorne 50 cm, hinten 65 cm lang sind. Winkeleisen an der Außenseite der Ecken erhöhen die Stabilität. An die Stoßkante der

Fenster kommt als Auflage eine kräftige Leiste. Sie sollte eine rinnenförmige Vertiefung zum Ablaufen des Regenwassers haben. Alle Holzteile werden mit einem wirkungsvollen, möglichst pflanzenverträglichen Holzimprägnieröl behandelt, z. B. Holzfluid Schacht, Isoliermittel Canu. Kein Karbolineum nehmen!

Der Platz soll warm und windgeschützt liegen. Das Gefälle von der Hinterseite (Norden) zur Vorderseite (Süden) beträgt 15 cm, damit die Strahlen der noch tief stehenden Sonne im zeitigen Frühling schon eingefangen werden können. Der Kasten wird so in den Boden gesetzt, daß die Bretter 10 cm tief in der Erde stecken; die angespitzten Pfosten werden 25 cm tief eingeschlagen. Ein „Luftholz", ein Brett mit sägeartigen Einschnitten, dient dazu, die Fenster in verschiedener Höhe aufzustellen. Günstig ist auch eine mindestens 1,5 m lange Bohle zum Auflegen, um alle Arbeiten bequem ausführen zu können. Als Abdeckung kommen die im Abschnitt Frühbeetfenster genannten Konstruktionen in Frage.

**Kunststoffkästen**

Die Industrie bietet verschiedene Kästen aus Kunststoff an, einfache und solche mit größerem Komfort (engel bio-Therm und mit Sturmverschluß-Automatik) aus doppelwandigem Hostalit zur Wärmespeicherung. Sehr günstig sind auch Frühbeete aus Plexiglas; ihre Vorteile sind: gute Lichtdurchlässigkeit, völlige Lichtechtheit (auch nach Jahren kein Verfärben), und hervorragende Wetterfestigkeit. Ein Plexiglaskasten kann leicht selbst gebaut werden. Aus Holz sind nur die Eckpfosten, die eine Nut erhalten, bevor sie etwas einbetoniert werden, und die schrägen Seitenteile. In die Nuten werden die Vorder- und Hinterseitenteile von oben eingeschoben. Die Scheiben im hölzernen Fensterrahmen sind aus gleichem Material. Besser ist Plexiglas mit Wabenmuster: dadurch werden die direkt einfallenden Sonnenstrahlen gebrochen, es gibt also keine Verbrennungen an den Pflanzen. Neue Möglichkeiten für den Eigenbau hat die Plexiglas xt-Stegdoppelplatte eröffnet, die sich durch besonders gute Wärmehaltung im Kasten und durch hohe Stabilität auszeichnet.

**Frühbeetfenster**

Alte Vorfenster und sonstige alte Fenster aus Häusern gehören zur Sperrgutabfuhr! Viele, breite und hohe Sprossen nehmen Licht weg, die Größe paßt nicht, und der Kitt bröckelt bald aus den Fugen. Die billigste Abdeckung ist ein mit stärkerer Polyäthylenfolie bespannter Rahmen, der aber mindestens eine Längssprosse haben soll, damit sich kein Regensee darin bildet. Besser ist sogenanntes Drahtglas (verzinktes Drahtgeflecht, beidseitig mit Folie verschweißt). Stabiler sind Fenster mit Kunststoffscheiben (PVC, Plexiglas, glasfaserverstärktes Polyester). Über die Vor- und Nachteile dieser Materialien lesen Sie auf Seite 77.

Fenster mit vielen Sprossen mindern den Lichteinfall, haben aber dafür den Vorteil, daß die einzelnen Scheiben billiger und bei Glasbruch der Reparaturaufwand niedriger ist. Bei Neuanschaffungen sollte im Liebhabergarten auf Glas verzichtet werden.

**Mistbeet**

Ein gutes Mistbeet ist eine Wissenschaft für sich, und ihre erste Lehre heißt: Je sorgfältiger die Packung

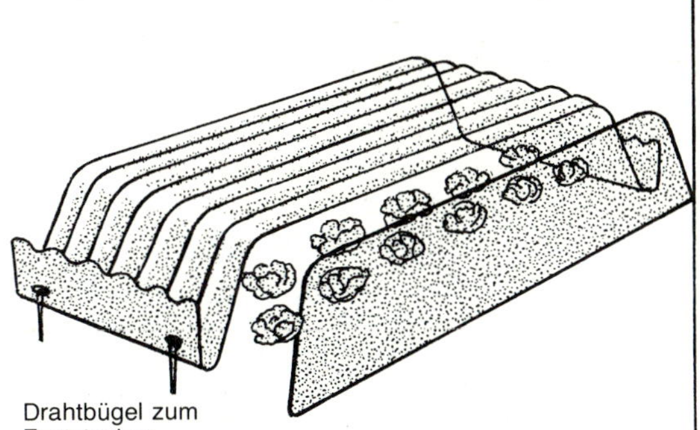


Transportable Plexiglashauben zum Verfrühen

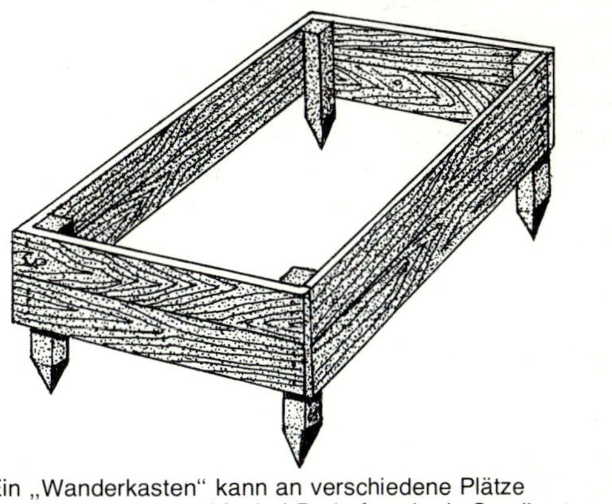

Ein „Wanderkasten" kann an verschiedene Plätze gebracht werden und ist bei Bedarf auch als Sandkasten für kleine Kinder gut

*Beliebt sind Steckelemente. Zusammen mit Holzlatten und Kunststoffolie kann man solche Minigewächshäuser basteln.*

durchgeführt wird, um so größer ist der Erfolg. Die zweite: Der Pferdemist soll strohig und nicht zu naß sein. Etwa zwei Tage vor dem Einbringen wird er neben dem Kasten zu einen dichten Haufen aufgeschichtet und mit einer Folie bedeckt, damit er sich kräftig erhitzt. Vor dem Packen eine Laub- oder Strohschicht einbringen, um zu starke Wärmeableitung in den Boden zu verhindern. Wer die Wärmeentwicklung strecken will, kann auch Zwischenschichten aus Laub einlegen. Die Stärke der Mistlage richtet sich nach der Jahreszeit. Gewöhnlich wird ein Mistbeet Mitte Februar gepackt, da genügt eine ca. 30 cm starke Schicht. Den gleichmäßig eingebrachten Mist nicht sofort antreten, sondern erst nach 3–4 Tagen! In der Zwischenzeit werden die Fenster aufgelegt und mit Strohmatten, alten Teppichen oder ähnlichem abgedeckt. Dann erst wird die Packung gleichmäßig festgetreten. Jetzt nicht sofort die Kulturerde aufbringen, sondern nochmals eine etwa 5 cm starke Schicht Laub als Puffer einlegen. Dann erst folgt die feingesiebte Erde in einer 20 cm starken Schicht.

Selbstverständlich darf die Erdoberfläche nicht parallel zum schrägen Fenster verlaufen, sondern muß waagrecht sein. Der Mindestabstand zwischen vorderem Fensterrand und Erdoberfläche beträgt im frischgerichteten Beet 10–12 cm; später senken sich die gesamten Schichten auf 15–18 cm ab. Außen wird um den Kastenrand ebenfalls Mist gepackt, festgetreten und mit Erde abgedeckt.

Ein richtiges Mistbeet ist sehr pflegebedürftig. Wer keine Zeit hat oder vom Garten entfernt wohnt, sollte die Finger davon lassen, denn man muß auf jede Wetteränderung reagieren können. Da heißt es morgens, wenn die schwache Vorfrühlingssonne herauskommt, zuerst einmal die Strohmatten oder sonstige Abdekkung zurückrollen; eine Weile danach ist leicht zu lüften, später etwas mehr. Kommt ein Regen- oder Schneeschauer, muß der Kasten dichtgemacht werden. Schon ist die Sonne wieder da – es wird wieder leicht gelüftet. Scheint sie zu grell, so wird mit Schattiergewebe oder ähnlichem schattiert. Kurz: bei einem gepackten Mistbeet muß man immer auf dem Sprung sein. Gleich nach Sonnenuntergang wird der Frostschutz für die Nacht aufgebracht.

Mit einem Thermometer im Kasten kontrolliert man die Temperatur: ab 16 °C wird etwas gelüftet, aber so, daß der kalte Außenwind über das Fenster streichen muß und nicht in die Kultur bläst. Bei großer Kälte (unter −5 °C) werden die Strohmatten zusätzlich mit Brettern bedeckt. Ist es trübe und klirrend kalt, so kann auch einmal tagsüber nicht aufgedeckt werden. Wer Jungpflanzen anzieht, muß 14 Tage vor dem Auspflanzen mit der Abhärtung beginnen. Es wird mehr gelüftet, um die Pflanzen allmählich an die Außentemperaturen zu gewöhnen.

**Andere Packungen**

Einen gemilderten warmen Kasten erhält man durch eine Packung mit Laub. Sie erreicht zwar nicht die Wärmeentwicklung des Pferdemistes, dafür ist sie aber sehr gleichmäßig und hält länger an. Wer allerdings feuchtes Laub sammelt, wird eine Enttäuschung erleben, denn bis zum Packen des Kastens ist die meiste Energie verloren. An sonnigen Herbsttagen muß man es sammeln, und das reichlich, denn was im eigenen Garten liegt, wird nie ausreichen! Dieses trokkene Laub wird, vor Feuchtigkeit geschützt, in Säkken aufbewahrt. Beim Packen der etwa 30 cm starken Laubschicht ist diese lagenweise anzufeuchten und anzutreten. Es dauert wesentlich länger als beim Mist, bis die Gärung und Verrottung beginnt und Energie frei wird; deshalb nach dem Aufbringen der Kulturerde mindestens 10 Tage warten, bis gesät oder gepflanzt wird.

Außer Pferdemist und Laub eignen sich auch Baumwollabfälle als Packung sowie Mischungen aus Stroh oder Torf mit Kalkstickstoff.

**Elektrizität als Heizung**

Als Energie für den warmen Kasten wird in zunehmenden Maße Elektrizität verwendet. Die Vorteile sind: saubere Arbeit (das Wort „Mist" stört manchen), leichtes Regeln der Temperatur, lange Haltbarkeit. Etwa 100–150 Watt/m² reichen aus, um selbst empfindliche Sommerblumen und Feingemüsepflanzen heranzuziehen. Unerläßlich ist eine gute Isolierung nach unten und an den Seiten; dazu verwendet man die schon mehrmals erwähnten 2-cm-Styroporplatten. Ein unterhalb des Fensters (etwa 2–4 cm) angebrachter, mit Folie bespannter Holzrahmen hilft ebenfalls Heizungskosten sparen (20–30%). Die Temperatur wird mittels Thermostat geregelt, entweder mit einem Stabtemperaturregler (wird in die Erde gesteckt) oder mit einem fest installierten, wassergeschützten Raumtemperaturregler.

Zuunterst in den Kasten kommt eine etwa 5 cm starke Dränageschicht aus groben Kiesbrocken, Ziegelsplitt, Blähton oder groben Styroporflocken (Verpackungsmaterial selbst brechen). Dann folgen die bekannten 2-cm-Styroporplatten, die wegen des Wasserabzuges etliche 1 cm starke Löcher erhalten. Die Platten werden mit Alufolie abgedeckt, und darauf wird das Bodenheizkabel oder eine Maschendrahtheizung schlangenförmig verlegt (knickfrei). Da dieses Heizkabel eine Oberflächentemperatur von etwa 40 °C erreicht, dürfen die einzelnen Windungen auf keinen Fall zu dicht nebeneinander liegen. Auf das Kabel kommt als Wärmespeicher eine etwa 5 cm starke Sandschicht; besonders geeignet ist Flußsand 0–3 mm. Nie darf das Heizkabel in wärmeisolierenden Materialien, wie etwa Torf oder Hygromull usw., zu liegen kommen; sonst kann ein Hitzestau entstehen, der zur Beschädigung des Kabels führt. Ein plastikummantelter Maschendraht, wie er jetzt überall im Handel ist, schützt es vor der Beschädigung durch scharfkantige Geräte. Darauf wird endlich die Kulturerde in einer etwa 30 cm starken Schicht eingebracht.

Wer gleichzeitig eine thermostatisch geregelte Heizung des Luftraumes im Kasten haben will, befestigt an den Seiten mit Wasserleitungs-Rohrschellen etwa 5 cm starke, durchgehend verzinkte Rohre und wikkelt das Heizkabel darum herum (mit Zwischenraum). Bei beheiztem Luftraum keinen Stab-, sondern einen Raumtemperaturregler nehmen! Der Steckeranschluß darf sich wegen der Kurzschlußgefahr durch Gießwasser nicht im Beet befinden. Es muß also eine regengeschützte Schuko-Steckdose für Außenanlagen installiert werden. Stromzuleitung durch ein Kabel, das in mindestens 2 m Höhe gespannt ist oder durch ein zugelassenes Erdkabel.

Im Handel sind auch sogenannte Vermehrungsbeete,

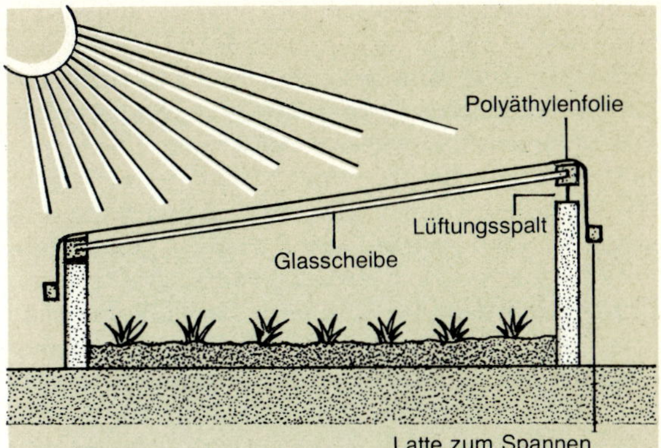

Frühbeete, die nicht laufend gewartet werden können, zusätzlich mit einer milchigweißen Polyäthylenfolie abdecken

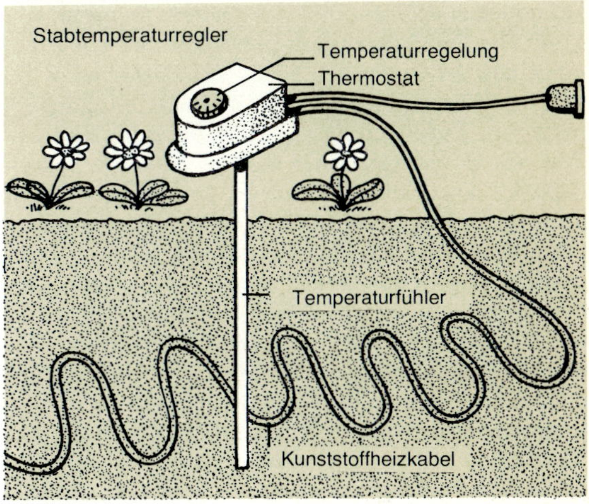


meist Kunststoffschalen mit transparenter Haube. Ihr Plastik-Heizkabel wird 3–5 cm hoch mit Sand abgedeckt; darüber ist Erde bis zum Rand. Die Abdeckhauben haben einstellbare Lüftungsöffnungen. Für kleinere Anzuchten leisten diese Vermehrungsbeete gute Dienste; auch für Zimmerfenster und Balkon.

**Erde**

Das beste Frühbeet nützt nichts, wenn keine einwandfreie Kulturerde verwendet wird. Handelt es sich um ein Mistbeet, so muß im ersten Jahr eine Erde gemischt und keimfrei gemacht werden (z. B. 30% Düngetorf, 30% Flußsand 0–3 mm, 30% Gartenerde oder Erde von Maulwurfshaufen, 10% pulverisierter Rinderdünger). Diese Mischung kann auch für alle anderen Kästen verwendet werden. Oder man kauft fertiges Torfkultursubstrat: TKS 1 für die Jungpflanzenanzucht, TKS 2 für Frühgemüse. Der Gärtner verwendet meist Komposterde, die er entseucht, damit alle schädlichen Organismen vernichtet werden. Das ist für den Hausgarten zu aufwendig. Im zweiten Jahr hat es der Besitzer eines Mistbeetes einfacher. Die verdichtete, ziemlich verrottete Mistschicht wird sorgfältig geborgen, auf einen Haufen geschichtet, mit scharfem Sand und etwas Torf versetzt. Diese Mischung ergibt dann die Kulturerde für das kommende Jahr. Falls im Kasten keine pilzlichen Krankheiten aufgetreten sind, kann die Erde nach Zugabe von etwas pulverisiertem Rinderdünger auch ein zweites Jahr verwendet werden. Wer nicht ganz sicher ist, gibt dann in die obere Schicht etwas Orthocid (trocken einarbeiten oder gießen mit einer Brühe aus 30 g Orthocid 50 und 10 l Wasser).

Als Kulturerde eignen sich praktisch alle im Handel befindlichen Blumenerden; sie sind ein Gemisch von Torf, Ton und Nährstoffen in bestimmten Anteilen, manchmal fehlt auch der Tonanteil. Besser ist es allerdings, diesen in Kunststoffbeuteln und -säcken erhältlichen Erden ein Drittel Sand beizumischen.

Wer die Hobby-Gärtnerei intensiv betreibt, besonders die Anzucht von Pflanzen, braucht eigentlich auch einen elektrischen Erddämpfer. Verschiedene Pflanzengattungen (z. B. Lilien) sind besonders empfindlich gegenüber schädlichen Bodenpilzen. Im Prinzip arbeiten diese Erddämpfer ähnlich wie die in der Landwirtschaft üblichen Kartoffeldämpfer. Für den privaten Gartenbesitzer eignen sich besonders 50 l fassende Geräte. Das entspricht etwa einem Fassungsvermögen von vier Plastikeimern Komposterde, die in einen herausnehmbaren, perforierten, verzinkten Behälter gefüllt werden. Dieser steht während des Dämpfprozesses in einem Wasserbad. Alles ist dabei gut verschlossen und isoliert, um den Energieverlust so niedrig wie möglich zu halten. Die Erde wird allseitig von etwa 90 °C heißem Dampf erhitzt und dabei völlig sterilisiert.

Die Dämpfzeit beträgt bei dieser Größe etwa zwei Stunden. Die Geräte haben einen Schutzschalter, der das Gerät beim Trockenlauf ausschaltet (Wasser vergessen oder verdampft). Entsprechende 120-Minuten-Zeitschaltuhren stellen das Gerät nach Beendigung der Dämpfzeit automatisch ab. Solche Geräte können im Keller, Schuppen, Kleingewächshaus usw. aufgestellt werden. Sie sind schwenkbar, so daß die Entleerung keine große Mühe bereitet.

Die nun sterile Komposterde kann mit je einem Drittel Flußsand und Düngertorf gestreckt werden. Die im Kompostanteil enthaltenen Nährstoffe genügen zur Jungpflanzenanzucht. Bei Frühgemüse etwas pulverisierten Rinderdünger zugeben. Bei dieser Erdbehandlung werden auch die unschädlichen Bodenbakterien abgetötet, was für diesen Zweck keinen Nachteil hat, die Wiederansiedlung erfolgt verhältnismäßig schnell. Eine leichte nährstoffreiche Erde, die frei von Auflaufpilzen, Schädlingen und Unkrautsamen ist, macht die Anzucht im erwärmten oder kalten Kasten überhaupt erst erfolgreich.

**Sonnenschutz und Wärmeschutz**

In elektrisch beheizten Frühbeeten ist die Gefahr der Überhitzung nicht so groß wie im Mistbeet, da die Heizung bei stärkerer Sonneneinstrahlung durch den Thermostat ausgeschaltet wird. Aber auch hier muß schattiert werden, in viel stärkerem Maße natürlich beim gepackten Beet. Regulieren läßt sich die Innentemperatur durch Lüften und Schattieren. Beim Bau kann eine Minderung der Überhitzung, aber natürlich auch der Durchschnittstemperatur, durch einen größeren Abstand von der Scheibe zur Erdoberfläche erreicht werden (eventuell 20 cm an Stelle von 15 cm). Damit die Sämlinge nicht verbrennen, empfiehlt es sich, alle Fenster mit blanken Glas- oder Kunststoffscheiben mit einer Lage trübmilchiger Polyäthylenfolie zu überziehen. Dabei werden die direkten Sonnenstrahlen in diffuses Licht gebrochen. So braucht ein Frühbeet nicht so viel Wartung.

Handelsüblich und zum nächtlichen Abdecken stark verbreitet sind Schattierungsmatten aus Rohr, die man auch selbst basteln kann. Natürlich können die dichten Rohrmatten nur kurze Zeit während der Mittagsstunden als Schattierung genommen werden, da die Pflanzen ja Licht benötigen. Besser sind dünne Rohrmatten mit Zwischenraum. Das unter der Bezeichnung „Schattan" angebotene Schattierungsmaterial ist ein weitmaschiges Gewebe aus Kunststoff, das nicht verrottet und verfault.

Im Gartenbau werden vielfach blaue Schattierfarben aus Ultramarin verwendet. Bei einem Frühbeet lohnt die Anschaffung jedoch meist nicht. Eher ist das teilweise Einstreichen mit gelöschtem Kalk zu empfehlen, der sich leicht abwischen und schnell wieder anbringen läßt (nach einem längeren Regen). Als weiterer Wärmeschutz, besonders während starker Frostnächte, eignen sich außer den erwähnten Rohrmatten auch alte Teppiche, die noch einwandfrei, aber für die Wohnung unansehnlich sind. Am Morgen sind sie schnell wieder zusammengerollt. Zusätzlich werden preiswerte, etwa 2 cm starke und 0,5 x 1,0 m große Styroporplatten daruntergelegt. Da sie federleicht sind, müssen sie immer gut beschwert sein.

*Vollbesetztes Frühbeet mit Jungpflanzen Anfang Mai. Torftöpfe, Kunststofftöpfe und -kästen helfen Arbeit sparen und bringen Vorteile für das Auspflanzen (Topfballen!).*

**Gießen**

Wer im Frühbeet nicht richtig gießt, kann alle seine Aussaaten zerstören. Große Gießkannen mit grober Brause bringen alles durcheinander, verschlammen die Erde und spülen die Samen fort. Eine solide, 4 l fassende Frühbeet- oder Gewächshauskanne mit flacher Brause ist gerade recht. Nach dem Angießen braucht nicht mehr allzuhäufig gegossen zu werden. Tägliche Kontrollen sind aber nötig. Im hohen Teil des Kastens trocknet die Erde eher aus als im niedrigen. Die Erde soll gleichmäßig mildfeucht bleiben. Im Gegensatz zum Verfahren bei Freilandbeeten im Sommer, wo selteneres, aber durchdringendes Gießen besser ist, soll im Frühbeet öfter, aber nicht zu viel gegossen werden; zeitweilig genügt schon das Besprühen mit einem Zerstäuber. Im Frühbeet ist ja auch die durchwurzelte Erdzone noch sehr flach.

**Verwendung**

Das warme Frühbeet wird zur Anzucht von Blumen und Gemüsejungpflanzen verwendet, die später ins freie Land gepflanzt werden, oder zur Anzucht von Gemüse, um den Erntetermin um Wochen vorzuverlegen. Oft wird die Jungpflanzenanzucht und Frühgemüsekultur kombiniert in einem Kasten durchgeführt, was ohne weiteres möglich ist. An Gemüsen kommen für den Hobbygärtner besonders Kopfsalat, Radies, Frührettiche und Spinat in Frage; für etwas Kresse und ein paar Schnittlauchschöpfe ist immer noch Platz übrig. Die einzelnen für den Frühanbau geeigneten Sorten sind im Abschnitt Gemüse nachzulesen. Bei frühem Blumenkohl und Kohlrabi müssen die Fenster bald entfernt werden, da die Pflanzen zu hoch wachsen; für sie ist ein Folientunnel besser. Auch für die spätere Freilandpflanzung von Salat, Blumenkohl, Kohlrabi und vielen anderen Gemüsearten werden die Jungpflanzen im Kasten herangezogen. Bei gängigem Gemüse überlegen, ob die eigene Anzucht überhaupt lohnt! Anders ist es mit der Anzucht von Feingemüsearten, die es nicht bei jedem Marktgärtner gibt (Gemüsepaprika, Artischocken, Auberginen, Brokkoli, Knollenfenchel), oder mit dem Ausprobieren von Neuzüchtungen gängiger Gemüsearten, die der Gärtner vielleicht noch nicht kultiviert. In überwiegendem Maße werden vom Liebhabergärtner Blumen-Jungpflanzen herangezogen; dazu gehören hauptsächlich Prachtsalbei *(Salvia splendens)*, *Petunia*-$F_1$-Hybriden (Petunien), Levkojen *(Matthiola incana)*, Riesen-Chabaud-Nelken *(Dianthus)*, Gazanie *(Gazania)*, Leberbalsam *(Ageratum houstonianum = A. mexicanum)*, Lobelie *(Lobelia erinus)*, *Pelargonium*-$F_1$-Hybriden (Geranien). Natürlich können auch die meisten für den kalten Kasten geeigneten Blumenarten im warmen Frühbeet herangezogen werden, wenn auf gute Lüftung geachtet wird. Im April können dann Sämereien, die eine höhere Keimtemperatur benötigen (Gurken, Melonen, Kürbis, Zinnien, *Tithonia*), in das warme Frühbeet gesät werden. Sicher würde die Anzucht im warmen Kasten auch schon viel früher gelingen. Doch werden dann die Pflanzen bis zum Auspflanzen ins Freiland gegen Mitte Mai viel zu groß.

Nach der wichtigen Frühjahrsanzucht wird das Frühbeet meist anderweitig verwendet, z. B. für die Anzucht von Gurken und Melonen. Oder ein Teil der Zimmerpflanzen erhält während des Sommers darin sein Quartier. Oder man benutzt es für die Erdbeeren: da die Jungpflanzen meist zu spät abgenommen und neu gepflanzt werden, sollten die ersten Ausläufer zur Wurzelballenbildung gleich in den Kasten kommen. Auch das Vermehren von Stauden durch Sommerstecklinge läßt sich in einem solchen ausgedienten Frühbeet vornehmen. Im Herbst dient es zum Einschlag von Wurzelgemüse.

## Kalter Kasten

### Wirkungsweise

In vielen Fällen kann Pferdemist nicht beschafft werden, und eine elektrische Beheizung ist in Ermangelung eines Stromanschlusses nicht möglich. Ein langes Erdkabel ist oft zu kostspielig. Dann hilft ein kalter Kasten. Allein durch die Sonneneinstrahlung läßt sich mit solch einem Hilfsmittel bereits viel anfangen. Jeder der beschriebenen Frühbeettypen kann als „Kalter Kasten" betrieben werden. Allerdings soll das Herrichten nicht vor Anfang März erfolgen. Alles dauert dabei etwas länger, aber man kommt bei vielen Pflanzenarten mit der Anzucht noch gut zurecht bis zum Auspflanzen nach den Eisheiligen. Gut ist es, wenn wenigstens einige Säcke Laub im Herbst gesammelt wurden, das als Isolierschicht unter die Kulturerde eingebracht wird, um ein Abstrahlen der Tageswärme zu verhindern. Dazu können auch einige Styroporplatten dienen, die mit Wasserabzugslöchern versehen werden.

### Verwendung

Die beim warmen Frühbeet genannten Blumenarten sowie Paprika und Auberginen eignen sich nicht für die Anzucht im kalten Kasten. Diese haben eine zu lange Anzuchtzeit und würden ihren Blütenschmuck zu spät zeigen. Oder die Fruchtbildung würde zu spät beginnen. Dagegen ist die Frühkultur aller Freilandgemüsearten ohne Schwierigkeiten möglich. Der größte Teil der Sommerblumen-Jungpflanzen läßt sich im kalten Kasten ziehen, wie *Tagetes*, Sommerstern *(Callistephus chinesis)*, Strohblumen *(Helichrysum)*, Löwenmaul *(Antirrhinum majus)*, Schmuckkörbchen *(Cosmos bipinnatus)*, Orient-Knöterich *(Polygonum orientale)*, Purpurskabiose *(Scabiosa atropurpurea)*, Kokardenblumen *(Gaillardia)*, Verbenen (*Verbena*-Hybriden) und noch viele andere. Auch die Wärmeliebenden Zinnien und *Tithonia* lassen sich im kalten Kasten anziehen; aber nicht vor Mitte April säen, denn sie brauchen eine Mindest-Keimtemperatur von 15 °C, und die Sämlinge leiden bei längeren, kühlen Perioden. Für eine erfolgreiche Anzucht eignen sich vor allem die vielen Staudenarten und besonders die Frostkeimer, deren Saatgefäße im Winter dem Frost ausgesetzt waren. Die Verwendung des kalten Kastens im Sommer und Herbst ist die gleiche wie beim warmen Frühbeet.

# Das Kleingewächshaus

## Angebot und Bau

Die Kleingewächshaus-Liebhaberei hat sich von England aus auch bei uns stark verbreitet. Sie ist nicht grundlegend neu: Kleine Treibhäuser in „Herrschaftsgärten" hat es schon vor dem ersten Weltkrieg gegeben. Verglichen mit den heute angebotenen technischen Wunderwerken waren sie noch recht primitiv. Es kann nicht oft genug auf die Vorteile eines Kleingewächshauses hingewiesen werden, denn die gärtnerischen Möglichkeiten werden durch sie enorm gesteigert.

**Kauf oder Eigenbau**
Eigenbau lohnt bei dem heutigen Angebot in den wenigsten Fällen, selbst wenn die eigenen Arbeitsstunden als Hobby-Bastelstunden nicht in die Rechnung aufgenommen werden. Lediglich einfache Folienhäuser mit einer Lattenkonstruktion sind selbst zu erstellen. Das Material kommt enorm teuer beim Kleineinkauf, falls man selbst eine hochwertige Eisen-Glas- oder Eisen-Kunststoff-Konstruktion bauen will.

**Folienhäuser**
Das einfachste Gewächshaus ist ein Lattengerüst mit Folienbespannung in Form eines Giebelhauses. Selbst bei der Verwendung stärkerer Folie muß nach spätestens drei Jahren mit einer Neubespannung gerechnet werden. Die milchigen Folien gehen in der Lichtdurchlässigkeit zurück und verspröden nach einigen Wintern, so daß sie leicht reißen.
Die Lattenkonstruktion wird vorher mit einem Holzschutzmittel imprägniert, um eine längere Lebensdauer zu erreichen. Auch die Klammern rosten mit der Zeit durch (Heftklammermaschine!). Besser ist es, die zugeschnittenen Folien zu verschweißen; dazu ist ein Stromanschluß nötig. Ist dieser nicht vorhanden, wird die Verschweißung zu Hause durchgeführt. Folienschweißapparate gibt es im Handel, wie sie zum Einschweißen von Tiefkühlkost üblich sind. Folienhäuser sind zu empfehlen auf Pachtland, zur vorübergehenden Kultur und dort, wo ein Fertig-Kleingewächshaus einfach zu teuer ist.

**Käufliche Holzkonstruktion**
Angeboten werden aus England importierte Kleingewächshäuser aus Zedernholz. Dieses astfreie Holz hat eine verhältnismäßig lange Lebensdauer. Die blanken Holzteile benötigen keinen Anstrich. Für Aussehen und Haltbarkeit bedeutet es jedoch einen Gewinn, wenn die sichtbaren Teile jährlich einmal leicht mit säurefreiem Paraffinöl eingerieben werden. Es sind die verschiedensten Typen im Angebot, ganz aus Zedernholz, mit gemauertem Sockel, als Anlehngewächshaus oder auch als sechseckige Konstruktion. Als Verglasung ist Blankglas vorgesehen. Vorteile sind: das einwandfreie, ästhetische Aussehen durch den natürlichen, rotbraunen Holzton und die geringere Wärmeleitfähigkeit gegenüber Metall. Leider sind manche dieser Konstruktionen für unsere Winter nicht ausreichend und haben daher einen sehr hohen Wärmeverbrauch.

**Eisenkonstruktion**
Die meist verwendeten Kleingewächshäuser sind aus Eisen.
Die Eisenhäuser liegen im Preis am niedrigsten. Hier ist das Typenangebot am größten, sowohl bei der heimischen Produktion als auch bei den Importmodellen. Am niedrigsten im Preis sind Kleingewächshäuser, bei denen das Eisen mit einer Rostschutzgrundierung (Zinkchromatgrund) versehen ist. Nach dem Aufbau der Konstruktion muß alles mit einem wetterfesten Kunstharz-Decklack gestrichen werden. Stärker als die Außenflächen sind die Innenflächen den zerstörenden Kräften ausgesetzt. Die Rostbekämpfung wird nach einiger Zeit beginnen, und sie wird nie aufhören! Lieber sollte man bei der Anschaffung einige Hundertmarkscheine hinlegen und eine voll feuerverzinkte Ausführung wählen. Wenn nach einem Jahr die kristallglänzende Oberfläche stumpf geworden ist, kann man die sichtbaren Teile lackieren, pigmentiert oder farblos. Die verzinkten Konstruktionen können aber auch ohne Lackschutz 20 Jahre ohne Pflege halten. Der Aufbau solcher Häuser kann fast immer von zwei Personen ohne Schwierigkeiten durchgeführt werden; die Montagepläne liegen bei. Man kann mit oder ohne Sockel

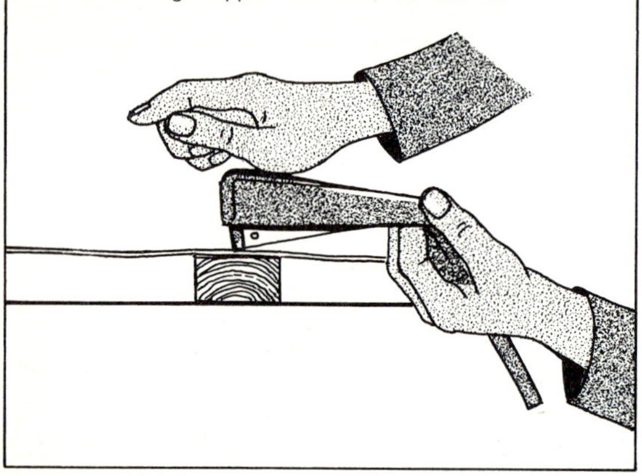


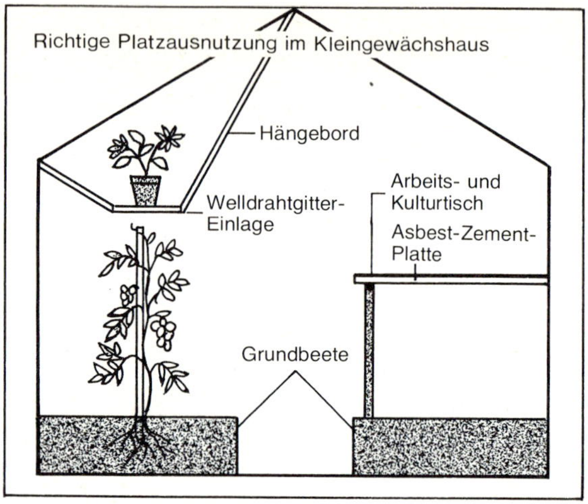


bauen, doch überwiegen die Vorteile bei einem gemauerten Sockel. Es fällt zwar die Mobilität weg, und das Kleingewächshaus muß an dem gewählten Platz verbleiben. Die Unterhaltungskosten bei einem als Warm- oder beheiztes Kalthaus betriebenen Häuschen liegen jedoch durch die besseren Isolierungsmöglichkeiten wesentlich niedriger.

**Aluminiumkonstruktion**

Das „Nonplusultra" sind Kleingewächshäuser aus Aluminium. Ihr elegantes Aussehen, die lange Lebensdauer und das niedrigere Gewicht des Materials (Fracht!) sind große Vorteile. Vor allem aber sind diese Modelle am besten durchkonstruiert; sie weisen die größten, technischen Möglichkeiten auf. Auch hier gibt es Typen mit und ohne gemauerten Sockel. Auch Aluminium wird nach Jahren grau, bleibt aber trotzdem wartungsfrei.

**Sockel**

Bei vielen Typen genügt eine Lage auf eine Dränageschicht gelegter Ziegelsteine, auf denen das Kleingewächshaus steht. Dagegen ist nichts einzuwenden, wenn es als ungeheiztes Haus betrieben wird, also vom Vorfrühling bis in den Spätherbst. Wer mit Heizung, einerlei welcher Art, arbeiten will, dem muß zu einem Typ mit festem Fundament geraten werden. Isolation ist alles! Das fängt schon unten an. Keinen Stahlbeton verwenden! Er bedeutet eine starke Wärmeableitung und viel Mühe, wenn er einmal entfernt werden soll. Auch Klinker-Vollsteine sind nicht ideal; sie sehen gut aus, halten aber die Wärme genausowenig. Die beste Lösung ist die Verwendung von Gasbetonsteinen (z. B. Ytong). Vorteile sind das geringe Gewicht, die leichte Bearbeitung (auch Bohren und Sägen), große Formate (weniger Mauerfugen) und als Wichtigstes die Porosität! Dadurch wird die Innenwärme lange gehalten. Trotz der Weichheit des Materials sind Bedenken wegen der statischen Belastung nicht nötig. Gasbetonsteine halten alle Kleingewächshaustypen aus. Sie werden mindestens 20 cm tief in die Erde verlegt. Wer auf frostfreie Tiefe gehen will, muß je nach Gegend 50–80 cm tief ausgraben. Als unterste Schicht wird etwa 10 cm starker Beton (B 80) eingebracht. Darauf wird dann das Gasbetonmauerwerk errichtet. Türaussparungen berücksichtigen! An die Außenseite des Mauerwerks, das in der Erde liegt, kommt eine 2–4 cm starke Styroporplatte; bloßes Anlehnen genügt. Beim Einfüllen der Erde wird die Platte sowieso dicht an das Mauerwerk gedrückt. Die unter der Erdoberfläche liegenden Mauerteile der Innenseite werden genauso behandelt, nur wird hier die Styroporisolierung auch an den über der Erde liegenden Teilen angebracht (Verklebung mit für Styropor geeignetem Baukleber). Die sichtbare Außenfläche des Sockels kann mit einem leichten Außenputz versehen werden. Elegant sieht das Anbringen von Klinkerfliesen aus (mittels Baukleber). Bei einigem Geschick lassen sich diese Arbeiten selbst durchführen.

*Der Kleingewächshausbesitzer möchte gerne auch im Winter seinem Hobby nachgehen. Oben eine verzinkte Eisenkonstruktion. Unten eine englische Ausführung aus Zedernholz. Besonders dauerhaft sind Konstruktionen aus Aluminium.*

**Preis**

Bei der Anschaffung eines Kleingewächshauses müssen folgende vier Punkte berücksichtigt werden:

1. Vorgesehene Verwendung
2. Anschaffungspreis
3. Unterhaltungskosten
4. Lebensdauer

Es sollte also keinesfalls nur der Anschaffungspreis den Überlegungen zugrundegelegt werden. So muß bei der Lieferung einer Eisenkonstruktion der Größe 3x6m vom Nordwesten zum Südwesten Deutschlands eine Bahnfracht von etwa 300,– DM mit einkalkuliert werden; dazu kommen die Kosten für Sockel, Verglasung (falls nicht inbegriffen) und Inneneinrichtung.

Wer eine Heizung will, muß zusätzlich in die Tasche greifen. Bei einer Elektroheizung müssen auch die Kosten für einen Erdkabelanschluß berücksichtigt werden. Niemandem soll der Mut zur Erstellung eines Kleingewächshauses genommen werden, im Gegenteil! Man muß eben etwas länger sparen; das ist besser, als hinterher wegen einer falschen Kostenschätzung enttäuscht zu sein.

**Lage**

Trotz etwas einseitiger Belichtung ist ein Anlehnhaus für den Liebhaber sehr günstig, weil es erhebliche wärmetechnische Vorteile, z.B. durch direkten Anschluß an die Warmwasser-Zentralheizung, und arbeitstechnische Erleichterungen wie den direkten Zugang vom Wohnhaus mit sich bringt. Ist für ein solches Pulthaus kein Platz vorhanden, so muß der Standort im Garten gut gewählt werden. In einem regelmäßigen Garten macht das keine großen Schwierigkeiten. Mehr Überlegung erfordert schon ein naturhaft gestalteter Garten. Es kommen dort nur Randbezirke in Frage, evtl. in der Nähe des Kompostplatzes oder Frühbeetes.

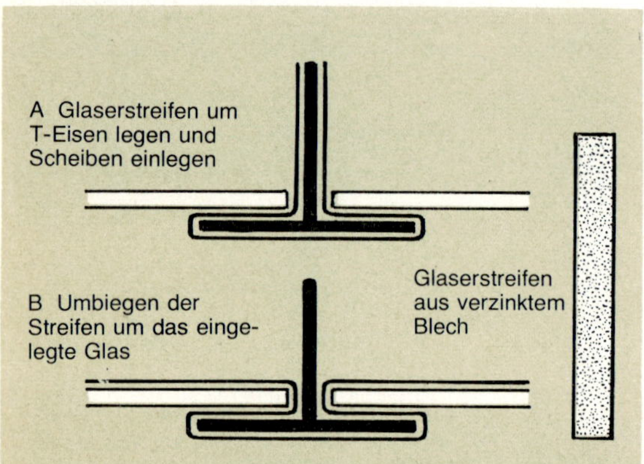

Verglasen in T-Eisen, Verwendung von Glaserstreifen

Pflanzen benötigen viel Licht; eine freie Lage im Garten ist daher günstig, weil das natürliche Sonnenlicht von allen Seiten einstrahlen kann. Der Standort muß so viel Licht und Sonne wie möglich bieten. Wegen der im Winter niedrig stehenden Sonne hat als Standrichtung eine nach Süden schauende Breitseite wesentliche Vorteile gegenüber einer nach Süden gerichteten Giebelseite, denn schattieren kann man immer. Bei nur im Sommer genutzten Kalthäusern ist das umgekehrt, weil da mit den Breitseiten die Morgen- und Abendsonne ausgenutzt werden soll.

## Scheiben und Licht

**Glasscheiben**

In manchen Fällen liefert der Hersteller das Glas zum Kleingewächshaus mit. Die Scheiben kommen im Bahnbehälter selbst über weite Entfernungen gut an. Sie sind in strohgepolsterten Holzkisten verpackt, mit Styroporkonfetti zwischen den Einzelscheiben. Für kleine Scheibenkorrekturen liegt ein Glasschneider bei. Ist das Glas in der Lieferung nicht enthalten, müssen die Scheiben beim örtlichen Handel besorgt werden. Das durchsichtige Blankglas ist ebenso geeignet wie das undurchsichtige, genörpelte Garten-Klarglas. Wer an Ort und Stelle kauft, nimmt gleich die benötigten Formate. Es gibt das Glas in verschiedener Stärke; die 3,8–4 mm starke Ausführung ist besser als dünnere (3 mm).

Einkitten erfordert etwas Geschicklichkeit. Nie Glas direkt auf die Metallsprossen legen, immer erst in ein Kittbett! Benötigt werden auch dünne Glaserstreifen aus verzinktem Blech, die um das T-Eisenprofil mit einer Zange herumgedrückt werden. Später folgt die Abwinkelung der herausstehenden Streifen an das Glas. Für die obere Kittschicht ist ein Kittmesser von Vorteil. Lieferanten, die das Glas mitliefern, senden zum Einkitten sogenannte Kittbänder in verschiedenen Breiten mit. Es handelt sich dabei um ein breitmaschiges Gewebe mit starker Kittauflage. Neben dieser Methode gewinnt die kittlose Verglasung immer mehr an Bedeutung. In beiden Fällen ist das Verglasen nach Beschreibung einfach.

Glas bricht leicht, und die Bruchgefahr bei Hagelschlag ist groß; andererseits haben schwere Hagelstürme gezeigt, daß auch alle Kunststoffe stark beschädigt werden. Beim Nahen eines Gewitters empfiehlt sich das Herablassen der Außenschattierung. Nie sollte ein Gewächshaus im Bereich von Apfelbäumen, Kastanien usw. stehen.

**Kunststoffscheiben**
Normalerweise stehen dem Liebhabergärtner drei Arten zur Verfügung: Hart-PVC, glasfaserverstärktes Polyester und Acrylkunststoff (Plexiglas). Der Vorteil von Kunststoffscheiben liegt vor allem in der geringeren Bruchgefahr. Für den Liebhaber sind sie außerdem leichter zu bearbeiten (sägen) als Glasscheiben. Hart-PVC-Platten sind verhältnismäßig billig, besonders die aus Japan importierten, doch ist die Lichtechtheit nicht vollkommen. Die Platten werden leicht gelblich und mindern dann den Lichteinfall. Auch glasfaserverstärkte Polyesterplatten haben diesen Schönheitsfehler. Nach 5–6 Jahren wittern bei ihnen zudem die Glasfasern an der Oberfläche aus, und es bilden sich leicht Schmutznester. Verhindert werden beide Nachteile, wenn die glasfaserverstärkten Polyesterplatten vom Lieferanten schon mit einem lichtechten DD-Lack oberflächenvergütet werden. Wesentlich teurer ist Acrylglas (Plexiglas). Doch auch die Vorteile stechen hervor: absolute Wetter- und Lichtechtheit, leichte Bearbeitbarkeit. Wegen der guten Wärmedämmung und mechanischen Stabilität kommt heute meist die Stegdoppelplatte in Frage.
Gelegentlich kann Plexiglas auch springen. Diese Bruchstellen kann man mit Acrifix 92, einem Polymerisationskleber, reparieren. Er härtet nur durch UV-Strahlen (2 Stunden Sonnenlicht, 5 Stunden diffuses Tageslicht oder Leuchtstofflampen mit UV-Licht-Anteil). Möglicherweise hat Hostalit Z für die Zukunft noch größere Bedeutung für diesen Zweck.

**Plexiglas-xt-Stegdoppelplatte**
Die Industrie entwickelte für die großen Treibhäuser des Erwerbsgartenbaues diese spezielle Platte. Es handelt sich dabei um eine doppelte Acrylglasplatte, die in Abständen von 15 mm einen 1 mm starken Steg aufweist. Auch für den Liebhabergärtner ist dieses Produkt sehr interessant. Die Wärme wird vor der Ausstrahlung enorm zurückgehalten, da die Luft in den Kammern als Isolierung wirkt, ähnlich wie bei einem Doppelfenster. Die Plexiglas-xt-Stegdoppelplatte hat die Normbreite von 120 cm. Längen gibt es in Abmessungen bis 3,30 m, sogar Sonderlängen bis 6 m sind möglich. Die Stärke der einzelnen Scheiben beträgt 15–17 mm. Die Bearbeitung macht keine Schwierigkeiten, besonders wo ein Elektro-Heimwerker vorhanden ist. Das Material läßt sich sägen, fräsen und bohren. Die bei der Bearbeitung entstehenden Späne werden vor dem Verschluß der Stirnseiten mittels Staubsauger oder Preßluft entfernt. Müssen nach der Montage noch Löcher gebohrt werden, so sind diese durch Einschmelzen mit einer runden Lötkolbenspitze spanfrei zu machen. Diese Scheiben werden auf die Konstruktion geschraubt. Auf der Außenseite darf eine Beilagescheibe mit Gummiunterlage nicht vergessen werden. Auch Silikonkautschuk hat sich beim Abdichten von Bohrlöchern gut bewährt. Fugen können mit selbstklebenden Folien (aus Polyvinylfluorid) verklebt werden, ebenfalls die offenen Stirnseiten. Die Abdichtung aneinanderstoßender Platten erfolgt mittels eines Dichtungsprofils. Dafür eignet sich ein transparenter Wasserschlauch, der zwischen die von beiden Seiten offenen U-förmigen Profile gepresst wird. Auch eine verzahnte Verlegung ist möglich.
Plexiglas-xt-Stegdoppelplatten sind auch ideal als Frühbeetfenster, kein Rahmen ist mehr nötig. Wenn die Platten nach einiger Zeit in der Mitte ein wenig durchhängen, einfach umdrehen. Auch diese Platten werden bei starkem Hagelsturm beschädigt; sie entsprechen in ihrer Widerstandsfähigkeit etwa Scheiben aus 4–5 mm starkem normalen Silikatglas. Beschädigungen können mit Acrifix-Polymerisationsklebern behoben werden.

**Künstliches Licht**
Der Lichtverlust bei Glas und Plexiglas beträgt etwa 10–12 %, bei anderen Kunststoffscheiben noch mehr. Bei manchen Kulturen oder bei zeitlich verlagerten Kulturen wird eine zusätzliche, künstliche Beleuchtung benötigt, die natürlich nur dort durchführbar ist, wo ein Stromanschluß vorhanden ist. In Frage kommen nur Leuchtstofflampen, die bei gleichem Stromverbrauch eine vierfach höhere Lichtausbeute erreichen. Bei den speziellen Lampen für die Pflanzenbelichtung ist der Anteil der wachstumsfördernden Strahlung sechsmal so stark wie im gleichhellen Tageslicht. Verwendet werden darf nur eine Feuchtraumleuchte; meist ist sie aus glasfaserverstärktem Polyestermaterial. Sie ist völlig korrosionsfrei. Die metallischen Innenteile sind gegen Luftfeuchte abgedichtet. Es gibt Ausführungen mit einer Röhre und mit zwei parallellen Röhren. Osram-L-Fluora-Leuchten haben einen stark blauroten Strahlungsanteil. Wer ein reines Kultur- und Schauhaus hat, nimmt zur möglichst naturgetreuen Wiedergabe der Blütenfarben dazu noch „Leuchtröhren weiß de Luxe" oder die neuen True-Lite-Röhren mit zusätzlicher UV-Strahlung.

## Beheizung

Pflanzen benötigen zum Wachstum Wärme. Dies ist das größte Problem des Kleingewächshauses und das teuerste. Im Gewächshaus werden enorme Energiemengen der Sonneneinstrahlung eingefangen, um die Mittagszeit sogar im tiefsten Winter bei minus 10 °C. Doch wenn die Nacht kommt, ist auch die Abstrahlung von Wärmeenergie sehr hoch. Deshalb muß eine zusätzliche Beheizung erfolgen. Schon bei der Planung soll man sich entscheiden, ob man ein sogenanntes Kalthaus, ein temperiertes Haus, ein Warmhaus oder ein ungeheiztes Haus pflegen will. Ein Warmhaus sollte eine Nachttemperatur von etwa 18–20 °C haben, manche Sortimente kommen auch schon mit 14–16 °C im temperierten Haus aus. Die Nachttemperatur eines Kalthauses liegt zwischen 5 °C und 8 °C. Natürlich gibt es auch Kombinationsmöglichkeiten. Meist beträgt die Abmessung eines anbaufähigen Kleintreibhauses in der Breite 2–3 m und in der Länge 2–4 m. Diese Einheiten können zusammen kombiniert werden; dazu passende Zwischenwände mit Türen sind im Verkaufsprogramm, so etwa ein Kalthausteil und ein ungeheizter Teil oder ein Kalthaus, ein Warmhaus und ein ungeheizter Teil. Bei dieser Dreierkombination soll der Warmhausteil wegen der Isolation immer in der Mitte liegen.

### Warmwasserheizung

Einfach und preiswert im Betrieb ist diese Art Heizung, wenn es sich um ein Anlehngewächshaus an einem zentralbeheizten Haus handelt. Der Anschluß erfordert wenig Mühe. Der meist ölgefeuerte Heizungskessel hat bei der Energieberechnung des Hauses immer noch stille Reserven, so daß die zusätzliche Belastung nicht ins Gewicht fällt. Auch etwas entfernt stehende Kleingewächshäuser (bis etwa 15 m vom Haus) können an das Zentralheizungssystem des Wohnhauses angeschlossen werden. Entsprechende Isolierung der in der Erde verlegten Zu- und Rückleitung ist selbstverständlich. Wenn das Kleingewächshaus weiter entfernt liegt, ist eine Warmwasserheizung problematisch – ein Kessel auch in kleiner Ausführung ist zu teuer. Bei Warmwasserheizungen sind im Boden und an den unteren Seitenwänden angebrachte Heizschlangen am günstigsten. Der Heizungsvorlauf wird dabei direkt an den Kesselvorlauf angeschlossen; über Mischventil, Umwälzpumpe und Gewächshausthermostat kann dann alles unabhängig vom Haus geregelt werden.

### Ölofenheizung

Sie ist eine verhältnismäßig billige Heizungsart für ein Kleingewächshaus. Es gibt dafür eigene Konstruktionen (z. B. Hobby-Ölofen oder Supertherm-Luftheizung) mit Ausführungen für 5000, 10 000 und 15 000 Wärmeeinheiten. Wichtig ist, daß die Verbrennungsgase mittels Ofenrohr gut abgeleitet werden; sie sind für die meisten Pflanzen schädlich.
Glasdurchführung und Regenhaube werden mitgeliefert. Es können aber auch ölbeheizte Badeofenuntersätze verwendet werden. Ein geschickter Bastler kommt leicht damit zurecht. In vielen Fällen ist es besser, die Heizung in einem Vorraum zu installieren.

### Gasheizung

Entsprechend einer Ölofenheizung kann das Kleingewächshaus auch durch Gas beheizt werden. Wo

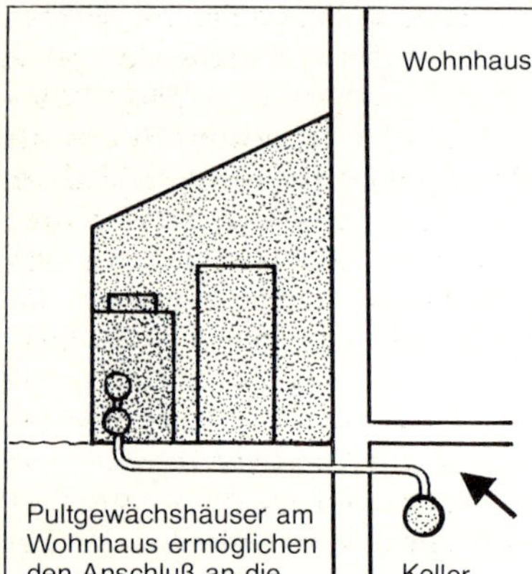


Pultgewächshäuser am Wohnhaus ermöglichen den Anschluß an die Zentralheizung relativ leicht

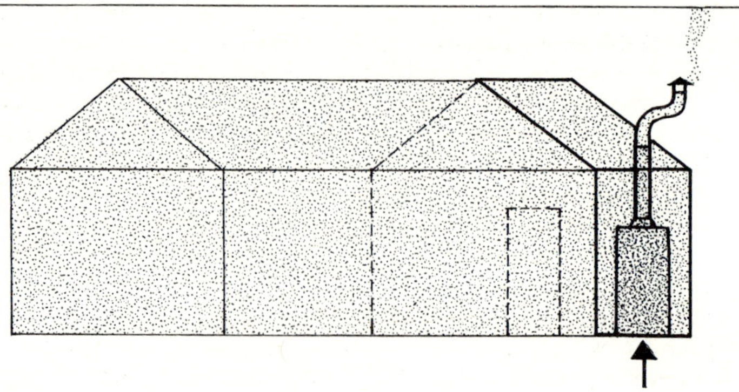

Bei eigenständiger Ölheizung den kleinen Heizungsraum vom Kulturraum trennen

kein Stadtgas oder Ferngasanschluß möglich ist, kann die Heizung durch Propangas erfolgen. Hier mit normalen, im Haushalt verwendeten Flaschen arbeiten, wäre zu arbeitsaufwendig. Die Firmen stellen entsprechende Tanks mit Flüssiggas zur Verfügung. Entweder wird eine nicht zu hohe Miete bezahlt oder der Tank wird gekauft. Die Lagerung erfolgt oberirdisch, außerhalb des Kleingewächshauses; die Sicherheitsvorschriften sind zu beachten.

**Elektroheizung**

Eine elektrische, thermostatisch geregelte Heizung bietet die eleganteste, aber bei einem Warmhaus auch die teuerste Lösung, die überhaupt nur bei Isolierverglasung tragbar ist.

Auslegung: Die Beheizung ist im wesentlichen abhängig von der Außenglasfläche. Es gibt eine einfache Berechnung der benötigten Wärmemenge in Kilokalorien pro Stunde, nämlich: Quadratmeterzahl der Glasfläche mal Differenz zwischen gewünschter Gewächshaustemperatur und niedrigster Außentemperatur mal dem Faktor 6,5. Wenn beispielsweise die Glasfläche 30 m² beträgt, die gewünschte Innentemperatur 18 °C und die tiefste Außentemperatur −15 °C ist, dann lautet die Rechnung: 30 × 33 × 6,5 = 6435 kcal pro Stunde. (Für die Einheit Kilo-Joule beträgt der Faktor 27,2.) Soll die Leistung in Watt errechnet werden, ist der Faktor 7,5 zu setzen; bei diesem Beispiel also 990 × 7,5 = 7425 Watt = rund 7,5 kW. Die Beheizung großer Gewächshäuser kommt pro m³ Nutzraum wesentlich billiger als beim Kleingewächshaus; denn bei diesem ist die Außenfläche im Verhältnis zum nutzbaren Raum sehr groß und deshalb ungünstig. Jeder kann sich selbst ausrechnen, was die Beheizung eines freistehenden Kleingewächshauses kostet, das als Warmhaus betrieben wird. Natürlich werden in den seltensten Fällen ganztägige Temperaturen von −15 °C herrschen und Temperaturunterschiede von 33 °C zu überbrücken sein, aber solche Tage kommen vor, und die Heizung würde pro Tag 18 DM kosten.

Das ist zu teuer. Andererseits läßt sich ein 2 x 3 m² großes Kleingewächshaus, das als Kalthaus (5–10 °C) betrieben wird, mit etwa 200 DM Heizungskosten durch den ganzen Winter bringen, von Ausnahmewintern abgesehen. Das setzt eine raffinierte Ausnützung jeglicher nur möglichen Isolierung voraus. Bau und Isolierung des Sockels wie im Abschnitt beschrieben. Zusätzlich wird die innen freiliegende Oberkante des Sockels mit 2 cm starken Styropor abgedeckt; alle Metallteile, die den Kontakt nach außen herstellen, sowie die Türfüllungen werden mit Styropor beklebt. Auch gespannte Polyäthylenfolien können zusätzlichen Wärmeschutz geben. Wer nicht einen so großen frostfreien Überwinterungsraum benötigt, kann den Raum mit 5 cm starken Styroporblöcken abteilen und oben mit Folie bespannen.

*Steuerung:* Einerlei, welcher Typ der Elektroheizung gewählt wird – ein gut funktionierender Thermostat ist Voraussetzung. Hier darf nur die beste (wassergeschützte) Ausführung genommen werden. Die Temperaturen werden dadurch in engen Grenzen gehalten und somit eine wesentliche Energieersparnis erzielt. Der Regler wird an einer Seitenwand befestigt, ohne daß er starken Außentemperaturschwankungen ausgesetzt ist. Eine strahlwassergeschützte Ausführung ist unbedingt erforderlich – beim Gießen muß nicht so aufgepaßt werden. Gute Regler sind von −5 °C bis +30 °C einstellbar, auch die Schaltdifferenz soll gering sein, bei normaler Ausführung beträgt sie ±0,5 °C. Weiter gibt es Ausführungen, die entweder als Raumthermostat oder als Bodenthermostat einsetzbar sind. Der Stabtemperaturregler besitzt einen etwa 30 cm langen Fühler. Er wird in den Boden gesteckt und dient zur Regulierung der Bodenheizung.

**Typen der Raumbeheizung**

Feuerverzinkte, spritzwassergeschützte Rippenrohrheizkörper geben je nach Ausführung 500–3000 W ab. Sie werden an die unteren Teile der Stehwände oder des Sockels montiert. Diese Ausführungen sind sehr stabil. Besonders in England mit seinen weniger strengen Wintern sind Aluminium-Rohrheizkörper im Betrieb; sie leisten 75–720 W (Länge 0,6–3,6 m). Das reicht hierzulande auch bei guter Isolierung nur in den wenigsten Fällen aus; deshalb müssen mehrere Aluminium-Rohrheizkörper kombiniert werden. Vorher aber prüfen, ob die elektrische Anlage im Haus für größere Stromentnahmen ausgelegt ist und ob das zuleitende Erdkabel die richtige Stärke hat. Das gilt auch bei der Kombination von verschiedenen elektrischen Heizanlagen. Turboheizgeräte mit eingebautem Thermostat und Regler und mit Leistungen von 1500, 3000 und 4500 W erfordern auch in stärkeren Ausführungen bei dem Betrieb als Warmhaus die Ausnutzung aller Isoliermöglichkeiten. Bleibt zum Schluß die Beheizung mittels thermostatgesteuertem Floratherm-Heizkabel. Dabei wird das mitgelieferte Heizkabel auf ein Metallrohr aufgewickelt, ohne daß das Kabel zu dicht aneinander liegt. Die erzeugte Wärme wird auf dieses Rohr übertragen und gleichmäßig an den Raum abgegeben. Das Rohr kann ziemlich in der Mitte des Raumes angebracht werden;

im Sommer, bei andersgearteter Kultur, läßt es sich ohne Schwierigkeit bis zur neuen Frostperiode entfernen. Diese Heizung ist nicht fürs Warmhaus zu empfehlen, sondern als eine gute Kalthausheizung.

**Bodenheizung**

Diese erfolgt mit einer sogenannten Maschendrahtheizung (über Transformator) oder mittels Plastikheizkabel, ähnlich der bei den Frühbeeten geschilderten Art. So läßt sich ein Vermehrungsbeet in einem sonst nicht geheizten Kleingewächshaus einrichten. Hier kann im Spätwinter schon mit der Kultur begonnen werden. Entsprechende Seitenisolierung und Folienabdeckung ist Voraussetzung. Schutzgeerdete Plastikheizkabel sind völlig ungefährlich, sie entwickeln lediglich eine Oberflächentemperatur von 30–40 °C. Viele Mißerfolge bei der Pflanzenanzucht sind auf zu geringe Bodentemperatur zurückzuführen. Es gibt Ausführungen mit einer Stärke von 15 W (für kleine Saatschalen) bis 1150 W. Die Steuerung erfolgt über einen wassergeschützten Bodentemperaturregler (z. B. RT 14).

## Wasser, Erde, Schatten, Luft

**Feuchtigkeit**

Die Pflanzen benötigen zum guten Wachstum Wasser sowohl im Wurzel- als auch im Luftbereich. Beide Bereiche sollen gut temperiert sein. Es ist angebracht, einen Wasserbehälter im Kleingewächshaus aufzustellen, am besten aus Kunststoff; es gibt solche unter der Bezeichnung „Standen" im Handel. Wer ein umfangreiches Sortiment ziehen will, benötigt möglichst kalkarmes Wasser. (Wasservollentsalzer sind im Handel). Für manche Treibhaustypen werden Regenrinnen aus Kunststoff mitgeliefert.

Regenwasser aufzufangen, ist immer lohnend. Wo Brunnen oder natürliche Gewässer vorhanden sind, kann mittels eines Regenwasser-Pumpautomaten die Wasserbevorratung automatisch erfolgen.

Auf die praktischen 4-l-Gewächshausgießkannen mit Flachbrause wurde schon hingewiesen. Wer direkt von der Leitung gießen will, was aber nicht bei allen Kulturen anzuraten ist, kann ein Schlauchgießgerät

*Oben: Kleingewächshaus-Thermostat. Mitte: Erdthermostat im Grundbeet. Unten: Einfache Elektroheizung, verzinktes Rohr mit Heizkabel umwickelt.*

verwenden, mit dem man bequem auch in alle Ecken kommt. Wahlweise kann eine Sprühdüse oder eine Topfbrause angekoppelt werden. Arbeitserleichterung bringt eine Unterbodenbewässerung, die allerdings nur bei Pflanzen mit gleichem Feuchtigkeitsbedarf anzuwenden ist. Diese Bewässerungsmethoden arbeiten nach dem Kapillar-Bewässerungssystem. Die Topfpflanzen kommen in flache, mit einer Sandschicht o. ä. ausgelegte Wannen. Aus einem Behälter daneben wird mittels Glasfaserdochten so viel Wasser in den Sand gesaugt, daß der Wasserstand gleichmäßig bleibt. Die Kapillaren zwischen dem Sand befördern das Wasser bis zum Topf, wo es von der Pflanze aufgenommen werden kann. Gebrauchsfertige Kapillar-Bewässerungstabletts in verschiedenen Größen werden aus England importiert; im Handel sind auch Bewässerungsvliese in Rollenware, allerdings müssen meist ganze Rollen gekauft werden (Lutraflor).
Es muß auch genügend Luftfeuchtigkeit vorhanden sein, eine Forderung, die im Sommer bei der starken Wärmeeinstrahlung und der dabei nötigen Lüftung ohne zusätzliche Anlage schwierig zu erfüllen ist. Ideal sind automatisch geregelte Elektro-Luftbefeuchter mit automatischem Wasserzufluß. Bei sehr geringem Stromverbrauch erzeugen die Geräte feinsten Wasserstaub, der nicht netzt, sondern sofort in reine Luftfeuchtigkeit, d.h. Wasserdampf, übergeht. Ein Feuchtigkeitsregler (Hygrostat) steuert das Gerät, so daß die gewünschte relative Luftfeuchtigkeit eingehalten wird; das sind im Kleingewächshaus etwa 70–80%. Die Automatisierung ist so weit fortgeschritten, daß mit Hilfe von Spezial-Kurzzeituhren eine Vernebelung am frühen Morgen geboten werden kann, wie sie auch in der Natur stattfindet. Bei den Luftbefeuchtern gibt es ein großes Typensortiment mit unterschiedlicher Leistung, die von 0,4–10 l pro Stunde geht. Auch das Angebot an Hygrostaten ist groß. Trotz all der im Handel befindlichen automatischen Geräte darf ein ganz gewöhnlicher, mit der Hand betriebener Plastik-Feinsprüher nicht fehlen.

**Erde**

Eine einwandfreie Erde ist die selbstverständliche Voraussetzung für eine erfolgreiche Kultur im Kleingewächshaus. Wo keine gedämpfte oder durch Chemikalien keimfrei gemachte Erde zur Verfügung steht, sollte man auf die käuflichen Kultursubstrate zurückgreifen, mit denen in den meisten Fällen gute Ergebnisse erzielt werden. Zur Anzucht (Aussaat, Stecklingsvermehrung); TKS 1, Huminal KS-grün, ASB Torfkultursubstrat 1, Torfkultursubstrat VA.

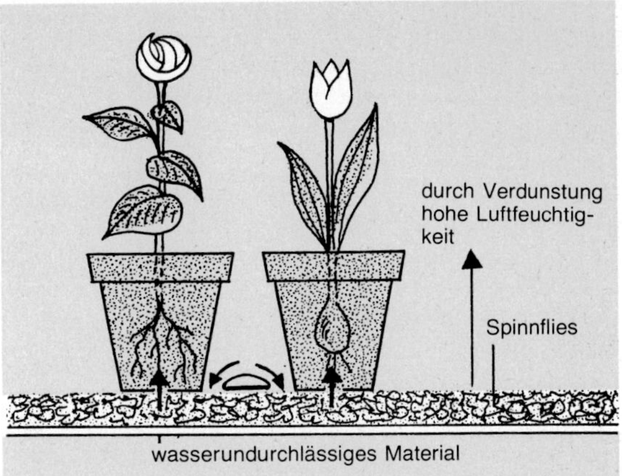

Bewässerungsmatten fürs Kleingewächshaus

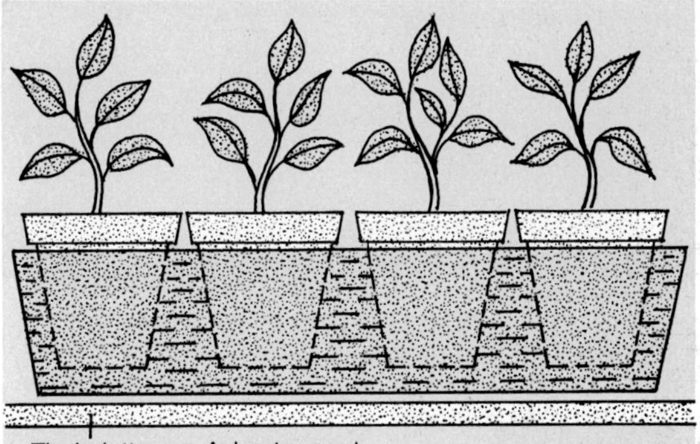

Topfplanzen auf dem Kulturtisch in feuchten Torf einfüttern

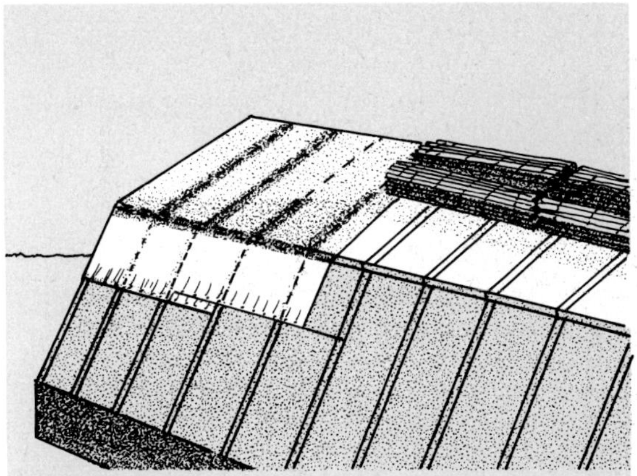
Schattierung mit Rohrmatten und mit synthetischem Gewebe

*Seite 82 oben: Ein Frühbeet muß nicht störend wirken; sommerliche Bepflanzung mit Kürbis, umgeben von Rosen und Zinnien. Unten: Gut gegliederte Waschbetontreppe, umrahmt von Tulpen, Polsterpflanzen und Spiräen. Seite 83 oben: Kreisförmig gepflasterte Fläche mit sprudelnden Brunnen aus gleichem Material; als Rahmen Teppichknöterich, Polygonum affine 'Superbum', und Gehölze. Unten links: Wind- und Sichtschutz geben solche modernen Flechtzäune, die sich überall gut einfügen. Unten rechts: Eine schöne Treppe aus runden Betonstufen, die durch einen Steingarten führt.*

*Fuchsienstecklinge im Kleingewächshaus. Bester Zeitpunkt dazu ist der September.*

*Im Sommer ist Platz für Tomaten-, Gurken- oder Melonen-Kultur im Kleingewächshaus-Grundbeet.*

Zur Weiterkultur: TKS 2, Huminal KS-gelb, ASB Torfkultursubstrat 2, Torfkultursubstrat WH. Für Individualisten gibt es ein Basis-Torfkultursubstrat, TKS Spezial. Es ist frei von Stickstoff, Phosphor und Kali. Diese Hauptnährstoffe können individuell zugegeben werden wie die jeweilige Kultur sie benötigt. Besonders wichtig ist das für empfindliche Kulturen, wie Orchideen, Bromeliaceen und Moorbeetpflanzen; die Beimischung von Hygromull (keimfreier, organischer Harzschaum, der 50–70 Vol.% Wasser speichert) bringt oft Vorteile. Auch *Sphagnum* wird in manchen Fällen benötigt. Gedüngt werden Gewächshauspflanzen jetzt meist mit modernen Flüssigdüngern, die über Blatt und Wurzel wirken, wie Kamasol grün oder Bayfolan.

**Schatten**

Eine ungehinderte, starke Sonneneinstrahlung schadet den Pflanzen; oft würden diese „verbrennen", wenn nicht Schutzmaßnahmen getroffen werden. Kalkmilch-Anstriche bedürfen einer öfteren Wiederholung, da sie der Regen abwäscht. Festhaftende Schattierfarben (Ultramarin, Titandioxid) haben den Nachteil, daß sie bei trübem Wetter noch weniger Licht in das Kleingewächshaus lassen. Das jeweilige Auflegen von dünnen Brettern, Kunststoffplatten usw. ist zu mühevoll. Das beste ist die Außenschattierung mit nicht zu eng gebundenen Rohrmatten und nicht verrottendem weitmaschigem Plastikgewebe (Schattan). Es gibt zwar schon Rollkonstruktionen, die aber noch nicht narrensicher funktionieren.

**Luft**

Wenn die Luft im Innern des Kleingewächshauses trotz Schattierung zu heiß wird, benötigt man frische Außenluft. Jede käufliche Konstruktion hat zum Lüften Giebel- oder Seitenfenster; wenn Not ist, kann man sich auch noch der Tür bedienen. Besonders in den Übergangszeiten mit oft wechselnder Wetterlage müssen die Luftklappen viel bedient werden. Einmal ist es bei geschlossenen Fenstern zu heiß und dann wieder bei geöffneten zu kalt. Zur Arbeitsersparnis gibt es stromlos arbeitende Fensterautomaten. Diese reagieren auf Wärme und öffnen das Fenster, beim Abkühlen wird es wieder geschlossen. Das Fenster darf bis über 6 kg wiegen. Groß ist das Angebot von fest eingebauten und mobilen Ventilatoren. Bewegte Luft senkt nicht nur die Lufttemperatur, sie verhindert auch Pilzbefall (Botrytisschäden), Fäulniserscheinungen und Tropfwasserbildung. Deshalb ist die Luftumwälzung auch bei geschlossenen Fenstern vorteilhaft. Auch bei Ventilatoren kann automatisch gesteuert entlüftet werden.

## Weiteres Zubehör

**Einfache Meßgeräte**

Ein Thermometer muß man haben, besser ist ein Minimum-Maximum-Thermometer. Für ein geheiztes Kleingewächshaus ist ein Innen-Außen-Thermometer vorteilhaft; darauf zeigen zwei nebeneinanderliegende Skalen die Innen- und die von einem Fühler draußen ermittelte Außentemperatur an. Ein Hygrometer zur Feststellung der momentan herrschenden Luftfeuchtigkeit ist ebenfalls zu empfehlen.

**Sonstige Einrichtungen**
Den Platz nützen Hängeborde sehr gut aus, sie können bei den einzelnen Typen gleich mitgeliefert werden. Ausrangierte Tische und sonstige Möbelstücke sollten möglichst nicht ins Kleingewächshaus wandern. Es stehen die verschiedensten Arten von Gewächshaustischen zur Verfügung; ihre Auflagefläche ist meist aus Asbestzement, der Unterbau aus Eisen oder Aluminium. Es gibt sowohl Längs- als auch Gieheltische. Weiteres Zubehör sind Hocker aus Aluminiumrohr mit plastiküberzogener Sitzfläche, Wandschränkchen für Schädlingsbekämpfungsmittel, sowie Etiketten, Schreibgerät, Torf- und Plastiktöpfe zur Vermehrung und vieles andere.

## Das Warmhaus

**Betrieb**
Das Warmhaus mit einer etwaigen Nachttemperatur von 18–20 °C und einer Tagestemperatur von 20–22 °C stellt, wie schon vermerkt, die größten Heizungsprobleme (s. Heizung). Wenn die Temperatur einmal um 3–4 °C in kalten Nächten sinkt, überwinden dies die Pflanzen ohne Schwierigkeiten. Voraussetzung ist allerdings, daß die Normaltemperatur am Tage bald wieder erreicht wird. Da fast alle Warmhauspflanzen ziemlich sonnenempfindlich sind, muß auf gute Schattierung geachtet werden. Vom März bis in den Herbst wird etwa von 9–17 Uhr schattiert (s. Schatten). Auf Bankbeeten können die Pflanzen ausgepflanzt werden; zur Hydrokultur wird ein Trogbeet erstellt. Getopfte Pflanzen kommen auf ein Tischbeet, Hängepflanzen auf das Hängebord. Die Topfpflanzen auf den Tischen werden zur gleichmäßigeren Feuchtigkeitsversorgung mit Torf, Bimskies oder Hygromull unterfüttert. Bei der Kultur von Kletterpflanzen werden Drähte unterhalb des Giebels gespannt. Besonders bei der Vermehrung von tropischen Warmhauspflanzen durch Stecklinge ist ein thermostatisch geregeltes Vermehrungsbeet nötig. Auch Treibhausgurken lassen sich kultivieren, doch steht solch eine aufwendige Liebhaberei in keinem Verhältnis zum relativ geringen Wert der Ernte.

**Sortiment**
Alle Arten aufzuzählen, die für ein Warmhaus (18–22 °C) geeignet sind, würde zu weit führen und wäre nicht sehr sinnvoll, denn allzu oft sind diese Pflanzen schwierig zu beschaffen. Die folgende Liste beschränkt sich daher auf ein leicht erhältliches und bewährtes Sortiment:
*Achimenes, Adiantum, Anthurium, Allamanda, Aphelandra, Asparagus setaceus (= A. plumosus), Begonia* (heikle Arten), Bromelien (*Vriesea, Guzmania, Neoregelia, Tillandsia, Aechmea* usw.), *Bougainvillea, Brunfelsia, Caladium, Chlorophytum* (kann auch kälter gehalten werden), *Codiaeum, Coffea, Cyperus, Dieffenbachia, Dipladenia, Dracaena, Euphorbia, Eucharis, Ficus, Fittonia, Gardenia, Gloriosa, Medinilla, Mimosa pudica, Peperomia, Piper, Platycerium, Philodendron, Rechsteineria cardinalis, Raphidophora, Saintpaulia, Sansevieria, Selaginella, Sinningia, Smithiantha.*
Für das temperierte Haus (14–16 °C) eignen sich etliche der für das Warmhaus genannte Arten – sie kommen auch mit den niedrigeren Temperaturen des lauwarmen Kleingewächshauses aus, so *Adiantum, Anthurium, Asparagus setaceus* (dazu kommt hier *Asparagus densiflorus*), *Begonia,* manche Bromelien, *Chlorophytum, Ficus, Piper* und andere. Hinzu kommen viele andere Gattungen und Arten, so z.B. *Cissus rhombifolia, Clivia, Coleus, Haemanthus, Hibiscus, Hippeastrum, Hoya, Hymenocallis, Impatiens, Monstera deliciosa, Pilea, Rechsteineria leucotricha, Selaginella, Solanum, Sprekelia, Strelitzia, Streptocarpus*-Hybriden, *Tradescantia.* In diesem Temperaturbereich fühlt sich aber auch eine größere Anzahl von Orchideen wohl, besonders die Gattungen *Anguloa, Brassavola, Brassia, Cattleya* (mit Sorten), *Chysis, Cirrhopetalum, Coelogyne, Comparettia, Cymbidium,* viele *Dendrobium, Encyclia, Epidendrum, Laelia, Lycaste, Miltonia, Oncidium,* manche *Paphiopedilum, Stanhopea, Trichopilia* und andere.
In diesem leicht temperierten Haus lassen sich natürlich ohne Schwierigkeiten auch andere Kulturen unterbringen. So ist die Rosenkultur im Topf und ausgepflanzt möglich oder die Anzucht von Schnitt-*Gerbera,* einstieligen Chrysanthemen und mehrtriebigen in Töpfen.
Warmhäuser (18–22 °C) werden von verschiedenen Liebhabern als reine Orchideenhäuser gehalten. Gutes Wachstum und reiche Blüte ist bei achtsamer Kultur von folgenden Gattungen und Arten zu erwarten: Alle *Phalaenopsis,* viele *Paphiopedilum,* wie *P. argus, P. callosum, P. javanicum, P. sukhakulii, P. tonsum, P. maudiae, Dendrobium phalaenopsis, D. superbum, D. bigibbum, Oncidium kramerianum, O. lanceanum, Vanda tricolor, V. amesiana, Catasetum*-Arten, *Doritis*-Arten a.

*Pflanzen fürs Kleingewächshaus. Seite 86 oben links: Lachenalia aloides (= L. tricolor), eine dankbare Pflanze für das Kalthaus, wo sie im Januar-Februar blüht. Im Frühling zieht die Knollenpflanze ein, um im Spätherbst wieder auszutreiben. Sie wünscht es kühl, aber frostfrei. Oben rechts: Passiflora caerulea, die bekannteste Passionsblume, ist gleichfalls gut für das Kalthaus geeignet, ebenso als Zimmerpflanze. An günstigen Stellen (Südwand) hält sie mit Winterschutz oft im Freien aus. Mitte: Auch die meisten Kakteen lieben Kalthaustemperaturen. Lobivia rebutioides (links) mit den dicht am Körper anliegenden Stacheln entwickelt auch schon als junge Pflanze große orange Blüten. Mammillaria spinosissima (rechts) bleibt im Alter nicht kugelig, sondern entwickelt vielbewunderte kurze Säulen. Unten links: Es gibt eine Vielzahl von sog. Blattkakteen, die aus Kreuzungen verschiedener Arten hervorgegangen sind. Hier die Sorte 'Gartenschönheit'. Diese Pflanzen lassen sich gut durch Stecklinge vermehren und benötigen gute Ernährung zur Triebzeit. Unten rechts: Aeschynanthus braucht Temperaturen über 22 °C, sonst gibt es keine Blüte; nur für Warmhaus oder fürs geschlossene Blumenfenster zu empfehlen. Seite 87: Orchideenliebhaber können im Kleingewächshaus viele Arten und Sorten pflegen. Auf die jeweiligen Temperaturansprüche ist zu achten. Die abgebildeten Laelia und Cattleya wünschen ein temperiertes Haus.*

## Das Kalthaus

### Möglichkeiten

Wer nicht Liebhaber von Sonderkulturen ist, dem sei zu einem Kalthaus geraten; es bietet die vielseitigste Verwendung zur Hobbygärtnerei unter Glas. Die Temperatur soll zwischen 6 °C und 10 °C liegen (im Winter). Bei kräftiger Sonneneinstrahlung steigen die Tagestemperaturen natürlich viel höher, besonders dem Winterende zu. Die Heizungskosten kann man auch bei elektrischer Energie sehr niedrig halten, wenn die beschriebenen Isoliermaßnahmen beachtet werden. Besonders in Anlehngewächshäusern an einer Südwand läßt sich Edelobst ziehen wie Trauben, Aprikosen, Pfirsiche. Ein Kalthaus ist der ideale Überwinterungsort für die meisten Kübelpflanzen, wie *Plumbago, Agapanthus,* Agaven, Palmen, Oleander, Lorbeer, Zitronen, Orangen, *Datura* usw. Nicht winterharte Rosen (z. B. 'Maréchal Niel') können gezogen werden, alle Gemüse, ein- und zweijährige Blumen, Gemüsejungpflanzen und Frühgemüse. Auch Blumenzwiebeln und Barbarazweige werden hier angetrieben. Gewächshauslilien, die nicht hart sind, können im Kalthaus gehalten werden. Auch die Anzucht von Freesien und Edelnelken für den Schnitt ist möglich. Ideal ist das Kalthaus für den Kakteenliebhaber, denn fast alle Kakteen kommem im Winter mit niedrigen Temperaturen aus. Wer ein Pelargonien-, Fuchsien-, Eriken-Sortiment ziehen will, ist ebenfalls mit einem Kalthaus gut beraten. Selbst eine Reihe von Orchideen gibt es, die bei diesen Temperaturen noch gut gedeihen, wie etwa *Odontoglossum crispum, Masdevallia, Cymbidium.*

### Das Sortiment

Die Anzahl der im Kalthaus zu ziehenden Topfpflanzen ist nicht weniger groß als das Sortiment des Warmhauses. Auch hier nur eine Auswahl bekannter Pflanzen: *Agapanthus, Asparagus densiflorus, Begonia* (versch. Arten) *Blechnum, Bougainvillea,* Bromelien *(Dyckia, Greigia, Hechtia, Puya), Calocephalus brownii, Camellia, Chlorophytum, Cissus antarctica, Cistus, Citrus, Cuphea ignea, Datura, Dracaena, Drosera, Ensete ventricosum, Ericaceen, Erythrina, Eucalyptus, Eucomis, Fatsia, Fuchsia, Grevillea robusta, Haemanthus, Hebe, Hedera, Lachenalia, Myrtus, Nerium,* manche Palmen, *Passiflora, Pelargonium, Phyllitis, Pilea, Piper betle, P. nigrum, Punica, Rehmannia, Rosmarinus, Saxifraga stolonifera,* einige *Selaginella, Senecio*-Cruentus-Hybriden, *Solanum, Sparmannia, Strelitzia reginae, Vallota, Veltheimia, Zantedeschia, Zephyranthes.*

### Urlaubsmitbringsel

Viele Urlauber, die Pflanzenfreunde sind, können nicht widerstehen, Pflanzen aus wärmeren Gegenden mitzubringen, besonders aus der Mittelmeerflora. Diese können meist im Kalthaus kultiviert werden, nachdem sie einige Zeit unter gespannter Luft gehalten wurden. Auch Stecklinge von Oleander und Feigenkaktus wurzeln leicht. Besonders aber nicht winterharte Zwiebelpflanzen lassen sich dann in Töpfen kultivieren, wie etwa die häufig nicht ganz harten Narzissen-Arten aus Spanien und Portugal, *Romulea,* verschiedene *Iris* und Anemonen.

## Das ungeheizte Kleingewächshaus

Selbst mit einem Kleingewächshaus ohne Heizung läßt sich schon viel anfangen. Wenn die im Abschnitt „Sockel" erwähnten Isolierhinweise befolgt werden und dazu noch eine Innenbespannung mit Polyäthylenfolie angebracht wird, kann die Gärtnerei schon im zeitigen Frühjahr beginnen. Einen weiteren Vorteil hat man, wenn im Innern zusätzlich ein Kasten für die Anzucht eingebaut wird, eventuell mit einer sich mild erwärmenden, feuchten Laubschicht im Untergrund. In Plastikvermehrungsbeeten, die mit einem Heizkabel ausgerüstet sind, kann auch im ungeheizten Haus die Anzucht frühzeitig erfolgen.

### Mögliche Kulturen

Im Januar und Februar können die Frostkeimer unter den Stauden ausgesät werden. Sie sind vor Vogel- und Mäusefraß sicher, ebenfalls vor Schlagregen. Auf den Arbeitstisch gestellt, frieren sie gut durch. In den vorher geschilderten Anzuchtkästen werden im Vorfrühling die weniger empfindlichen Sommerblumen ausgesät, ebenso Gemüse zur Jungpflanzenzucht oder Radieschensorten mit kurzer Kulturzeit ('Minifolia' oder 'Cherry Belle'). Während kalter Nächte nicht das Abdecken mit Styroporplatten vergessen! Auch Kopfsalat kann in den frühen Treibsorten gezogen werden; in einem Teil des Grundbeetes werden Gladiolen zum frühen Schnitt getrieben.
In der nun folgenden Zeit müssen die meisten Topfpflanzen geteilt und umgepflanzt werden. Bester Arbeitsplatz dafür ist das Kleingewächshaus; weniger empfindliche Pflanzen können ab April dort belassen werden. Von diesem Zeitpunkt an können auch Jungpflanzen von wärmeliebenden Arten herangezogen werden (Gurken, Melonen, Zinnien usw.). Auch von der Gärtnerei bezogene Jungpflanzen von Gruppenpflanzen werden im Gewächshaus weiter-

kultiviert bis zur Auspflanzstärke. Ab Juni werden Zweijahresblumen gesät, auch für Stecklinge bei Stauden ist dies die richtige Zeit. Im Sommer können von Topfpflanzen durch vegetative Vermehrung Jungpflanzen gewonnen werden (Grünlilie, Usambaraveilchen, Sansevieria usw.). Sobald die ersten Ausläufer bei den Erdbeeren erscheinen, werden diese zur Bildung guter Wurzelballen in ein Torfkultursubstrat pikiert. Bis Mitte August kann dann schon wieder termingerecht ins Freiland gepflanzt werden. Chrysanthemenstöcke werden im Spätsommer in das Gewächshaus gepflanzt, besonders in frühfrostgefährdeten Gegenden. Ein Satz Ringelblumen *(Calendula)* wird zum Schnitt im Spätherbst in das Haus gesät. Im Herbst selbst können empfindliche Topflilien und ähnliches ins Kleingewächshaus gebracht werden. Eine lockere, 25 cm starke Torfmullschicht, zusätzlich mit Styropor bedeckt, verhilft selbst im ungeheizten Haus zu frostfreier Überwinterung.

Eine besondere Variante des ungeheizten Kleingewächshauses ist das Alpinenhaus, in dem Pflanzen gedeihen, die im Winter empfindlich sind.

# Pflanzenkauf und Pflanzenvermehrung

## Gekaufte Pflanzen

Pflanzen zur Erstausstattung eines Gartens werden fast immer gekauft und nicht selbst gezogen, außer leicht kultivierbaren Sommerblumen. Der Anfänger steht dem oft unübersichtlichen Angebot ratlos gegenüber. Selten reicht es zum Gartenarchitekten, der in der Regel auch die Pflanzenbestellung übernimmt. Wer auf sich selbst angewiesen ist, hat den Gartenbaubetrieb um die Ecke, das Garten-Center, das Samenfachgeschäft, die Baumschule, das Versandhaus, die Staudengärtnerei, das Kaufhaus, den Versandhandel und die Spezialgärtnerei zur Verfügung.

### Die nahegelegene Gärtnerei

Die Marktgärtner in der Stadt haben oft ein sehr voneinander abweichendes Programm. Gängige Topfpflanzen, Schnittblumen, Gemüse und Gemüsejungpflanzen hat fast jeder. Meist ist auch das Angebot an Sommerblumen und an Zweijahrspflanzen in den bekannten Sorten in guter Qualität vorhanden; vereinzelt gibt es auch Stauden zu kaufen (z.B. *Primula, Phlox subulata* [Polsterphlox], *Arabis* und andere Frühjahrsblüher). In Friedhofsgärtnereien werden auch Zwergkoniferen zur Grabbepflanzung angeboten. Vorteile: meist gute Qualität, nur kurze Dauer vom Herausnehmen bis zum Wiederpflanzen, der Käufer sieht, was er kauft. Nachteile: beschränktes Sortiment, nur gängige Sorten.

### Garten-Center

Außer Pflanzen werden dort auch Geräte, Düngemittel, Schädlingsbekämpfungsmittel und Zubehör angeboten. Vorteile: Man kann die Pflanzenqualität begutachten, sich von Fachpersonal beraten lassen, es gibt von der Sommerblumen-Jungpflanze bis zum Solitärbaum ein umfangreiches Sortiment und nur eine kurze Unterbrechung bis zur Neupflanzung. Nachteile: oft sind besonders Sträucher und Bäume ohne Wurzelballen, mehrmals durch den Einschlag gezogen und haben gelitten; trotz des reichen Angebots fehlen die vom Liebhaber gesuchten Seltenheiten. (Die Aufnahme in das Verkaufsprogramm lohnt nur, wenn die Pflanze in genügender Stückzahl gefragt ist.)

### Samenfachgeschäft

Im Frühling und Herbst führen die Samenfachgeschäfte auch sehr oft Stauden und Zwergkoniferen in Polyäthylenverpackung. Blumenzwiebeln und -knollen sind dort während der jeweiligen Saison in guter Qualität zu kaufen. Vorteile: gute Beratung, individuelle Bedienung. Nachteile: beschränktes Sortiment, Stauden in Beuteln haben durch die Wärme oft geile Austriebe; häufig relativ hohe Preise.

### Baumschule

Ob man sie zum Einkauf aufsucht oder ob man sich die benötigten Pflanzen schicken läßt – hier wie dort

*Sommerblumen. Seite 90 oben links: Die Schwarzäugige Susanne, Thunbergia alata, ist ein hübscher Schlinger. Vorkultur und warmer Standort wird benötigt. In ihrer Heimat in Ostafrika ist sie ausdauernd, bei uns wird sie nur als Sommerblume kultiviert. Oben rechts: Keine auffallenden Blüten, aber hübsche, weißbunt gescheckte Blätter hat dieser Japanische Hopfen, Humulus scandens 'Variegatus'. Nicht zuviel Stickstoff geben, sonst „vergrünen" die Blätter. Unten links: Von den Prunkwinden (Ipomoea) gibt es Sorten in verschiedenen Farben. Die prächtigsten sind die mit hellblauen Blüten, wie 'Heavenly Blue' oder die abgebildete 'Summer Skies'. Ein warmer Standort und Vorkultur sind zu empfehlen. Die Prunkwinde ist auch für Balkone und Dachgärten geeignet. Unten rechts: Außer den Staudenrudbeckien gibt es auch einjährige Arten. Eine Neuzüchtung ist die standfeste Rudbeckia hirta 'Marmelade' mit goldgelben Blüten. Seite 91 oben links: × Venidioarctotis 'Harvester' heißt diese Pflanze, die aus einer Kreuzung zweier südafrikanischer Korbblütler (Venidium und Arctotis) hervorgegangen ist. Oben rechts: Eine alte, beliebte Gartenpflanze ist die Kapuzinerkresse, Tropaeolum majus, die Sorte 'Alaska' mit ihren panaschierten Blättern bringt besonders viel Farbe. Unten links: Sonnenflügel heißt diese Sommerblume, die sich besonders zum Schnitt und für die Trockenbinderei eignet. Sie kann direkt ins Freiland gesät werden (Helipterum roseum, großblumige rosa Spielarten). Unten rechts: Uralte Gartenpflanzen: Ringelblumen, Calendula officinalis.*

gilt: die Markenbaumschule ist die beste Einkaufsquelle für Gehölze. Vorteile: umfangreiches Sortiment, sortenechte Lieferung, starke Qualität, vorherige Katalogauswahl. Nachteile: beim Versandgeschäft sieht man die Pflanzen vorher nicht.

**Versandhaus**
Einige große Versandhäuser haben eine eigene Gartenabteilung mit umfangreichem Katalog. Vorteil: sehr preisgünstig, gängiges Gartenzubehör wird mitgeliefert, teilweise wird Anwachsgarantie gegeben. Nachteile: zwar werden Neuheiten im Katalog herausgestellt, aber dennoch ist das Angebot ein Massensortiment nur der gängigen Arten und Sorten; man sieht die Pflanzen nicht beim Kauf.

**Staudengärtnerei**
Dies sind Versandgärtnereien, die speziell winterharte Blütenstauden anziehen; oft ist ihnen eine Abteilung für Gehölze oder Zwerggehölze angeschlossen. Hier ist die beste Einkaufsquelle für Stauden. Vorteile: umfangreiches Sortiment, gute Qualität, beschreibender Katalog, oft werden auch Seltenheiten angeboten. Nachteile: man kann die Pflanzen nicht in Augenschein nehmen; während der Hauptversandzeit muß man oft sehr lange auf sie warten (festen Termin vereinbaren!).

**Kaufhaus**
Fast alle Kaufhäuser haben im Frühling und Herbst eine Gartenabteilung. Während früher nur Geräte, Blumenzwiebeln und Sämereien angeboten wurden, sind seit einigen Jahren auch Obstbäume, Sträucher, Rosen, Koniferen und Stauden im Angebot. Vorteil: meist sehr preiswert, die Pflanzen können beim Kauf begutachtet werden. Nachteile: oft unmögliche Temperaturen für die Pflanzen. Im März haben die Gehölze nach einigen Tagen Kaufhauslagerung fingerlange gelbgrüne Austriebe, die durch die Witterung nach dem Pflanzen vernichtet werden, oft Totalausfall! Ebensooft bei Rosen und Stauden. Das Sortiment ist begrenzt. Nur frisch in die Abteilung gebrachte Waren ohne Austrieb kaufen! Bei Rhododendron mit Ballen und bei Zwergkoniferen im Container ist der Kauf weniger riskant.

**Versandhandel**
Es gibt zahlreiche, katalogführende Versandhausgeschäfte, teilweise mit Eigenproduktionen. Vorteil: oft prachtvolle, bebilderte Kataloge, gute Qualität, meist preiswert. Nachteile: das Sortiment ist auf wenige Arten und Sorten beschränkt, „Neuheiten“ sind oft uralt. Ziemlich unbedenklich ist der Bezug von Blumenzwiebeln. Die größten Ausfälle gibt es bei winterharten Blütenstauden.

**Spezialgärtnerei**
Sie ist meist ein Eldorado für den Pflanzenfreund. So gibt es zahlreiche Orchideen-, Kakteen-, Alpenpflanzen- und Wasserpflanzengärtnereien. Vorteile: auch Raritäten und Neuheiten werden angeboten, meist gibt es einen ausführlichen Katalog, die Qualität der Pflanzen ist fast immer gut. Nachteilig ist nur, daß man sie in den meisten Fällen vorher nicht sieht. Spezielle Bezugsquellen werden am Ende dieses Buches aufgeführt.

**Botanisch-gärtnerische Zeichen**

⊙ einjährige Pflanzen
⊙⊙ zweijährige Pflanzen
♃ mehrjährige Pflanzen = Stauden
ђ Halbsträucher
♄ Sträucher
♄ Bäume
× Bastard = Hybride
♂ männlich
♀ weiblich
☿ zwittrig
○ Sonnenpflanzen
◐ Halbschattenpflanzen
● Schattenpflanzen
⇣ Hänge-, Ampelpflanzen
⇡ Kletterpflanzen
⇝ Kriechpflanzen
▣ Topfpflanzen
✂ Schnittblumen
⌂ Gewächshauspflanzen
Ⓦ Warmhauspflanzen
Ⓚ Kalthauspflanzen
⊲ Kastenpflanzen
∧ Winterschutz nötig
ꝏ Pflanzen mit Fruchtschmuck
☠ Giftpflanzen
Ⓝ Nutzpflanzen
Ε Einfassungspflanzen
Δ Steingartenpflanzen
⌓ Polsterpflanzen
∼ Ufer-, Sumpfpflanzen
≈ Wasserpflanzen
∅ Durchmesser

## Andere Bezugsmöglichkeiten

### Geschenke

Nachbarn und Freunde beschenken den Gärtner-Anfänger gerne mit Pflanzen – Vorsicht! Nicht selten sind es Pflanzen, die der Geber gern loshaben möchte. Ein unbekanntes Gewächs pflanzt man fürs erste in eine Ecke ein und beobachtet es während einer Blütenperiode, zumindest, wenn es sich um eine Staude handelt. Aufpassen, daß keine Krankheiten und mit dem Erdballen keine Unkräuter eingeschleppt werden. Fast immer ist der abgeknipste Steckling einer seltenen Pflanze wertvoller als eine Riesenstaude mit großem Erdballen. Anders ist es natürlich bei Sommerblumen – der Nachbar kann nicht alle Jungpflanzen unterbringen und gibt dann gerne davon ab.

### Pflanzen aus der Natur

Jeder wird einmal in die Versuchung kommen, Pflanzen aus der Natur in den Garten zu versetzen. Das soll weder abgelehnt noch gutgeheißen werden. Auf keinen Fall darf man damit gegen ein Gesetz verstoßen, besonders nicht gegen das Naturschutzgesetz. Geschützte Pflanzen gibt es für wenig Geld und in besserer Qualität in guten Staudengärtnereien zu kaufen. Wer aus dem Urlaub im Gebirge Pflanzen mit heimbringen möchte, soll möglichst junge Exemplare nehmen; sie wachsen besser weiter. Bis zur Rückkehr die Pflanzen mildfeucht in geöffneten Polyäthylenbeuteln aufbewahren; zu Hause nicht sofort in den Garten pflanzen, sondern in einen Blumentopf. In den kalten Kasten stellen, ins ungeheizte Kleingewächshaus oder wenigstens einen Polybeutel darüberstülpen, damit gespannte Luft entsteht. Wenn die Pflanze nach einigen Wochen den Topf durchgewurzelt hat, mit Topfballen auspflanzen.

*Oben: Kleine Samenmengen werden in Tontöpfe, in Kunststoff- oder Holzkistchen gesät. Bei der Aussaat aus der Tüte wird die Samentüte mit Daumen und Mittelfinger gehalten und mit dem Zeigefinger vorsichtig geklopft. Mitte: Je nach Stärke des Saatgutes wird mit Erde übersiebt; eine Regel besagt, daß die Erdschicht dem Samendurchmesser entsprechen soll. Zum Sieben haben sich die Sandsiebe der Kinder bewährt. Unten: Das Ganze wird leicht angedrückt und angegossen.*

*Sommerblumen und Prachtstauden. Seite 94 oben links: Tagetes sind dankbare Gartenpflanzen. Hier die chrysanthemenblütige 'Glitters'. Oben rechts: Nemesia strumosa, die Elfenblume. Unten links: Bellis perennis, Gänseblümchen, Maßliebchen. Unten rechts: Neue Tabaksorte als Zierpflanze, Nicotiana × sanderae 'Crimson Rock'. Seite 95 oben links: Neue Hybride der Fackellilie oder Tritome, Kniphofia. Oben rechts: Rauhblattaster, Aster novae-angliae 'Rosa Sieger', eine neue Sorte, deren Blüten sich auch bei Schlechtwetter nicht schließen. Mitte links: Aster-Dumosus-Hybride 'Wachsenburg', großblütige, wüchsige Kissenaster. Mitte rechts: Bezaubernde Neuheit des Türkenmohns, Papaver orientale 'Arwide'. Unten rechts: Purpurrudbeckie, Echinacea purpurea 'Abendsonne'.*

## Aussäen, Pikieren, Züchten

### Eigene Aussaat macht Spaß

Pflanzen aus Samen selber heranzuziehen, lohnt sich zwar häufig nicht, doch spielt ja die Freude an dieser Arbeit die Hauptrolle. Materielle Gesichtspunkte sind allein nicht ausschlaggebend. Folgende Aussaaten kommen in Frage:

1. Gemüse, die gleich ins Kulturbeet gesät werden, da sie nicht gepflanzt werden können (Möhren, Petersilie, Feldsalat, Radieschen, Rettiche, Bohnen, Erbsen, Kresse, Spinat und einige andere).
2. Sommerblumen und Zweijahrsblumen.
3. Blütenstauden. Gelingt die Saat nicht, so können bei gängigen Sorten in der Staudengärtnerei Jungpflanzen gekauft werden. Bei Raritäten oder bei eigener Züchtertätigkeit geht es nicht ohne eigene Aussaat.
4. Feingemüse. Mangelndes Angebot der Marktgärtner zwingt oft bei Gemüsepaprika, Eierfrucht, Knollenfenchel, Zichoriensalat, Brokkoli und anderen zur eigenen Aussaat.
5. Zimmerpflanzen. Ein Teil der Zimmerpflanzen läßt sich ohne Schwierigkeiten aus Samen vermehren. Wer ein Kleingewächshaus hat, wird es sicher versuchen.

### Bezugsquellen

Beste Bezugsquelle ist das Samenfachgeschäft oder der Versandhandel mit großem Sortiment und einwandfreier Ware. Gängige Sorten gibt es auch in Kaufhäusern und Supermärkten, doch ist die Auswahl dort zwangsläufig beschränkt. Mißtrauen ist oft bei einem Kauf im „Kramladen“ angebracht: Immer auf die Rückseite des Tütchens sehen, wo das Aussaatjahr stehen muß! Eigene Samenernte ist mit hohem Risiko verbunden; sie lohnt nur bei seltenen Pflanzen. Bei Sommerblumen ist ein sortenreiner Kauf besser. Die Aussaat von seltenen Pflanzen vom Urlaubsort ist besser als ausgegrabene Pflanzen.

### Samenkunde

Hinter dem Pflanzennamen stehen oft die verschiedensten Bezeichnungen. Sie bedeuten im einzelnen:

Neuzucht: Bedeutet eine neue Züchtung, meist ein Fortschritt, aber nicht in allen Fällen. Etwas für Neugierige.

Hochzucht: Erst wenn das Bundessortenamt für Nutzpflanzen nach einem dreijährigen Versuchsanbau die gleichbleibenden Eigenschaften einer neuen Züchtung bestätig hat, darf sie diese Bezeichnung führen. Man wird mit Hochzucht selten enttäuscht.

$F_1$-Hybriden: Hochwertiges Bastard-Saatgut. In der zweiten, der $F_2$-Generation, ist aus genetischen Gründen minderwertige Qualität vorhanden. Saatgut von $F_1$-Hybriden muß vom Züchter immer wieder neu durch Kreuzung erzeugt werden. (Besonders bei Semperflorens-Begonien, Petunien und Pelargonien im Handel.)

Geschützte Sorte: Der Züchter hat Züchterschutz beantragt. Der Nachbau ohne seine Genehmigung ist untersagt.

Formelmischung: Eine Mischung von verschiedenen Sorten in gleichbleibender prozentualer Zusammensetzung.

Originalsaat: Es handelt sich um kontrollierten Nachbau.

Samenkapseln mit dem Nudelholz vorsichtig zerkleinern

Ausblasen von Verunreinigungen bei selbstgeernteten Samen

**Behandlung nach der Ernte**

Wird Samen selbst geerntet, so muß der richtige Zeitpunkt gewählt werden. Er darf weder grün noch überständig oder schon halb ausgefallen sein. An einem trockenen Tag ernten! Kapseln, die nicht selbst aufgehen, mit einem Nudelholz zerdrücken. Grobe Stengel- und Kapselteile werden durch Rotieren in einem Teller oder einer Schüssel vom Samen getrennt und entfernt. Die Reinigung von feinen Staub kann durch Ausblasen erfolgen. Der unreine Samen wird zwischen zwei Fingern 20 cm hoch über eine Schüssel gehalten. Während man das Gemenge langsam herabfallen läßt, wird geblasen. Der schwere Samen fällt in die Schüssel, der feine Staub wird weggeblasen. Das kann mehrmals wiederholt werden. Samen wird kühl, trocken und mäusesicher aufbewahrt. Nicht luftdicht in Dosen oder Polyäthylenbeuteln verschließen, das führt zur Schimmelbildung. Übriggebliebener Samen vom Vorjahr ist ein Problem. Am klügsten ist es, ihn wegzuwerfen und neu zu kaufen. Im Zweifelsfall sollte man vor der Saat wenigstens eine Keimprobe durchführen: Eine kleine Samenmenge zwischen zwei Streifen Fließpapier geben, diese an einer Seite ins Wasser hängen. An einen warmen Ort gestellt und immer mit Wassernachschub versorgt, keimen die Samen bald, sofern sie noch keimfähig sind. Die Samen lassen sich je nach Pflanzenart verschieden lange verwenden. Gemüsesamen bleibt an einem guten Aufbewahrungsort oft bis zu vier Jahre verwendungsfähig. Samen von Karotten, Zwiebeln und Lauch sind nur 2-3 Jahre keimfähig, und bei Schwarzwurzeln muß der Samen frisch sein. Bei Staudenarten gibt es enorme Unterschiede: Samen von Mohnarten sind wegen des darin enthaltenen Öls meist nur 1-2 Jahre zu verwenden, *Digitalis*-Samen (Fingerhut) oft bis 10 Jahre und unter Umständen sogar noch länger.

**Säen**

Das Beizen des Saatgutes ist sehr wichtig. Wer keinen Ärger mit Auflaufpilzen und anderen Schädigungen im Jugendstadium haben will, unterzieht sich dieser kleinen Mühe.

Die früher üblichen quecksilberhaltigen Beizen sind verboten. Es steht jedoch mit Orthocid 83 ein Mittel für die trockene Anwendung zur Verfügung. Möglich ist die Überschußbeizung. Man gibt Orthocid 83 im Überschuß und siebt hernach den nicht anhaftenden Teil ab. Gebeizt wird dann so: Das Saatgut wird mit dem Beizmittel in eine für diesen Verwendungszweck gekennzeichnete Blechdose gebracht und 5 Minuten lang gut durchgeschüttelt. Dann wird das überschüs-

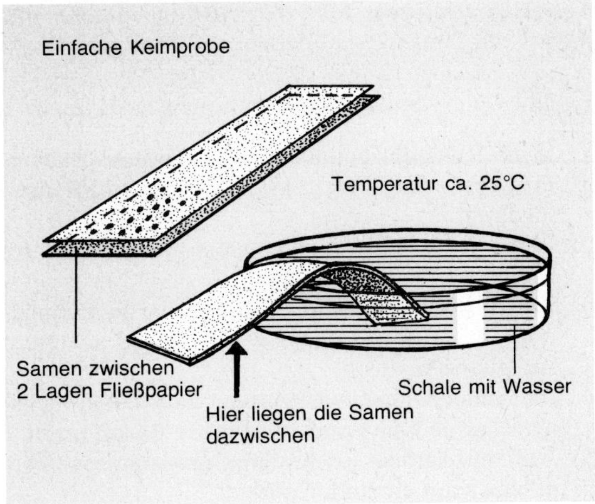


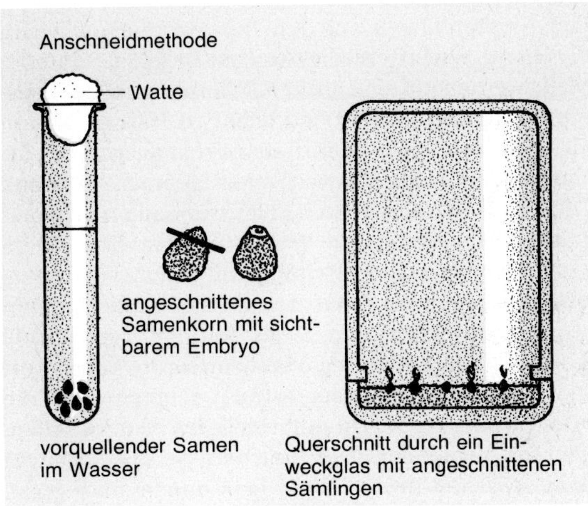


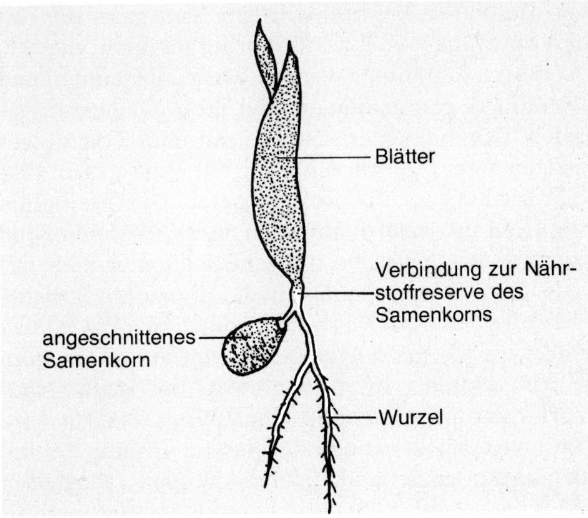

sige Beizpulver abgesiebt. Nur ein hauchdünner Belag soll das Samenkorn überziehen. Hände waschen!

Es gibt viele Aussaat-Kombinationen:

1. In ein Saatgefäß, pikieren ins Kleingewächshaus, Frühbeet oder in die Pikierkiste und auspflanzen ins Freie.
2. In ein Saatgefäß mit sofortigem Auspflanzen ins Freiland.
3. Saat ins Frühbeet oder Anzuchtbeet im Kleingewächshaus mit dortigem Pikieren und späterem Auspflanzen.
4. Ins Frühbeet oder Anzuchtbeet im Kleingewächshaus (weite Saat) und sofortigem Auspflanzen.
5. Auf ein Saatbeet ins Freiland mit späterem Verpflanzen auf ein anderes Beet.
6. Saat an Ort und Stelle.

Die Empfehlungen auf den Portionstütchen genau beachten! Wichtig ist die Aussaat in kleine Gefäße: Meist werden ja keine großen Pflanzenmengen benötigt, und diese Gefäße sind leicht zu transportieren. Sie können je nach Bedarf dem Frost ausgesetzt, ins Zimmer oder Kleingewächshaus gebracht werden. Die Töpfe, Schalen, Kistchen müssen sauber sein und Löcher für einen guten Wasserabzug haben. Diese werden gegen Verschlammung mit einem Topfscherben abgedeckt, oder auf den Gefäßboden kommen grobe Styromullflocken. Beste Saaterde (gedämpfte Komposterde, Mischung Maulwurfserde–Sand–Torf 1:1:1 oder Torfkultursubstrat) nehmen und die Pflanzgefäße bis 1,5 cm unterhalb des Randes füllen. Die Erde wird geglättet, und das gebeizte Saatgut wird zwischen zwei Finger genommen und gesät. Ganz grobe Samen können auch einzeln verteilt werden. Besonders bei breitwürfiger Saat kann der Samen auch aus der Tüte direkt aufgebracht werden. Die beiden Faltkanten werden zwischen Daumen und Mittelfinger genommen und die Tüte waagerecht gehalten. Durch leichtes Klopfen mit dem Zeigefinger wird der Samen gleichmäßig verteilt. Auf großen Flächen wird oft auch in Reihen gesät. Das Freihalten von Unkraut wird damit erleichtert. Anschließend wird die Aussaatfläche mit einem kleinen Sieb mit Erde übersiebt, gewöhnlich in der doppelten Schichtstärke des Saatguts. Besonders feine Samen, wie etwa Hauswurz *(Sempervivum)*, Scheinmohn *(Meconopsis)*, Felsenteller *(Ramonda)* wird nur sacht angedrückt und nicht bedeckt. Übersiebtes Saatgut wird leicht angedrückt, so daß der Samen allseitig Schluß hat mit der umgebenden feuchten Erde. Angießen mit feiner Brause. Samen keimen in „gespannter Luft“ (hohe Luftfeuchtigkeit) besser. Das Saatgefäß mit Glasplatten, die auf zwei Querhölzern liegen, oder den ganzen Anzuchtkasten mit Polyäthylenfolie abdecken.

### Keimdauer, Dunkelkeimer, Frostkeimer

Die Keimdauer ist sehr verschieden; während Kreuzblütler oft schon nach drei Tagen keimen, benötigen Samen von *Iris* der Oncocyclus-Gruppe manchmal über fünf Jahre. Das freilich sind Ausnahmen. Man spricht von Schnell- und Langsamkeimern. Zu den Langsamkeimern gehören verschiedene Staudenarten, wie viele Primel-, Enzian- und Irisarten. Weiter wird zwischen Licht- und Dunkelkeimern unterschieden, zumindest läßt sich durch Licht die Anzahl der Sämlinge und die Keimdauer beeinflussen, z. B. sind Stiefmütterchen Dunkelkeimer, es ist deshalb ratsam, die Aussaat bis zur Keimung gut mit Zeitungspapier abzudecken. Bei den Stauden gibt es eine große Anzahl von Frostkeimern, das bedeutet, daß die Aussaat erst einmal einige Zeit niedrigen Temperaturen ausgesetzt werden muß, um keimen zu können. Beispiele sind Enzian *(Gentiana)*, Primelarten *(Primula)*, Trollblume *(Trollius europaeus)*, Eisenhut *(Aconitum)*, Silberdistel *(Carlina acaulis)*, Christrose *(Helleborus)* und Tränendes Herz *(Dicentra spectabilis)*. Wer bei Stauden und speziell Alpenpflanzen nicht weiß, ob es sich um Normal- oder Frostkeimer handelt, sollte diese Samen immer wie Frostkeimer behandeln. Die Samen selbst oder die Aussaaten sollten ungefähr vier Wochen lang niedrigeren Temperaturen als der späteren Keimtemperatur ausgesetzt sein.

### Aussaatzeit

Auch die richtige Aussaatzeit muß beachtet werden. Christrosen *(Helleborus)*, Adonisröschen *(Adonis)* und Rosenprimel *(Primula rosea)* keimen am besten sofort nach der Ernte im Sommer. Frostkeimer werden von Dezember bis Februar ausgesät. Auf gekauften Samentütchen ist der beste Aussaattermin aufgedruckt; er richtet sich nach der benötigten Kulturdauer. Im Freiland, im Frühbeet oder im ungeheizten Kleingewächshaus muß eine gewisse Keimtemperatur vorhanden sein, die bei den einzelnen Arten verschieden ist. Im Frühbeet eher etwas später (März) als zu früh (Februar) säen.

### Aussaat am Fenster

Die Anzucht von Pflanzen aus Samen am Fensterbrett ist ohne weiteres möglich. Wärme ist meist genügend vorhanden, doch mangelt es oft an Licht: die

Sämlinge werden hochbeinig, fallen um und gehen kaputt. In der trockenen Luft muß für die Aussaat eine hohe Luftfeuchtigkeit erzeugt werden; das geschieht durch Abdecken mit Glasscheiben und Folie. (Anzucht in „Minitreibhäusern".) Zu hoch wachsende Pflänzchen müssen pikiert und tiefer gesetzt werden. Wichtig ist, daß nicht zu dicht gesät wird. Am Fensterbrett lohnt die Anzucht von frühem Salat, besonders bei Neuheiten, die es am Markt nicht gibt; sinnvoll ist die Anzucht auch bei empfindlichen Sommerblumen, die Vorkultur erfordern, bei Gruppenpflanzen, die oft schwer zu beschaffen sind, wie Heliotrop, *Lantana, Gazania, Calceolaria, Senecio bicolor (= S. maritima), Lobelia fulgens* u. a. Leicht aus Samen zu vermehrende Topfpflanzen oder auch Seltenheiten können herangezogen werden. Die Aussaaten am Fensterbrett sind am besten ab Mitte Februar vorzunehmen.

**Saatbeet im Freien**

Viele Gartenpflanzen lassen sich auch ohne Hilfsmittel, wie Kleingewächshaus, Frühbeet, kalter Kasten oder Anzucht am Fensterbrett, heranziehen. Alles, was nicht besonders empfindlich ist und keine lange Kulturzeit benötigt, ist geeignet. Je nachdem, ob der Garten in einer mehr oder weniger milden Gegend liegt, wird die Aussaat zwischen Anfang und Ende Mai vorgenommen. Späteres Säen in bereits wärmeren Boden bringt größere Vorteile gegenüber frühem Säen in noch kalten Boden. An einem geschützten, sonnigen Platz im Garten wird das Beet hergerichtet. Die Erde wird gut mit Torf und Flußsand gelockert und wasserhaltend gemacht. Reihensaat ist meist im Freiland vorteilhafter gegenüber breitwürfiger Saat. Bei Reihensaat wird mittels eines Bretts oder eines Werkzeugstiels eine Vertiefung eingedrückt. Die Tiefe richtet sich nach der Größe des Samenkorns. Sehr feiner Samen wird mit Sand vermischt, damit das Saatgut nicht zu dicht zu liegen kommt. Wer noch ungeübt ist, kann mit einer käuflichen Särolle arbeiten. Freilandbeete mit frischer Saat müssen vor Vögeln geschützt werden. Käufliche Kunststoffgespinste oder alte Fischernetze werden über mit Draht verbundene Eckpfähle gespannt. Gleichmäßige Feuchtigkeit ist Voraussetzung für gute Keimung. Sind die Sämlinge kräftig genug, so kommen sie an den endgültigen Standort.

**An Ort und Stelle**

Diese Anzucht aus Samen macht am wenigsten Mühe; sie ist aber nur bei einer geringen Anzahl Pflanzen möglich. Bekannt sind die Gemüsearten, die sofort auf das vorbereitete Kulturbeet kommen: Bohnen, Erbsen, Rettiche, Radieschen, Spinat, Möhren, Petersilie, viele Gewürzpflanzen und andere mehr. Die Beete müssen gut bearbeitet sein und in guter Dungkraft stehen.

Viele Gemüsearten können schon im März ausgesät werden, sobald der Boden offen und bearbeitbar ist; das gilt besonders für Langsamkeimer wie Möhren und Petersilie. Auf abgeernteten Beeten folgen ständig Neusaaten bis in den Herbst; mit Feldsalat und Spinat für die Frühjahrsernte fängt dann heimlich schon das neue Gartenjahr an. Viele einjährige Sommerblumen werden an Ort und Stelle gesät, ebenfalls auf das vorbereitete Saatbeet, niedere Polsterpflanzen, z.B. *Lobularia maritima (=Alyssum maritimum), Eschscholzia californica, Portulaca grandiflora* und *Dorotheanthus bellidiformis (= Mesembryanthemum criniflorum)* an Lücken im Steingarten.

**Pikieren**

Pikieren, Verstopfen oder Vereinzeln heißt, die dichtstehenden Sämlinge in weiteren Abstand zu versetzen, bevor sie an den endgültigen Pflanzplatz kommen. Dieser kurze Eingriff in das Wachstum der Pflanze wird bald überwunden und mit besserer Wurzelballenbildung beantwortet. Flache Kistchen aus Holz oder Kunststoff werden mit leichter, nährkräftiger, humoser Erde gefüllt (noch TKS 1!); in die glattgestrichene Erde werden mit dem Zeigefinger oder einem Pikierholz Löcher gedrückt, so tief, wie die Wurzel des Sämlings lang ist. An das in das Loch gesetzte Pflänzchen wird dann die Erde seitlich angedrückt. Anschließend leicht angießen (feine Brause). Pikiert wird, wenn das zweite Blattpaar außer den Keimblättern sichtbar wird. Es kann auch ins Mistbeet, in den kalten Kasten, in das Grundbeet des Kleingewächshauses oder in Torf-, Kunststoff- und Tontöpfe pikiert werden.

**Anschneidemethoden**

Bei verschiedenen Pflanzengattungen *(Iris, Hemerocallis)*, die große Samen haben, läßt sich die oft längere Keimzeit (ein Jahr!) durch das Anschneiden des Samenkorns wesentlich verkürzen. Voraussetzung für den Erfolg ist steriles Arbeiten. Hände und Arbeitsgeräte müssen vorher mit Albisal-Lösung desinfiziert werden. Vor dem Anschneiden werden die Samen vier bis fünf Tage mit Wasser angequollen, am besten in Reagenzgläsern, die mit einem Wattebausch verschlossen wurden. Gute Kennzeichnung! Der Deckel eines Einmachglases wird mit wasserge-

tränkter Vermiculite (geschäumtes Mineral, vielfach für Verpackungszwecke verwendet) flach gefüllt. Die einzelnen angequollenen Samenkörner werden unter einer hellen Lampe mit einer Rasierklinge angeschnitten. Die richtige Stelle ist eine kleine, sichtbare Erhebung der Keimkegel, an der der Keimling zu finden ist. Dieser wird dünn angeschnitten. Innerhalb der schmutzigweißen Nahrungsreserve ist ein kreisförmiger weißer Punkt zu sehen, der Embryo. Natürlich gehört einige Übung dazu, und ohne etliche Samen zu opfern, geht es nicht. In das angefeuchtete Vermiculite-Substrat werden im Abstand von etwa 1 cm die angeschnittenen Samen mit der Anschnittstelle nach oben gesetzt. Anschließend wird mit dem umgedrehten Weckglas abgedeckt. In der gespannten Luft des Glases werden die Samen bald, meist nach zehn bis vierzehn Tagen, keimen, wenn das Glas an einem warmen Ort steht (Küche, Fensterbank, Kleingewächshaus). Falls einzelne Samenkörner trotz sterilen Arbeitens schimmeln, werden sie frühzeitig mit einer Pinzette entfernt. Die Weckgläser müssen gut mit einem Fettstift beschriftet werden! Wenn die Sämlinge 2–3 cm groß sind, werden sie in Torf- oder Tontöpfchen pikiert. Wer ein beheiztes Kleingewächshaus besitzt, kann schon im Herbst nach dieser Methode arbeiten. Ohne ein solches Hilfsmittel erst im Februar damit im Zimmer beginnen.

**Eigene Kreuzungen**

Immer mehr Gartenliebhaber versuchen sich als Hobbyzüchter. Sie kreuzen zunächst einmal zwei Sorten der gleichen Art miteinander oder zwei Arten der gleichen Gattung. Beispiele für dieses Verfahren sind *Lilium* 'Black Beauty' *(= L. henryi × L. speciosum)* oder *Rhododendron* 'Baden-Baden' *(= Rh.* 'Essex Scarlet' × *Rh. repens)*

Später gehen sie zu komplizierten Methoden über (oder geben auf). Die Technik ist einfach: Mit einem feinem Haarpinsel wird Blütenstaub von der einer Blüte abgenommen und auf die Narbe der anderen Blüte übertragen. Je näher die Verwandschaft dieser

*Pikieren. Die Wasserabzugslöcher der Pikierkiste werden mit Tonscherben abgedeckt. Nach dem Füllen mit Erde werden die kräftigen Sämlinge in gleichmäßigem Abstand vereinzelt (nicht zu eng, Endgröße beim Auspflanzen berücksichtigen). Unten: Styroporkiste mit pikierten Echeveria-Sämlingen.*

beiden Eltern ist, um so leichter gelingt die Befruchtung. Wichtig, weil sonst das erstrebte Kreuzungsziel nicht erreicht bzw. verfälscht wird, ist, daß in der zu befruchtenden Blüte keine Fremdbestäubung stattfindet, weder vorher noch nachher.
Deshalb nimmt man meist eine Blüte, die sich eben öffnet oder die kurz vor dem Aufgehen ist, wobei man etwas nachhilft. Die zu dieser Zeit noch nicht reifen Staubbeutel werden mit einer Pinzette entfernt. Nachdem der Blütenstaub auf die Narbe aufgebracht worden ist, erhält sie ein Hütchen aus Schokoladepapier zum Schutz vor Insekten. Die bestäubte Blüte wird mit einer Nummer (in Alufolie eingedrückt oder auf ein Pappetikett geschrieben) gekennzeichnet. Der zur Bestäubung verwendete Blütenstaub muß nicht frisch sein, er hält sich kühl und trocken aufbewahrt über mehrere Wochen.
Wenn die Befruchtung geglückt ist, schwillt der Fruchtknoten bald an. Es entsteht die $F_1$-Generation, in der oft schon etwas Brauchbares zu finden ist. Alte Praktiker freilich setzen eher auf die $F_2$-Generation, die durch Kreuzung von $F_1$-Sämlingen untereinander entsteht. Auch Rückkreuzung der $F_1$-Sämlinge mit den Eltern ist möglich. Es geht nicht immer glatt; oft entsteht eine Generation, die nicht mehr fruchtbar (fertil), sondern unfruchtbar (steril) ist. Diese Zuchtlinie findet dann ihr Ende. Ist schließlich eine Pflanze mit den angestrebten Eigenschaften da, so erfolgt die Vermehrung vegetativ. Bevorzugte Züchtungsobjekte von Pflanzenliebhabern sind Dahlien, Gladiolen, Iris, Lilien, Hemerocallis, Rhododendron, Kakteen und Orchideen.

## Vegetative Vermehrung

### Teilung

Außer der Vermehrung durch Samen (generative) gibt es auch eine vegetative Vermehrung. Sie wird von der Natur selbst praktiziert oder künstlich durch den Gärtner herbeigeführt. Einfachste Methode dabei ist die Teilung, d.h. eine mehrtriebige Pflanze

*Kreuzungsversuch bei Lilien. Der Vaterpflanze wird ein Griffel mit reifem Blütenstaub entnommen (oben). Der Blütenstaub wird auf die Narbe der Mutterpflanze gebracht (Mitte), der vorher alle Griffel entfernt wurden. Die bestäubte Narbe wird mit einem Hütchen aus Stanniolpapier geschützt (unten, Pfeil).*

wird in mehr oder weniger große Einzelstücke aufgeteilt. Jedes Stück muß einen Trieb und Wurzeln haben. Vegetative Vermehrung heißt, aus Teilen oder Teilstücken einer Pflanze voll lebensfähige Exemplare heranzuziehen.
Zur Teilung kommen in der Hauptsache Stauden, aber auch manche Zimmerpflanzen in Frage, nachdem sich im Verlauf des mehrjährigen Wachstums große Klumpen mit vielen Trieben gebildet haben. Da der Hobbygärtner in der Regel von den winterharten Blütenstauden keine großen Stückzahlen benötigt, ist bei ihnen die Teilung angebracht. Teilen kann man im Frühling und Herbst, bei vereinzelten Stauden auch während des Sommers, kurz nach der Blüte.
Der Wurzelballen wird aus der Erde genommen und durch Ausschütteln möglichst vom größten Teil der anhaftenden Erde befreit, so daß die einzelnen Wurzeln und Triebknospen freiliegen. Bei großen Pflanzen wird der Ballen mit einem scharfen Spaten zerstochen; dabei ist darauf zu achten, daß jedes Teilstück mindestens eine Triebknospe besitzen muß. Kleinere Pflanzen werden mit einem haushaltüblichen Sägemesser zerteilt.
Die Teilung sollte am frühen Morgen, am Abend oder an trüben Tagen vorgenommen werden. Wenn der Austrieb schon weiter fortgeschritten ist, sollte man möglichst gleich wieder pflanzen und bei warmem Wetter Sonnenschutz gewähren. Kleinere Teilstücke können auch in Töpfen weiterkultiviert werden. Überlange Wurzeln werden eingekürzt. Ausnahmen hinsichtlich der Teilungszeit machen die Bartiris-Sorten, die nach der Blüte geteilt und neu ausgepflanzt werden.

Sedumarten lassen sich leicht durch Blattstecklinge vermehren

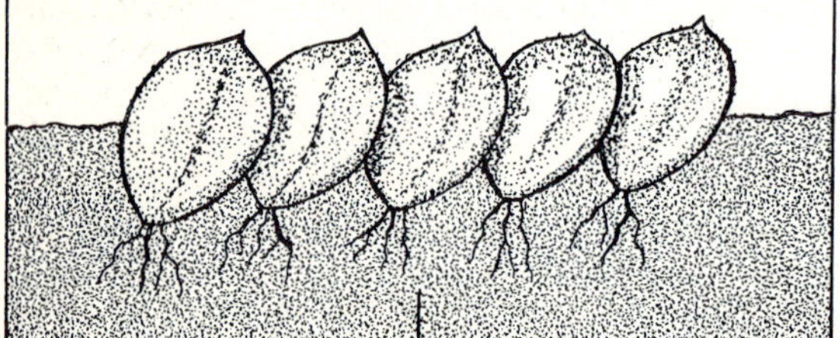


Einfachste Stecklingsvermehrung unter einem Weckglas (oder Kunststoffbeutel; mit Gummiband außen unter dem Topfrand befestigen)

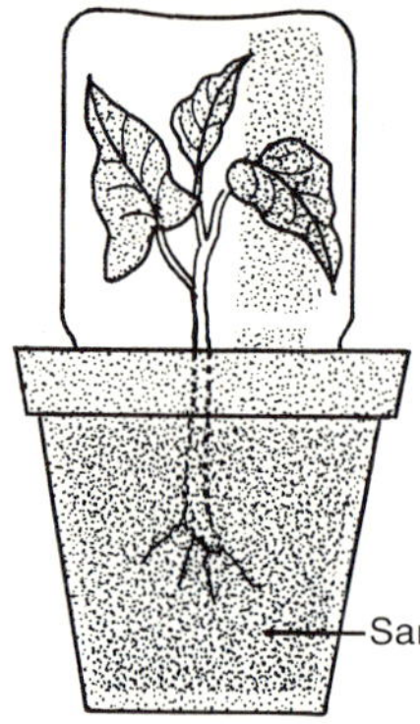


Wer ein Kleingewächshaus besitzt, kann auch im Winter verschiedene Stauden teilen. Auch bei bloßem Verpflanzen älterer Staudenstöcke sollten diese verjüngt, d. h. geteilt werden. Alles, was zuviel ist, kommt auf den Kompost. Pflanzen mit nur einer Pfahlwurzel (*Papaver orientale, Eryngium, Incarvillea* usw.) lassen sich nicht oder sehr schlecht teilen. Auch bei Zimmerpflanzen wird beim Umpflanzen die eine oder andere Art geteilt (*Sansevieria, Saintpaulia,* Kakteen, Farne).

**Stecklinge**

Bei der Vermehrung durch Stecklinge wird ein völlig wurzelloser Teil der Pflanze in die Erde gesteckt, damit sich Wurzeln bilden und eine vollwertige Pflanze entsteht. Diese „Vervielfältigung" eines Exemplars ist dort nötig, wo eine Pflanze nicht mehr fruchtbar (steril) ist oder wo die Samennachzucht minderwertige Nachkommen ergeben würde, also bei allen Züchtungen, die nicht „treu" aus Samen fallen. Das sind vor allem Stauden, Gehölze und Topfpflanzen. Für den Liebhabergärtner ist diese Vermehrungsart besonders wichtig bei teuren Neuzüchtungen, die er auf diesem Wege schnell vervielfältigen kann.
Man unterscheidet grundständige und kopfständige Stecklinge. Die grundständigen können nur im Frühling während des Antriebs geschnitten werden. In diese Kategorie gehören besonders Stauden, die später hohle Stengel bilden, wie *Delphinium* (Rittersporn) und *Lupinus* (Lupine). Wenn die Triebe 5 cm aus dem Boden gewachsen sind, ist der richtige Zeitpunkt gekommen. Die kopfständigen Stecklinge können auch zu jeder anderen Zeit geschnitten werden.

Die Stecklingsvermehrung ist bei der einen Pflanzenart ganz leicht, bei der anderen dagegen recht schwierig, und bei jeder Art liegt der günstigste Zeitpunkt dafür etwas anders, weshalb man denn auch von Frühjahrs-, Frühsommer, Sommer-, Herbst- und Winterstecklingen spricht. Besonders bei Gehölzen wird zwischen einem krautigen und einem ausgereiften Steckling unterschieden, was besagt, daß der eine Steckling im Stengel noch völlig grün, der andere schon verholzt ist. Dem Gartenliebhaber genügt es, wenn sich eine gewisse Anzahl von Stecklingen bewurzelt. Er ist auf ein hochprozentiges Ergebnis nicht angewiesen, deshalb ist er zeitlich nicht so festgelegt und kann über einen größeren Zeitraum Stecklinge schneiden.

Die etwa fingerlangen Triebspitzen werden mit einem scharfen Gartenmesser oder einer Rasierklinge geschnitten. Die Schnittfläche muß gerade, sie darf nicht ausgefranst sein. Geschnitten wird möglichst nicht in voller Sonne. Die Kennzeichnung muß sofort erfolgen, sonst gibt es Verwechslungen. Beim Stekken selbst kann nochmals nachgeschnitten werden, falls die Größe nicht paßt. Gesteckt wird in ein Vermehrungssubstrat, das aus normalem Düngetorf und scharfem Sand besteht, ungefähr im Verhältnis 1 : 1. Diese Mischung kommt in flache Holzkistchen, Asbestzementschalen oder Plastikpikierkästen. Sie soll nicht naß, sondern mildfeucht sein. Natürlich kann auch im kalten Kasten oder im Kalthaus gesteckt werden oder direkt in die Töpfchen von Multitopfplatten. Leicht durch Stecklinge zu vermehrende Pflanzen kommen in dem genannten Substrat gut zur Bewurzelung. Vielen muß aber mit einem der im Handel erhältlichen Bewurzelungshormone nachgeholfen werden, wie Wurzelfix, Stimurhiz AA, Seradix B und Ma-Os. Von den beiden letztgenannten werden verschiedene Typen hergestellt für weiche, mittelweiche und harte Stecklinge. Die Schnittstellen der Stecklinge werden kurz vor dem Stecken in das Präparat getaucht; dadurch geht die Ausbildung des Kallus (Wundgewebe) und die Wurzelbildung viel schneller, es kommt nicht zu Fäulnis.

Nach dem Stecken und leichten Angießen benötigen die Stecklinge eine fast 100%ige Luftfeuchtigkeit, damit die Verdunstung aus der Pflanze soweit wie möglich eingeschränkt ist, bevor der Wasserhaushalt durch die Ausbildung neuer Wurzeln wiederhergestellt ist. Deshalb alle Stecklinge mit einer Polyäthylenfolie überspannen! Gehölzstecklinge erhalten eine doppelte Überspannung mit einem Zwischenraum. Es können auch Glasscheiben oder transparente Kunststoffplatten genommen werden. Die Blattspitzen dürfen wegen Fäulnisgefahr die Folie oder die Scheiben nicht berühren! Täglich kontrollieren und mit einem Zerstäuber übersprühen. Die meisten Stecklinge wurzeln nach zwei bis drei Wochen. Pflanze herausnehmen und Wurzelbildung kontrollieren. Je weiter sie fortgeschritten ist, um so mehr wird gelüftet. Falls dicht an dicht gesteckt wurde, in einen Ton-, Torf- oder Kunststofftopf umpflanzen. Erst wenn ein gut durchwurzelter Ballen vorhanden ist, wird ausgepflanzt. Wer die Methode erst kennenlernen will, macht die ersten Versuche mit Chrysanthemenstecklingen im Frühjahr. Es gibt selten Ausfälle.

Seit einiger Zeit gibt es vollsynthetische Würfelverbundplatten, Baystrat, und ähnliches Würfelmaterial aus Steinwolle, Grodan. Die Verbundplatten sind aus Schaumstoff; sie bestehen aus einzelnen Würfeln, die am unteren Ende miteinander verbunden sind. In je einen Würfel der gut mit Wasser durchfeuchteten Platten werden die Stecklinge gesetzt, wie in Erde. Es empfiehlt sich, diese Platten in eine Kunststoffwanne zu legen, die bis zur Höhe der Verbundschicht mit Wasser gefüllt ist. Dieses Substrat enthält keinen Dünger; bei beginnender Wurzelbildung müssen Stecklinge eine 0,05%ige Volldüngerlösung bekommen; später wird die Konzentration auf 0,1% gesteigert. Nach erfolgter Durchwurzelung werden die Würfel abgebrochen und zur Weiterkultur in Töpfe mit der üblichen Erde gepflanzt.

**Blattstecklinge, Rosettenstecklinge, Rißlinge**

Außer den Triebspitzen können bei verschiedenen Pflanzen auch andere Teile gesteckt werden. So bilden manche Staudenarten Rosetten, aus denen Blattstecklinge zur Vermehrung genommen werden. Beispiele sind *Haberlea* und *Ramonda,* auch Usambaraveilchen und viele Fetthennearten *(Sedum spectabile, S. cauticolum, S. sieboldii).* Die Blätter mit Stiel werden flach in Schalen gesteckt. Bei Polsterpflanzen, die aus Rosetten zusammengesetzt sind, werden die einzelnen Rosetten mit etwas Stiel gesteckt (Steinbrecharten, *Arabis* usw.). Als Rißlinge bezeichnet man Triebe, die mit einem kleinen Stück Wurzelstock abgerissen werden und dann besonders gut wurzeln *(Heuchera).* Beim hohen Staudenphlox kann der ganze Stiel in Stecklinge aufgeteilt werden; jeder Teil besteht aus einem Blattpaar mit einem Stückchen Stengel darüber und darunter.

**Winterstecklinge**

Immergrüne Pflanzen lassen sich durch Winterstecklinge vermehren. Im Oktober/November wird vor-

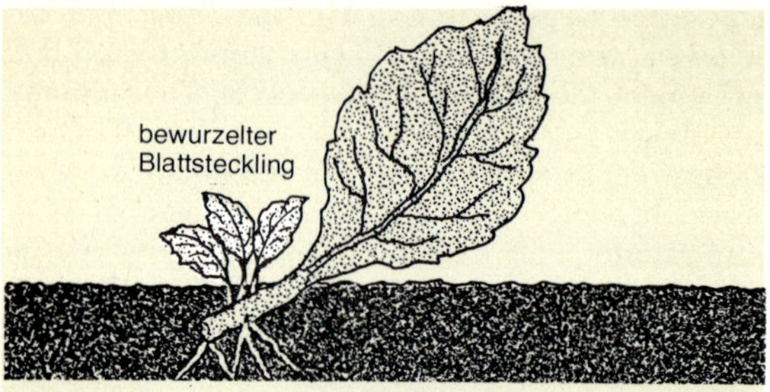


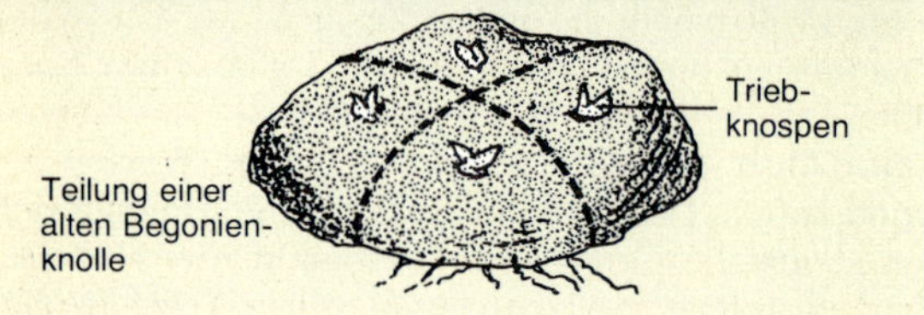


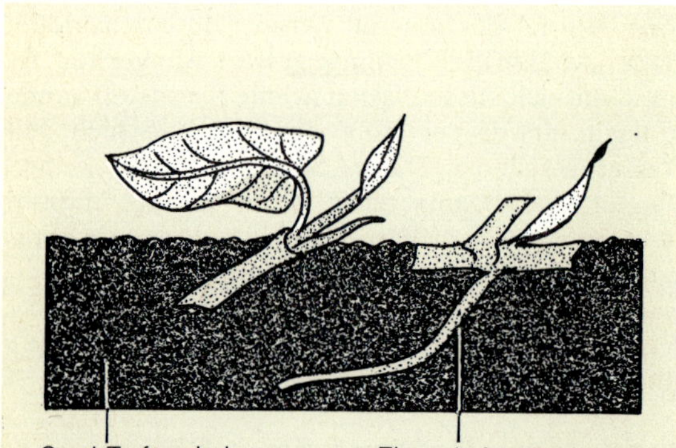


Vermehrung von Kopf- und Stammstecklingen bei Dieffenbachia, Philodendron und Monstera

Vermehrung von Sukkulenten

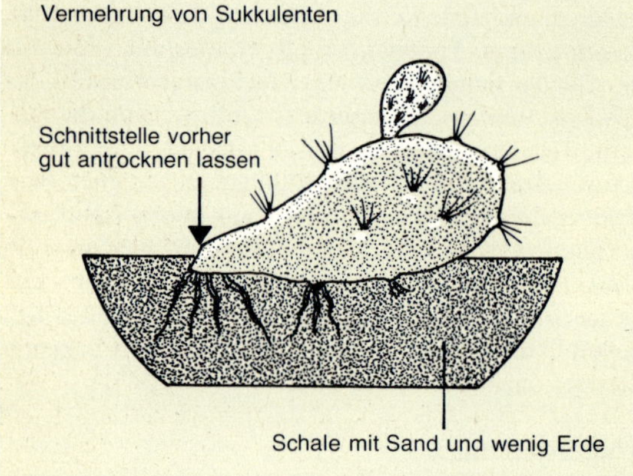


schriftsmäßig gesteckt. Die Kistchen oder Schalen kommen in den abgedeckten kalten Kasten oder ins ungeheizte Treibhaus (es geht auch im Kalthaus). Trotz Frostperioden sind die Stecklinge bis zum Mai gut bewurzelt. Diese Methode hat sich besonders bei Steingartenpflanzen gut bewährt, so bei einigen heimischen *Gentiana*-Arten, *Gentiana-farreri*-Neuzüchtungen, bei *Arabis, Aethionema, Alyssum, Androsace, Arenaria, Armeria, Aubrieta, Dianthus, Globularia* und bei vielen *Saxifraga*-Arten.

**Knollenteilung**

Bei Pflanzen mit Knollen ist die Teilung dieser Vorratsorgane eine gute Vermehrungsmethode. So können die schrumpeligen Knollen von *Anemone coronaria, A. blanda* und den *Eranthis*-Arten durch einfaches Auseinanderbrechen zur Vermehrung genutzt werden. Begonienknollen werden im Frühjahr mit dem Messer geteilt, wenn die Triebknospen sichtbar werden. Jedes Teilstück muß mindestens eine Triebknospe besitzen. Die Schnittstellen läßt man etwas abtrocknen und reibt sie mit Holzkohlepuder ein, um Fäulnisbildung zu verhindern. In mildfeuchtem Torf werden die einzelnen Teilstücke bald zu wachsen anfangen. Auch Dahlienknollen lassen sich teilen, sobald die einzelnen Austriebe erkennbar sind. Jedes Teilstück muß einen Trieb haben, d.h. ein altes Stengelstück oder doch wenigstens einen Teil davon.

**Stengelbulben, Achselbulben, Achseltriebe**

Besonders bei verschiedenen Liliensorten bilden sich in den Blattachseln kleine Bulben, die in die Erde gebracht bald Wurzeln und Blätter treiben. Auch knapp unterhalb der Basis bilden sich am Stengel oft Stengelbulben. Vor allem, wenn die Blüten durch äußere Umstände nicht zum Blühen kommen, wird die Ausbildung von Achsel- und Stengelbulben angeregt. *Hemerocallis* (Taglilien) bilden oft in der Achsel eines Stengelblattes Achseltriebe. Das sind richtige kleine Pflanzen, die auch schon anfangen, Wurzeln zu treiben. Sie werden in Erde gepflanzt und für einige Zeit in etwas gespannter Luft gehalten (abdecken).

**Brutzwiebeln und Brutknollen**

Viele Zwiebelpflanzen bilden neben der alten Mutterzwiebel viele kleine Brutzwiebeln. Wo es sich lohnt, werden diese abgenommen und weiterkultiviert. Einige schwache Dunggüsse sind während der kommenden Vegetationsperiode notwendig, um möglichst bald blühfähige Pflanzen zu bekommen. Bei manchen Knollenpflanzen werden Brutknollen gebildet, z.B. bei der Gladiole und dem Krokus. Viele kleine Blumenzwiebelpflanzen bilden durch Brutzwiebeln oder -knollen bald große Horste oder Bestände. Wer z. B. die enormen Vermehrer, die schönen *Crocus*-Chrysanthus-Sorten nach drei Jahren nicht aufnimmt und die vielen kleinen Knöllchen neu pflanzt, hungert sie aus.

**Wurzelschnittlinge**
Diese Methode zur Vermehrung wird bei einigen Staudenarten angewandt. Die stärkeren Wurzeln von *Papaver, Verbascum* werden in etwa 3 cm lange Stücke geschnitten, mit Erde abgedeckt und gleichmäßig feucht gehalten. Schon bald erfolgt der Austrieb. Lohnend ist dieses Verfahren nur bei teuren Pflanzenarten, wie z. B. den Züchtungen von *Papaver orientale* aus den USA. Auch verschiedene Primelarten lassen sich auf diese Weise vermehren. Gerade unter den Sämlingen der Kugelprimel *(Primula denticulata)* und der Sieboldsprimel *(P. sieboldii)* sind oft sehr schöne Exemplare, die man auf die genannte Weise schnell vermehren kann.

**Ableger, Absenker**
Absenker lassen sich leicht bei Zwerghölzern machen. Ein Zweig wird zur Erde herabgebogen und flach 3–4 cm lang eingeschnitten. In den Einschnitt wird ein schmales Steinchen geklemmt und das Ganze mit Erde bedeckt. Der niedergebogene Ast wird mittels einer zugeschnitzten Astgabel festgehalten. Die Erde an der Absenkstelle sollte man stark mit Torf versetzen; anschließend wird sie festgetreten. Neutriebe bewurzeln sich auf diese Art und Weise schneller als alte.
Blütenknospen werden ausgebrochen, um den Trieb nicht zu schwächen. Die Blätter werden an der Stelle entfernt, die in die Erde kommt. Wenn solche Absenker im Frühsommer gelegt werden, ist die Bewurzelung bis zum Herbst meist abgeschlossen. Die Ableger sollten aber erst nach der zweiten Vegetationsperiode von der Mutterpflanze abgetrennt werden. Spezielle Methoden werden bei der Behandlung der einzelnen Pflanzengruppen beschrieben.

# Sommer- und Zweijahrsblumen

## Entwicklungsrhythmus und Verwendung

Ob man sie Sommerblumen oder Einjahrsblumen oder Annuelle nennt – gemeint sind alle diejenigen Pflanzen, deren Leben mit der Aussaat im Frühling beginnt und mit dem Reifen des Samens im Herbst endet. Jedoch auch hier gibt es Ausnahmen: verschiedene Gattungen, die in ihrer Heimat mehrjährig sind, können bei milder Witterung unseren Winter unbeschadet überstehen und eine zweite Blühperiode erleben, wie z. B. oft beim Löwenmaul *(Antirrhinum)* vorkommt. Als Sommerblumen werden eben auch solche Pflanzen bezeichnet, die in ihrer Heimat staudig (ausdauernd) sind, aber wegen ihrer geringen Winterhärte bei uns einjährig kultiviert werden *(Ageratum, Salvia, Gazania)*.

**Was sind Ein- und Zweijahrsblumen?**
Die Sommerblumen stammen aus den verschiedensten Gebieten der Erde; ihre Ansprüche hinsichtlich Temperatur sind sehr unterschiedlich, ebenfalls ihr Wachstumstempo. Deshalb reicht der Beginn der Kulturperiode von Unterglasaussaaten im Januar oder Februar bis zu Freilandaussaaten im Mai.
Als Zweijahrsblumen, Bienne oder Halbstauden bezeichnet man die Pflanzen, deren Lebensperiode über zwei Jahre reicht. Nach der Aussaat, die im Mai/Juni erfolgt, entwickeln sie sich bis zum Winter zu kräftigen Jungpflanzen; im Frühling und Frühsommer darauf erreichen die Zweijahrspflanzen ihre Blüte, dann sterben sie nach der Samenbildung ab. Auch hier gibt es Ausnahmen, und die eine oder andere Pflanze hält eine weitere Periode durch. Zu den Zweijahrspflanzen gehören *Alcea (= Althaea) rosea* (Stockmalve), *Bellis perennis* (Gänseblümchen), *Campanula medium* (Marienglockenblume), *Cheiranthus cheirii* (Goldlack), *Dianthus barbatus* (Bartnelke), *Digitalis purpurea* (Fingerhut), *Myosotis* (Vergißmeinnicht), *Papaver nudicaule* (Islandmohn), *Viola*-Wittrokkiana-Hybriden (Stiefmütterchen) u. a.

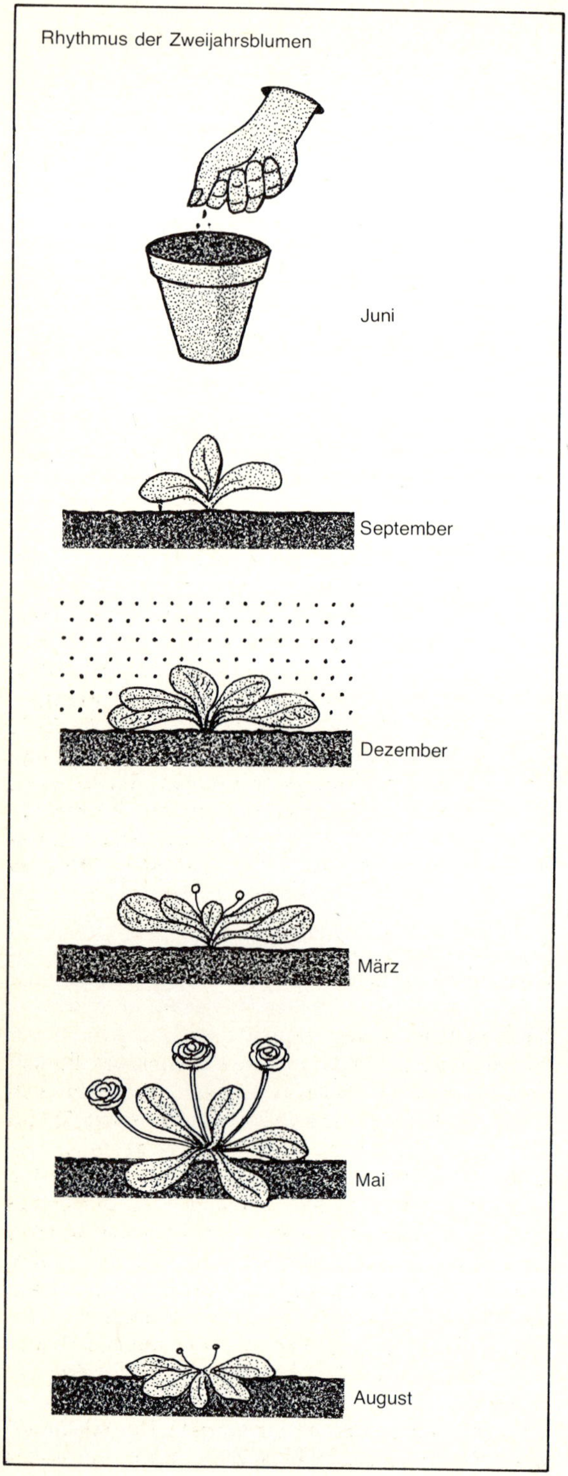


**Verwendungsmöglichkeiten**
Wenig andere Gartenpflanzen bieten eine so vielseitige Anwendungspalette wie die Sommerblumen. Für den Neubaubesitzer sind sie ein Segen in den ersten Jahren. Für wenig Geld kann auf magerem Boden ein farbenprächtiger Garten gestaltet werden. Später, nach intensiver Bodenpflege und Besserung der finanziellen Lage, wird sich die Anwendung auf einzelne Gebiete beschränken: Sommerblumenbeete, Einfassungen von Rosen-, Dahlien- und Gemüseebeeten, Stauden- und Steingartenzwischenpflanzungen, Topfpflanzen, Mooswände, Schnittblumen, Solitärpflanzen, Schlinger, Balkonkästen und -schalen und anderes. Nicht vergessen: Sommerblumen sind ein lehrreiches Spielzeug für Kinder. Sie haben noch nicht die Geduld von Erwachsenen, deshalb ist die kurze Vegetationsperiode der Einjahrsblume für sie bestens geeignet. Aussaat an Ort und Stelle auf ein eigenes Beet bringt viel Freude!

## Zusätzliches zur Anzucht

**Sommerblumen mit Vorkultur**
Bei geringem Bedarf nach den Eisheiligen beim Gärtner kaufen. Für die eigene Anzucht bieten sich drei Möglichkeiten: Fensterbrett, Frühbeet und Kleingewächshaus. Für das Fensterbrett gilt bei Sommerblumen: so viel Licht wie nur möglich! Deshalb soll der Beginn dieser Aussaaten nicht vor Mitte Februar liegen. Bei genügend Licht entstehen auch keine langbeinigen, krankheitsanfälligen Sämlinge (nur Südfenster nehmen). Einjahrsblumen bei Fensterbrettkultur dünn säen. Feinen Samen mit trockenem Sand mischen, dadurch ist eine bessere Verteilung möglich. Die benötigte Keimtemperatur um 20 °C wird meist leicht erreicht, später genügen 17–20 °C. Falls sich unter dem Fensterbrett ein Heizkörper befindet, übermäßige Wärme durch 2 cm starke (oder dickere) Styroporunterlagen abschirmen. Besser ist es, die Saatgefäße zusätzlich in einen Untersatz zu stellen, der mit angefeuchtetem Torf gefüllt ist. Alle Einjahrsblumen mit Vorkultur sollen baldmöglichst in Torftöpfchen pikiert werden, um bis zum Auspflanzen kräftige Exemplare zu erhalten. Zur frühen Fensterbrettkultur eignen sich besonders *Salvia splendens* (Prachtsalbei), *Verbena*-Hybriden und *V. rigida* (Gartenverbenen), *Senecio bicolor* (= *Cineraria maritima*, Aschenblume), *Antirrhinum* (Löwenmaul), *Gazania*-Hybriden (Gazanie), *Schizanthus* (Spaltblume), *Lobelia erinus* (Lobelie) und andere. Die Verbenen sollten vier Wochen kühl gestellt

werden, bevor sie den Fensterplatz bekommen. In den Abschnitten über Frühbeet, Kleingewächshaus, Aussaat sind weitere Details nachzulesen. Wer jedoch ein Kleingewächshaus (Warmhaus) besitzt, kann auch die im Januar zu säenden, langwierigen Pflanzen kultivieren wie zum Beispiel *Begonia*-Semperflorens-Hybriden (Sommerbegonie), *Petunia* (Petunien) und einige andere mehr.

**Pflege bis zum Auspflanzen**
Wer besonders kräftige Pflanzen mit guten Wurzelballen wünscht, soll so bald wie möglich pikieren (wenn das zweite Blattpaar außer den Keimblättern sichtbar wird). Ideal sind Torftöpfchen; auch Multitopfplatten bringen Vorteile. Bei Einjahrsblumen mit Vorkultur kann schon beim Pikieren in nährstoffreichere TKS 2-Erde gesetzt werden. Nicht mit kaltem Wasser gießen! Bei greller Sonne schattieren. Wer nicht in Einzeltöpfchen pikiert, wählt einen Abstand von 5 cm von Pflanze zu Pflanze. Die zweite Reihe wird im Verband verstopft, d. h., die Pflänzchen stehen in der Mitte von zwei Sämlingen der Nebenreihe. In Kistchen und Kästen pikierte Sommerblumen werden nach drei bis vier Wochen in Ton- oder Plastiktöpfe mit 8–10 cm oberem Durchmesser gepflanzt. Zu diesem Zeitpunkt können auch größere Torftöpfchen genommen werden, doch kommen diese dann wesentlich teurer. Ein billiger Behelf sind im Haushalt anfallende Joghurttöpfchen, in deren Boden einige Wasserabzugslöcher mit dem Lötkolben eingebrannt werden. Wenn es sich um kleine, rasch wachsende Sommerblumen handelt, werden mehrere Sämlinge zusammengepflanzt, um buschige Pflanzen zu erhalten, wie etwas bei der Lobelie. Verschiedene Arten, die sich auch an Ort und Stelle aussäen lassen, können nur im Jugendstadium verpflanzt werden. Da sie andererseits gute Lückenfüller sind, werden diese Arten ebenfalls in Kistchen gesät und in Töpfchen pikiert, z. B. *Lobularia maritima* var. *benthamii (= Alyssum)*. Je größer die Pflanzen werden, um so öfter wird eine schwache Volldüngerlösung gegeben. Mildfeucht und keinesfalls naß soll die Erde sein. Besonders vorsichtig gießen, wenn die Jungpflanzen in Kunststofftöpfchen stehen! Bei manchen Arten lassen sich durch Abknipsen der Spitzen besonders buschige Pflanzen erreichen *(Salvia splendens)*, oder die Blütezeit kann um einige Wochen verschoben werden *(Godetia)*.

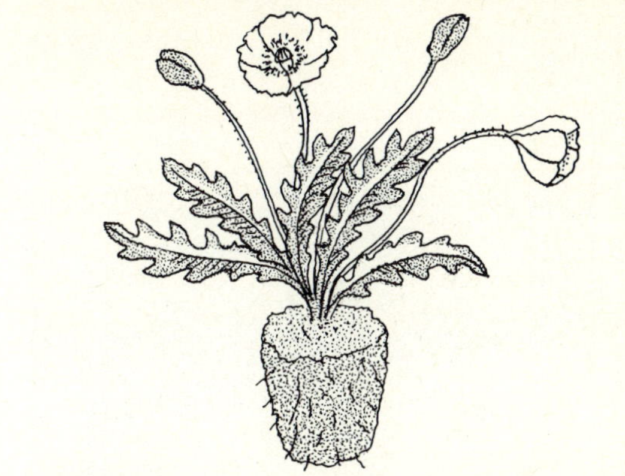
Den Islandmohn (Papaver nudicaule) nur mit Topfballen pflanzen

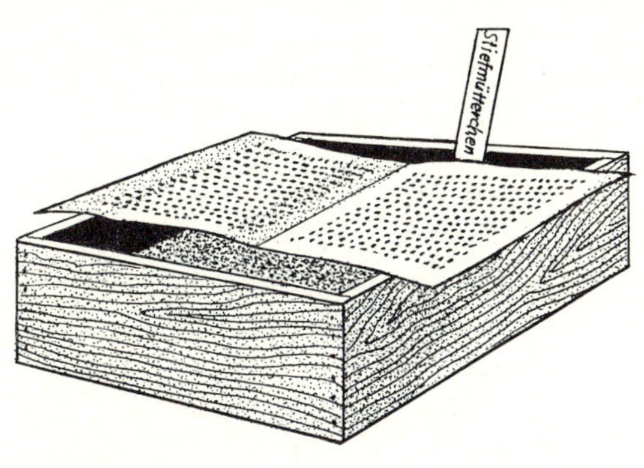

Dunkelkeimer, wie z. B. Stiefmütterchen, bis zum Auflaufen der Saat mit Zeitungspapier abdecken.

## Pflanzung und Pflege

**Ansprüche an Standort und Boden**
Die wichtigste Forderung lautet: sonniger Pflanzplatz! Es gibt nur sehr wenige Arten, die auch noch ein wenig Halbschatten vertragen, wie etwa *Mimulus*, die Gauklerblume. Im Sortiment der Sommerblumen ist sonst nichts vorhanden, was, wie bei den Stauden, zur Bepflanzung lichtarmer Partien geeignet wäre. Je wärmer der Standort, um so besser werden die Einjahrsblumen gedeihen. Feuchte, kalte, schwere oder gar moorige Böden sind ungeeignet. Leichte, durchlässige Erde ist ideal. Wo schwere Böden vorhanden sind, muß intensiv durchgearbeitet und mit Kompost, Sand oder Torfgaben gelockert werden.
Die Nährstoffansprüche sind nicht sehr hoch. Bei Wildpflanzen und den Einjährigen kann ein hoher

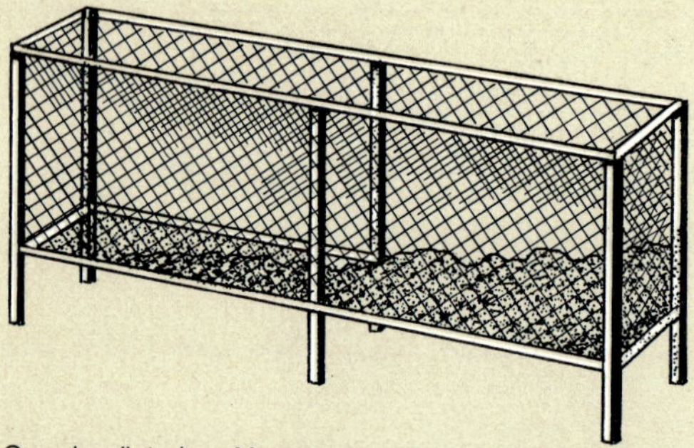

Grundgerüst einer Mooswand

Nährstoffgehalt sogar die Blütenbildung reduzieren, alles „geht ins Kraut". Auch bei niedrigen *Tagetes*-Arten muß mit dem Dünger sparsam umgegangen werden. Hochzüchtungen dürfen dagegen nicht hungern. Hinsichtlich der Bodenreaktion (pH-Wert) sind die Sommerblumen nicht sehr anspruchsvoll. Mit einem schwach sauren bis schwach alkalischen Boden kommen fast alle Arten zurecht. Ausnahme ist die annuelle Lupine, die unbedingt eine saure Reaktion benötigt. *Salpiglossis* (Trompetenzunge), *Silene* (Leimkraut) und *Gypsophila* (einjähriges Schleierkraut) wünschen zum guten Gedeihen Kalk im Boden.

**Das Auspflanzen**

Der Zeitpunkt zum Auspflanzen liegt nach den Eisheiligen; in kälteren Gegenden wird besser bis zum Ende Mai gewartet. Wichtig ist, daß die Pflanzen dabei keinen Temperaturschock erleiden, deshalb abhärten! In den letzten 2 Wochen vor dem Auspflanzen wird mit steigender Zeitspanne gelüftet, damit die Jungpflanzen sich allmählich an die Außentemperatur gewöhnen. Wenn der Boden im Herbst grobschollig umgearbeitet worden und gut durchgefroren ist, macht das Herrichten der Pflanzplätze wenig Mühe. Keinen frischen Mist im Frühjahr einarbeiten; lediglich Komposterde (möglichst desinfiziert) ist erwünscht; geringe Mengen Pulvermist können mit untergeharkt werden. Nach dem Pflanzen (die Erde um die Topfballen gut andrücken) wird kräftig angegossen. Eine Schattierung ist nur bei Pflanzen ohne Ballen und sehr heißem Wetter nötig.

Die Einjährigen haben sehr unterschiedliche Ansprüche hinsichtlich der Temperatur. In England wurden sie deshalb in vier Härtestufen eingeteilt, um den genauen Pflanztermin festlegen zu können. In die Klasse O gehören alle Zweijahrspflanzen, die unsere Winter überdauern (in kälteren Gegenden etwas Frostschutz durch Nadelholzäste geben). Zur Gruppe A gehören z.B. *Antirrhinum* (Löwenmaul), *Calendula* (Ringelblume), *Delphinium* (einjähriger Rittersporn). Löwenmaul und Ringelblume überwintern auch bei uns normal in milden Wintern und blühen noch einmal, ebenso manche Einjahrsnelken. Bei einjährigem Rittersporn empfiehlt sich sowieso Herbstaussaat an Ort und Stelle. Die kleinen Pflänzchen, die vorzeitig aufgehen, überwintern ohne Schaden. Alle Angehörigen dieser Gruppe können schon ausgepflanzt werden, wenn der Boden trocken und bearbeitbar ist, etwa ab Mitte April.

Zur Gruppe B gehören die mittelharten Annuellen. Manche vertragen zwar einige wenige Minusgrade in einer Frostnacht; besser ist es aber, sie alle erst in der zweiten Maihälfte auszupflanzen. Zu ihnen gehören: *Arctotis* (Bärenohr), *Callistephus* (Sommeraster), *Chrysanthemum* (Wucherblume), *Dorotheanthus* (Mittagsblume), *Lobelia* (Lobelie), *Petunia* (Petunie), *Phlox* (einjähriger Phlox).

Die letzte Gruppe bildet die Klasse C; zu ihr gehört der größte Teil der Sommerblumen, z.B. *Cosmos* (Schmuckkörbchen oder Schöngesicht), *Impatiens* (Balsamine), *Verbena* (Verbene), *Zinnia* (Zinnie), *Tagetes* (Studentenblume), *Salvia* (Prachtsalbei) und viele andere. Schon Temperaturen wenig unter 0 °C führen zu Schädigungen. Kommen doch noch solche Frostnächte vor, so ist der beste Frostschutz das abendliche Abdecken dieser Pflanzflächen mit Zeitungspapier.

Bepflanztes Holzfaß ähnlich wie bei einer Mooswand

**Sommerliche Pflege**
Trotz aller Sorgfalt wird sich als erstes nach dem Auspflanzen das Unkraut bemerkbar machen. Hier hilft nur Durchhacken oder Durchziehen mit dem Spitzenjäter, solange die ausgepflanzten Einjahrsblumen noch klein sind. Dadurch wird gleichzeitig der Boden gelockert und gelüftet.

Wässern ist später nicht mehr allzuoft nötig, nur während längerer Trockenperioden. Besser wenige Male kräftig wässern, als oft nur etwas befeuchten. Dabei sollen die Blüten sowenig Wasser wie möglich bekommen, was allerdings bei der Verwendung eines Schwenk- oder Kreiselregners nicht zu verhüten ist. Man sollte nicht gerade während der Mittagsstunden wässern!

Der Nährstoffbedarf wurde schon erwähnt. Da die Ansprüche zwischen den einzelnen Arten sehr unterschiedlich sind, kann als Faustzahl eine Volldüngergabe (mit Spurenelementen) von 50 g je $m^2$, gegeben im Frühsommer, angenommen werden. In den meisten Fällen genügt diese einmalige Gabe. Bei größerblütigen Sommerblumen möglichst laufend die welken Blüten abknipsen, das fördert den Ansatz neuer Knospen. Kleinblütige Arten können auch zurückgeschnitten werden, es entwickelt sich dann ein zweiter Blütenflor. Bekannt ist diese Methode besonders beim einjährigen Steinrich *(Lobularia maritima = Alyssum)* und bei den Lobelien.

**Pflanzenschutz**
Auch Sommerblumen sind nicht frei von Schädlingen. Während feuchter Witterungsperioden treten oft verstärkt Schnecken auf, besonders an *Tagetes*. Schadinsekten entwickeln sich dagegen bei sonnigem Wetter besser. Blattläuse lieben Astern und Zinnien, Erdflöhe besuchen besonders *Reseda, Lobularia (= Alyssum), Iberis*. Älchen finden sich bei Wicken und Stiefmütterchen. Rechtzeitige Anwendung der im Abschnitt „Pflanzenschutz“ angeführten Mittel hilft größere Schäden verhindern. Bei Anwendung während der Blütezeit darauf achten, daß das Mittel bienenungefährlich ist.

Auch pilzliche Krankheiten treten oft auf; am bekanntesten ist die Asternwelke (*Fusarium*-Welke). Hier hilft nur die Verwendung resistenter Sorten. Tritt trotzdem Asternwelke auf, so sollte man an diese Stelle mehrere Jahre keine Astern pflanzen. Mehltau an Vergißmeinnicht ist nicht selten, auch bei Wicken und Begonien kann er auftreten. Die genannten Spritzmittel anwenden. Rostpilze schädigen besonders Malven, Bartnelken, Löwenmaul. Hier werden beste Erfolge mit Saprot, Dithane Ultra oder Polyram Combi erreicht. Stehen Einjahrsblumen mehrere Jahre auf gleicher Stelle, so nimmt die Gefahr zu, daß sich Schädlinge und Pilzkrankheiten immer mehr ausbreiten. Das Desinfizieren des Bodens, z. B. mit Basamid, ist dann unerläßlich.

## Sommerblumenbeete

Gerade im Hochsommer, wenn die Stauden eine kleine Blühpause haben, steht das Sommerblumenbeet in voller Pracht. Aber es muß unbedingt in voller Sonne und möglichst auch geschützt liegen. Die strenge geometrische Beetform sollte den Park- und Stadtgärtnern überlassen bleiben. Asymmetrische Formen wirken im Hausgarten besser. Anschließend an die Terrasse, mit einer geschwungenen Kante zur Rasenfläche, an die Südseite von Koniferengruppen oder als Verbindung zwischen Garage und Haustüre wird gepflanzt. Wieviel Pflanzenarten und -sorten in einem Hausgarten auf einem Sommerblumenbeet vereint werden sollen, hängt von der Größe der zu bepflanzenden Fläche ab – etwa zwischen fünf und fünfzehn Arten und Sorten. Ein- oder zweifarbig gehaltene Flächen wirken meist eintönig. Einjahrspflanzen, die gleich an Ort und Stelle gesät werden, bergen manches Risiko. So können zum Beispiel einzelne Sorten verspätet keimen oder gar völlig ausbleiben.

**Das bunte Teppichbeet**
Wer diese Beete mit vorkultivierten Exemplaren bepflanzt, kann dadurch eine ziemlich frühe und gleichmäßige Blüte erzielen. Vor dem Pflanzen muß, wenn alles gut harmonieren soll, ein Pflanzplan skizziert werden. Die Höhe der Pflanzung muß abgestimmt sein, die Farbzusammenstellung, und außerdem sollen nur möglichst solche Arten verwendet werden, die bis zum Frost durchblühen. Die Farben dürfen dabei nicht zu sehr durcheinandergewürfelt werden, und die einzelne Farbfläche soll nicht zu klein sein. Eine oder zwei Sorten sollen sich durch die gesamte Pflanzung fortsetzen, sie geben die Leitfarbe an. Farblich können oft die größten Fehler gemacht werden; einer der häufigsten ist das Nebeneinander von gelbstichigem Rot und blaustichigem – eine unmögliche Kombination; manch andere ist problematisch. Ideal sind goldgelbe Töne neben scharlachroten, zitronengelbe neben blauen. Wo es mit der Harmonie schwierig wird: weißblühende Sorten dazwischenpflanzen oder silberblättrige, etwa *Senecio bicolor* (= *Cineraria maritima*). Bei solchen beetartigen Som-

*Beliebte Sommerblumen sind die Mittagsblümchen mit den sukkulenten Blättern und den Blüten in vielen leuchtenden Farben. Vorkultur mit Pikieren in Torftöpfchen ist anzuraten.*

merblumenpflanzungen kann die Höhe der Arten und Sorten etwas variieren, doch darf der Unterschied nicht zu kraß sein. Was von höherem Wuchs ist, gehört in die freie Pflanzung. Meist handelt es sich bei den jetzt besprochenen Beetpflanzen um Hochzüchtungen; deshalb erhalten sie im Sommer mehrmals flüssige Volldüngergaben. Hinterher mit klarem Wasser abbrausen! Ideal für das bunte Teppichbeet sind folgende Sommerblumen: *Tagetes, Zinnia* (niedere Sorten), *Senecio bicolor* (= *Cineraria maritima*), *Salvia splendens, Ageratum, Verbena, Begonia*-Semperflorens-Hybriden, *Calceolaria, Lobelia, Sanvitalia, Antirrhinum* (niedere Sorten), *Celosia, Matricaria.*

**Freie Pflanzung**

Ähnlich wie bei Stauden ist auch bei Sommerblumen eine mehr freie Pflanzung möglich. Ein Beispiel: *Cosmos* wechseln sich ab mit *Rudbeckia, Gaillardia* und *Coreopsis,* dazwischen sind Horste von Einjahrsgräsern (s. Abschnitt „Gräser und Farne"), oder Türme von *Helianthus* (Sonnenblumen) ragen daraus hervor. Solch eine Pflanzung schließt überzüchtete, dichtgefüllte Arten aus; sie ist wesentlich höher als das Teppichbeet. Die Höhenunterschiede können ruhig schwanken, doch dürfen niedere Arten und Sorten keinen Schlagschatten von extrem hohen bekommen.

**Der Kapblumenhang**

Aus Südafrika stammt eine Reihe von Korbblütlern, mit denen man Höhepunkte in den trocken-heißen Sommergarten bringt. Ihre Beete müssen so sonnig wie möglich, am besten am Südhang, liegen. Ob dann auch der Sommer warm und regenarm wird, ist Glücksache. Die Pflanzung wird nicht über Monate gleich schön bleiben wie ein Teppichbeet. Arten wie etwa *Dimorphotheca* haben nach einem längeren Höhepunkt ihr Blütenfeuerwerk verschossen, oft hilft hier ein Rückschnitt. Andere dagegen, z. B. *Gazania,* halten mit der Blüte ziemlich gleichmäßig bis zum Frost durch. Alle, außer den Ursinien, öffnen ihre

Blüten nur bei Sonnenschein. An trüben Tagen wirkt die Pflanzung nicht. Trotzdem, wer den geeigneten Ort und Platz hat, sollte auf diese Pflanzung nicht verzichten. Wenn alle Voraussetzungen zusammentreffen, ist der Kapblumenhang einmalig schön. Die Einzelflächen müssen bei bunter Pflanzung größer sein als bei Teppichbeeten, da es sich meist um Pastelltöne handelt, die nur in Flächen wirken.
Folgende Pflanzen eignen sich dazu: *Arctotis venusta* (Bärenohr, Vorkultur unter Glas ab Ende März), *Ursinia anethoides* (Aussaat an Ort und Stelle oder bei Vorkultur sehr früh in Einzeltöpfchen pikieren), *Venidium fastuosum* und seine Hybriden (Vorkultur ab Mitte März unter Glas, ebenso wie die bekannten Gazanien). Von *Gazania* gibt es auch einige Sorten, die nur durch Stecklinge vermehrt werden können ('Kupferglut', 'Goldgelb'); auch die Hybriden zwischen *Venidium* und *Arctotis,* die unter den Namen × *Venidioarctotis* bekannt sind, können nur vegetativ vermehrt werden. Die orange *Dimorphotheca sinuata (= D. aurantiaca)* darf nicht vergessen werden (Aussaat an Ort und Stelle oder bei Vorkultur frühzeitiges Pikieren.)

*Gazanien sind dankbare Sommerblumen, die eine Vorkultur benötigen. Hier Gazania rigens.*

## Sommerblumen zwischen Stauden

### Lückenfüller in Staudenrabatten

Es ergeben sich immer wieder Möglichkeiten, Sommerblumen in Staudenbeete zu pflanzen. Auswinterungsschäden oder Kahlstellen, die durch das Entfernen von nicht harmonierenden Stauden entstehen, müssen ausgefüllt werden. Aber auch bewußt geplante Kombinationen zwischen Annuellen und Stauden sind möglich. Es eignen sich nur wenige dazu. Dicht gefüllte Hochzüchtungen harmonieren nicht mit den Stauden. Dabei ist nicht nur die Blütenfarbe, sondern auch der gesamte Pflanzenaufbau zu berücksichtigen. Eine Reihe der gut harmonierenden Pflanzen haben oft auch nahe Verwandte im Staudenreich. Gute Kombinationen ergeben: *Salvia farinacea, S. patens, S. sclarea, S. horminum, Verbena bipinnatifida, V. bonariensis, V. rigida, Dianthus chinensis, Rudbeckia hirta, R. h.* var. *pulcherrima* (in Sorten), *Lavatera trimestris, Hibiscus trionum, Cleome spinosa, Lobelia fulgens,* niedere einfache *Helianthus*-Arten, *Polygonum orientale, Eschscholzia californica,* weiße *Cosmos*-Sorten u. a. Im Staudensichtungsgarten Weihenstephan sind laufend solche Versuchspflanzungen zu besichtigen. Kräftige Pflanzen mit guten Wurzelballen sind Voraussetzung für ein zügiges Wachstum der Sonnenblumen zwischen alteingewachsenen Stauden. Ebenso ist eine schwache Volldüngernachhilfe nötig.

### Einjährige im Steingarten

Auch der Steingarten kann eine Reihe von Annuellen aufnehmen. In den meisten dieser Anlagen ist nach dem Blütenfeuerwerk im Frühling und Frühsommer nicht mehr viel los; dem helfen niedere Einjahrsblumen ab. Aussaat an Ort und Stelle im Frühling an freien Plätzen: *Lobularia maritima* var. *benthamii (= Alyssum maritimum),* in den Farben Weiß ('Schneeteppich'), Violett ('Königsteppich') und Rosa ('Rosie O' Day'), *Eschscholzia caespitosa, Portulaca grandiflora, Sedum caeruleum, Gypsophila elegans, Linum grandiflorum.* Vorkultur benötigen *Dianthus chinensis, Dorotheanthus bellidiformis (= Mesembryanthemum criniflorum), Verbena peruviana.* Vorsicht, wenn wüchsige Einjährige neben heiklen Steingartenstauden stehen! In solchen Fällen werden allzu üppige Triebe am besten zurückgeschnitten.

## Mooswand und bepflanztes Faß

### Das technische Material

Es geht darum, senkrechte Pflanzflächen und damit die Möglichkeit zu schaffen, auf kleinem Raum sehr viel unterzubringen. Besonders für Terrassen und Balkone geeignet: kahle Mauerflächen werden abgedeckt, oder die Mooswände dienen als Sichtschutz. Die Mooswand ist ein mit Draht bespanntes, rechteckiges Lattengestell; es wird mit einem Substrat gefüllt und bepflanzt. Die Länge des Gestells unterliegt keiner Beschränkung; die Höhe sollte 1,8 m nicht übersteigen, sonst wird die Pflege schwierig. Die Tiefe beträgt bei einseitiger Bepflanzung 20–25 cm, bei beidseitiger 30–35 cm. Die Lattenstärke richtet sich nach der Größe der geplanten Wand. Das Gestell muß gut genagelt und geschraubt werden, eine pflanzenverträgliche Imprägnierung erhöht die Lebensdauer. Zum Bespannen wird weitmaschiger, dünner, verzinkter Draht verwendet oder dunkelgrüner, plastikummantelter Zaundraht. Die Maschenweite des Drahtes beträgt 5–7 cm; sie sollte nicht darunter liegen, damit man auch Blumen mit Topfballen pflanzen kann. Je höher das Gestell der Mooswand ist, um so mehr Spanndrähte müssen angebracht werden, damit das Drahtgeflecht später nicht bauchig auseinandergedrückt wird. Die Drähte werden sowohl waagrecht als auch senkrecht gespannt. Das gesamte Gestell soll in einem Blech- oder Asbestzement-Untersatz stehen, damit das Gießwasser nicht wegläuft. Bastler bringen noch kleine Räder an, um die Wand fahrbar zu machen.
Ähnlich im Prinzip und praktisch eine zylindrische Mooswand ist das bepflanzte Faß: In ein altes Holzfaß werden im Abstand von etwa 15 cm Löcher von 4 cm Durchmesser gebohrt. Im Sommer soll von dem Faß selbst nicht mehr viel zu sehen sein, es ist kein dekoratives Stück, sondern Mittel zum Zweck.

### Pflanzsubstrat und Pflanzung

Ideal ist *Sphagnum* (Sumpfmoos), das auch für viele andere Zwecke vom Hobbygärtner gebraucht wird. *Sphagnum* kann ein Vielfaches seines Eigengewichtes an Wasser aufnehmen. (Beim Sammeln wird gleich alles überschüssige Wasser ausgedrückt.) Auch anderes Waldmoos, grobfaseriger Torf (Torfstreu) oder Mischungen davon können als Substrat dienen. Alle diese Stoffe sind praktisch nährstofffrei. Deshalb gibt man als Startdüngung auf 1 $dm^3$ (= 1 l) der Mooswand 1 g mineralischen Volldünger und 1 g Düngekalk (Kalziumkarbonat). Nach kräftigem Vermengen wird mild angefeuchtet und mit leichtem Druck gefüllt. Wenn gleich beim Füllen gepflanzt wird, läßt sich zwar die Verbindung zur umgehenden Erde besser herstellen, aber die Pflanze wird oft schräg nach unten gezogen, da die Füllung immer etwas absackt. Wenn in die fertige Wand gepflanzt wird, ist es besser, einige Tage zu warten, bis sich alles etwas gesetzt hat. Dann ist allerdings ein Pflanzholz nötig, und die Wurzeln müssen besonders gut angedrückt werden. Der Abstand richtet sich nach der Größe der Pflanzen, er beträgt durchschnittlich 10 – 15–20 cm.

### Geeignete Pflanzen

Pflanzen für Mooswände sollen einen kompakten Wuchs haben und Dauerblüher sein. Die Auswahl ist groß, doch empfiehlt es sich, mit nicht zu vielen Arten und Sorten zu arbeiten. Auch hier sind größere Tupfer attraktiver als kleine Farbspritzer. Hier das Spitzensortiment, das nie versagt: *Ageratum, Begonia*-Semperflorens-Hybriden, *Senecio cineraria, Cuphea, Gazania, Lobelia, Lobularia, Petunia, Sanvitalia, Tagetes.* Aber auch die folgenden können noch dazu genommen werden: *Calendula, Callistephus, Coreopsis* (niedere Sorten), *Dianthus chinensis, Godetia* (niedere Sorten), *Iberis, Impatiens balsamina, Mimulus, Nemesia, Tropaeolum* (kompakte, kugelige Sorten), *Verbena, Zinnia* (niedere Sorten). Alles sollte mit kräftigen Topfballen gepflanzt werden.

### Laufende Pflege

Anfänglich muß nach der Pflanzung etwas Sonnenschutz gegeben werden, bis die Pflanzen sich erholt haben (Schattan oder Packpapier). Da nach der Fertigstellung gründlich gegossen wurde, genügt in den ersten Wochen ein ein- bis zweimaliges Gießen; im Hochsommer müssen die Wassergaben je nach Wetter etwas gesteigert werden. Einen Monat nach dem Pflanzen bekommt die Wand erstmalig eine Volldüngerlösung (2 g/l Gießwasser). Das wird dann wöchentlich wiederholt. Verblühtes laufend auszupfen; *Lobularia* ein- bis zweimal zurückschneiden.

*Oben: Ein spätblühender, wertvoller Rittersporn ist die Sorte 'Zauberflöte' mit den großen Seitenrispen. Unten: Yucca filamentosa, die Palmlilie. Im Hintergrund Margariten ('Harry Pötschke') und Weiderich.*

## Schlinger, Topf- und Solitärpflanzen

### Einjährige Kletterpflanzen

Ob sie als Sichtschutz an der Terrasse, als Trennwand zwischen Zier- und Gemüsegarten, als berankter Maschendrahtzaun, als Schattierung an der Südseite des Kleingewächshauses oder sonstwie verwendet werden – stets bereiten die einjährigen Kletterpflanzen viel Freude. Bambusstäbe, Drahtgeflecht, Schnurrahmen oder schon vorhandene andere Pflanzen dienen ihnen als Stütze. Vorkultur benötigen: *Asarina (Maurandya) barclaiana, Cobaea scandens* (Glockenrebe), *Humulus japonicus* (Hopfen), *Eccremocarpus scaber* (Schönranke), *Thunbergia alata* (Schwarzäugige Susanne), *Ipomoea violacea (= I. tricolor)* (Prunkwinde). An Ort und Stelle werden gesät: *Lathyrus odoratus* (Wicke), *Phaseolus coccineus* (Feuerbohne) und *Tropaeolum* (Kapuzinerkresse) in Sorten. Besonders empfehlenswert sind: Wickenwand vor Kleintreibhaus als Schattierung (*Lathyrus*, Platterbse, frühzeitig in noch kalten Boden säen), die hellblaue *Ipomoea violacea* 'Heavenly Blue' als Ranker zwischen Gartenbambus, *Cobaea*, die auch ohne Stütze an rauhem Mauerwerk wächst und ungezieferresistent ist, *Thunbergia alata*, die große Steine dekorativ überwächst oder von der Trockenmauer herabhängt; schließlich muß auf die Zierkürbisse (*Cucurbita*-Hybriden) hingewiesen werden, die schnellen Ranker mit den schmückenden Früchten für herbstliche Schalen.

### Topfbepflanzung

Bei den Einjährigen gibt es eine Vielzahl von Arten, die sehr gut in Blumentöpfen gedeihen. Oft sind zu viele Pflanzen vorhanden, die nicht alle im Garten untergebracht werden können. Als kurzlebige Topfpflanze können sie noch gebraucht werden. Kleingewächshausbesitzer nehmen sie zum Ausschmücken des im Sommer oft ziemlich leeren Anzuchthäuschens. Folgende Arten wachsen und gedeihen in Tontöpfen: *Arctotis* (Bärenohr), *Asarina, Callistephus* (Sommeraster), *Campanula medium* (Marienglockenblume), *Cheiranthus* (Goldlack), *Cobaea*, niedere *Godetia* (Atlasblume), *Kochia, Lobelia, Matthiola* (Levkoje), *Mimulus* (Gauklerblume), *Myosotis* (Vergißmeinnicht) und viele andere. Die Schönheit der Blüten, besonders bei *Salpiglossis* und *Schizanthus*, sieht man erst richtig bei dieser Art der Verwendung.

Die Sommerastern *(Callistephus)* sollten erst im Mai gesät werden und in 10-cm-Töpfen gezogen werden. Die Blüte dauert dann bis zum Frost.

### Solitärpflanzen

Solitär- oder Einzelpflanzen wollen, worauf ihr Name hinweist, einzeln gestellt werden; nur so kommt ihre Schönheit, Größe und ihr Wuchs zu voller Geltung. Durch ihr rasches Wachstum werden viele Nährstoffe verbraucht; wer Prachtexemplare heranziehen will, muß für laufende Düngung sorgen. Zu den Riesen, die besonders in Siedler- und Neubaugärten gerne gezogen werden, gehört die Rizinusstaude, auch als Wunderbaum und unter der Phantasiebezeichnung „Palma Christi" bekannt *(Ricinus communis)*. Natürlich gehören auch unsere einjährigen Sonnenblumen dazu *(Helianthus annuus)*. Zur Zucht von Riesenexemplaren nur die gewöhnliche, einfache Art nehmen – Züchtungen erreichen nicht diese Höhe! Weiter gehört der Riesenhanf (*Cannabis sativa* 'Gigantea') dazu; bei guter Düngung erreicht diese Blattschmuckpflanze 3–4 m Höhe. Gute Sichtschutzpflanze! (Wer auf dumme Gedanken kommt, hat Pech: Haschisch liefert nur *C. indica*.) Anfang April direkt ins Freie säen. Stattliche Exemplare bildet der Ziermais (*Zea mays* 'Japonica') mit panaschierten Blättern; mit weiteren Arten kombiniert, können tropisch wirkende Ecken gepflanzt werden, oft richtige „Dschungel" für die Kinder. Dazu sind geeignet: *Amaranthus* (Amarant), *Hibiscus* (Eibisch), *Kochia, Malva* (Malve), *Mirabilis* (Wunderblume), *Perilla* (Schwarznessel), *Tithonia*. Wo keine Kinder spielen, können die Giftpflanzen *Solanum atropurpureum* (Nachtschatten), *Nicotiana sylvestris* (Tabak) und *Datura metel* (Stechapfel) dazu genommen werden.

## Gruppenpflanzen

### Was sind Gruppenpflanzen?

Als Gruppenpflanzen werden in der gärtnerischen Umgangssprache nichtwinterharte Stauden tropischer Gebiete bezeichnet, die bei uns wie Sommerblumen verwendet werden. Entweder erfolgt ihre Anzucht jährlich neu aus Samen, oder es werden Mutterpflanzen frostfrei überwintert, von denen ab Anfang des Jahres laufend Stecklinge geschnitten und zur Bewurzelung gebracht werden. Gewöhnlich heißt es: für den Gartenliebhaber zu schwierig heranzuziehen! Wer aber die prächtigen Gruppenpflanzen in öffentlichen Anlagen gesehen hat, will nicht darauf verzichten. Die Pflanzenbeschaffung ist bei manchen Arten schwierig, da die kommunalen Gärtnereien die Pflanzen meist nur für den Eigenbedarf selber anziehen. Einzelne Versandgärtnereien liefern seit einiger Zeit vermehrt Pflanzen. Auch das Samenangebot ist verstärkt. Es muß sehr frühzeitig gesät werden, was nur dem Kleingewächshausbesitzer ohne Schwierigkeiten gelingt.

**Verwendung**

Die Verwendung ist die gleiche wie bei den niederen Beetpflanzen, mit denen sie meist auch kombiniert werden. Auch in der Pflanzung besteht kein Unterschied. Gruppenpflanzen sollten immer mit Topfballen gepflanzt werden. Sie benötigen im verstärktem Maße viel Wärme zum guten Gedeihen. In kalten, nassen Sommern versagen sie.

**Empfehlenswertes Sortiment**

*Lantana*-Camara-Hybriden (Wandelröschen), besonders die Sorten 'Professor Raoux', 'Schloß Ortenburg', 'Maifest'. Wer Pflanzen aus Samen zieht, erhält keine einheitliche Farbe. Kalthausbesitzer können Töpfe mit kleinen Hochstämmchen ziehen. Guter Partner ist *Heliotropium arborescens* 'Marine' (Heliotrop). Auch davon können kleine Hochstämmchen gezogen werden. *Felicia*-Arten bringen mit ihren margeritenähnlichen Blüten den recht seltenen blauen Ton in den Garten; zu bekommen ist *F. amelloides. Verbena peruviana* hat sich einen festen Gartenplatz erobert, eignet sich aber weniger für strenge Rabatten. *Ageratum, Calceolaria integrifolia, Cuphea ignea, Gazania*-Hybriden und *Senecio bicolor (= S. maritima)* wurden an anderer Stelle schon genannt. Dankbar, wenn auch etwas höher wachsend, ist die Strauchmargerite, *Chrysanthemum frutescens* 'Silver Leaf' mit weißen Blüten und 'Sonnenstrahl' mit gelben. Weitere Gruppenpflanzen sind *Coleus*-Blumei-Hybriden, bekannt als Buntnessel, *Iresine lindenii* 'Minima' als rote Blattschmuckpflanze, *Pilea microphylla* für moosartige Flächen und *Calocephalus brownii* mit dem Aussehen eines silbergrauen, blattlosen Sträuchleins.

## Das Frühjahrsbeet

**Bepflanzung und Pflege**

Mit Hilfe der Zweijahrsblumen läßt sich schon eine üppige blühende Beetpflanzung im Frühling erreichen. Nach den ersten Frösten im Oktober wird das Sommerblumenbeet geräumt, gelockert, gedüngt; es wird Torf eingebracht und etwas Orthocid 50 untergeharkt. Dann folgt die Pflanzung der Frühjahrsblüher, entweder mit Torfballen – beim Islandmohn *(Papaver nudicaule)* obligatorisch! – oder mit kräftigen Ballen vom Anzuchtbeet. Gut angießen und Winterschutz durch Auflegen von Fichtenästen geben. Wer weiß, wie der Winter wird, und ungeschützte Pflanzen können vertrocknen oder so gestört werden, daß das Beet im Frühling zu spät seine volle Pracht erlangt. Nach dem Abdecken wird bei trockenem Frühlingswetter angegossen und eine flüssige Volldüngergabe gegeben. Anfang Juni wird geräumt und der Sommerflor kann gepflanzt werden.

**Geeignete Pflanzen**

Bekannt ist als Allerweltspflanze das Stiefmütterchen (*Viola*-Wittrockiana-Hybriden). Davon gibt es eine kaum überschaubare Sortenfülle. Gut sind die frühblühenden Juwariesen, Hesse's frühblühende Riesen, Riesen-Vorbote, Rogglis-Riesen u. a. Wer einfarbige Flächen wünscht, muß jährlich neuen Samen kaufen, eigene Ernte gibt eine bunte Palette oder den „Streuzucker-Effekt". Aussaat Anfang bis Mitte Juli in sterile Erde. Den Samen nur dünn mit Erde bedecken. Bis zur Keimung schattieren (Dunkelkeimer). Es gibt wie bei vielen Sommerblumen jetzt auch pilliertes Saatgut. Das Einzelkorn ist von neutralen Stoffen ummantelt und hat dadurch einen Durchmesser von 3–3,5 mm! Das pillierte Saatgut wurde wegen der maschinellen Verarbeitung im Erwerbsgartenbau entwickelt. Es bringt aber auch dem Liebhaber Vorteile. Die verhältnismäßig großen Samen können dadurch gleichmäßig mit der Hand verteilt werden.

Genauso bekannt ist das Vergißmeinnicht, *Myosotis sylvatica.* Die Anzucht macht keine solchen Schwierigkeiten wie oft die des Stiefmütterchens. Aussaat Mitte Juli, möglichst in etwas anlehmiger Saaterde. Niedere Beetsorten sind 'Blaue Kugel' und 'Compindi'. Das Gartengänseblümchen, auch Maßliebchen genannt *(Bellis perennis),* gibt es mit rötlichen kompakten Blüten wie 'Pomponette' oder mit Riesenblüten wie 'Monstrosa' und 'Supper Enorma'. Juli-Aussaat ist nicht schwierig, besonders hier auf Winterschutz achten. Zu wenig verwendet werden der orange Sibirische Goldlack, *Erysimum × allionii* (= *Cheiranthus allionii*), mit kraftvoll leuchtenden Blüten, und der Islandmohn, *Papaver nudicaule,* dessen neue, kompaktere Sorte 'Gartenzwerg' viel mehr beachtet werden sollte.

*Sommerliche Staudenpracht. Seite 116 oben: Phloxblüte. Von links nach rechts ein rotvioletter Zufallssämling, die Sorten 'Starfire' und 'Bayreuther Sommer'; rechts die Hemerocallis-Sorte 'Charlemagne'. Unten: Die Standardsorten des Sommerphloxes 'Württembergia' (rosa, niedrig) und 'Landhochzeit' (rosa, hoch). Dazu Heliopsis 'Sonnenschild', Achillea 'Neugold', Phlox-Paniculata-Hybride 'Mia Ruys'; dazwischen duftiger, gelbgrüner Dill, ein Flüchtling des Gewürzbeets. Seite 117: Neue Tagliliensorten aus den USA. Oben links: 'Best of Luck'. Oben rechts: 'Persian Garden'. Mitte links: 'Rocky Ford', Mitte rechts: 'Charlemagne'. Unten rechts: 'Terpsichore'. Jährlich erreichen uns neue, noch bessere Sorten mit noch schöneren Blüten – wahre Gartenedelsteine.*

# Beetstauden und Wildstauden

## Anlagen mit Beetstauden

### Was sind Stauden?

In Süddeutschland werden Sträucher oft als Stauden bezeichnet; das führt zu Begriffsverwirrungen. Stauden sind mehrjährige, krautige Pflanzen, deren oberirdische Triebe in jedem Herbst absterben, während die Wurzeln mit den knapp über oder unter der Erde liegenden Knospen überwintern. Und wieder gibt es Ausnahmen: eine Reihe von Stauden behält die grünen Blätter – meist sind es Polsterpflanzen wie *Arabis, Aubrieta* u. a. Manche Stauden bilden auch schon den Übergang zu den Gehölzen (*Iberis, Helianthemum, Vinca* usw.). Stauden gibt es für den tiefsten Schatten, für heiße, trockene Plätze genauso wie für Sumpf und Wasser.

### Das Alter

Stauden sind ausdauernd; manche können sogar während eines Menschenlebens unverpflanzt am gleichen Platz stehen – manche, aber nicht alle! Bei den Zweijahrspflanzen wurde von Halbstauden gesprochen. Kurzlebige Stauden verschwinden nach zwei bis drei Jahren, wie *Anthemis tinctoria, Campanula persicifolia, Chrysanthemum*-Maximum-Sorten. Oft kann geteilt und in neuen Boden ausgepflanzt werden – so bleibt die Pflanze erhalten. Das sollte man besonders bei den Sommermargariten *(Chrysanthemum maximum)* nicht vergessen. Andere, wie *Verbascum, Delphinium grandiflorum (= D. g.* var. *chinense), Anchusa italica,* sterben dann auf alle Fälle; doch dank der leichten Vermehrung durch Samen ist stets für genügend Jungpflanzen gesorgt.

Andererseits gibt es Stauden, die am gleichen Platz verbleiben und dabei uralt werden können, wie Pfingstrosen (*Paeonia officinalis* und *P.*-Lactiflora-Hybriden), Silberkerze *(Cimicifuga),* Funkie (*Hosta*-Arten und -sorten), Christrosen *(Helleborus)* u. a. Ein großer Teil freilich erschöpft sich nach vier bis sechs Jahren; das gilt besonders für hochgezüchtete Beetstauden. Es tritt „Bodenmüdigkeit" auf. Die Pflanzen müssen aufgenommen, geteilt und wieder in frischen Boden gepflanzt werden. Bodenmüdigkeit entsteht durch Zusammenwirkung verschiedener Ursachen, wie einseitiger Nährstoffentzug, Wurzelausscheidungen und eigene Verwesungsprodukte. Besonders die Glattblattastern *(Aster novi-belgii),* Rittersporn (*Delphinium* in Sorten), Sommerphlox (*Phlox*-Paniculata-Hybriden) und Sonnenbraut (*Helenium* in Sorten) zeigen diese „Müdigkeit". Bei den genannten uralt werdenden Pflanzen tritt diese Erscheinung nicht auf.

### Beetstauden

Beet- oder Rabattenstauden sind meist züchterisch stark bearbeitet und stellen hohe Pflegeansprüche. Natürlich gibt es auch hier Ausnahmen, die züchterisch wenig beeinflußt sind, aber ebenfalls viel Pflege brauchen. Im Gegensatz dazu stehen einheimische oder fremde Wildstauden, die ohne viel Aufwand gedeihen. Die Beetstauden haben meist größere und auffallendere Blüten, deshalb heißen sie auch Prachtstauden. Mit ihnen werden oft breite Beetstreifen bepflanzt, „Rabatten". Der Hobbygärtner muß sich dabei im klaren sein, daß es schwierig ist, eine gute Pflanzung zu gestalten, daß eine Staudenrabatte auch Pflege braucht und daß es keine dauerblühenden Anlagen gibt, ähnlich dem Teppichbeet bei den Sommerblumen.

### Beetstaudenpflanzung

Bei der Planung einer Rabatte müssen drei Faktoren berücksichtigt werden: Höhe, Blütenfarben, Blütezeit. Es gibt, wie erwähnt, kein dauerblühendes Staudenbeet. Etwas kann immer blühen, aber eben nicht die gesamte Anlage über einen längeren Zeitraum. Deshalb Blütenschwerpunkte bei der Planung bilden. Eine lebendige, harmonische Wirkung entsteht, wenn etwa immer drei farblich zueinander passende Arten oder drei verschiedenfarbige Sorten einer Art gleichzeitig blühen. Es soll nicht zu viel durcheinanderstehen und nicht in zu kleinen Flächen, deshalb von jeder Dreierkombination mehrere Stück zusammenpflanzen. Auf Farbenharmonie muß sehr geachtet werden. Das alles verbindende Weiß dabei nicht vergessen. Die Höhe der Einzelpflanzen muß zur Nachbarstaude gut harmonieren. Es soll weder alles gleichhoch sein, noch soll eine schiefe Ebene (mit den

niedersten Stauden vorne und den höchsten hinten) entstehen. Der Beschattung wegen kommen die höheren Pflanzen selbstverständlich mehr an die Rückseite oder bei Süd-Nord-Richtung mehr in die Mitte. Aber auch niedere Gruppen sollten hin und wieder von höheren unterbrochen werden. Nichts darf starr werden.
Schmale Beetstreifen kommen nicht zur Wirkung, die Mindestbreite ist 2 m. Nur wenn es sich durchweg um halbhohe Stauden handelt, kann die Rabatte etwas schmaler sein. Nach Gefühl pflanzen bringt nichts, alles muß vorher aufskizziert werden. Wie bei den Sommerblumen arbeitet man auch bei den Stauden mit Leitpflanzen: eine oder mehrere Staudenarten wiederholen sich rhythmisch. Hinsichtlich der Länge der Beete gibt es keine Beschränkungen.

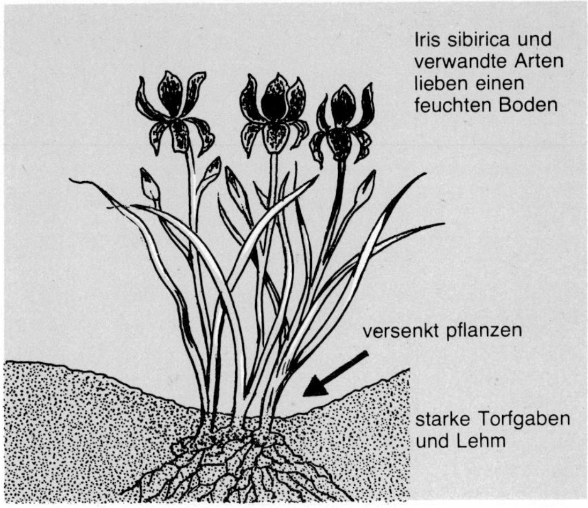


## Pflanzung und Pflege von Beetstauden

### Vorbereitung des Pflanzplatzes

Stauden benötigen einen gründlichst vorbereiteten Boden. Sie stehen nicht nur eine Vegetationsperiode auf diesem Beet wie Sommerblumen und Gemüse, sie sind oft für viele Jahre an diesen Platz gebunden. Dies trifft besonders für die anspruchsvolleren, hochgezüchteten Beetstauden zu. Je schwerer der Boden ist, um so tiefer muß er gelockert werden – etwa zwei Spaten tief, dabei soll aber die untere Schicht keinesfalls an die Oberfläche kommen. Die Muttererde wird mit Kompost und angefeuchtetem Torf angereichert, bei sehr schwerem Boden auch mit etwas Fluß- oder gewaschenen Kiessand. In extremen Fällen kann auch Styromull eingebracht werden, doch sollte aus

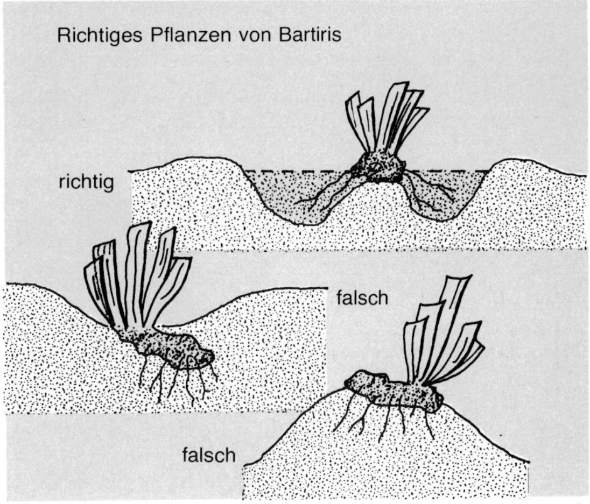


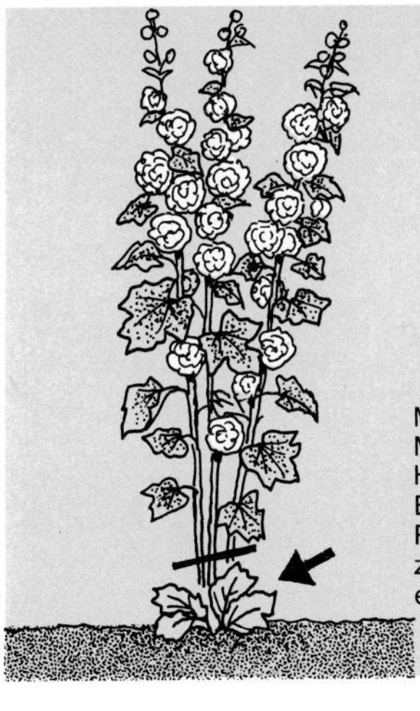

Malven, Kokardenblumen, Mädchenaugen und andere Halbstauden nicht bis zur Erschöpfung blühen lassen. Rechtzeitig im September zurückschneiden, damit sich ein neuer Basistrieb bildet

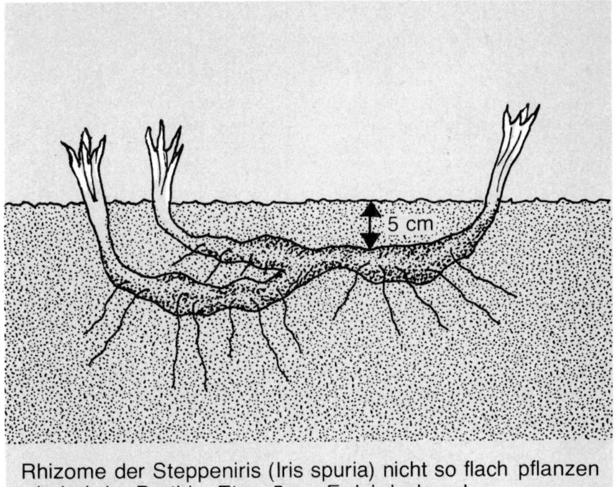


Rhizome der Steppeniris (Iris spuria) nicht so flach pflanzen wie bei der Bartiris. Etwa 5 cm Erdabdeckung!

*Kaum eine andere Gartenpflanze zeigt eine solche Blütenvielfalt und hat so viele Arten für die verschiedensten Standorte wie die Iris, auch als Schwertlilie bekannt. Seite 120 oben links: Die Japaniris, Iris kaempferi Sieb., in ihrer reinen Form. Ihre Wünsche zu erfüllen ist nicht einfach. Im Sommer kann sie im niedrigen Wasser stehen, aber im Winter liebt sie es trockener. Oben rechts: Eine neue hohe Bartirissorte mit dem Namen 'Lucky Number'; auch hier ist die Züchtung im vollen Fluß. Mitte links: Eine Japaniris-Züchtung mit mehr tellerförmigen Blüten, die hübsche Pflanze heißt 'Operettenstar'. Mitte rechts die wüchsige, reichblütige Zwergiris 'Tonya' mit Azaleen. Unten links: Einen warmen Platz und Schutz vor Winternässe wünscht Iris willmottiana 'Alba' (Juno); sie hat große Zwiebeln mit fleischigen Wurzeln. Unten rechts: Reichblühende eingewachsene Bartiris-Horste am Rand einer Terrasse. Ein warmer, trockener, vollsonniger Standort ist das Ideal für eine Irispflanzung. Seite 121: Zu den beliebtesten Pflanzen für den Steingarten gehören zweifelsfrei die Enzianarten. Reichblühende Horste bilden sich bald auf anlehmigen, feuchten, nahrhaften Böden. Die Ansprüche an die Bodenreaktion reichen von sauer bis leicht alkalisch, das ist je nach Art und Sorte des Enzians verschieden. Das Bild hier zeigt eine Gentiana angustifolia-Hybride.*

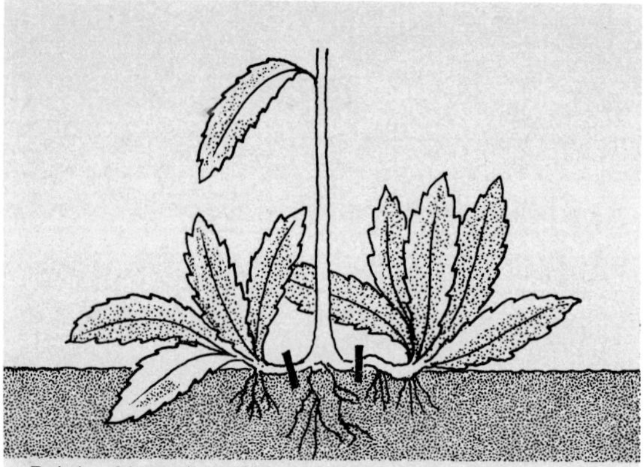

Bei den Margeriten (Chrysanthemum maximum) alle zwei Jahre Neutriebe an der Basis nach der Blüte abnehmen und neu pflanzen

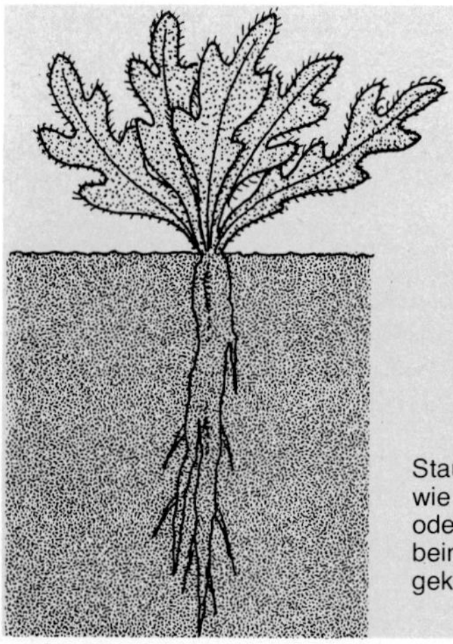

Stauden mit Pfahlwurzel, wie Orientalischer Mohn oder Königskerze, dürfen beim Pflanzen nicht eingekürzt werden

Rückschnitt von Rittersporn

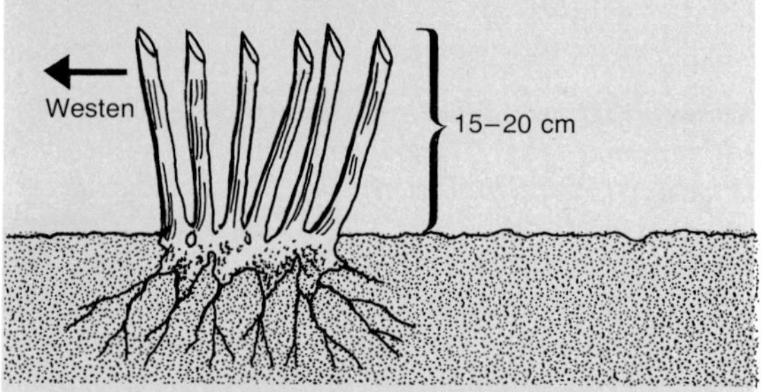


Die Höhe von 15–20 cm garantiert einen schnellen Austrieb für den zweiten Flor. Damit die hohlen Stiele nicht so schnell voll Wasser werden und faulen, schräg abschneiden, mit der höchsten Stelle nach Westen, da der Regen meist aus dieser Richtung kommt

optischen Gründen die oberste Schicht frei davon sein. Die Oberfläche wird ganz besonders mit viel Torf angereichert. Frischer Dünger sollte kurz vor der Bepflanzung nicht mehr in den Boden kommen. Außer Kompost eignen sich besonders auch pulverisierter Rinderdünger, Oscorna (auf Basis Blut-, Horn- und Knochenmehl) und Nettolin zum Einarbeiten. Mineralischer Torfdünger soll besser nach dem Pflanzen um die Stauden gegeben werden. Oder die gesamte Pflanzung wird etwa 3 cm hoch damit abgedeckt. Vor zu hohen Stickstoffgaben muß gewarnt werden. Stauden gedeihen besonders gut in abgelagerter (aber möglichst drahtwurmfreier) Rasenerde, die oft bei Neubaugrundstücken vorhanden ist (Humus vom Bauplatz). Bei breiten Rabatten, die vom Weg aus nicht bequem gepflegt werden können, werden einzelne Trittsteine eingeplant, die später, mit dem Höherwerden der Pflanzen, nicht mehr sichtbar sind. Am Schluß wird die gut durchgearbeitete Fläche glattgerecht.

**Pflanzen und Staudensichtung**

Auf die verschiedenen Bezugsmöglichkeiten wurde schon hingewiesen. Staudengärtnereien haben die größte Auswahl, und wer das Gütezeichen „Qualitätszeichen Stauden" führt (eine stilisierte Seerosenblüte im Zeichen) ist zu einer genormten, einwandfreien Qualität verpflichtet. Alle größeren Staudengärtnereien führen einen Katalog, bei denen die Ansprüche der einzelnen Arten und Sorten durch Symbole gekennzeichnet sind. Auch der Anfänger finden sich bei eingehendem Studium zurecht. Wer unsicher ist, kann die Zusammenstellung der Gärtnerei überlassen. Stauden werden im Frühling oder Herbst gepflanzt. Rechtzeitige Bestellung ist nötig. Ein Liefertermin sollte angegeben, der Gärtnerei aber auch eine Spanne von mindestens drei Wochen eingeräumt werden. Im Katalog steht zwar „Reihenfolge der Lieferung nach Auftragseingang", aber darauf läßt man sich besser nicht ein – sonst kommen Phlox und Rittersporn Mitte Mai oder Ende November an, wenn die Pflanze schon zu groß oder der Boden bereits gefroren ist. Die Pflanzen sind fachmännisch verpackt und werden meist per Eilgut versandt. Vorsicht, daß keine Etiketten durcheinandergeraten! Alle gleichen Arten zusammenlegen. Ist sofortiges Pflanzen nicht möglich, können die Neuerwerbungen ruhig einige Tage an einem kühlen Ort lagern. Der Korb, die Kiste oder der Karton muß aber auf alle Fälle sofort ausgepackt werden.

In Deutschland gibt es eine Staudensichtung. In verschiedenen Staudensichtungsgärten werden ständig die oft stark angewachsenen Staudensortimente geprüft. Überholtes wird gestrichen, und die bewährten Standardsortimente werden mit einem, zwei oder drei Sternen ausgezeichnet. Symbol für die höchste Bewertung sind drei Sterne; damit wird eine für das ganze Bundesgebiet besonders empfohlene Sorte gekennzeichnet. Diese Sichtung wird von Professor R. Hansen von der Fachhochschule Freising-Weihenstephan geleitet. Ein Besuch des Sichtungsgartens lohnt sich für jeden Staudenliebhaber, richtiger: für jeden Blumenfreund.

**Pflanzenabstand**

Eine Staudenrabatte kann im ersten Jahr nach der Pflanzung noch kein geschlossenes Bild bieten. Wer das verlangt, sollte keine Stauden pflanzen. Auch eine Qualitätsstaude hat noch keinen großen Umfang; ihr Prädikat besagt lediglich, daß sie eine gut bewurzelte, kräftige Jungstaude ist. Alte, große, überständige Teilstücke aus der Gärtnerei wachsen nicht so flott wie gute, junge Verkaufspflanzen mit etwa drei bis sechs Trieben. Bei der Neupflanzung kommen höchstens zwei bis vier höhere Beetstauden auf den Quadratmeter, von Staude zu Staude sind das etwa 60–80 cm Abstand. Auf einer Kleinstaudenrabatte mit halbhohen Stauden reichen 30–40 cm Abstand. Die stärksten Arten (Leitstauden!) werden immer zuerst gepflanzt, einzelne Trupps folgen (Herbstastern, Rittersporn, *Helenium,* Rudbeckien u. a.). Wichtig ist dabei, daß sich nichts zu starr wiederholt.

**Wie pflanzt man Stauden?**

Das beste Gerät zur Staudenpflanzung ist die Hand. Wo das Beet vorschriftsmäßig gelockert ist, bereitet die Arbeit keine Schwierigkeiten. Sonst hilft die Pflanzkelle oder der geschmiedete Handspaten. Das Pflanzloch muß tief genug sein, die Wurzeln sollen sich dabei nicht umbiegen. Überlange Wurzeln können vorher mit einem scharfen Messer gekürzt werden, nicht aber bei Pflanzen mit Pfahlwurzeln, wie Türkischer Mohn *(Papaver orientale),* Königskerze *(Verbascum),* Edeldistel *(Eryngium).* Die Erde wird von der Seite kräftig an den Wurzelballen gedrückt. Ein kaum merklicher Erdwall um die Pflanze hilft beim Angießen. Auch bei feuchtem Wetter muß angegossen werden, damit die Erde zwischen die Wurzeln kommt und ein guter Bodenschluß vorhanden ist. Abdecken mit Torf schützt vor starkem Austrocknen. Nur bei sehr warmem, trockenem Wetter muß noch mehrmals gegossen werden. In der Regel genügen die Frühlings- und Herbstniederschläge. Herrscht mehrere Tage Prallsonne, so muß etwas schattiert werden, besonders bei Einzelpflanzen, die einen welken Eindruck machen.

**Düngung und Bodenpflege**

Bald nach der Pflanzung werden Dauerunkräuter austreiben, die schon aus einem kleinen Wurzelstückchen regenerieren können. Auch einjährige Unkräuter werden durch Anflug auf das Staudenbeet gebracht, und auch sie werden aufgehen. Im Wurzelballen der von der Gärtnerei gelieferten Pflanzen kommt allerlei Unerwünschtes mit an. Wer die Unkräuter in einem Staudenbeet in diesem Zustand nicht bekämpft, wird später keine Freude mehr an seiner Staudenrabatte haben. In den ersten Wochen nach dem Pflanzen kann unbedenklich gehackt oder mit dem Spitzenjäter zwischen den Stauden durchgezogen werden, denn die Fasernwurzeln haben sich noch nicht ausgebreitet.

Im Laufe des Sommers kann eine Volldüngerlösung gegeben werden. Dabei benetzte krautige Staudenteile mit klarem Wasser nachspülen. Da die einzelnen Pflanzen noch zu klein und daher größere Abstände vorhanden sind, müssen verschiedene Arten gestützt werden; sie bilden gegen Regen, Wind und Sturm noch keine kompakte Einheit. Es gibt Staudenhalter aus Draht; oft genügen einige Bambussplittstäbe mit einer dünnen Schnur. Oberster Grundsatz: die Pflanzen sollen ihrer Wuchsform entsprechend weiterwachsen können und kein zusammengeschnürtes Bündel ergeben. Je früher die Stützen angebracht werden, um so vollkommener wird das „Korsett" überwachsen. Mit zunehmendem Alter und stärkerem Zusammenwachsen der Rabatte erübrigt sich eine Stütze. Die Staudenzüchter bemühen sich, den „Umfallern" Standfestigkeit anzuzüchten. Wenn der Boden im Sommer verdichtet ist, nochmals ganz flach hacken; zusätzlich gedüngt werden Stauden, die remontieren, d. h. nach einer Pause ein zweites oder gar drittes Mal blühen.

**Schnitt der verblühten Teile**

Verblühte Teile müssen laufend abgeschnitten werden, damit es nicht zum Samenansatz kommt. Bei den folgenden Stauden wird dadurch die weitere Blütenbildung angeregt: *Chrysanthemum maximum, Ch. coccineum, Erigeron*-Züchtungen, *Geum coccineum, Gaillardia* in Sorten, frühblühende *Helenium*-Arten, *Heliopsis,* besonders bei der Sorte 'Spitzentänzerin', *Salvia × superba.* Durch einen frühzeitigen, fingerlangen Rückschnitt eines Teils der Stiele kurz vor der Knospenbildung kann bei manchen Staudenarten die

*Steingartenpflanzen. Seite 124 oben links: Die Kuhschellen gibt es in vielen Farben, besonders aus England kommen schöne Auslesen, wie die abgebildete Pulsatilla vulgaris 'Red Forms'. Daneben gibt es hell-lila, tiefviolette, schwarzrote, weiße und sogar gelbe Arten und Sorten. Oben rechts: Eine Partnerpflanze zu den Kuhschellen ist das Adonisröschen, Adonis vernalis, mit den schönen gelben Blüten, die sich oft schon im Vorfrühling öffnen. Mitte links: Sehr groß ist die Auswahl von Geranium für den Steingarten, besonders die niedrigen Arten sind wertvoll. Das abgebildete Geranium sanguineum var. prostatum (= G. lancastriense) wird nur 10 cm hoch. Mitte rechts: Enorm reichhaltig ist die Steinbrech-Gattung. Als Königin der Steinbrecharten wird Saxifraga longifolia aus den Pyrenäen bezeichnet, deren große Rosetten auch ohne Blüte schmücken. Unten links: Verbascum dumulosum heißt diese niedrige Königskerzenart, die möglichst trocken stehen will. Unten rechts: Saxifraga × rubella gehört zu den zwergigen Steinbrecharten der Sektion Kabschia, von der Sammler etwa 200 verschiedene auf kleinsten Raum zusammentragen können. Seite 125: Alte Schätze, die in Klostergärten schon gepflegt wurden, sind die gefülltblühenden Spielarten unseres heimischen Leberblümchens. Am verbreitesten ist die rote Form. Die abgebildete blaue Form ist schon rarer, und ein Wunschtraum bleibt das gefüllte weißblühende Leberblümchen.*

*Die Alpenedeldistel, von der es auch schöne Sorten gibt, ist eine dankbare, bizarre Wildstaude.*

Blütezeit der gesamten Pflanze wesentlich verlängert werden. Die nicht geschnittenen Triebe blühen dann zur normalen Zeit, die zurückgeschnittenen vierzehn Tage bis drei Wochen später. Dieser Eingriff ist besonders erfolgreich bei Phlox, der sich sogar auf drei Blütenperioden bringen läßt, ebenso wie *Aster novibelgii, Helenium* und *Heliopsis.* Wichtig ist der Rückschnitt bei Rittersporn *(Delphinium):* Sofort nach der Blüte wird die gesamte Staude auf etwa 15–20 cm zurückgeschnitten, schräge Schnittseite nach Osten. Nach Wässern und Gabe einer Volldüngerlösung blüht die Staude im September zum zweiten Mal. Lupinen werden ebenfalls nach dem Verblühen auf die untersten Blätter zurückgeschnitten, um Nachblüten zu erhalten. Alle Halbstauden bis zur Basis zurückschneiden; sie kommen dadurch über eine weitere Vegetationsperiode, so *Coreopsis* und *Gaillardia.* Anfang September kräftig zurückschneiden, sonst blühen sie sich zu Tode. Nicht ganz standfeste höhere Stauden können beim Austrieb in einer Höhe von etwa 25 cm um 10 cm gekürzt werden. Diese Pflanzen sind zur Blütezeit, die sich um drei Wochen verzögert, etwas gedrungener und wesentlich standfester. Auch abgeblühte Stauden, bei denen keine zweite Blüte zu erhalten ist, werden zurückgeschnitten. Oft ist die zweite Blüte aus den Achseln der Stengelblätter unscheinbar, wie bei *Lychnis chalcedonica* (Brennende Liebe) und bei den *Solidago*-Sorten (Goldrute).

**Winterschutz**

Selbst sogenannte winterharte Stauden sind in manchen strengen Wintern doch in Gefahr. Bester Schutz sind einige Fichtenreiser, die vor allem vor der Wintersonne schützen. Die Fackellilie *(Kniphofia)* gehört dazu. Etwas Torf um die Pflanze streuen und mit einem Stück Dachpappe gegen Regen schützen. Das Ganze mit Koniferenästen überdecken. Ähnlich ist es bei den Inkalilien *(Alstroemeria).* Die immergrünen Blätter der Palmlilie *(Yucca)* werden oben mit einer Schnur zusammengebunden und mit Ästen geschützt. Die Herbstanemonen brauchen leichten Torfmullschutz. Die anderen Großstauden leiden nur hin und wieder in extrem kalten Wintern; es brauchen keine Schutzmaßnahmen getroffen zu werden, außer es handelt sich um stark geneigte Südlagen.

#### Pflanzenschutz

Bei entsprechender Bodenvorbereitung, bei guter, aber nicht übermäßiger Nährstoffzufuhr und richtiger Platzwahl werden sich kräftige, gegen Schädlinge widerstandsfähige Stauden entwickeln. Kümmerlinge werden von ihnen schneller befallen. Auch der Verlauf des Wetters spielt dabei eine Rolle; Kalküberschuß, Mangel an bestimmten Spurenelementen und stauende Nässe begünstigen einen Krankheitsbefall.

Von Älchen heimgesucht werden besonders *Phlox, Aster novi-belgii.* Echter Mehltau findet sich an *Chrysanthemum maximum, Helenium, Helianthus, Delphinium, Rudbeckia, Lupinus, Solidago, Aster novi-belgii.* Rost kommt bei *Alcea (= Althaea), Chrysanthemum, Geranium, Paeonia* vor. Bekämpfung mit dem im allgemeinen Abschnitt „Pflanzenschutz" genannten Mittel. Entsprechendes gilt für die Schadinsekten. Wer immer mit offenen Augen durch den Garten geht und vorbeugend oder zu Beginn des Befalls spritzt, wird den besten Erfolg haben.

## Benachbarung

#### Farbwirkung

Ein Staudenbeet wird vornehmlich nach der Farbharmonie beurteilt. Hier zeigt sich der Könner. Ein blauroter *Phlox* neben einem orangeroten kann die ganze Pflanzung optisch zerstören. Überhaupt sind blaurote Töne immer ein Risiko – Weiß macht das Blaurot verträglicher. Zitronengelb und Blau, Goldgelb und Rot, Lila und Weiß harmonieren gut. Schwieriger wird es, dazu den dritten Farbton zu finden. Idealgruppen sind *Delphinium* 'Sommernachtstraum', *Heliopsis* 'Spitzentänzerin' und *Lychnis chalcedonica.* Oder die *Delphinium*-Hybride aus der Belladonna-Gruppe, 'Völkerfrieden', *Achillea* 'Neugold' und *Chrysanthemum maximum* 'Harry Pötschke'. Oder im Herbst *Aster novae-angliae* 'Rosa Sieger', *Aster novi-belgii* 'Dauerblau' und *Rudbeckia laciniata* 'Goldquelle'. Bei *Phlox* gibt es so viele Farbvarianten, daß man unter ihnen allein schon „Dreiklang-Kombinationen" machen kann; genauso ist es bei den hohen Bartiris. Nur: mit solchen Kombinationen kann man auch einmal Pech haben: da blühen sie fünf Jahre lang zusammen – und im sechsten Jahr hinkt einer nach, hält ohne ersichtlichen Grund den Blühtermin nicht ein.

Wichtig ist es, möglichst viele Langblüher in die Rabatte einzubauen, wie *Achillea, Anthemis tinctoria* 'Grallagh Gold', *Chrysanthemum maximum, Coreopsis, Erigeron, Gaillardia, Heliopsis, Lavatera thuringiaca, Lythrum, Rudbeckia fulgida* var. *sullivantii* 'Goldsturm', *Salvia superba* 'Mainacht' und 'Ostfriesland', *Scabiosa caucasica, Hemerocallis.* Bei den Großstaudensortimenten gibt es Arten, die besonders früh oder spät blühen; mit ihnen kann die Gesamtblütezeit einzelner Arten ebenfalls verlängert werden.

#### Frühsommerblüher in der Rabatte

Gerade die frühzeitig blühenden Stauden *Chrysanthemum coccineum, Lupinus*-Hybriden und *Papaver*

*Kokardenblume, Gaillardia-Hybride 'Kobold'.*

*Einfache Sonnenaugen-Sorte, Heliopsis 'Jupiter'.*

*Steingartenausschnitt im Juni. Wenn die Zeit der leuchtendbunten Frühlingspolsterpflanzen vorbei ist, beginnt die Periode der stilleren Steingartenpflanzen, die auf andere Weise, z. B. durch dezente Färbung und durch Schönheit der Formen und Linien bezaubern. Das sind Pflanzen und Pflanzungen, für die in der Regel erst der fortgeschrittene Gartenfreund etwas übrig hat. Dazu gehört schon einiges Können. In der Mitte die niedrige Karpatenglockenblume, Campanula carpatica var. turbinata, im Vordergrund links das gelbblühende Johanniskraut, rechts davon zwei Fetthennenarten, Sedum oreganum und Sedum sexangulare, und eine rosa Veronica. Die bunten Festuca- und Carex-Arten vervollständigen das Bild.*

*orientale* machen in der Rabatte einigen Kummer, da sie schon bald „einziehen". Die Blätter werden gelb, sie verwelken, und im Hochsommer ist nur noch ein kahler Fleck vorhanden. Aber wer will auf die bunten Margeriten, die Lupinen und den Türkenmohn verzichten? Hauptregel: nie in den Vordergrund, sondern in den Hintergrund der Rabatten pflanzen oder mit anderen Pflanzen benachbarn, die sich erst spät im Sommer ausdehnen. Zur Blütezeit sind alle umgebenden Stauden noch niedrig. Später verdecken sie die unschönen Flecke. Herbstblühende Stauden wie Astern und Rudbeckien gehören immer in den Vordergrund, die höheren Herbstastern allerdings nicht, da ihre Blätter an den unteren Teilen der Stiele zur Blütezeit oft schon verwelkt sind und entsprechender Abdeckung durch halbhohe Stauden bedürfen.

## Wildstauden

### Pflanzung und Pflege

Als Wildstauden werden diejenigen Arten bezeichnet, die züchterisch nicht oder nur wenig bearbeitet wurden, die auch in Gestalt und Blüte ihren natürlichen Charakter erhalten haben. Etliche von ihnen können sowohl einer Prachtstaudenrabatte als auch einer Wildstaudenpflanzung zugeordnet werden, wie etwa die Sorten von *Salvia × superba* und *Achillea.* Helfen Gehölze im Hintergrund von Beetstauden schon den Gesamteindruck zu steigern, so ist dies bei den Wildstauden in vermehrtem Maß der Fall. Staudengräser dürfen dabei nicht fehlen. Das Auf und Ab durch den Wechsel von niederen Stauden zu höheren wird hier stärker betont. Größere Trupps gleicher Art werden plötzlich von Einzelpflanzen überragt *(Verbascum, Eremurus, Digitalis).* Mit Wildstauden können nicht so viele Fehler gemacht werden wie mit Beetstauden. Wildstauden wirken in erster Linie durch ihre Gestalt, weniger durch die Farbe. Ihre Ansprüche an den Boden sind anders geartet; mit Düngung muß sehr sparsam umgegangen werden. Wichtig ist bei ihnen aber die Unkrautbekämpfung. Viele Gartenfreunde unterlassen den Rückschnitt unmittelbar nach dem Verblühen ganz bewußt; sie wollen sich auch an den schönen Fruchtständen erfreuen. Wo eine Pflanze sich nicht durch Selbstaussaat ins Uferlose verbreiten soll, muß der Fruchtstand rechtzeitig abgenommen werden.
Aus der Sichtung der Nichtstauden ist folgende Bewertung hervorgegangen: W = wertvolle Wildstaude, w = Ergänzungsstaude, Li = Liebhaberstaude.

### Pflanzung vor Gehölzen

Bei Gehölzvorpflanzungen durch Wildstauden soll die Trennung Stauden – Gehölze nicht geradlinig sein, sondern sich ineinander verzahnen. Niedere Sträucher, wie die dankbaren *Potentilla*-Arten, stoßen in den Staudenbereich vor, und Stauden füllen Einbuchtungen im Gehölzstreifen. Dadurch ergeben sich auch ziemlich absonnige Plätze, die gut von den *Ligularia*-Arten ausgefüllt werden können. Für eine solche Pflanzung empfehlen sich *Hemerocallis minor, Veronica virginica (= Leptandra virginica), Lysimachia punctata, Polemonium caeruleum, Ranunculus acris* 'Multiplex', *Filipendula ulmaria* 'Plena', *Lysimachia clethroides, Veronica longifolia* 'Blauriesin' und 'Blaubündel', *Coreopsis tripteris, Chrysanthemum serotinum, Lythrum virgatum* 'Rose Queen' und 'Augenweide', *Physostegia virginiana, Rudbekkia laciniata* (nicht die gefüllte Sorte!), *Inula magnifica, Lavatera thuringiaca* u.a. Zwischen einer Gehölzpflanzung dieser Art sind die besten Standorte für Narzissentrupps. Der Boden darf für diese Pflanzung nie zu trocken sein.

### Sonnenhang

Auch großere Hänge und Böschungen in voller Sonne, die nicht zu steil ansteigen, sind ein guter und zudem wirkungsvoller Standort für Wildstauden – vorausgesetzt, daß diese Trockenheit vertragen. Dasselbe gilt für einige Halbsträucher, wie *Santolina chamaecyparissus, Perovskia abrotanoides, Lavandula angustifolia.* Mehr flächig werden gepflanzt: *Nepeta × faassenii, Anaphalis triplinervis, Achillea tomentosa, Artemisia stelleriana, Stachys olympica (= S. lanata), Veronica incana.* Aus diesem Teppich erheben sich Trupps höherer Stauden wie *Dictamnus albus, Asphodeline lutea, Salvia nemorosa, Liatris spicata, Centaurea glastifolia, Phlomis samia, Achillea* 'Neugold' und 'Coronation Gold', *Eryngium*-Arten, *Sedum spectabilis* in Sorten. Dazwischen nicht mit Gräsern sparen, wie *Helictotrichon sempervirens (= Avena sempervirens), Festuca mairei, Pennisetum alopecuroides = P. compressum)* 'Hameln', *Stipa barbata St. gigantea, St. pennata, Calamagrostis × acutiflora* (= *C. epigejos*), *Panicum virgatum.* Auch niedere Gräserflächen aus *Festuca*-Arten können in die Pflanzung eingegliedert werden. Daraus sollten im Frühling Wildtulpen blühen und einzelne Laucharten, deren Blütenstand oft bis zum Herbst schmükkend ist. An Zwergsträuchern bieten sich *Potentilla* an. *Verbascum chaixii, V. nigrum* und *Eremurus* ragen hoch in den Himmel.

### Distelpflanzung

Der Laie wundert sich, doch ist es so: mit Disteln lassen sich ausgesprochen reizvolle Gartenpartien gestalten. Sie müssen nur volle Sonne haben; wenn möglich, sollen die künftigen Distelflächen erhöht liegen und eine gute Dränage aufweisen. Diese Bedingungen werden oft genug bei Neubauten erfüllt, wenn es heißt: wohin mit dem Bauschutt? Der Schutt wird auf einen Haufen gekarrt, mit einer etwa 25 cm starken Schicht durchlässiger Erde bedeckt und bildet nun den Kern einer Distelpflanzung. Die Dränage kann auch aus groben Styroporflocken oder Blähton bestehen. Zuerst wird die Rieseneselsdistel *(Onopordum acanthium)* in wenigen Exemplaren gepflanzt, zwei bis drei genügen auf 25 $m^2$. Diese bizarre, silberbehaarte Pflanze erreicht zur Blüte eine Höhe bis 2,5 m; sie ist nur zweijährig, doch einmal angesiedelt, finden sich immer wieder Jungpflanzen auf dem Kompost. Es folgen einige Exemplare der Kugeldistel. Empfehlenswert ist die Sorte *Echinops ritro* 'Veitch's Blue' (kompakt, standfest, Blüten in tiefem Stahlblau). Nicht so hoch, aber doch breitbuschig wird die zweijährige Edeldistel *(Eryngium giganteum)*, eine ausgezeichnete Gartenpflanze; Sämlinge zur Nachpflanzung sind immer vorhanden. Distelähnlich wirkt der hohe Akanthus *(Acanthus longifolius)*. Allerdings: wo er einmal steht, da bleibt er für immer; aus jedem Wurzelstück, das nach dem Entfernen im Boden bleibt, entwickelt sich eine Pflanze. Die bisher genannten Arten werden in Einzelexemplaren gesetzt. Zu mehreren in einem Trupp pflanzt man dagegen die Alpendistel und ihre Sorten (*Eryngium alpinum* 'Superbum', 'Opal', 'Amethyst' und *E.* × *zabelii* 'Juwel', auch die kleine *E. planum* 'Blauer Zwerg'). Als Einzelgestalten wirken *Eryngium tricuspidatum* und *Morina longifolia*. Den Untergrund für diese Pflanzung bilden verschiedene *Festuca*-Arten mit ihren verschiedenen Blau- und Silbernuancen (*F. glauca* 'Frühlingsblau', 'Bergsilber', 'Silberreiher'). Mehr ins Blaugrünliche spielen *F. ovina* 'Harz' und *F. amethystina* und ihre Sorte 'Aprilgrün'. Den Vordergrund nehmen Silber- und Golddisteln ein *(Carlina acaulis* und *C. acanthifolia)*, stets mehrere Exemplare beieinander. Dazu passen andere Stauden wie *Liatris, Verbascum, Phlomis samia, Veronica incana.* Die ganze Vielfalt der Zierlauche *(Allium)* wird dazwischengesetzt. Bis in den Herbst hinein bleibt die Wirkung dieser Pflanzung ungeschmälert erhalten. Selbstaussaat wird wegen der dekorativen Samenstände hingenommen, und mehrmaliges Jäten im kommenden Jahr wird nicht zu umgehen sein, jedoch sind zusätzliche Wassergaben auch während regenarmer Perioden nicht erforderlich.

**Bienenweide**

Der Imker wünscht in seinem Garten Zierpflanzen, die wegen ihres reichen Nektars gerne von den Bienen angeflogen werden. Alle im vorherigen Abschnitt genannten Disteln sind erstklassige Bienenfutterpflanzen. Unter den Wildstauden gibt es noch eine ganze Reihe, die für den Imker wertvoll sind: *Aconitum, Nepeta, Papaver orientale, Salvia* × *superba, Dictamnus, Centaurea montana, Buphthalmum salicifolium, Asclepias syriaca, Eremurus, Kniphofia, Polemonium, Scabiosa, Solidago, Veratrum* und viele andere.

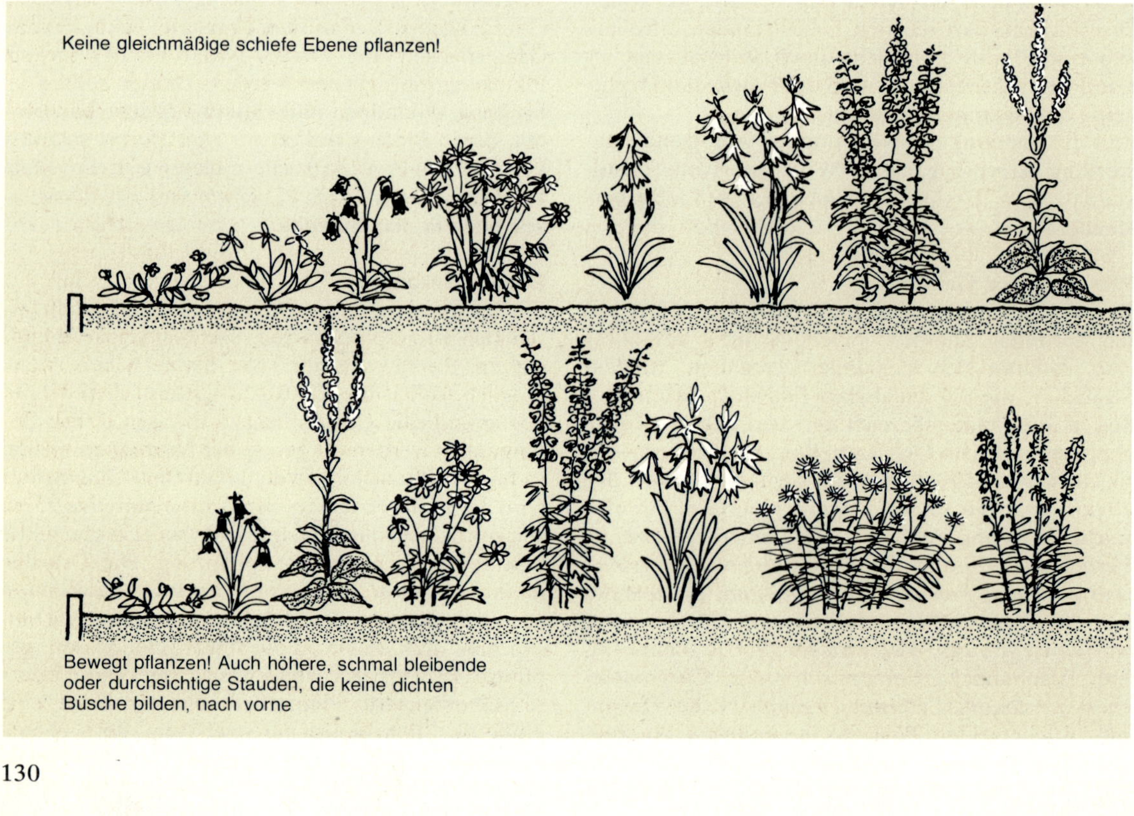

## Sondergärten

**Bartirispflanzung**
Die Hohe Bartiris steht in einer Riesenauswahl zur Verfügung. Im Garten ist sie nicht immer leicht unterzubringen, deshalb ist es für den Iris-Liebhaber lohnend, in einem vollsonnigen Teil des Gartens ein eigenes Sondergärtchen anzulegen. Lockerer, durchlässiger, nährstoffreicher (aber stickstoffarmer), kalkhaltiger Boden sagt der Iris gut zu. Leichte Hanglage ist von Vorteil. Regelmäßige Beetpflanzung ist anzuraten.

Zwergiris blühen Ende April/Anfang Mai in einer Höhe bis 25 cm. Leider haben sie meist nur zwei Blüten am Stiel. Um die Blütezeit auszunutzen, sollten trotzdem einige gepflanzt werden, wie 'Knick-Knack', 'Navy Flirt', 'Very Bright', 'Red Pixie', 'Mitternacht', 'Allotria'. Es folgen in der Blütezeit die Kleiniris (bis 40 cm hoch), die oft mehr Knospen haben; besonders empfehlenswert sind 'Cotton Blossom', 'Cherry Garden', 'Golden Fair', 'Pamela Ann', 'Royal Fairy', 'Goldhaube', 'Pagan Butterfly', 'Double Lament', 'Gingerbread Man', und 'Ziep'.

Die Media-Iris blühen Mitte Mai; sie sind bis 70 cm hoch und haben drei bis vier Blüten pro Stiel. Hübsch sind 'Curlew', 'Arctic Fancy', 'Gletscherwasser', 'Pink Roverie', 'Wow', 'Tamino', 'Blue Asterisk'.

Etwas später blühen die Border-Iris mit erhöhter Knospenzahl (fünf bis sieben). Oft blüht diese Gruppe schon mit frühen Sorten der Hohen Bartiris. Gute Border-Iris: 'Tulare', 'Fleißige Liesl', 'Lichtelfe', 'Black Forest', 'Botany Bay', 'Frenchi'.

Bei den Ende Mai bis Mitte Juni blühenden Hohen Bartiris gibt es eine ungeheure Sortenfülle, und jährlich kommen neue dazu. Außer Scharlachrot und reinem Orange sind alle Blütenfarben vertreten. Spitzensorten sind: 'One Desire', 'Ester Fay', 'Wine and Roses', 'Spring Waltz', 'Gipsy Jewels', 'Starburst', 'Honey Chiffon', 'Southern Comfort', 'Buttercup Bower', 'Sunny Splendour', 'Celestial Glory', 'Milestone', 'White Taffeta', 'Christmas Time', 'Fujis Mantle', 'Stepping Out', 'Bazaar', 'Wild Ginger', 'Babbling Brook', 'Tyrolean Blue', 'Tuxedo', 'Amethyst Flame', 'Prince Indigo', 'Glowing Tiara' und viele andere.

Bartiris werden im Gegensatz zu allen anderen Stauden im Juli/August gepflanzt. Die Rhizome müssen flach, mit dem Boden in einer Ebene liegend, in den Boden kommen. Die Wurzeln werden dabei flach ausgebreitet und nicht senkrecht in die Erde gebracht. Bei einer größeren Iris-Sammlung auf genaueste Etikettierung achten! Krankheiten rechtzeitig bekämpfen. Größere Schäden richtet die Rhizomfäule an. Durchlässiger Boden und keine Stickstoff-Überdüngung sind beste Voraussetzung für ein gesundes Wachstum. Von Rhizomfäule befallene Stellen ausschneiden und desinfizieren (z. B. mit Orthocid 50). Gegen Blattbrand (Blattdürre) mehrmals Spritzen mit Dithane Ultra (0,2%) und Haftmittelzusatz (Citowett oder Pril). Bartiris wollen möglichst frei stehen. Die Rhizome sollen nicht überwachsen werden; Kombinationen mit anderen Stauden, die im Sommer die blütenlose Zeit überbrücken sollen, sind deshalb schwierig. Gut fügen sich Liliengruppen ein oder einige *Crocosmia*-Horste. An niederen Einjahrsblumen eignen sich Portulakröschen, Mittagsblümchen und die einjährige *Lobularia (= Alyssum)* in verschiedenen Farbvarianten.

**Wildiris-Pflanzung**

Zu den Wildiris werden im allgemeinen Sprachgebrauch auch Züchtungen der bartlosen Iris gezählt. Vom Frühling bis in den Herbst läßt sich eine ununterbrochene Irisblüte erzielen. Die Ansprüche der einzelnen Gruppen müssen aber berücksichtigt werden. Besonders die Neuzüchtungen der *Iris sibirica* werden immer mehr Liebhaber finden. Sie benötigen einen feuchten, etwas humosen Boden zum besten Gedeihen. Deshalb hohe Torfmullgaben an den Pflanzplatz. Schöne Partner dazu sind die breitblättrigen *Hosta*-Arten, besonders die etwas sonnenverträglichen sind geeignet. Ein Massenblüher von *Iris sibirica* ist die Sorte 'My Love', eine neue Spitzensorte 'Cambridge'. Sammler können ohne Mühe hundert Sorten zusammentragen: weiße, blaue, violette und auch blaurote Farbvarianten. Eine andere bekannte Gruppe ist die der Steppeniris (*Iris*-Spuria-Hybriden). Zu ihrer Benachbarung werden viele Gräser gebraucht, auch die Indianernesseln können dazu gepflanzt werden in weißen, rosa, roten und violetten Sorten. Bei den Spuria-Iris empfehlen sich die Sorten 'Bronce Spur', 'Cambridge Blue', 'Dutch Defiance', 'Cherokee Chief', 'Première', 'Thrush Song' und die Arten *Iris ochroleuca (= I. gigantea), I. spuria* 'Alba', *I. monnieri, I. monspur, I. crocea (= I. aurea).* Die japanischen „Schwertlilien", *I. kaempferi,* wünschen einen möglichst kalkfreien, im Sommer feuchten Boden und gehören mehr in die Nähe von natürlichen und architektonischen Wasserflächen. Es gibt über 300 *Iris*-Arten mit Hunderten von Sorten; der Sammler und Liebhaber findet innerhalb der Gesellschaft der Staudenfreunde Anregung und Rat durch den Kontakt mit Gleichgesinnten.

**Panaschierte Blätter**

Wie bei den Gehölzen gibt es auch bei Stauden die vielfältigsten Formen mit buntscheckigen oder panaschierten Blättern, die „Variegata"-Formen. Manche Liebhaber sammeln diese Formen mit Hingabe. Buntblättrige Stauden sollten aber der besseren Wirkung wegen mit grünblättrigen abwechseln.

Zu den Iris mit panaschierten Blättern gehören *Iris pallida* 'Variegata', *I. kaempferi* 'Variegata' *I. japonica* 'Variegata', *I. pseudacorus* 'Variegata' Die vielen *Hosta*-Arten mit panaschierten Blättern sind bekannt, auch die Sorten mit buntem Rand (*Hosta sieboldii = H. albo-marginata, H. crispula, H. decorata, H. undulata* 'Marginata' u. a.). Buntgescheckte Blätter haben *Ajuga reptans* 'Variegata' und 'Multicolor', ferner die Variegata-Formen von *Arabis caucasica, Astrantia maxima, Brunnera macrophylla, Geranium macrorrhizum, Pachysandra terminalis, Polygonatum japonicum, Sedum alboroseum, Veronica gentianoides, Vinca minor* (auch 'Variegata Aurea'), *V. major, Mentha gentilis* 'Aurea', *Sedum sieboldii, Salvia officinalis, Saxifraga umbrosa* ('Aureopunctata'), *Thymus × citriodorus* ('Argenteus') und andere. Die Ansprüche der einzelnen Pflanzen an Bodenfeuchtigkeit, Sonne oder Halbschatten müssen berücksichtigt werden. Nicht in jeder Staudengärtnerei sind diese Pflanzen zu erhalten, man muß also sammeln.

**Hemerocallis-Neuheiten**

Früher nur als wuchernde, anspruchslose Wildart bekannt, sind diese Stauden zu einer Attraktion für den Garten geworden. Sie lassen sich gut harmonierend noch in jedes Grundstück einfügen. Der eine oder andere Gartenliebhaber wird sich eine Sammlung dieser in vielen Farben blühenden Pflanzen anlegen. Ein in guter Dungkraft stehender, normaler Gartenboden sagt ihnen zu, wenn auch die Ansprüche gegenüber den alten Wildarten gestiegen sind. Der Name „Taglilie" ist treffend, denn jede Einzelblüte ist nur ein oder eineinhalb Tage offen. Trotzdem blühen Einzelstauden oft wochenlang, länger als Phlox oder Rittersporn. Der Platz kann sonnig oder halbschattig sein. Die Bodenreaktion und die Bodenfeuchtigkeit spielen keine große Rolle. Ab Ende Mai blühen alte Sorten und Wildarten meist in gelben oder orangegelben Blütenfarben. Die Hauptblüte der neueren Sorten liegt Anfang bis Ende Juli, je nach Gegend. Der Wurzelstock ist knollig – dahlienähnlich und leicht zu teilen. Die Hemerocallis-Fliege zerstört bei Blütebeginn einige Knospen. Diese später larvenhaltigen Teile muß man deshalb vernichten. Taglilien lassen sich in Beetstaudenrabatten oder in freie Pflanzungen einfügen. Edelste Sorten in die Nähe der Terrasse setzen.

Sehr gute Sorten sind: 'Bed of Roses', 'Sea Gold', 'Top Banana', 'Burning Daylight', 'Frances Fay', 'George Cunningham', 'Jake Russel', 'Sunday Afternoon', 'Norton Hall', 'Sail On', 'Elain Strutt' und viele andere. Jährlich kommen neue Sorten und Farbvarianten hinzu.

Gute Kombinationsmöglichkeit mit *Iris sibirica.* Die Farbpalette ist umfangreich und geht von Zitronengelb, Gelb, Orange, über Rosa, Melon, Rot, Braun, Schwarzbraun bis Lavendelblau.

**Gefüllt- und Weißblühende**

Eine weitere Sammlerleidenschaft ist das Zusammentragen gefülltblühender Stauden, die sonst eigentlich einfachblühend sind. Es gibt hier viele sel-

tene Stauden, die sich aus mittelalterlichen Klostergärten bis in die Neuzeit herübergerettet haben. Einige Stellen im Garten werden für sie reserviert, wo sie nach Größe und Ansprüchen geordnet zusammengepflanzt werden.
Samenvermehrung ist hier in den wenigsten Fällen möglich. Die Blüten sind teils steril, teils sind die Sämlinge wieder einfachblühend. Darum ist eine vegetative Vermehrung notwendig. Ob die gefüllte Blüte immer eine Verbesserung darstellt, ist Geschmackssache.
Von vielen buntblühenden Stauden kommen auch weißblühende Sorten vor. Bei vielen sind sie altbekannt und gehören zum Standardsortiment. Manche dagegen sind selten. Diese weißblühenden Sorten sollten nicht als Sammlung in eine separate Gartenecke gepflanzt werden, sondern durch Zwischenpflanzung die Wirkung der farbigen Blüten erhöhen oder nichtharmonierende miteinander verbinden.

#### Päonienecke

Das Pfingstrosensortiment ist so umfangreich, daß Freunde dieser prächtigen Pflanzen einen ganzen Gartenteil damit gestalten können. Alle Arten lieben einen etwas anlehmigen Boden. Sie werden uralt am gleichen Platz, benötigen aber zwei bis drei Jahre, bis sie nach der Pflanzung zu einer vollen Blüte kommen. Wichtig ist, daß Päonien genau so hoch gepflanzt werden, wie sie in der Gärtnerei gestanden haben. Die Knospen sitzen knapp unter der Erdoberfläche. Der Boden sollte möglichst immer mildfeucht sein, ohne daß stauende Nässe entsteht. Die Sorten von *Paeonia officinalis* lieben Humus mit etwas Kalk. Leicht saure Bodenreaktion sagt den Lactiflora-Sorten besonders zu, in kalkhaltigen Böden versagen diese aber nicht völlig. Gute Pflanzzeit ist Anfang September. In den Hintergrund kommen die hohen, verholzenden Strauchpäonien, davor die staudigen Bauernpfingstrosen und die chinesischen. Die Wildarten *Paeonia tenuifolia, P. mlokosewitschii, P. mascula (= P. corallina)* und Sorten von *P. peregrina* sollten nicht fehlen. Besonders elegant wirkt so eine Pflanzung, wenn sie nur aus Arten und Sorten mit einfachen Schalenblüten besteht. Es gibt jetzt auch ungefüllte, gelbblühende Züchtungen ('Claire de Lune'), die noch teuer sind. Das gesamte Sortiment, besonders das der Lactiflora-Sorten, ist sehr umfangreich.

## Um die Terrasse

#### Aufgelockerte Pflanzung

Eine etwas aufgelockerte Staudenpflanzung mag zum Beispiel die Terrasse mit der Rasenfläche verbinden. Hier wird der Schwerpunkt auf Wildstauden gelegt, ohne jedoch auf einzelne Beetstauden zu verzichten. Wichtig sind Langblüher wie *Achillea* 'Coronation Gold', *Salvia* × *superba* 'Ostfriesland', dazwischen kann auch einmal eine Rosengruppe stehen (einfachblühende Polyantha- oder Strauchrosen). *Potentilla*-Sträucher sind auch hier sehr wichtig wegen der langen Blütezeit. Alles wird mit hohen und niederen Gräsern aufgelockert. Im Frühling ist die Pflanzung ein idealer Ort für die vielen Wildtulpenarten.

#### Sichtschutzpflanzung

Besonders in Reihenhausgärten ist der Abstand von Terrasse zu Terrasse oft sehr gering. Eine Seite wird deshalb mit hohen Staudenarten als Sichtschutz bepflanzt. Dazu eignet sich der stark wachsende, über 2 m hoch werdende Federmohn *(Macleaya cordata)*. Ein halbiertes Kunststoffaß, worin er in die Erde eingelassen wird, bietet dem Wucherer Einhalt. Die dekorativen Blätter ergeben einen guten Sichtschutz. Eine dankbare Staude für diesen Zweck ist auch *Coreopsis tripteris;* auch hohe Staudengräser wie *Miscanthus sinensis* 'Giganteus' und 'Silberfeder' passen gut dazu.

## Staudenrabatten vor Hecken

#### Keine gegenseitige Behinderung

Bei dichter Benachbarung von Stauden und Hecken dringen die Gehölzwurzeln immer in die Staudenpflanzung ein. Das wird bei einer Neuanlage von vornherein unterbunden: die beiden Wurzelbereiche werden getrennt. Dazu werden Platten, senkrecht gestellt, bis in eine Tiefe von mindestens 40 cm eingebaut.
Ungeeignet als Einlaßmaterial sind: Holz (fault), Dachpappe (wird von starken Sträucherwurzeln durchstoßen), ebenso Styroporplatten. Empfehlenswert: Betoneinfaßplatten, Asbestzementplatten (Eternit, Fulgurit, Wannit, Frenzelit), stärkere Kunststoffplatten. Die im Handel befindlichen Rasenkantstreifen aus grünem Plastikmaterial oder aus lackiertem Aluminium sind ungeeignet wegen ihrer geringen Tiefe, außerdem läßt ihre Stabilität zu wünschen übrig. Die eingelassenen Platten haben bei exakter Verlegung einen weitern Vorteil: Gerade in

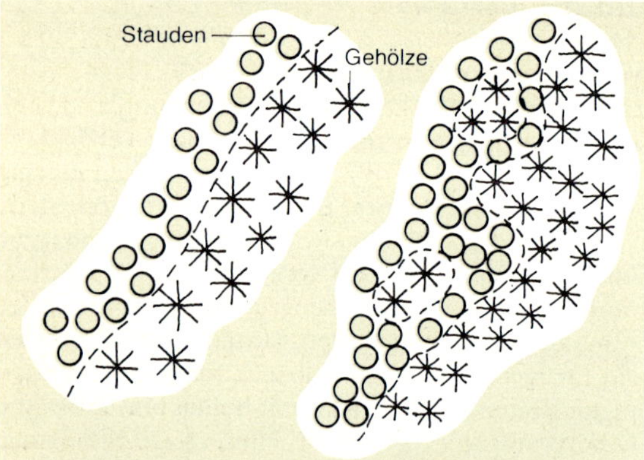


Die Grenzlinie zwischen Stauden und Gehölzen sollte nicht geradlinig verlaufen, sondern bewegt ineinander übergehen, bei Berücksichtigung der Größenverhältnisse

Hecken siedeln gerne Feld- und Wühlmäuse sowie Maulwürfe – der Staudenstreifen wird durch die Platten vor Unterminierung geschützt.

**Pflege**
Die Pflegemaßnahmen sollen ohne Behinderung durchgeführt werden können. Besonders bei geschnittenen Hecken ist ein öfteres Begehen der Grenzzone notwendig, da ja jährlich zwei- bis dreimal der Formschnitt durchgeführt werden muß. Praktisch ist ein schmaler Weg zwischen den Stauden und der Hecke; er kann, bei einer überlegten Auswahl der Stauden, während der Vegetationsperiode durchaus unsichtbar sein. Bei einer freiwachsenden Blütenhecke genügen Trittsteine in unregelmäßigen Abständen. Auch flache Natursteine können hierfür Verwendung finden. Diese Trittsteine müssen bei einer Neuanlage durch entsprechende Sandunterfütterung 8–10 cm über der Rabattenebene liegen. Der Niveau-Ausgleich erfolgt schon nach kurzer Zeit durch die Beanspruchung.

**Himmelsrichtung der Hecke**
Für die Staudenauswahl ist auch die Richtung wichtig, in der die Hecke verläuft. Stauden an der Nordseite einer Hecke werden aus einer anderen Kategorie stammen als die auf der Südseite. Für jede Richtung gibt es ein großes Pflanzensortiment; einige Beispiele machen das deutlich.

1. Stauden auf der Nordseite
einer strenggeschnittenen Hecke mit stärkerem Schatten. Die Stauden säen sich teilweise selbst aus, sind aber trotzdem pflegeleicht: *Hesperis matronalis* (Nachtviole), *Corydalis cava, C. lutea, C. ochroleuca* (Lerchensporn), verschiedene Farne, *Digitalis purpurea* (Fingerhut), starkwachsende *Epimedium*-Arten, *Hosta* in Sorten, *Cimicifuga ramosa, C. cordifolia* (Silberkerze), *Lilium auratum* und *L. speciosum* (Goldband- und Prachtlilien).

2. Stauden an der Südseite
Alle Beetstauden wie *Delphinium, Phlox, Helenium, Heliopsis, Chrysanthemum maximum, C. coccineum, Achillea, Salvia, Echinops, Rudbeckia, Aster novae-angliae, A. novi-belgii* und viele andere.

3. Für westseitige Pflanzungen
haben sich die vielen Astilbenzüchtungen bewährt: 'Cattleya', 'Fanal', 'Brautschleier', 'Serenade', 'Glut', 'Straußenfeder', 'Superba' u.a., aufgelockert durch Ziergräser und Blattschmuckstauden.

4. Die Ostseite
eignet sich besonders gut für viele Wildstauden, wie *Aconitum* (Eisenhut), *Anemone hupehensis* var. *japonica* (Japan-Anemone), *Aquilegia* (Akelei), *Aruncus dioicus* (= *A. sylvester*, Waldgeißbart) usw.

Was schon bei den Beetstauden erwähnt wurde, gilt erst recht für solche Pflanzungen an Hecken: Es darf keine „Tribüne" gepflanzt werden mit allen niederen Pflanzen vorne und den höchsten hinten an der Hecke! Die Heckenpflanzung würde von der Staudenseite her zu wenig Licht bekommen und unten verkahlen. Außerdem sieht es sehr künstlich aus. Natürlich kommt der größte Teil der höheren Stauden nach hinten auf die Hecke zu, aber höhere und niedere Pflanzen sollen sich abwechseln. Rhythmisch sich wiederholende Blütenschwerpunkte schaffen, kein Verzetteln.

*Königskerze, Verbascum bombyciferum 'Polarsommer'.*

**Freiwachsende Blütensträucher als Hintergrund**
Nicht nur auf geschickte Staudenkombinationen achten! Auch die Blütensträucher müssen bei der Gesamtkonzeption berücksichtigt werden, und dies, obwohl zur Blütezeit der meisten Sträucher noch keine Stauden blühen. Einige gute Kombinationen gibt es trotzdem. Gut harmonieren *Chaenomeles*-Hybriden (Japanische Quitte) mit *Doronicum*-Arten (Gemswurz) und *Philadelphus* (Falscher Jasmin) mit Bartiris. Freiwachsende Blütensträucher sind unterschiedlich in der Wuchskraft; sie ergeben keine schnurgerade Hecke, sondern eine lebendige Abwechslung der Formen und Wuchstypen. Wer die Endgröße der einzelnen Sträucher nicht kennt, sollte sich Solitärexemplare in der Baumschule ansehen. Bei besonders breit werdenden Arten einen angemessenen Abstand zur Staudenpflanzung einhalten.

**Geschnittene Koniferenhecke als Partner**
Diese bietet sich besonders zur Pflanzung eines heideähnlichen Streifens an unter großflächiger Verwendung von Sorten der *Erica carnea* (Schneeheide) und von *Calluna* (Besenheide, Heidekraut; braucht sauren Boden). Dazwischen kommen allerlei *Salvia*- und *Achillea-*, *Fritillaria-* und *Allium*-Arten. In der Mitte und in den Vordergrund werden einige Säulenwacholder und Latschenkiefern dazugestellt. Sie dürfen nicht zu dicht an die Eiben- oder Scheinzypressen-Hecke *(Taxus-* oder *Chamaecyparis)* heranrükken, sonst verschwinden die Konturen in der gleichen dunkelgrünen Färbung. Der fast düstere Hintergrund ist andererseits eine ideale Kulisse für viele Lilien, deren Blüte Anfang Juni mit der hellgelben *Lilium szovitsianum* beginnt und mit der rosa *L. speciosum* endet.

**Blattfärbung und Blütenstauden**
Ein stimmungsvolles Finale im Gartenjahr beschert uns eine Staudenpflanzung, die im wesentlichen auf die Herbstblüte ausgerichtet ist. An freiwachsenden Hecken steigern schön färbende Gehölze noch ihre Wirkung. Vollsonnige Lage ist Voraussetzung. Damit diese Pflanzung im Frühling nicht zu kahl wirkt, werden Tulpen- und Narzissenhorste dazwischengepflanzt; sie sind im Früh- und Hochsommer fast ausschließlich grün.
Da die herbstblühenden Stauden vom Wachstumsbeginn bis zur Blüte immer gut aussehen, nicht vergilben, nicht zurückgeschnitten werden müssen, präsentiert sich ein pflegeleichter, makelloser „Nachurlaubsgarten". Glanzlichter unter den schön färbenden Gehölzen sind *Acer ginnala, Amelanchier* (Felsenbirne), *Berberis* (Berberitze), *Cornus* (Hartriegel), *Corylopsis* (Scheinhasel), *Cotinus* (Perükkenstrauch), *Disanthus cercidifolius, Euonymus* (Pfaffenhütchen), *Parrotia persica* und viele andere. Dazu kommen in der Staudenrabatte die Herbstanemonen, *Aster amellus* (Bergaster), *A. dumosus* mit den niederen Sorten 'Wachsenburg', 'Herbstpurzel', 'Nesthäkchen', 'Professor Anton Kippenberg', 'Schneekissen'. Bei den Glattblattastern *(A. novi-belgii)* sticht besonders 'Dauerblau' hervor, bei den Rauhblattastern *(A. novae-angliae)* sind es die Sorten 'Rosa Sieger', 'Alma Pötschke', 'Andenken an Paul Gerber' und 'Septemberrubin'. Bei *A. dumosus* und *A. novi-belgii* ist eine vorbeugende Spritzung gegen Mehltau zu empfehlen. Bis zum Laubfall blühen die vielen Chrysanthemen-Sorten ('Schweizerland', 'Edelweiß', 'Ordensstern', 'Citrus', 'Fellbacher Wein', 'Mandarine', 'Gartenmeister Vegelahn' u. a.). Besonders rosa und weiße Farbsorten geben gute Kontraste zu den gelborange und rot färbenden Blattmassen der Ziersträucher.

## Der duftende Staudengarten

**Blütenduft**
Unter den Stauden gibt es eine Reihe wohlriechender Arten. Diese sollten möglichst nahe am Weg stehen, damit man von ihrem Duft auch etwas hat; deshalb werden sie auch in Terrassennähe etwas massierter gepflanzt. Oft sind es keine aufdringlichen Düfte, sondern nur edle, feine Nuancen, wie von Veilchen, *Viola odorata* (besonders gut ist die langstielige 'Königin Charlotte'), Zwiebeliris, Maiglöckchen, Alpenaurikel, Götterblume, Gänsekresse, Felsensteinkraut, Hohe Bartiris, vielen Lilien, Pfingstrosen, Phlox, Taglilien, Nelken (besonders Federnelken), Waldmeister, Schaublatt, Alpenveilchen, Diptam und noch viele andere.

**Blattduft**
Genauso groß ist die Zahl der Stauden mit duftenden Blättern; oft müssen diese erst etwas zerrieben werden. Beispiele sind: Salbei, Lavendel (Halbstrauch), Heiligenkraut, Diptam, Beifuß, Indianernessel, Zitronenmelisse, *Perovskia* (Halbstrauch), Katzenminze, *Chrysanthemum, Origanum.* Alle benötigen einen sonnigen Stand, um die ätherischen Öle bilden zu können. Der Boden kann bei den meisten ziemlich mager sein.

# Der Steingarten

## Typen und Anlage

Die Gärten werden kleiner, die Lust und Zeit zum Gärtnern hingegen nimmt zu. Da ist es ein wahres Glück, daß es Steingärten gibt und daß es immer mehr Gartenfreunde reizt, auf bescheidenem, oft kleinstem Raum ein umfangreiches Sortiment zu pflegen. Hinzu kommt – und dies ist ebenso eine Ermutigung für den Neuling wie eine Herausforderung für den „alten Hasen“: Es gibt völlig narrensichere Sortimente, und es gibt höchst schwierige, an denen gärtnerisches Können erprobt sein will.

Für alle gilt: Der Steingarten soll ein Hort niedrigbleibender Pflanzen aus den gemäßigten Zonen unserer Erde sein, und er soll, worauf sein Name ja hinweist, den Stein als wesentliches gestalterisches Element in das Gesamtbild einbeziehen. Dies wird leider nicht immer und nicht benügend beachtet; dabei spielen schöne Steine, besonders in einer Miniaturanlage, eine ganz entscheidende Rolle. Nicht von ungefähr bietet der einwandfrei angelegte Steingarten zu jeder Jahreszeit einen erfreulichen Anblick, ganz abgesehen davon, daß er wie kaum ein anderer seinen Besitzer mit dem jahreszeitlichen Rhythmus der Pflanzen vertraut macht.

Mit diesen Pflanzen, mögen sie aus den Hochgebirgen oder aus dem Tiefland stammen, lassen sich alle erdenklichen Vegetationsbilder gestalten, von der trokkensten Wüstenszenerie bis zum Miniatursumpf, von der hochalpinen Flora bis zur Schattenecke.

Diesen Pflanzengesellschaften in natürlicher Anlage steht der architektonische oder regelmäßige Steingarten gegenüber. Es gibt auch Anlagen, die eine Zwischenform darstellen, doch ist deren geschmackvolle Bepflanzung nicht immer einfach.

### Natürlicher Steingarten

Ohne die Natur bis ins einzelne zu kopieren, soll der Gesamtaufbau natürlich wirken. Das ist bei völlig flachen Gärten nicht immer einfach. Ein Erdhaufen, ohne irgendeine Verbindung zur Umgebung auf den Rasen gesetzt, ist allzu gewollt, allzu unecht. An solch schwierigen Plätzen sollte der erhöhte Teil des Steingartens sich an eine Gehölzgruppe anlehnen. Sehr oft liegt bei Neubauten die Terrasse höher als das übrige Gelände. Mit dem Erdaushub des Hauses oder einem Teil davon kann ein sanft bewegter Steingartenhang gestaltet werden. Wenn das Grundstück an einem leichten Hang liegt, wirkt die Anlage weniger künstlich. Im flachen Gelände kann auch ein kleiner mäßig geschwungener Hohlweg ausgehoben werden. Die dabei anfallenden Erdmengen häufelt man zu beiden Seiten mit leichtem Gefälle an. Bei einem natürlichen Steingarten kann vorher ein kleiner Plan mit Ausdehnung, Wegeverlauf usw. skizziert werden. Ein genauer Bepflanzungsplan ist nicht möglich.

### Architektonische Steingärten

Diese Art von Gestaltung ist besonders beliebt in unmittelbarer Anlehnung an bauliche Elemente, wie Treppen, Wege, Trockenmauern, Wasserbecken usw. Die Bepflanzung kann sehr verschieden sein. Auch hochgezüchtete Pflanzen, wie etwa die knalligen *Tulipa*-Greigii-Hybriden, die in natürlichen Anlagen stören, können hier ohne weiteres verwendet werden. Der Selbstbau eines regelmäßigen Steingartens setzt jedoch gute handwerkliche Fähigkeiten voraus, und größere Anlagen sind nicht billig.

### Klima und Lage

Obwohl es Pflanzen für jeden Ort gibt, ist eine sonnige, freie Lage für einen Steingarten günstig. Absonnige und reine Nordlagen engen den Pflanzenspielraum ein. Kleinere, absonnige und nach Nordosten oder Nordwesten geneigte Teile sind dagegen wünschenswert, um die volle Palette an Pflanzen ausschöpfen zu können. Die meisten Alpenpflanzen bevorzugen eine helle, freie Lage, doch werden häufiger Tau und hohe Luftfeuchtigkeit, wie sie in den Bergen vorherrschen, im Garten nur selten erreicht. Ein Steingartenverlauf von Nordosten nach Südwesten ist ideal. Bei reinen Südlagen verhelfen Koniferen oder größere Steine zu leichterer Beschattung, besonders in den Mittagsstunden. Leider kann sich der Gartenliebhaber sein Gelände in den wenigsten Fällen aussuchen. Darum ist es wichtig, für den vorhandenen Standort, die am besten geeigneten Pflanzen auszusuchen.

*Gut gestalteter Steingartenhang. Die Steine liegen wie in der Natur auf ihrer breiten Seite und wurden nicht wahllos verteilt, sondern stufenförmig und bandartig angeordnet. Außer den Pflanzfugen ergeben sich größere Pflanzflächen für Steingartenstauden und zwergige Gehölze.*

**Unterbau**

Jede Neuanlage hat durch die Bearbeitung einen krümeligen, lockeren Boden. Doch schon nach kurzer Zeit können Verdichtungserscheinungen auftreten, die bei längeren Regenfällen oft zu stauender Nässe und dadurch zum Eingehen empfindlicher Pflanzen führen. Deshalb sollte schon bei der Neuanlage auf einen entsprechenden Unterbau geachtet werden, der eine gute Dränage gewährleistet. Bauschutt von Neubauten kann hier nutzbringend verwendet werden. Man karrt ihn auf Haufen, wo er den Kern der Anlage bilden soll. Grober Kies, alte Ziegelsteinbrocken oder auch nur Flußsand kann ebenfalls für diesen Zweck verwendet werden. Kräfteschonend ist die Verwendung von groben Styroporflocken, doch braucht man dazu Windstille. Den nächsten Arbeitsgang, das Aufbringen der Kulturerde, erleichtert man sich mit einem Trick: ein käufliches Vogelschutzgespinst über die Flocken spannen und dann die Erde aufbringen! Gewarnt wird davor, sonstigen Schutt aus Plastik oder Metall in den Unterbau zu bringen. Bei Umbauten stößt man bei tieferen Pflanzlöchern immer wieder darauf. Das gilt übrigens auch für Styroporflocken und ist ein großer Nachteil dieses sonst so geeigneten Materials. Die Erdschicht über dem Dränagekern sollte mindestens 30–40 cm betragen.

## Trocken- oder Pflanzenmauern

**Bau**

Das wesentlichste Element des regelmäßigen Steingartens ist die Trockenmauer. Darunter versteht man Steinmauern ohne Mörtelverbindung. Die Fugen sind mit Erde gefüllt, welche bepflanzt werden können. Auch in der Natur sind oft kleine trockenmauerähnliche Partien zu finden, wie etwa die freiliegende Wand aus Schichtgestein. Für den sparsamen Gartenliebhaber kommen nur Mauern aus lagerhaften Bruchsteinen in Frage. Behauene Natursteine müssen gekauft werden und sind sehr teuer. Bis zu einer Höhe von etwa 60 cm braucht kein Fundament gebaut zu werden. Erst ab dieser Höhe wird ein etwa 30 cm starkes Fundament aus magerem Beton (B 80, neue Norm Bn 50) gebraucht. Höhere Pflanzmauern, die ein

Fundament bis in frostfreie Tiefe benötigen, sollten nicht im Eigenbau erstellt werden.
Die waagerechten Fugen bilden stets eine möglichst durchgehende Linie, die senkrechten müssen dagegen unregelmäßig verlaufen. Zwei senkrechte Fugen dürfen nie übereinanderstehen, denn sonst wird bei stärkerem Regen die Erde ausgeschwemmt, und die Mauer bricht auf. Die Pflanzmauer benötigt eine leichte Neigung nach hinten, etwa 20–30 % der Gesamthöhe. Das hat statische Gründe und dient darüber hinaus der besseren Regenwasserzufuhr an die Steingartenstauden in den Fugen. Bei schrägem Steinmaterial wird die breite Seite als Sichtseite nach vorne gesetzt und die Schmalseite nach hinten. Dadurch erhalten die Wurzeln der Fugenpflanzen einen größeren Erdbereich. Man setzt die Pflanzen am einfachsten gleich bei Errichtung der Mauer; später ist es schwieriger, gut bewurzelte Pflanzen, besonders solche mit Topfballen, in die Fugen zu „quetschen". Stets genügend Erde dazwischengeben! Selbstverständlich werden Steine nie hochkant eingesetzt. Bei Mauern bis etwa 1 m Höhe braucht auf die Stärke nicht geachtet zu werden. Bei entsprechender Auswahl werden die breiteren Steine unten verarbeitet, die schmalen mehr oben. Gut sind Bindesteine zur Verankerung. Diese einzelnen Steine sollen möglichst tief in das hintere Erdreich ragen. Daß bei einer Pflanzenmauer nur eine einheitliche Gesteinsart verwendet wird, ist wohl selbstverständlich. Bei den Mauerecken ist auf eine gute Verzahnung der beiden Mauerseiten zu achten. In niederschlagsreicheren Gegenden werden Dränagerohre aus Ton am innen-

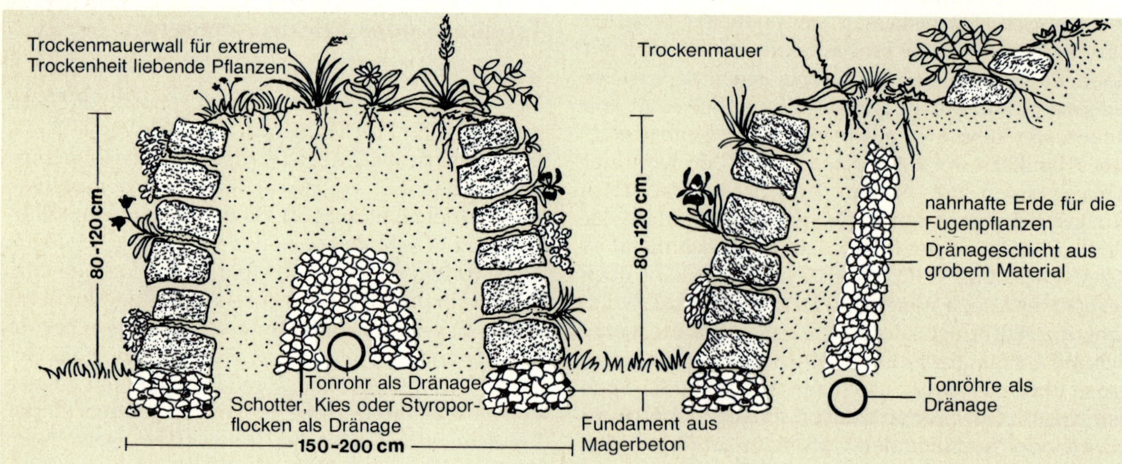

seitigen Fuß der Mauer verlegt. Von dort führt eine grobe Dränschicht aus Splitt, Kies, Schlacke oder groben Styroporflocken bis nahe an die Oberkante. Diese Schicht soll aber nicht direkt an die Mauer anschließen, sondern etwas nach hinten gezogen werden. Nach den Steinen muß erst noch eine Schicht Gartenerde kommen als Nährstoffreserve für die Fugenpflanzen. Kleine, trocken aufgeschichtete Einfaßmauern, die in den Fugen nicht bepflanzt werden, können senkrecht gebaut werden und benötigen auch die beschriebene Dränschicht nicht.

**Der Trockenmauerwall**

Im Gegensatz zu England ist hierzulande der Trokkenmauerwall noch nicht sehr verbreitet. Es handelt sich dabei um zwei am Fuß 1,5–2 m entfernte, gegenüberliegende Trockenmauern, die sich oben einander zuneigen. Die Höhe sollte etwa 80–120 cm betragen. Ins Innere dieses Walls kommen die mehrfach beschriebenen Dränmaterialien, welche in niederschlagsreichen Gegenden als „Seele" Tonröhrchen bekommen. Oben befindet sich dann eine 1–2 m breite Hochfläche, die zusätzlich zu den Mauerfugen bepflanzt werden kann. Einige schön gruppierte Steine und Zwerggehölze beleben diese Anlage. Sie kann selbst dann bepflanzt werden, wenn sie aus hartgebrannten Lochziegelsteinen errichtet wurde. Wer extrem trockenheitliebende Pflanzen in diesem Wall halten will, kann Steine aus schwarzem Schiefermaterial nehmen, falls diese preisgünstiger zu erhalten sind. Diese Steine heizen durch die Sonneneinstrahlung die gesamte Anlage noch mehr auf; außerdem werden durch die geringe Schichtstärke der Platten besonders viele Pflanzenfugen gewonnen.

**Schattige Trockenmauern**

Soll eine Mauer im Schatten nur begrünt werden, ohne ein bestimmtes Pflanzensortiment aufnehmen zu müssen, so gibt es dafür nichts Besseres als den Lerchensporn; die gelb blühende Art, *Corydalis lutea,* und die elfenbeinfarbene, *C. ochroleuca,* werden abwechselnd in Abständen von einem halben Meter gesetzt. In spätestens zwei Jahren ist, infolge von Selbstaussaat unter Mithilfe der Ameisen, nur noch ein Lerchenspornwall zu sehen. Dazwischen behaupten sich lediglich *Bergenia*-Arten. Unter den für schattige Trockenmauern geeigneten Pflanzen gibt es schwachwüchsige kleine Kostbarkeiten, die einen leicht feuchten Boden und immer etwas Aufmerksamkeit benötigen: kleine *Aquilegia*-Arten, *Arabis procurrens, A.* × *suendermannii, Bergenia crassifolia* var. *pacifica* (mit leuchtendroter Herbstfärbung),

Vier Möglichkeiten der Hohlweggestaltung zur Schaffung von bewegtem Gelände in sonst flachen Gärten

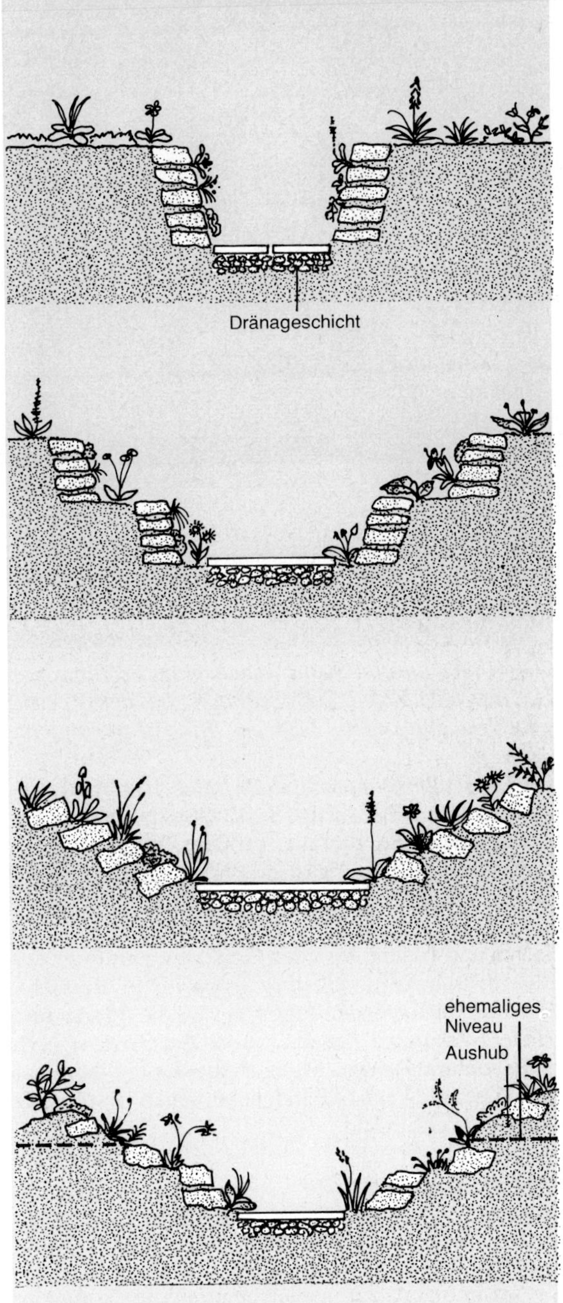

*Der Höhepunkt im Steingarten liegt im Frühling, wenn die bekannten großen, bunten Polsterpflanzen blühen. Die hier abgebildete Schleifenblume hat den Vorteil, daß sie auch im Winter durch die immergrünen Polster schmückt. Rückschnitt nach der Blüte ist zu empfehlen.*

*Chiastophyllum oppositifolium, Haberlea-* und *Ramonda-*Arten, moosartige Saxifragen (besonders *Saxifraga trifurcata,* die aber größere Polster bildet), *Matricaria oreades* (wird größer), *Wulfenia carinthiaca.* Die Pflanzen können durch Farne ergänzt werden, wie *Asplenium, Phyllitis scolopendrium* in Sorten und andere. Von den Gräsern kommt nur der Bärenfellschwingel *(Festuca scoparia)* in Betracht. Von den verholzenden Pflanzen sind die *Vinca-* und *Hedera-*Arten zu nennen, vor allem *Hedera helix* 'Conglomerata' sowie 'Minima', die sich mit ihren aus den Fugen steil aufstrebenden, hübschen Blattleitern besonders gut macht.

**Sonnige Trockenmauern**

Das zur Verfügung stehende Sortiment ist kaum überschaubar. Genannt seien nur einige solcher Pflanzen, die im Freiland einzig und allein in Trokkenmauerfugen zur vollen Entfaltung kommen: *Acantholimon-*Arten, *Asperula arcadiensis, Astragalus angustifolius, Campanula tommasiniana, Edraianthus-*Arten, *Pelargonium endlicherianum.*

## Die Erde

**Einzelerden**

Mit Erden wird oft ein wahrer Kult getrieben – für jede Pflanze eine Extramischung aus zehn Grundsubstanzen. Das schießt weit übers Ziel hinaus. Einzelerden – und auch davon nur einige – braucht allein, wer heikle Alpine und andere in der Kultur schwer zu pflegende Pflanzen halten will.

Komposterde, die im Steingarten verwendet wird, muß vollkommen verrottet sein; halbgare Erden haben hier nichts zu suchen. Einer breiten Verwendung von gedämpfter und chemisch behandelter Erde steht nichts im Wege, wenn es sich um unkomplizierte Frühlings-Polsterstauden handelt. Ist dies nicht der Fall, so sollte man die Komposterde nicht in den obersten 3 cm verwenden. Besonders langsam wachsende Zwerggehölze können mit Komposterde zu einem schnelleren Wachstum angeregt werden. Torf braucht jeder Steingärtner. Bei Neupflanzung wird er in vielen Fällen benötigt; er bewirkt eine flottere Wurzelbildung am neuen Standort; auch kann damit die Bodenreaktion beeinflußt werden. (Wichtig für Kalkflieher!) Rasenerde, besonders wenn sie drahtwürmerfrei ist, ist eine gute Komponente für viele Erdmischungen. Da vor dem Bau einer Steingartenanlage der Rasen sowieso entfernt und die Soden zur Verrottung aufgeschichtet werden, steht diese Erde meist zur Verfügung. Moorerde ist sehr humushaltig. Wegen ihrer stark sauren Reaktion ist sie zur Beimischung für extreme Kalkflieher (z.B. *Gentiana sino-ornata, Cypripedium acaule)* wichtig. Lauberde, besonders aus Buchenlaub, ist ein „Leckerbissen“ für alle humusliebenden Steingartenpflanzen. Solche aus Eichenlaub hat eine etwas saurere Reaktion und eignet sich fürs Moorbeet.

*Sphagnum,* auch als Torfmoos bekannt, wird von den Gärtnereien seit langer Zeit verwendet. Wo größere Mengen Wasser im Wurzelballen festgehalten werden sollen, ist *Sphagnum* unübertroffen. (Die Wasseraufnahme ist wesentlich größer als bei Torf!). Ein Tip: auf Sonntagsspaziergängen in Moorgebieten *Sphagnum* sammeln, ausdrücken wie einen Schwamm, zu Hause trocknen und fein zerreiben.

Lehm wird, wenn er kalkfrei ist, für verschiedene Urgesteinspflanzen benötigt. Flußsand oder gewaschener Kiessand soll frei sein von Kalk, um überall verwendet werden zu können. Kalksteinschutt, wie er bei der Verwitterung besonders von Muschelkalk oft zu finden ist, wird für kalkliebende Pflanzen zugesetzt. Styromull hat auch hier Eingang gefunden, doch in feinerer Flockung (als Dränage, zur schnelleren Bodenerwärmung und zur Lockerung). Es sollte aber nie auf der Oberfläche zu sehen sein, also immer gut abdecken! Auch gegen die Verwendung des wasserhaltenden Hygromulls bei Steingartenpflanzen kann nichts eingewendet werden, doch ist dessen weiße Farbe zu berücksichtigen. Getrockneter, pulverisierter Rinderdünger wird in einzelnen Fällen benötigt.

**Erden in der Praxis**

Der Anfänger mit seinem leicht gedeihenden Sortiment wird immer von der vorhandenen Gartenerde ausgehen, die er durch Beimischung von Sand, Torf, Kompost, Lehm usw. möglichst auf den Idealzustand hin verbessert. Die Erde soll sandig-lehmig-humos,

*Anspruchslos sind viele Fetthennenarten, hier Sedum cyaneum 'Rosenteppich', dekorativ über einen Stein hängend. Durch die einfache Stecklingsvermehrung lassen sich schnell größere Pflanzflächen schaffen.*

frei von Unkraut, möglichst neutral und leicht bearbeitbar sein. Liegt z.B. ein lehmig-steiniger Boden vor, so wird dieser durch Torf, Sand und Kompostzusatz der angestrebten Qualität näher gebracht.
Im Steingarten gibt es von Zeit zu Zeit immer Erde auszuwechseln. Der Transport mit der Schubkarre ist hier kaum möglich; bestes Transportmittel sind zwei Plastikeimer.

### Die Bodenreaktion

Da die Steingartenpflanzen aus allen möglichen Gegenden mit verschiedenem Untergrund stammen, sind die Ansprüche an die Bodenreaktion unterschiedlich. Kalkfliehende und kalkliebende Pflanzen können nicht bunt durcheinander gepflanzt werden; deshalb ist zumindest ein kalkhaltiger und ein kalkfreier Teil vorzusehen. Das bezieht sich nur auf etwa 10% der gesamten Pflanzen, die in dieser Hinsicht so heikel und anspruchsvoll sind. Die „restlichen" 90% nehmen es mit der Bodenreaktion nicht so genau. In Gegenden mit neutralen bis sauren Böden läßt sich die Erde für kalkliebende Pflanzen durch Kalkzugaben leicht verbessern. Schwierig ist es umgekehrt: Torf, Moorerde, Lauberde von Eichen, kalkfreier Flußsand müssen zugegeben werden. Gegen Chlorose hilft oft nur das schon erwähnte Fetrilon. (Vorsorgliche Beigabe zur Erde oder gelöst gießen.) Daß in Kalkgegenden das unbezahlbare weiche Regenwasser für die Kalkflieher gespeichert wird, sollte selbstverständlich sein. Wer sich mit solchen heiklen Gesellen abgibt, schaffe sich ein Bodentester-Set oder den Hellige-Pehameter an.

## Steinmaterial

### Lagergestein

Es wird auch Schicht- oder Sedimentgestein genannt und ist sehr gut für Steingärten zu gebrauchen. Der Gartenliebhaber wird in erster Linie das in der Umgebung vorkommende Gestein verwenden, aus Ersparnisgründen und wegen der besseren Anpassung: es wirkt nicht fremd im Garten. Besonders in Norddeutschland ist die Steinbeschaffung schwierig; man richtet sich nach Angebot und Preis. Die Steine sollen möglichst einheitlich sein; ein Durcheinander verschiedener Arten wirkt störend. Ausnahme: Wer in einer Kalkgegend seinen Steingarten entsprechend mit Kalksteinen aufgebaut hat, muß natürlich den Kalkfliehern in ihrer Ecke kalkfreies Gestein bieten. Als Sedimentgestein kann für Steingärten ohne Kalkflieher Muschelkalk, Kalktuffe, Cannstatter Travertin (ein härterer Kalktuff), Sandstein oder Schiefer verwendet werden.

### Einbau

Alles niedrige Schichtgestein muß waagrecht oder leicht schräg im Steingarten liegen. Aufrecht stehende Steine wirken ausgesprochen unnatürlich. Da möglichst wenig schräge Flächen vorhanden sein sollen, muß der Hang öfter von „Steinadern" aus drei oder vier aufeinandergeschichteten Steinen durchzogen werden. Man erhält dadurch Platz für Fugenpflanzen und kleine ebene Flächen. Dazwischen werden an einzelnen leichten Schrägen Einzelsteine so eingebaut, daß nur etwa ein Drittel aus dem Boden herausschaut.

### Unregelmäßige Steine

Urgestein ergibt bei der Sprengung im Bruch immer unregelmäßig geformte Brocken. Man muß oft durch längeres Probieren versuchen, die günstigste, d.h. die natürliche Lage beim Aufbau herauszufinden. Gut geeignet ist der bruchrauhe Granit, während dunkler Basalt und Porphyr sehr düster wirken. Es gibt noch allerlei unregelmäßige Konglomeratgesteine, die mehr oder weniger in einen Steingarten passen. Sie erfordern bei der Verlegung viel Fingerspitzengefühl.

### Rundes Gestein

Hierzu zählen die aus dem norddeutschen Raum bekannten Findlinge sowie Kiesel. Sie eignen sich besonders zur Charakterisierung eines trockenen Flußbettes, zur Gestaltung einer Wüstengruppe, und wirken auch in der Umgebung des Steingartensumpfes oder in formalen Anlagen mit Gräsergruppen sehr gut.

### Solitärgestein

Schöne Steine sind schönen Pflanzen ebenbürtig. Verwendet werden kann jedes Gestein, wenn es allein der Natur seine Schönheit zu verdanken hat. Solche Kostbarkeiten verdienen einen bevorzugten, im Blickpunkt liegenden Platz und die Nachbarschaft besonders dekorativer, mit dem Stein harmonierender Pflanzen; das sind vor allem Gräser, Farne oder Zwerggehölze. Leicht zu transportieren sind Tuffbrocken. Kleine Korrekturen ihrer Form kann man durch Behauen selbst vornehmen. Leider siedeln sich auf diesem besonders pflanzenverträglichen Gestein gern Lebermoose und „Halbunkräuter" wie *Cymbalaria muralis* (Zymbelkraut) an. Jurakalkblöcke mit abgerundeten und in Jahrtausenden ausgewaschenen Formen ergeben oft sehr ausdrucksvolle

Solitärgesteine. Große Findlinge wurden schon erwähnt. Granitbrocken wirken besonders interessant, wenn weiße, kristalline Quarzadern sie durchziehen. Auch von verschiedenfarbigen Adern gezeichnete Sandsteinbrocken sind schön. Für die gesamte Steinverwendung gilt: Wenige große Steine wirken besser als viele kleine. Schwere Steine auf einer Holzbohle hochziehen.

## Sonstige bauliche Anlagen

### Senkgarten

Auch im Flachland lassen sich Höhenunterschiede schaffen, um einen kleinen Steingarten zu erhalten, zum Beispiel durch die Anlage eines Senkgartens. Als Basis wird eine 2 × 2 m große (oder besser noch etwas größere) Fläche etwa 1 m tief ausgehoben. Von den unteren Enden aus wird nach außen abgeschrägt und alle anfallende Erde als Wall darum herum aufgeschüttet. Mutterboden bergen! Im Zentrum kann ein kleiner Gartensumpf oder ein Sitzplatz angelegt werden. Die schrägaufstrebenden Flächen werden am besten regelmäßig terrassenförmig gestaltet. Baumgruppen an einer Seite beleben die Anlage.

### Erdwall zwischen Reihenhausgärten

Reihenhausgärten sind normalerweise klein, und die Zahl dieser Gärten nimmt zu. Durch Absprache mit dem ebenfalls Kleinstauden liebenden Nachbarn kann an Stelle des Zaunes ein kleiner Erdwall geschüttet und mit Steinen dekorativ gestaltet werden. Jeder der beiden Grundstücksbesitzer pflanzt und hegt seine Seite.

### Steinbeet

Ein Steinbeet ist eine andere Möglichkeit, in ebenen Gärten eine kleine Steingartenanlage harmonisch unterzubringen. Es wird kein Berg auf den Rasen gesetzt, sondern nur eine etwas über dem Niveau liegende Fläche mit einer oder mehreren ganz leichten Erhebungen geschüttet. Dränage ist empfehlenswert. Ein besonders schöner Einzelstein wirkt hier sehr dekorativ. Ein großer Teil weniger emfindlicher alpiner Stauden und Zwerggehölze kann im Steinbeet verwendet werden.

### Böschungen

Bisher ungenutzte Böschungen können sich in Steingärten verwandeln. Je steiler die Böschung, um so mehr Steine müssen verwendet werden. Zur Befestigung mit genügend Zwerggehölzen bepflanzen. Wo diese Anlage ziemlich steil ist und nicht genügend Steinmaterial zur Verfügung steht, schnellwüchsige, großflächige Polsterstauden nehmen.

## Bepflanzung

### Pflanzzeit

Beste Zeit zur Anlage eines Steingartens ist der Frühling, aber auch die Herbstpflanzung ist möglich. Je mehr Steingartenpflanzen und Zwerggehölze es in Töpfen und Containern gibt, um so unabhängiger wird der Steingartenbesitzer von der Pflanzzeit. Winterharte Blumenzwiebeln können nur im Herbst gepflanzt werden, oder man bezieht Töpfe mit drei bis fünf Stück.

### Auspflanzen

Die Modellierung ist beendet, die Steine sind verlegt – es kann mit dem Pflanzen begonnen werden. Als erstes werden die Zwergsträucher und -koniferen gepflanzt. Den Pflanzplatz sorgfältig aussuchen, da diese Pflanzen sehr lange am gleichen Ort stehen und das Gesamtbild bestimmen sollen. Gehölze mit Ballen oder im Container werden an die vorgesehenen Plätze gestellt; dann wird die Anlage von verschiedenen Blickwinkeln aus kritisch überprüft. Jetzt können noch einzelne Korrekturen vorgenommen werden. Dabei das künftige Größenwachstum berücksichtigen, Pflanzenloch nicht zu klein ausheben! Ballen- und Containerpflanzen vor dem Pflanzen ins Wasser stellen und vollsaugen lassen, in die Pflanzgrube feuchten Torf geben und mit der vorhandenen Erde vermengen. Die Erde nach dem Einsetzen gut antreten, kleinen Gießrand bilden.

Nach den Gehölzen folgen die Stauden. Gruppen von gleichen Arten bilden, nicht alles durcheinandermengen. Die Ansprüche der Pflanzen hinsichtlich Besonnung, Bodenzusammensetzung, Feuchtigkeit am Pflanzplatz berücksichtigen. Auch die Steingartenstauden werden erst über die vorgesehene Pflanzfläche ausgelegt, damit die Pflanzabstände richtig eingeschätzt werden. Bestes Pflanzwerkzeug ist ein robuster, geschmiedeter Handspaten. Daß nicht in praller Sonnenhitze gepflanzt wird, ist selbstverständlich; bei Sonnenschein am besten die Abendstunden wählen.

Pflanzen aus der Gärtnerei, die im Topf geliefert werden, haben oft eine Hauptwurzel, die eng im Wasserabzugsloch sitzt. Lieber den Tontopf zerschlagen oder den Plastiktopf aufschneiden als die Wurzel abbrechen. Haben Topfballen einen dichten Wurzelfilz,

diesen vorsichtig mit einem Hölzchen lockern; das Treiben von neuen Wurzeln in dem am Pflanzplatz umgebenden Erdreich erfolgt viel schneller, als wenn man diesen kleinen Handgriff unterläßt. Nach dem Einsetzen immer kräftig angießen, auch bei Regenwetter. Die Wurzeln müssen gut eingeschlämmt werden – keine Sturzflut auf einmal, mehrmals absetzen. Bei längerer Sonnenperiode etwas schattieren.
Zuletzt werden die Blumenzwiebeln gelegt. Dies ist nur im Herbst möglich; im Frühling kann man höchstens eingetopfte Blumenzwiebeln auspflanzen. Unter lockeren Polsterpflanzen fühlen sich Blumenzwiebeln besonders wohl. Jeder Steingartenbesitzer sollte immer an einer abseitigen Stelle ein kleines Beet mit Reservepflanzen haben, um Fehlstellen ausgleichen zu können.

## Miniatursteingärten

Miniatursteingärten werden angesichts der immer kleiner werdenden Gärten bei Neubauten aktueller. Wenn entsprechend kleine Pflanzen verwendet werden, braucht man nicht auf die Vielzahl der Steingartenpflanzen zu verzichten. Solche Miniaturgärten lassen sich auf dem flachen Dach, auf dem Balkon, in Fensterkästen, in Schalen, Trögen und Kübeln, als Tischgarten und selbst in Form von bepflanzten Steinen gestalten. Leider werden die wirklichen Pflanzenzwerge meist nicht genügend herausgestellt von seiten der Gärtnereien. In oft wunderschönen alten Gefäßen sieht man die Allerwelts-Frühlings-Polsterpflanzen oder einfach Pelargonien und Petunien.

### Tröge

Die alten Schweine- und Rinderfuttertröge, schlicht behauen, sind besonders für Miniatursteingärten geeignet. Leider werden sie immer knapper. Meist sind sie aus Sandstein, der einen grünen Moosüberzug hat. Wer Gelegenheit hat, sollte zugreifen. Der sehr schwere Trog wird mittels einer Kette an den Traktor gehängt und so bis zur Gartentür geschafft; von dort wird er auf mehreren Rundeisen oder sonstigen Rollen unter Zuhilfenahme einer Brechstange bis zum vorgesehenen Platz befördert. Der Untergrund muß dabei fest sein. Erfolgt der Transport über Erdflächen, so ist eine Bohlenunterlage nötig.
Zum Eigenbau von Trögen eignen sich die sogenannten U-Steine ganz vorzüglich. Mit der Öffnung nach oben werden sie bis zur gewünschten Länge aneinandergereiht. An beiden Enden werden die Seiten einbetoniert. Wer es bequem haben möchte, setzt eine Reihe von U-Steinen mit der Öffnung nach unten darunter. Wenn die Außenseite gar zu neu und „unnatürlich" aussieht, ist dem abzuhelfen: einstreichen mit einem Brei aus frischen Kuhfladen und Lehm (1:1), der mit Wasser verdünnt ist. Etwas unästhetisch, aber wirksam: viel schneller siedeln sich nun Moose an, besonders wenn die Oberfläche nicht zu glatt ist. Innen werden die Tröge mit Styroporplatten ausgekleidet – so werden extreme Temperaturschwankungen gemildert, die in exponierten Lagen vor allem im Frühling durch starke Besonnung im Wechsel mit Nachtfrost auftreten. Die Styroporplatten gehen nicht ganz bis zur Erdoberfläche, sie bleiben unsichtbar. Jeder Troggarten muß an der tiefsten Stelle ein Wasserabzugsloch haben. Viele Natursteintröge haben es von der vorhergegangenen Verwendung her. Bei den Trögen aus U-Steinen wird es bei den Seitenteilen an der tiefsten Stelle eingeplant. Das Loch durch ein Stück Blech vor dem Verstopfen schützen. Die Trogfüllung besteht im untersten Kern aus Kies, Splitt oder Styroporflocken oder ähnlichem Material; diese Dränageschicht mißt 15–30 cm. Eine schwache *Sphagnum*-Schicht sorgt für gleichmäßige Wasserverteilung. Die Pflanzerde sollte beste Qualität aufweisen. Sammler, die den Trog mit nur einer Gattung bepflanzen, können die Erdzusammensetzung ganz auf die Ansprüche dieser Gattung ausrichten. Normal hat sich das übliche Gemisch von Rasenerde (oder Maulwurfserde) mit Torf und scharfem Sand im Verhältnis 1:1:1 bewährt. Bei kalkliebenden Pflanzen kann noch Kalkschutt zugesetzt werden.

### Behälter aus Asbestzement

Die Industrie (Eternit, Fulgurit u. a.) bringt ein vielseitiges Programm von Behältern, die zum Bepflanzen als Miniatursteingärten geeignet und wegen ihres mäßigen Eigengewichts besonders für Dachgärten und Balkone gut zu gebrauchen sind. Dem natürlichen Zwerggarten, den sie aufnehmen sollen, sind Gefäße mit schlichten rechteckigen oder quadratischen Formen angemessen; runde, mehreckige und asymmetrische passen eher zu Sommerblumen. Auch hier auf Wasserabzugsloch und Dränage achten. Mit

*Die Troggärten sind besonders beliebt geworden. Sie bieten Pflanzmöglichkeiten für kleinste Pflanzenschätze. Oben ein runder Sandsteintrog mit bepflanzten Tuffsteinen. Unten Tuffsteine mit Steinbrecharten bepflanzt.*

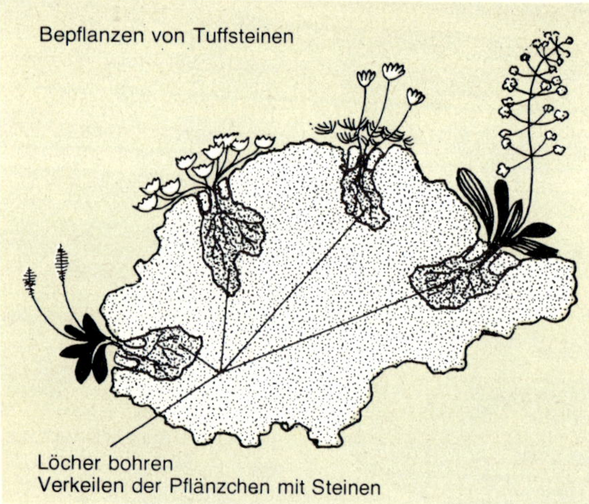


größeren, flachen Typen lassen sich sogenannte Tischgärten bauen. Das Ganze ruht dabei auf einem eisernen Untergestell in Tischhöhe.

**Tröge aus Schichtgestein**
Besonders in England werden vielfach Tröge aus Schichtgestein selbstgefertigt (Solnhofer Platten, Schieferbruch, flache Muschelkalksteine). Der Arbeitsgang: Auf dem Boden Packpapier ausbreiten als Trennschicht zwischen Betonbasis und Untergrund (nicht nötig, wenn der Trog gleich an seinem endgültigen Standort gebaut wird). Einen Holzrahmen von der Größe des künftigen Troges auf das Papier stellen, eine ca. 5 cm starke Schicht Beton (4 : 1) aufbringen. Besser ist es, mit etwas Baustahlgewebe zu armieren. Wo das Wasserabzugsloch hinkommen soll, Holzpfropfen anbringen. Mit Zementmörtel die Schichtgesteine dicht am hölzernen Rahmen rundum aufmauern. Mörtel nicht zu dünn auftragen, damit er nicht zwischen Holz und Außenseite des Troges hinabläuft. Steine mit der geaderten Seite nach außen legen. Die einzelnen Schichten sollen möglichst gleichstark sein. Steine mit zwei geraden Seiten als Ecksteine verwenden. Die Breite der Steine muß im richtigen Verhältnis zur Größe des Troges stehen, besonders an der sichtbaren Oberkante.

**Waschbetontröge**
Auch Behälter aus Waschbeton sind zur Bepflanzung mit den kleinen Alpinen zu gebrauchen. Es gibt fertige Tröge, rechteckige Kästen, bei denen die Bodenplatte getrennt vom Rahmen geliefert wird. Oft können zwei oder drei Rahmen aufeinandergesetzt werden (für etwas größere Gehölze). Die einzelnen Größen sind harmonisch aufeinander abgestimmt, so daß auch Kombinationen mit verschiedenen rechteckigen Behältern möglich sind. Bei allen alkalisch wirkenden Pflanzenbehältern (Kalkstein oder Beton), die mit kalkfliehenden Zwerggewächsen bepflanzt werden sollen, ist ein vorhergehender isolierender Anstrich zu empfehlen, der nicht verseift (DD-Lack, Chlorkautschuklack, Kunststofflack). Selbst kleinste Betonelemente wie Lochsteine, die für Gartenmauern entwickelt wurden, können, mit der Öffnung nach oben gelegt, bepflanzt werden. Einzeln entfaltet solch ein Stein keine Wirkung; es müssen schon mehrere aneinandergereiht werden (eventuell als Einfassung).

**Miniatursteingärten auf Dächern**
Bei Neuanlagen werden mit Betoneinfassung versehene Pflanzflächen bereits eingeplant. Zur Gewichtsersparnis sollte für die Dränage Styromull verwendet werden. Darauf kommt eine Spinnvliesmatte (Lutraflor von Lutravil Spinnvlies GmbH, Kaiserslautern). Sie dient gleichzeitig zur Feuchtigkeitsverteilung als Dränschicht zur Ableitung von Überschußwasser und als Filterschicht gegen das Einschwemmen von feinen Erdteilchen in die darunterliegende Styromulldränage. Es folgt eine Schicht feuchtigkeitsspeicherndes Hygromull und dann die Kulturerde. Daß auf Dächern keine Pflanzen mit hohen Ansprüchen an Luftfeuchtigkeit verwendet werden können, ist selbstverständlich.

**Zierende Steine und Wurzeln**
Noch viel mehr als bei normalen Steingärten sollte bei ihren Miniaturausführungen auf einzelne, im rechten Größenverhältnis stehende, schöne Steine geachtet

werden. Verwitterte und ausgewaschene Steine, möglichst mit bepflanzbaren Löchern, Spatgestein mit schönem, kristallinem Bruch, Steine mit Versteinerungen und ähnliche Raritäten finden hier den richtigen Platz. Auch einige bemooste Tuffsteinbrokken erfüllen ihren Zweck. Vom Urlaubsort mitgebrachte Steinraritäten können hier dekorativ aufgestellt werden. Ähnlich ist es mit Wurzeln. Besonders in Moorgebieten finden sich die fantastischsten Wurzelgestalten. Aber auch im Wald oder am See in der nächsten Umgebung gibt es bizarre Fundstücke, durch jahrelanges Liegen entrindete, grauweiße Wurzelgebilde. Steine und Wurzeln sind ein wesentliches dekoratives Element der Troggärtnerei.

### Die kleinen Pflanzenschätze

Meist werden zu große und raschwüchsige Pflanzen für Tröge genommen. Bei den Koniferen gibt es nur wenige, die nicht gleich die Dimensionen sprengen. Für kleine Tröge: *Chamaecyparis pisifera* 'Plumosa Nana Compressa' *Ch. obtusa* 'Nana Gracilis' (wird zwar größer, wächst aber langsam), *Juniperus communis* 'Compressa', *Picea abies* 'Echiniformis', *P. abies* 'Pygmaea', *Thujopsis dolabrata* 'Nana' und die neue wunderschöne, silbrigblaue *Juniperus squamata* 'Blue Star'. Mit zunehmender Größe der Pflanzfläche können auch andere Zwergkoniferen genommen werden bis zu *Picea omorika* 'Nana' und *P. glauca* 'Conica'. Sehr hübsch ist es, wenn aus einem größeren Trog heraus *P. abies* 'Inversa', die Schleppenfichte, auf den Boden dahinwächst. Von den anderen Kleingehölzen müssen genannt werden: *Arctostaphylos, Cytisus ardoini, C. demissus,* kleine *Daphne, Erinacea anthyllis,* kleine *Gaultheria, Genista sylvestris* var. *pungens, G. villarsii* u.a., *Rhododendron radicans, Rh. keleticum, Rhodothamnus chamaecistus, Salix herbacea, S. reticulata, S. retusa, Spiraea caespitosa, Vaccinium* (verschiedene Arten). Natürlich ist die Aufzählung nicht vollständig. Die Blüte ist bei den Gehölzen nicht so wichtig, Hauptsache ist eine gute Form. Auf die einzelnen Ansprüche hinsichtlich Bodenreaktion und Besonnung achten!

Einige Ziergräser beleben die Szenerie. Besonders nieder bleibt *Festuca valesiaca* 'Glaucantha', ebenso *F. glacialis;* aber auch die Ausleseformen von *F. glauca,* wie 'Silberreiher', 'Frühlingsblau', 'Bergsilber' sind noch zu verwenden. Weiter sind geeignet: *Carex ornithopoda* 'Variegata'. Etwas größer werden *C. montana, Bouteloua gracilis.*

Bei den Farnen bieten sich an: *Asplenium trichomanes, A. viride, Athyrium filix-femina* 'Minutissima', *Phyllitis scolopendrium* 'Capitatum' und für heißeste Plätze *Ceterach officinarum.*

Das Heer der zu verwendenden Kleinst- und Polsterstauden ist fast unübersehbar. Sammler von *Saxifraga, Sempervivum* und *Lewisia* können in Trögen besonders gut die Sortimente aufpflanzen. Auch aus anderen Gattungen bieten sich viele Pflanzen an. Nur wenige können erwähnt werden: *Ptilotrichum spinosum, Androsace*-Arten, *Aquilegia akitensis* und *A. akitensis* 'Alba', *A. bertolonii, A.* 'Mini Star', *Arenaria tetraquetra, Armeria caespitosa* und *A. caespitosa* 'Alba', *Artemisia nitida, Asperula arcadiensis, Campanula*-Arten (zwergige), *Cyananthus lobatus, Dianthus callizonus, D. microlepis, D. pavonius, S. simulans, Douglasia vitaliana* f. *praetutiana, Draba*-Arten, besonders *D. bryoides* var. *imbricata, Edraianthus*-Arten, *Erinus alpinus, Gentiana farreri, G. sino-ornata, G. verna* 'Angulosa', *Geranium cinereum,* kleine *Globularia*-Arten, *Gypsophila aretioides, Haberlea*-Arten, *Helichrysum milfordiae, Hypsela reniformis, Iris melitta, I. minutoaurea, I. arenaria, Leontopodium nivale, Minuartia*-Arten (kleine), *Origanum amanum, Papaver alpinum, Penstemon*-Arten (kleine), *Physoplexis comosa, Primula minima, P. farinosa* u.a., *Pulsatilla vernalis, Ramonda*-Arten, *Raoulia*-Arten, *Sedum dasyphyllum* und Formen, *S. nevii, S. pilosum, S. sempervivoides, S. spathulifolium* 'Capa Blanca' und 'Purpureum', *Semiaquilegia ecalcarata, Silene acaulis* 'Floribunda', *Soldanella*-Arten, *Thymus*-Arten (zwergige), *Townsendia*-Arten, *Veronica*-Arten (niedere) und *Viola*-Arten (zwergige).

## Steingarten-Sortimente

### Standard-Frühlingspracht

Der neugebackene Gartenbesitzer hat am Anfang weder Kenntnisse noch Zeit oder Geld, um seinen Steingarten nur mit Raritäten zu bepflanzen. Er will zuerst einen im Frühling prachtvoll blühenden Steingarten. Doch es kommt dabei auf die Sorte an. Oft vermehren sich Sämlinge mit verwaschenen Farben besonders gut, sind schneller und weiter verbreitet als die Spitzensorten. Mit folgenden hat der Anfänger keinen Ärger: *Alyssum saxatile* 'Citrinum', 'Compactum', *A. montanum* 'Berggold', *Arabis caucasica* 'Plena', *A. procurrens, Armeria maritimia* 'Düsseldorfer Stolz', *Aster farreri* 'Berggarten', *A. tongolensis* 'Leuchtenburg', *Aubrieta* 'Neuling', 'Schloß Eckberg', 'Tauricola', *Campanula portenschlagiana, C. garganica* 'Erinus Major', *C. carpatica* 'Weißer

Knirps' und 'Blauer Knirps', *Cerastium tomentosum* var. *columnae, Chrysanthemum maximum* 'Silberprinzeßchen', *Coreopsis verticillata* 'Zagreb', *Dianthus gratianopolitanus* 'Fanal', 'Nordstjernen', *Doronicum orientale* 'Riedels Goldkranz', *Euphorbia epithymoides* 'Sonnengold', *Gentiana acaulis* 'Dinarica', *Geum coccineum* 'Borisii', *Gypsophila repens* 'Rosea', *Helianthemum lunulatum, H.* 'Gelber Findling', *Iberis saxatilis, I. sempervirens* 'Findel', 'Zwergschneeflocke', Iris der Barbata-Nana-Gruppe, *Phlox subulata* 'Atropurpurea', 'G. F. Wilson', 'Temiscaming', *Primula denticulata, P. elatior* 'Grandiflora', *Pulsatilla vulgaris, Saxifraga* (moosartige Sorten), *Veronica teucrium* 'Kapitän', *Viola cornuta.* All die genannten Pflanzen können ohne Bedenken auch leichte Nachdüngung erhalten, sie sind robust und wüchsig.

**Erdorchideen**

Der eingefleischte Liebhaber wird immer wieder Interesse an schwierigeren Pfleglingen finden. Besonders heikel sind die meisten winterharten Erdorchideen. Alle in Deutschland wildwachsenden Erdorchideen sind geschützt und dürfen keinesfalls ausgegraben werden. Erdorchideen werden von verschiedenen Staudengärtnereien und von Importeuren angeboten. Vorherige Information über die Winterhärte ist nötig. Die Mehrzahl der Erdorchideenarten lebt mit einem Wurzelpilz in Symbiose. Je stärker dieser ausgeprägt ist, um so geringer ist die Chance, die Pflanze im Garten ansiedeln zu können. Über die Licht- und Bodenansprüche vorher genau in der Fachliteratur nachlesen. Oberster Grundsatz: Keinen mineralischen oder tierischen Dünger auf Flächen bringen, in denen Erdorchideen stehen oder gepflanzt werden sollen. Lediglich etwas gut verrottete Komposterde kann aufgebracht werden. Immer versuchen, getopfte Erdorchideen zu erhalten. Wenn zu Beginn des Austriebs ausgepflanzt wird, wachsen die Pflanzen meist gut an. Sind die Knöllchen oder Teilstücke nur in etwas *Sphagnum* verpackt, dann sollen sie erst in einem Tontopf im kalten Kasten oder an sonstigen Plätzen vorkultiviert werden. Am gartenwilligsten sind die Frauenschuhorchideen, sie sind auch am leichtesten zu erhalten. Alle benötigen Halbschatten.

Leicht wächst *Cypripedium calceolus,* die heimische Art, und die nordamerikanische *C. calceolus* var. *pubescens.* Die erstgenannte Art liebt Kalk, die Varietät nicht. Ebenfalls sauren Boden wünscht das wüchsige *Cypripedium reginae. C. acaule* ist sehr schwierig zu halten. *C. cordigerum, C. himalaicum* und *C. macranthum* vertragen im Winter nicht ein mehrfaches Auftauen und Wieder-Gefrieren des Bodens. Nach dem ersten starken Frost wird der Pflanzplatz etwa 15 cm stark mit Torfmull abgedeckt und mit etwas Dachpappe oder ähnlichem vor Regen geschützt. Das Ganze kann zur Verschönerung des Anblicks mit Fichtenästen abgedeckt werden. So kann der Frost im Boden an dieser Stelle bis zum Frühjahr erhalten werden, und die Pflanzen treiben ungeschädigt wieder aus. Sehr schön und gut winterhart ist *Pleione bulbocodioides (= P. limprichtii),* welche öfter angeboten wird, ebenso *Bletilla striata* und *B. striata* 'Alba'. Gut ansiedeln lassen sich *Gymnadenia conopea, G. odoratissima, Epipactis palustris, E. gigantea, Habenaria*-Arten aus Japan, *Dactylorhiza maculata, D. sambucina, Orchis purpurea* u.a. Um

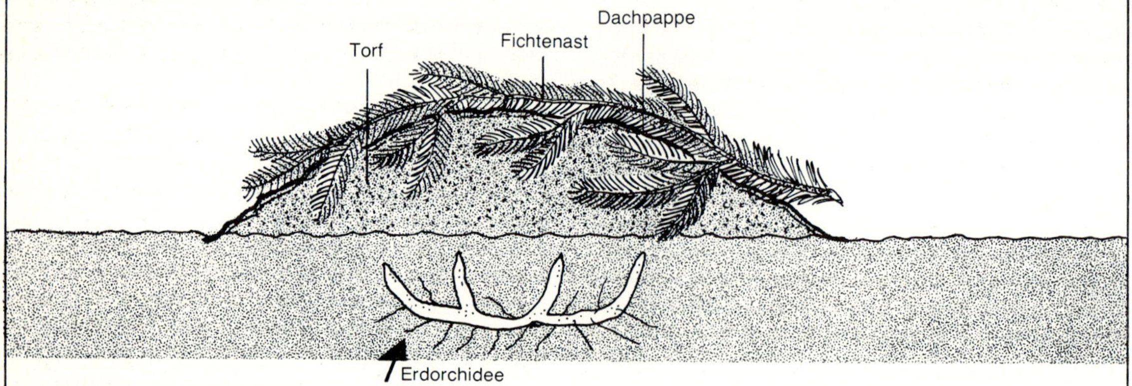

Erdorchideen, z. B. Cypripedium cordigerum, C. himalaicum, C. macranthum, nach dem ersten starken Frost vor öfterem Auftauen schützen

*Frauenschuharten sind gartenwillige Erdorchideen.*

*Silber- oder Wetterdistel für sonnige Gärten.*

unnötige Verluste der wertvollen, meist auch im Ausland unter Naturschutz stehenden Pflanzen zu vermeiden, sollte sich nur der erfahrene Gartenliebhaber mit dieser Spezialität befassen. Wer die sachgemäße Pflege nicht aufbringen kann oder nicht beherrscht, sollte erst die umfangreiche Fachliteratur sorgfältig studieren, ehe er mit der Kultur beginnt.

**Moorbeet**

Steingartenbesitzer in Kalkgebieten können kalkfliehende Pflanzen am ehesten in einem separaten Moorbeet kultivieren, an einem Ort zusammengefaßt. In Kalkgegenden darf nur mit Regenwasser gegossen werden. Diese „saure Ecke" soll auch nicht sonnig liegen; eine leicht beschattete kleine Mulde eignet sich am besten. Die Erde wird etwa 50 cm tief ausgehoben und weggebracht. Das Loch mit einer nicht zu dünnen Polyäthylenfolie auskleiden, wobei sie beim Abschneiden mindestens 15 cm über den Erdrand ragen soll. Wenn möglich, kommt zusätzlich eine Lehmschicht und anschließend bis etwa 20 cm unter dem Erdniveau grobfaseriger Torfmull (Torfstreu) darauf. Die Kulturerde an der Oberschicht besteht aus Moor- oder Heideerde, die mit etwas scharfem Sand und kalkfreiem Lehm vermischt wurde. Die überstehende Plastikfolie wird nach außen über einen leicht erhöhten Rand gelegt und mit Erde und Kieseln völlig abgedeckt. Hierzu kommt nur Urgesteinsmaterial in Frage. Selbst in Kalkgegenden gibt es in den Tälern oft Kiesgruben, von denen schöne Steine zu erhalten sind. Auch hier können wie bei den Troggärten schöne Wurzeln zum dekorativen Aussehen beitragen.

Das Pflanzenangebot ist sehr umfangreich. Bei den Gehölzen muß besonders auf die vielen Zwergrhododendron hingewiesen werden und auf die als Moorbeetpflanzen bekannten Ericaceen. An Farnen können die beiden heimischen Arten *Blechnum spicant* und *Polypodium vulgare* empfohlen werden. Einige Stauden aus der Vielzahl: *Arnica montana, Campanula barbata, Cornus canadensis, Galax aphylla, Gentiana sino-ornata, Iris gracilipes, Jeffersonia diphylla, Lilium pardalinum, Mazus pumilio, Plagiorhegma dubium (= Jeffersonia dubia), Primula vialii, P. clarkei, Sanguinaria canadensis, Shortia uniflora* u. a. Besonders von den Primeln lassen sich noch viele für diesen Zweck verwenden, wie Etagenprimeln, so *Primula helodoxa,* die an anderen Gartenplätzen sonst schlecht vorankommt.

**Alpinenhaus**

Heikle, besonders nässeempfindliche Raritäten, die in unserem Klima schwer zu halten sind, gedeihen oft ganz vorzüglich im Alpinenhaus. Das ist ein gut lüftbares, ungeheiztes Kleingewächshaus. Gute Schattiermöglichkeit muß vorhanden sein. Halb in die Erde gebaute Häuschen ergeben eine gemilderte, gleichmäßigere Temperatur als frei auf dem Boden aufgestellte und sind deshalb für diesen Zweck vorzuziehen. Die Hauptarbeit besteht im individuellen Gießen der Einzelpflanze und im Schattieren. Besonders bequem läßt sich der „Steingarten unter Glas" pflegen, wenn die Pflanzenschätze in Tischhöhe zu beiden Seiten des Mittelganges gepflanzt werden. Dränageschicht mit Styromullflocken, als leichtes Steinmaterial werden Tuffsteine verwendet. Die gesamte Anlage muß einen stabilen Rahmen haben (eventuell aus stärkerem Asbestzement). Ein bewährtes Pflanzensortiment ist im Buch „Der Steingarten" von Wilhelm Schacht zu finden.

**Sommer- und Herbst-Sortiment**

Normalerweise verschießt der Steingarten im Frühling und Frühsommer sein Blütenfeuerwerk. Das Angebot an Sommer- und Herbstblühern ist wesentlich geringer. Doch sollten gerade diese berücksichtigt werden in Verbindung mit den für den Steingarten geeigneten Sommerblumen. Verschiedene, weniger bekannte *Allium*-Arten blühen vom Sommer bis in den Herbst. Niedere *Anaphalis*-Arten *(A. triplinervis* 'Sommerschnee'), *Anthemis nobilis* 'Plena', *Aster*-Dumosus-Sorten wie 'Nesthäkchen' oder 'Herbstpurzel', *Astilbe chinensis* var. *pumila* (braucht Platz), *Carlina acaulis* und *C. acanthifolia, Ceratostigma plumbaginoides, Chrysanthemum arcticum, Codonopsis clematidea, Coreopsis verticillata* 'Zagreb', *Cyclamen purpurascens, C. neapolitanum und C. neapolitanum* 'Album', *Eriophyllum lanatum, Eryngium planum* 'Blauer Zwerg', *Gaillardia* 'Kobold', *Gentiana cruciata, G. septemfida* var. *lagodechiana, G. farreri, G. sino-ornata* und Hybriden der beiden letztgenannten, *Gypsophila repens* 'Rosenschleier' (benötigt Platz), *Kniphofia galpinii, Limonium*-Arten, *Nepeta* 'Blauknirps', *Oenothera missouriensis, Satureja*-Arten, *Scabiosa graminifolia, Sedum cyaneum* 'Rosenteppich', *S. cauticolum, S. ewersii, S. spectabile* 'Wichtelmann', *Silene schafta* 'Splendens', *Tunica saxifraga* 'Rosette'. Zwiebelpflanzen: *Crocus, Colchicum* und *Sternbergia lutea.*

## Raritätensammlungen

**Steinbrech-Kolonien**

Liebhaber kleiner Pflanzen können sich durchaus auf nur eine Gattung spezialisieren. Ein typisches Beispiel bieten die Steinbrecharten. Sammler können es ohne zu große Mühe auf 300–400 Arten und Sorten bringen. Die einzelnen Gruppen werden ihren Ansprüchen entsprechend zusammengefaßt. Die herrlichen kleinen, in vielen Farben im Frühling blühenden Arten der *Kabschia-* und *Engleria*-Sektion lieben leichten Schatten, Ost-, Nordost- oder Westlagen. Sie gedeihen gut in Tuffsteinlöchern, mit Meißel und Hammer werden geeignete Pflanzplätze geschaffen. (Richtung leicht schräg nach unten.) Pflanzen mit Topfballen mit einigen Steinchen fest verkeilen, damit diese Kostbarkeiten nicht vom ersten Regen herausgespült werden, bevor sie nicht fest verwurzelt sind. Bis auf wenige Arten vertragen oder lieben diese Zwerge Kalk im Boden. Er soll humos sein, mit Steinchen vermischt. Gut ist auch eine Beimischung von feinem Styromull und Ziegelsteingrus, Bims und Blähtonstückchen. Etwas pulverisierter Rinderdünger wird gut vertragen. Der Boden um die Pflanzen herum wird ebenfalls mit Steinchen abgedeckt. Im Gegensatz zu der früher verbreiteten Ansicht, daß nicht gedüngt werden soll, hat es sich erwiesen, daß eine leichte Volldüngergabe im Frühsommer gut vertragen wird und das Wachstum fördert. Eine solche Sammlung kann auch in mit Torfmull eingefütterten Tontöpfchen kultiviert werden.

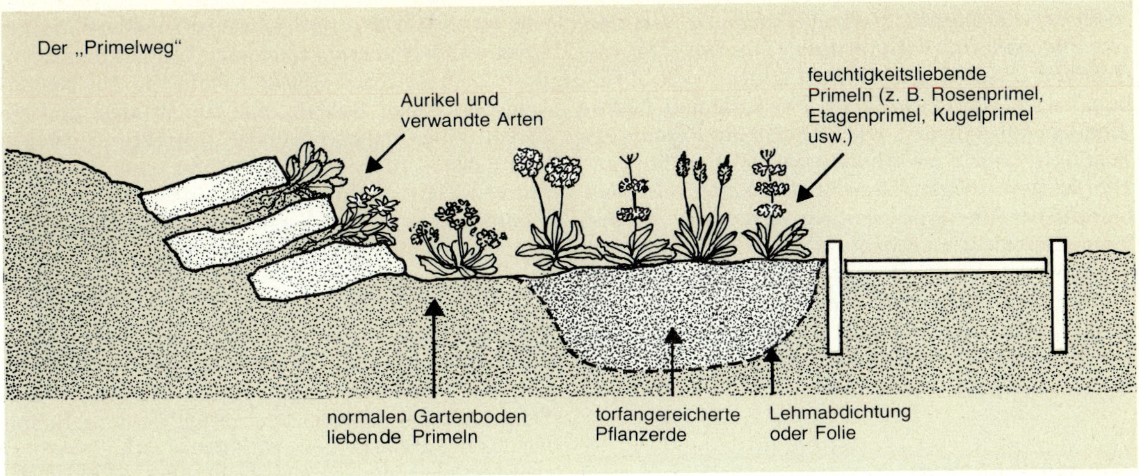


Besonders empfehlenswert sind: *Saxifraga burseriana* und die Sorten 'Crenata', 'Lutea', 'Major', *S.* × *irvingi, S.* × *vahlii, S.* × *rubella, S. porophylla* var. *thessalica, S. grisebachii, S.* × *kelleri, S.* × *biasolettii, S.* × *apiculata, S.* × *boeckleri, S.* × *haagii* und ferner die Sorten 'Marie Luise', 'Petra', 'Rosemarie', 'Buttercup', 'Mrs. Lang', 'Boston Spa', 'Hannelore', 'Cranbourne', 'Mother of Pearl', 'Cherry Trees' usw. Auf dem gleichen Pflanzplatz, nur immer in ebener oder leicht schrägen Flächen, wächst *Saxifraga oppositifolia* mit ihren vielen Lokalformen von der Sektion *Porphyrion.* An der Südseite der Steinbrechsammlung oder auch absonnig gedeihen die vielen Arten der Sektion *Euaizoonia* mit ihren hübschen, kalkbekrusteten Rosetten. Sie nehmen teilweise mehr Platz ein. Die Ansprüche sind nicht sehr hoch. Hauptsache, der Boden ist durchlässig. Gut passen besonders niedere Gräser dazu und bruchrauhe Kalksteinbrocken. Hier empfehlen sich die vielen Formen von *Saxifraga paniculata (= S. aizoon), S. longifolia, S. cochlearis,* 'Minor', *S. callosa, S. cotyledon* 'Montavonensis' u. a. Eine weitere Sektion, die moosartigen Steinbrecharten, hat gerne feuchten Boden. Bekannte Züchtungen sind 'Blütenteppich', 'Triumph', 'Purpurmantel', 'Schneekissen'. Der Sammler wird auch die vielen Wildarten pflegen. Auch aus anderen Sektionen kommen viele gartenwillige Arten.

**Lewisia-Sammlungen**

Es ist unverständlich, warum bei uns diese hübschen Pflanzen nicht stärker verbreitet sind. Sie sind empfindlich gegen stauende Nässe, gedeihen gut zwischen Steinen und wollen kalkarmen Boden. Die Anzucht aus besten englischen Samen, wie z. B. von 'Sunset Strain', bringt viele Überraschungen. Außerhalb der Blütezeit im Mai/Juni sehen die verschieden geformten Rosetten immer gut aus. Wichtig ist, daß sich am Wurzelhals kein Humus befindet. Unterhalb der Blattbasis wird Urgesteinssplitt oder feineres Kieselgeröll gegeben; wenn dieses nicht vorhanden, Flußsand nehmen. Schwache Düngung.

**Primelweg**

Die umfangreiche Gattung der Primeln ist ihrer Reichhaltigkeit wegen Sammelobjekt von Steingarten-Liebhabern. Keine Primel hat es gerne trockenvollsonnig. Ein in den Steingarten eingebauter kleiner Hohlweg eignet sich besonders als Pflanzplatz. Wo trotzdem noch zu starke Besonnung vorhanden ist, werden einige Koniferen an die Südseite gepflanzt. Der Weg sollte einige Höhenunterschiede aufweisen. An der tiefsten Stelle wird zur Vervollständigung eine etwas sumpfigere Zone angelegt (Folieneinbau). *Primula auricula* kommt an die steileren Stellen zwischen Steinen, ebenso Züchtungen und verwandte Arten dieser Primel. In den mildfeuchten Flächen werden die drei Farbsorten von *P. denticulata, P.*-Juliae-Hybriden, *P. vulgaris, P. elatior* gepflanzt, im feuchteren Teil folgen die Etagenprimeln, bei denen besonders englische Samenmischungen ein großes Farbspiel zeigen. Noch feuchter stehen wollen *P. helodoxa, P. rosea, P. farinosa, P. frondosa.* Etwas mehr waldbodenartige Pflanzplätze lieben *P. sieboldii* in Farbsorten, *P. cortusoides, P. polyneura (= P. veitchii).* Natürlich werden nicht nur Primeln gepflanzt, sondern auch viele andere Stauden: die Arten und Sorten von *Pulmonaria, Hepatica, Jeffersonia, Cortusa, Corydalis* (besonders *C. cash-*

*meriana), Cardamine, Hacquetia epipactis, Helleborus, Meconopsis, Polygonatum, Tiarella, Tricyrtis, Trillium, Uvularia* usw. Ebenso können viele Zwiebelpflanzen, wie *Erythronium, Fritillaria* und *Leucojum,* hier gut gedeihen. Die Pflanzen des Primelwegs benötigen immer ein Mindestmaß an Feuchtigkeit. Hier ist zu überlegen, ob nicht vom Keller oder vom Garten her die Wasserleitung verlängert werden kann. Geschickt eingebaut, kann sie unsichtbar am Primelweg entlanglaufen. In 1–1,5 m Entfernung werden unauffällig einige Düsen eingebaut, wie sie in Gewächshäusern üblich sind. Dadurch kann mühelos täglich gewässert werden. Die Leitung muß vor dem Frost entleert werden können.

## Steingartenpflege

**Beschriftung**

Wer nur eine hübsche, dekorative Anlage wünscht, braucht auf die Etikettierung nicht zu achten. Ist er Anfänger, so genügen die von der Gärtnerei mitgelieferten Etiketten. So ein großes Sortiment ist es meist nicht, und bis die Schildchen unleserlich sind, hat man sich die Namen eingeprägt. Anders ist es, wenn eine Gattung vielfach vertreten ist. Hundert Hauswurz- oder 50 krustige Steinbrecharten kann man sich nicht merken. Im entsprechenden Abschnitt wurde schon auf die Kunststoffetiketten und ihre dauerhafte Beschriftung hingewiesen. Lange Etiketten wählen (mindestens 14 cm); der Frost schiebt sie sonst hoch, die Amseln ziehen sie gar heraus und werfen alles durcheinander. Wo der Boden hart ist, mit einem Messer vorstechen und das Schildchen hineinschieben. Es soll nur geringfügig beim näheren Hinsehen bemerkbar sein.
Große Etiketten eignen sich nur für Sammler und Züchter bestimmter Gattungen. Ausnahmen nur dort machen, wo die Besucher immer wieder nach den Namen einer auffallenden Pflanze fragen. Dem kann man durch eine gut leserliche Beschriftung abhelfen. Eine Lageskizze bei leicht verwechselbaren Arten zusätzlich anfertigen.

**Werkzeug**

Das wichtigste Steingartenwerkzeug wurde schon erwähnt: ein geschmiedeter Handspaten. Blumenkellen aus Stahlblech eignen sich nur in sehr leichten Böden. Außerdem isoliert der Holzgriff des Handspatens besser als der wärmeleitende Stahlgriff der Blumenkelle, was man im zeitigen Frühling bemerkt. Besonders alle im Steingarten verwendeten Kleingeräte rot anstreichen, noch besser ist Tagesleuchtfarbe, sonst wandert alles im Laufe der Zeit auf den Kompost. Zum Bewegen schwerer Steine bei der Neuanlage sind einige Bohlen, eine Brechstange und ein Pickel nötig. Später für einige Korrekturen Meißel und Fäustel. Alles andere ist schon vorhanden vom übrigen Garten. Einige Knieschützer mit Schaumgummieinlage helfen, dem Rheuma vorzubeugen. Es genügt auch ein stärkeres Stück Styropor, um darauf knien zu können.

**Pflanzenschutz**

Unkrautbekämpfung ist die wichtigste Pflegemaßnahme. Besonders Ackerwinde, Huflattich und Schachtelhalm können sehr lästig werden. Immer wieder tief abhacken, bis die Pflanze sich einmal erschöpft. Etwa alle vierzehn Tage sollte der Steingarten durchgeputzt werden. Alle modernen Ziehgeräte versagen hier. Ein kleines Häckchen und ein langes Messer, möglichst mit Sägeschnittfläche, ist das Jätegerät. Hier muß man sich bücken! Einige hübsche Pflanzen, die es in der Gärtnerei gibt, können zum gefährlichen Unkraut werden, wenn nicht durch einen eingelassenen Plastikring dem Wucherer Einhalt geboten wird. Dazu gehören *Cymbalaria muralis, C. hepaticifolia, Campanula cochleariifolia (= C. pusilla)* und die Sorte 'Alba'. Sie durchspinnen mit ihren Trieben alle anderen Pflanzen und sind meist dort, wo man sie nicht haben will.
Von den Pilzkrankheiten tritt manchmal Mehltau auf, ebenso Nelkenrost an Nelken und anderen verwandten Pflanzen. Die Bekämpfung erfolgt in der angegebenen Art.
Bei den tierischen Schädlingen muß leider auch die Amsel erwähnt werden, die Polster durcheinanderwirft, *Crocus* zerhackt und sonstigen Unfug treibt. Nacktschnecken sind im Steingarten besonders gefährlich. Die kostbarsten Pflanzen werden meist von ihnen abgefressen (Schneckenkorn streuen, Kröten schützen, Blumentöpfe mit der Öffnung nach unten aufstellen und die daruntergekrochenen Schnecken absammeln.) Erdflöhe an *Aubrieta, Arabis, Alyssum* durch Stäubemittel bekämpfen. Auf die Bekämpfung von Wühlmaus, Feldmaus, Maulwurf wurde schon hingewiesen.

**Düngung**

Grundsätzlich muß im Steingarten vorsichtig mit Dünger umgegangen werden. Frischer Mist hat dort überhaupt nichts zu suchen. Mineraldünger nur bei den üppigen Frühlingsblühern. Am ungefährlichsten ist, Komposterde oder Müllkompost aufzubringen.

Auch kleine Gaben Biohum und Nettolin als milde Humusdünger können von Zeit zu Zeit gegeben werden.

**Bewässerung**
Schon bei der Bepflanzung sollte weitgehend darauf geachtet werden, daß jede Pflanze den ihr zusagenden Platz erhält. Nicht, daß Kleinstauden, die feuchten Boden lieben, an trockenen, brandheißen Stellen gepflanzt werden, wo ständig Gießen nötig ist. Ein gut angelegter Steingarten muß nur während längerer Schönwetterperioden gewässert werden, entweder die gesamte Anlage mit einem Regner oder individuell mit dem Wasserschlauch, der einen Sprühkopf hat. Von Vorteil ist dagegen ein abendliches, leichtes Überbrausen zur Erhöhung der Luftfeuchtigkeit.

**Sonstige Pflege**
Ähnlich wie im Prachtstaudengarten muß auch im Steingarten laufend alles Verblühte abgeschnitten werden. Auch Polster, die ins Unermeßliche wachsen, werden zurückgeschnitten. Diese Arbeiten werden am besten beim vierzehntägigen Unkrautjäten mit erledigt. Wichtig ist auch ein geeigneter Winterschutz. Die „Allerwelts-Steingartenpflanzen" kommen ohne Schutz aus, wenn auch ihnen ein leichter Schutz mit Fichtenästen gegen die Wintersonne guttut. Es gibt aber allerlei empfindliche Steingartenpflanzen, die etwas Schutz benötigen, sonst brauchen sie im Frühling recht lange, bis sie wieder ihre volle Schönheit zeigen. Wo genügend Abdeckmaterial vorhanden ist, alle stärker südlich geneigten Hänge abdecken; empfindliche, einziehende Pflanzen können mit Torf geschützt werden. Von der ersten Märzhälfte an wird allmählich das Deckmaterial entfernt.
Einjahrsblumen für den Steingarten s. Seite 111.
Koniferen für den Steingarten s. Seite 251.
Zwergsträucher für den Steingarten s. Seite 247.

# Verwendung winterharter Blumenzwiebeln

## Tulpen

Das umfangreiche Tulpensortiment ist für den Laien schwer überschaubar. Von gärtnerischer Seite wurden die Tulpen in Klassen eingeteilt. Diese sind in den Blumenzwiebelkatalogen meist angegeben, ebenso Wuchs, Höhe und Blütenfarbe. Es fehlen jedoch oft Angaben über Blütezeit und Verwendung

**Frühe Tulpen**
*Duc-van-Tol-Tulpen,* die früheste, etwa 15 cm hoch werdende Gruppe. Keine Neuzüchtungen mehr, seit es die Kreuzungen mit *Tulipa kaufmanniana, T. fosteriana* und *T. greigii* gibt, die den frühen Flor ersetzen. Nur noch von historischem Wert und kaum mehr im Angebot.
*Einfache frühe Tulpen:* Wichtig für den Erwerbsgartenbau, wo sie oft getrieben und für Schalen verwendet werden. Höhe etwa 30 cm. Dankbare frühe Tulpen in allen Farben, für Beetbepflanzung, größere Schalen, Terrassenränder, Vorgärten. Empfehlenswert: 'Tommy', 'Kaiserkrone', 'Diana', 'Prinzessin Irene', 'Brilliant Star', 'Couleur Cardinal', 'Ibis', 'Thule', 'Prinz von Österreich', 'Ursa Minor'. Einzelne Sorten duften.
*Gefüllte frühe Tulpen.* Die Blütezeit beginnt etwas später als bei den vorhergegangenen, dauert aber wesentlich länger (etwa drei Wochen). Manche Blüten brechen allerdings bei stärkeren Regenfällen aus. Nur für architektonisch strenge Pflanzungen und nicht für freie, natürliche Anlagen, wo die dicht gefüllten Blüten deplaziert wirken. Auch zum Treiben, für Schalen und ähnliches geeignet. Bewährte Sorten: 'Carlton', 'El Toreador', 'Hytuna', 'Orange Nassau', 'Pfirsichblüte', 'Leuchtfeuer', 'Mrs. van der Hoeff'. Neuere ausgezeichnete Sorten: 'Baby Doll', 'Albrecht Dürer', 'Jan Vermeer'.

**Mittelfrühe Tulpen**
*Mendel-Tulpen.* Entstanden durch Kreuzung von Duc-van-Tol-Tulpen mit Darwin-Tulpen und anderen späten Sorten. Mitte April, wenn die frühen Tul-

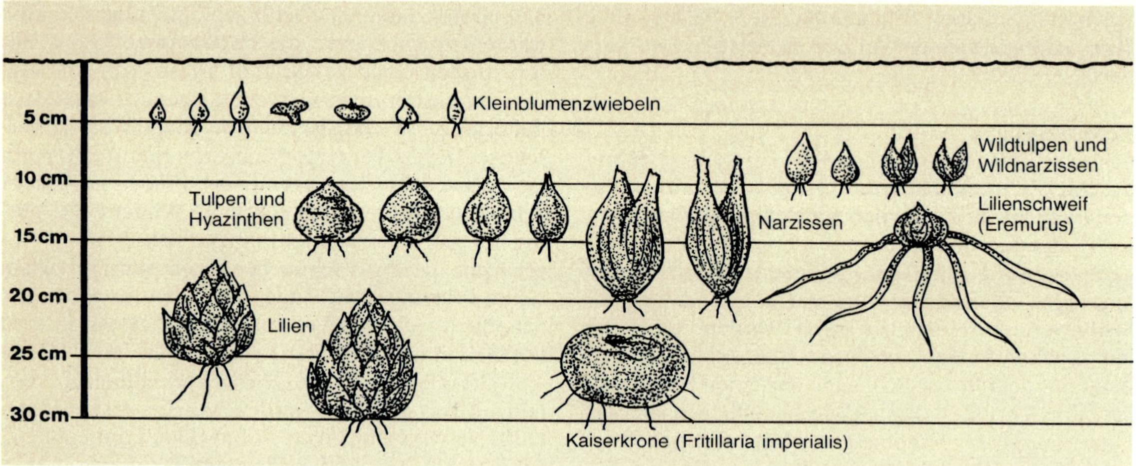


pen noch nicht ganz verblüht sind, folgt diese Klasse. Sie werden etwa 40–45 cm hoch. Leider haben verschiedene Sorten etwas zu schwache Stengel für die großen Blüten. Verwendung in Treibkulturen der Berufsgärtner, auch als Trupps in Staudenpflanzungen. Gute Partner auf bunten Beeten in Kombination mit Vergißmeinnicht, Stiefmütterchen und *Bellis*. Bewährte Sorten: 'Bing Crosby', 'Krelages Triumph', 'Sulphur Triumph', 'Apricot Beauty', 'Her Grace', 'Remagen', Van der Eerden', 'Weber'.

*Triumph-Tulpen.* Blühen ein wenig später als Mendel-Tulpen. Aus Kreuzungen von einfachen frühen und Darwin-Tulpen entstanden. Für den Gartenbesitzer wichtiger als Mendel-Tulpen. Sie haben meist einen kräftigeren Stiel, sind auch sonst robust und werden etwa 50 cm hoch, liegen also in der Höhe zwischen den einfachen frühen und den Darwin-Tulpen. In der Größe harmonieren sie deshalb gut mit den genannten Zweijahrspflanzen. Passen in streng geometrische Pflanzungen wie in natürliche Anlagen. Dort sollte aber auf schreiend zweifarbige Sorten verzichtet werden. Rote Sorten sind gute Partner der *Doronicum*-Arten (Gemswurz). Bewährte Sorten: 'Elmus', 'Preludium', 'Kansas', 'Edith Eddy', 'Prinzeß Beatrix', 'Garden Party', 'Jacques Fath', 'Attila', 'Blizzard', 'Aureola', 'First Lady', 'Consonant', 'Dutch Princess', 'Crater', 'Goldene Frühlingszeit', 'Meißner Porzellan'.

**Späte Tulpen**

*Darwin-Tulpen.* Wohl die wichtigste und weitestverbreitete Tulpenklasse. Blüht im Mai. Etwa 70 cm hoch. Die Blüten, nicht zu schwer und kurz wirkend, beim Aufblühen fast eckig. Eine Verbesserung hinsichtlich Blütengröße und Farbspiel sind die Ideal-Darwin-Tulpen. Trotz einfacher Blüte verhältnismäßig lange Blütezeit bei nicht zu heißem Wetter. Bewährte Sorten: 'American Beauty', 'Scotch Lassie', 'Queen of Night', 'Clara Butt', 'Weißer Herkules', 'Fliegender Holländer', 'Königin Wilhelmina', 'Striped Favourite', 'Black Pearl', 'Florinda America', 'Karlsruhe'. Neue Sorten: 'Demeter', 'Espresso', 'Most Miles', 'Queen Salute', 'Sweet Harmony'.

*Darwin-Hybrid-Tulpen.* Durch Kreuzungen von Darwin-Tulpen mit *Tulipa fosteriana* erhalten, erst in den letzten 20 Jahren in den Handel gekommen. Blütezeit beginnt etwas früher als bei normalen Darwin-Tulpen. Die Riesenblüten auf langen starken Stielen erregen im guten Zustand meist Aufsehen. Leider haben sie auch Nachteile: Oft kann der Stiel die große, schwere Blüte nicht tragen und bricht bei Frühlingsstürmen ab; bei Spätfrösten bleibt er häufig etwas geneigt und steht nicht mehr straff aufrecht, obwohl der Frost den Pflanzen nichts anhaben kann. Die Blütezeit währt nicht ganz so lange wie bei den Darwin-Tulpen. Bei voller Sonne klaffen die Blüten etwas auseinander, ein Erbe der *T. fosteriana.* Trotz gewisser Nachteile lohnen einige Trupps dieser großblumigen Rasse. Zwischenpflanzungen in Staudenbeeten sind geeignet, da beim Vergilben der Blätter die übrigen Stauden hoch genug sind und den unschönen Anblick verdecken. Die Farbskala beschränkt sich bei dieser Klasse im wesentlichen auf Rot und Gelb; lediglich rosa Sorten sind noch vorhanden. Folgende Sorten lohnen: 'Red Matador', 'President Kennedy', 'Central Park', 'Apeldoorn', 'Big Chief', 'Kölner Dom', 'Beauty of Apeldoorn',

'Golden Apeldoorn', 'Gudoshnik', 'Hollands Glory', 'Spring Song', 'Elizabeth Arden', 'Goldenes Deutschland'. Neu sind 'Frühlingsjuwel', 'Orangesonne'.

*Breeder-Tulpen.* Diese und „Neue Großblütige Breeder-Tulpen" unterscheiden sich von Darwin-Hybrid-Tulpen durch offene Blüten, die hohlkugelartig wirken und allerlei Zwischenfarben aufweisen. So findet sich in den Blüten Braun, Oliv, Bronze, Blau. Keine gute Fernwirkung, mehr zur Nahbetrachtung. Für spezielle Liebhaber, z. B. 'Cherbourg', 'Dillenburg', 'Gregor Grappe', 'Präsident Hoover'.

*Lilienblütige Tulpen.* Auffallend durch die Blütenform mit spitz nach außen gebogenen Blütenblättern. Sehr schöne Tulpe für den Wohngarten, die nirgends störend wirkt. Auch ideale Schnittblume. Bewährte Sorten: 'Picotee', 'Queen of Sheba', 'Golden Duchess', 'Mariette', 'Red Shine', 'White Triumphator', 'Red Beauty', 'Linette', 'Lilienstern'.

*Cottage-Tulpen* (einfache späte Tulpen). Spätblühend; Höhe von Sorte zu Sorte schwankend (Vorsicht bei Kombinationen). Bilden ein Kettenglied zum Flor früher Stauden (z.B. *Chrysanthemum coccineum*). Zu empfehlen: 'Mirella', 'Lincolnshire', 'Juglescombe Yellow', 'Balalaika', 'Halcro', 'Maskerade', 'Sorbet', 'Bond Street', 'Magier', 'König Salomo'.

*Rembrandt-Tulpen.* Darwin-Tulpen mit gestreiften Blumenblättern, etwas für Liebhaber solcher Zeichnungen. Oft keine Fernwirkung. Z.B. 'American Flag', 'Flammenspiel', 'Montgomery', 'Cordell Hull', 'Absalon', 'May Blossom'.

*Bizarre Tulpen.* Kaum unter dieser Klassifizierung im Angebot. Braune oder schwarzgestreifte Cottage-Tulpen.

*Bijbloemen-Tulpen.* Kaum im Angebot.

*Papagei-Tulpen.* Geschwungene, gewellte, gefranste Blumenblätter, oft getuscht. Mehr für das Schnittblumenbeet – in Wohngärten stilistisch schwer einzuordnen. Empfehlenswert: 'Texas Flamme', 'Texas Gold', 'Red Champion', 'Rex Imperator', 'Firebird', 'Black Parrot', 'Karel Doorman', 'Estella Rijnfeld'.

*Gefüllte späte Tulpen.* Lange haltend, doch hat man Ende Mai vom Tulpenflor meist genug. Für geometrische, architektonische Anlagen. Bewährt sind: 'Nizza', 'Schneeprinz', 'Symphonia', 'Lilac Perfection', 'Eros', 'Clara Gorder'.

Die erste Einteilung wurde 1913 gemacht und die letzte Liste 1965. Seit dieser Zeit sind weitere Tulpengruppen entstanden, die einer Einordnung und neuen Aufstellung bedürfen, so die Crispa- oder Fransentulpen, deren Blütenrand fein gefranst ist. Etwas zur Nahbetrachtung, in die Nähe von Eingängen und Terrassen pflanzen. Der Blütezeit nach gehören sie zu den späten einfachen Tulpen (Cottage-Tulpen), z. B. 'Blue Keron', 'Burgundy Lace', 'Swan Wings'. Bei den späten Sorten gibt es auch mehrblütige Tulpen. In der Mitte teilt sich der kräftige Blütenstiel in drei bis sechs Einzelstiele, von den jeder eine normale Blüte trägt. Etwas für Gruppen zwischen Staudenpflanzungen; streng geometrische Beete lassen sich damit schlecht bepflanzen. Z.B.: 'Orange Bukett', 'Georgette', 'Marienthal', 'Toronto', 'Turkey'.

*Viridiflora-Tulpen.* Das Mittelteil der äußeren Blumenblätter ist mehr oder weniger grün getuscht. Nahbetrachtung! Z. B.: 'Court Lady', 'Humming Bird', 'Pimpernell'.

**Botanische Tulpen**

Was unter dieser Bezeichnung gehandelt wird, sind meist nicht mehr die ursprünglichen Wildformen, sondern Auslesen, Kreuzungen, Sports usw., bei denen aber wesentliche Eigenschaften der Wildformen erhalten sind. Besser wäre eine weitere Unterteilung in reine Arten (Species) und Botanische Hybriden. Dann würden nicht so viele Fehler bei der Pflanzung gemacht. *Tulipa fosteriana, T. kaufmanniana* und *T. greigii* und ihre Hybriden ergeben die ersten leuchtenden Farbflecke im Vorfrühlingsgarten. Im natürlichen Steingarten und im Alpinum lassen diese Prachtpflanzen mit ihrer satten Leuchtkraft alles neben sich verblassen – sie wirken störend. Ideal sind sie für Vorgärten, Schalen, Terrassenränder, Gehölzvorpflanzungen, architektonische Steingartenanlagen, den Frühlingsweg und viele andere Plätze. Man kann davon nicht genug pflanzen. Die Blütezeit beginnt oft schon Mitte März, wenn sonst alles noch kahl ist. Sie sind starke Vermehrer und sollten im zweiten Blütejahr nach dem Vergilben aufgenommen und im Herbst wieder gepflanzt werden. Bei diesen Tulpen die kleinen Nebenzwiebeln wieder mit legen. Die Entwicklung zur blühfähigen Pflanze geht sehr schnell. Die einzelnen Trupps sollten nicht kleiner als fünf Stück sein.

Zu empfehlen bei *Tulipa fosteriana:* 'Red Emperor', 'Grand Prix', 'Golden Emperor', 'Hollands National', 'Rockery Beauty', 'Princeps', 'Juan', 'Cantata', 'Purissima' (oder 'Weißer Kaiser'), 'Pinkeen', 'Albas', 'Rose Emperor', 'Salute', 'Sir Daniel'. Bei den Sorten von *T. kaufmanniana:* 'Josef Kafka', 'Johann Strauß', 'Goldstück', 'Berlioz', 'Stresa', 'The First', 'Shakespeare', 'Robert Schumann', 'Hearts Delight', 'Robert Stolz', 'Lady Rose', 'Cesar Frank', 'Ancilla', 'Corona', 'A. Cortot', 'Daylight'.

Die größten Zuchterfolge waren in letzter Zeit bei *Tulipa greigii* zu verzeichnen: 'Cape Cod', 'Golden Day', 'Cap d'Or', 'Addis', 'Donna Bella', 'Plaisir', 'A. van Leeuwenhoek', 'Carioca', 'Perlina', 'Compostella', 'Sparkling Fire', 'Mari Ann', 'Rotkäppchen', 'Tango', 'Orange Elite', 'Rockery Master', 'Yellow Dawn'. Besonders hohe Greigii-Hybriden sind 'Margarete Herbst', 'Oriental Splendour' und 'Temple of Beauty'. Schaustücke für jeden Garten! Alle *Tulipa*-Greigii-Hybriden haben starke rötlichbraune Streifen auf der Oberseite der Blätter.
Trotz aller Pracht der genannten „Botanischen Tulpen" sollten die eigentlichen Tulpen-Arten nicht vergessen werden. Im natürlich angelegten Steingarten, in Kübeln und Trögen, in Vorpflanzungen vor Gehölzen und an vielen anderen Stellen können sie truppweise auftreten, stets an Plätzen, die eine Nahbetrachtung zulassen. Verschiedene Arten, wie z. B. *Tulipa tarda* und *T. turkestanica,* die beide klein bleiben, säen sich am zusagenden Platz selbst aus. Jährlich gelangen Neueinführungen in den Handel; der Sammler kommt also nie zur Ruhe. Einige bewährte Arten sind *Tulipa eichleri, T. persica, T. praestans, T. pulchella, T. whittallii.*

**Kultur und Pflege**

Tulpen sind anspruchslos, was den Boden betrifft, nur vertragen sie keine stehende Nässe. Deshalb in stark lehmigen Extremböden für Dränage sorgen (Mauerschutt, Ziegelsplitt, Styroporflocken). Sehr geeignet ist ein mittelschwerer, lehmig-sandiger Boden, auf dem noch keine Tulpen gestanden haben und der von guter Dungkraft ist. Aber die Zwiebeln keinesfalls in frisch gedüngten Boden setzen. Leicht alkalische Böden sind besser als saure.
Ein sonniger Pflanzplatz ist Voraussetzung für gutes Gedeihen und gute Blüte im zweiten Jahr. Die Pflanzzeit im Herbst kann zwar von Ende August bis Ende November ausgedehnt werden; besser ist es jedoch, die Zwiebeln bis Ende Oktober in den Boden zu bringen. Der größte Teil der Wurzelbildung sollte vor Frosteinbruch beendet sein.
Tulpen sind Leckerbissen für Mäuse und Wühlmäuse. In stark gefährdeten Gärten muß man sie in Drahtkörbchen legen, die aus billigem, verzinktem Maschendraht selbst gefertigt werden. Oder einen alten Plastikeimer ohne Boden eingraben und darin die Zwiebeln pflanzen. Hilfe bietet auch Toxaphen, ein im Handel befindliches Stäubemittel. Die Dosen haben kleine Löcher und einen Druckdeckel. Daraus können die Zwiebeln direkt bepudert werden. In die feuchte Erde gepflanzt, entwickelt dieses Produkt einen unangenehmen Geruch, der die Nager abhält. Auch das Wälzen der Zwiebeln in trockenem Bleimennigepulver hat sich bewährt.
Die durchschnittliche Pflanztiefe beträgt etwa 12 cm. Man kann etwas Tulipal, einen speziellen Blumenzwiebeldünger, ins Pflanzloch geben. Am besten ist es, nach dem Pflanzen etwas organischen Dünger (Nettolin, Oscorna, Biohum, pulverisierten Rinderdünger) zu streuen.
Tulpen sind winterhart und benötigen keinen Schutz. Lediglich bei Spätpflanzung ist es ratsam, eine 10 cm starke Torfmulldecke aufzubringen, damit der Boden in Zwiebeltiefe nicht so schnell gefriert und die Wurzelbildung erfolgen kann. Tulpen kommen aus Gegenden mit trockenem, kaltem Winter, feuchterem Herbst und Frühling und trockenem sehr heißem Sommer. In diesem hartgebrannten Boden reifen die Tulpen richtig aus. Das ist bei uns nicht immer der Fall. Es ist von Art zu Art und Sorte zu Sorte verschieden. Sorten, die nicht gut ausreifen, werden im zweiten Jahr nur noch kümmerlich blühen, im dritten einige Blätter treiben und dann ganz verschwinden. Andere Sorten dagegen bilden dichte, mehrstengelige, reichblühende Trupps.
Wie lange sollten Tulpen im Boden bleiben? Schnittblumenbeete im Nutzgarten werden jährlich aufgenommen, normalerweise nach dem Vergilben der Blätter. Wird die Fläche früher gebraucht, so werden die Pflanzen mit dem Handspaten aus dem Boden genommen, möglichst mit einem größeren an der Zwiebel haftenden Erdballen. Sie werden dicht an dicht in eine alte Obststeige gesetzt, deren Boden mit einer Erdschicht bedeckt wurde. An einem abseitigen Platz können dann die Zwiebeln ausreifen und einziehen. An einem trockenen Tag werden sie geputzt. Die vergilbten Blätter, Stengel, alten Zwiebelhüllen und sehr kleine Nebenzwiebeln kommen auf den Kompost. Im Gegensatz zu den Narzissen- und Hyazinthenzwiebeln dauern die Zwiebeln der Tulpen nicht aus, sondern sie werden während der Wachstumsperiode völlig aufgezehrt. Je nach Sorte werden dafür mehrere oder nur eine Neben- oder Brutzwiebel gebildet.
Die geputzten Zwiebeln trocken und warm bis zur Neupflanzung aufbewahren. Tulpen in freier Pflanzung können mehrere Jahre im Boden verbleiben. Im Durchschnitt werden sie nach der dritten Blütezeit aufgenommen und im Herbst wieder gepflanzt. Die enorm wüchsigen *Tulipa fosteriana, T. kaufmanniana* und *T. greigii* werden schon nach der zweiten Periode aus dem Boden genommen. Tulpen dürfen nicht sofort wieder an den gleichen Pflanzplatz kommen, sonst stellen sich verschiedene Wachstumsstörungen

und Krankheiten ein. Müssen die Zwiebeln am gleichen Platz gepflanzt werden, so wird die Erde an dieser Stelle durch andere ersetzt.

**Pflanzenschutz**
Leider gibt es bei den Tulpen eine Reihe von Krankheiten, die bei der Pflanzung auf schon vorher mit Tulpen bestandenen Flächen besonders vermehrt auftreten. Erfolgt keine Bodendesinfektion, so sollte dieser Boden erst nach zweijähriger Pause wieder mit Tulpen bepflanzt werden. Das Tulpenfeuer oder der Grauschimmel verursacht ein ungleichmäßiges Austreiben der Pflanzen. Die jungen Triebe sind verkrümmt und oft aufgespaltet. Auf den geschädigten Teilen befindet sich ein mausgrauer Pilzbelag. Die befallenen Pflanzen sollten herausgenommen und vernichtet werden. Wo ein Auftreten dieser Krankheit vermutet wird, ist nach Austriebsbeginn alle vierzehn Tage vorbeugend mit Zineb oder TMTD-Brühe zu spritzen (20 g/10 l Wasser). Bei der Graufäule bildet sich unter der braunen Außenhülle ein weißliches Pilzgeflecht, das später hart und schwarzbraun wird. Bekämpfung wie beim Tulpenfeuer. *Fusarium*-Zwiebelfäule tritt im Liebhabergarten seltener auf. Zwiebeln und die absterbenden, oft violett verfärbten Blätter vernichten. Von den tierischen Schädlingen wurden die Nager wie Wühl- und Feldmaus schon erwähnt, Blattläuse treten seltener auf, sie werden durch die genannten Mittel im Anfangsstadium vernichtet.

## Narzissen

Narzissen haben bei uns nicht die Bedeutung, die sie verdienen. Das in anderen europäischen Ländern sehr umfangreiche Angebot an Sorten ist bei uns bescheiden. Selten verirrt sich einmal eine Neuheit in die Kataloge. Der intensivere Liebhaber muß aus England und Holland selbst importieren. Ähnlich wie Tulpen sind auch die Narzissen in Gruppen zusammengefaßt. Zur wichtigsten Gruppe gehören die Trompetennarzissen, im allgemeinen Sprachgebrauch auch als Osterglocken bezeichnet. Es sind meist gute Treibsorten. Alte, bewährte Sorten: 'King Alfred', 'Mount Hood', 'Music Hall', 'Queen of Bico-

*Wildtulpen eignen sich gut für Steingärten. Hier die leicht wachsende Tulipa tarda.*

lors'. Neueren Datums und empfehlenswert sind 'Irish Luck', 'Limone', 'Windsor', 'White Tartar', 'Red Marley', 'Beersheba', 'Cantatrice', 'Empress of Ireland', 'Louise de Colligny', 'Britischer Riese'.
Narzissen eignen sich besonders für Gehölzvorpflanzungen, die beste Wirkung wird vor Koniferenhintergrund erzielt. Die Trompetennarzissen lassen sich gut treiben. Narzissen nicht gemischt mit Tulpen pflanzen: Lebensrhythmus und Ansprüche sind verschieden. Die Trompetennarzissen, aber auch alle anderen großblumigen Züchtungen können in die Staudenpflanzung kommen. Sie brauchen auch nicht öfter aufgenommen, geteilt und verpflanzt werden wie z. B. Rittersporn und Phlox. Es werden groß- und kurzkronige Narzissen angeboten. Da es nicht auf dem Millimeter ankommt, eine zusammengefaßte Empfehlung: 'Binkie', 'Birma', 'Galway', 'Scarlet Elegance', 'Silver Standard', 'Carlton', 'Schneeprinzessin', 'Carbineer', 'Fortuna', 'Mercator', 'La Riante', 'Delibes', 'Lourdes', 'Patachou', 'Pariach', 'Roseworthy', 'Spectacular', 'Royal Orange', 'Grullemans Gigant', 'Polar Ice', 'Apricot Distinction'. Von den gefüllt blühenden Narzissen muß abgeraten werden, sie sind nicht schön und eignen sich höchstens für Schalen, aber nicht für den Garten.
Schöne kleinblumige, reichblühende Narzissen, die auch schon im Steingarten verwendet werden können, sind die Sorten von *Narcissus triandus:* 'Thalia', 'Liberty Bells', 'April Tears', 'Silver Chimes', 'Tresamble'. Alle diese Sorten bestocken sich in etwas feuchteren Böden besser als in sehr trockenen. Gegen Beschattung sind sie ziemlich unempfindlich. Besonders hübsch sind die Cyclamineus-Hybriden; sie lieben ebenfalls ausgesprochen feuchte Plätze, wo sie

Narzissen können in die Staudenrabatte kommen, sie halten lange am gleichen Standort aus

Narzissen besonders gut vor dunklem Koniferenhintergrund

sich üppig ausbreiten und manchmal sogar aussamen. Auch sie kommen im Halbschatten unter Laubbäumen noch gut fort. Im Sommer sollte der Standort etwas trockener sein, wie es bei uns sowieso der Fall ist. Gut sind 'February Gold', 'Peeping Tom', 'Jenny', 'Little Wich', 'Jack Snipe', 'Cyclades', 'Dove Wings', 'Garden Princess'. Die Jonquillen-Hybriden mit mehreren Blüten am Stiel und starkem Duft sind bei uns in kalten Gegenden empfindlich. Etwas Winterschutz durch eine Torfmullauflage, die gegen Regen geschützt ist, sollte vorsorglich angebracht werden. 'Orange Queen', 'Trevithian', 'Baby Moon', 'Nirvana', 'Suzy', 'Bobbysoxer' sind gute Sorten, verwendbar für den Steingarten. Der Besitzer eines Kalthauses wird sie dort ziehen.
Die straußblütigen Narzissen (Poetaz-Narzissen) sind etwas empfindlicher und wünschen einen geschützten Standort. Anders dagegen die Poeticus- oder Dichternarzissen. Sonniger Standort, Frühlingsfeuchtigkeit, Sommertrockenheit liebt diese Gruppe. Die duftenden Blüten mit den kleinen Trompeten-Überresten blühen erst im Mai. Sie sind am zusagenden Standort sehr wüchsig, passen auch in naturnahe Gartenteile. 'Queen of Narcissi', 'Red Rim', aber auch noch die alte *N. poeticus* sind pflanzwert.
Bleiben noch die eigentlichen Wildnarzissen. Nur ein kleiner Teil ist bei uns wirklich vollkommen winterhart. Viele Kostbarkeiten Spaniens und Portugals kann nur der Besitzer eines Kalthauses bewundern. Die harten Arten sind ideale Partner im Steingarten, wo sie sich besonders unter lockeren Polsterpflanzen wohlfühlen. Einen Versuch wert sind *Narcissus asturiensis (= N. minimus), Corbularia bulbocodium (= Narcissus bulbocodium)* und Varietäten, *Narcissus minor* var. *conspicuus, N. moschatus.*

**Pflanzung und Pflege**

Narzissen sind noch robuster als Tulpen. Hinsichtlich des Bodens sind sie nicht wählerisch, doch sind sie in einem leicht lehmigen Boden mit guter Feuchtigkeit während der Vegetationsperiode besonders wüchsig. Im Hochsommer wollen auch sie es möglichst trocken haben, dem heimischen Mittelmeergebiet entsprechend. Auch von Mäusen werden sie höchst selten gefressen. Narzissen treiben früher als Tulpen neue Wurzeln und sollten deshalb auch frühzeitig im Herbst gepflanzt werden. Bester Zeitpunkt ist Ende August, Anfang September. Leider bekommt man von den Blumenzwiebelhandlungen meist keine Zwiebeln vor Mitte September, aber so bald wie möglich muß gepflanzt werden. Wer Ende November Narzissen pflanzt, wird enttäuscht sein. Etwa 15–18 cm betragen durchschnittliche Pflanztiefe und Abstand von Zwiebel zu Zwiebel.

Narzissen sind besonders für Gaben von Knochenmehl in die Pflanzenerde dankbar. Vier bis fünf Jahre können die meisten Sorten unverpflanzt am gleichen Ort stehen. Einzelne Sorten lassen aber auch schon vor dieser Zeit mit dem Blühen nach und müssen aufgenommen werden. Die Narzissen behalten länger ihre grünen Blätter als die Tulpen und werden deshalb erst Anfang Juni „geerntet". Im Laufe der Jahre haben sich viele „Nasen" gebildet. Sie sind von vielen braunen Blatthüllen umgeben, die entfernt werden; lediglich die um die einzelnen Zwiebeln liegenden bleiben daran. Vor dem Neupflanzen werden die oft großen Gebilde in „Nasenpaare" auseinandergebrochen. Also bleiben immer zwei Zwiebeln beisammen. Große Exemplare werden auch einzeln gepflanzt.

Winterschutz ist bei den Gartensorten nicht nötig. Beim Austrieb im Frühling wird eine organische oder mineralische Volldüngergabe verabreicht. Oft werden Narzissenmischungen für Verwilderung angeboten. Dies kann zwischen Strauchgruppen geschehen, in Parklichtungen, auf Wiesen, in Obstgärten, aber keinesfalls im Zierrasen eines Hausgartens. Bis Ende Juni darf nämlich nicht gemäht werden, wenn die Narzissen Dauergäste bleiben sollen!

**Pflanzenschutz**

Im Haus- oder Kleingarten treten an Narzissen wesentlich weniger Schädlinge auf als an Tulpen. Manchmal sind Schäden durch die Große und Kleine Narzissenfliege zu beobachten, deren Maden im Zwiebelinnern fressen und schlechten Austrieb und Vergilben der Blätter verursachen. Befallene Zwiebeln sofort vernichten. Frisch bezogene Zwiebeln gründlich untersuchen. Mit dem Finger auf die Spitze und auf den Boden drücken: Zwiebeln, die befallen sind, lassen sich leicht eindrücken. Zweifelhafte Zwiebeln gar nicht auspflanzen.

Seltener tritt im Freiland Zwiebelgrundfäule und *Botrytis* auf, typische Krankheiten der Gewächskulturen. Auch hier hilft nur totale Vernichtung der befallenen Pflanzen (nicht auf den Kompost!). Vorbeugend gegen die Fusarium-Zwiebelgrundfäule kann man die Zwiebeln für 15 Minuten in 0,2 %ige Du Pont Benomyl-Brühe tauchen. Von Gärtnereien sind oft billig Steigen mit abgetriebenen Narzissen zu erhalten; mit ihnen werden aber oft auch Narzissenkrankheiten aus den Gewächshäusern in den Garten eingeschleppt.

## Kleinblumenzwiebeln im Garten

Kleinblumenzwiebeln kann man nicht genug pflanzen. Im Spätwinter und Vorfrühling bilden sie die ersten Blütenteppiche. Für jeden Pflanzplatz gibt es Kleinblumenzwiebeln, auch für Plätze, die im Sommer von Sträuchern und Stauden überdeckt werden – dort können diese frühen Blüher ruhig vergilben. Auch als Unterpflanzung von Steingartenpolstern eignen sich viele und nehmen keinen zusätzlichen Platz in Anspruch. Dank der reichlichen Samenbildung, der Verbreitung des Samens durch Ameisen und dank der starken Brutzwiebelbildung werden aus zehn Stück bald hundert.

**Krokus im Rasen**

Gartenbesitzer lieben Krokus im Rasen. Aber: Ein gut gepflegter Rasen muß nun einmal laufend gemäht werden – und damit werden auch die grünen Blätter der Krokus vernichtet, die sich während oder nach der Blüte bilden. Ohne Blattgrün keine Assimilation – es können folglich auch keine neuen Reservestoffe für die nächstjährige Blüte gespeichert werden; die Bildung von Nebenknollen entfällt. So kommt es, daß man in vielen Gärten im Folgejahr nur noch wenige grüne Blätter sieht, die dann im weiteren Zeitverlauf ganz verschwinden. Sicher gibt es Grasarten mit verhältnismäßig spät einsetzendem Wuchs, aber ein wirklich guter Rasen ist in unserem Klimabereich sowieso eine nicht ganz einfache Sache, so daß hier kein Spielraum ist. Man muß also um die Krokushorste herummähen – das Ergebnis sieht nicht schön aus. Andererseits bedeutet das jährliche Neulegen der Knollen keine große finanzielle Belastung. Leider blühen die weißen, gelben und violetten Sorten meist nicht gleichzeitig. Da die gelben Züchtungen vom frühblühenden *Crocus flavus (= C. aureus)* abstammen, läßt sich hier nicht viel tun, und die auffallenden gelben Krokusflecke werden die ersten im Rasen sein. Einfarbige Sorten wählen! Gestreifte und dunkelviolette Sorten kommen nicht zur Wirkung. Die Knollen im Herbst nicht in regelmäßigen Abständen pflanzen. Beste, absichtlich unregelmäßige Wirkung erzielt man mit einem alten Gärtnertrick: Mit einer Hand faßt man so viele Knollen, wie in die Faust gehen. Mit der anderen Hand schlägt man von unten dagegen, während sich die knollenumfassende Hand gleichzeitig öffnet. Kreuz und quer kullern die Knollen, die nun an den Plätzen gepflanzt werden, wo sie liegen. Auch für andere Kleinblumenzwiebeln gilt diese Methode.

**Pflanzgeräte**

Bei Neuanlagen mit lockerem Boden genügt die Hand als Pflanzgerät. Auch ein normales Pflanzholz eignet sich, wenn auch die Erde im Pflanzloch etwas verdichtet und Nachfüllerde benötigt wird. Die verschiedenen auf dem Markt befindlichen Hohl- und Kleinblumenzwiebelpflanzer sind besser. Eine Weiterentwicklung ist der Weihenstephaner Blumenzwiebelpflanzer. Auch für Kleinblumenzwiebeln gilt die Regel: dreimal so tief, wie die Zwiebel oder Knolle mißt. Aber so genau muß es nicht genommen werden. Natürlich kann das Pflanzen auch mit der Blumenkelle oder dem Handspaten erfolgen.

**Kleinblumenzwiebeln im Steingarten**

Viele von ihnen finden hier einen idealen Pflanzplatz, denn die meisten lieben einen möglichst trockenen Standort nach Beendigung der Vegetation im Frühling. Gut sind schräge Steingartenflächen, die Krone der Trockenmauer oder deren Südseite, der Platz vor größeren Solitärsteinen und sonstige Plätze, wo der Boden im Vorfrühling durch die Sonne schon frühzeitig erwärmt wird. Dort setzt der Flor acht bis zehn Tage früher ein als an anderen, weniger günstigen Stellen. Auf die Pflanzplätze unter großflächigen Polstern und unter spät austreibenden Stauden wurde schon hingewiesen. Großblumige Sorten sind im Steingarten etwas deplaziert. Für diesen Zweck gibt es die etwas kleineren, reichblühenden botanischen Krokus. Beste Bestockung zeigt *Crocus tomasinianus* und seine Varietäten, *C. flavus* und *C. biflorus* und seine Sorten. Aber auch die vielen anderen *Crocus*-Arten lohnen, gepflanzt zu werden. Arten und Kulturformen, die sich schlecht versamen, dafür starke Brutknollenbildung aufweisen, so besonders auch die Sorten von *C. chrysanthus,* sollten nach einigen Jahren nach dem Vergilben der Blätter aufgenommen und neu gepflanzt werden, wenn sie am alten Platz durch die starke Vermehrung sich nicht selber aushungern sollen. Gut geeignet sind die Schneestolzarten, *Chionodoxa sardensis, Ch. luciliae* und *Ch. gigantea* sowie deren weiße und rosa Abarten. Besonders die Sorte 'Pink Giant' darf nicht vergessen werden. Sie vermehrt sich ziemlich schnell; die Ameisen transportieren die Samen. Schnittlauchartige Sprossen treiben im kommenden Jahr die Sämlinge, die man bis zum Vergilben in Ruhe lassen muß. Traubenhyazinthen, besonders *Muscari armeniacum* sind sehr wüchsig, oft können sie sogar lästig werden. Besser ist es, sie als duftende Einfaßpflanze zu verwenden, wo sie besser unter Kontrolle steht. Sehr hübsch sind die zweifarbig blaue *M. aucheri (= M. tubergenianum)* und die weißen Varietäten. *M. paradoxum* wirkt etwas düster.

**Schneeglöckchen und Winterling**

Als frühestblühende Gartenpflanzen besonders wertvoll. Vorzugsweise an solche Plätze, die zur Blütezeit ins Auge fallen und bequem und trockenen Fußes erreicht werden können, so an die Ostseite des Hauses, in den Vorgarten, an den Terrassenrand oder an geschützte Steingartenplätze. Stattlicher als das einheimische, kleinblühende Schneeglöckchen, *Galanthus nivalis,* ist der aus der Türkei stammende, meist vierzehn Tage früher blühende und auch wesentlich wüchsigere *G. elwesii.* Unter dem Namen *G. elwesii* 'Cassaba' gibt es neuerdings eine Selektion, die nach einiger Zeit zwei Blüten aus einem Blattpaar schiebt. Böden mit leichtem Lehmanteil werden bevorzugt. Die Blüte der gefüllten Form sieht, von unten betrachtet, hübsch aus. Am Standort wirkt sie aber etwas plump. Neu im Angebot und verhältnismäßig billig ist *G. ikariae* 'Latifolius', eine wertvolle Sorte, die sich schnell vermehrt.

Bei den Winterlingen säen sich *Eranthis hyemalis* und *E. cilicica* leicht aus. Die jungen Sämlinge benötigen etwa vier Jahre bis zur Blühfähigkeit. Prächtiger und bald große Knollen bildend ist die sterile Sorte 'Guinea Gold'. Große Knollen in einzelne Stücke brechen und neu pflanzen.

*Frühe Blüher werden oft vom Schnee überrascht. Oben: Narcissus cyclamineus 'Peeping Tom'. Unten links: Galanthus elwesii. Unten rechts: Wertvolle Zwiebeliris, Iris histrioides 'Major'.*

**Vorbehandlung eingeschrumpelter Knollen**
Verschiedene Knollenpflanzen sehen so, wie sie geliefert werden, nämlich eingetrocknet und schrumpelig, nicht vertrauenserweckend aus. Das ist bei den oben erwähnten *Eranthis*-Arten, bei *Anemone blanda, A. nemorosa, A. coronaria* u.a. der Fall. Um eine frühzeitige Wurzelbildung anzuregen, werden die Pflanzen etwa 24 Stunden vor der Pflanzung in Wasser eingeweicht. Nach dieser Zeit sind die Knollen wieder prall aufgequollen. Besonders in trockenen Herbstperioden wichtig. Bei einigen Arten, z.B. *Eranthis,* vertrocknet die Blüte in der Knospe sehr leicht, so daß die Knollen erst im zweiten Frühjahr nach der Pflanzung im vollen Flor stehen.

**Zwiebeliris**
Manche Botaniker fassen sie heute in der neugebildeten Gattung *Iriodictyum* zusammen, aber in Gärtnerkreisen bleibt wohl die Bezeichnung „Zwiebeliris" erhalten. Die dankbaren, billigen Vorfrühlingsblüher sollten mehr gepflanzt werden, und zwar an einem sonnigen, gut dränierten Gartenplatz. Kalk im Boden lieben sie. Beste Wildart ist *Iris histrioides* 'Major'. Genausogut ist eine Kreuzung mit dieser, die Sorte 'Harmony'. 'Cantab', hellblau und sehr billig, ist ideal für Massenpflanzungen. Die gelbe *I. danfordiae* und die blauviolette *I. reticulata* sind am meisten verbreitet. Leider bilden sie nach der Blüte keine Hauptzwiebel, sondern sehr viele kleine Nebenzwiebeln, die in den nächsten beiden Jahren nicht blühen. Aufnehmen und Neupflanzen lohnt nicht, da die Zwiebeln billig sind. Auch die sehr langen, pfriemenartigen Blätter, die sie erst nach der Blüte entwickelt, stören etwas. Mit Schneeglöckchen und Winterling blüht schon *I. histrio* var. *aintabensis* mit hellblauen, dunkelgefleckten Blüten.
Manchmal tritt bei den Zwiebeliris die „Tintenfleckenkrankheit" auf. Die Zwiebeln bekommen schwarze Flecken, die Pflanze vergilbt. Einzige Möglichkeit: die Pflanze sofort vernichten.

**Herbstblüher**
Sie werden zu selten verwendet, vielleicht wegen der außerfahrplanmäßigen Pflanzzeit im August – die Pflanzung wird meist versäumt. Von den dankbaren herbstblühenden Krokussorten sind die Sorten von *Crocus speciosus* und *C. kotschyanus (= C. zonatus)* unproblematisch. Die Blüten erscheinen im Herbst. Die Blätter treiben im Frühling; sie dürfen erst nach dem Vergilben entfernt werden. Das gleiche gilt für die Gartenherbstzeitlosen. Die wuchtigen Blattschöpfe, besonders alteingewachsener Horste, wirken oft etwas störend beim Vergilben, wenn sonst die ganze Umgebung am Treiben und Blühen ist. Deshalb den Pflanzplatz für *Colchicum*-Arten und -Sorten gut überlegen. Die gekauften großen Zwiebeln können zuerst im Zimmer als Trockenblüher genützt werden: In einer Schale mit trockenem Sand treiben sie ohne Wassergabe schon bald die rotvioletten, rosa und weißen Blüten. Noch im Herbst werden sie nach dem Verblühen in den Garten gepflanzt. Horste sollten nicht zu bald umgepflanzt werden – erst Büschel mit zwanzig und mehr Blüten wirken gut. Einen deutlich feuchteren Boden wollen lediglich die Abkömmlinge des einheimischen *Colchicum autumnale;* die südeuropäischen gedeihen besser an trockeneren, sonnigen Standorten. Die angebotenen *Sternbergia lutea* und *St. fischeriana* sind nur für mildere Gegenden zu empfehlen: das sich schon im Herbst bildende Laub muß unbeschädigt den Winter überdauern, wenn sich im folgenden Herbst Blüten zeigen sollen. Dauerhafter ist *St. clusiana.*

**Kleinblumenzwiebel-Teppiche unter Sträuchern**
Allzuwenig werden die Flächen unter Sträuchern genützt. Kleinblumenzwiebeln und Blütensträucher ergänzen sich gut. Für ihr Gedeihen ist viel gewonnen, wenn nicht jedes herabfallende Blatt im Herbst fein säuberlich weggekehrt wird, sondern alles Fallaub an diesen Stellen liegen bleiben darf; im Frühling wird es aus dekorativen Gründen handbreit mit Torfmull abgedeckt, und bis zum Sommer haben die Regenwürmer alle vermodernden Laubreste samt dem Torf in den Boden gezogen. So wird er von Jahr zu Jahr humusreicher, und in dieser mildfeuchten Erde fühlen

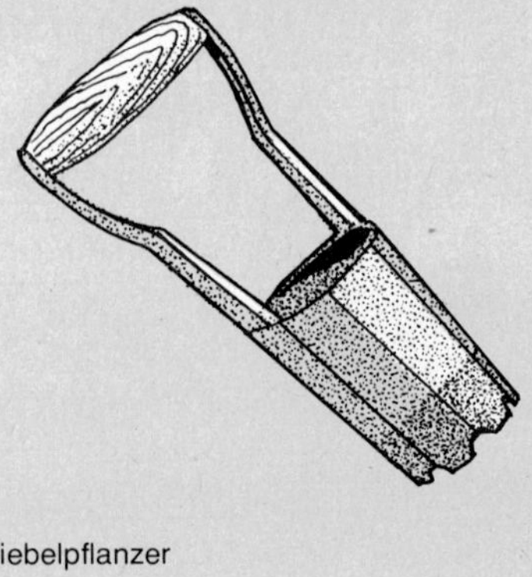

Blumenzwiebelpflanzer

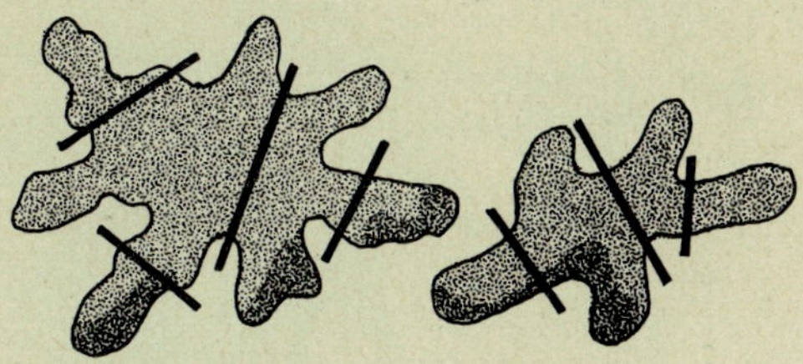

Knollen von Winterling (Eranthis) in einzelne Stücke brechen, besonders wichtig bei sterilen Sorten wie 'Guinea Gold'

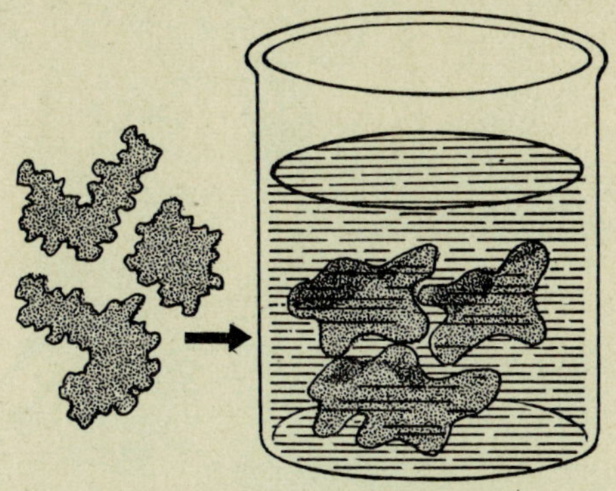

Verschrumpelte Anemonen- und Winterlingknollen vor dem Pflanzen über Nacht in Wasser anquellen

sich die Blumenzwiebeln besonders wohl. Bis sich das Laub der Blütensträucher voll entwickelt hat, haben die Kleinblumenzwiebeln den Höhepunkt ihrer Vegetation bereits überschritten und beginnen zu vergilben. Im Sommer ist es unter dem Blätterdach wunschgemäß ziemlich trocken, die Zwiebelchen können gut ausreifen.

Bestens geeignet sind die *Scilla*-Arten. In keinem Garten sollte *Scilla mischtschenkoana (= S. tubergeniana)* fehlen, deren zart weißblaue Blüten im März erscheinen; sie breitet sich sehr schnell aus. Am bekanntesten ist *S. sibirica,* die in Parks oft große Flächen über und über mit ihren blauen Blüten bedeckt. Schön ist 'Spring Beauty', eine sterile Sorte; sie kann nur durch Neupflanzung der sich reichlich bildenden Nebenzwiebeln vermehrt werden. Zierlicher ist *S. bifolia* mit ihrer weißen und rosa Abart.

Heikler ist unser heimischer Märzenbecher *(Leucojum vernum).* Wo ihm der Boden nicht paßt, kann er viele Male gepflanzt werden, ohne daß er Fuß faßt. Der Boden soll mildfeucht-humos und dabei kalkhaltig sein, die Pflanzung sollte frühzeitig erfolgen, Anfang September. Wo es ihm gefällt, ist er sehr dauerhaft. Anspruchslos, aber noch mehr für feuchte Wiesen, ja sogar sumpfiges Gelände geeignet ist *L. aestivum* mit der Auslesesorte 'Gravetye Giant'. Diese Zwiebelpflanze wird einen halben Meter hoch und trägt an jedem Stengel mehrere Blüten. Sie blüht erst im Mai.

**Raritäten für verschiedene Plätze**

Für sonnige Stellen an der Haus-Südseite, für Steingarten und Trogbepflanzung gibt es sehr schöne Züchtungen von *Anemone blanda,* die zusammen gut harmonieren, z.B. 'Bridesmaid', in reinem Weiß, 'Charmer' in Dunkelrosa, 'Radar' in grellem Karminrot mit weißer Mitte, und 'Blue Star' in Blau. Der Platz kann auch leicht halbschattig sein. Die angequollenen Knollen werden 6–8 cm tief gepflanzt. Nach einigen Jahren werden die Knollen aufgenommen und geteilt. *Bulbocodium vernum,* auch noch unter dem Namen *Colchicum vernum* bekannt, ist eine Verwandte der Herbstzeitlose. Dieses Blumenzwiebelgewächs blüht zeitig im Frühling in voller Sonne. Meist schon im März erscheinen die ziemlich dicht am Boden sitzenden rosafarbenen, ausgebreiteten Blüten. Ein nicht zu schwerer Boden wird vorgezogen. Die schwarzbraunen, kleinen Zwiebeln werden alle zwei bis drei Jahre aufgenommen und neu etwa 8 cm tief gepflanzt.

Mehr als Zwischenpflanzung für Stauden eignet sich *Camassia leichtlinii* in ihrer weißen, blaßblauen und dunkelblauen Form. Der attraktive Blütenstand wird bis 90 cm hoch. Entgegen den Angaben in verschiedenen Büchern ist diese Pflanze völlig winterhart. Nicht in die Nähe von *Phlox* pflanzen. Die Älchen mögen auch *Camassia.* Bei Befall bilden sich verkrüppelte Blätter.

*Cyclamen*-Wildarten werden, im Gegensatz zur massenweisen Verwendung von Zimmeralpenveilchen, im Garten zu wenig verwendet. Natürlich kommen nur die winterharten Wildformen in Frage. Der Standort sollte halbschattig sein und der Boden mildfeucht, lehmig-humos und etwas kalkhaltig. Aufpassen, daß die Knollen nicht verkehrt herum in den Boden kommen: die glatt ovale Seite nach unten legen. Wurzeln gehen auch von der Oberseite der Knollen aus! Pflanztiefe nur 3–4 cm; die Frühlingsblüher nur

*Seite 164: Zu wenig sieht man die Pracht der Gartenherbstzeitlosen und der herbstblühenden Krokus, weil ihre Pflanzzeit Ende August - Anfang September nicht recht genutzt wird. Oben: Colchicum-Hybride 'Prinzess Astrid'. Unten links: Crocus kotschyanus zwischen Felsenbirnenlaub. Unten rechts: Colchicum bornmuelleri. Seite 165: Sommerliche Lilienpracht. Oben links und rechts: Asiatische Hybriden 'Elfriede' und 'Abendglühen'. Mitte links: Kaukasusart Lilium szovitsianum. Mitte rechts: Goldbandlilie, Lilium auratum. Unten rechts: Asiatische Hybride 'Sabrina'. Die Züchtung ist im vollen Fluß, jährlich erreichen uns neue Schönheiten, und diese Neuheiten sind dann meist noch widerstandsfähiger als die Eltern.*

*Gelbblühende Kaiserkrone, Fritillaria imperialis.*

*Erythronium-Hybride 'Pagoda' für Halbschatten.*

1 cm bedecken. Im Winter mit etwas Nadelstreu aus dem Wald decken. Im Frühling blüht *Cyclamen coum* in weißen, rosa und karminroten Varietäten. Wüchsige Herbstblüher sind *C. purpurascens (= C. europaeum)* und *C. hederifolium (= C. neapolitanum)* mit der besonders wüchsigen Form 'Album'. *C. cilicicum* und *C. repandum (= C. vernale)* marmorierten Blättern sind nicht genügend hart. Kalthausbesitzer können sich diese und viele andere Arten aus dem Mittelmeerraum halten, die bei uns im Freiland meist nicht überleben. Solche Sammlerkostbarkeiten sind: *Cyclamen persicum* (Wildform), *C. graecum, C. rohlfsianum, C. cyprium, C. creticum, C. balearicum, C. pseudoibericum, C. libanoticum.* Das heimische Angebot ist mager; man muß gegebenenfalls nach England schreiben.

Kostbarkeiten sind auch *Erythronium*-Arten. Im Handel werden sie leider wie Tulpenzwiebeln und Krokusknollen behandelt. Daher sind die eckzahnförmigen Zwiebeln, wenn man sie erhält, meist halb vertrocknet und mit eingeschrumpften, verschimmelten Stellen bedeckt. Sie dürfen nämlich nur kurze Zeit an der Luft liegen, da sie keine schützende, braune Außenhülle haben. Die Zwiebeln nach der Lieferung sofort mit Albisal-Lösung oder in einer TMTD-Trockenbeize desinfizieren. Bald in den Boden bringen, etwa 6–8 cm tief, je nach Größe. Halbschattigen, mildfeuchten Standort, keinen vollsonnigen, brandigen Platz. *Erythronium* lohnen die Mühe. Von der europäischen Art *Erythronium dens-canis* gibt es schöne Farbsorten, wie 'Lilac Wonder', 'Rose Beauty', 'White Splendour'. Eine Hybride ist wesentlich größer; sie ist unter dem Namen 'Pagoda' bekannt; auch *E. oregonum* und *E. tuolumnense* sind gut wüchsig, sehr schön *E. revolutum* 'White Beauty'. Etwas für sehr geschützte Stellen an Hauswänden sind die Freilandamaryllis. Besonders an Wänden zum Heizungskeller gedeihen sie gut. Die Blätter werden schon ab Februar gebildet und ziehen im Laufe des Juni ein. Im September erscheinen die amaryllisähnlichen Blüten. Die großen Zwiebeln werden 12–15 cm tief gepflanzt. Bei gutem Schutz gedeihen *Lycoris squamigera (= Amaryllis hallii)* und *Amaryllis* 'Parkeri'.

Bei den *Ornithogalum*-Arten gibt es verschiedene Wucherer; nicht fehlen sollte das erste frühblühende

*Ornithogalum balansae* (sonnige Steingartenplätze!). Die *Oxalis*-Arten *O. adenophylla* und *O. enneaphylla* sind nicht ganz winterhart; eine Nadelstreudecke sollten sie vorsichtshalber erhalten. Auch müssen die Zwiebeln von Zeit zu Zeit geteilt werden, wenn man sie nicht verlieren will. Pflanztiefe 7–8 cm, der Pflanzplatz muß vollsonnig sein.

**Vermehrung von Kleinblumenzwiebeln**

Fast alle Arten bilden reichlich Brutzwiebeln. Man kann diese bei wertvollen Sorten aufnehmen und neu pflanzen. Sonst erfolgt die Vermehrung ohne Zutun des Besitzers. Samenernte und Aussaat in Kistchen lohnt nur bei seltenen Arten, Neueinführungen und -züchtungen. Alle als Frostkeimer behandeln (s. Kapitel „Pflanzenkauf und Pflanzenvermehrung", Abschnitt „Keimdauer, Dunkelkeimer, Frostkeimer"). Auf das Teilen der Knollen bei *Eranthis* und Anemonen wurde schon hingewiesen.

**Pflanzenschutz**

Auf die Tintenflecken-Krankheit bei Zwiebeliris wurde schon aufmerksam gemacht. Sonst gibt es wenig Schädlinge außer den Mäusen und Wühlmäusen, deren Bekämpfung auf Seite 50 beschrieben wurde. Sehr bewährt hat es sich, die Zwiebelchen beim Neulegen mit Toxaphen einzustäuben. Giftweizen legen. Nicht zu flach pflanzen. Freundschaft mit Nachbars Katze? Im Frühling zerhacken die Amseln gerne die Blüten von Krokus, besonders der gelbfarbigen, sowie die Blüten von Zwiebeliris. Das Nahrungsangebot ist in dieser Zeit nicht besonders groß, und sie suchen wohl nach Insekten am Blütengrund. Zur Zeit der etwas späteren Blüte der andersfarbigen Krokusse ist das Nahrungsangebot schon größer, deshalb werden diese meist verschont. Vielleicht sollte man die Winterfütterung der Weichfutterfresser noch reichlich bis ins Frühjahr fortsetzen. Netze kann man ja nicht über die Krokusse spannen!

*Allium christophii, der „Spritzraketenlauch".*

## Fritillarien für besondere Plätze

*Fritillaria imperialis,* die Kaiserkrone, ist eine der prachtvollsten Frühlingsblumen. In manchen Gärten läßt sie sich schwer ansiedeln, in anderen wächst sie wie Unkraut. Es sind verschiedene Typen im Handel, reich- und armblütige. Bei Mißerfolg versuche man es mit anderen Lieferanten. Keinesfalls mögen die Fritillarien frischen Dünger. Gehaltvoller, lehmigsandiger Boden sagt ihnen sehr zu. Unter die großen Zwiebeln, die etwa 12 cm tief gepflanzt werden, kommt eine schwache Dränschicht aus Flußsand, denn die Zwiebel verträgt keine stehende Nässe. Viele Jahre ungestört lassen; erst nach etwa vier Jahren den Horst aufteilen und am besten sofort wieder pflanzen. Zerstochene Zwiebelteile nicht fortwerfen, denn meist entwickeln sich daraus wieder vollwertige Zwiebeln. Sonniger Platz ist unerläßlich, besonders vor dunklem Koniferenhintergrund. Ende Mai beginnen die Kaiserkronen zu vergilben, deshalb schnell hochwachsende Stauden davor setzen, wie etwa Rittersporn. Empfehlenswert ist *Fritillaria imperialis* 'Rubra Maxima', die gelbblühende 'Lutea Maxima', 'Orange Brillant', 'Der Kaiser', 'Die Kaiserin', 'Krone auf Krone'. Bei Neupflanzung möglichst früh in den Boden bringen. Nach Spätfrösten liegen die frischen Triebe am Morgen wie gekocht auf der Erde; trotzdem ist kein Schutz nötig, am Mittag stehen sie wieder unbeschädigt. Auf die Vertreibung der Wühlmäuse mit diesen Pflanzen wurde bereits hingewiesen.

Eine weitere hohe Solitärgestalt ist *F.* × *persica* 'Adiyaman'. Sie treibt einen dunkel pflaumenfarbenen Schellenbaum. Behandlung wie *F. imperialis.*

*Seite 168 oben: Neue Lilienhybriden im Garten des Autors. Die abgebildeten Lilien gehören zur Gruppe der asiatischen Hybriden, die am widerstandsfähigsten sind. Unten: Auch solche, ganz andersartige Schönheiten aus dem Blumenzwiebelbereich gehören in den Garten. Groß ist die Gattung Allium, zu der auch unsere Küchenzwiebel gehört. Die einzelnen Arten blühen so unterschiedlich, daß man blühenden Zierlauch vom Mai bis zum Frost haben kann. Seite 169 zeigt bewährte Dahliensorten, ein Ausschnitt aus riesiger Fülle. Oben links: 'Blaulicht'. Oben rechts: 'Sommerlachen'. Mitte links: 'Royal Wedding'. Mitte rechts: 'Alexander von Humboldt'. Unten rechts: 'Feuerrad'.*

Obwohl aus Persien kommend, ist sie voll winterhart. Nie massiert pflanzen. Ein bis drei Stück an auffallenden Plätzen im Steingarten, an Terrassenrändern, an hellem Mauerwerk.

**„Kiebitzeier"**

Unter dieser Bezeichnung und als „Schachblume" ist *Fritillaria meleagris* bekannt, eine einheimische, geschützte Pflanze sumpfiger Wiesen. Für den Garten wichtig, da sie eine der wenigen Blumenzwiebelpflanzen ist, die in ziemlich feuchtem Boden wächst, ja diesen wünscht. Etwa 5 cm tief werden die weißen Zwiebeln im Herbst gelegt. An zusagendem Standort sät sie sich auch leicht selbst aus. Es wurden etliche Farbsorten gezüchtet, wie 'Aphrodite' (weiß), 'Charon' (dunkelpurpur), 'Poseidon' (purpurrosa), 'Artemis' (besonders schöne Zeichnung), 'Pomova' (zart violette Zeichnung auf weißem Grund). Man kann nie genug davon pflanzen.

**Seltenheiten**

Für den Sammler bieten sich auch bei den Fritillarien viele seltene Wildarten an, deren Standort im Steingarten ist. Sie lieben einen trockenen und gut durchlässigen Boden; oft muß auf zusätzliche Dränage geachtet werden. Manche sind kräftige, manche heikle Gesellen. Gut wachsen *Fritillaria assyrica, F. acmopetala, F. pallidiflora, F. bithynica, F. pinardii.* Heikler und seltener sind *F. pontica, F. ruthenica, F. recurva* usw. Die kleineren Arten stehen auch vorzüglich im Pflanztrog.

## Lilien im Garten

**Pflanzung**

Lilien werden oft anormal gepflanzt, weil viele Blumenzwiebel-Versandfirmen sie erst im Frühlingsangebot haben. Richtig ist die Herbstpflanzung; die Madonnenlilie *(Lilium candidum)* und die Isabellenlilie *(L. × testaceum)* sollten sogar unbedingt schon Ende August/Anfang September gepflanzt werden, weshalb sie oft auch in den Sommerofferten für herbstblühende Blumenzwiebeln erscheinen. Damit sie im kommenden Jahr blühen, müssen sie im Herbst noch grüne Blätter, knapp über dem Boden, treiben. Diese beiden aus dem Rahmen fallenden Lilien müssen ziemlich flach gepflanzt werden, nur 2–3 cm Erde sollen über der Zwiebelspitze liegen. Alle übrigen Lilien können selbstverständlich nicht so früh versandt werden, wie etwa Tulpen und Narzissen, da sie länger zum Ausreifen brauchen. Aber von Ende Oktober bis Anfang Dezember sollte der Versand erfolgen. Der Pflanzplatz kann ja schon im September/Oktober vorbereitet werden. Kommt frühzeitig Kälte, so wird mit stärkeren Styroporplatten oder Laub abgedeckt, so daß auch noch bei Frostperioden gepflanzt werden kann.

Die größte Gefahr droht Lilien durch stauende Nässe an der Zwiebel. Gute Dränage ist alles. Wo ein natürlicher Wasserabzug gewährleistet ist, können daher Lilien gepflanzt werden, so am Steingartenhang, an Böschungen, nahe Trockenmauerkronen. In ebenen Gartenflächen ist es ratsam, das Pflanzbeet gegenüber dem übrigen Niveau etwas anzuheben. Wer solche Beete anlegen will, hebt die Erde etwa 40 cm tief aus. Auf den Grund kommt grobes Material wie Ziegelsplitt, Kies oder grobe Styroporflocken, darauf folgt lockere Pflanzerde, die möglichst keimfrei sein soll (durch Dämpfen oder Basamid-Granulat-Beimischung). Rezept für eine gute Kulturerde: je drei Eimer gedämpften Kompost, Torfmull und Flußsand mischen. Düngung mit Blaukorn-Volldünger hat sich bewährt. Dieser wird im Frühjahr nach dem Austrieb einfach auf die Beete gestreut.

Um die frischgepflanzten Zwiebeln zu schützen, bedeckt man den Pflanzplatz mit einer stärkeren Schicht Torfmull. Lilien sind widerstandsfähig gegen Frost, doch treten manchmal Schädigungen durch wiederholtes Auftauen und Gefrieren auf. Die Torfschicht verzögert das Eindringen des Frostes in den Boden und sein Vordringen bis zur Zwiebel; ist er einmal dort, so bleibt er andererseits bis zum Frühling erhalten.

Entsprechend der Pflanzung auf Beeten werden Lilienzwiebeln auch einzeln oder truppweise in Staudenrabatten und an anderen Orten gelegt. Beim Auspflanzen sollte man gleich an die schädlichen Nager denken: man versenkt alte Eimer oder sonstige Behälter ohne Boden unsichtbar in der Erde, so daß die Mäuse von der Seite nicht an die Zwiebeln herankommen. Auch selbstgebastelte Drahtkörbchen haben sich bewährt. Die Zwiebeln werden, von einer reinen Sandschicht umgeben, etwa 20 cm tief gepflanzt; der Abstand beträgt etwa 15–25 cm, je nach Zwiebelgröße.

Bei den einzelnen Arten und Sorten ist auch die arteigene Bodenreaktion zu berücksichtigen, da Lilien ganz unterschiedliche pH-Werte bevorzugen. Eine Vorliebe für saure Reaktion haben besonders *Lilium speciosum, L. auratum, L. canadense* und viele amerikanische Sumpflilien. Die letztgenannten machen eine Ausnahme: sie wollen keine Dränage, sondern stark feuchten Boden. Zu ihnen gehört das oft angebotene *L. harrisianum* (= *L. pardalinum* var. *giganteum*). Kalk im Boden lieben besonders der heimische Türkenbund *(L. martagon)*, die Krainer Lilie *(L. carniolicum)*, die Feuerlilie *(L. bulbiferum)* und die Madonnenlilie *(L. candidum)*. Die meisten Lilien gedeihen in einem neutralen Gartenboden.

**Weitere Pflege**

Während des Wachstums der Lilien kann mehrmals mit einem flüssigen Volldünger nachgedüngt werden. Die als Winterschutz aufgebrachte Torfmullschicht bleibt liegen; sie ist gleichzeitig eine Mullschicht, die den Boden vor zu starker Austrocknung bewahrt.

Für die meisten Lilien gilt: Kopf in der Sonne, Fuß im Schatten – den werfen, wie gewünscht, die benachbarten Stauden. Bei Beetpflanzung ist als Ersatz eine gute Mulchschicht aufzubringen; außer mit Torf kann mit Rasenschnitt oder Sägespänen abgedeckt werden. Große Lilienhorste müssen geteilt und umgesetzt werden; die richtige Zeit dazu ist gekommen, sobald die oberirdischen Pflanzenteile zu vergilben anfangen. Die gewonnenen Einzelzwiebeln werden sofort wieder gepflanzt. Wenn sie auf ihren alten Platz zurück sollen, muß dort die Erde durch eine neue Mischung ersetzt werden. Die äußeren Schuppen von alten Zwiebeln werden entfernt; sie sind meist nicht ohne Makel. Die Zwiebeln selbst werden vor dem Neupflanzen noch einmal mit Orthocid 50 oder Orthocid 83 eingestäubt. Ist die Versetzung aus dekorativen Gründen nach dem Austrieb nötig, steht dem nichts im Wege, nur müssen die schon gebildeten Wurzeln geschont werden, und zwar nicht nur die Basalwurzeln, sondern auch die der Ernährung dienenden, oberhalb der Zwiebel bis zur Erdoberfläche befindlichen sogenannten Stengelwurzeln. Selbst kurz vor der Blüte können Lilien noch verpflanzt werden, wenn es mit äußerster Vorsicht geschieht. Wer keinen Samen ernten will, entfernt nach der Blüte die Kapseln. Vergilbte und kranke Pflanzenteile werden immer sofort abgeschnitten.

**Pflanzenschutz**

Lilien sind prachtvoll, doch leider auch ziemlich krankheitsanfällig. Durch die Züchtung neuer Hybriden, die krankheitsresistenter sind als viele Wildarten, ist zwar schon viel gewonnen, doch müssen einige Punkte trotzdem beachtet werden.

Hauptsächlich zwei Pilze machen dem Lilienfreund zu schaffen: *Botrytis* und *Fusarium*. Der Grauschimmel *(Botrytis)* tritt bei feuchtwarmem Sommerwetter auf. An den Blättern sind braune, kleine rundliche Flecke zu entdecken, die schnell größer werden und

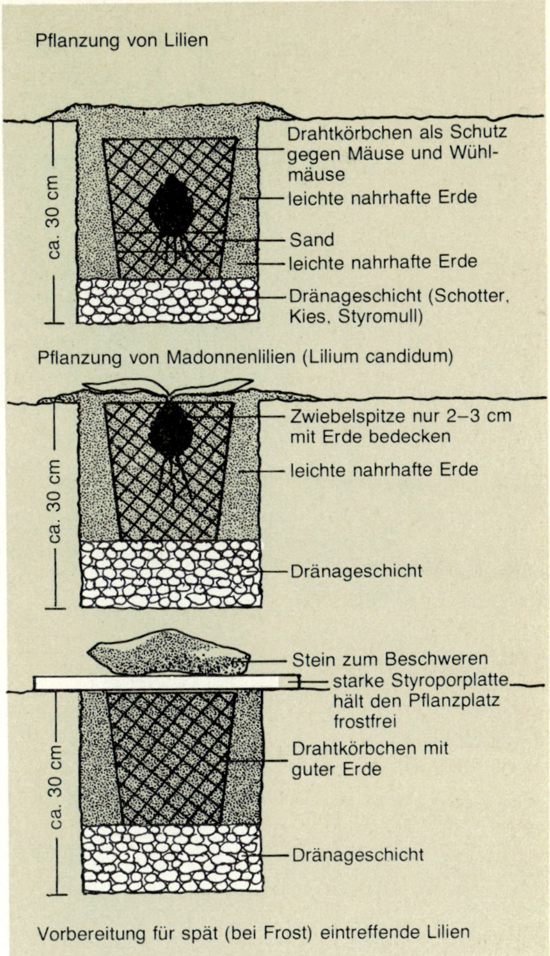


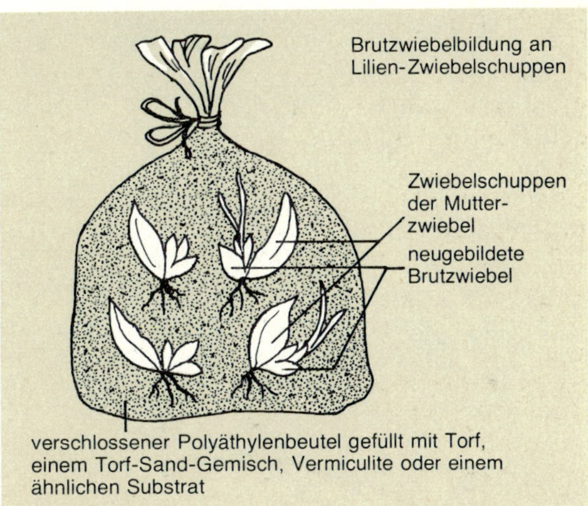

*So schön ein gepflegter Rasen mit seinen Tausenden von Gräsern ist, so schön kann auch eine einzelne Gräsergestalt im Garten sein. Die Ziergräser haben ihren Siegeszug in viele Gärten angetreten. Es gibt Zwerge von nur 5 cm Höhe, aber auch Riesen, die die 3-m-Grenze überschreiten. Seite 172 oben: Miscanthus sinensis 'Gracillimus' im Rauhreif, zu deutsch Feinhalmmiscanthus oder auch Eulaliagras, wie man noch in älteren Gartenbüchern lesen kann. Die verschiedenen Chinaschilfarten bilden im Alter imposante Gräsergestalten. Unten links: Eine schöne längspanaschierte, zwergige Seggenart, Carex ornithopoda 'Variegata', die sich auch für die Trogbepflanzung gut eignet. Unten rechts: Das Stachelschweingras ist auch ein Miscanthus, aber von ganz anderer Gestalt, starr aufrecht steht es mit seiner gelbgrünen Bänderung, Miscanthus sinensis 'Zebrinustrictus'. Seite 173: In keinem Garten sollten Christrosen fehlen, verbinden sie doch den Herbst mit dem Frühling. Schon im Oktober blüht die Vorläufer-Christrose, und der Flor setzt sich, je nach Art, fort bis in den April. Neben den Arten gibt es auch eine ganze Reihe von Sorten, die allerdings selten sind, da die vegetative Vermehrung nicht sehr ergiebig ist. Zwischen Weiß und Dunkelrot gibt es viele Farben. Das Bild zeigt Helleborus dumetorum ssp. atrorubens, mit besonders aparten Blüten.*

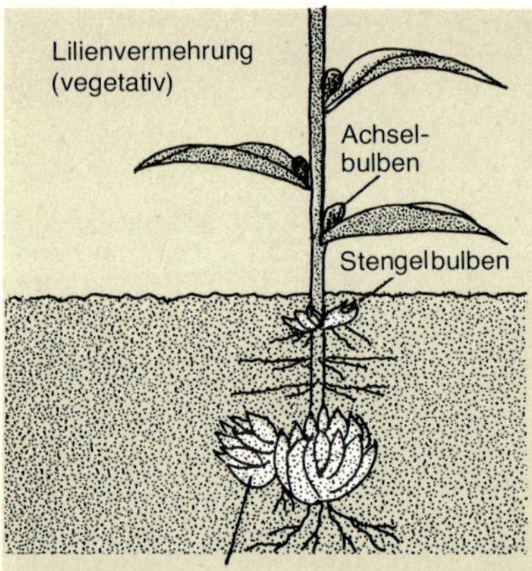

Zwiebelteilung, wenn mehrere vorhanden

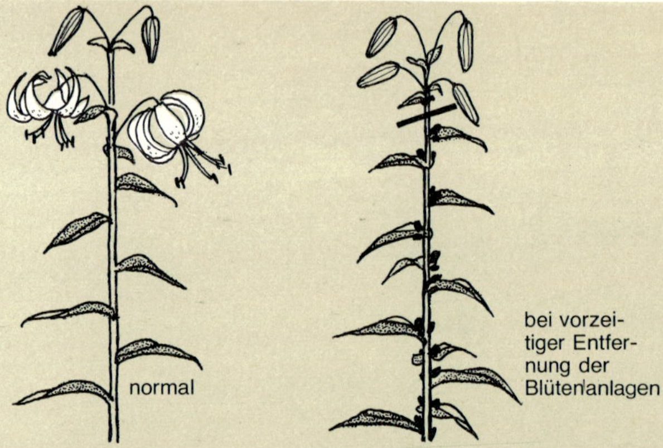

Vorzeitiges Entfernen der Blütenanlagen führt bei den asiatischen Lilien meist zu vermehrter Bildung von Achselbulben

auf Stengel und Blüte übergreifen, wo im späteren Stadium ein grauer Schimmelrasen zu finden ist. Durch das frühzeitige Absterben der Sprosse hat die Lilie nicht genügend Zeit zur Assimilation, und dadurch wird auch die Zwiebel geschwächt. Ab Ende Mai muß vorbeugend alle vierzehn Tage gespritzt werden, mit Pomarsol forte (0,2%), Du Pont Benomyl (0,05%) oder mit dem Zineb-Präparat Phytox 80. Gegen die Cylindrosporium-Blattfleckenkrankheit z. B. Cupravit. Die größten Schädigungen treten durch Zwiebelbodenfäule *(Fusarium)* auf. Ein erheblicher Teil der im Handel befindlichen Lilienzwiebeln geht bald an dieser Krankheit zugrunde. Der Zwiebelboden fault; es können keine Wurzeln mehr treiben, die Zwiebel geht ein. Alle gekauften Zwiebeln genau untersuchen, kranke Stellen abschneiden, Zwiebeln in mit Chinosol getränkten Sägespänen behandeln. Vor dem Pflanzen mit Pomarsol oder Orthocid 50 einpudern oder in eine Aufschlämmung tauchen. Auf keimfreien Boden achten. Erddämpfung oder Bodenentseuchung mit Basamid-Granulat. Auch die der Zwiebel benachbarte Erde mit Orthocid vermischen.

Viruskrankheiten treten in Liebhabergärten selten auf. Auf die schädlichen Nager wurde schon hingewiesen. Schneckenbekämpfung mittels Schneckenkorn. (Sie fressen an der Stengelbasis, bis die ganze Pflanze umkippt.) Ein oft auftretender Schädling ist das Lilienhähnchen, ein schöner, kleiner, lackroter Käfer. Seine schleimigen Larven fressen im Juni/Juli ganze Pflanzen kahl. Ablesen mit der Hand und zertreten. Bei starkem Befall mit Insektiziden spritzen oder stäuben. Da Blattläuse Virusüberträger sind, müssen diese ebenfalls laufend bekämpft werden.

**Vermehrung**

Durch Anzucht aus Samen erhält man Lilienzwiebeln, die frei von den gefürchteten Pilzkrankheiten sind. Die generative Vermehrung ist selbstverständlich nicht möglich bei Sorten; Lilien-Wildarten und Sämlingsgemische hingegen lassen sich auf diese billige Art gut vermehren. Bei den Wildarten und Hybriden gibt es allerdings Gruppen mit unterschiedlichen Keimungsverhältnissen. Die erste Gruppe, mit oberirdischer, sofortiger Keimung, kann auch der Anfänger ohne Schwierigkeiten aussäen. Zu dieser Gruppe gehören: *Lilium davidii* var. *willmottiae, L. formosanum* (nicht hart), *L. longiflorum* (nicht hart), *L. regale, L. tigrinum,* Aurelian-, Midcentury-, Tigrinum- und Trichterlilien-Hybriden. Zur Gruppe mit oberirdischer, verzögerter Keimung gehören *L. henryi* und *L. pyrenaicum.* Samen der dritten Gruppe mit unterirdischer, sofortiger Keimung ist normalerweise nicht im Handel. Zur letzten Gruppe, mit unterirdischer, verzögerter Keimung, gehören: *L. auratum, L. bulbiferum, L. martagon,* Auratum- und Martagon-Hybriden. Die genannten Arten sind natürlich nur ein kleiner Teil. Schwieriger zu erhaltende Arten wurden nicht berücksichtigt.

Liliensamen brauchen keine Vorbehandlung mit niedrigen Temperaturen, um keimen zu können. Die in der ersten Gruppe genannten Lilien keimen schon nach 3–6 Wochen. Nach etwa einem Monat entwickelt sich das erste richtige Blatt. Bei den andern Gruppen muß man oft mehr als zwei Jahre warten. Aussaat nur in günstigen Gebieten und in sehr leichter Erde ins freie Land, sonst in Töpfe oder Kistchen, die ans Fenster, in den kalten Kasten oder ins Kleingewächshaus gestellt werden. Frühzeitig lüften, damit

die dicht stehenden Sämlinge nicht faulen. Nach der Bildung des ersten richtigen Blattes in keimfreie Erde pikieren.
Die vegetative Vermehrung von Lilien kann durch Teilung (bei Horstbildung), durch Stengelbulben, durch Achselbulben und Zwiebelschuppen erfolgen. Nur bestimmte Arten bilden Achsel- und Stengelbulben. Diese werden nach völliger Ausbildung im Herbst in Kistchen mit Erde gelegt und leicht bedeckt. Nach einer kühlen Periode wachsen sie im Frühling willig. Bei der Schuppenvermehrung werden die Zwiebeln vorsichtig freigelegt oder ganz ausgegraben, und die äußeren Schuppen werden dicht am Zwiebelboden abgebrochen. Die Menge richtet sich nach der Zwiebelgröße und sollte die Hälfte nicht überschreiten. Bruchstelle und Schuppen mit Orthocid einstäuben. Die Schuppen in einen Plastikbeutel stecken, der mit mildfeuchtem Torf-Sand-Gemisch, mit Vermuculit oder *Sphagnum* gefüllt ist. Den Beutel dicht verschließen. Bei 20 °C bilden sich an den Bruchstellen nach ein bis drei Monaten kleine Zwiebelchen. Damit sie im Frühling sicher austreiben, ist eine etwa zweimonatige kühlere Periode einzulegen (etwa 5–7 °C). Ist das Zwiebelchen erbsengroß, dann wird es auf ein Vermehrungsbeet gepflanzt.

**Verwendung**
Die Verwendung der Lilien ist umfangreich. Sie benötigen keine große Grundfläche, und selbst im dichtbepflanzten Garten findet sich ein Platz für Lilien. Im Steingarten kann, ähnlich den Kleinblumenzwiebeln, unter Frühlingspolster gepflanzt werden; besonders nicht zu hoch werdende Wildlilien passen dort hin *(Lilium bulbiferum, L. amabile, L. pensylvanicum, L. concolor, L. pumilum, L. szovitsianum, L. pyrenaicum, L. cernuum, L. hansonii, L. martagon).* Für Töpfe und Schalen eignen sich gut die Hybriden der Midcentury-Gruppe. Zu Rhododendron passen die sauren Boden liebenden *L. auratum, L. speciosum, L. pardalinum, L. superbum* und viele nordamerikanische Arten. In Staudentabatten bewähren sich die Aurelian-Hybriden. Hervorragende Nachbarn für die Terrasse sind die asiatischen Hybriden mit den leuchtenden Farben.
Aus der Unzahl der neuen Namenssorten seien folgende empfohlen: 'Enchantment', 'Tabasco', 'Sonnentiger', 'Leuchtfeuer', 'Roter Prinz', 'Sterntiger', 'Kirschroter Stern', 'Rosabelle', 'Panamint', 'Citronella Strain', 'Hallmark Strain', 'Dillenburg', 'Anaconda', 'Copper King', 'Bright Star', 'Thunderbolt', 'Royal Gold', 'Golden Sunburst', 'Black Beauty', 'Pink Glory', 'Uchida Konako.'

Lilientreiberei im Topf

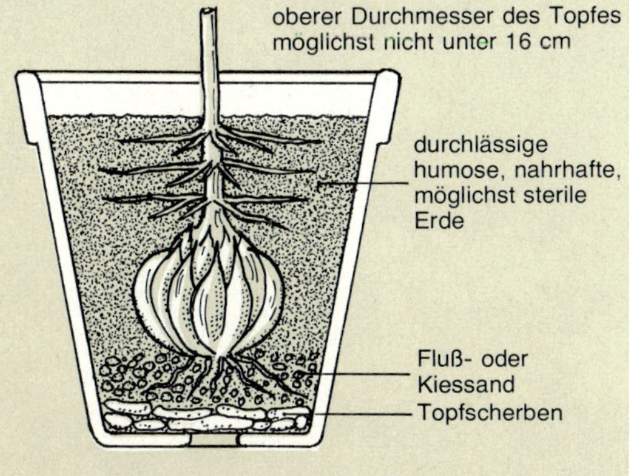


## Küchenzwiebel-Verwandtschaft

Gemessen an ihrer Bedeutung läßt die Verbreitung der *Allium*-Arten noch zu wünschen übrig. Dabei handelt es sich um ausgesprochen aparte, unempfindliche, mit wenigen Ausnahmen harte Zwiebelpflanzen. Manchmal sind sie im herbstlichen Blumenzwiebelangebot zu finden. Sie haben meist größere, oft faustgroße Zwiebeln. Viele kleinere Arten mit weniger deutlich ausgebildeten Zwiebelchen müssen von Staudengärtnereien bezogen werden, und von vielen kann man nur hin und wieder Samen bekommen (z.B. Samentauschaktion der Gesellschaft der Staudenfreunde). An den Boden stellen sie keine großen Ansprüche, doch darf er im Sommer keinesfalls feucht sein.
In die höhere Staudenpflanzung passen *Allium giganteum, A. aflatunense, A. jesdianum* (= *A. rosenbachianum*), *A. stipitatum.* Gut zu Rosengruppen harmonieren *A. christophii (= A. albopilosum).* In den Steingarten gehören *A. atropurpureum, A. caeruleum, A. cernuum, A. cyaneum, A. flavum, A. karataviense, A. moly, A. pulchellum, A. pulchellum* 'Album', *A. oreophilum* 'Zwanenburg', *A. tibeticum, A. tuberosum.* Für den kleinen Troggarten passen sehr gut *A. narcissiflorum, A. flavum* 'Minor', *A. beesianum.* Bei vielen ist auch der Fruchtstand sehr zierend und wird bis zum Herbst stehen gelassen oder zur Trockenbinderei verwendet *(A. christophii, A. aflatunense* u.a.).

## Eremurus (Lilienschweif, Steppenlilie, Kleopatranadel)

### Pflanzung

In modernen Gärten hat die Verwendung des dekorativen *Eremurus* stark zugenommen. Daß es schlecht bestellt sei mit seiner Winterhärte, ist ein Märchen. Verluste sind der Winternässe zuzuschreiben, daher auf Dränage achten, wenn das scheibenförmige, fleischige Rhizom gepflanzt wird. Dieses hat etwa fünf bis acht fleischige, seesternartig angeordnete Wurzeln; der ganze Wurzelstock hat einen Durchmesser von etwa 10 cm. Zum Einpflanzen wird die Erde etwa 15 cm tief ausgehoben. Unter die Rhizomscheibe, die oben zwischen den alten Blattresten die neue Knospe trägt, kommt als Dränage eine 5 cm starke Schicht Styroporflocken oder Flußsand. Der gesamte Wurzelstock wird dann in nahrhafte (nicht frisch gedüngte), durchlässige Erde eingebettet. Dabei dürfen die Wurzeln nicht gezogen werden – sie brechen leicht. Die Knospe soll am Ende etwa 5–10 cm mit Erde bedeckt sein. Auf Schneckenfraß achten, auch im Innern der rosettenartigen, großen Blätter im Frühling. Oft wird die ganze Blütenknospe zerstört. Schneckenkorn streuen. Wenn sich nach zwei bis drei Jahren Nester gebildet haben, die Pflanzen im Sommer aufnehmen und neu pflanzen. An zusagenden Orten säen sie sich selbst aus; die Entwicklung bis zur blühfähigen Pflanze dauert drei bis vier Jahre.

### Verwendungsmöglichkeit

Einer so stolzen Solitärgestalt wie *Eremurus* gebührt ein auffallender Platz im Garten (Terrassenecken, in halbhohen Staudenpflanzungen, vor dunklem Koniferenhintergrund, nahe dem Eingang usw.). Als wertvolle Schnittblume und für anspruchsvolle Gebinde ist *Eremurus* besonders beliebt. Hoch werden hellrosa *E. robustus* und die Ruiters-Hybriden, etwas niedriger sind die Shelford-Hybriden sowie *E. himalaicus* und *E. stenophyllus* var. *bungei;* ihre Anwendungsmöglichkeiten reichen noch weiter.

*Dankbar sind Funkien. Bläuliche Blätter hat Hosta tokudama (oben). Unten sind Bodendecker für Halbschatten, links Waldsteinie, Waldsteinia ternata, rechts Immergrün, Vinca minor.*

## Hyazinthen und andere Blumenzwiebeln zum Treiben

### Technik des Treibens

Jeder Gartenbesitzer möchte bereits im Winter blühende Zwiebelpflanzen des Frühlings im Zimmer haben. Wer bereits Ende Dezember/Anfang Januar blühende Töpfe und Schalen haben will, muß mit dem Pflanzen im September beginnen und beim Kauf präparierte Zwiebeln verlangen, die eine spezielle Temperaturbehandlung hinter sich haben. Etwa drei Monate benötigen diese Zwiebeln dann als Vorbereitungszeit.

Der Topf oder die Schale wird mit gehaltvoller, sandiglehmiger Erde gefüllt (wo nicht vorhanden, käufliche Blumenerde nehmen). Die Zwiebeln werden ziemlich flach gepflanzt; die Spitzen sollen gerade noch herausschauen, lediglich Krokus kommt etwas tiefer.

Während der ersten drei Monate bleiben die Gefäße an einem kühlen, dunklen Ort, so daß eine gute Durchwurzelung erfolgen kann. Werden die Pflanzen zu frühzeitig getrieben, bleiben die Blüten oft „stecken". Selbstverständlich kann man für eine Blüte im Februar oder März auch später pflanzen und während der Vorbereitungszeit die Gefäße im Garten einschlagen. Styroporplatten, Stroh, Laub darüber decken, damit die Töpfe frostfrei bleiben und man sie auch bei Frostwetter hereinholen kann. Sie sollten dann im Keller in Sand eingeschlagen werden. Temperatur möglichst nicht über 8 °C. Nach der elf bis zwölf Wochen dauernden Vorbereitungszeit holt man die Töpfe ins Zimmer oder ins Kleingewächshaus und treibt bei etwa 20 °C an. Bis zur Blüte sind es dann nochmals drei bis vier Wochen. Anfangs hält man die Pflanzen noch dunkel und bedeckt sie mit Papphütchen (Hyazinthenhütchen). Nach acht bis zwölf Tagen werden diese entfernt, und es wird volles Licht gegeben – bei Hyazinthen etwas später, wenn die Blüten anfangen, Farbe zu zeigen. Je kühler sie bei der Vollblüte dann stehen, um so länger hält die Blütenpracht.

### Kleinblumenzwiebeln treiben

Von den vielen Arten sind es besonders Krokus und Zwiebeliris, die sich zum Verfrühen eignen. Für Krokus gibt es einen speziellen Krokustopf von kugeliger Form mit runden oder ovalen Löchern, aus denen Krokus herausblühen. Großblumige Gartensorten in erster Qualität nehmen. Besonders diese Kleinblumenzwiebeln nach der Vorbereitungszeit nicht zu warm stellen. 12–15 °C sind ideal.

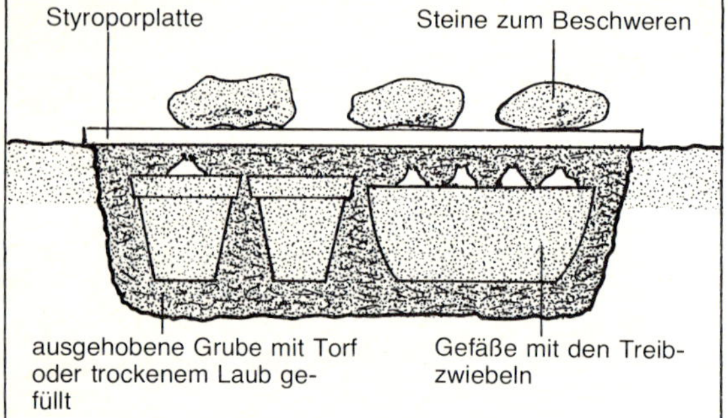


Aufbewahren von Treibzwiebeln während der ersten 10–12 Wochen an einem kühlen, frostfreien Ort. Hier Einschlag im Garten

Treiben von Paperwhite-Narzissen auf Kies

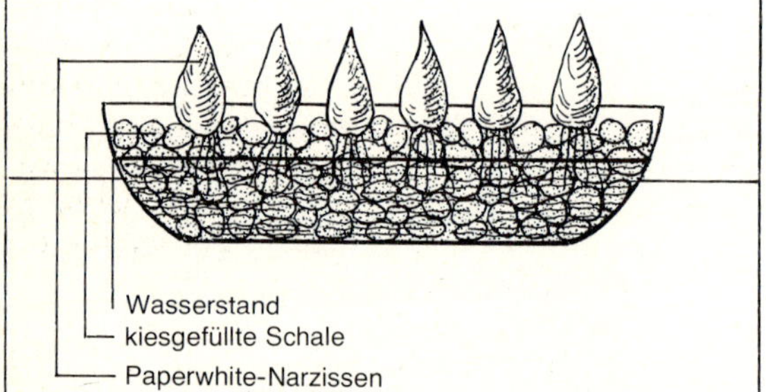


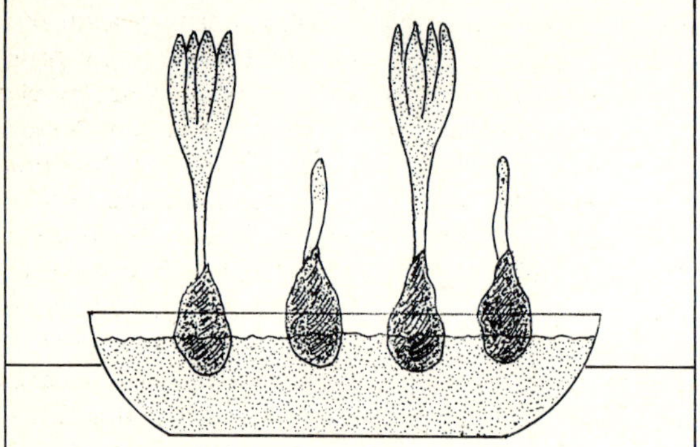

Frisch bezogene Herbstzeitlosen auf Sand im Zimmer treiben. Nach dem Abblühen in den Garten pflanzen

**Hyazinthen und Tulpen**
Sie werden von den Hobbygärtnern am meisten zum Treiben verwendet. Als Gartenpflanze wirkt die Hyazinthe zu mastig, und sie ist schlecht einzuordnen, aber sie ist *die* Treib-Zwiebelpflanze. Außer mit der geschilderten Methode können Hyazinthen auch in Gläsern, sogenannten Hyazinthengläsern, getrieben werden: Wasser einfüllen bis knapp unter den Wurzelboden. Ebenfalls kühl und dunkel stellen. Die Wasserhöhe soll möglichst gleichbleiben, deshalb gelegentlich nachfüllen. Wenn die Wurzeln sich voll entwickelt haben, die Triebe etwa 8 cm lang geworden sind und die Blütenknospe gut sichtbar ist, werden die Gläser wärmer gestellt und die bekannten Hütchen aufgesetzt. Wenn diese vom Blütenstand hochgehoben werden: abdecken. Bei den Tulpen achte man in den Blumenzwiebelkatalogen auf Hinweise zum Treiben.

**Narzissen**
Einfach ist die Treiberei der Weihnachtsnarzissen, auch als Wassernarzissen bekannt. Die Sorte 'Paperwhite Grandiflorus' wird oft angeboten. Sie muß zum Treiben nicht abgedunkelt werden. Die Narzissen werden dicht gepflanzt in Erde, Sand oder feinen Kies und kommen bei 10–12 °C ins Kalthaus oder ans Fensterbrett. Gleichmäßige Feuchtigkeit ist Voraussetzung. Wenn die Blütenknospen erscheinen, werden sie etwas wärmer gestellt.

# Nicht winterharte Zwiebel- und Knollenpflanzen

## Gladiolenpflanzung und -pflege

### Pflanzzeit und Boden

Die hochgezüchteten Gladiolenhybriden sind nicht winterhart, aber doch wesentlich härter als die Dahlien. In westlichen Gebieten Deutschlands können die Knollen bereits Ende März gepflanzt werden, in kühleren Gegenden ab 10. April. Ihre Bodenansprüche sind bescheiden: der Boden sollte leicht anlehmig sein, und er soll in guter, aber nicht frischer Dungkraft stehen. Meist werden Gladiolen zu flach gepflanzt. Deshalb sieht man so viele über dem Boden liegende Gladiolen in den Gärten. Etwa 12–15 cm beträgt die Pflanztiefe; kleine Knollen kommen nicht ganz so tief. Auch in schweren Böden kann etwas flacher gepflanzt werden. Auf Schnittblumenbeeten wird mit der Pflanzkelle oder dem Handspaten in Reihen gepflanzt. Abstand 18–20 cm und in der Reihe etwa 10 cm. In Anlagen und Rabatten werden Gladiolen truppweise zu fünf oder sieben Stück gelegt.

Die Blütezeit dauert normalerweise von Juli bis Frostbeginn, deshalb sollten bis Anfang Juni Folgesätze gelegt werden, um auch im Frühherbst blühende Gladiolen zu haben. Besitzer eines warmen Frühbeetes oder eines Kleingewächshauses können die Gladiolen auch verfrühen. Gladiolen haben nicht wie Tulpen oder Hyazinthen die Blüte in ihrem Speicherorgan bereits vorgebildet, sie entwickeln sie erst während des Wachstums. Zu den Faktoren, die die Blütenbildung beeinflussen, gehören vor allem Licht. Deshalb darf mit der Verfrühung nicht vor Ende Januar begonnen werden. Die Knollen werden in Kistchen mit TKS 1 (Torfkultursubstrat) gelegt oder in Multitopfplatten (Einzeltopf-Durchmesser etwa 6 cm). Die Knolle selbst wird nur 1 cm hoch mit TKS 1 bedeckt und angedrückt. Wenn die Triebe fingerlang sind, sehr hell stellen (Hängebord). Im April werden die verfrühten Gladiolen ausgepflanzt. Nachtfröste bis 5 °C werden gut vertragen.

### Verwendungsmöglichkeiten

Die großblumigen Gladiolen werden gern als Schnittblumen für die Vase und zur Dekoration verwendet. Gut fügen sie sich auch in Sommerblumenrabatten ein, wenngleich die Blüte der Gladiolentrupps nicht allzulange anhält. Schwierig ist dagegen die Eingliederung großblumiger Gladiolen in Staudenpflanzungen. Als Neuheit sind „Steingarten-Gladiolen“ im Handel. Vorsicht, diese stämmigen, niedrigen Prachtgladiolen passen nicht in den Steingarten; sie eignen sich aber gut für Sommerblumenpflanzungen, da sie standfest sind. Für größere Steingärten können lediglich die graziösen Gladiolenwildarten verwendet werden *(Gladiolus byzantinus, G. communis, G. illyricus, G. italicus, G. imbricatus)*. Die erstgenannte will es trocken haben, die anderen mögen es etwas feuchter. Alle sind unter einer leichten Torfmulldecke winterhart.

Für dekorative Kombinationen mit anderen Pflanzen sind wegen ihrer Farbenvielfalt und den kleineren Blüten eher die Butterfly-Gladiolen und die Coronado-Züchtungen zu empfehlen. Die Sorten von *Gladiolus* × *nanus* sind unter einer stärkeren Laubdecke winterhart (etwas für den kalten Kasten). Erwerbsgärtner verwenden sie für Treibkulturen und für den frühen Schnitt.

### Pflege und Pflanzenschutz

Bei Beetpflanzungen stets das Unkraut bekämpfen. Während des Sommers einige Male etwas gelösten Volldünger geben. Lästig ist das Umfallen der oft 1,5 m hohen Pflanzen. Keinesfalls an dicke Stäbe binden, höchstens an Bambus-Splitt oder abgeschnittene Stengel vom Riesen-*Miscanthus*. Eine sehr praktische Lösung: über die vier Eckpfosten des Beetes ein weitmaschiges Drahtgeflecht oder ein Vogelschutznetz spannen, bevor die Gladiolen 20–30 cm hoch geworden sind – sie wachsen hindurch und bekommen dann in den Maschen einen Halt. Alle verblühten Stiele sofort abschneiden. Gladiolen werden leicht von Schädlingen befallen. Gut vorbereiteter Boden und gesundes Pflanzgut sind die beste Gewähr für ungestörtes Gedeihen. Tritt der Gladiolen-Thrips auf, ein etwa 1 mm großes Insekt, dann unter Zusatz eines Netzmittels mit einem der auf Seite 48 genannten Insektizide spritzen. Thripsschaden erkennt man unter anderen an den verkrüppelten und teilweise nicht aufgehenden Blüten.

Wo nötig, Gladiolen mit dünnen Bambussplissen oder dünnen Holzstäbchen befestigen, nicht an dicken Pfählen

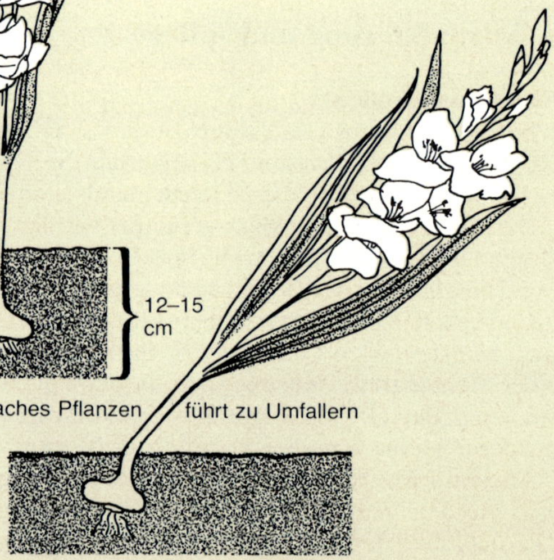

Zu flaches Pflanzen führt zu Umfallern

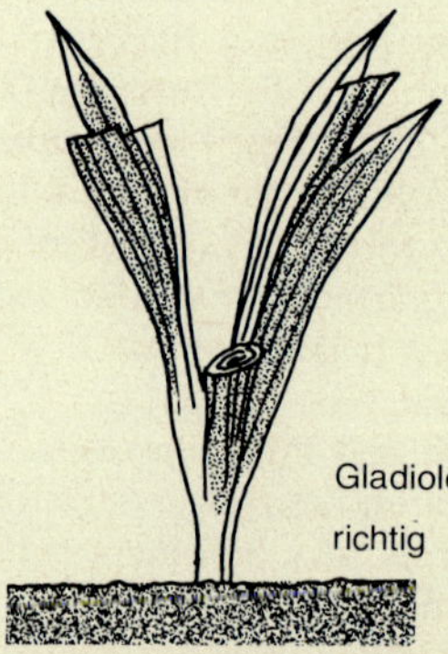

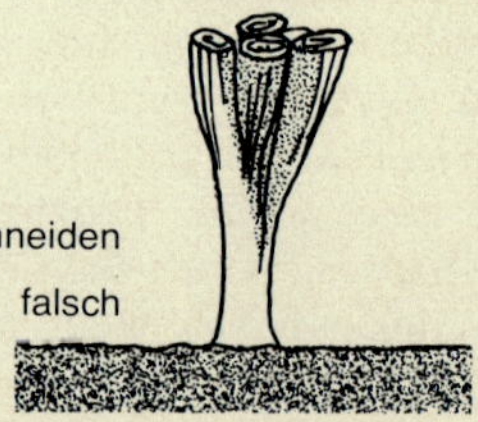

Gladiolen richtig schneiden

richtig

falsch

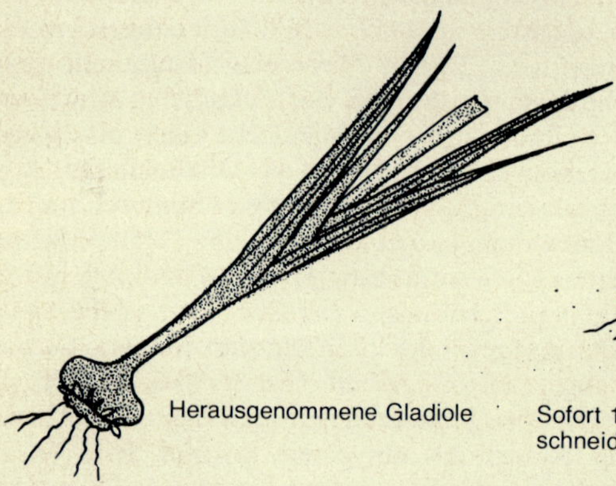

Herausgenommene Gladiole

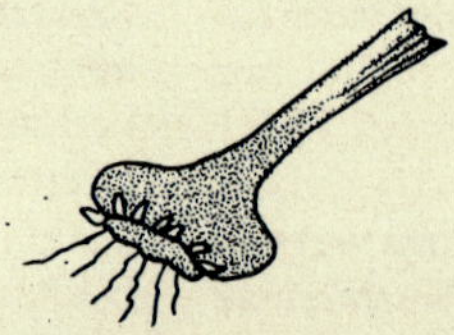

Sofort 10 cm über der Knolle abschneiden und scharf trocknen

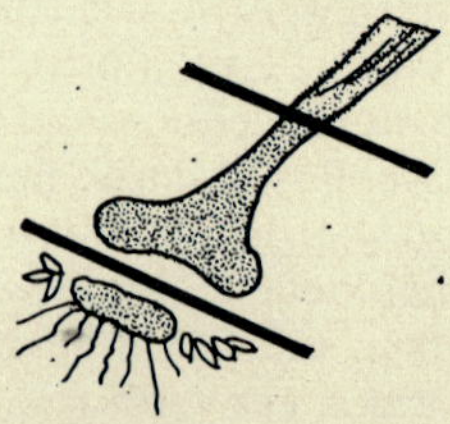

Später restliches Laub stutzen, alten Zwiebelboden mit Wurzeln und Brutknöllchen entfernen

**Überwinterung**
Gute Überwinterung, kombiniert mit den geeigneten Pflegemaßnahmen, ist die beste Voraussetzung für ein gesundes Wachstum im kommenden Jahr. Die Knollen nicht zu spät (Anfang bis Mitte Oktober) ernten, trockenes Wetter abwarten. Feuchtigkeit führt leicht zu Krankheiten. Das Laub sofort handbreit über der Knolle abschneiden und die Erde entfernen. Die Knollen sollen in einer Holzsteige in nicht zu dichter Schicht schnell und gründlich getrocknet werden. Ideal ist dafür ein Heizungskeller. Nach dieser intensiven Trocknung werden das handbreite Stück Stengel, Hüllblätter und der Wurzelboden entfernt. Kranke Knollen aussortieren. Falls einzelne Faulstellen noch nicht zu groß sind, werden diese ausgeschnitten und die Schnittstellen mit Holzkohlepuder eingerieben. Es empfiehlt sich, die Knollen gleich bei der Winterlagerung mit E-605-Staub einzupudern. Gegen Pilze kann man die Knollen auch vor dem Legen im Frühling mit Orthocid-Brühe behandeln (20–30 Minuten in einer Lösung von 100 g Orthocid 50/10 l Wasser). Die beste Überwinterungstemperatur liegt mit etwa 15 °C höher als bei Dahlien. Die Lagerung selbst muß sehr luftig erfolgen. In Kunststoffbeuteln verfaulen Gladiolen, falls es sich nicht um stark perforierte Beutel handelt.

**Vermehrung**
Die Knollen sind so billig, daß eine eigene Anzucht aus Samen nicht lohnt. Das gilt auch für die vegetative Vermehrung, es sei denn, man möchte experimentieren oder eine wertvolle Neuzüchtung schnell weitervermehren. Gladiolen entwickeln an der alten, schrumpfenden Knolle oft zwei bis drei neue Knollen, so daß hier automatisch eine Vermehrung erfolgt – guter Boden vorausgesetzt. Außerdem hängen die meisten Sorten voller Brutknöllchen verschiedenster Größe. Wer sie zur Weiterzucht verwenden will, sollte die holländische Methode anwenden, um schädlingsfreies Vermehrungsmaterial zu gewinnen: Die Knöllchen kommen während des Winters zwei Tage in Wasser mit Zimmertemperatur, anschließend eine halbe Stunde in 53 °C warmes Wasser; dann wird mit kaltem Wasser abgeschreckt. Nach schneller Trocknung kann man die Knöllchen bis zum Legen aufbewahren.
Ähnlich wie Begonienknollen können auch die Knollen der Gladiolen in Einzelstücke geschnitten werden, wobei jedes Teilstück ein Auge haben muß. In der Praxis schneidet man die Knolle in 2–3 Stücke. Schnittfläche mit Holzkohlepulver einpudern. Durch diese Methode erhält man besonders viele Brutknöllchen. Nur wer selber durch Kreuzung neue Formen züchten will, muß den langwierigen Weg über die Aussaat beschreiten.

## Rund um die Dahlie

**Verwendung**
Dahlien sind sehr gute Blumen für den Neubaubesitzer. Schon in den ersten Jahren, wenn die Stauden, Sträucher und Bäume noch klein sind, wird mit diesen nicht winterharten Knollenpflanzen eine üppige Blüte erreicht. Geschlossene Dahlienbeete, Pflanzungen zu Sommerblumen, niedere Sorten zur Einfassung, Kübelbepflanzung, Sichtschutzpflanzung – dies alles und vieles mehr läßt sich mit Dahlien durchführen.
Dahlien zeichnen sich durch eine große Vielfalt in Form und Farbe aus. Eine entsprechende Klassifizierung erleichtert die Übersicht:

| | | |
|---|---|---|
| Gruppe 1 | Einfach blühende Dahlien | Ef |
| Gruppe 2 | Päonienblütige (früher Duplex-Dahlien) | Pä (Dup.) |
| Gruppe 3 | Halskrausendahlien | Hk |
| Gruppe 4 | Dekorative oder Schmuckdahlien | Dec |
| Gruppe 5 | Ballförmige Dahlien | B |
| Gruppe 6 | Pompondahlien | P |
| Gruppe 7 | Kaktusdahlien | C |
| Gruppe 8 | Semikaktus | SC |
| Gruppe 9 | Anemonenblütige | Anem. |

Da die Züchter nicht ruhen, sind schon wieder neue Gruppen aufgetaucht, die sich schlecht in das obige bestehende Schema pressen lassen, wie nelkenblütige, orchideenblütige und Hirschgeweihdahlien. Die Bevorzugung einzelner Gruppen ist Geschmacksache. Die Verwendung richtet sich bei diesen Pflanzen vor allem nach der Höhe, so z. B. kleinste Zwergdahlien für Töpfe, mittelhohe für Gruppen und hohe für das Dahlienbeet und auch zum Schnitt.

**Pflanzung**
In milderen Gegenden wird etwa gegen Mitte April gepflanzt, in stark spätfrostgefährdeten um den 1. Mai. Haben die Pflanzen bereits ausgetrieben und wird Nachtfrost erwartet, so schützt man die aus der Erde ragenden Triebe mit einem umgestülpten leeren Blumentopf. Auch Dahlien benötigen einen nahrhaften Boden, doch gedeihen sie auf leichteren Böden besser als auf schweren. Hohe Dahlien tragen sich bei

Wind und Regen in den wenigsten Fällen selbst. Deshalb wird das Pflanzloch mit dem Spaten ausgehoben und der Haltestab eingeschlagen (Holz- oder kunststoffummantelter Metallstab). Erfolgt dies erst später, so werden meist die Knollen beschädigt, was bei feuchter Witterung zu Fäulnis führt.
Die Stockknospen sollen höchstens zwei Finger breit mit Erde bedeckt werden. Wenn die Erde eingefüllt wird, stopft man sie bei älteren Stöcken mit den Fingern auch zwischen die einzelnen Knollen. Die Pflanze bekommt einen kleinen Gießrand, damit gut angegossen und eingeschlämmt werden kann. Etiketten werden am Haltestab befestigt. Pflanzweite von hohen Sorten etwa 70cm. Gut sind Wechselpflanzungen von Tulpen und Dahlien.

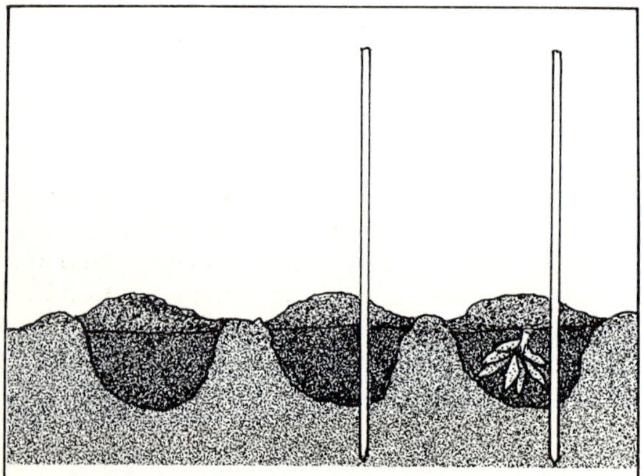
Dahlienpflanzung: Pflanzloch ausheben, Haltestab einschlagen, Dahlienknolle einsetzen und zufüllen

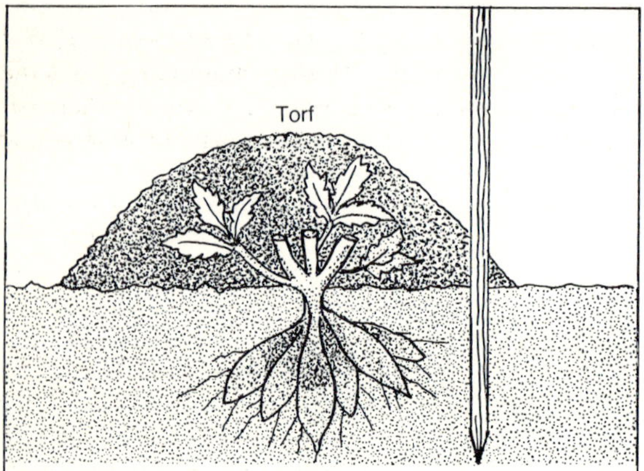

Bei Spätfrösten bereits ausgetriebene Dahlien mit Torf schützen

Nach dem Abblühen der Tulpen werden sie aus dem Beet genommen und bis zum Vergilben in leeren Obststeigen eingeschlagen. Die Dahlien können nun nach gründlichem Durcharbeiten des Bodens gepflanzt werden.

**Sommerliche Pflege**
Dahlien wollen einen feuchten, aber keinesfalls nassen Boden und natürlich so viel Sonne wie möglich. Will man besonders große Blüten erzielen, darf man einer Pflanze nur die drei stärksten Triebe belassen; alles andere wird ausgeknipst. In Abständen von drei bis vier Wochen gibt man eine Kopfdüngung mit mineralischer Volldüngerlösung. Das Anbinden an den Haltestab soll möglichst frühzeitig erfolgen, damit das Bindematerial zur Blütezeit von den Blättern überwachsen ist. Sobald die einzelnen Blüten ihren Höhepunkt überschritten haben, werden sie abgeschnitten; aus den Blattachsen wachsen bis zum Frost laufend neue Triebe mit Blüten nach.

**Pflanzenschutz**
Leider sind Viruskrankheiten sehr verbreitet. Davon befallene Pflanzen bleiben klein, gestaucht und buschig, Blütenform und -farbe ändern sich, die Blätter werden mißgestaltet und bekommen hellere Flecken. Das sind die typischen Merkmale des Virusbefalls. Da es keine Bekämpfungsmittel gibt, muß die befallene Pflanze restlos entfernt und verbrannt werden, bevor die Schädigung auf andere Pflanzen übergreift. Viren werden besonders durch die saugenden Blattläuse übertragen; deshalb müssen diese rechtzeitig bekämpft werden mit Metasystox oder ähnlichen Mitteln.

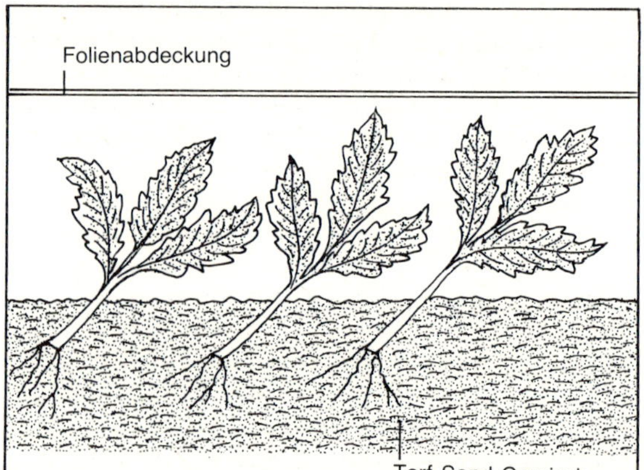

Bewurzelung von Dahlienstecklingen in „gespannter Luft"

Wer bei Dahlien Riesenblüten haben will, muß alle Nebenknospen ausbrechen

**Überwinterung**

Dahlien sollen gut ausreifen. Ab Anfang September keine Volldünger mehr geben. Die Dahlien werden möglichst spät aus dem Boden genommen, meist nach den ersten Nachtfrösten, etwa Ende Oktober. Trokkenes Wetter ist bei dieser Arbeit Voraussetzung. Stengel und Laub wird etwa 7 cm über dem Knollenklumpen abgeschnitten. Es gibt zur Weiterbehandlung zwei bewährte Methoden. Verfahren 1: Die Knollen mit der anhaftenden feuchten Erde aus dem Boden nehmen, schichtweise in Obststeigen oder Kisten legen und diese in einen frostfreien Keller oder Schuppen stellen; erst im Januar die Erde entfernen (ausschütteln) und die Knollenstöcke in perforierte Plastiksäcke geben; sind die Knollen zu diesem Zeitpunkt schon zu trocken, so kann etwas mildfeuchter Torf dazu gegeben werden. Verfahren 2: die Erde gleich nach dem Roden gründlich ausschütteln und die oberflächlich abgetrockneten Knollen sofort schichtweise, d. h. jeweils mit einer Zwischenlage aus Torfmull, in einen Plastiksack mit zwei Luftlöchern geben. Die winterliche Aufbewahrung darf keinesfalls zu warm erfolgen. Ein zentral beheizter Keller ist Gift. Die Raumtemperatur von 6–9 °C ist ideal. Bei größerer Wärme öfter kontrollieren.

**Antreiben und vegetative Vermehrung**

Das Antreiben der Dahlienstöcke hat als Verfrühung nicht viel Zweck, denn man kann dadurch die Blütezeit im Freiland nicht vorverlegen. Antreiben dient lediglich zur vegetativen Vermehrung und erfolgt im Frühbeet oder im Kleintreibhaus. Wenn die Triebe 10–12 cm lang sind, werden sie ruckartig abgerissen und in das Vermehrungsbeet oder in Töpfe gesteckt. In gespannter Luft erfolgt die Bewurzelung ziemlich schnell. Vor der Pflanzung ins Freie sind diese Dahlienjungpflanzen etwas abzuhärten. Bis zum Herbst unterscheiden sie sich nur noch geringfügig von den alten Landknollen. Die Spezial-Dahliengärtnereien versenden im Mai solche Jungpflanzen mit einem Preisnachlaß von 40–50 % gegenüber den Landknollen. Bei der Teilung muß darauf geachtet werden, daß jedes Teilstück ein Auge hat.

**Vermehrung durch Aussaat**

Verschiedene Gruppen von Dahlien können aus Samen gezogen werden. Ausgesät wird im März bis Mai ins warme Frühbeet, ins Kleintreibhaus oder in den Kasten auf dem Fensterbrett. Die Keimtemperatur beträgt etwa 20 °C. Rechtzeitiges Pikieren in Torf- oder Multitopfplatten bringt Vorteile. Entspitzte Sämlinge geben schöne, stockige Pflanzen. Ausgepflanzt wird zur üblichen Zeit nach den Eisheiligen, besser ist es jedoch, bis Anfang Juni zu warten. Es gibt Samenmischungen von hohen Sorten, wie Kaktus-Hybriden-Mischung, Schmuckdahlien-Mischung sowie Pompondahlien-Mischung im Handel.

Der Gartenfreund wird sich normalerweise bei der Dahlienanzucht aus Samen auf niedere Sorten beschränken. In der Hauptsache sind es Farbmischungen, doch sind unter der Bezeichnung 'Coltnes Gem gelb' und 'Coltness Gem scharlach', einfarbig, treu fallende Samen im Handel. 'Gartenfreude' heißt eine Mischung von etwa 45 cm Höhe und halbgefüllten Blüten. 'Mignon'-Mischung ergibt 30 cm hohe Zwerge; die 'Early Bird-Mischung' ist gefüllt, 40 cm hoch und sehr früh blühend. Neu im Angebot ist die dunkellaubige Zwergmischung 'Redskin'.

**Sortenhinweise**

Jährlich kommen viele neue Züchtungen auf den Markt, und die Versandhäuser überschlagen sich mit Neuheiten. Wer sich stärker mit den Dahlien beschäftigt, sollte Mitglied der Deutschen Dahlien- und Gladiolengesellschaft werden.

Aus der Vielzahl der guten Sorten einige Beispiele: 'Grethe Weiser' C, 'Bernd Kittlass' SC, 'Sommernacht' C, 'Royal Wedding' C, 'Alexander v. Humboldt' SC, 'Flammentanz' SC, 'Gruppenblau' C, 'Feuerrad' Ef, 'Wuschelkopf' C, 'Clou' C, 'Friedrich Wagschal' SC. Bei den Mignondahlien ist 'Nelly Gerling' unübertroffen, bei den Halskrausendahlien 'Kaiserwalzer'. Besonders gut zum Schnitt: 'Gartenbaudirektor Hauk' C, 'Hitparade' C, 'Berliner Chic' SC, 'Mausi' C, 'Light Music' C, 'Serenade' C, 'La Paloma' SC, 'Doris Day' SC, 'Stockholm' SC u. a.

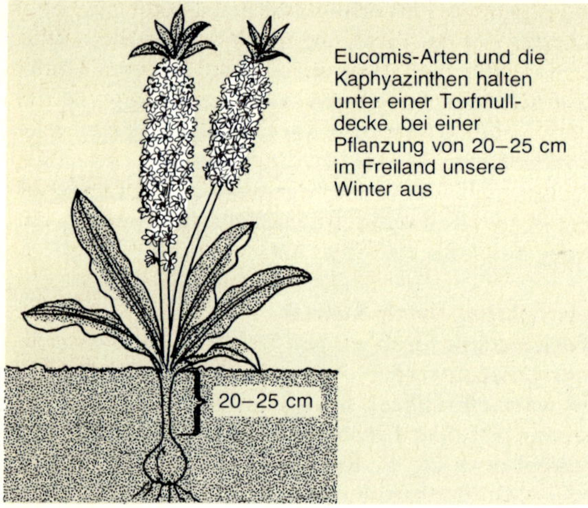


## Andere nichtwinterharte Blumenzwiebeln und Knollen

**Begonien**

Bereits ab Februar in feuchtem Torfmull an einem warmen Platz vortreiben, damit die Blüte nicht zu spät einsetzt. Sobald die Triebe etwa 1 cm hoch sind, die Knollen hell stellen. Auspflanzen nicht vor den Eisheiligen in nahrhafte, mildfeuchte, humose Erde. Knollenbegonien lieben Halbschatten, außer es handelt sich um ausgesprochene „Sonnenbegonien". Verwendung in Schalen oder auf Beeten. Für naturnahe Gartenteile sind vor allem die großblumigen, gefüllten Arten nicht geeignet. Mehrere Male während des Sommers kräftig düngen. Im Herbst nach den ersten Frühfrösten herausnehmen. Kurz über der Knolle abschneiden und diese mit der Erde in eine mit Torf gefüllte Steige legen. Anfang Dezember werden Erde und der eingetrocknete Stiel entfernt. Wieder in Torfmull oder Sand umschichten und bei etwa 9 °C überwintern, bis im Februar das Antreiben beginnt. Ober- und Unterseite nicht verwechseln! Alte Knollen können in Stücke geschnitten werden, von denen jedes ein Triebauge besitzen muß (warten, bis Austrieb 1 cm hoch ist). Schnittflächen mit Holzkohlepuder einpudern und gut abtrocknen lassen.

**Indisches Blumenrohr (Canna indica)**

Während die normalen, hohen *Canna* eigentlich nur für öffentliche Anlagen oder „Herrschaftsgärten" verwendet werden, eignen sich die neuen Zwerg-*Canna* auch für den kleineren Privatgarten. Auch bei diesen Pflanzen ist es günstig, sie etwa ab März vorzutreiben; im Vorteil sind dabei die Besitzer von Kleintreibhäusern. Der Standort muß sonnig und geschützt, die Erde nährstoffreich sein. Auch Kultur im Kübel ist möglich. Anfang Juni wird ausgepflanzt. Außer einigen Dunggüssen und dem Entfernen verblühter Teile ist keine Pflege nötig. Ende Oktober, nach den ersten Frösten, 10 cm über dem Boden abschneiden, herausnehmen und die Schnittstellen mit Holzkohlepulver einpudern. Die *Canna* werden möglichst mit größeren Erdballen, in Kisten gesetzt und bei 10–15 °C überwintert. Ab Ende Januar etwas wärmer stellen (10–20 °C). Teilung kann Ende Februar erfolgen. Besonders folgende Zwergsorten sind zu empfehlen: ‘Lucifer’, ‘Pink’, ‘Pony’ und ‘Perkeo’.

**Montbretien**

Eine schöne Knollenpflanze für Spätsommer und Herbst, auch zum Schnitt ist *Crocosmia × crocosmiaflora* mit ihren Sorten. Wie Gladiolen behandeln. Unter einer guten Winterschutzdecke halten sie in milden Gegenden Deutschlands auch im Freien aus. Diese überwinterten Stücke werden besonders kräftig und schön. Kleinblumige Sorten passen auch in den Steingarten und in freie Pflanzungen. Bei Freilandüberwinterung mindestens nach der dritten Blüteperiode herausnehmen und neu pflanzen. Besonders schön ist die Sorte ‘Emily McKenzie’.

**Freesien**

*Freesia*-Sorten werden auch für den Gartenliebhaber von Versandgärtnereien angeboten. Normalerweise sollten die kleinen Knollen nach der Blüte weggeworfen werden, da sich der winterliche Pflegeaufwand nur bei größerer Stückzahl lohnt. Herausnehmen Anfang Oktober, das Laub kurz abschneiden, bei erhöhter Temperatur schnell trocknen, reinigen und in einer Schachtel bei 25–30 °C lagern. Nur bei diesen Temperaturen ist die nächstjährige Blüte sicher. Ab Februar bis zum Auspflanzen wird die Lagertemperatur wieder auf 20 °C gesenkt. Gepflanzt werden Freesien etwa 8 cm tief im April an einem hellen, aber leicht absonnigen Platz.

**Kaphyazinthen**

*Galtonia candicans* (= *Hyacinthus candicans*) ist deshalb für den Garten so wertvoll, da sie zu einer Zeit blüht, wo nur wenige Blumenzwiebeln in vollem Flor stehen. Die Lilienblüte neigt sich dem Ende zu, und die herbstblühenden Blumenzwiebeln haben mit der Blüte noch nicht begonnen. Pflanzzeit ist Anfang bis Mitte April. Pflanzplatz sonnig bis halbschattig, Pflanztiefe 20–25 cm. Blütezeit August bis September. Unter einer Laubdecke winterhart. Gut zwischen halbhohen Stauden und vor Gehölzstreifen. Zur frostfreien Überwinterung: Ernte und zügige Trocknung wie bei Gladiolen. Spätere Aufbewahrung kühler als Gladiolen und sehr trocken. Bei Auftreten von Fäulnis und Schimmel ist der Aufbewahrungsort zu feucht. Wo nicht anders möglich, in trockene Sägespäne legen. Leicht aus Samen vermehrbar!

**Raritätenecke**

Es gibt eine ganze Reihe von nicht winterharten Blumenzwiebeln und -knollen, die nicht so verbreitet sind, obwohl sie öfter angeboten werden.

*Ornithogalum thyrsoides,* der Südafrikanische Milchstern, braucht eine so spezielle, winterliche Temperaturbehandlung, um wieder zum Blühen zu kommen, daß es nicht lohnt, diese Zwiebeln herauszunehmen. Neukauf ist besser! Gloxinien sind in den einschlägigen Angeboten mit enthalten, sie eignen sich aber nur für die Zimmerkultur (oder für das Kleingewächshaus). Behandlung wie Begonien.

Die asiatischen Ranunkeln *(Ranunculus asiaticus)* haben kleine, klauenartige Knöllchen. Einfacher zu kultivieren in möglichst leichtem Boden sind die päonienblütigen gefüllten Ranunkeln. Im März/April wird auf ein sonniges Beet gepflanzt. Blüte ab Juli; Frosthärte etwa wie Kronenanemonen *(Anemone coronaria);* beide sind unter einer guten Laubdecke hart. Im Juli/August nach dem Absterben des Laubes wird sofort geerntet, bevor wieder neue Wurzeln gebildet werden. An einem schattigen Platz trocknen; nach dem Putzen im Herbst die Klauen bei etwa 10 bis 18 °C aufbewahren bis zur Neupflanzung im April.

Prachtvoll ist die Pfauenblume, *Tigridia pavonia.* Grundsätzlich wie Gladiolen pflanzen und ebenso während der Vegetationsperiode behandeln. Obwohl die Einzelblüte nur einen Tag hält, blüht ein Trupp *Tigridia* wochenlang. Man sollte nur die erste Größe kaufen. Auf richtige Überwinterung achten. Ende Oktober das Laub 2 cm über der Knolle abschneiden und sie samt Wurzeln in einer Obststeige aufbewahren, die etwa 5 cm hoch mit mildfeuchtem Sand gefüllt ist. In einen kühlen Raum stellen. Nach etwa zwei Monaten Stielreste und Wurzeln entfernen, dann die Knollen in Sand bei etwa 15 °C bis zum Pflanzen im April aufbewahren.

Die Jakobslilie, *Sprekelia formosissima,* erfreut sich steigender Beliebtheit. Für Zimmerkultur warm aufbewahren. Schon im Februar sieht man die Knospe. Dann in einen Topf pflanzen, so daß der Zwiebelhals gerade noch sichtbar ist. Gleich hell und warm stellen. Am Anfang nicht zu viel gießen, sonst gibt es Fäulnis. Erst wenn die Blätter erscheinen, mehr Wasser geben. Die Blüte hält leider nur vier bis fünf Tage. Im Sommer wird der Topf ans Fensterbrett gestellt oder an einer geschützten Stelle im Garten einschlagen. Zur Freilandblüte werden die Zwiebeln etwas kühler aufbewahrt. Im Mai wird ausgepflanzt an eine sehr sonnige Stelle mit nahrhafter und leichter Erde. Die Blüte erscheint dann im Juli; vereinzelt remontieren auch kräftige Pflanzen im August. Nach dem ersten Frühfrost werden die Zwiebeln herausgenommen und trocken bei 10–15 °C aufbewahrt.

Die Sterngladiole, *Acidanthera bicolor,* wird wie unsere normalen Prachtgladiolen behandelt; der Pflanzplatz sollte aber besonders warm sein. Die Sorte 'Zwanenburg' ist großblütiger.

Verschiedentlich werden *Eucomis*-Arten angeboten. Sie eignen sich als Kübelpflanzen (frostfreie Überwinterung); bei Freilandpflanzung kommen sie nach den ersten Frösten heraus und werden trocken als Zwiebeln überwintert (15 °C). Kann bei einer Pflanztiefe von 20–25 cm und gutem Laubschutz auch im Garten überwintern. Besonders dekorativ an Terrassenrändern.

Hübsch und sehr apart ist *Gloriosa rothschildiana.* Sie eignet sich fürs Kleingewächshaus und für einen warmen, geschützten Platz im Freiland. Die etwa 10–

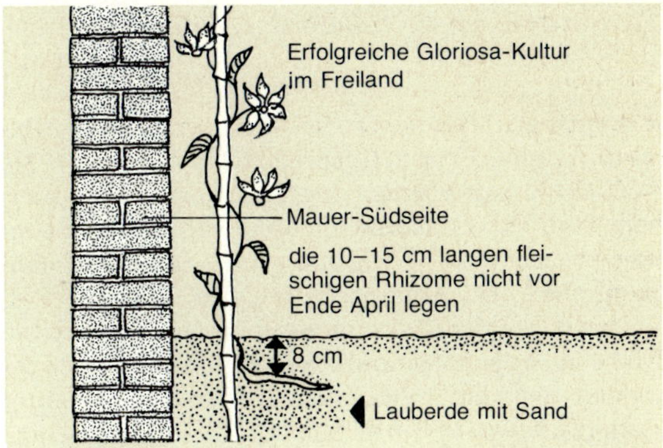


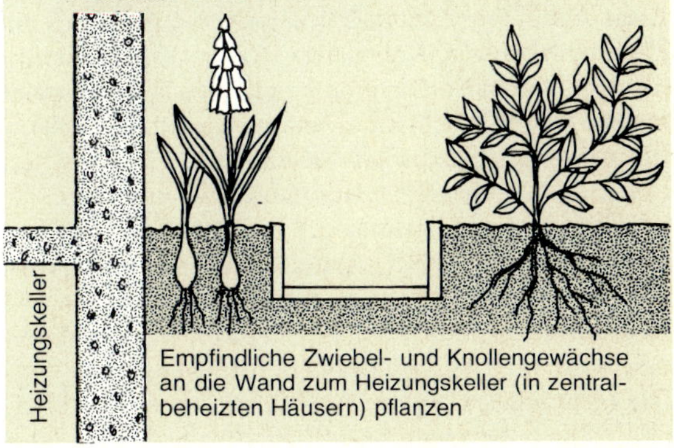

Empfindliche Zwiebel- und Knollengewächse an die Wand zum Heizungskeller (in zentralbeheizten Häusern) pflanzen

*Tigridia pavonia, die vielfarbige Tigerblume.*

*Galtonia candicans, die Kap- oder Riesenhyazinthe.*

15 cm langen, fleischigen, leicht zerbrechlichen Rhizome werden 8 cm tief gepflanzt (Ende April). Sie benötigt Reisig, Maschendraht oder ein kleines Klettergerüst. Viel Lauberde mit Sand vermischt ist günstig. Nach dem Frost Rhizome vorsichtig herausnehmen und, in Sand gebettet, bei etwa 15 °C überwintern. Bei Kultur im Kalthaus gut schattieren!
Mehr im Angebot sind die Schönhäutchen, auch Ismenen genannt *(Hymenocallis festalis),* darunter auch die hellgelbe Sorte 'Sulphur Queen'. Pflanzung Ende April. Die Zwiebelspitze soll etwa 8–10 cm mit Erde bedeckt sein. Nahrhafter Boden. Zur Überwinterung aus dem Boden nehmen und bei 18 °C trocken aufbewahren. Auch zur Containerkultur geeignet.
Prachtvoll ist *Crocosmia masonorum,* ein montbretienähnliches Gewächs. Besonders gut gedeiht es an der Südseite vor Hausmauern. 8–10 cm tief pflanzen. Entweder unter einer Laubdecke im Freien überwintern oder nach den ersten Frösten herausnehmen und mäßig warm aufbewahren. Das Laub nicht abschneiden, sondern erst im Frühling entfernen.
Die Hakenlilie, *Crinum × powellii,* kann als Kübelpflanze gehalten werden mit frostfreier Überwinterung oder unter einer Laubdecke im Freien. Bei Freilandpflanzung so tief pflanzen, daß das obere Ende des Zwiebelhalses noch mit Erde bedeckt ist.
Ein billiges Zwiebelgewächs ist der Glücksklee, *Oxalis deppei.* Besonders geeignet für Einfassungen. Mit Erdklumpen und rübenartigen Wurzeln herausnehmen und frostfrei überwintern. Im Herbst aus der Unzahl von kleinen Zwiebeln die größten auswählen und Ende April neu legen.
Ein schönes Knollengewächs mit der seltenen blauen Blütenfarbe ist *Salvia patens.* Blüht, aus Samen gezogen, schon im ersten Jahr; sonniger Platz und leichter Boden ist Voraussetzung. Paßt sowohl in Einjahrsblumenpflanzungen als auch in Staudenrabatten. Herrlich himmelblau ist die Sorte 'Cambridge Blue'. Überwintern ähnlich wie Dahlien. Besseren Schutz vor Austrocknen bietet trockener Sand. Ähnlich behandelt wird auch die blaue Tagblume, *Commelina tuberosa.* Bei Neukauf sofort in Töpfe pflanzen und an ein helles Fenster stellen. Ab Mitte Mai wird ausgepflanzt. Der Wurzelhals soll etwa 3–5 cm mit Erde bedeckt sein. Frostfrei in Sand oder Torf bei etwa 15 °C überwintern.

# Ziergräser und Farne

## Verwendung und Pflege von Ziergräsern

Ziergräser werden noch zu wenig in den Gärten verwendet. Es gibt keinen, auch nicht den extremsten Gartenplatz, für den es nicht auch geeignete Ziergräser gibt. Je mehr ein Garten nicht nur auf Blütenpracht und -farben ausgerichtet ist, sondern auch auf Form, Farbe und Linie der Einzelpflanze, um so hübscher ist der Anblick auch zur blüteärmeren Zeit. Gartenarchitekten haben den Wert von Ziergräsern erkannt, doch der private Gartenbesitzer hält im allgemeinen noch eine gewisse Distanz.

**Flächige Pflanzung in der Sonne**

Es bieten sich viele Möglichkeiten: Ziergrasflächen um Rosengruppen, an Terrassenrändern, kleinere Flächen im Steingarten, Gräsergruppen nahe Eingängen mit Blumenzwiebel-Unterpflanzung, Ziergrasstreifen vor Gehölzen und in heideähnlicher Pflanzung. Erst bei flächiger Pflanzung kommen die verschiedenen blauen und grünen Nuancen vor allem der niederen Arten zur Geltung.

Wichtigstes Gras ist der Blauschwingel, *Festuca glauca,* mit seinen verschiedenen Sorten wie 'Frühlingsblau', 'Bergsilber', 'Silberreiher'. Dazu gesellen sich *F. valesiaca* 'Glaucantha' (Zwergblauschwingel), *F. ovina* 'Harz', *F. amethystina* (Regenbogenschwingel) und die Ausleseform 'Aprilgrün'. Besonders zu den silberblauen Gräsern passen eingestreute Flächen von *Thymus, Verbena peruviana, Gazania*-Hybriden sowie *Oenothera missouriensis* (Missouri-Nachtkerze) oder einzelne Schöpfe von *Kniphofia* (Fackellilie), *Liatris* (Prachtscharte), *Iris*-Spuria-Hybriden. Selbst Zwergkoniferen eignen sich gut für solche Flächen, von den Blumenzwiebeln und -knollen besonders *Crocosmia masonorum, Tigridia pavonia, Acidanthera,* halbhohe Lilien (asiatische Hybriden), *Colchicum* (Gartenherbstzeitlose), herbstblühende *Crocus,* winterharter *Agapanthus* und Zierlauch. Es kann aber auch nur mit Gräsern als Farbfläche gearbeitet werden. Zu den silberblauen und blaugrünen Tönen kommt gelbgrüne *Carex flava* und fahlbraune *C. comans.* Sehr schön ist, wenn sich Gräser mit Heideflächen abwechseln. Die niederen Gräserflächen können auch von einzelnen dekorativen, etwas höheren Gräsern unterbrochen werden, wie *Helictotrichon sempervirens* (= *Avena sempervirens*), der Blaustrahlhafer, *Chrysopogon nutans* (Goldbartgras), *Molinia arundinacea (= M. altissima)* 'Karl Foerster' (Pfeifengras), *Pennisetum* 'Hameln' (Federborstengras), *Stipa barbata* (Reiherfedergras), *St. capillata* (Büschelhaargras), *St. gigantea* (Pyrenäenfedergras). Solche Gräserflächen sind nicht arbeitsaufwendig; außer dem Freihalten von Unkraut ist keine Pflege nötig. Für viele ist stehende Nässe tödlich, alle brauchen leichten und gut durchlässigen Boden. Wo nötig, Dränschicht einbringen. Die Flächen nicht zusätzlich düngen; nur wo Blütenstauden dazwischengepflanzt sind, Einzeldüngung vornehmen. Keinen Rückschnitt im Herbst, der zum Faulen der Horste führen kann. Die Halme zieren auch im Winter.

Der Rückschnitt der höheren Gräser erfolgt im Frühling. Bei den niederen *Festuca*-Flächen werden im ersten Winter nach der Pflanzung nur die Blütenhalme abgeschnitten und dürres Gras entfernt. Die Schöpfe werden mit gespreizten Fingern durchgekämmt. Sind die *Festuca*-Horste älter, so müssen sie dazwischen auch einmal zurückgeschnitten werden. Bei Neuanlagen grundsätzlich Gräser im Frühling pflanzen. Selbst bei Ansiedlung mit Topfballen gibt es bei Herbstpflanzung Ausfälle.

**Gräser in Staudenbeeten**

Die Wirkung der Ziergräser in Staudenbeeten ist ähnlich dem weißen Blütenfarbton: auch sie wirken auflockernd und verbindend. Es ist selbstverständlich, daß keine wuchernden Staudengräser verwendet werden. Die meist sehr kräftigen Gräserhorste vertragen im Gegensatz zu den im vorherigen Abschnitt genannten Gräsern Düngung und Bewässerung und werden dabei üppig. Besonders die *Miscanthus*-Arten sind dazu geeignet. *Miscanthus sinensis* 'Giganteus' (Riesen-Miscanthus) wird über 3 m hoch und wird jährlich umfangreicher, ohne zu wuchern. Die bambusartigen Halme entblättert man im Frühling und hebt sie zum „Stäbeln" von Nelken und anderen Pflanzen auf. Dieses Gras ist allerdings als eingewachsener Horst nicht ganz leicht zu entfernen. Ein Pickel ist dazu nötig und gründlichste Arbeit, denn auch tiefer gelegene Wurzelstücke regenerieren leicht. Keinesfalls mehr als ein bis zwei Stück in die Beetstaudenrabatte pflanzen, sonst werden die anderen Pflanzen optisch erdrückt.

Eine reichblühende neuere Auslese ist *Miscanthus sinensis* 'Silberfeder', deren Wedel sich gut für Trokkensträuße eignen. In der Rabatte kommt sie besonders in halbhohen Pflanzungen von Herbstastern zur Geltung. Zauberhaft sehen die Wedel im Winter bei Rauhreif aus.

Leicht läßt sich auch *Miscanthus sinensis* 'Gracillimus', der Feinhalm-Miscanthus, in Beetstaudenpflanzungen einfügen. Der Austrieb erfolgt etwas spät, und in extremen Kahlfrostwintern können auch

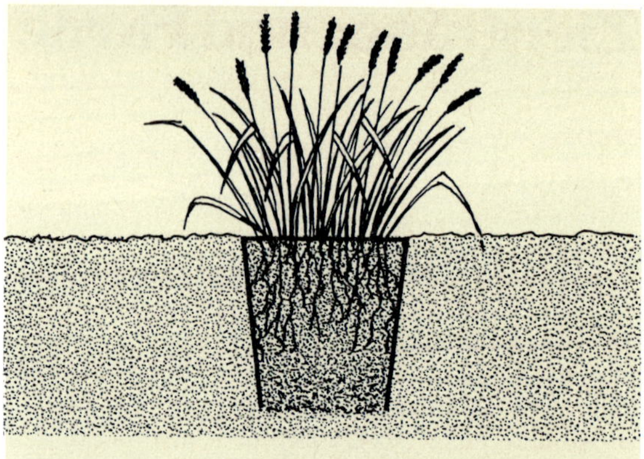

Wucherer unter den Staudengräsern erhalten ein Blech- oder Kunststoffkorsett (Eimer oder Faß ohne Boden)

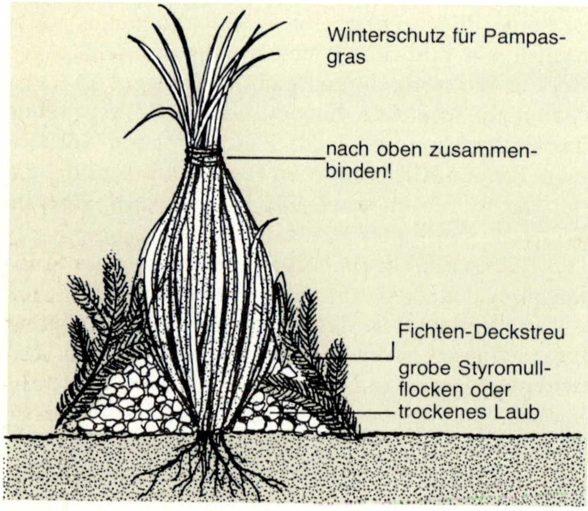


Schäden auftreten. Die im Herbst gedrehten, spiraligen Halme eignen sich ebenfalls gut für Bodenvasen. Es gibt vom Chinaschilf auch bunte Formen, wie das Zebraschilf, *M. sinensis* 'Zebrinus', und das Stachelschweingras, *M. sinensis* 'Zebrinus Strictus'. Auch sie eignen sich für Beetstaudenpflanzungen, passen aber auch gut an den Rand von künstlichen Wasserbecken (nicht in feuchten Boden!). Der Feinhalm-Miscanthus und diese beiden bunten Formen können bei Pflanzungen mit Prachtstauden in rhythmischen Abständen mehrmals wiederkommen. Schön für diesen Zweck ist *Panicum virgatum* 'Rotbraun' und 'Strictum'. Die Rutenhirse treibt etwas später aus, kommt aber sicher auch nach strengen Wintern; gut zwischen Phlox, *Rudbeckia* 'Goldsturm' und *Echinacea purpurea* (= *Rudbeckia purpurea*). Sehr früh grünend ist *Calamagrostis* × *acutiflora* 'Karl Foerster', das Gartenreitgras, das allen Prachtstauden ein guter Nachbar ist, ebenso *Hystrix patula,* das Flaschenbürstengras, das überall dazwischenpaßt und sich oft selbst aussät.

**Solitärgräser**

An besonders zu betonende Plätze setze man dekorative Einzelpflanzen von Großgräsern. *Miscanthus sinensis* 'Giganteus', der Riesen-Miscanthus, wurde bereits erwähnt. Ihn überragt oft noch *Arundo donax,* das Pfahlrohr, das besonders am Wasser ein schönes Bild abgibt. Es benötigt in den rauheren Teilen Deutschlands Winterschutz durch Laub. Seine über daumenstarken Halme können ebenfalls zu allerlei Stützungsarbeiten gebraucht werden.

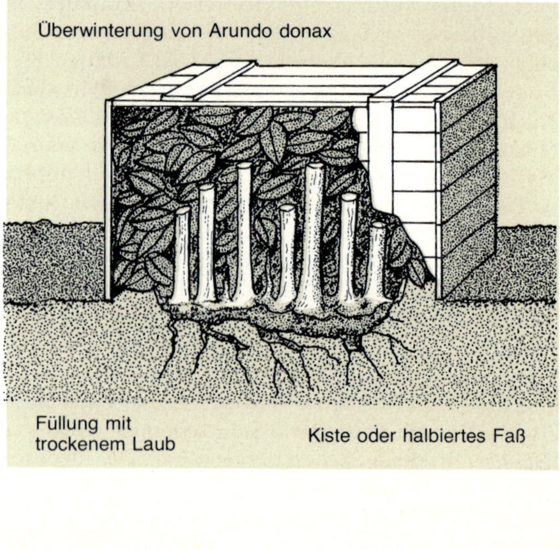

Als stolzestes Einzelgras gilt *Cortaderia selloana,* das Pampasgras, das jetzt auch in den ausgelesenen Formen 'Rosea' und 'Sunningdale Silver' gehandelt wird. Dieses Gras ist empfindlich. Es gibt viele Ausfälle, deshalb muß folgendes beachtet werden: Nur Frühjahrspflanzung! Im Winter braucht das Pampasgras etwas Frostschutz und muß völlig trocken stehen. Die Pflanzung erfolgt an einem vollsonnigen Platz in nahrhaften Boden. Während der Triebzeit reichlich wässern. Im Frühling Blut- und Knochenmehl um die Pflanze einarbeiten. Ansonsten nur sehr zurückhaltend düngen, weil andernfalls nur ein riesiger, faul blühender Blattbusch entsteht. Den Blattschopf im Herbst zusammenbinden, die Basis dicht mit trockenem Laub eindecken und mit Fichtenzweigen umgeben. Sicherer ist es, eine Kiste oder etwas ähnliches

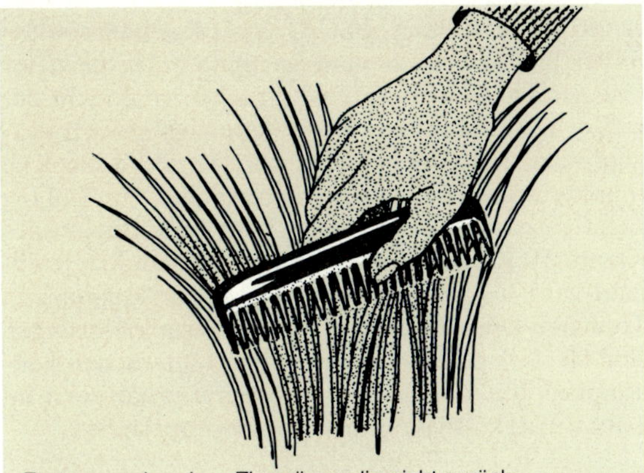

Festuca und andere Ziergräser, die nicht zurückgeschnitten werden, im Frühling mit einem Metallkamm auskämmen, oder mit gespreizten Fingern!

gegen die Winternässe darüber zu stülpen. In besonders rauher Lage kann das Pampasgras auch als Kübelpflanze Verwendung finden.

**Gräser im Steingarten**

Verschiedene kleinste Gräser wurden schon im Abschnitt „Tröge" besprochen. Auch im Steingarten sollten viele Ziergräser verwendet werden, wenn dieser während des ganzen Jahres schmuck aussehen und nicht nur durch Frühjahrsblüher erfreuen soll. Alle genannten *Festuca*-Arten eignen sich gut, dazu kommen *Koeleria glauca* (Schillergras), *Molinia caerulea* 'Variegata', *M. c.* 'Moorhexe', *Dactylis glomerata* 'Variegata' (Knäuelgras), *Sesleria caerulea* var. *calcaria* (Knopfgras), *Festuca glacialis* (Gletscherschwingel). Die feinen zarten Gräser machen beson-

Bei Gräserteilung Stücke vom Rand her abstechen. Das Zentrum eines alten Horstes läßt sich kaum teilen ·

deren Eindruck in der Nähe von schönen Steinen. Schattige Stellen nimmt *Festuca scoparia* (Bärenfellschwingel) ein, da es an sonnigen Plätzen Kahlstellen bekommt.

**Gräser im Schatten**

Diese Gräser lieben einen mildfeuchten, humosen Boden. Im Schatten und Halbschatten von Sträuchern, aber auch von Gebäuden wächst willig die Waldschmiele, *Deschampsia cespitosa,* mit ihren Ausleseformen 'Bronceschleier', 'Tardiflora' und 'Waldschratt'. Immer Farne dazu pflanzen, sie steigern sich gegenseitig. *Carex plantaginea,* die Breitblattsegge, eignet sich für ganz niedere Pflanzungen; etwas sonniger will *C. morrowii* 'Variegata', die Japansegge, stehen. Höher wird *C. pendula,* die Rie-

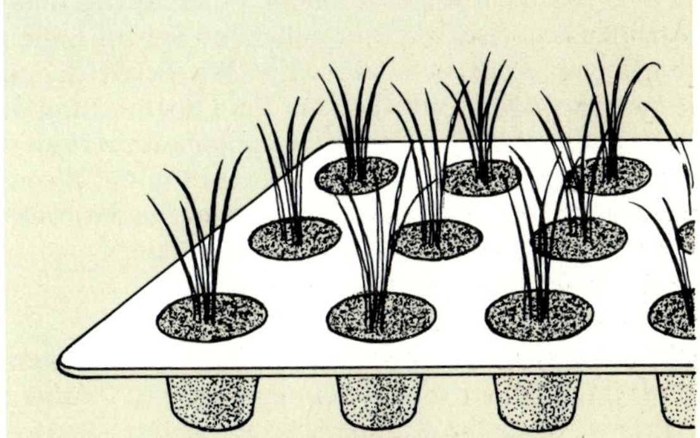

Multitopf-Platte

Teilung alter Gräserhorste im Frühling

sensegge; sie ist allerdings nicht überall völlig hart. *Festuca gigantea,* der Riesenwaldschwingel, wird bis 1 m hoch. Bei den Hainsimsen sind zu empfehlen: *Luzula nivea* (Schneemarbel), *L. sylvatica* (Waldmarbel) und die silbergerandete Form 'Marginata'.

**Wucherer unter den Gräsern**
Manche Ziergräser wuchern. Wo dies nicht ausdrücklich erwünscht ist, müssen sie gebändigt werden, wie z.B. der Strandhafer, *Elymus giganteus* 'Glaucus'. Dieser Wucherer mit den blaubereiften Blättern kann, zusammen mit Wildstauden, einen sonnigen Hang wirklich verschönern. Seine steifen Halme mit Ähren sind überdies wertvoll für die Trokkenbinderei. Um ihn am Ausbreiten zu hindern, kommt er in ein „Blechkorsett": ein ausgedientes Gefäß ohne Boden wird unsichtbar in die Erde gelassen. Sehr schön ist auch das wuchernde Federborstengras, *Pennisetum incomptum* (= *P. flaccidum*). Es wird ähnlich behandelt, oft genügt auch das Abstechen der Rhizome. Ein weiterer Wucherer ist der Zwergbambus, *Sasa pygmaea,* der nur etwa 30 cm hoch wird. Sein Wuchern ist aber meist erwünscht, denn er ist ein guter Bodendecker, besonders im Halbschatten. *Spartina pectinata* 'Aureomarginata', das Goldleistengras, mit den 1,5 m hohen, überhängenden Halmen ist mäßig im Wuchern.

**Hoher Bambus**
Die auch von vielen Baumschulen geführten Bambusarten, die 2–3 m hoch werden, sind ideale Solitärpflanzen für sonnige und halbschattige Plätze. Die verbreiteten *Sinarundinaria murielae* und *S. nitida* sind, gut eingewachsen, winterhart. Falls sie in Extremwintern die immergrünen Blätter doch einbüßen, ist das nicht weiter schlimm: beim Austrieb erscheinen neue. Lediglich die äußersten Spitzen leiden manchmal. Auch sie sind mäßige Wucherer, denen man aber durch Abstechen mit dem Spaten Einhalt gebieten kann. Die anfallenden Jungpflanzen finden schnell Liebhaber. Ballenansiedlung ist nötig! Keine Herbstpflanzung! Ideal sind Pflanzplätze in der Nähe von Wasserbecken und an Terrassenrändern.

**Neuheiten – Raritäten**
Der Zustrom neuer Auslesen und neu für den Garten entdeckter Gräser nimmt kein Ende. So ist *Molinia caerulea* 'Heidebraut' eine schöne Neuheit in der Größe zwischen *Molinia arundinacea (= M. altissima)* und *M. caerulea* 'Moorhexe'. Sie ist besonders für Heide- und niedrige Wildstaudenpflanzungen geeignet, ebenso *Pennisetum orientale* (für besonders warme Stellen). *P.* 'Hameln' ersetzt alle anderen, oft so spät blühenden Lampenputzergräser. Einen besonders warmen Pflanzplatz benötigen *Themeda triandra* 'Japonica', sonst blüht sie nicht. Schöne Herbstfärbung! *Carex petriei* ist eine rotbraune Zwergsegge für geschützte Standorte. *Festuca glauca* 'Palatinate' ergänzt das silberblaue Schwingelsortiment. *Holcus lanatus* 'Albovariegatus' benötigt trokkenen Standort. Bei *Panicum virgatum* gibt es die neuen 'Hanseatum' und 'Rotstrahlbusch'.

## Gräservermehrung

**Vegetative Vermehrung**
Alle Ausleseformen können nur durch Teilung vermehrt werden. Bei Samenvermehrung wird in den seltensten Fällen die Spitzenqualität der Muttersorte erreicht. Zur Teilung hoher Gräser, die einen starken Ballen bilden, braucht man den Spaten. Da meist nur eine geringe Stückzahl benötigt wird, muß nicht der ganze, oft sehr fest sitzende Ballen ausgegraben werden: man sticht die erforderliche Anzahl Teilstücke rundherum von außen ab. Die beste Zeit zur Teilung von Gräsern ist im Frühling, kurz nach Beginn des Austriebs. Kleine Gräser wie die *Festuca*-Arten teilt man ganz auf. Die kleinen Teilstücke kommen in Töpfchen oder Multitopfplatten. Neueinführungen sind oft stark gefragt, deshalb die oft schwachen Teilpflanzen, die man aus der Gärtnerei erhält, erst im Topf weiterkultivieren und später auspflanzen.

**Vermehrung durch Samen**
Eine ganze Reihe von Gräsern läßt sich auch durch Samen vermehren. Sie werden in Töpfe oder Schalen gesät. Wichtig ist, daß ganz besonders auf unkrautfreie Saaterde geachtet wird. Unkrautgräser sind im Anfangsstadium nicht von den ausgesäten Ziergräsern zu unterscheiden. Die Aussaatzeit ist weit gesteckt, entweder im März/April in den kalten Kasten oder später auch ins Freiland an einem geschützten Ort. Von den perennierenden Ziergräsern eignen sich für Samenvermehrung: *Helictotrichon sempervirens* (= *Avena sempervirens,* Blaustrahlhafer), *Cortaderia selloana* 'Weiße Feder' und 'Rosa Feder' (Pampasgras), *Festuca glauca* (Schafschwingel) – spielt etwas in der Tönung –, *F. vallesiaca* 'Glaucantha' (Zwergblauschwingel) – hat gleichmäßige Tönung –, *Koeleria glauca* (Schillergras oder Kammschmiele), *Stipa capillata* 'Brautschleier' (Büschelhaargras), *S. barbata* (Reiherfedergras), *S. gigantea* (Pyrenäenfedergras). Die genannten Ziergräser sind normalerweise

im Handel erhältlich. Aus eigener Ernte können natürlich auch alle anderen, reinen Arten durch Aussaat vermehrt werden. Hinzu kommen alle im folgenden Abschnitt erläuterten einjährigen Ziergräser. Bei Ziergrasmischungen ist besonders darauf zu achten, daß auch alle spät keimenden und niederen Arten sich entwickeln können, sonst gibt es einseitige Mischungen. Von den ausdauernden Arten wächst eine ganze Anzahl besser an, wenn sie mit Topfballen gepflanzt werden, wie *Arrhenatherum elatius* ssp. *bulbosum* 'Variegatum' (Glatt- oder Glasknollenhafer), alle Bambus- und *Miscanthus*-Arten, *Cortaderia selloana* (Pampasgras), *Carex morrowii* 'Variegata' (Japansegge) und *Stipa barbata* (Reiherfedergras).

## Einjährige Ziergräser

**Verwendung**
Auch die einjährigen Ziergräser harren noch auf ihre große Verbreitung. Die Verwendung ist vielfältig. *Agrostis nebulosa* und *Lagurus ovatus, Briza maxima* eignen sich sowohl für kahle Stellen im Steingarten als auch zu niederen Einjahrsblumenpflanzungen. Sehr schön zum Schnitt sind *Rhynchelytrum repens* (= *Tricholaena rosea*), *Hordeum jubatum* (Mähnengerste), *Pennisetum setaceum* (= *P. rueppellii*) und *P. villosum*. Sie lockern die bunten Blumensträuße auf. In kleine Tröge kann *Coix lacryma-jobi* (Hiobsträne) gepflanzt werden; in niedere einjährige Beetpflanzungen passen als Einzelpflanzen *Pennisetum glaucum* (= *Setaria glauca*) und *Setaria macrochaeta* (Kolbenhirse). Vorsicht vor *Eragrostis tef* (= *Poa abyssinica*, Liebesgras), es sät sich stark selber aus.

**Trockenbinderei**
Können von den perennierenden Ziergräsern lediglich einzelne für die Trockenbinderei verwendet werden, so eignen sich die einjährigen allesamt dafür. Geerntet werden die Halme an einem trockenen Tag, wenn die Ähren kurz vor ihrem Höhepunkt stehen. Luftig an einem trockenen Ort aufbewahren. Viel gebraucht werden *Lagurus ovatus*, das Hasenschwanzgras, und der Ziermais, *Zea mays* var. *japonica* 'Amero'. Die buntkörnigen Maiskolben werden für die Binderei und zur Dekoration verwendet. Als Neuheit wird der „Erdbeermais" angeboten.

## Farne

Was über die Ziergräser gesagt wurde, gilt auch für Farne: sie stellen das ganze Jahr über etwas vor.

*Zu den imposantesten Ziergräsern gehört das Riesenchinaschilf, besonders an frischen Stellen.*

Farne sind mit wenigen Ausnahmen Waldpflanzen. Dementsprechend lieben sie einen feuchten, humosen Boden mit leicht saurer Reaktion, wenn auch eine Vielzahl in neutralem Boden noch gut gedeiht. Ebenso sind Farne in der überwiegenden Mehrheit Schatten- oder Halbschattenpflanzen. Entsprechend müssen die Pflanzplätze ausgesucht werden

**Pflanzung**
Die Erde wird mit einem hohen Anteil Torfmull oder Walderde untermischt; bei lehmigen Böden kommt zusätzlich Fluß- oder Kiessand hinzu. Gut ist, wenn die Erde für Farne auch einiges grobe Material enthält, wie halbverrottetes Laub, kleingehackte Zweige oder grobem Kompost: Die Durchlüftung ist besser, und das Bodenleben aktiver. Die Pflanzung kann im Frühling oder Herbst erfolgen; bei der Herbstpflanzung muß darauf geachtet werden, daß die Ballen nicht hochfrieren. Während des Austriebs muß unbedingt genügend Feuchtigkeit vorhanden sein. Mineralische Düngung sollte unterbleiben.

### Farne im Staudenteppich

Alle höheren Farne kommen gut in Teppichen von Halbschattenstauden zur Geltung, aus denen sie herauswachsen, wie teilweise auch in der Natur. Solche Bodendecker sind *Asarum europaeum* (Haselwurz), *Convallaria majalis* (Maiglöckchen), *Galium odoratum* (Waldmeister), *Lysimachia nummularia* (Pfennigkraut), *Omphalodes verna* (Gedenkemein), *Tiarella cordifolia* (Schaumblüte), *Vinca minor* (Immergrün) und *Viola odorata* (Duftveilchen). Auch einige höhere Stauden können dazu gesellt werden, wie *Aconitum* in Sorten (Eisenhut), Astilben in Sorten, *Cimicifuga* in Sorten (Silberkerzen) und *Digitalis* in Sorten (Fingerhut).

Solche Pflanzungen können jahrelang unberührt stehen. Manche Farne kommen dabei mit der Basis immer höher. Entweder wird jährlich etwas frische Erde um die Pflanze herum aufgefüllt, oder der Farnstock wird nach einigen Jahren tiefer gesetzt. Manche neu austreibende Wedel sind spätfrostgefährdet. Werden sie durch strenge Fröste gänzlich vernichtet, so werden neue Wedel ausgebildet. Die Farne mit immergrünen Wedeln bekommen in kälteren Gegenden einen Sonnenschutz aus Fichtenzweigen. Für den flachen Staudenteppich nimmt man einzelne oder in Dreiergruppen gesetzte Farne, die aus dem Teppich herausragen. Dazu eignen sich besonders: *Athyrium filix-femina* (Frauenfarn), *Dryopteris borreri* (Goldschuppenfarn), *Dryopteris filix-mas* (Wurmfarn), *Osmunda regalis* (Königsfarn) u.a. Für flächige Farngruppen im Staudenteppich eignen sich: *Athyrium filix-femina* 'Minutissima' (Zwergfrauenfarn), *Blechnum spicant* (Rippenfarn), *Polystichum setiferum* 'Proliferum' (Filigranfarn) und *P. setiferum* 'Proliferum Plumosum Densum' (Flaumfeder-Filigranfarn).

Verschiedene Farne heben sich im Laufe der Zeit aus dem Boden

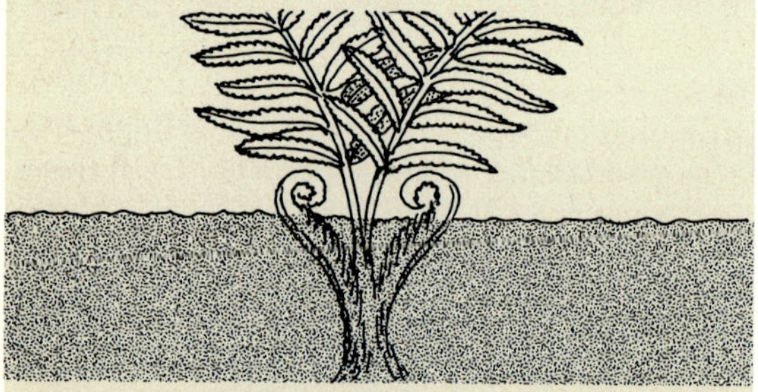

Dann entweder tiefer setzen

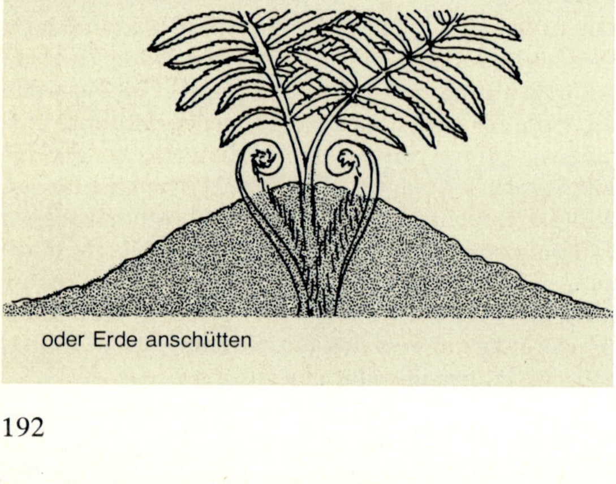

oder Erde anschütten

### Farne im Steingarten

Auch für diese Pflanzplätze gibt es Farne, wenn auch nur wenige für sonnige Plätze. Am sonnenhungrigsten ist *Ceterach officinarum* (Schriftfarn), der gerne vom Urlaub aus den Mittelmeerländern mit heimgebracht wird. Er liebt Kalk und steht mit Vorliebe in engen Fugen.

Mit halbsonnigen Plätzen nimmt auch *Phyllitis scolopendrium* vorlieb, wenn auch die beste Entwicklung an absonnigen Stellen beobachtet wird. Es gibt davon viele empfehlenswerte Sorten: 'Cristata', 'Crispa', 'Marginata' und 'Undulata'; alle benötigen Kalk. An zusagendem Ort säen sie sich leicht selbst aus.

Farne lieben unter der Pflanzerde grobe Teile, wie gehackte Äste, Laub usw.

An schattigen Steingartenplätzen wachsen *Asplenium trichomanes* und *A. viride*. Sie lassen sich, wenn die Wurzel mit etwas *Sphagnum* umwickelt wird, auch nachträglich in enge Mauerfugen pflanzen. An schattige Flächen paßt *Adiantum venustum* (Himalaja-Frauenhaarfarn); für kleine Tröge ist *A. pedatum* 'Minor' (Zwerg-Hufeisenfarn) geeignet.
Vielseitig, sowohl an sonnigen als auch schattigen Plätzen des Steingartens, läßt sich *Athyrium filix-femina* 'Minutissima' (Zwergfrauenfarn) verwenden.

**Farne mit starkem Ausbreitungsdrang**
Manche hübschen Farne haben einen starken Ausbreitungsdrang, so *Matteuccia struthiopteris* und *M. pensylvanica* (einheimischer und nordamerikanischer Strauß- oder Trichterfarn). Sie bilden oft lange Ausläufer, so daß sie sogar auf der anderen Seite eines betonierten Weges auftauchen. Diese neuen „Sträuße" lassen sich aber leicht abstechen. Meist bilden sich durch diese Ausbreitung reizvolle Pflanzungen. Wo sie doch stören, finden sich schnell Liebhaber für die abgestochenen Pflanzen. Ähnlich ist es mit *Onoclea sensibilis,* dem Perl- oder Sinnfarn. Er liebt Feuchtigkeit und geht sogar bis ins flache Wasser. Aus Rhododendronpflanzungen wohl nie mehr völlig zu entfernen! Eventuell Pflanzung in eingelassenen Gefäßen ohne Böden. Durch die Brut an der Unterseite der Wedel verbreitet sich *Cystopteris bulbifera,* der Blasenfarn, sehr stark. Die zierlichen Pflanzen werden nie zu lästig; treten sie doch einmal zu zahlreich auf, zieht man sie eben aus dem Boden.

**Allerlei Hinweise**
Unbedingt sauren Boden brauchen *Blechnum spicant,* der heimische Rippenfarn, und *Polypodium vulgare* (Tüpfelfarn). Winterschutz sollte *Polystichum setiferum* 'Plumosum Densum' erhalten; *P. lonchitis* (Lanzenfarn) benötigt zur optimalen Entwicklung unbedingt Kalksteinschutt im Boden. Für auffallende Stellen sollte *Adiantum pedatum* (Hufeisenfarn) verwendet werden, damit die halbrunden Wedel zur Geltung kommen. Einen farbigen Akzent setzt *Athyrium goeringianum* 'Pictum' (Regenbogenfarn). Höhere Solitärgestalten sind *Dryopteris goldiana* (Riesenwurmfarn), *Osmunda regalis* (Königsfarn) und die Auslese 'Purpurascens'.

## Farnvermehrung

### Vegetative Vermehrung
Auf den Ausbreitungsdrang durch Brutknospen bei *Cystopteris bulbifera* wurde schon hingewiesen. Bei

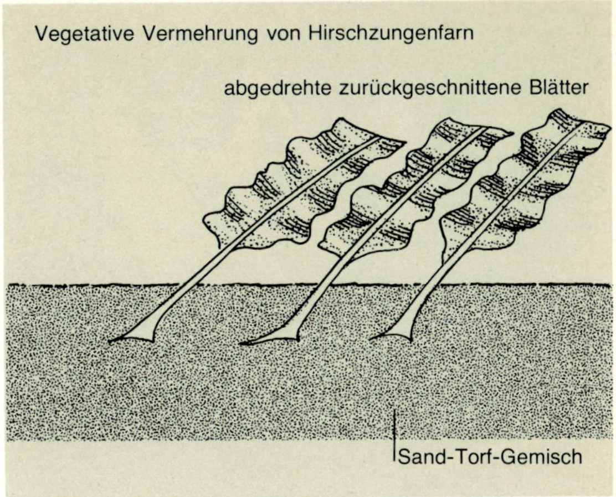


den schönen *Polystichum setiferum* und *P. setiferum* 'Proliferum' muß nachgeholfen werden: Die mit Brutknospen besetzten Wedelteile werden, mit der Rückseite nach unten aufliegend, in feuchte, torfhaltige Erde (im kalten Kasten oder im Kleingewächshaus) gesteckt. Die Wedel müssen fest aufliegen. Bei gleichmäßiger Wärme treiben die Knospen nach etwa zwei Monaten aus. Die Wedel vorsichtig aufnehmen, damit die feinen Wurzeln nicht abgerissen werden. Zerschneiden der Wedel entsprechend den Jungpflanzen, Weiterkultur in Torf- oder Kunststofftöpfen in einem humosen, torfhaltigen Erdgemisch. Wer keinen kalten Kasten oder kein Kleingewächshaus hat, kann auch die Vermehrung im Freien bei der Mutterpflanze versuchen: Der sie umgebende Boden wird mit Torf angereichert und vermischt. Einige äußere Wedel können festgesteckt werden, die Mittelrippe aber soll frei sein. Wer im August/September diese Methode durchführt, hat beim Frühjahrsaustrieb kleine Jungpflanzen.
Beim Hirschzungenfarn, *Phyllitis scolopendrium* und Sorten, läßt sich eine Blattstielvermehrung durchführen: Die äußeren, ausgereiften Blätter werden tief unten abgedreht und in ein Sand-Torfmull-Gemisch gesteckt, wenn möglich im kalten Kasten; bei guter Schattierung und mäßiger Wärme treiben sie meist nach einem halben Jahr aus. Im Frühling nimmt man sowieso den unansehnlich gewordenen äußeren Blattkranz weg, so daß diese Methode der Mutterpflanze nicht schadet. Es macht nichts, wenn nur noch der Stengel grün ist. Am Stengel bilden sich mehrere Pflänzchen.
Die beiden erwähnten Straußfarnarten *(Matteuccia struthiopteris* und *M. pensylvanica)* durch ihre Ausläufer schnell vervielfacht werden. Die Stolonen wer-

*Wasser- und Sumpfpflanzen. Seite 194 oben links: Die Kamtschatka-Scheincalla, Lysichiton camtschatcensis, mit den großen, auffallenden gelben Blüten ist etwas für den Gartensumpf oder für die Randzonen von Gartenteichen. Schon Ende April, wenn der Blütenflor noch spärlich ist, blüht diese Pflanze. Oben rechts: Von ähnlicher Gestalt ist die weißblühende Scheincalla, Lysichiton americanus. Sie stellt die gleichen Ansprüche und ist ebenso zu verwenden. Unten links: Groß ist die Vielfalt an Seerosen, sowohl hinsichtlich gewünschter Wassertiefe als auch Blütenfarbe. Schon für einen Wasserstand von 20 cm gibt es Seerosen, aber auch solche für 2 m Wassertiefe. Die Blütenfarben reichen von Weiß über Rosa bis Tiefrot, aber auch schöne Gelbtöne sind vorhanden. Unten rechts: Von unserer heimischen Sumpfdotterblume gibt es eine gefüllt blühende Form, Caltha palustris 'Flore Pleno', die für feuchte und sumpfige Gartenplätze ideal ist. Auch die einfache Form hat ihre Liebhaber. Gewarnt werden muß vor der einfachen weißen Sumpfdotterblume. Sie sät sich im Sumpf sehr stark aus. Seite 195: Ein hübscher panaschierter Zwergkalmus ist Acorus gramineus var. pusillus 'Aureovariegatus'. Diese schöne Pflanze steht am besten am Wasserrand; sie benötigt etwas Winterschutz, aber diese kleine Mühe ist sie wert.*

den in fingerlange Teile zugeschnitten und schräg nach oben in ein Kistchen mit Sand-Torfmull gesteckt. Im Kalthaus oder im kalten Kasten überwintern; im Frühling erfolgt der Austrieb der Jungpflanzen. Das geht auch bei *Onoclea sensibilis,* dem Perlfarn. Bei älteren Stöcken kommt auch Teilung in Frage.

**Vermehrung durch Sporen**

Diese Vermehrungsart wendet der Gärtner bei vielen Gewächshausfarnen an; sie erfordert einige Aufmerksamkeit, aber dafür erhält man eine größere Anzahl von jungen Farnpflanzen. Steriles Arbeiten ist Voraussetzung! Die zu verwendenden Gefäße werden gründlich mit heißem Wasser gereinigt; Tontöpfe können ausgekocht werden (Kunststofftöpfe sind besser, da darin die Erde länger feucht bleibt). Ideal ist ein ausgedientes Aquarium, gut eignen sich auch alte Batteriegläser der Bundespost. Diese Gefäße reinigt man am besten zusätzlich mit Albisal-Lösung. Die Töpfe werden mit feinfaserigem, üblichem Torfmull gefüllt (ohne Düngerzusatz). Vorsorglich mit kochendem Wasser übergießen. Leicht andrücken (steril bleiben). Die Sporen in die Töpfe säen oder ein Farnblatt mit reifen Sporen darüber legen. Man erkennt die reifen Wedel an der gelblichen oder bräunlichen Verfärbung der sonst grünen Unterseite. Der Wedel wird auf ein weißes Papier gelegt; schon nach kurzer Zeit sieht man eine feine Staubschicht = Sporen. Die Sporen werden am besten vom Papier aus gesät. Nicht neben anderen solchen Aussaaten arbeiten, damit nichts durcheinanderkommt! Der Boden des Aquariums oder der Batteriebehälter wird etwa handbreit mit Torf gefüllt; auf den die Aussaattöpfe gestellt werden. Die Sporen selbst werden nicht bedeckt. Die umfunktionierten Behältnisse werden mit Glasscheiben abgedeckt. Gegossen wird mit feinster Brause etwa alle zwei Wochen, aber erst dann, wenn eine feine, grüne Schicht den Torf überzieht. Unter die Deckschicht wird ein kleines Lüftungsholz gelegt, damit sich nicht so viele Tropfen bilden. Zunächst entstehen noch keine kleinen Farnpflanzen, sondern Vorkeime (Prothallien).

Der Standort der Farnvermehrung kann ein nordseitiges Zimmerfenster sein oder ein Kalthaus, wobei aber kein direktes Sonnenlicht auf die Vermehrung fallen darf. Diese Vorkeime sind nach ¹/₂ Jahr etwa linsen- bis pfenniggroß und können Fortpflanzungsorgane bilden. Zu dieser Zeit muß alles sehr feucht sein. Schon bald entwickeln sich aus den Vorkeimen kleine Farnpflänzchen. Wenn diese zu eng stehen, wird schon früh pikiert. Sind sie kräftig genug, kommen sie in Töpfe mit sauer reagierender, stark torfmullhaltiger Erde und ins Freie. Gedüngt wird mit einer sehr schwachen Lösung von Rhododendrondünger. Im ersten Freilandjahr Winterschutz.

# Der Rasen im Garten

Als Rasen bezeichnet man eine dichte Vegetationsdecke aus einer oder mehreren Grasarten in Gärten, öffentlichen Anlagen, am Straßenrand und in freier Landschaft. Er wird in der Regel nicht in der Absicht gemäht, den Aufwuchs planmäßig als Futter zu nutzen, wie das in der Landwirtschaft der Fall ist. Je nach Nutzung und Standort kann der Rasen außer Gräsern auch Kräuter in mehr oder weniger großer Menge und Häufigkeit enthalten, z.B. Kleearten, Löwenzahn, Gänseblümchen usw. Rasenflächen nur aus Gräsern, ohne jedes Kraut, gibt es nicht, höchstens vorübergehend nach einer intensiven „Unkraut"-Bekämpfung.

## Rasenformen

Rasenflächen werden nach ihrer Nutzung und nach den Ansprüchen an ihr Aussehen näher bezeichnet; dabei kommt es gelegentlich zu Überschneidungen, worauf hier aber nicht eingegangen werden soll.

*Zierrasen:* Sehr dichter Rasen aus feinblättrigen Gräsern von einheitlich grüner Farbe; erfordert zur Erhaltung einen hohen Pflegeaufwand (Düngung, Bewässerung und Unkrautbekämpfung). Er muß tief geschnitten werden; ähnelt dann den Greens auf Golfplätzen. Verträgt Betreten und Bespielen weniger gut als andere Rasenformen.

*Vorbildlicher Hausrasen mit altem Baumbestand und Umpflanzung während der Tulpenblüte.*

*Gebrauchs- und Strapazierrasen:* Dieser Rasen soll ebenfalls dicht sein; die darin enthaltenen Gräser haben aber etwas breitere, gröbere Blätter. Ein Rasen für Spiel und Sport; Betreten nicht verboten, im Gegenteil. Hierzu gehört die Mehrzahl aller Hausrasen, außer denen, die einem reinen Zierzweck dienen oder die man speziell als Blumenwiese anlegt.

*Blumenwiese:* Enthält auch höher werdende Gräser; sie darf, damit sich die Wiesenblumen aber wirklich entwickeln können, nur ein- bis zweimal im Jahr geschnitten werden. Daher zeitweise weniger ansehnlich wegen der hohen und mitunter schon abgeblühten Gräser und Kräuter. Gut gepflegte Strapazierrasen können ebenso schön aussehen wie reine Zierrasen, sie werden aber weniger tief geschnitten (3 cm). Der Pflegeaufwand kann geringer sein; bei guten Strapazierrasen ist er aber nur um ein weniges kleiner als beim Zierrasen, da hiermit unvermeidlich auftretende Nutzungsschäden ausgeglichen werden müssen. Solche Strapazierrasen führen die Namen Parkrasen, Hausrasen, Spielrasen, Liegewiese usw.

*Schattenrasen:* Im Schatten hoher, dichter Baumkronen und im Mauerschatten behindert der Lichtmangel das Wachstum oft so stark, daß eine dichte Grasnarbe nicht gedeihen kann. Man muß hier mit etwas offeneren Grasnarben zufrieden sein. Wenn sie häufiger geschnitten werden, entsprechen sie im Typ dem Strapazierrasen. Gräser für echte Schattenrasen, z. B. die Hainrispe *(Poa nemoralis)*, darf man nur ein- oder zweimal im Jahr schneiden, sonst sterben sie sehr rasch ab. Am besten wäre es, sie überhaupt nicht zu mähen.

*Parkplatzrasen:* Eine Sonderform des Rasens bei Wohnsiedlungen, auch bei manchen Sportplätzen; wird meist auf sogenannten Lochsteinen angesät. Wo zu viel gefahren wird oder Autos länger und häufiger geparkt werden, verschwindet aber der nach der Ansaat zunächst dichte Rasen bald wieder oder wird zumindest sehr dünn.

## Anlage von Rasenflächen

### Bodenvorbereitung

Bei der Anlage eines neuen Rasens sollte man gleich an die spätere Nutzung und Pflege denken. Wenn man die Rasenfläche betreten oder sie zu Spiel und

*Seite 198 oben: Natürlicher Bach im Garten, dieser Glücksfall ist selten. Am Ufer wachsen Typha-Arten, Rohrkolben, die Japanische Iris, Iris kaempferi, Etagen-Primel und die Glöckchenprimel, Primula florindae. Unten: Uferzone eines kleinen Teiches mit Sumpfvergißmeinnicht, Myosotus palustris 'Thüringen', Tannenwedel, Hippuris vulgaris, und neben der Seerose links im Vordergrund die Wasserhyazinthe, Eichhornia crassipes. Seite 199 oben links: Tibetanischer Scheinmohn, Meconopsis betonicifolia. Oben rechts: Schneefederfunkie, Hosta undulata 'Univittata'. Mitte links: Japanprimel, Primula japonica. Mitte rechts: Zwerghartriegel, Cornus canadensis. Unten rechts: Sieboldsprimel, Primula sieboldii.*

Sport nutzen will, muß der Boden durchlässig sein oder durchlässig gemacht werden, damit es nach Regenfällen nicht zu Pfützenbildung und Wasserstau kommt.

**Einebnung, Bäume usw.**

Die Oberfläche des Rasens und seine Oberflächenform sollten die immer wieder notwendige Mäharbeit nicht unnötig erschweren. Zunächst muß daher eine ebene Oberfläche geschaffen werden; sie sollte je nach der Geländeausformung nur leichte Mulden und sanfte Anhöhen aufweisen, so daß der Rasenmäher auch dort die Gräser noch gleichmäßig abzuschneiden vermag. Allzuoft sieht man zu steile Kanten, an denen die Messer der Maschine die Gräser immer wieder bis auf den Boden abschneiden. Hier gibt es Lücken, in denen sich Unkräuter und Moos ausbreiten. Auch der Rasenmäher wird schneller stumpf als nötig. Man pflanze nicht zu viele Bäume oder Sträucher einzeln in den Rasen, da der Rasenmäher nicht ganz an sie heranfahren kann und das stehengebliebene, höhere Gras dann mit der Handschere abgeschnitten werden muß. Für Blumenbeete gilt sinngemäß das gleiche.

**Bodenzusammensetzung**

Gute Rasenstandorte sind Sandböden und ähnliche Böden, die daneben noch etwas Ton und Schluff enthalten, also lehmige Sandböden und sandige Lehmböden mit höherem Sandanteil. Sie besitzen eine gute Durchlässigkeit für Wasser, speichern je nach Humusgehalt aber auch mehr oder weniger viel Wasser und Nährstoffe. Lehm- und Tonböden sind schwierige Standorte, weil bei nasser Witterung überschüssiges Wasser oft nicht schnell genug in den Untergrund abfließt. Im Extremfall können dann bei starker Beanspruchung sogar Binsen auftreten, vor allem aber viel Moos. Nach längeren Trockenperioden kann andererseits auf schweren Böden der Rasen unter Dürre leiden, wenn er nicht bewässert werden kann.

**Bodenuntersuchung**

Vor der Anlage eines Rasens empfiehlt es sich, eine Bodenprobe auf die Bodenreaktion (pH-Wert) und die Gehalte an Phosphorsäure und Kalium untersuchen zu lassen. Das übernehmen die Landwirtschaftlichen Untersuchungs- und Forschungsanstalten, die es in allen Bundesländern gibt, gegen einen geringen Betrag. Auch eine Reihe von Samenfirmen führt solche Untersuchungen durch bzw. lassen sie dort durchführen. An Hand der Ergebnisse kann man dann entscheiden, ob bei zu saurem Boden gekalkt werden muß und ob bei starker Nährstoffarmut eine höhere Vorratsdüngergabe an den genannten Nährstoffen zweckmäßig ist.

**Bodenverbesserung**

Wenn es sich um die Neuanlage von Rasenflächen auf ehemals von Bauarbeiten in Anspruch genommenem Gelände handelt, so ist der Boden durch das Befahren mit schweren Maschinen oft stark verdichtet, und zwar bis in größere Tiefen. Die erste notwendige Maßnahme ist hier eine tiefgreifende Lockerung mit einem Untergrundhaken, um die verdichteten Schichten aufzubrechen. Eine Lockerung mit einer Fräse ist zu wenig wirksam, da ihre Arbeitstiefe meistens nicht mehr als 15 cm des Oberbodens erfaßt. Ist der Boden schwer, d.h., handelt es sich um stärker lehmige und tonige Böden, so kann man ihre Durchlässigkeit durch Beimengung von scharfem Flußsand verbessern, den man in die obersten 12–15 cm gut einmischt. Etwa 5–6 $m^3$ reichen für je 100 $m^2$ aus. Neuerdings gibt es Produkte der Kunststoffchemie, die man zur physikalischen Bodenverbesserung einsetzen kann, zumal dann, wenn Sand nicht leicht zu beschaffen ist. Zu nennen sind Styromull, Hygromull und eine Mischung aus beiden, Hygropor. Auf schweren Böden bringt man von Styromull oder Hygropor 2–3 $m^3$/100 $m^2$ aus und kann dann den Sandanteil um 2 $m^3$ verringern. Die Elastizität des Bodens wird durch die Beimengung der beiden Produkte erhöht. Die Krümelung schwerer Böden kann man zusätzlich durch die Einarbeitung von Curasol-S deutlich verbessern.
Auf leichten Sandböden kommt es andererseits darauf an, die Wasserhaltung zu fördern. Falls humushaltige Erde oder Kompost vorhanden sind, verwendet man diese dazu mit Vorteil. Häufiger wird man dafür aber Torf nehmen, den es auch mit Nährstoffen angereichert gibt, z.B. Humobil. Als eine gute Gabe sind 4–6 $m^3$/100 $m^2$ anzusehen. Ähnliche Eigenschaften wie Torf besitzt das Hygromull, von dem 3–5 $m^3$/100 $m^2$ eingesetzt werden können. Leider stört seine weiße Farbe, bis der Boden voll mit Graswuchs bedeckt ist.
Wie weit eine besondere Zufuhr von organischen Stoffen vor der Ansaat notwendig ist, wird vielfach diskutiert. Ehemaliger Mutterboden wird oft ausreichend viel organische Substanz für die Schaffung günstiger physikalischer und chemischer Bodeneigenschaften besitzen. Später sorgen die feinen Graswurzeln bald für eine Anreicherung und für eine feine, gleichmäßige Verteilung der organischen Sub-

stanz im Boden, wie es sich rein mechanisch, z.B. durch eine Torfbeimengung, nicht in dieser Gleichmäßigkeit erreichen läßt. Bei Verwendung von Rohböden, z.B. aus Untergrundmaterial, dürfte allerdings zur Humusanreicherung eine erste größere Gabe an organischen Stoffen, dazu auch Hygromull, immer nützlich sein.

**Auswahl der richtigen Saatmischung**
Leider sagen die Namen der im Handel angebotenen Mischungen zumeist nichts Zuverlässiges über ihre tatsächliche Eignung aus. Zierrasenmischungen dürften definitionsgemäß nur aus Samen feinblättriger Gräser zusammengesetzt sein; billige sogenannte Zierrasenmischungen können aber auch überwiegend aus groben Gräsern bestehen. Um sich vor Enttäuschungen zu schützen, sollte man sich die Namen der wenigen für Rasensaaten wirklich brauchbaren Arten merken. Was darüber hinaus in den Mischungen zu finden ist, sind oft nur sogenannte Billigmacher. Es handelt sich meist um kurzlebige Gräser, deren Samen sich leicht erzeugen lassen. Damit kann man zum Niedrig-Preis Mischungen anbieten, die meist ihr Geld nicht wert sind. Die hieraus auflaufende Ansaat bildet zwar rasch einen hohen Bestand – oft sehr viel schneller als bei wirklich guten, aber teureren Mischungen. Nach dem ersten Winter ist dann die Enttäuschung um so größer, wenn sich auf dem Rasen ausgedehnte Lücken zeigen.

**Geeignete Grasarten für die Rasenmischungen**
Der Bedeutung nach sind folgende Gräser zu nennen:
Rotschwingel *(Festuca rubra):* Ein feinblättriges Gras anspruchslos an den Boden, frost- und trockenheitsresistent, bildet bei geeigneten Zuchtformen dichte Grasnarben, verträgt auch tieferen Schnitt, weicht aber stärkerer Trittbelastung. Zwei Unterarten: Horstrotschwingel *(F. rubra commutata)* und der ausläufertreibende Rotschwingel *(F. rubra rubra)*; beide sind in guten Zuchtsorten für alle Rasenanlagen geeignet.
Wiesenrispe *(Poa pratensis):* Ausläufertreibendes Gras, gut trittverträglich und nach stärkerer Belastung sehr regenerationsfähig. Daher das wichtigste Gras für Sportplätze. Breitere Blätter als Rotschwingel. Bildet dichte, dunkelgrüne Rasen. Ist unempfindlich gegen Frost und Trockenheit, leider aber anfällig für einige Blattkrankheiten wie Rost. Die Anfangsentwicklung verläuft langsamer als beim Rotschwingel, so daß bei Neuansaaten mit hohem Wiesenrispenanteil zunächst Verunkrautungsgefahr besteht.

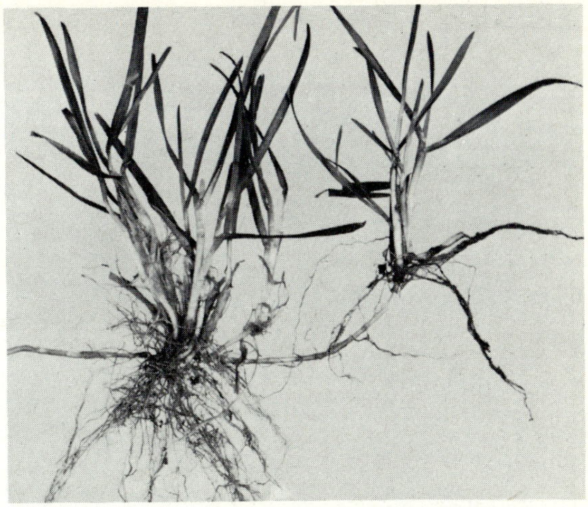
*Ausläuferbildende Wiesenrispe, Poa pratensis.*

Straußgrasarten *(Agrostis canina, A. stolonifera, A. tenuis):* Speziell für die Ansaat feiner Zierrasen geeignet, da sie den erforderlichen tiefen Schnitt ausgezeichnet vertragen; brauchen dann aber einen hohen Aufwand an Wasser und Nährstoffen. Das Hundsstraußgras *(Agrostis canina)* hat schmale Blätter, die beiden anderen Arten etwas breitere; Farbe oft gelbgrün. Können in bestimmten Zuchtformen andere Arten stark verdrängen. Da sie im Winter mitunter braun werden und vorübergehend oberirdisch absterben, können Rasen mit diesem Gras wegen dessen fleckweisem Auftreten zeitweise ziemlich unschön aussehen.
Deutsches Weidelgras *(Lolium perenne):* Sehr raschwüchsiges Horstgras, das sich mit seinen breiteren, unterseits glänzenden Blättern aus Rasen mit den zuvor genannten Gräsern immer deutlich abhebt. Verträgt gut stärkeres Betreten, für Sport- und Spielplätze daher unentbehrlich. Es gibt heute neue Zuchtsorten, welche die Nachteile älterer Sorten, u. a. ihre relative Kurzlebigkeit, nicht mehr besitzen und auch dichte Narben bilden können. Da es nach der Ansaat sehr rasch aufläuft, mitunter schon nach einer Woche, kann es feinere Gräser, die sich langsamer entwickeln, bei hohem Anteil in der Mischung zunächst stark unterdrücken. Ist frostgefährdet und anfällig für Schneeschimmel.
Schafschwingel *(Festuca ovina):* Es gibt hiervon mehrere Unterarten, die alle sehr feinblättrig und horstbildend sind. Hauptsächlich für Rasen auf trockenen Sand- und Gesteinsböden geeignet, auf denen wüchsigere Arten nicht mehr gut gedeihen, z.B. auf

*Seite 202 oben: Gepflegter Rasen aus Rotschwingel und Straußgras, umgeben von Rhododendron, weiteren Gehölzen sowie Stauden. Einen natürlichen Akzent gibt der unregelmäßige Rasenplattenrand. Die Platten liegen etwas tiefer als der Rasen, so ist eine leichte Pflege gewährleistet. Unten: Die Frühlingsheide gibt es in verschiedenen Farben. Nach wie vor zu den Spitzensorten gehört die frühblühende 'Winter Beauty', dunkelrote und weiße Sorten können sie ergänzen. Oft schon Ende Februar beginnt in milden Vorfrühlingen die Blüte. Neben einigen hohen Koniferen sind verschiedene Narzissen als Partnerpflanzen gepflanzt. Obwohl die Schneeheide, Erica carnea, im Gegensatz zur Herbstheide, Calluna vulgaris, Kalk im Boden, toleriert, sollte beim Pflanzen genügend Torf in den Boden gegeben werden. Ein jährlicher Rückschnitt sofort nach der Blüte vermeidet sparrige Pflanzen. Bei Kahlfrost an Südseiten ist leichter Winterschutz zu empfehlen. Seite 203 links: Pinus mugo, die Bergkiefer, wächst zwar langsam, erreicht im Alter aber 3 m Höhe, was beim Pflanzen schon berücksichtigt werden sollte. Es gibt niedriger bleibende Bergkiefern, wie die Pinus mugo ssp. mugo und Pinus mugo ssp. pumilio. Wo die Pflanze den ihr zugedachten Raum sprengt, können ohne Bedenken einzelne Triebe zurückgeschnitten werden. Wird das jährlich gemacht, erhält die Bergkiefer eine kompakte Form. Andererseits sind diese Pflanzen nicht teuer, so daß ein Austausch mit einer jüngeren Pflanze kein großes Opfer ist. Rechts: Die Mädchenkiefer, Pinus parviflora, bildet oft malerische Gestalten, auch kann mit der Schere etwas nachgeholfen werden. Kein Garten sollte ohne Koniferen sein. Die Containerkultur macht jetzt eine Pflanzung während des ganzen Jahres möglich, solange der Boden „offen“ ist. Alle Koniferen lieben einen genügend großen Anteil von sog. Düngetorf (ohne Mineralsalze!) im Boden. Gründliches Wässern im Spätherbst schützt vor Frostschäden.*

Böschungen im Landschaftsbau. Wenig trittverträglich, aber sehr frostresistent.

Rasenlieschgras *(Phleum bertolonii, Ph. nodosum):* Ein erst in neuerer Zeit etwas mehr verwendetes Gras, besonders im Sportplatzbau. Sticht durch seine mehr graugrüne Blattfarbe von der dunkleren Farbe anderer Rasengräser deutlich ab. Für gepflegte Zierflächen daher weniger geeignet, wohl aber für stärker strapazierte Flächen wie Spielwiesen. Die Blätter sind mittelbreit und bleiben im Winter grün. Raschwüchsig nach der Ansaat.

Kammgras *(Cynosurus cristatus):* Horstbildendes Gras, dessen Blätter denen des Deutschen Weidelgrases sehr ähnlich sind, es ist jedoch frostgefährdeter als dieses. Bildet zum Herbst hin sehr harte Blütenstengel aus, die sich nur sehr schwer abmähen lassen. Wird nach vorübergehender Propagierung (nur in Deutschland!) jetzt wieder mehr und mehr durch Deutsches Weidelgras ersetzt, zumal kaum geeignetes Zuchtsaatgras zur Verfügung steht.

Hainrispe *(Poa nemoralis):* Ursprünglich Waldgras; sehr geeignet für Schattenrasen, die nicht oder nur sehr selten (ein- bis zweimal) gemäht werden können. Horstbildend, bei der angegebenen Nutzung ausdauernd, bildet aber keine dichten Grasnarben.

Sonstige Gräser: In den käuflichen Mischungen sind mitunter noch mehrere andere Gräser genannt. Davon sind einige wertlos, da sie wenig zur Narbendichte beitragen, wie die Gemeine Rispe *(Poa trivialis);* andere sind ausgesprochene Unkräuter, wie z.B. der Rohrschwingel *(Festuca arundinacea).* Dieser hat harte, sehr breite Blätter, die sich sehr störend im Rasen bemerkbar machen und durch Schnitt und andere Maßnahmen nicht zu vertreiben sind. Dieses Gras gehört zu den Billigmachern, da in subtropischen Gebieten das Saatgut sehr leicht in großen Mengen zu erzeugen ist. Zur Tarnung wird es auch unter der veralteten Bezeichnung „Hoher Schwingel" *(Festuca elatior)* in den Mischungen aufgeführt. Ein weiteres unbrauchbares Rasengras ist das Welsche Weidelgras *(Lolium multiflorum),* dessen wirkliche Bedeutung im Feldfutterbau liegt. Es ist noch raschwüchsiger als das Deutsche Weidelgras, unterdrückt auch bei kleinerem Saatanteil in der Mischung die Feingräser sehr stark, wintert aber in ein bis zwei Jahren aus und hinterläßt dann große Lücken. Auch dieses Gras gehört zu den Billigmachern.

**Saatgutqualität**

Durch die Saatgutgesetze von 1968 ist die Qualität der Rasenmischungen weit besser als früher gesichert. Als Saatgut der meisten zuvor genannten Gräser darf nur solches in den Verkehr gebracht werden, das bestimmten, gesetzlich festgelegten hohen Normen an Reinheit und Keimfähigkeit entspricht. Das wird durch die vorgeschriebenen amtlichen Untersuchungen garantiert. Erst auf Grund einer staatlichen Anerkennung darf Saatgut gehandelt und in Rasenmischungen aufgenommen werden.

**Sortenfragen**

Früher war der Großteil des Saatgutes in den Rasenmischungen undefinierbarer Herkunft. Nach den gleichen Gesetzen von 1968 dürfen bei den meisten Rasengrasarten nur noch Sorten verwendet werden. Verwendet werden können aber sowohl Sorten, die für die landwirtschaftliche Nutzung gezüchtet wurden, wie solche, die speziell für Rasenzwecke, entwickelt wurden. Erstere sollen hohe Massenleistungen bringen, während bei letzteren mehr Wert auf Narbendichte, Frost- und Krankheitsresistenz, Ausdauer unter Rasennutzung gelegt wird. Sie verdienen daher in den Rasenmischungen den Vorzug. Die Zahl der zum Vertrieb zugelassenen Rasensorten der verschiedenen Gras-Arten übersteigt inzwischen 100. Eine Übersicht über ihre Eigenschaften gibt die vom Bundessortenamt herausgegebene „Beschreibende Sortenliste für Rasengräser".

Bei guten Rasenmischungen ist auf der Verpackung neben den Angaben über die verwendete Grasart auch ein Sortenname angegeben, z.B. *Poa pratensis* 'Merion', oder *Festuca rubra* 'Lifalla'. So ausgezeichnete Mischungen verdienen den Vorzug. Wo diese Angaben fehlen – die für Kleinpackungen nicht vorgeschrieben sind, – besteht die Vermutung, daß in solchen Mischungen weniger gute, d.h. für die Landwirtschaft entwickelte Zuchtsorten enthalten sind. Bei größeren Saatgutpackungen über 12,5 kg müssen auf dem Etikett immer Reinheit und Keimfähigkeit der Arten sowie ihre Sortenbezeichnung angegeben sein. Hat man größere Rasenflächen anzusäen, sollte man sich Mischungen aus speziellen Rasensorten zusammenstellen lassen.

**Saatmischungen**

Weniges ist für den Laien so undurchsichtig wie das Angebot an Rasenmischungen und deren Bezeichnungen. Was sagt z.B. „Bleichrasenmischung"? Wer bleicht heute noch Wäsche auf dem Rasen? Hierbei handelt es sich in der Regel um sehr billige Mischungen mit vielen unbrauchbaren Arten. Nicht viel besser ist es mit der bekannten Tiergartenmischung. Es bestehen im Samenhandel keinerlei Absprachen über das, was hierin enthalten sein sollte. In der Regel sind

es ebenfalls billige Mischungen mit oft sehr hohen Weidelgrasanteilen (bis 80 %). Diese Mischungen laufen schnell auf und befriedigen daher den nicht sachkundigen Käufer zunächst sehr; nach einem Winter werden solche Rasen aber völlig versagen können. Mit dem sogenannten englischen Parkrasen und manchen „Luxusrasen" ist es oft nicht besser.
Deswegen sollte man sich die Zusammensetzung einiger brauchbarer Mischungen merken und danach das Saatgutangebot durchsehen. Im Grunde kommt man heute mit sehr wenigen Mischungen aus, um die meisten Rasenprobleme zu lösen. Nachfolgend einige Mischungsbeispiele mit Anteilsangaben in Gewichtsprozenten:

**Feiner Zierrasen**

| | |
|---|---|
| Straußgrasarten *(Agrostis canina, A. stolonifera, A. tenuis)* | 0–10 % |
| Horstrotschwingel *(Festuca rubra commutata)* | 30–50 % |
| Ausläufertreibender Rotschwingel *(Festuca rubra rubra)* | 50–60 % |

Diese Mischung liefert sehr feinblättrige Rasen, die tief (1 cm) geschnitten werden müssen. Sie erfordern einen hohen Pflegeaufwand.

**Strapazier-, Gebrauchsrasen**

| | 1 | 2 | 3 |
|---|---|---|---|
| Horstrotschwingel *(Festuca rubra commutata)* | 30–40 % | 20–30 % | 10–20 % |
| Ausläufertreibender Rotschwingel *(Festuca rubra rubra)* | 30–40 % | 20–30 % | 20–30 % |
| Wiesenrispe *(Poa pratensis)* | 30–40 % | 30–40 % | 10–20 % |
| Deutsches Weidelgras *(Lolium perenne)* | — | 15–30 % | 40–60 % |

Die erste Mischung ist dem Zierrasen sehr ähnlich, wenn der Pflegeaufwand ausreichend hoch ist. Wegen der darin enthaltenen Wiesenrispe ist die durchschnittliche Blattbreite jedoch größer. Je nach der Beanspruchung durch Betreten sind die sich im Rasen ausbildenden Anteile des Rotschwingels und der Wiesenrispe verschieden hoch.
Die zweite Mischung wird wegen des darin enthaltenen Deutschen Weidelgrases nach der Ansaat schneller grün, d. h. schon nach etwa acht Tagen, während das bei der ersten Mischung etwa zwei bis drei Wochen dauern kann. Sie ist bei stärkerer Belastung durch Tritt und Spiel vorzuziehen. Der Weidelgrasanteil ist aber noch so gering, daß er nicht verdrängend wirken kann.
Die dritte Mischung entspricht etwa dem alten Typ Tiergarten mit mittlerem Anteil an Deutschem Weidelgras, der so bemessen ist, daß auch die anderen Grasarten Chancen haben, sich zu entwickeln.

**Spielrasen, Sportplätze für weniger intensive Nutzung**

| | |
|---|---|
| Wiesenrispe *(Poa pratensis)* | 40–60 % |
| Deutsches Weidelgras *(Lolium perenne)* | 25–30 % |
| Rotschwingel *(Festuca rubra)* | 15–20 % |
| Rasenlieschgras *(Phleum bertolonii)* | 0– 3 % |

Diese vorstehend aufgeführten Mischungen entsprechen denen, für die das Qualitätszeichen der Deutschen Rasengesellschaft vorgesehen ist. Falls in den vorstehenden Mischungen von einer Art oder Unterart mehr als 30 % Anteil vorgesehen sind, sollten nach Möglichkeit zum Risikoausgleich, z. B. gegen Krankheitsbefall, zwei Sorten verwendet werden.
Grundsätzlich sei noch angemerkt: die Eignung einer Mischung ist für die Ausbildung eines guten Rasens zwar sehr wichtig – sehr viel hängt aber auch davon ab, daß gleich nach der Aussaat eine intensive Pflege der Ansaat einsetzt. Aus der besten und teuersten Mischung kann kein guter Zierrasen entstehen, wenn er nicht richtig gedüngt, gewässert und gemäht wird, und wenn man die eventuell notwendige Unkrautbekämpfung unterläßt.

**Aussaatfragen**

Ein richtig vorbereitetes Saatbett sollte im Untergrund gut gesetzt, ohne größere Hohlräume sein, damit der kapillare Wasseraufstieg gesichert ist. Andererseits sollte er aber auch so locker sein, daß dem tieferen Eindringen der feinen Graswurzeln kein größerer Widerstand entgegensteht. Nur die obersten 1–2 cm des Bodens sollten feinkrümelig sein, damit eine gleichmäßige Aussaat und Tiefenlage der feinen Grassamen gewährleistet ist. Diese letzte Feinkrümelung geschieht am besten mit einer Harke, mit der vielleicht auch noch vorhandene kleinere Unebenheiten ausgeglichen werden können.

*Seite 206 oben links: Ein Blütenstrauch für den Halbschatten ist der Japanische Ranunkelstrauch, Kerria japonica. Ob man die einfache oder die gefüllte Form vorzieht, ist Geschmacksache. Zu berücksichtigen ist die Neigung, Ausläufer zu bilden. Wo nötig, müssen Platten oder ähnliches in den Boden eingelassen werden, um den Wucherer zu bändigen. Oben rechts: Die schöne Kolkwitzie, Kolkwitzia amabilis, ist nicht so verbreitet, wie sie es verdient. Sehr schön auch als Solitärstrauch. Die Blüten sind zwar nicht so groß wie die der Weigelie, aber sie erscheinen in großer Fülle. Der Strauch ist völlig frosthart. Unten: Natursteintröge können auf die verschiedenste Art bepflanzt werden, auch mit Zwerggehölzen. Hier wurde neben Heidekrautarten eine Rhododendron-Repens-Hybride gesetzt. Die Erde dieser leicht sauren Boden liebenden Pflanzen sollte einen entsprechenden pH-Wert aufweisen, genügend Torf ist obligatorisch. Seite 207: Eine Einzelpflanze der frühblühenden Schneeheide, Erica carnea. In milden Wintern öffnen sich schon zur Jahreswende die ersten Blüten, und Schneeschauer machen der Pflanze gar nichts aus. Wenn die Sonne dann den Schnee wegschmilzt, sieht man Bilder wie dieses – eine Attraktion für den Pflanzenfotografen.*

**Saatzeit**

Es lohnt sich, den Rasen im Frühjahr so bald wie möglich auszusäen, d.h., in milden Klimagebieten, wie im Rheintal, schon ab Ende März, in anderen ab Anfang bis Mitte April. Die junge Aussaat nutzt dann die noch vom Winter gespeicherte Feuchtigkeit gut aus. Treten danach Kälterückschläge mit Nachtfrösten ein, so macht das den jungen Graspflänzchen nichts, es sei denn, der Frost hält ohne Schneebedekkung lange an, was sehr unwahrscheinlich ist. Die Gefahren durch Kälteperioden sind viel geringer als die durch zu große Trockenheit, die zum Beispiel im Mai oft schon auftritt.

Die späten Mai/Juni-Aussaaten sollte man lieber vermeiden, es sei denn, man kann zu dieser Zeit eine Beregnungsanlage einsetzen. Sehr günstige Saatzeiten liegen dann im Juli und August. Zu dieser Zeit fallen relativ viele Niederschläge in Form stärkerer Schauer, der Boden ist warm, so daß Keimung und Entwicklung beschleunigt ablaufen.

Je nach den örtlichen Bedingungen kann man noch ziemlich spät im Jahr aussäen, d.h. weit über die oft angegebene Grenze von Mitte September hinaus. In milden Gebieten gelingen auch Ansaaten noch im Oktober, manchmal auch solche vom November. Es muß nur gewährleistet sein, daß sich die jungen Graspflanzen vor Eintritt der Vegetationsruhe noch etwas bestockt haben. Sie werden nach der Winterzeit rasch ihr Wachstum fortsetzen und die Rasennarbe schließen.

**Saatmenge**

Diese hängt von der verwendeten Saatmischung und der Samengröße der verwendeten Grasarten ab. Um eine ausreichende Zahl von Samen je Flächeneinheit auszubringen, muß bei Mischungen mit viel Deutschem Weidelgras mehr ausgesät werden als von solchen mit viel Wiesenrispe oder Straußgrasarten. Entsprechendes gilt je nach Anteilen der Gräser für die Mischungen. Nach den heutigen Erfahrungen sind Saatmengen zwischen 15g und 30g/m² voll ausreichend; versuchsmäßig kommt man auch mit der Hälfte aus. Ältere, höhere Saatmengenvorschläge sind nicht mehr vertretbar, seit die Reinheit und Keimfähigkeit des Rasensaatgutes erheblich verbessert wurden.

**Saatmethoden**

Eine gleichmäßige Aussaat der Grassamen ist schwierig, da Drillsaat ausscheidet. Breitsaat von Hand gelingt in befriedigender Form erst nach längerer Übung. Am besten ist es, man beschafft sich eine kleine Maschine für die Breitsaat, z.B. einen kleinen Düngerstreuer. Man muß nur vorher die verschiedenen Einstellungen ausprobieren, um die beabsichtigte Saatmenge auch wirklich exakt auszubringen, z.B. durch eine kleine Probefahrt von 5–10m Länge auf einem Betonweg, im Keller oder in der Garage.

Ist das Saatgut gleichmäßig ausgebracht, so sollte man es mit einer leichten Harke fein und flach einarbeiten, dann mit einer leichten Walze andrücken. Dadurch erhalten die Samen Anschluß an die Bodenfeuchtigkeit und werden vor dem Verwehen oder der Austrocknung geschützt. Am besten ist eine Saattiefe von 0,5–1 cm.

**Düngung zur Ansaat**

Um ein rasches und zügiges Auflaufen des Rasens zu gewährleisten, muß man der Ansaat von Anfang an ausreichend viel Nährstoffe zur Verfügung stellen. Das geschieht am einfachsten in Form eines Volldüngers, z.B. als Nitrophoska blau spezial oder eines ähnlichen Düngers, von denen es mehrere gleichartige gibt. Als Menge sind 50g/m² ausreichend, die man vor der Aussaat in die Krume einmischt. Einige

*Praktischer Säwagen zum gleichmäßigen Ausstreuen von Saatgut und Düngemitteln.*

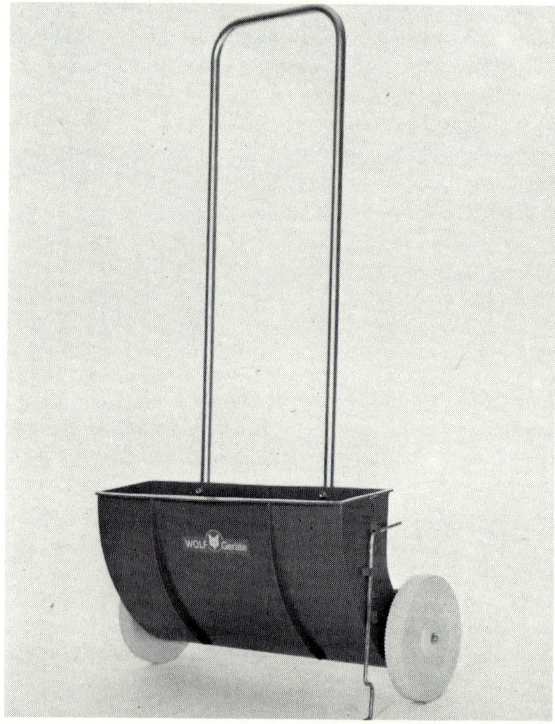

Zeit nach dem Auflaufen, spätestens nach dem ersten Schnitt, ist dann eine weitere Nährstoffgabe erforderlich in Form eines Volldüngers oder eines reinen Stickstoffdüngers (30 g/m²). Junge Aussaaten brauchen zunächst höhere Nährstoffgaben als ältere Rasenflächen.

**Rasensoden**

Will man sehr schnell, z. B. auf einer Baustelle gleich nach Bezug des Hauses, einen Rasen sein eigen nennen, so kann man sich dazu auch Rasensoden verlegen lassen. Das ist jedoch erheblich teurer als eine Rasenansaat. Eine sorgfältige Vorbereitung des Bodens, auf dem die Soden verlegt werden sollen, ist sehr wichtig, u. a. die Beseitigung aller Verdichtungen. Wichtig ist es auch, Soden geeigneter Zusammensetzung aus strapazierfähigen Grasarten und mit guten Sorten angesät geliefert zu erhalten. Im Bedarfsfall sollte man sich die Sodenqualität garantieren lassen.

**Pflege der Ansaat**

Es gibt keinen Boden, der wirklich frei von Unkrautsamen ist, besonders nicht der sogenannte Mutterboden. Alte Gartenerde kann je Quadratmeter Zehntausende von keimfähigen Samen enthalten, von denen die nahe der Bodenoberfläche liegenden bei ausreichender Versorgung mit Wasser, Luft und Licht zusammen mit der jungen Aussaat auflaufen, zum Teil auch schon vor ihr. So sieht man auf manchen Flächen mitunter zunächst mehr Unkraut als Gras. Das ist jedoch nicht allzu schlimm, wenn man das Unkraut nicht zu hoch aufwachsen und vor allem nicht zur Samenreife kommen läßt, sondern es bald abmäht. Bei der überwiegenden Mehrzahl handelt es sich um einjährige Arten und um solche, die ihren natürlichen Standort im Garten oder auf dem Acker haben. Sie vertragen daher keinen dauernden Schnitt und verschwinden sehr schnell wieder. Nur wenn dies nicht der Fall ist, sollte man zur chemischen Bekämpfung mit milde wirkenden Herbiziden greifen, allerdings erst dann, wenn die Ansaat schon etwas älter ist. Ein richtiger Schnitt, verbunden mit stärkerer Stickstoffdüngung, fördert den Graswuchs und läßt Unkräutern keinen Platz im Rasen.

Wenn die Mehrzahl der Gräser etwa 8–10 cm hoch geworden ist, schneidet man den Rasen zum ersten Mal. Schnitthöhe bis höchstens 3 cm, damit genügend assimilationsfähige Blattmasse zurückbleibt. Die nächsten Schnitte erfolgen dann bei etwa 5 cm Wuchshöhe auf ebenfalls 3 cm Schnitthöhe. Auch feinste Zierrasen, die man später auf 1 cm Tiefe schneiden will, sollte man zur Kräftigung ihres Trieb- und Wurzelsystems anfänglich nur auf 3 cm Höhe schneiden, und erst, wenn die Narbe wirklich dicht geworden ist, allmählich die Schnitthöhe senken.

## Pflege älterer Rasenflächen

**Der Rasenschnitt**

Grundsätzlich sind zwei Mähersysteme zu unterscheiden: Sichel- und Spindelmäher. Beim Sichelmäher, dem am häufigsten verwendeten Typ, schlägt ein horizontal angeordneter, rasch rotierender Messerbalken die Grasspitzen ab, je nach der Schärfe der Klingen mehr oder weniger vollkommen. Da stumpfe Klingen meistens zu spät oder gar nicht ausgewechselt

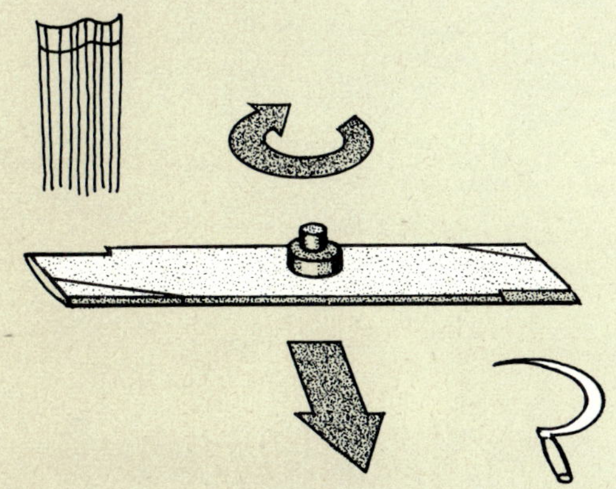

Der einfachste Rasenmäher ist der Sichelmäher

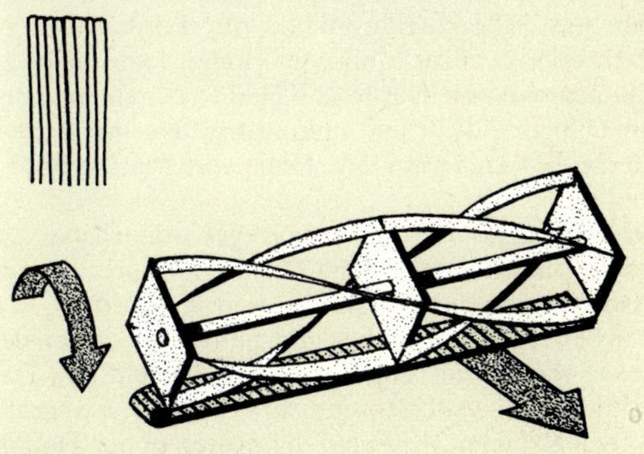

Mit den Spindelmähern wird die höchste Schnittqualität erzielt

werden, fransen die Grasspitzen unter Umständen stark aus; sie vertrocknen, und der Rasen bietet einige Zeit nach dem Schnitt einen wenig schönen Anblick, besonders wenn er höhere Weidelgras- und Rotschwingelanteile enthält. Dieser Mäher – und das ist sein besonderer Vorteil – wird auch noch mit relativ hohem Gras fertig, wie man es z. B. nach mehrwöchiger Urlaubsabwesenheit zu Hause vorfinden kann. Der Spindelmäher schneidet das Gras nach dem Prinzip der Schere zwischen einem starren Untermesser und einer rotierenden Messerwalze. Je mehr Messer auf der Spindel sitzen, um so gleichmäßiger wird der Schnitt bei allerdings steigendem Kraftaufwand. Die Messer müssen ständig scharfgehalten werden, so daß etwa zweimaliges Schleifen und Justieren pro Jahr notwendig werden. Die Spindelmäher liefern den besten Rasenschnitt. Deshalb findet man sie auch überall auf den Golfplätzen. Der technische Aufwand für ihren Bau ist höher als beim Sichelmäher, sie sind daher erheblich teurer. Wer aber Wert auf einen besonders gepflegten Rasen legt, kann auf einen Spindelmäher nicht verzichten.

*Schnitthöhe:* Sieht man sich in den Gärten und Anlagen um, so stellt man fest, daß sehr häufig zu tief geschnitten wird in der Erwartung, bei tiefem Schnitt wegen des verlangsamten Nachwuchses Arbeit sparen zu können. Da gleichzeitig zumeist auch wenig gedüngt wird – ebenfalls, um den Nachwuchs zurückzuhalten – sehen so gemähte Rasenflächen entsprechend verunkrautet und auch lückig aus.

Die durchschnittliche Schnitthöhe stellt man zweckmäßigerweise auf 3 cm ein. Im Mai bei schnellstem Zuwachs kann man ohne Schaden zeitweise auch auf 2 cm schneiden, im Hochsommer bei größerer Trokkenheit ist es besser, etwas höher, nämlich bis zu 5 cm, zu schneiden. Es bleibt bei solchen Schnitthöhen immer ausreichend Blattmasse zur Förderung des Nachwuchses zurück, und der Boden kann nicht zu sehr austrocknen. Der Rasen bleibt bei entsprechender Düngung dicht und unkrautfrei. Nur die reinen Zierrasen werden auf eine Höhe von 1 cm heruntergemäht.

*Schnitthäufigkeit:* Es gibt eine Regel, wonach man bei jedem Schnitt nur etwa ein Drittel der vorhandenen Blattmasse entfernen soll. Das würde bedeuten, daß man bei 3 cm Schnitthöhe dann mähen muß, wenn der Rasen wieder eine Höhe von 5 cm erreicht hat. Das ist aber nur als Anhaltspunkt zu verstehen. Aus praktischen Gründen wird man den Rasen in der Hauptwachstumszeit wöchentlich einmal mähen, später im Jahr nur noch alle zehn bis vierzehn Tage oder noch seltener. Wichtig ist nur, daß der Rasen nicht zu hoch wird, sonst sieht er nach starkem Rückschnitt einige Zeit unschön aus, weil nur gelbliche Stoppeln zurückbleiben.

Zierrasen mit einer Schnitthöhe von 1 cm müssen sehr viel häufiger gemäht werden, zweimal pro Woche und mehr.

*Letzter Schnitt vor dem Winter:* Hierfür ist kein festes Datum zu nennen, da dieser Zeitpunkt je nach örtlicher Lage und dem Verlauf der Jahreswitterung verschieden ist. Am besten läßt man den Rasen mit einer Länge von 3 cm in den Winter gehen. Dann ist nicht allzuviel Blattmasse vorhanden, in der sich Pilzkrankheiten ausbreiten können, z. B. der Schneeschimmel.

*Mulchen – oder das Schnittgut entfernen?* Zur Zeit stärksten Zuwachses im Mai und Juni fällt so viel Schnittgut bei der Rasenmahd an, daß man es entfernen sollte, weil es sich nicht schnell genug zersetzt und in die Grasnarbe einwächst. Sehr gute Rasen erfordern, daß man auch in den übrigen Zeiten des Jahres das Schnittgut abnimmt. Es bildet sich sonst, besonders wenn viel Rotschwingel im Rasen vorhanden ist, ein dichter Filz aus schlecht zersetzten Grasresten, die ebenfalls Ansatzpunkte für Pilzkrankheiten werden

*Der Fangkorb am Spindelmäher spart Arbeit.*

*Rasen mit starken Unkrautnestern.*

*Der gleiche Rasen nach der Behandlung.*

können. Es gibt inzwischen viele Rasenmäher mit Grasfangkörben oder Auffangsäcken, die diese Arbeit erleichtern. In weniger wüchsigen Zeiten des Jahres kann man, besonders zum Herbst hin, bei den letzten Schnitten, die nur noch wenig Mähgut liefern, dieses aber auch ohne große Bedenken auf den Rasenflächen liegen lassen.

**Unkraut**

Welche Pflanzen man als Unkraut auf dem Rasen betrachten will, hängt von dessen Zweck und von der Einstellung des Besitzers ab. Ein sehr feiner, tief geschnittener Zierrasen aus Straußgrasarten und Rotschwingel sollte wie ein Golfgreen möglichst frei von allen breitblättrigen Arten sein. In einem Hausrasen andererseits sieht mancher gern auch einige Blütenköpfchen des Gänseblümchens. So ist es oft eine Frage der Häufigkeit und Menge, in der solche Pflanzen auftreten, ob man sie als Unkraut ansehen will, oder ob man sie zu dulden bereit ist.

*Ursachen der Verunkrautung:* Ganz allgemein gesehen, liegt die Verunkrautung des Rasens darin begründet, daß die Natur keine Monokultur kennt; stets entwickeln sich Pflanzengesellschaften aus Gattungen und Arten, die sich in der Ausnutzung eines bestimmten Standortes ergänzen. In einem natürlichen Buchenwald stehen gewiß nicht nur Buchen; dort wachsen auch ganz andere Baumarten, Sträucher, Kräuter und Gräser. Ähnlich ist es mit dem Rasen, einer Vegetationsform, die stärker noch als die Wiese vom Menschen in ihrer Zusammensetzung durch Pflege und Nutzung beeinflußt wird. Ein intensiv gepflegtes Golfgreen enthält meistens nur drei Grasarten und keine Kräuter; in einem extensiv bewirtschafteten Landschaftsrasen findet man bis zu einem Dutzend Gras- und noch mehr Krautarten. Dazwischen liegt die Zusammensetzung der anderen Rasenformen.

Der Großteil der sogenannten Unkräuter stammt aus den im Boden vorhandenen Samen. Ihre Zahl kann in alten Ackerböden, die unkrautarm sind, 10000–30000/m² betragen, in stark verunkrauteten Böden fand man bis zu 300000/m². Kommt es zu Lückenbildung im Rasen – etwa durch Verletzung der Grasnarbe, durch nachlassenden Wuchs aus Nährstoffmangel oder wegen zu tiefen Schnittes –, dann bekommen diese Samen Gelegenheit, aufzulaufen. Außerdem werden Unkrautsamen auch verschleppt durch Wind und Regen, durch Tiere und nicht zuletzt durch den Menschen. Das geschieht u.a. mit den Mähgeräten, die zudem auch oberirdische Ausläufer, z.B. die des Fadenehrenpreises, weit verbreiten können.

Relativ gering ist die Wahrscheinlichkeit, daß mit dem Grassamen, der in den Mischungen ist, breitblättrige Unkräuter in den Rasen kommen, da heute nur noch Saatgut hoher Reinheit gehandelt werden kann. Wohl aber können unerwünscht hohe und breitblättrige Gräser mit der Mischung eingeschleppt werden. Hierbei kann es sich sogar um Mischungspartner in billigen Mischungen handeln, wie Rohrschwingel und Welsches Weidelgras, oder aber um Grasarten, die sich schlecht herausreinigen lassen, wie Knaulgras und Honiggras.

**Häufigste Unkräuter**

Neben den obengenannten Gräsern ist das häufigste Unkrautgras die Einjährige Rispe *(Poa annua)*. Es gibt keine Rasenfläche, auch nicht auf den Golfplätzen, wo dieses Gras fehlt. Als Lückenbesiedler findet es sich überall ein; besonders stark ist es vertreten, wenn falsche Samenmischungen benutzt wurden, wenn Düngung und Pflege zu wünschen übrigließen und wenn der Rasen viel betreten wird. Ein anderes, aber weniger bedeutsames Unkrautgras mancher sandiger Böden ist die Ackerquecke *(Agropyron repens)*, die häufigem Schnitt aber nicht recht standhält.

Die wichtigsten breitblättrigen Unkräuter sind die Wegericharten *(Plantago lanceolata, P. major, P. media)*, Löwenzahn *(Taraxacum officinale)*, Herbstlöwenzahn *(Leontodon autumnalis)*, Gänseblümchen *(Bellis perennis)*, Hornkraut *(Cerastium holosteoides)*, Hahnenfußarten *(Ranunculus acer, R. bulbosus, R. repens)*, Schafgarbe *(Achillea millefolium)*, Vogelknöterich *(Polygonum aviculare)*, Vogelmiere *(Stellaria media)* und verschiedene Kleearten *(Trifolium dubium, T. repens, Medicago lupulina)*. Ein besonders hartnäckiges, gegenwärtig in Ausbreitung befindliches Unkraut ist der Fadenehrenpreis *(Veronica filiformis)*, der mit seinem dichten Geflecht von Trieben die Gräser fast ganz verdrängen kann.

Schließlich sind als Unkraut auch noch die Moose zu nennen, die in verschiedenen Arten, je nach Feuchtigkeit des Standorts und Art der Nutzung, mehr oder weniger stark auftreten können.

*Bekämpfung:* Die vielen Möglichkeiten, Unkräuter erst gar nicht in größerem Umfang aufkommen zu lassen, werden bisher zu wenig genutzt. Das wirksamste Mittel ist eine ausreichend hohe Düngung, verbunden mit regelmäßigem, nicht zu tiefem Schnitt. Besonders eine stärkere Stickstoffdüngung fördert den Graswuchs so, daß in der sich dann bildenden dichten Grasnarbe die meisten Unkrautsamen keine Gelegenheit bekommen, zu keimen und aufzulaufen. Der unkrautverdrängende Effekt der Düngung ist stärker, wenn man mehr sauer wirkende Düngemittel benutzt, wie schwefelsaures Ammoniak oder Ammonsulfatsalpeter. Allerdings besteht bei ihrer Ausbringung leider etwas die Gefahr, daß man die Grasnarbe verbrennt, wenn es nicht gleich danach regnet oder man nicht beregnen kann.

Man kann natürlich auch rein mechanisch gegen die Unkräuter vorgehen, z. B. durch Ausstechen von Rosetten. Das ist jedoch nur praktikabel, wenn es sich um einzelne Pflanzen, z. B. von Löwenzahn und Wegerich, in kleinen Hausrasenflächen handelt. Das oft empfohlene Ausharken des Mooses bewirkt statt der Vernichtung eher das Gegenteil, nämlich eine Verschleppung auf weitere Flächenteile. Hier müssen zunächst die Ursachen der Vermoosung erkannt und die Fehler abgestellt werden, die zumeist in falschem, zu tiefem Schnitt und in zu geringer Düngung bestehen. Als Anfangshilfe kann man dann spezielle Moosvernichtungsmittel auf der Basis Eisen-II-sulfat einsetzen, muß dann aber fernerhin kräftig düngen, um die Gräser zu fördern.

Die meistverbreitete Form der Unkrautbekämpfung ist heute die Anwendung besonderer chemischer Mittel, der Herbizide. Man darf in ihnen aber kein Allheilmittel sehen. Beseitigt man nicht die Ursachen, die zur Verunkrautung führten, so wird man in Kürze wieder gleichviel Unkräuter haben wie zuvor. Man kann die Herbizide aber gut dazu verwenden, eine zu starke Verunkrautung, z. B. mit Löwenzahn, Wegerich und Gänseblümchen, erst einmal stark zurückzudrängen, um anschließend deren Wiederausbreitung durch ausreichend hohe Düngung und richtige Schnitthöhe zu verhindern.

Herbizide gibt es heute in großer Zahl, zumindest was die Handelsnamen angeht. In Wirklichkeit handelt es sich aber nur um relativ wenige Wirkstoffe, die zur Verwendung auf dem Rasen zugelassen sind, nachdem sie in amtlichen Prüfungen erstens ihre Wirksamkeit und zweitens ihre Ungefährlichkeit für Mensch und Tier erwiesen haben. Da diese Prüfungen erneut in der Diskussion stehen und bisher zugelassene Mittel schon wieder zurückgezogen werden mußten, sollen hier weder Wirkstoffe noch Handelsnamen genannt werden. Beim Einkauf von Herbiziden sollte man auf ihre besondere Zulassung für die Verwendung auf Rasenflächen achten, und bei der Anwendung sollte man die Gebrauchsanweisung genau einhalten; das betrifft insbesondere die Dosierung. Eine Überdosierung kann auch die Gräser stark schädigen und im Extremfall eine Neuansaat mit vielen Kosten und Risiken notwendig machen.

Herbizide stehen in verschiedener Form zur Verfügung. Meist sind sie in Wasser aufzulösen und mit einer Spritze oder Gießkanne auszubringen. Vereinzelt werden auch Granulate angeboten, die möglichst auf die taufrischen Blätter ausgestreut werden sollten. Verbreitet sind auch Düngemittel mit Herbizidzusatz, bei deren Anwendung die zu fördernden Gräser gleich eine Nährstoffgabe erhalten. Auch nach der Behandlung mit reinen Herbiziden sollte man bald kräftig düngen, um den Graswuchs zu fördern, damit er die durch das Verschwinden der Unkräuter entstandenen Lücken schnell schließt.

**Pilzkrankheiten des Rasens**

In den letzten Jahren machen sich Pilzkrankheiten im Rasen zunehmend bemerkbar, was wohl ein wenig damit im Zusammenhang steht, daß man seinem Rasen jetzt mehr Aufmerksamkeit widmet. Selten wird jedoch ein Rasen durch den Befall völlig oder fast ganz kahl. In der Regel sind die Pilze auf einzelne Grasarten spezialisiert. Da aber der Rasen aus mehreren Arten zusammengesetzt ist, wird immer nur ein Teil der Pflanzen geschädigt. Die Pflanzenzüchter sind fernerhin bemüht, Sorten zu schaffen, die gegen die wichtigsten Krankheiten resistent sind.

Die häufigsten Krankheiten sind Schneeschimmel *(Fusarium nivale)* und Rost (*Puccinia* spec.), *Helminthosporium* spec. und *Corticium fuciforme*. Zu erwähnen sind auch die Hexenringe, die zuweilen im Rasen auftreten und ihn empfindlich schädigen können.

*Schneeschimmel:* Tritt insbesondere gleich nach der Schneeschmelze in Erscheinung und zeigt sich an einem gelblichgrauen oder leicht rötlichen Pilzgeflecht. Befällt vor allem Weidelgras, Einjährige Rispe und die Straußgrasarten. Rasen mit viel Weidelgras können dadurch fast völlig vernichtet werden.

*Rostbefall:* Tritt hauptsächlich im Spätsommer und Herbst auf, besonders an bestimmten Sorten der Wiesenrispe. Diese wird ferner, je nach Sorte verschieden stark, von *Helminthosporium*-Pilzen befallen, die sich in braunen Flecken an den Blättern und Triebbasen zeigen. Reinsaaten können dadurch mehr oder weniger vernichtet werden; Sortenmischungen sind daher zu empfehlen. Der Befall mit *Corticium fuciforme* tritt vor allem beim Rotschwingel auf, und zwar in Form kleiner runder Flecken, an deren Grund ein korallenrotes Pilzgeflecht zu sehen ist.

Chemische Mittel, die vorbeugend oder heilend gegen die genannten Pilzkrankheiten wirken, können bisher kaum empfohlen werden. Im allgemeinen ist auch der Schaden, abgesehen von dem durch Schneeschimmel, nicht allzu groß. Er kann meistens durch eine Verstärkung der Düngung, manchmal in Verbindung mit einer Beregnung, behoben werden.

*Hexenringe:* Ihre Urheber sind verschiedene Pilzarten (*Marasmius, Lycoperdon* usw.), die auf der organischen Masse im Boden leben und den Gräsern zeitweise Wasser und Nährstoffe entziehen. Diese können daher zum Teil absterben, während man die ringförmig auftretenden, weißen Hüte der Pilze an der Oberfläche sieht. Danach zeigen die Gräser aber im Inneren des Ringes um so kräftigeren Wuchs, weil sie nach dem Absterben des Myzels aus den freiwerdenden Nährstoffen Nutzen ziehen. Einen wirklich zutreffenden Rat zu ihrer Bekämpfung kann man bis heute nicht geben. Die vorhandenen Fungizide zeigen keine befriedigende Wirkung.

**Graswuchshemmung durch chemische Mittel**

Im Straßenbau sind seit einer Reihe von Jahren zwei Mittel mit Erfolg zur Wuchshemmung an Straßenrändern und Böschungen im Gebrauch. Es handelt sich hierbei um Maleinsäurehydrazid (MH 30) und Chlorflurenol (CF 125), die in der Regel zusammen mit einem Herbizid zu Beginn des Graswachstums, Anfang bis Mitte April, ausgespritzt werden. Dadurch kann, wenn der richtige Zeitpunkt getroffen wurde, das Schossen der Gräser lange Zeit verzögert werden, auch bleibt der sonstige Wuchs zurück, weil die Zellstreckung gehemmt wird. Leider lassen sich diese Mittel nicht im Gartenbau verwenden, da es zu starken gelblichen Verfärbungen der Grasnarbe kommen kann (aber nicht unbedingt kommen muß). Außerdem sind sie wenig wirksam bei *Poa annua,* die ihre Blütenstengel trotz Spritzung entwickelt, so daß ihretwegen doch gemäht werden muß. Es sind aber gegenwärtig verschiedene andere Präparate im Versuchsstadium, so daß in einigen Jahren vielleicht doch brauchbare Wirkstoffe zur Verfügung stehen.

**Tierische Schädlinge im Rasen**

Am meisten ins Auge fallen die Maulwurfshaufen, die eine große Erschwernis bei der Rasenpflege darstellen. Das Auftreten der Maulwürfe deutet auf einen auch mit Tieren gut belebten Boden hin. Sie werden daher immer wieder einwandern, wenn man sie durch Fangen mit Fallen oder durch Begasen ihrer Gänge vertrieben hat.

In humusreichen Böden treten vereinzelt Engerlinge, Drahtwürmer und *Tipula,* die Larven der Wiesenschnaken, stärker auf. Die gegen sie wirksamen Mittel, die in der Landwirtschaft angewendet werden, sind jedoch wegen ihrer Giftigkeit im Rasen nicht zu empfehlen. Aufgetretene Schäden lassen sich besser durch intensive Pflege ausgleichen, wobei man dann Zurückhaltung bei der Verwendung von organischen Stoffen zur Düngung üben sollte.

Regenwürmer stören nur selten. Sie leisten bei der Aufarbeitung der abgestorbenen organischen Substanz im Boden eine sehr wertvolle Arbeit, die man fördern sollte. Ohne sie würde sich ein dichter Filz von Wurzel- und Triebresten an der Bodenoberfläche bilden; das kann man dort sehen, wo, wie auf den Golfplätzen, die Regenwürmer mit zum Teil sehr giftigen Chemikalien bekämpft werden, die anzuwenden in Deutschland glücklicherweise verboten ist.

**Düngung des Rasens**

Über die Notwendigkeit der Düngung auch des Rasens kann kein Zweifel bestehen, wenngleich der Anblick mancher Rasenflächen erkennen läßt, daß dies von vielen noch nicht erkannt wurde. Pflanzen, die zügig wachsen und zugleich eine schöne grüne Farbe zeigen sollen, benötigen das Jahr hindurch eine ausreichende Nährstoffzufuhr. Bei intensiver genutzten Rasenflächen kann sie nicht allein aus der ständigen Mineralisierung von Nährstoffen im Boden gedeckt werden. Das reicht höchstens für Extensivrasen an Straßen und Böschungen aus.

*Höhe des Nährstoffbedarfs:* Wie zahlreiche Versuche an verschiedenen Orten und in verschiedenen Ländern gezeigt haben, beträgt der jährliche Bedarf eines intensiv genutzten Zier-, Strapazier- und Sportrasens an Stickstoff mindestens 20 g N/m²; auf Sportplätzen lohnen je nach Nutzung auch noch weit höhere Gaben. Man erhält dann eine dichte, unkrautfreie Grasnarbe, in der sich Narbenverletzungen schnell wieder schließen. Gleichzeitig stellte man fest, daß sich die Anteile der Nährstoffe Stickstoff (N), Phosphorsäure ($P_2O_5$) und Kalium ($K_2O$) wie 1:0,3:0,3–0,5 zueinander verhalten sollten. Hierbei bestehen jedoch im Einzelfall je nach dem natürlichen Nährstoffgehalt des Bodens gewisse Variationsmöglichkeiten.

Rechnet man die angeführte Menge von 20 g Reinstickstoff/m² auf die praktische Düngung um, so erfordert sie, wenn das Düngemittel 20% N enthält, eine Gesamtmenge von 100 g/m². Enthält der Dünger nur 15%, so sind es rund 130 g/m², und bei 7% N würde das rund 300 g erfordern. Entsprechend kann man die erforderlichen Mengen an Phosphorsäure- und Kalidüngemittel errechnen. Es gibt inzwischen spezielle Rasendünger, die das oben angeführte Nährstoffverhältnis schon aufweisen; dann ist die Umrechnung leicht.

Ob mit Kalk gedüngt werden muß, sollte man an Hand einer Bodenuntersuchung entscheiden. Meistens dürfte das nicht der Fall sein; eine leicht saure Bodenreaktion ist für den Rasen eher günstig.

*Form der Rasendünger:* Das Angebot an Rasendüngern ist sehr groß und für den Laien recht unübersichtlich, zumal die Angaben auf den Verpackungen oft wenig aufschlußreich sind. Man kann die vielen Formen in einige große Gruppen gliedern, und zwar in die aufbereiteten organischen Dünger, die synthetisch-organischen, die mineralischen und die Mischdünger.

In die erste Gruppe gehören Hornmehl, Blutmehl, Torf mit verschiedenartigen Zusätzen usw. Bei den synthetisch-organischen liegt der Stickstoff in einer organischen Bindungsform vor, zum Beispiel als Harnstoff. Mineralische Dünger gibt es rein und in sehr vielen verschiedenen Kombinationen des Verhältnisses von Stickstoff, Phosphorsäure und Kalium. Diese Dünger werden vorwiegend in der Landwirtschaft verwendet, sind aber auch für den Rasen brauchbar. Es gibt auch spezielle Rasendünger mit abgestimmtem Nährstoffverhältnis. Bei den Mischdüngern sind vielerlei Kombinationen zwischen den drei vorstehend genannten Formen im Handel.

Welchen Dünger man wählt, ist an sich ziemlich einerlei, wichtig ist nur, daß man damit ausreichend viel Nährstoffe auf die Fläche bringt. Die Entscheidung hängt vom Preis, dem Arbeitsaufwand und anderen Faktoren ab. Es gibt schnell wirkende Düngemittel, von denen dann aber, da die Wirkung nicht lange anhält, vier bis fünf Gaben pro Jahr ausgebracht werden müssen. Andererseits gibt es langsam wirkende Düngemittel, bei denen man mit zwei Gaben jährlich auskommt. Dies erspart also Streuarbeit; solche Dünger sind aber erheblich teurer als die erstgenannten, da ihre Herstellung schwieriger ist. Grundsätzlich bestehen keine Wirkungsunterschiede zwischen rein organischen und rein mineralischen Düngemitteln. Die rein organischen wirken in der Regel langsamer, und es besteht keine Verbrennungsgefahr bei der Ausbringung höherer Mengen, nur sind sie relativ teuer. Für den Rasen ist die auf diese Weise erfolgende Zufuhr an organischer Substanz ohne besondere Bedeutung, da er sich mit Hilfe seiner Wurzeln genügend organische Substanz selbst schafft.

*Praktische Düngungsfragen:* Das Ausstreuen von Rasendüngern erfordert etwas Geschick, andernfalls wird man Streifen und „Halbmonde" erzeugen oder sogar Verbrennungen verursachen. Eine gute Hilfe für den Hausgarten sind kleine Streuwagen, die man je nach der Düngerart verschieden einstellen muß.

Mit der Düngung beginnt man bei Wachstumsbeginn etwa Ende April/Anfang Mai. Wie häufig man düngt, hängt von der Art des verwendeten Düngers ab. Benutzt man einen einfachen Volldünger mit rascher, aber nicht nachhaltiger Wirkung, muß man die Gesamtmenge mit vier bis fünf Gaben in Abständen von vier bis fünf Wochen streuen. Bei Langzeitdüngern gibt man die erste Gabe ebenfalls im Mai, die zweite Ende Juli/August.

Die Möglichkeit und Nützlichkeit einer Herbstdüngung hängt von der örtlichen Lage ab. In Gebieten, in denen mit längerer Schneebedeckung zu rechnen ist, sollte man sie unterlassen, weil der Aufwuchs sonst zu saftig in den Winter geht und damit der Gefahr des Befalls durch den Schneeschimmel zu sehr

*Vorne ungedüngter, lückiger Rasen mit Klee; hinten gedüngter, dichter Rasen ohne Unkraut bei guter Pflege.*

ausgesetzt ist. In wirklich milden Klimalagen, wie im Rheintal, ist sie aber durchaus empfehlenswert. Der Rasen bleibt länger grün und beginnt auch im Frühjahr schneller mit dem Wachstum. In diesem Fall gibt man aber die erste Frühjahrsgabe erst Ende Mai.
Am besten streut man den Dünger auf den trockenen Rasen, damit er gut zwischen die Blätter einrieselt. Man sollte möglichst einen Zeitpunkt abwarten, wenn Regen bevorsteht, oder den Dünger im Zweifelsfall einregnen.

**Beregnung**
Da im Laufe der Vegetationszeit immer wieder längere Trockenperioden auftreten können, ist es für den Rasen sehr günstig, wenn er beregnet werden kann. Eine fest verlegte, automatisch arbeitende Beregnungsanlage wäre das Ideal, sie ist jedoch sehr teuer. Einfache bewegliche Anlagen können aber denselben Zweck erfüllen. Beregnen sollte man dann, wenn der Boden allmählich trocken wird und die Gräser anfangen, in der Mittagszeit Welkeerscheinungen zu zeigen. Die Regengaben müssen ausreichend hoch sein, um den Boden wirklich intensiv zu durchfeuchten. Ein oberflächliches Besprengen nur der Blätter nutzt nichts und ist eher schädlich. Die Mindestmenge an Wasser bei einer Gabe beträgt 20 l/m². Das entspricht einem Niederschlag von 20 mm oder zwei Eimern Wasser je m². Eine derartige Menge reicht je nach Witterung für eine Woche und länger. Genauere Angaben über die Zahl der Regengaben lassen sich nicht machen, da dies sehr von der Nutzung des Rasens oder den sonstigen Ansprüchen an ihn abhängt. Zuviel kann man kaum geben, wenn der Boden genügend durchlässig ist. Man muß jedoch berücksichtigen, daß das Wasser viel kostet und örtlich die Rasenbewässerung zeitweise verboten sein kann.

**Behebung von Verdichtungen**
Bei älteren Rasenflächen, die viel betreten werden, kann es zu oberflächlichen Verdichtungen kommen, die das Eindringen des Niederschlagswassers erschweren und den Luftzutritt zu den Graswurzeln behindern. Das kann man durch Aerifizieren (Lüften) beheben. Man benützt dazu spezielle Geräte, die tiefer in den Boden schneiden oder darin zylindrische Eindrücke machen bzw. mit Hohlzinken kleine Bodenkerne herausziehen. Diese Löcher sollten dann, um den Lüftungseffekt zu erhalten, mit grobem Sand verfüllt werden. Für die Hausgärten gibt es kleine Grabegabeln mit Hohlzinken.

**Beseitigung von Verfilzungen der Grasnarbe**
Enthält die Grasfläche viel Rot- und Schafschwingel oder auch Wiesenrispe, so kann es, zumal wenn das Mähgut liegen gelassen wird, zu einer starken Verfilzung der Grasnarbe an der Bodenoberfläche kommen, die man im Interesse eines zügigen Nachwuchses beseitigen sollte. Das geschieht durch das sogenannte Vertikutieren. Hierzu benutzt man senkrecht schneidende Geräte mit scharfen Messern, die nur die obersten Millimeter des Bodens berühren und bei Zug durch den Rasen – am besten wirken rotierende Geräte – das abgestorbene Pflanzenmaterial an die Oberfläche des Rasens bringen. Dieser kann nach dem Vertikutieren ganz graubraun aussehen. Das tote Material muß abgenommen und kann kompostiert werden.

# Wasser im Garten

## Wasserbecken ohne Bepflanzung

Wasser ist eine wichtige Grundlage für das Wachstum der Pflanzen; Wasser und Garten gehören zusammen. Die Verwendung sollte sich aber nicht allein auf das Gießwasser beschränken, sondern so weit als möglich als gestalterisches Element mit einbezogen werden.

### Beton

Gute, selbstgebaute betonierte Wasserbecken sind selten; meist werden sie durch Sprünge undicht, und der Erbauer kann sich jedes Jahr neu ärgern. Vorher gut überlegen, ob ein käufliches Betonfertigteil nicht praktischer und auch billiger ist. Becken von größerem Ausmaß sind auf alle Fälle vom Fachmann zu erstellen. Wer kleine Becken selbst baut, muß folgende Punkte beachten: Plan skizzieren, Betonbedarf berechnen, beste Mischung nehmen (Bn 250). Wenn möglich, Beton als Transportbeton mit Verzögerer fertig beziehen, Eigenmischung lohnt nicht. Vorher exakt passende Schalungselemente zimmern. An der tiefsten Stelle Abfluß zur Kanalisation oder zum Sikkerschacht vorsehen, eventuell auch Rohr für Überlauf. Bei Springbrunnen auch Wasserzufluß im Bekken einplanen.

Bodenbündige Decken brauchen nicht entleert zu werden (Eisdruck = Druck des gefrorenen Bodens). Schräge Seitenwände halten bei nicht rechtzeitiger Entleerung dem Frost eher stand als senkrechte. Genügend Eisenarmierung vorsehen. Einfach ist es, größere Brunnenringe in den Boden einzusenken. Lediglich wegen des großen Gewichtes fertiger Brunnenringe ist Vorsicht geboten. Die Sohle wird selbst betoniert und mit Baustahlgewebe oder stärkerem Maschendraht armiert. In den noch frischen Beton wird der Brunnenring gesetzt.

Bei allen Betonbecken muß eine Mindesttiefe von 20 cm vorgesehen werden. Ein handelsübliches Dichtungsmittel wird verwendet oder bei gewünschter wasserblauer oder meergrüner Färbung ein Lackanstrich aufgebracht (Chlorkautschuk-, Kunststoff- oder DD-Lack); zarte Töne wählen, kräftige wirken kitschig. Bei der Lackierung muß folgendes beachtet werden, um später keinen Ärger zu bekommen: Der Beton sollte vier Wochen alt sein und am Tage der Lackierung völlig oberflächentrocken (sonnigen Tag wählen!). Der erste Anstrich muß sehr stark verdünnt sein, damit das Anstrichmittel in die Betonporen dringt und sich verankern läßt. Nach der Trocknung erfolgt ein ein- bis zweimaliger Anstrich in der Normalkonsistenz.

### Natursteine

Naturstein ist nicht billig und wird in den wenigsten Fällen für Wasserbecken oder ähnliches verwendet. Anders sieht es mit der Abdeckung des Beckenrandes aus. Als Verblendung werden Natursteine (z. B. Wesersandstein, Granit oder Kalkstein) gern genommen. Baustoffhandlungen haben meist solche Platten auf Lager. Bei runden Becken müssen sie konisch zugeschnitten werden. Mit einer Handsägemaschine und Steintrennscheibe kann das auch der Laie selber machen. Bei ebenerdigen Becken ist nur diese Randabdeckung zu sehen, die auf eine Schicht Magerbeton gesetzt werden sollte. Der Beckenbehälter selbst ist nicht zu sehen, und es kann sich dabei auch um eine alte Badewanne, einen Waschkessel, ein halbiertes Faß oder um sonstiges Ausgedientes handeln. Diese Abdeckungen können auch aus Kunststein sein.

Aber auch zweckentfremdete Natursteine können im Wassergarten verwendet werden. Auf verschiedenen Gartenschauen waren Quellenimitationen zu sehen. Immer handelt es sich dabei um eine nicht sichtbare, eingebaute Betonschale von entsprechender Größe, in der das versickernde Wasser aufgefangen und durch eine Elektropumpe wieder hochgepumpt wird – als dicker Sprudel oder Wasserschirm quillt es wieder aus der „Erde“. Die Abdeckung selbst kann mit ausgesuchten Kieselsteinen verschiedenster Größe erfolgen. Oder die „Quelle“ ist mit alten Pflastersteinen kreisrund umgeben. Sehr schön sind alte Mühlsteine, aus deren Mitte das Wasser quillt, über den Stein hinabrieselt, um in einer umgebenden Kiesschicht zu versickern bis zur darunter liegenden Betonschale. Die Verdunstung ist nicht gering, und ein regelmäßiger, wenn auch geringer Zufluß aus dem Leitungsnetz ist notwendig.

**Mosaik**

Wer künstlerische Ambitionen hat, kann ein kleines Becken oder eine flache Wasserschale aus Mosaik gestalten: Mit der „Negativseite" nach oben die einzelnen Steinchen auf stärkeres Packpapier kleben. Der zuvor betonierte Beckenboden erhält eine dünne Auflage von weißem Zementmörtel (Dykerhoff-Weiß); nach Fertigstellung des Motivs die bisherige obere Seite (= Negativseite) nach unten in die Mörtelschicht drücken, so daß die Packpapierseite nach oben zu liegen kommt. Nach dem Abbinden das Packpapier ablösen, so daß die „Positivseite" sichtbar wird. Die noch freien Fugen mit dem weißen Zementmörtel ausfugen und die eventuell verschmutzte Oberfläche der Steinchen reinigen. Auch einzelne Mosaikmotive im betonierten Becken wirken gut.

**Kunststoffbecken**

Am haltbarsten für diesen Zweck ist glasfaserverstärktes Polyestermaterial („Glasfiberschalen"). Es gibt fertige Becken von nicht allzu großem Ausmaß zu kaufen. Aber auch für Bastler ist die Eigenfertigung im handwerklichen Auflageverfahren möglich. Dazu ist eine aus Holz gezimmerte Form nötig. Sie bekommt eine dünne Schicht Bohnerwachs als Trennmittel. An Material wird benötigt: flüssiges Polyesterharz, Beschleuniger, Härter, Glasfasermatten und eventuell dazu passende Farbpasten. Auf die gewachste Holzform eine Glasfasermatte auflegen und mit dem fertig angesetzten Polyestermaterial einstreichen oder walzen. Schnelles Arbeiten ist nötig, da der angerührte flüssige Kunststoff in etwa 30 Minuten hart wird. Er wird vor der Verarbeitung wie folgt vermischt: In das flüssige Polyesterharz die vorgeschriebene Menge Beschleuniger geben, gut verrühren, anschließend den Härter hinzufügen (Organische Peroxide). Nie Beschleuniger zum Peroxid geben: Verpuffungsgefahr! Wer das Becken oder die Schale einfärben möchte, muß zuerst Farbpasten zugeben und danach Beschleuniger und Härter. Auf die Form selbst mehrere Mal Glasfasermatten mit dem entsprechenden Polyester geben, bis die gewünschte Schichtstärke erreicht ist. Nach der Aushärtung läßt sich das gefertigte Becken ohne Schwierigkeit von der Holzform abheben. Wer mit Pinsel und Rolle arbeitet, muß diese spätestens nach 20 Minuten im Lösungsmittel auswaschen; hart geworden, sind sie unwiederbringlich verloren. Natürlich können gleich bei der Fertigung auch Messingarmaturen für Zu- und Ablauf mit eingearbeitet werden, oder die Öffnungen werden später herausgebohrt, wobei man die Stoßstelle von Metall und glasfaserarmiertem Kunststoff mit Silikonkautschuk abdichtet. Diese Becken sind sehr dauerhaft, auch große Schwimmbecken werden aus diesem Material industriell gefertigt. Kleinere Becken und Schalen zum Einbau in Steingärten oder ähnliche Zwecke gibt es aus vakuumverformten Kunststoffplatten. Für kleinere Springbrunnenbekken können auch die großen Mörtelkübel des Bauhandwerks aus schwarzem PVC oder aus Polyäthylen verwendet werden.

**Klinkerbecken**

Wo viele gestalterische Elemente im Garten aus Hartbrandklinker bestehen (Wege, Mauern), kann auch das Wasserbecken aus diesem Material gebaut werden. Es lassen sich dabei Muster legen. Eine Unterfütterung mit einer Betonschicht ist nötig.

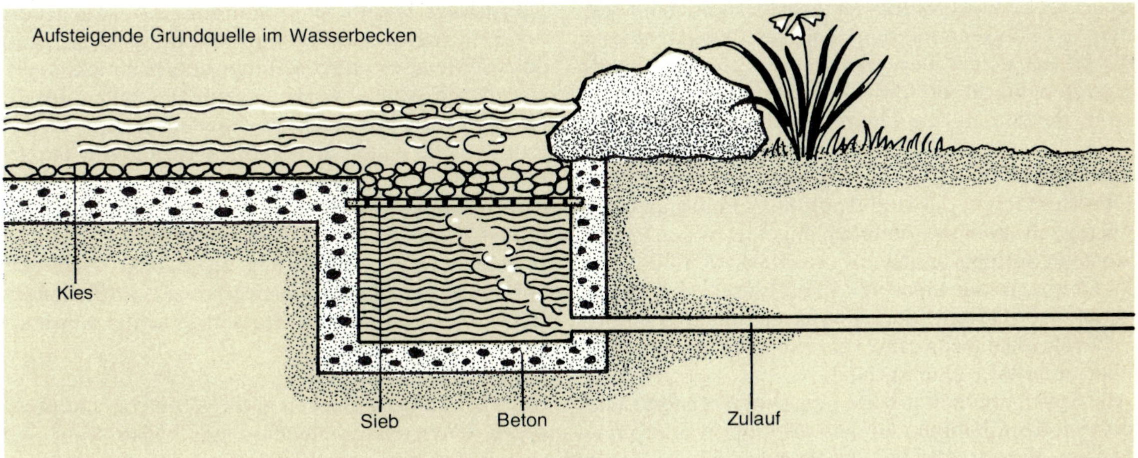

*Unregelmäßig verlegte runde Beton-Tretplatten, auf denen man die versenkten Wasserpflanzenkübel in einem betonierten, größeren Wasserbecken leicht erreichen kann.*

**Waschbetonfertigteile**

Becken und Brunnenelemente aus Waschbeton haben vermehrt Eingang in die Gärten gefunden, wo ihre gleichmäßige Kieseloberfläche gut wirkt, und dies um so stärker, je schlichter die Kiesel in Form und Farbe sind. Wegen der Frostbeständigkeit auf eine gute Eisenarmierung und fest eingebundene Kiesel (nicht zu tief ausgewaschen!) achten. Schwierigkeiten macht oft das Gewicht von Betonteilen (z. B. Becken mit 2 m Durchmesser = 1250 kg).

**Springbrunnen**

Oberstes Gebot: die Strahlanordnung muß zum Garten passen. In einem natürlich angelegten Gartenteil stört ein Springbrunnen mit drei Kaskaden übereinander ebenso wie einer mit Kreiseldüsen, die im regelmäßigen Garten sehr gut wirken können. In natürliche Gartenanlagen gehört ein einfacher Springstrahl oder ein dicker Quellsprudel.

Alle Springbrunnen arbeiten im Umlaufsystem. Die dazu nötigen Pumpen können als Unterwasserpumpen im Wasser stehen, am Beckenrand in einem Schacht stationär eingebaut oder, besonders bei größeren Anlagen, auch entfernt im Keller oder in der Garage untergebracht sein. Das Pumpenangebot ist vielfältig. Alle verwendeten Materialien müssen nichtrostend sein (Aluminiumdruckguß, Messing, Kunststoff). Die Pumpe muß funkentstört arbeiten; der Elektroanschluß darf nur über dreiaderige, geerdete Leitungen mit Schutzleiter über Schutzkontaktsteckdosen gehen. Vorher genau feststellen, ob die Leistung für den gedachten Zweck ausreicht. Es gibt Pumpen, die einen kleinen Springstrahl von 1 m gerade noch leisten, bis hin zu Pumpen für Riesenfontänen. Wichtig ist auch, daß die Ansaugfilter leicht gereinigt werden können. Die Düseneinsätze sind in verschiedenster Ausführung zu haben. Auch bei Springbrunnen muß auf gleichmäßig nachfließenden Ersatz des verdunsteten Wassers geachtet werden.

**Unterwasserbeleuchtung**

Auch für kleinere Becken gibt es einfache und preiswerte Unterwasserbeleuchtungen. Man hüte sich aber vor dem bunten Kitsch. Im hellen Licht springendes, sprudelndes Wasser wirkt am lebendigsten. Also die mitgelieferten Farbfilter nicht verwenden. Teilweise wird mit 12 Volt gearbeitet, teilweise mit 220 Volt (aqua color von Oase-Pumpen, Heissner-Unterwasserleuchten U 411 und 412).

## Natürliches Wasservorkommen im Garten

### Bach

Das natürliche Wasservorkommen im Garten ist ein seltener Glücksfall; wann trifft es sich schon, daß ein kleiner Bach durch das Grundstück hindurch oder gar an seiner Grenze entlang fließt! Dann kann man bei etwas Gefälle von dort aus ein größeres oder kleineres Rinnsal durch den Garten leiten und es wieder in den Bach münden lassen. Solche Gärten können einmalig schön sein.

Für den Durchfluß kann eine immer gleichbleibende Wassermenge gestaut werden, wenn am Einfluß eine Holzschütz entsprechend geöffnet und geschlossen werden kann. Bei einem natürlichen Bach muß auch die Wassermenge bei der Schneeschmelze oder bei Dauerregen berücksichtigt werden. Je gewundener der Lauf des Rinnsals, um so echter ist die Anlage, zumal wenn das Gefälle dazu ausreicht, daß auch einmal ein kleiner Wasserfall über größere Kiesel herabplätschert. Viele Kiesel in jeder Größe verwenden! Abdichtungen bei leichtem Boden mit Lehm. Die Pflanzenauswahl richtet sich nach der Größe der Anlage; am Ufer können alle Pflanzen wachsen, die feuchten Boden lieben: *Lysimachia nummularia* (Pfennigkraut), *Ajuga reptans* (Günsel), moosartige *Saxifraga* (Moossteinbrech), *Caltha palustris* und *C. palustris* 'Multiplex' (einfache und gefüllte Sumpfdotterblume), *Myosotis palustris* 'Thüringen' (Sumpfvergißmeinnicht), *Astilbe, Tradescantia virginiana* (Dreimasterblume), *Trollius* in Sorten (Trollblume), *Geum rivale* 'Leonards Var.' (Nelkenwurz), *Brunnera macrophylla* (Kaukasusvergißmeinnicht), *Filipendula*-Arten (Mädesüß) und viele *Hosta*-Arten (Funkien). Auch viele Primeln fühlen sich wohl an diesem Platz, angefangen von *Primula rosea* (Rosenprimel) und *P. denticulata* (Kugelprimel) bis zu den vielen Arten der Etagenprimeln und den bis in den August blühenden *P. sikkimensis* und *P. florindae* (Glöckchenprimel). Weiter passen in diesen Garten alle frischgrünen Gräser, wie verschiedene *Carex*- und *Miscanthus*-Arten, die meisten Farne und viele halbhohe Bartiris. Diese allerdings brauchen einen trockenen Standort; sie sind also etwas entfernt vom Bächlein und leicht erhöht zu pflanzen. An Bachübergängen (Bohlen, größere Steinplatten) können auch größere Stauden stehen, wie *Hemerocallis* (Taglilie), *Ligularia* (Greiskraut), *Lythrum salicaria* (Blutweiderich), *Thalictrum aquilegifolium* (Wiesenraute).

### Fluß oder See

Stößt der Garten an ein Fluß- oder Seeufer, müssen die Pflanzen größer und robuster sein, um mit dem schwankenden Wasserstand fertigzuwerden. Ideal

*Belebender kleiner Springbrunnen im Wasserbecken mit Wasseriris, Iris pseudacorus.*

*Künstlich gestalteter Bach mit Wasserumwälzung. Kleinere Anlagen eignen sich für den Hausgarten.*

sind diese Plätze für *Iris pseudacorus* und Varietäten (Sumpfiris), *I. laevigata* in Sorten, *I. sibirica* in Sorten (Sibirische Iris). Auch *Lythrum salicaria* (Blutweiderich) mit seinen rosaroten Sorten kann, je nach Wasserstand, einmal Wasser stehen, ein andermal etwas trockener. Feuchtigkeit vertragen auch die höheren Bambusarten gut, besonders *Sinarundinaria nitida*.

### Weiher

Ein kleiner natürlicher Weiher bietet ebenfalls besondere Möglichkeiten zur Gestaltung eines Gartens. Als Leitgehölz würden sich Trauerweiden gut eignen, aber Vorsicht! Sie sehen wunderschön aus, beschatten aber im Alter fast die ganze Weiherfläche. Für den Landteil dieses Gartens kommen alle schon genannten Pflanzen für Bach- und Seeufer in Frage; dazu gesellen sich die Wasserpflanzen, und, da diese Gewässer meist nicht bis zum Grund durchfrieren (sofern nicht flacher als 80 cm), Goldfische oder Goldorfen.

## Künstlicher Bach

### Bau

Ein künstlich angelegter, natürlich wirkender Wasserlauf ist dort möglich, wo elektrische Energie vorhanden ist, die das Wasser von der „Mündung" zur „Quelle" zurückpumpt. Eine laufende Wasserentnahme aus der Versorgungsleitung ohne Rückgewinnung und Ableitung in die Kanalisation dürfte sich niemand leisten können; der Wasserbedarf im Umlaufsystem und der Strombedarf ist hingegen erschwinglich, und im Herbst oder Winter wird sowieso abgestellt.
Für das kleine Rinnsal wird das Bett ausgekleidet, entweder mit Plastikfolie oder mit Ton oder Beton. Die Stoßkanten der Folie müssen verschweißt oder verklebt werden. Wird der Untergrund mit Ton gedichtet, muß dies mit einer 10 cm starken Schicht geschehen. Von dem verwendeten Material, gleich welcher Art, darf nichts zu sehen sein. Den frei sichtbaren Teil des Bachbettes bedeckt man mit feinem Kies. Das Gefälle wird ziemlich flach gehalten, damit das Wasser nicht zu schnell fließt und die Pumpe die Menge schafft. Einzelne größere Kiesel verzögern ebenfalls ein wenig den Lauf; andererseits kann man auch einmal das Wasser über eine Stufe hinabplätschern lassen. Besonders geschickt muß die Quelle gestaltet werden; daß das Wasser aus dem Schlauch fließt, darf nicht zu sehen sein, am einfachsten deckt man diese Stelle mit einem größeren Stein von oben ab. Ein kleineres Wasserbecken oder ein Tümpel bildet die Mündung. Darin steht die mit Steinen getarnte Unterwasserpumpe für den Umlauf. Günstig ist, wenn zu dem Becken oder Tümpel die Wasserleitung führt, die mit ganz geringem Zufluß den laufenden Verlust infolge der Verdunstung wieder ausgleicht.

## Der Folienteich

### Anlage

Gärten ohne natürliche Gewässer brauchen nicht auf Wasser und Wasserpflanzen zu verzichten: man baut dann eben, als preiswerteste Lösung, einen Folienteich oder ein Folienbecken. Bevor es Kunststoff gab, verwendete man dazu Teerpappe mit Bitumenzwischenschichten; mit Folien geht es einfacher.
Der Platz muß gut überlegt sein: normaler- und natürlicherweise wird er in bewegtem Gelände am tiefsten Punkt liegen, und zugleich soll er volle Sonne haben. Die Folien aus PVC, Polyäthylen oder Polypropylen kauft man, je nach Größe, 0,1–0,5 mm stark – je stärker, je besser – und nimmt sie so breit als möglich. Zusammenkleben ist problematisch, besonders bei Polyäthylen und Polypropylen; diese müßten verschweißt werden. Besser ist es, zwei bis drei Folienbahnen übereinander zu verwenden.
Der Weiher wird zunächst ausgehoben, dann modelliert. Der Aushub wird entfernt oder als erhöhte Randböschung wieder verwendet. Darauf achten, daß beim Einbringen der Folie der Beckengrund frei ist von Steinen und sonstigem Spitzem oder Scharfkantigem, damit die Folie nicht beschädigt wird. Besser ist es, die Oberfläche mit etwas Sand abzudecken. Nach dem Ausbreiten und Andrücken der Folie den überstehenden Rand mit Sand bedecken, anschließend den zukünftigen Teich mit etwas Wasser füllen, so daß sich die Folie der Form gut anschmiegt. Bei ebenerdigen Anlagen ohne erhöhten Rand nimmt ein kleiner Graben ringsum die Folienränder auf; sie werden mit Erde bedeckt. Jetzt kann das Becken ganz gefüllt werden.
Wer glaubt, der Boden des künstlichen Teiches werde klar und sauber bleiben, der irrt. Es wird immer genügend Anflug vorhanden sein, und es wird stets etwas Erde vom Rand in das Becken rieseln, so daß der Boden bald überzogen ist. Das verleiht dem Ganzen schon nach kurzer Zeit ein natürliches Aussehen. Bei einem Weiher mit flach auslaufendem Ufer wird der Rand bis knapp ans Wasser mit Rasensoden bedeckt.

In Richtung Wasser folgt ein Streifen von Kieselsteinen in verschiedenen Größen. Falls es sich um ein streng geometrisches Becken handelt, kann die Randzone mit Waschbetonplatten oder anderen Kunststeinplatten umgeben werden.
In solch ein Folienbecken sollten Wasserpflanzen keinesfalls frei ausgepflanzt werden. Manche durchbohren mit ihren Wurzeln die Folienschicht und machen die Anlage dadurch undicht. Deswegen werden die im Wasser stehenden Stauden in Kistchen, Kübel oder Körbe gesetzt; selbst in Plastikeimern wachsen sie noch gut. Zur Uferbepflanzung außerhalb des abgedeckten Folienrandes können alle für diese Plätze schon genannten Gattungen und Arten verwendet werden, auch einzelne Sträucher oder die Bambusarten sehen dekorativ aus, doch muß der Blattfall auf die Wasseroberfläche einkalkuliert werden. Große Kiesel da und dort in der Uferbepflanzung beleben das Bild und verstärken seine Wirkung.

**Pflege**
Während des Sommers genügt es, hin und wieder so viel Wasser nachzufüllen, wie verdunstet ist. Die bequemste Lösung ist, von der Wasserleitung einen Gummi- oder Plastikschlauch zum Folienteich zu verlegen; dies kann knapp unter der Rasenfläche erfolgen. Die Schlauchleitung kann ebensogut in einer flachen Metalldüse enden wie in einer künstlerischen Figur mit Springstrahl. Allerdings ist zu bedenken, daß die meisten Wasserpflanzen, besonders Seerosen, unruhiges Wasser nicht lieben.
Im Sommer machen sich die Algen unangenehm bemerkbar, besonders bei kalkhaltigem Wasser. Die an den Wandungen des Beckens und der Kübel sitzenden Algen können mit Hilfe vieler eingesetzter Posthorn- und Spitzhornschnecken etwas im Zaum gehalten werden. Die unappetitlich aussehenden Fadenalgen müssen in Becken mit Fischen immer (mit dem Rechen) herausgefischt und etwas zurückgehalten werden. Das Auftreten von Algen läßt sich in einer Neuanlage verzögern, indem man einige Knäuel Kupferdraht in das Becken legt. (Bei alten Elektrodrähten Kunststoffisolierung entfernen.) Sind keine Fische vorhanden, kann auch etwas Kupfersulfat (Kupfervitriol) in das Wasser gegeben werden, aber nicht mehr als 3–4 g/m³ Wasser; ist das Becken weder mit Fischen noch mit Pflanzen besetzt, kann man die üblichen chemischen Zusätze wie für Schwimmbäder verwenden (Desalgin, Chloriklar, Chlorifix, Dimanin).
Muß das Becken entleert werden, so kann man das Wasser gleich zur vorsorglichen Bewässerung von Koniferen und anderen Immergrünen verwenden. Schöpfen ist etwas mühselig; hier bewährt sich wieder eine kleine Elektropumpe. Am Beckengrund stehende Pflanzkübel werden mit Laub oder ähnlichem Material vor Frost geschützt.

## Das eingelassene Faß

**Material**
Selbst im kleinsten Garten muß man nicht auf ein Wasserbecken verzichten. Um in der richtigen Proportion zu bleiben, hält man es entsprechend klein. Halbierte Fässer leisten hier gute Dienste. Holzfässer sind nicht mehr viel im Gebrauch, eignen sich aber, mit Bitumen (von außen) gedichtet, gut für diesen Zweck. Sehr dauerhaft sind Blechfässer, besonders solche aus verzinktem Material; oft billig zu haben

Verblenden von Wasserbeckenbehälter verschiedenster Art mit Natursteinplatten

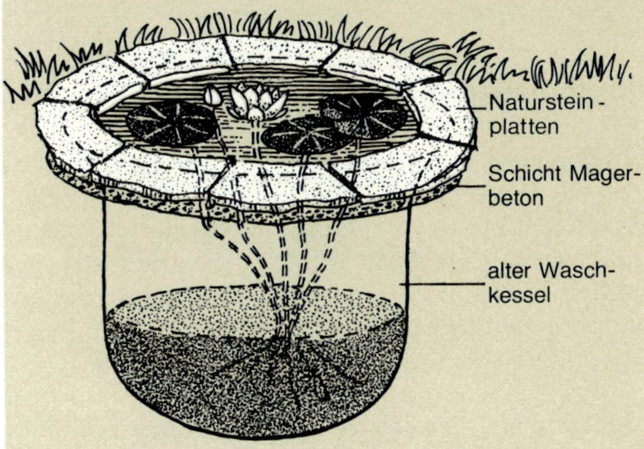

Sechseck-Pflanzgefäß (Beton/Asbestzement/Kunststoff) als Wasserpflanzenbecken

sind die PVC-Einwegfässer, in denen die chemische Industrie Kunststoff-Dispersionen an die Weiterverarbeiter liefert; diese Fässer werden mittels einer kleinen Heimwerker-Kreissäge auseinandergesägt. Das obere Teil ohne Boden kann als Ring in den Boden eingelassen werden, um wuchernde Pflanzen, auf die man nicht verzichten will, zu bändigen.

**Verwendung**

Das halbierte Faß mit Boden kommt in die Erde. Der Rand wird mit Natur- oder Kunststeinplatten belegt, etwas nach innen vorspringend, so daß von dem Faß nichts zu sehen ist. Es wird etwa zu einem Drittel mit nahrhafter, aber nicht frischgedüngter Erde gefüllt. Wenn später von der kleinen Wasseroberfläche noch etwas zu sehen sein soll, dürfen nur ganz kleine, schwachwüchsige Wasserpflanzen verwendet werden, z.B. *Typha minima* (Zwergrohrkolben) und verschiedene Zwergseerosen, wie im Abschnitt 225 aufgeführt. Der Grund wird mit Fluß- oder Kiessand bedeckt.

## Bepflanzung betonierter Becken

### Eindämmung der Wuchskraft

Fast alle Wasserpflanzen sind sehr wüchsig, oft auch Wucherer. Vor der Bepflanzung betonierter Becken muß folgendes bedacht werden: Wenn auf den gesamten Beckenboden eine Erdschicht (mindestens 25 cm) aufgebracht und bepflanzt wird, dann dauert es nicht lange, bis die Pflanzen den ganzen Wasserspiegel zudecken – sofern das Becken eben und nicht zu tief ist. Es bieten sich mehrere Möglichkeiten an, dem vorzubeugen:

Der Beckenboden wird von Anfang an schräg betoniert. Grund: Jede Wasserpflanze hat einen bestimmten Wasserstand, bei dem sie sich besonders wohl fühlt. Ab 70-80 cm machen fast alle hoch über dem Wasser stehenden Pflanzen nicht mehr mit, so daß die über dem tieferen Betonboden stehende Wasserfläche frei bleibt von unerwünschtem Bewuchs.

Andere Lösung: Man baut gleich beim Betonieren entsprechende „Pflanzenkammern". In dem waagerechten Betonboden wird eine 25 cm tiefe Kammer für Seerosen ausgespart. Sie wird später mit Erde gefüllt. Vom Kammerboden bis zur Wasseroberfläche sollte wenigstens ein Abstand von 60 cm sein, so daß die *Nymphaea* schließlich mindestens etwa 35 cm Wasserstand hat. Für die anderen Wasserpflanzen wird an einer Stelle ein kleiner Damm aufbetoniert, der später ebenfalls mit Erde gefüllt wird, und bei dem eine Wasserhöhe von 15 cm vielen Wasserpflanzen ein gutes Gedeihen sichert.

In einem fertigen Becken, das den Kammerbau nicht mehr erlaubt, werden durch lose geschichtete Ziegelsteine Pflanzinseln geschaffen. Bei diesen Kammern hat sich ein Innendurchmesser von 30x50 cm bewährt. Die Ziegelsteine können selbstverständlich auch gemauert werden. Hier beträgt die Höhe der Erdfüllung 30 cm. Für Pflanzensortimente mit be-

*Ein hübsches Beispiel zum Thema Bach ist dieses Rinnsal im gepflasterten Bachbett.*

*Wo ein Auspflanzen in den Untergrund nicht möglich ist, hilft das Einsenken von Pflanzkübeln.*

stimmten Wünschen hinsichtlich des Wasserstandes können mehrere dieser Inseln nebeneinander erstellt werden, jeweils mit verschieden hohem Wasserstand. Auf die Möglichkeit, die Wasserpflanzen in Kübel, Kisten, Körbe, Kunststoff- und Blechfässer zu geben, wurde schon hingewiesen (Seite 221). Der Mindestdurchmesser von ca. 30 cm sollte nicht unterschritten werden. Man hat dadurch eine mobile Bepflanzung, die öfter anders gruppiert werden kann. Auch die Höhe des Wasserstandes kann korrigiert werden durch Unterlegen von Ziegelsteinen unter die Pflanzgefäße. Wo diese profanen Behälter zu sehen sind und stören, können Kiesel oder Bruchsteinbrocken herumgeschichtet werden.

**Verhältnis Wasser und Pflanze**
Ein ausgewogenes Verhältnis zwischen freiem Wasserspiegel und Bepflanzung sollte stets gewahrt bleiben. So genügen für ein Becken von etwa 5 m² Wasseroberfläche eine Seerose und etwa fünf bis sechs verschiedene andere Wasserpflanzen. Für ein kleineres Becken werden weniger oder zierlichere Pflanzen verwendet. Wenn das Sortiment nicht zu groß ist, wählt man natürlich die ausdrucksvollsten Arten.

**Das kleine Sortiment**
Außer einer kleineren Seerose oder einer Sorte, die mit niedrigerem Wasserstand auskommt, sind besondere Schmuckstücke: panaschierter *Acorus calamus* 'Variegatus' (Kalmus), *Scirpus tabernaemontani* 'Zebrinus' (Zebrabinse), *Hippuris vulgaris* (Tannenwedel), *Butomus umbellatus* (Blumenbinse), *Sagittaria sagittifolia* (Pfeilkraut), *Iris laevigata* (Asiatische Sumpfiris), *Typha minima* (Zwergrohrkolben).

## Wasserpflanzen in Asbestzementbehältern, Plastikschalen und Steintrögen

**Asbestzementbehälter**
Dank dieser modernen Großgefäße kann der Garten ohne jede Erdbewegung um Wasserpflanzen bereichert werden. Die nicht zu kleinen Behälter werden an markanten Punkten im Garten, auf der Terrasse oder auf dem Balkon aufgestellt. Besonders auf vergangenen Gartenschauen wurde die Vielseitigkeit solcher Gruppierungen von Wasserpflanzen in Asbestzement demonstriert. Die Kübel können im Winter nicht geleert werden; man sollte deshalb Behälter mit schräg nach innen verlaufenden Seitenflächen verwenden – sie werden vom Frost nicht so leicht zersprengt.

**Plastikschalen**
Fast alles, was im Handel angeboten wird, ist zu wenig widerstandsfähig. Tiefgezogenes oder im Vakuum verformtes Material kommt nicht in Frage. Behälter aus glasfaserverstärktem Polyestermaterial eignen sich ohne Einschränkung, ebenso die schon (auf Seite 222) erwähnten Kunststoff-Einwegfässer. Besonders die durchgehend grün eingefärbten passen sich gut dem Garten an. Auch hohe runde, schwarze, starkwandige Mörtelkübel eignen sich als solche auf der Erde stehenden Wasserpflanzenbehälter. Lediglich der schwarze Farbton wirkt etwas störend.

**Wassertröge**
Alte Naturstein-Wassertröge können sehr gut Wasserpflanzen aufnehmen. Natürlich wählt man kleinere, weniger wuchernde Arten, da ja die zur Verfügung stehende Wasseroberfläche ziemlich klein ist. Wichtig ist es, im Winter das Wasser auszuschöpfen, damit die kostbaren Tröge nicht durch den Frost vernichtet werden. Bei den auf der Erde stehenden Wasserpflanzengefäßen ist die Wasserverdunstung wesentlich stärker als bei solchen, die in die Erde eingelassen wurden, deshalb auf laufende Wasserergänzung achten.

## Vogeltränken

**Der richtige Platz**
Die kleinste Wasserfläche im Garten ist eine Vogeltränke. Sie kann entweder auf der Erde stehen oder etwas in den Boden eingelassen werden. Eine Vogeltränke soll möglichst frei stehen. So hübsch sie sich unter einem überhängenden Strauch macht – das ist der falsche Platz, da sich in der Deckung von höheren Stauden oder Sträuchern gerne Katzen anschleichen. Auch zu nahe am Sitzplatz oder der Terrasse steht sie falsch, da die Vögel oft verscheucht werden. Ein sicherer und trotzdem gut zu beobachtender Platz ist der Rand der sonnigen Rasenfläche. Es ist zweckmäßig, am gleichen Ort die Winterfütterung durchzuführen. Übrigens finden sich an der Vogeltränke auch Schmetterlinge, Libellen, Bienen und andere Insekten ein.

**Unterhalt**
Der Wasserstand in einer Vogeltränke beträgt nur wenige Zentimeter, keinesfalls mehr als 8–10 cm; deshalb muß das Wasser ständig ergänzt werden. Auch eine gründliche Reinigung ist etwa wöchentlich notwendig. Im Winter kommt die Vogeltränke ins

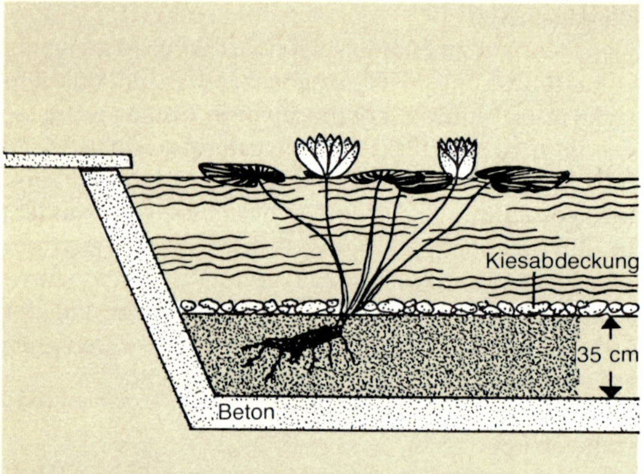


Bei ausgepflanzten Seerosen sollte eine mindestens 35 cm starke Erdschicht vorhanden sein

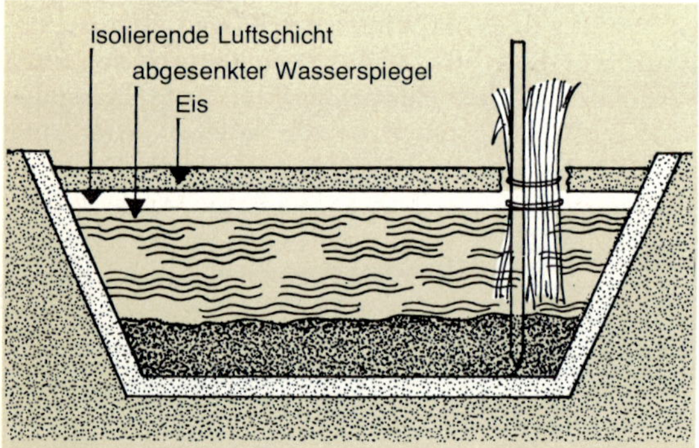


Wer Goldfische im Freien überwintern will, muß ein Stück eisfrei halten. Nach dem ersten starken Frost ein Loch in die Eisschicht schlagen, einige Eimer Wasser entnehmen und in das Loch einen Strohbüschel stecken

Haus und wird mit einem Putzmittel gründlich von Algen und Schmutz gereinigt und bis zum Frühling aufbewahrt.

### Verschiedene Formen

Eine größere, glasierte Tonschale von schlichter, flacher Form erfüllt schon ihren Zweck. Im Handel gibt es eine große Auswahl, Künstlerisches und Kitschiges. Einfarbige Tränken mit klaren Formen wirken immer noch am besten. Solche mit unruhiger Oberfläche sind Schmutzfänger. Sehr hübsch ist ein flacher Findlingsstein mit einer seichten Mulde. Einige halbhohe Ziergräser vervollständigen das Bild. Der Boden in der Tränke sollte etwas gewellt sein, damit ein unterschiedlich hoher Wasserstand vorhanden ist.

## Seerosen

### Pflanzung

Seerosen werden am günstigsten von Ende April bis in den Juli eingepflanzt. Sollten sie zu früh eintreffen, ehe die nötigen Vorarbeiten fertig sind, dann legt man sie einfach in Wasser; auch wenn noch vierzehn Tage hingehen, macht es nichts aus. Seerosen haben meist Rhizome, die schräg im Boden stehend gepflanzt werden, nicht zu tief. Beim späteren Einlassen des Wassers in das Becken werden die Rhizome oft hochgespült; es ist daher ratsam, sie mit einem Drahtbügel oder einer Zweiggabel vorsichtshalber zu verankern. Zweckmäßig und gleichzeitig schön sind einige Kiesel auf der Pflanzstelle.

### Standort, Erde, Wasser

Seerosen lieben ruhiges Wasser – deshalb eignen sie sich nicht für Becken mit Springbrunnen –, und sie brauchen eine vollsonnige Lage. Bei weniger als sieben Stunden Sonnenscheindauer täglich geht die Blühwilligkeit zurück. Gepflanzt wird in die Erdschicht am Boden des Beckens, der Pflanzkammer oder des Behälters. Die Erde soll nahrhaft, aber kalkarm sein und auf keinen Fall frischen Dünger enthalten. Empfohlen wird eine Mischung von zwei Teilen Lehm und einem Teil gut verrotteter Kompost. Etwas pulverisierter Rinderdünger und Hornspäne können zugegeben werden. Später wird die Pflanzerde mit Fluß- und Kiessand abgedeckt, um einer schnellen Algenbildung entgegenzuwirken, auch mittelfeiner Kies kann für diesen Zweck verwendet werden. Das Wasser wird der Leitung entnommen, das oft enthaltene Chlor entweicht verhältnismäßig schnell, so daß es den Pflanzen nicht schaden kann. Wo nur stark kalkhaltiges Wasser vorhanden ist, kann es mit etwas Phosphorsäure neutralisiert werden, oder man läßt es zu diesem Zweck durch einen größeren Korb mit Torf laufen: die Huminsäuren binden den Kalk. Bei einer Neuanlage soll das Becken nicht auf einmal gefüllt werden, wenn Seerosen frisch gepflanzt wurden. Das Wasser wird nur bis zu einer Höhe von etwa 10 cm über die Seerosen eingelassen. Durch die schnellere Erwärmung der geringen Wassermenge wächst die Pflanze besser an. Entsprechend dem Wachstum der Blätter wird der Wasserstand laufend erhöht, bis die gewünschte Höhe erreicht ist.

### Pflege

Besonders Seerosen in Kübeln müssen spätestens nach drei Jahren umgepflanzt und geteilt werden. Die meisten Sorten und Arten vertragen keinen Frost.

Bepflanzte Körbe oder Kübel können im Herbst herausgenommen und im Keller frostfrei überwintert werden. Am besten mit Folie umhüllen, damit die Erde nicht austrocknet. Wenn die Seerosen den Winter über in dem entleerten Becken bleiben sollen, müssen sie eine mindestens 25 cm hohe Laubschicht bekommen. Bei nicht völlig abgelassenem Wasser kann auch mit der Luftpolstermethode gearbeitet werden: Nach dem ersten stärkeren Frost schlägt man ein Loch in die Eisdecke und senkt den Wasserspiegel durch Ablassen oder Schöpfen um etwa 10 cm. Falls sich darunter bei starkem Frost eine zweite Eisdecke bildet, kann das ganze wiederholt werden. Das obere Loch wird mit einem Stück Folie abgedeckt.
Im Sommer werden gelbe Blätter und alte Blüten entfernt. Es gibt zwar einige Schädlinge der Seerosen, doch machen sie im Liebhabergarten selten Kummer. Die große Schlammschnecke und die Larve des Seerosenzünslers fressen hin und wieder Blätter an. Diese befallenen Teile werden mit den Larven entfernt. Jährlich sollte vor Einlassen des Wassers einmal gedüngt werden. Mit einem Pflanzholz drückt man einige Löcher in die nähere Umgebung der Seerose, füllt sie mit pulverisiertem Rinderdünger oder Hornmehl und verschließt sie mit normaler Erde.

### Sortenwahl

Die heimische weiße *Nymphaea alba* und die ebenfalls weiß blühende ‚Pöstlingberg' benötigen einen Wasserstand von mindestens 1 m und kommen für den Privatgarten kaum in Frage. Folgende Sorten sind wirklich gut bei einem Wasserstand von 30–80 cm: 'Marliacea Chromatella' (gelb), 'Paul Hariot' (gelb), 'Laydekeri Purpurata' (rot), 'René Gerard' (rosa), 'James Brydon' (rot), 'Charles de Meurville' (rot), 'Laydekeri Lilacina' (rosa), *Nymphaea odorata* 'Minor' (weiß), 'Marliacea Albida' (weiß). Wer eine noch geringere Wassertiefe hat, nimmt 'Pygmaea Alba' oder *Nymphaea odorata* 'Sulphurea'; sie kommen schon mit einem Mindestwasserstand von 10 cm aus.

## Rohrkolben und Wasseriris

Zu großen, seerosenbedeckten Wasserflächen harmonieren die hohen, senkrecht stehenden Wasserpflanzen besonders gut. Das wuchernde Schilfrohr kommt für den Garten nicht in Frage. Schöner sind ohnehin Rohrkolben und Wasseriris, die überdies den gleichen Zweck erfüllen. Alle wachsen kräftig, was bei der Pflanzung einkalkuliert werden muß.

### Rohrkolben

Wie die Orgelpfeifen präsentieren sich die Rohrkolben *(Typha): T. latifolia* erreicht eine Höhe von etwa 2,5 m, *T. angustifolia* von 2 m. *T. laxmannii* und *T. shuttleworthii* bleiben etwas niederer (um 1,5 m). Auf den Zwerg *T. minima* wurde schon hingewiesen (Seite 223). Wenn die größeren Sorten zur maximalen Größe kommen sollen, benötigen sie einen Wasserstand zwischen 20 cm und 50 cm.

### Wasseriris

Viele Iris harmonieren zwar mit Wasser, können aber nicht darin stehen. Nur zwei Arten vertragen ganzjährig einen niederen Wasserstand, *Iris pseudacorus,* das einheimische Sumpfschwertel, und *I. laevigata.* Diese liebt 20 cm tiefes Wasser, *I. pseudacorus* kann mindestens doppelt so tief stehen. Von *I. laevigata* gibt es eine ganze Reihe von Varietäten und Sorten, besonders die einfache, weißblühende *I. laevigata* 'Alba' ist sehr schön. Von *I. pseudacorus* sind mehrere Formen bekannt, so z. B. 'Bastardii' (schwefelgelbe Blüte), 'Variegatus' (gelb-grün panaschiertes Laub), 'Golden Queen' (größere rein gelbe Blüten), 'Elgie E. Turnipseed' (kremweiße Blüte), 'Flore Pleno' (gefüllt). *I. kaempferi,* die Japanische Prachtiris, nicht ins Wasserbecken pflanzen! *I. kaempferi* ist eine Wiesenstaude, die es zur Vegetationszeit gerne feucht hat und einen niederen Wasserstand verträgt. Doch bei ganzjährigem Wasserstand kümmern viele Sorten.

## Fragen rund um das Wasserbecken

### Hinweise

Becken mit Fischbesatz müssen wenigstens an einer Stelle 80 cm tief sein, wenn die Fische im Becken überwintern sollen.
Der Versand von Wasserpflanzen beginnt wesentlich später als der von anderen Stauden. Von Anfang Mai bis Ende Juni dauert die normale Periode. Zu dieser Zeit ist das Wasser schon gut erwärmt, und das Anwachsen geht flotter vor sich. Verschiedene Pflanzen sind jedoch für die Herbstpflanzung dankbar, wie *Iris laevigata.*
Bei Unterwasserpflanzen rechnet man mit drei bis sieben Stück pro m². Sie entwickeln sich oft besonders üppig, daher frühzeitig auslichten. Wasserpflanzen dürfen nicht austrocknen. Die Pflanzerde durchdringend anfeuchten. Wird nicht sofort Wasser nach der Pflanzarbeit eingelassen, unbedingt feuchte Tücher über die Pflanzen legen.

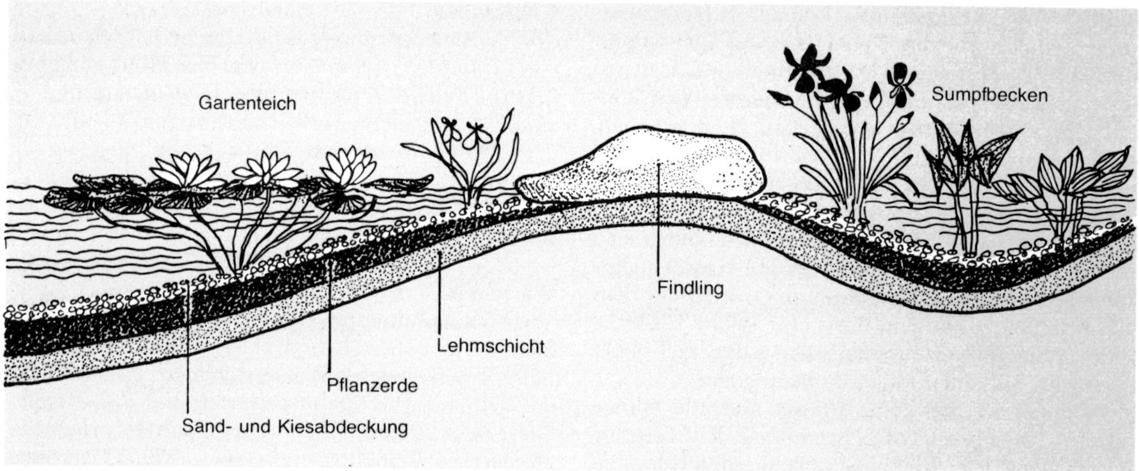


Wie beim Bepflanzen eines Steingartens werden die einzelnen Arten auf den Becken- oder Teichgrund gelegt, entsprechend ihrem späteren Standort. So kann man noch einzelne Korrekturen vornehmen.

**Trübes Wasser**

Trübes Wasser ärgert den Gartenliebhaber; es zeigt immer eine Störung des biologischen Gleichgewichts an. Ganz läßt sich dies nie beseitigen, da man in Becken und Teichen mit Pflanzen und Fischen nicht mit chemischen Zusätzen arbeiten kann. Fast alle Trübungen beruhen auf Algenbildung. Oft ist das Nährstoffangebot im Wasser größer als die vorhandenen Wasserpflanzen verarbeiten können. Steht die Anzahl der Pflanzen im richtigen Verhältnis zur Größe des Wasserbeckens (durch Zupflanzen), so wird sich das Wasser von selbst wieder klären. Vorsicht auch vor überdüngter, humusreicher Pflanzerde, die ebenfalls die Algenbildung begünstigt. Ein natürliches Mittel gegen Algen sind Wasserflöhe, die sich von ihnen ernähren. Allerdings: bleiben die Fische im Becken, so werden diese eher mit den Wasserflöhen fertig als die Flöhe mit den Algen. Deshalb müssen die Fische bei einer solchen Aktion ausquartiert werden. In vielen Fällen ist dieser Aufwand nicht nötig, eine Klärung erfolgt nach einigen Wochen von selbst. Selbstverständlich kann, unsichtbar für den Beschauer, ein Umlauffilter mit Elektropumpe eingebaut werden. Dadurch werden auch andere Trübungen beseitigt.

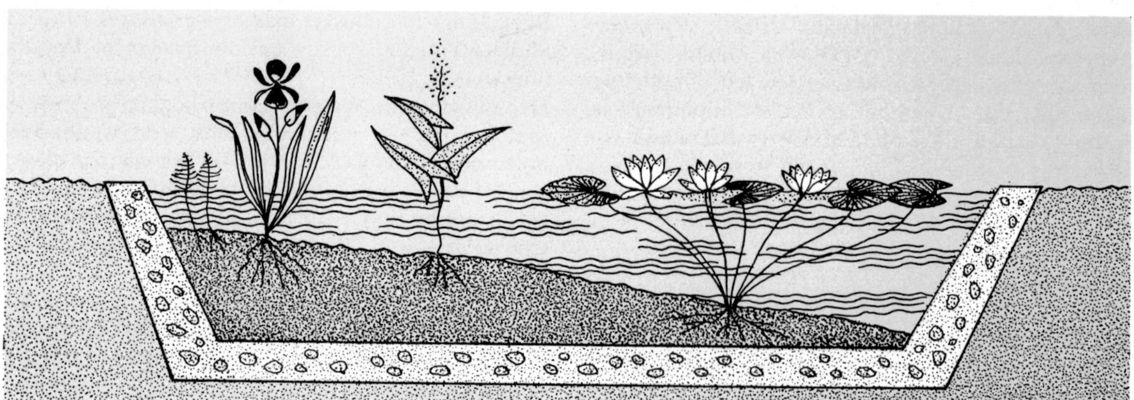

Durch schräge Erdfüllung können die verschiedenen Ansprüche der Wasserpflanzen hinsichtlich Wassertiefe befriedigt werden

**Andere Wasserpflanzen**

Besonders für Fischbecken sind unter Wasser stehende und auf dem Wasser schwimmende Pflanzen wichtig, wie *Azolla caroliniana* (Feenmoos), *Hydrocharis morsus-ranae* (Froschbiß), *Riccia fluitans* (Kristallkraut), *Stratiotes aloides* (Krebsschere), *Aponogeton distachyos* (Wasserähre), *Myriophyllum brasiliense* (Tausendblatt), *Trapa natans* (Wassernuß), *Ranunculus aquatilis* (Wasserhahnenfuß), *Potamogeton crispus* (Laichkraut). *Lemna minor,* die Wasserlinse, wird wohl niemand freiwillig in sein Becken setzen, doch wird dieses Wasserunkraut leicht mit anderen Wasserpflanzen eingeschleppt. Nicht alle genannten Pflanzen sind winterhart.

## Sumpfbecken

**Anlage**

Für ein Sumpfbecken bietet sich ein noch größeres Pflanzensortiment an als für das Wasserbecken, da einerseits viele „Landpflanzen" feucht stehen können, andererseits auch viele Arten, die einen niederen Wasserstand vertragen, noch im Gartensumpf fortkommen. So gibt es viele Möglichkeiten, einen Gartensumpf zu gestalten. Dazu können Planschbecken umfunktioniert werden, wenn die Kinder erwachsen sind. Ein Freund dieser besonderen Vegetation wird bewußt ein Sumpfbecken bauen und dazu Beton, Kunststoff, halbe Fässer oder sonstige Materialien verwenden, die beim Wasserbecken aufgeführt wurden. Die einfachste Art, einen Gartensumpf zu schaffen, ist der Einbau von Polyäthylenfolien. Es wird eine flache Wanne ausgehoben (etwa 40 cm tief), mit Folie ausgelegt und wieder mit mit Humus angereicherter Erde gefüllt. Sumpfbecken erfordern nicht den Aufwand wie Wasserbecken; es ist weder Überlauf noch Ablauf nötig und selbst für den hin und wieder nötigen Zulauf genügt die Gießkanne oder der Gartenschlauch. Der Wasserverlust entsteht nur durch Verdunsten, nicht durch Versickern. Selbstverständlich kann ein Sumpfbecken an ein Wasserbecken anschließen; die Trennwand dazwischen sollte einige Löcher haben, damit der Feuchtigkeitsbedarf des Sumpfbeckens vom Wasserbecken aus gespeist wird. Beim Sumpfbecken kann man auch ausschließlich mit natürlichem Material arbeiten. Dann verwendet man für die Dichtung an Stelle von Folie und anderem Werkstoff eine 10 cm starke Schicht aus fettem Lehm oder Ton; sandiger Lehm ist ungeeignet. Eine solche Zone mit Tonabdichtung kann auch um ein kleines Wasserbecken, das aus einem halbierten Faß besteht, angelegt werden. Da nur ihre Oberfläche zu sehen ist, erscheint das Ganze wie ein kleiner Tümpel mit Sumpfzone. Immer gut wirken in einem Gartensumpf Gruppen größerer Kiesel, Findlingssteine oder Moorwurzeln oder ähnliches aus dem Wald.

**Was pflanzt man in den Sumpf?**

Hier ein Beispiel für einen Sumpf von 2,5 m² Fläche: 1 *Iris laevigata*, 5 *Iris kaempferi*-Züchtungen, 1 *Acorus calamus* 'Variegatus' (hoher panaschierter Kalmus), 1 *A. gramineus* 'Aureovariegatus' (kleiner panaschierter Kalmus), 1 *Lythrum salicaria* 'Augenweide' (Blutweiderich), 2 *Juncus inflexus* (Blaubinsen), 3 *Caltha palustris* 'Multiplex' (gefüllte Sumpfdotterblume), 3 *C. palustris* 'Alba' (weißblühende Sumpfdotterblume), 10 *Primula rosea* (Rosenprimeln), 1 *P. helodoxa* (Etagensumpfprimeln), 3 *Myosotis palustris* 'Thüringen' (Sumpf-Vergißmeinnicht). Von April bis August ist dieses Sumpfbecken voller Leben, im Spätsommer und Herbst ist es dann ruhiger. Ideale Zwischenpflanzen sind *Mimulus*-Arten Gauklerblume), besonders die roten Auslesesorten, weiter *Alisma plantago-aquatica* (Froschlöffel), *Calla palustris* (Sumpfkalla), *Lysichiton americanus* und *L. camtschatcensis* (Scheinkalla), *Menyanthes trifoliata* (Fieberklee), *Peltandra virginica* (Pfeilaronstab), *Pontederia cordata* (Hechtkraut), *Ranunculus lingua* (Sumpfhahnenfuß), *Sparganium erectum* (Igelkolben) und viele andere. Natürlich gedeiht auch das ganze für das Wasserbecken genannte Rohrkolbensortiment auch im Sumpf. Von unserer Zimmerkalla gibt es jetzt außer weißen auch gelb und rot blühende Arten und Hybriden. Sie kommen auch in einem geschützt liegenden Sumpfbecken voran, müssen aber während des Winters herausgenommen werden.

**Pflege**

Wichtig: der Sumpf ist gleichmäßig feucht zu halten, und er darf nicht austrocknen. Bei längerem heißem Wetter ohne Niederschläge schützt eine zweifingerstarke Torfmullschicht vor zu starker Verdunstung. Selbstverständlich ist, daß nach zwei bis drei Jahren geteilt und umgepflanzt werden muß; es sind alles gute Wucherer. Ab August werden vermehrt gelb und braun werdende Pflanzenteile entfernt. Samen nie ausreifen lassen, Blütenstände vorher entfernen. Besonders hüte man sich vor der Selbstaussaat von *Zizania aquatica* (wilder Reis), *Caltha palustris* 'Alba' (weiße Sumpfdotterblume) und *Alisma plantago-aquatica* (Froschlöffel). Zu starke Wucherer können durch Einlassen von alten Plastikeimern ohne Boden am Pflanzplatz gebändigt werden.

# Der Heidegarten und die Sukkulentenecke

## Die Heide

In der Natur nimmt die Heide stets eine größere zusammenhängende Fläche ein, die nur von einzelnen Gehölzen unterbrochen wird. Trotzdem kann auch im Hausgarten ein kleines Stück, heideähnlich bepflanzt, von bester Wirkung sein. Gut fügt sich der Heidegarten an den Steingarten an. Auch Vorgärten können in diesem Motiv bepflanzt werden; sie dürfen allerdings nicht umzäunt sein, sonst geht die Wirkung verloren. Reihenhausgärten können an Stelle eines Rasens eine Heidefläche erhalten – aber ein saftig grüner Rasen daneben ist ein wahrer Schock. Deswegen müssen hier durch geschickte Zwischenpflanzungen entsprechende Übergänge oder Abgrenzungen durch Gehölze geschaffen werden.

### Boden

Vollsonnige Lage ist erstes Gebot. Meist wird die Besenheide *(Calluna)* gepflanzt; saurer Boden ist dann Voraussetzung. Die Blüte liegt im Spätsommer/Frühherbst. Aber auch in Kalkgegenden lassen sich Heidemotive verwirklichen. An Stelle von *Calluna*-Sorten treten die Sorten von *Erica carnea* (Schneeheide). Die Blütezeit liegt dann allerdings im März/April. Der Boden sollte nicht zu schwer sein, einerlei welche der beiden Leitpflanzen genommen wird. Viel Sand und Torf muß beigemischt werden. Der Torf darf keinen Dünger enthalten, denn *Calluna* verlangt möglichst nährstoffarmen Boden. Die Fläche soll eben oder nur schwach modelliert sein.

### Anlage

Nach der Bodenvorbereitung werden zuerst die Gehölze gepflanzt. Elegant wirkt eine Dreiergruppe von Birken. Aber selbst Einzelbäume werden bald zu groß werden. Außerdem saugt dieser Flachwurzler den Boden im größeren Umkreis allzusehr aus. Im kleineren oder mittleren Hausgarten bietet die Hängebirke (*Betula pendula* 'Youngii') Ersatz. Die wenigsten Ausfälle bei Birken gibt es, wenn während des beginnenden Austriebs gepflanzt wird. Bleche oder mehrere Lagen Dachpappe oder ähnliches, in einigem Abstand um den Wurzelballen herum eingelassen, verhindern, daß die Wurzeln zu weit wandern. Mit Koniferen ist es einfacher. Auf einer kleinen Heidefläche sollte man aber nur wenige Exemplare pflanzen, denn Heide ist kein Wald. Es folgen einzelne Zwerggehölze und dann die Heidefläche. Sowohl unter den Sorten von *Calluna vulgaris* als auch von *Erica carnea* gibt es eine ganze Farbpalette von Weiß bis Dunkelrot. Um eine „bunte" Wirkung zu vermeiden, darf man nicht mehr als zwei bis drei Sorten verwenden und sie keinesfalls durcheinander pflanzen. Es ist kein Fehler, sich auf eine Sorte zu beschränken. *Calluna* und *Erica* müssen beide im Frühjahr vor dem neuen Austrieb etwas zurückgeschnitten werden, damit das schöne Aussehen und die Blühwilligkeit erhalten bleiben. Bei *Erica carnea* den Zeitpunkt kurz nach der Blüte und vor Beginn des neuen Austriebs nicht verpassen! Die Anlage eines Heidegartens mit *Calluna* sollte immer im Frühling erfolgen, denn erstens lieben Birken die Frühjahrspflanzung, zweitens benötigen Ziergräser, die nicht fehlen dürfen, zur Pflanzung den gleichen Zeitpunkt, und drittens gibt es bei *Calluna* nach der Frühlingspflanzung weniger Ausfälle. Kann die Pflanzung aus irgendwelchen Gründen nur im Herbst geschehen, so darf es keinesfalls spät sein; eine Abdeckung aus Fichtenreisern ist empfehlenswert. Ziergräser, einzelne Staudenarten und einzelne Blumenzwiebeltrupps (Wildarten!) vervollständigen die Anlage. Der Pflegeaufwand ist gering. Außer dem genannten Rückschnitt sollte man alljährlich im Herbst oder Frühling Torfmull zwischen die Pflanzen streuen. Einige hübsche Findlingssteine passen hervorragend in die Heideszenerie. Sie kommen mindestens zu einem Drittel in die Erde.

### Heidepflanzen

Die Auswahl ist sehr umfangreich; bei einer kleinen Anlage zeigt sich in der Beschränkung der Meister. Wichtigstes Nadelgehölz ist der Säulenwacholder, *Juniperus communis*. Keinesfalls darf man ihn aber in der freien Natur ausgraben – er wird nicht überleben. Pflanzen aus der Baumschule sind an das mehrfache Verschulen mit Ballen gewöhnt. Folgende Formen sind empfehlenswert: *Juniperus communis*

'Hibernica' (Irischer Wacholder), ohne überhängende Zweigspitzen, und *J. communis* 'Suecica' (Schwedischer Wacholder), mit überhängenden Zweigspitzen. Von 'Suecica' gibt es seit einiger Zeit einen Typ B2, eine weitere schwedische Auslese, die einen extrem schmalen Wuchs hat, im Alter nicht auseinanderfällt und absolut frosthart ist. Wertvoll für extrem kalte Gebiete, da in Ausnahmewintern keine gebräunte Südseite entsteht. Auch *J. sabina*, der heimische Sadebaum, paßt dazu, ebenso die Latschenkiefer, *Pinus mugo* ssp. *mugo*.
An Zwerggehölzen kommen dazu: die verschiedenen Ginster- und Geißkleearten (*Genista* und *Cytisus*), *Arctostaphylos, Daphne*-Arten, *Kalmia* u.a. Von *Calluna vulgaris* selbst können alle angebotenen niederen Sorten verwendet werden. Man muß aber beachten, daß einzelne Züchtungen bis zu 60 cm Höhe erreichen können (z. B. 'Alportii', 'C. W. Nix', 'H. E. Beale') und darum keine flächige Wirkung haben. *Calluna* ist unempfindlich und industriefest, doch dauert es nach der Pflanzung oft eine geraume Zeit, bis sie „in Schwung kommt". Sie lebt in Symbiose mit einem Wurzelpilz.
*Erica carnea* (Schneeheide) ist mit allen Sorten des Angebotes verwendbar; die vier bewährtesten Sorten sind 'Winter Beauty', 'Vivelii', 'Springwood', 'Atrorubra'. In kalkarmen Böden können auch die später blühenden *E. cinerea, E. vagans* und *E. tetralix* (Moorheide) dazugepflanzt werden; *E. vagans* und *Erica cinerea*-Sorten benötigen allerdings Winterschutz, und *E. tetralix* braucht mehr Feuchtigkeit als andere Arten. Auch die normale *E. carnea* kann bei längerem Kahlfrost in schneearmen Wintern leiden.
Die Stauden sollten zwar nicht vergessen werden, aber auch nicht überwiegen; ihre Pflanzteppiche müssen immer kleiner als die *Erica*- oder *Calluna*-Flächen sein. Gut wirken *Antennaria dioica* (Katzenpfötchen), *Dianthus arenarius* und *D. deltoides (Sand- und Heidenelke), Hieracium pilosella* (Habichtskraut), *Lotus corniculatus* (Hornklee), *Thymus serpyllum*-Sorten (Quendel), *Veronica incana* (Silberblatt-Veronika), *Aster amellus* (Bergaster), *Carlina*-Arten (Silber- und Golddistel), *Silene schafta* usw. Bei den Gräsern sollte man sich beschränken auf *Festuca ovina* und auf *Corynephorus canescens,* dem auf Sand gedeihenden, feinhalmigen Gras. Dazwischen kommen allerlei Kleinblumenzwiebeln wie *Chionodoxa, Crocus, Eranthis, Galanthus, Puschkinia* und *Scilla.* Kleinblumenzwiebeln nicht verzetteln, in lockeren Gruppen pflanzen. Nicht zu viele Farben verwenden, auf einige wenige harmonierende Sorten und Arten beschränken!

## Sukkulentenecke

### Bodenvorbereitung und Gestaltung

Dieser Garten für Fettblatt-Pflanzen kann als gesonderte Ecke an den Steingarten anschließen, aber auch für sich allein gestaltet werden. Winterharte Kakteen dienen als Grundgerüst einer solchen Pflanzung, deshalb müssen unbedingt folgende Faktoren erfüllt sein: Der Platz muß vollsonnig sein, am besten sind reine Südlagen. Die Anlage sollte etwas bewegt sein; leichte Hanglage ist besser als eine flache Pflanzung. Die winterharten Kakteen kommen nicht, wie fälschlich oft angenommen, aus Wüsten, sondern aus den Hochgebirgen Nord- und Südamerikas. Die wichtigste Forderung heißt deswegen Dränage und nochmals Dränage, besonders in niederschlagsreichen Gebieten. Der im Abschnitt „Steingarten" geschilderte „Dränagekern" aus Schotter, Bauschutt, Kies, groben Styroporflocken und ähnlichem Material hat sich auch in der Sukkulentenecke bewährt. Die Deckerde muß leicht sein, einen erhöhten Sandanteil und einen geringen Humusanteil haben. Der Nährstoffgehalt soll bei einer gemischten Pflanzung nicht zu hoch sein. Kakteen selbst sind im Gegensatz zur landläufigen Meinung hohe Düngerverbraucher; sie wachsen und blühen bei gutem Nährstoffnachschub auch wesentlich üppiger. Aber mit dem Düngen soll dennoch erst ein Jahr nach der Pflanzung begonnen werden. Niedrig konzentrierte Lösungen von Peru-Guano oder auch Lösungen mineralischer Mischdünger mit niedrigem Stickstoffgehalt sind zu gebrauchen. Der Pflanzerde sollten etwa 30–40 % einer Mischung aus Granitsplitt und Blähton beigemischt werden.
Ist die gesamte Oberfläche fertig, so werden die Steine darauf verteilt. Für diesen Zweck passen nicht nur Findlingssteine mit gerundeter Oberfläche, sondern auch eckige Bruchsteine. Außer Urgestein eignen sich für die Sukkulentenecke roter Sandstein, gelber Travertin oder ähnliche Gesteine. Wie üblich, die größeren Gesteinsbrocken zu etwa 30–50 % in den Boden einbauen. Wie wirkungsvoll selbst eine Anlage mit Betonbrocken aus einem alten Gebäudefundament sein kann, wurde im Staudensichtungsgarten Weihenstephan demonstriert. Die Erdfläche selbst wird mit 3–5 cm Blähton abgedeckt. Diese poröse Schicht läßt keine stehende Nässe aufkommen, und sie hat bei Trockenheit und Sonnenschein eine Oberflächentemperatur von 40–50 °C. Richtiges Schmoren im Sommer erhöht die Winterhärte der Kakteen. Die gute Innendränage und die Abdeckung mit Blähton verlangt, daß die Pflanzung während der Wachstumsperiode öfter mal überbraust wird.

**Winterharte Kakteen**

Mancher Hobbygärtner weiß überhaupt nicht, daß es Freilandkakteen gibt, die unsere Winter aushalten. Die Frostharten sind sogar wesentlich zahlreicher als die „Weichlinge". Allerdings: viele vertragen wohl tiefe Temperaturen, sind aber sehr nässeempfindlich. Im wesentlichen handelt es sich um *Opuntia* (Feigenkakteen). Es ist nicht einfach, sich ein größeres Sortiment zu beschaffen. Keinesfalls dürfen die empfohlenen Arten aus Gewächskulturen stammen, sie sind verweichlicht und gehen dann ein.

Verschiedene Staudengärtnereien führen ein kleines Sortiment: *Opuntia phaeacantha, O. ph.* var. *camanchica, O. humifusa, O. rhodantha, O. fragilis, O. phaeacantha* var. *longispina, O. utahensis, O. juniperina.* Ein wesentlich umfangreicheres Sortiment führen amerikanische Spezialgärtnereien. Günstig ist, wenn man hin und wieder Samen winterharter Kakteen vom Heimatstandort bekommt. Die Anzucht aus Samen selbst bringt keine Schwierigkeiten mit sich. Unempfindlich, aber seltener zu erhalten sind noch folgende: *Opuntia corrugata, O. rutila, O. polyacantha* var. *schweriniana, O. hystricina, Echinocereus triglochidiatus* und verschiedene Varietäten und Sorten davon. Zu den nässeempfindlichen Kakteen, die am besten im Winter mit Scheiben abgedeckt werden, gehören: *Neobesseya missouriensis, Sclerocactus whipplei, O. compressa, Maihuenia poeppigii* u. a. Einen leichten Schutz vor der Wintersonne sollten alle Freilandkakteen (Auflegen von Fichtenreisig) erhalten. Im Winter selbst werden sie schrumpelig und faltig, was aber ganz natürlich ist. Im fortschreitenden Frühjahr werden sie wieder prall und fest. Bei seltenen Arten sollten immer einige Stecklinge gemacht werden, die im Topf an das Kellerfenster oder in das Kleingewächshaus kommen.

Die vegetative Vermehrung ist bei den Opuntien einfach. Man schneidet mit einem scharfen Messer einige Glieder ab, läßt die Schnittstelle einige Stunden eintrocknen, und steckt die Glieder in reinen Sand. Nicht zu feucht halten. Schon nach kurzer Zeit haben sie sich im Juni/Juli bewurzelt und können in Tontöpfe gepflanzt werden. Der Umgang mit Kakteen, und natürlich auch der mit winterharten Arten, ist sehr stachelig. Selbst durch Gartenhandschuhe mit Lederbesatz gehen diese oft mit Widerhaken versehenen Stacheln hindurch. Den Umgang erleichtert eine Tiegelzange, wie sie in Geschäften für Laborbedarf angeboten wird.

**Sempervivum und Sedum**

Besonders die Gattung *Sempervivum* (Haus- oder Dachwurz) ist sehr umfangreich und weist wegen ihrer Neigung zur Hybridisation einen großen Formen- und Artenreichtum auf. Sammler bringen es auf 200–300 verschiedene Sorten und Arten. Die Beschaffung ist nicht besonders schwierig; alle Staudengärtnereien führen ein gutes Sortiment. Nur wer eine große Sammlung haben will, muß nach Großbritannien oder den USA schreiben. Viele Sorten sehen im Herbst ziemlich gleichmäßig aus. Die zahlreichen verschiedenen Farbnuancen der Rosetten zeigen sich erst von April bis Juli. Vermehrung durch Rosettenteilung, beste Zeit dazu ist der Mai. Samenvermehrung nur für Züchter. Der Samen ist staubfein; bei der

*Seite 230: Eine Reihe von Opuntien (oben) hält unsere Winter bei Schutz vor Nässe aus. Voraussetzung ist dabei gute Dränage. Diese stacheligen Sukkulenten sollten mit etwas Fingerspitzengefühl in unsere Gärten eingeordnet werden. Viele andere Sukkulenten eignen sich zur Schalen- und Trogbepflanzung, z. B. der Sternwurz, Orostachys spinosus (Seite 230 unten) oder Sempervivum 'Commander Hay' (rechts).*

*Jovibarba heuffelii vermehrt sich durch Rosettenteilung, im Gegensatz zu allen anderen Hauswurzarten. Schutz vor Winternässe!*

Saat nur andrücken, nicht mit Erde überdecken! *Sempervivum* gedeiht auch noch in Steinspalten, dann ist allerdings eine Topfballenansiedlung zu empfehlen.

Nur wenige können aus dem umfangreichen Sortiment genannt werden. Die Riesen: *Sempervivum* 'Othello', 'Commander Hay', 'Metallicum Giganteum', 'Species Sponier', *S. tectorum* 'Monstrosum' und 'Atroviolaceum'. Die silbrigen Zwerge: *S. arachnoideum, S. arachnoideum* 'Minor' und *S. arachnoideum* ssp. *tomentosum* sowie die Sorte 'Rheinkiesel'. Sonstige Schönheiten: *S. marmoreum* 'Rubicundum', *S. ruthenicum* und die Sorten 'Topas', 'Rubin', 'Mahagoni', 'Gamma', 'Lady Kelly' und 'Jubilee', *S. tectorum* ssp. *calcareum, S. zelebori, S. tectorum* 'Violaceum'. Sie alle und weitere *Sempervivum*-Arten sind im Sukkulentengarten die geeigneten Zwischenpflanzen für die Opuntientrupps. Ein Teil der früher unter *Sempervivum* stehenden Arten wurde von den Botanikern als eigene Gattung *Jovibarba* abgespalten; in den Katalogen sind sie allerdings noch unter *Sempervivum* zu finden. Besonders empfehlenswert sind *Jovibarba heuffelii, J. sobolifera* und *J. hirta*.

Die *Sedum*-Arten sind die zweite Gruppe der Fettblattpflanzen. In die Sukkulentenecke gehören nicht die saftig grünen Sorten wie *S. spurium* 'Album Superbum' oder *S. kamtschaticum* var. *ellacombianum*, sondern in Tönung und Habitus zum Thema „Trokkenheit" passende, z.B. *S. album* 'Coral Carpet', *S. album* 'Murale', *S. cauticolum, S. dasyphyllum, S. ewersii, S. kamtschaticum* var. *middendorfianum* 'Diffusum', *S. cyaneum, S. spathulifolium* 'Capa Blanca' und 'Purpureum', *S. reflexum, S. reflexum* 'Elegans' und *S. sieboldii*. Durch die leichte Vermehrung mit Stecklingen lassen sich auch größere „Wüstenflächen" schnell besiedeln.

**Andere Sukkulenten**

Außer den genannten Gattungen eignen sich noch einige weitere, weniger bekannte Fettblattpflanzen für den Sukkulentengarten. Schutz vor Winternässe benötigt *Sempervivella sedoides* (Himalaja-Hauswurz), mit kleinen Rosetten. *Rosularia pallida* (= *Umbilicus chrysanthus*), *Orostachys spinosus* (= *Umbilicus spinosus*) sind schöne hauswurzähnliche Rosettenpflanzen. Polster bildet das ausdauernde Mittagsblümchen, *Delosperma cooperi*, das guten Winterschutz benötigt, und das hübsche *Chiastophyllum oppositifolium*.

**Zu Sukkulenten passende Pflanzen**

Besonders einige Halbsträucher, wie *Perovskia atriplicifolia* und *Lavandula angustifolia* (Lavendel), eignen sich als vereinzelte Zwischenpflanzen, ebenso alle blauen, schon öfter genannten *Festuca*-Sorten und die stachelblätterige *Festuca punctoria*, weiter *Helictotrichon sempervirens* (= *Avena sempervirens*), *Pennisetum compressum* 'Hameln' und die gelb- und rotbraunen *Carex comans, C. buchananii* und *C. petriei*. Nicht zu vergessen sind die winterharten *Yucca*-Arten (Palmlilie), die allerdings nicht zu massiert gepflanzt werden dürfen; *Y. glauca* verträgt stärkste Fröste, bei den anderen Arten und Sorten sollten im Winter die Blattbüschel nach oben zusammengebunden und etwas abgedeckt werden.

Sonst bieten sich noch an: *Euphorbia myrsinites* (Walzenwolfsmilch), *Carlina*-Arten (Silberdistel), *Oenothera missouriensis* (Missouri-Nachtkerze), *Onosma*-Arten, *Moltkia petraea, Acantholimon*-Arten (Igelnelke), *Marrubium*-Arten (Mauseohr), *Astragalus angustifolius* (Tragant). Von den Blumenzwiebeln eignen sich *Allium* und *Eremurus*.

Falsch ist es, eine Sukkulentenecke zu dicht zu pflanzen. Es müssen immer einige unbepflanzte, nur mit Steinen bedeckte Flächen zu sehen sein. Sehr gut wirken solche Pflanzungen auch auf größeren, mit Waschbetonplatten verlegten Terrassen, bei denen eine oder mehrere quadratische oder rechteckige Flächen ausgespart wurden, um solch eine Sukkulentengesellschaft aufzunehmen.

# Schatten- und Halbschattenpflanzungen

## Bodenvorbereitung

Dem Neubaubesitzer stellen sich Fragen zu Schatten- und Halbschattenpflanzungen noch nicht; seine Pflanzen sind alle noch ziemlich klein, und Schatten ist kaum vorhanden. Bodenvorbereitungen für die später einmal zu pflanzenden Schattenstauden werden also bei der Neuanlage nur selten getroffen. Erst mit zunehmendem Wachstum der Gehölze kommen die Probleme: viele der vordem gepflanzten sonnenliebenden Stauden vegetieren dahin, werden blütenarm oder gehen ganz ein. Die dann kahlen Flächen sind wie geschaffen für eine bewußt angelegte Schattenpflanzung. Da die meisten dafür geeigneten Pflanzen aus dem Wald kommen und einen humusreichen Boden mit guter Durchlüftung wünschen, muß zuerst geklärt werden, ob der vorgesehene Boden gut durchgearbeitet werden kann, oder ob es sich um den Wurzelbereich größerer Gehölze handelt, wo Bodenbearbeitung nur bedingt möglich ist.

### Erdmischung

Gestattet der Boden ein kräftiges Durcharbeiten, sollte man dazu folgende Mischung nehmen: ein Drittel halbreife Lauberde (mit entsprechendem Anteil von Zweig- und Holzstückchen), ein Drittel grobfaseriger Torf und, bei leichten Böden, ein Drittel Lehm, bei schweren ein Drittel Sand. Halbreife Lauberde zu beschaffen, ist einfach: Laub bekommt man aus Parks, an Alleen oder einem Laubwald ohne viel Schwierigkeiten; das Problem ist: wo kompostieren? Bis es halb verrottet ist, vergeht ja ein Jahr! Wo der Platz fehlt, wird das gesammelte Laub am Ort der künftigen Schattenpflanzung gehäuft, leicht mit Erde bedeckt, damit der Wind es nicht fortbläst, und eine Vegetationsperiode lang liegengelassen. Man muß während dieser Zeit auf eine Bepflanzung verzichten. Kleinere Mengen können über ein Kompostsilo verwendungsfähig gemacht werden. Im Notfall geht auch normale, nicht völlig ausgereifte Komposterde. Weniger empfindliche Schattenstauden kommen noch in Mischungen fort, die als Humusanteil nur Torf enthalten. Ein Ersatz für die Lauberde (=Bakterienfutter) sind die neuen, mit Bakterien angereicherten Torfhumus-Präparate wie Florahum. Intensives Durchmischen aller Komponenten ist Voraussetzung für ein rasches Anwachsen der Pflanzung.

### Verbesserung von oben

Oft kann der Wurzelbereich wertvollerer, empfindlicher Gehölze ohne nachfolgende Schädigung nicht eingeengt werden, und jede mechanische Bearbeitung des Bodens entfällt. Da andererseits die oft große Fläche des humusarmen, ausgelaugten Wurzelbereiches mitbepflanzt werden soll, hilft nur ein Anheben des gesamten Niveaus um etwa 25 cm. In dieser Zone spielt sich das ganze Wurzelleben der Stauden und der bodendeckenden Gehölze ab. Die Wurzeln der alten Großgehölze werden zwar auch diese Zone wieder durchwachsen, doch ist von Anfang an für die Neugepflanzten die richtige Zusammensetzung vorhanden, und durch die regelmäßige Bodenpflege wird der Idealzustand möglichst erhalten. Auch hier gilt als oberste Regel: Alles Fallaub bleibt liegen; es ist für die Pflanzen gleichzeitig ein guter Winterschutz. Im Frühling wird dem guten Aussehen zulieb eine dünne Schicht Torfmull oder eine Mischung Gartenerde mit Torfmull aufgebracht. Damit wird auch das Unkraut stärker zurückgedrängt, und dies auf zweierlei Art: Erstens gelangen ihre Samen in tiefere Schichten, wo sie nicht keimen können. Zweitens wird die Wüchsigkeit der Schattenstauden gesteigert, wodurch das Unkraut geringere Chancen hat.

### Wasser und Schattenboden

Waldboden ist immer mildfeucht; ein gewisser Lehmanteil und die wasserhaltende Kraft des Torfs sorgen dafür. Bestehen von Anfang an Bedenken, ob die Feuchtigkeit ausreicht, so wird ein genügend großer Anteil von Hygromull in die untere Schicht mit eingearbeitet. Anfänglich muß den Schattenstauden ziemlich viel Wasser gegeben werden, in den meisten Fällen mit dem Wasserschlauch. Dabei nicht nur die Oberfläche anfeuchten! Durchdringend wässern! Das Wasser soll möglichst feinverdüst sein; dadurch wird zugleich die Luftfeuchtigkeit erhöht, was ja für die hier gepflanzten Arten sehr erwünscht ist.

**Bodenpflege**

Schattenstauden wollen Ruhe haben. Es wird so wenig wie möglich gehackt; der Bodenverdichtung wird mittels der geschilderten Humusauflage (Fallaub, Torfmull streuen) entgegengewirkt. Nötige Düngung mit mildem Humusdünger (Biohum, Nettolin, pulverisierter Rinderdünger); Mineraldünger stören gerade im Schatten und Halbschatten das empfindliche Leben der Bodenbakterien.

## Robuste Bodendecker und ihre Vermehrung

**Gehölze**

Wer keine pflegeaufwendige Staudenpflanzung wünscht, begrünt Schatten- und Halbschattenflächen mit niederen Sträuchern, wie in öffentlichen Gärten und Parks. Für den Halbschatten bietet sich eine ganze Reihe von *Cotoneaster*-Arten an, die sehr wuchskräftig sind und bald einen dichten Teppich weben, z. B.: *Cotoneaster adpressus, C. dammeri* 'Skogsholmen', *C. microphyllus* var. *melantorichus, C. salicifolius* 'Parkteppich'. Ähnlich geeignet sind die kriechenden und niederen Arten des Spindelbaumes, *Euonymus fortunei,* mit den Sorten 'Coloratus', 'Gracilis', 'Minimus'. Stärkeren Schatten vertragen die Scheinbeeren, so besonders *Gaultheria procumbens* (wünscht sauren Boden). Auch die niederen Efeuarten gehören hierher, *Hedera helix* mit den Formen 'Conglomerata', 'Sagittifolia' und 'Minima'. Tieferen Schatten verträgt *Lonicera pileata.* Sie ist trotz der immergrünen Blätter ziemlich frosthart. Von den Schneebeeren gibt es eine geeignete niedere Art, *Symphoricarpos* × *chenaultii* 'Hancock'. Die meisten dieser niederen Gehölze liegen mit Zweigspitzen am Boden auf und bilden leicht Wurzeln; wo es vom Wuchs her nicht geschieht, kann mittels einer Astgabel nachgeholfen werden. Es brauchen diese frischbewurzelten Triebe von der Mutterpflanze nur abgeschnitten zu werden. Auf diese Weise lassen sich größere Flächen schnell ohne große Kosten bepflanzen.

**Bodendecker aus dem Staudenreich**

Mit einer 5 cm starken Humusschicht kommt eine Reihe von Stauden schon gut zurecht, so *Galium odoratum (= Asperula odorata,* Waldmeister), *Convallaria majalis* (Maiglöckchen), *Lamiastrum galeobdolon* (Goldnessel, wächst sehr stark!), *Buglossoides purpureo-caeruleum* (früher *Lithospermum purpureo-caeruleum*) und natürlich *Vinca minor* (Immergrün) mit einfachen und gefüllten Blüten in Weiß, Blau, Rot (eigentlich Halbstrauch).

Etwas mehr Humus brauchen das heimische *Asarum europaeum* (Haselwurz), *Astilbe chinensis* var. *pumila* (Zwergastilbe), *Pachysandra terminalis* mit der panaschierten Form 'Variegata' (Dickmännchen, botanisch ein Strauch), *Viola odorata* (Duftveilchen, mit weißen, violetten, rötlichen Formen), *Waldsteinia ternata* (Waldsteinie). *Oxalis acetosella*, der heimische Sauerklee, ist schön, aber man bekommt ihn nicht wieder los, wenn er im Wurzelballen der Gehölze sitzt. Etwas lichter stehen wollen *Anemone sylvestris* (Waldanemone), *Dicentra eximia*, *D. formosa, Fragaria vesca* var. *semperflorens* (Walderdbeere), *Saxifraga umbrosa* (Porzellanblümchen), *Sedum hybridum*, 'Immergrünchen', *Tiarella cordifolia* (Schaumblüte); diese Pflanzen sind besonders geeignet zur Unterpflanzung lockerer Blütenhecken – in den meisten Gärten ein toter, ungenutzter Platz. Dort herrscht kein tiefer Schatten, trotzdem sind die dafür geeigneten Pflanzen genügend schattiert.

Meist noch ungenutzte Schätze für diesen Zweck sind die *Epimedium*-Arten – Vorsicht, es gibt stark- und schwachwüchsige! Hier eignen sich die starkwüchsigen besser, wie *E. pinnatum* 'Elegans', *E.* × *rubrum*, *E.* × *versicolor*. Es dauert etwas, bis sie sich eingewöhnt haben, sie sind aber dann erstaunlich ausdauernd. In etwa 40 cm Abstand die Pflanzen setzen, und zwar immer mit Topfballen. Ebenfalls ideal zur Ansiedlung unter Blütenhecken ist *Omphalodes verna* (Gedenkemein). Aufpassen, wenn die weiße und die blaue Form miteinander gepflanzt werden. Bei der weißen Form auf die gleiche Fläche doppelt so viele Pflanzen setzen wie bei der blauen, da sie wesentlich schwächer wächst. Das Pflanzen von Rißlingen genügt.

Unempfindlich und auch für sonnigere, aber nicht zu trockene Lagen geeignet ist *Lysimachia nummularia* (Pfennigkraut). Auch hier können abwechselnd Flächen mit der grünblätterigen Normalform und der gelbblätterigen 'Aurea' gepflanzt werden; bei diesen beiden ist das Wachstumstempo etwa gleich. Das Pfennigkraut ist besonders dankbar für starke Torfeinarbeitung in den oberen 5 cm. Rißlinge wurzeln schnell und bedecken bei genügend Feuchtigkeit bald größere Flächen. Gut zum Unterpflanzen mit Blumenzwiebeln.

Eine Reihe von Halbschattenstauden breitet sich wesentlich langsamer aus als die bisher genannten. Man muß entweder etwas Geduld haben oder dichter pflanzen, um schneller einen geschlossenen Teppich zu bekommen. Zu ihnen zählt *Anemone nemorosa*

(Buschwindröschen). In die weiß- und blaublühenden Teppiche die gelbblütige *A. ranunculoides* einstreuen. Zart im Wuchs ist auch *Maianthemum bifolium* (Schattenblümchen); eine gute Humusschicht ist für williges Gedeihen Voraussetzung. Keine Teppiche bilden die *Pulmonaria*-Arten und -formen (Lungenkraut); sie sind trotzdem flächenfüllend.
Besonders die tiefblaue *Pulmonaria angustifolia* 'Azurea', *P. a.*'Alba', *P. rubra* und *P. saccharata* 'Mrs. Moon' nicht vergessen. Lungenkräuter werden gerne von Mehltau befallen. Vorbeugend mit den bekannten Mitteln spritzen.
Ein Bodendecker, der sich säen läßt und für den Boden unter Koniferen besonders geeignet, ist *Montia sibirica (= Claytonia sibirica)*. In anderen Staudenpflanzungen ist diese Pflanze aber ein großes, schwer ausrottbares Unkraut, da es sich auch zwischen den Stengeln an der Basis der Stauden einnistet.
Keiner der genannten Bodendecker für den Schatten und Halbschatten macht Schwierigkeiten in der Vermehrung. Durch Teilung lassen sich schnell größere Bestände selbst heranziehen. Meist können schon mit abgerissenen Teilstückchen große Flächen begrünt werden, lediglich bei den Epimedien ist die Topfballenansiedlung besser. Alteingewachsene, bodendekkende Stauden bilden eine dichte, geschlossene Fläche, so daß dazwischen Unkraut kaum aufkommt. Bis dieses Stadium erreicht ist, kann man es durch Jäten und Hacken unter Kontrolle halten.

## Höhere Schatten- und Halbschattenstauden

### Verwendung

Auf größeren Flächen wirkt die niedrige, teppichartige Bepflanzung, wie sie im Abschnitt vorher gezeigt wurde, etwas zu eintönig; völlig anders wird das Bild, sobald höhere, horstbildende Stauden oder auch hohe Einzelexemplare da und dort „die Kleinen" überragen. Ihre Anzahl richtet sich nach der zu gestaltenden Fläche. Nicht zu unruhig pflanzen mit ständig wechselnden Höhenunterschieden, die Fläche nur sparsam unterbrechen.

### Pflanzenangebot

Es ist genauso umfangreich wie bei den teppichbildenden Stauden. Hierher gehören die *Helleborus*-Arten (Christrosen). Da sie im Winter und Vorfrühling blühen, ist ein vor kalten Winden möglichst geschützter Platz zu empfehlen. Sie lieben Kalk im Boden. Wo diese Forderung nicht berücksichtigt wird, tritt leicht die Schwarzfleckenkrankheit auf. Vorbeugend mit Cupravit oder ähnlichem spritzen; im Frühling altes Laub und Blütenreste vor dem Neuaustrieb abschneiden. Außer dem normalen *Helleborus niger* sollte die Form 'Praecox' gepflanzt werden, die bereits ab Oktober blüht. Dazwischen pflanzt man einige purpurrote, im März blühende *H. purpurascens*. *Helleborus*-Hybriden blühen etwas später, sie säen sich am zusagenden Ort gerne selbst aus, was nicht unwillkommen ist. *Helleborus*-Arten wenig stören, nicht oft verpflanzen! *Helleborus*-Samen zu kaufen, ist ziemlich zwecklos, sie keimen zufriedenstellend nur, wenn sie kurz nach der Ernte ausgesät werden.

Funkien (Hosta) widerstehen sogar dem Wurzeldruck stärkerer Gehölze

Schön, aber etwas empfindlich ist *Mertensia virginica* mit dem blauen Blütengehänge. Bei genügend humosem Boden sät sie sich aber auch selbst aus. Etwas länger zum Einwachsen braucht *Gentiana asclepiadea* (Schwalbenwurzenzian). Wichtig als Spätblüher! Zur blauen Form die weiße setzen. Samenvermehrung erfordert Geduld (Frostkeimer und langsamer Wachser). *Uvularia grandiflora* (Trauerglocke) läßt sich ebenfalls etwas Zeit. Leicht zur Selbstaussaat neigt *Brunnera macrophylla* (Kaukasusvergißmeinnicht). Die Sorte 'Blaukuppel' macht ihrem Namen Ehre, 'Variegata' hat weißbunte Blätter. Selten, dabei hübsch, ist *Podophyllum hexandrum* (= *P. emodi*) mit der rosa „Apfel"-Blüte und der roten, eiförmigen Frucht. Samen stratifizieren! Das bedeutet: die Samen aus der Frucht auswaschen und bis zur Aussaat kühl in feuchtem Sand aufbewahren.
Zwischen Weiß und Scharlachrot liegt die fein abgestufte Farbenskala der Astilben mit ihren vielen Sorten. Die besten Sorten (mit zwei und drei Sternen) aus

den Katalogen auswählen. Der Austrieb ist spätfrostgefährdet. Wird der Austrieb einmal total vernichtet, so kommt willig ein Ersatztrieb, selbst der Blütenreichtum leidet nur geringfügig. Astilben sind sehr langlebig. Im Gegensatz dazu hält *Aquilegia* (Akelei) nur wenige Jahre aus, doch läßt sie sich aus Samen leicht wieder heranziehen. Mehltau, eine gefährliche Pilzkrankheit, und die Akelei-Minierfliege können die Blätter schädigen; andere Raupen fressen gar die ganze Pflanze kahl. Vorbeugend mit einem Fungizid bzw. Insektizid spritzen.
Von den *Polygonatum*-Arten (Salomonssiegel) ist besonders das hohe *P. commutatum* eindrucksvoll. Ausgezeichnete Blattschmuckstauden mit weißen bis rosa Rispen sind Rodgersien; sie sind bei leidlich feuchtem Boden nicht umzubringen. *Smilacina racemosa* (Duftsiegel) ist wählerischer mit dem Pflanzplatz.
Hohe weiße Blütenmassen bringen *Aruncus dioicus* (= *A. sylvester*, Waldgeißbart) und die Arten der *Cimicifuga* (Silberkerze), deren wertvollste *C. ramosa* und *C. cordifolia* sind. Um gut zu wirken, müssen sie erst kräftige Horste bilden. Bei genügender Wässerung lassen sich selbst ältere Pflanzen mit einem entsprechendem Ballen umpflanzen, ohne Schaden zu nehmen. In solchen Pflanzungen müssen natürlich die Farne und die Schattengräser (wie dort besprochen) berücksichtigt werden. Die meisten Farne vertragen ziemlichen Wurzeldruck und können deshalb in die Nähe der Gehölzbasis gepflanzt werden.

## Blattschmuck im Halbschatten

Im Halbschatten und Schatten wird der Hauptwert einer Pflanze stets mehr in ihrer Gestalt und im Blattschmuck liegen, weniger in der Blüte, die meist sehr kurz dauert oder nicht eben reichlich ist. Deshalb muß sie aber nicht weniger attraktiv sein.

*Schatten- und Halbschattenpflanzen. Oben: Pachysandra terminalis (hat noch keinen guten deutschen Namen) ist ein idealer immergrüner Bodendecker, der zu den Gehölzen zählt. Wächst selbst im tieferen Schatten gut. Unten links: Gefüllte und einfache Leberblümchen in mehreren Farben sind dankbare Stauden für Halbschatten. Unten rechts: Gleiche Plätze beansprucht der Mokassin-Frauenschuh, Cypripedium reginae, aus Nordamerika, der voll winterhart ist und bei Topfballenansiedlung willig wächst.*

### Funkien

Allein mit *Hosta* (Funkie) könnte eine Schattenparade gestaltet werden, und sogar eine ausgedehnte. Leider profitieren immer noch zu wenig Gärten davon. Einige *Hosta*-Arten kommen auch durch Blüte zur Wirkung, so *H. plantaginea*, die Lilienfunkie. Alle aber beleben mit den großen Blattrosetten, den vielen Grüntönen und der mannigfaltigen Panaschierung das ganze Jahr über einen schattigen oder halbschattigen Gartenteil. *Hosta*-Arten sind von großer Lebensdauer, sie halten auch stärkeren Wurzeldruck aus. Zwischen den Blatthorsten können Kleinblumenzwiebeln wie *Scilla*-Arten gepflanzt werden; bis zum Austrieb der *Hosta* im Mai haben diese ihren Höhepunkt überschritten. *Hosta*-Flächen durch einzelne Horste von Farnen oder Schattengräsern unterbrechen! Beim Pflanzen den späteren Durchmesser der Rosetten berücksichtigen; einzelne Arten haben bis 70 cm Durchmesser, andere dagegen sind zwergenhaft klein. Schädigung durch Spätfrost wird von den nachtreibenden Blättern bald überdeckt. Vermehrung durch Teilung. Samenvermehrung bei den reinen Arten möglich; wichtig besonders bei der treu aus Samen fallenden *Hosta sieboldiana* 'Semperaurea'. Aus der Vielzahl seien empfohlen: *H. sieboldiana* var. *elegans* (Blaublattfunkie), *H. crispula* (wellige Weißrandfunkie), *H. decorata* (glatte Weißrandfunkie), *H. undulata* 'Univittata' (Schneefederfunkie), *H. fortunei* 'Obscura Marginata' (Goldrandfunkie) *H. ventricosa* und die beiden schon vorher genannten.

### Andere Blattschmuckstauden

Für nicht allzu tiefen Schatten müssen an erster Stelle die Bergenien genannt werden. Sie treiben im Frühling robuste Blättermassen, aus denen mächtige Blütenschöpfe auf hohen Schäften emporragen. Vorsicht, spätfrostgefährdet! Es lohnen nur Sorten wie 'Morgenröte', 'Silberlicht', 'Abendglut' und neuere. Die Teilung ist leicht. Auch hier ist Farn-Nachbarschaft angebracht. Eine schöne, stattliche Blattschmuckstaude, allerdings für feuchte Halbschattenplätze, ist *Peltiphyllum peltatum*, das Schildblatt; es kann sich ziemlich stark ausdehnen. An dieser Stelle muß auch nochmals auf *Hemerocallis* hingewiesen werden (vgl. Seite 132); die meisten ihrer Sorten kommen im Halbschatten noch gut fort. Ihre Laubbüschel wirken auch außerhalb der Blütezeit.

# Baum und Strauch

## Verwendung und Pflanzung

Baum und Strauch sollten mit Stauden, Zwiebel- und Knollenpflanzen sowie Einjahrsblumen eine Gemeinschaft bilden. Auch wenn die Gärten heute immer kleiner werden, dürfen Gehölze darin nicht fehlen. Eine entsprechend große Anzahl geeigneter Arten und Sorten ist für jeden Gartentyp vorhanden. Der größere Hausgarten bildet durch eine Grenzbepflanzung mit Gehölzen als Gegenpol zur Rasenfläche einen geschlossenen intimen Raum. Den Sitzplatz am Haus oder im Garten schirmt eine Strächergruppe ab. Im Vorgarten können Zwerggehölze oder schöne Solitärs stehen. Triste Mauern, Kompostplätze, Spielecken oder Garagenwände werden durch Bäume oder Sträucher verdeckt, Terrassenecken durch Gehölze betont.
Die schmalen, langen Reihenhausgärten, oft ohne Zaun und Hecke, wirken großzügiger, wenn sie nach guter Abstimmung mit den Nachbarn im Grenz reich gemeinschaftlich mit Gruppen nicht zu hoch werdender Blütensträucher bepflanzt werden. Im größeren Siedlergarten überwiegen zwar die Obstgehölze, aber stetig werden auch dort mehr Ziergehölze gepflanzt, sei es an der Laube oder zur Tarnung unschöner Ecken. Der Kleingarten in der Gartenkolonie bietet ähnliche Pflanzplätze; doch muß bei einem Neuerwerb geklärt werden, ob und welche Gehölze gepflanzt werden dürfen. Pflanzplätze besonderer Art bieten Atriumgärten. Hier finden besonders Solitärgestalten und wärmeliebende Kostbarkeiten ihren Platz. Auf Dachgärten sollten nur wind- und zugverträgliche Gehölze verwendet werden. Selbst in mobilen Kübeln und in Betonwannen mit einer nur 40–50 cm starken Erdschicht gedeihen noch viele Gehölze gut. Auf die Verwendung von Gehölzen in Troggärten wurde schon hingewiesen.

### Nutzen der Ziergehölze

Über den Wert der Gehölze streitet niemand. Jeder weiß: sie tragen in einer aus vielerlei Ursachen verschmutzten Umwelt die Hauptlast der Luftreinigung. Die Blätter halten einen Großteil des Staubes zurück, besonders bei Gehölzen als Grenzbepflanzung; gleichzeitig sind sie Schallschutz, was vor allem in der Nähe von Autobahnen, Eisenbahnlinien und Industriebetrieben wichtig ist. In extremer, offener Lage und in Küstennähe spielt der Windschutz eine Rolle. Eine dichte Gehölzkulisse bietet Sichtschutz; unschöne Ecken verschwinden hinter Sträuchern. Aber ganz abgesehen vom praktischen Nutzen: Baum und Strauch sind einfach schön, und an ihrer Schönheit wollen wir uns erfreuen, an Blüte, Gestalt, Fruchtschmuck, Herbstfärbung, Rindenschmuck und der Grafik des winterlichen Geästes; die Immergrünen sollen den langen Winter ein wenig beleben

### Überlegungen vor dem Pflanzen

Sommerblumen und Stauden werden, wenn sie an einer Stelle nicht befriedigen, im kommenden Jahr umgepflanzt. Bei Gehölzen ist das nicht so einfach. Deshalb vor dem Pflanzen gut überlegen: Genügen die klimatischen Gegebenheiten den Ansprüchen der Pflanzen? Sind die Niederschläge für die Sorte ausreichend? Ist die benötigte sonnige Lage oder der schattige Platz vorhanden? Wo bleiben Reif und Schnee im Garten am längsten liegen? Welcher Garteteil ist bei Spätfrost am meisten gefährdet? Wo ist es für bestimmte Arten im Sommer warm und geschützt? Die Antworten auf diese Fragen und einige weitere Punkte sind zu beachten. Wie groß wird das gewünschte Gehölz in fünf oder in zehn Jahren sein? Bäume und Sträucher dürfen im Garten nicht verstreut gepflanzt werden, immer Gruppen bilden. Keinesfalls viele Gehölze in die Rasenfläche, sonst wird die Rasenpflege mühselig. Grundsätzlich dürfen auch nicht zu viele Gehölze gepflanzt werden; sie müssen im richtigen Verhältnis zur Gesamtgröße stehen. Bei Bodendeckern gilt dieser Grundsatz natürlich nicht, aber besonders bei Solitärgestalten oder dem sogenannten Hausbaum (Seite 243).

### Boden

Die Ansprüche der einzelnen Arten hinsichtlich der Bodenreaktion sind zu berücksichtigen. Einarbeitung von Walderde und Kompost. Torfmull bei der Bodenvorbereitung immer großzügig verwenden. Sonst gilt das übliche: bei zu schweren Böden Sand und bei leichten viel wasserhaltendes Material verwenden. Besonders immergrüne Gehölze benötigen einen erhöhten Torfanteil im Boden. Keinen mineralischen Dünger in die Pflanzerde geben.

**Pflanzen und Pflanzzeit**

Bäume haben einen verholzten Stamm, Sträucher viele gleichartige kleinere Stämme. Heister wachsen baumartig, doch frei, und haben alle Seitenäste auch unten erhalten. Empfindliche Pflanzen werden mit Erdballen um die Wurzeln geliefert. Solitärgehölze sind in der Baumschule aus extraweitem Stand mehrmals verpflanzt worden und etwa fünf bis zehn Jahre alt. Kleinere Gehölze werden zunehmend in Containern verkauft; diese Pflanzen können jederzeit bei offenem Boden gepflanzt werden. Sonst gelten folgende Pflanzzeiten: Koniferen im Herbst von September bis Oktober; wenn es kühl und regnerisch ist, auch schon in der zweiten Augusthälfte; weiter im Frühling von März bis April, bedingt auch noch bis Mitte Mai. Sommergrüne Gehölze von Mitte Oktober bis Ende November; im Frühlung von März bis April. Robuste Arten können auch während des ganzen Winters gepflanzt werden, solange der Boden nicht gefroren ist. Immergrüne Laubgehölze (auch *Rhododendron*) von September bis Oktober und im März bis April, bei guter, fester Ballenware auch noch bis Mai. Bei geeigneter Witterung auch schon von Mitte August ab und noch weiter in den Winter hinein.

**Pflanzen von Koniferen**

Koniferen werden mit Ballen geliefert, der bei kleineren Arten mit Jutegewebe oder Kunststoffnetzen zusammengehalten wird, bei größeren Solitärgestalten mit Maschendraht. (Es gibt Gehölze mit dichtfaserigen Wurzeln, deren Ballen auch ohne Hilfsmittel halten.) Wo es die Größe zuläßt, stellt man die Ballen in Wannen oder andere Gefäße mit Wasser, bis sie nach einigen Stunden vollgesogen sind. Sehr wichtig, denn viele Gehölze gehen ein, weil der Wurzelballen nur äußerlich befeuchtet wurde. Besonders größere Gehölze vor dem Pflanzen durch Abdecken mit feuchten Säcken vor Sonne und Wind schützen. Koniferen nicht schneiden; sie erhalten auch keinen Pflanzenschnitt. Nur auf dem Transport abgebrochene Zweige werden entfernt.

Ein genügend großes Pflanzloch ausheben, den Aushub 1 : 1 mit feuchtem Torfmull vermischen (Torf ohne mineralischen Düngeranteil!). Die Sohle der Pflanzgrube etwas lockern und mit feuchtem Torf bedecken, den Wurzelballen behutsam daraufstellen.

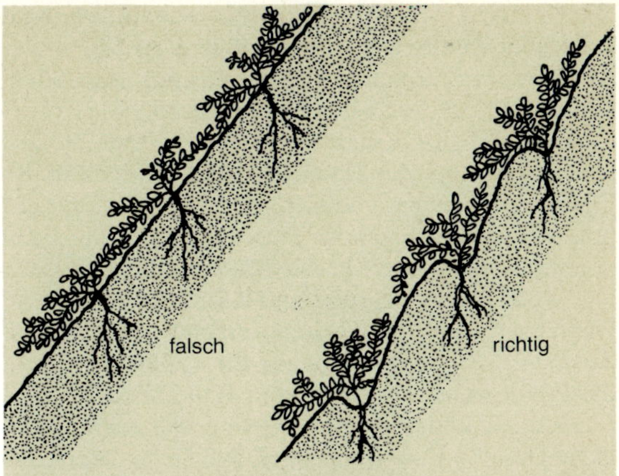


Die Bepflanzung von steilen Böschungen

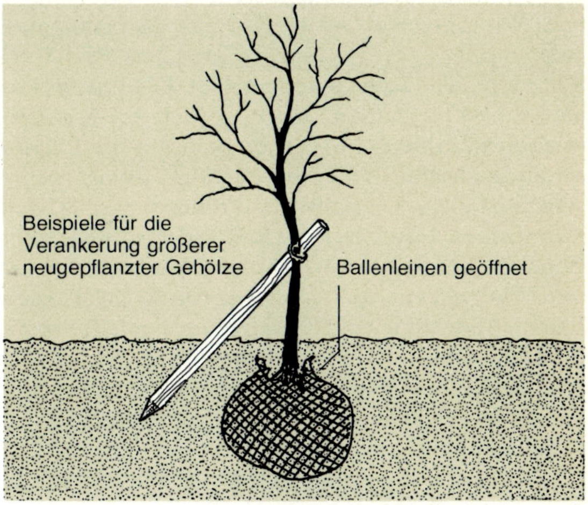


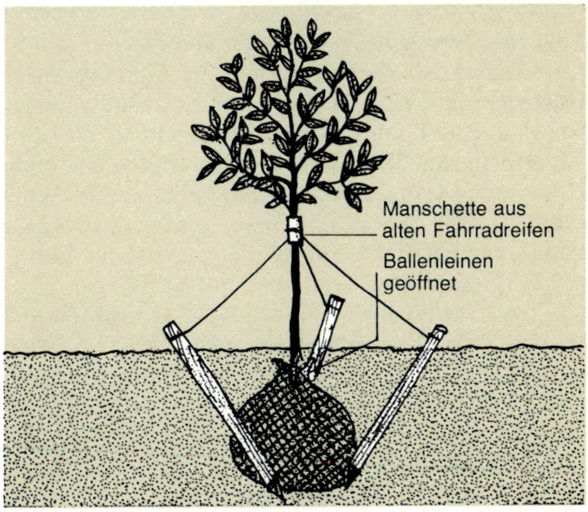

Die Knoten der Ballierung am Wurzelhals lösen und Netz oder Draht unter vorsichtigem Anheben der Koniferen entfernen. Jutegewebe kann nach dem Lösen des Knotens an der Pflanze verbleiben; es verrottet bald. Es ist besser, wenn zwei Personen pflanzen: Der eine hält den Baum, der andere schaufelt das Erd-Torf-Gemenge in die Pflanzgrube. Darauf achten, daß das Nadelgehölz genau so tief in die Erde kommt, wie es zuletzt in der Baumschule gestanden hat. Wenn die Pflanzgrube zur Hälfte oder bis zu zwei Drittel gefüllt ist, wird durchdringend gewässert. Ist das Wasser versickert, kommt die restliche Erde in die Pflanzgrube. Da durch den Ballen und den zusätzlichen Torf das Volumen mehr geworden ist, kann die eingefüllte Erde etwas über dem Niveau der Umgebung liegen; sie setzt sich noch. Einen Gießrand bilden, die oberen Schichten nochmals wässern und etwa dreifingerbreit mit feuchtem Torf abdecken. Je nach Witterung wird noch mehrmals gegossen, aber nicht zuviel.
Verkrustet die Erde innerhalb des Gießrandes, so muß gehackt und aufgelockert werden. Im Anfangsstadium ist erhöhte Luftfeuchtigkeit um die Pflanze wesentlich wichtiger als das Feuchtigkeitsangebot im Wurzelbereich. Deshalb die Pflanzen am Abend überbrausen. Frisch gepflanzte Koniferen müssen vor Wind und Sonne geschützt werden, besonders im ersten Winter, wenn spät gepflanzt wurde (Sackleinen zwischen zwei Pfählen). Größere Nadelgehölze brauchen eine Stütze: Ein Pfahl wird etwa im Winkel von 45 ° knapp am Stamm vorbei und etwas darüber hinausragend, eingeschlagen; daran wird die Konifere mit einem üblichen Juteseil oder einem gleichwertigen Material fest angebunden. Keinesfalls mit Draht den Stamm umgeben!

**Pflanzung von laubabwerfenden Gehölzen**

Laubabwerfende Gehölze erhält der Gartenbesitzer entweder ohne Wurzelballen (mit Ausnahme einiger empfindlicher Pflanzen), oder er bezieht sie als Containerpflanzen, die ganzjährig bei offenem Boden pflanzbar sind. Im Herbst dürfen Gehölze ohne Wurzelballen nicht zu früh gepflanzt werden; der natürliche Laubabfall muß bereits eingesetzt haben. Künstlich herbeigeführter Triebabschluß rächt sich.
Die stark verminderte Wurzelmasse kann in der ersten Zeit nach der Pflanzung nicht den gesamten Baum oder Strauch mit Wasser und Nahrung versorgen. Deshalb werden die Triebe mindestens um ein Drittel eingekürzt, auch wenn es Überwindung kostet. Der Trieb aus den restlichen Augen holt bald das Verlorene wieder ein. Die Wurzeln werden ebenfalls etwas eingekürzt, und zwar so, daß glatte, saubere Schnittflächen entstehen. Auch laubabwerfende Gehölze kommen erst einige Stunden in einen Behälter mit Wasser. Gut ist, wenn die Wurzeln vor dem Pflanzen noch in einen dünnen Lehmbrei getaucht werden. Während man mit der einen Hand die Pflanze hält, füllt man mit der anderen die mit feuchtem Torf oder Kompost vermischte Erde ein. Dabei die Pflanze hin und wieder leicht schütteln, damit sich die Erde gut zwischen die Wurzeln legt. Auch hier darauf achten, daß der Baum oder Strauch genauso tief in den Boden kommt, wie er in der Baumschule gestanden hat. Kräftig wässern und die Pflanzfläche mit angefeuchtetem Torf abdecken.
Beim Pflanzschnitt muß noch folgendes beachtet werden: Alle mit Ballen gelieferten Pflanzen werden nicht geschnitten; höchstens geknickte und beschädigte Zweige werden entfernt. In die Kategorie der „Ballenpflanzen“ gehören u. a. *Acer palmatum* mit seinen vielen Sorten *Corylopsis, Daphne, Fothergilla, Hamamelis, Magnolia*. Frühaustreibende Gehölze können etwas kräftiger zurückgeschnitten werden als spättreibende. Alle Halbsträucher und viele Sommer- und Herbstblüher vertragen einen besonders kräftigen Rückschnitt, so u. a. *Buddleja, Caryopteris, Hypericum, Hibiscus, Hydrangea paniculata, Lespedeza, Perovskia*, ebenso alle *Prunus*-Arten, auch wenn es sich um Veredlungen handelt. Flieder und Zieräpfel *(Syringa* und *Malus)* dagegen werden höchstens schwach ausgelichtet, ist ein Aufbauschnitt nötig, dann soll er erst während des folgenden Winters durchgeführt werden.
Immergrüne Laubgehölze werden nur mit Ballen geliefert. Bei ihnen unterbleibt jeder Schnitt. Lediglich die *Pyracantha*-Formen (Feuerdorn) entwickeln sich besser, wenn sie zurückgeschnitten werden. Werden Solitärsträucher gepflanzt, so gehen bei Ballenansiedlung viele äußere Saugwurzeln kaputt. Um auch bei ihnen ein flottes Weiterwachsen zu erreichen, wird nicht nur eingekürzt, sondern je nach Gesamtzahl einige ältere Langtriebe an der Basis entfernt.
In den meisten Fällen handelt es sich bei der Pflanzware um verhältnismäßig kleine Exemplare. Der Neuling wird dadurch meist verleitet, viel zu viele Gehölze zu pflanzen. Wer sich die endgültige Größe nicht vorstellen kann, auch nach der Höhen- und Breitenangabe im Katalog nicht, der soll sich Solitärgestalten in der Baumschule ansehen, in Parks und anderen öffentlichen Anlagen. Zwei Quadratmeter ist das mindeste, was man an Fläche für einen normalen Zierstrauch rechnen muß. Werden Dreiergruppen gepflanzt, so kann die angegebene Faustzahl et-

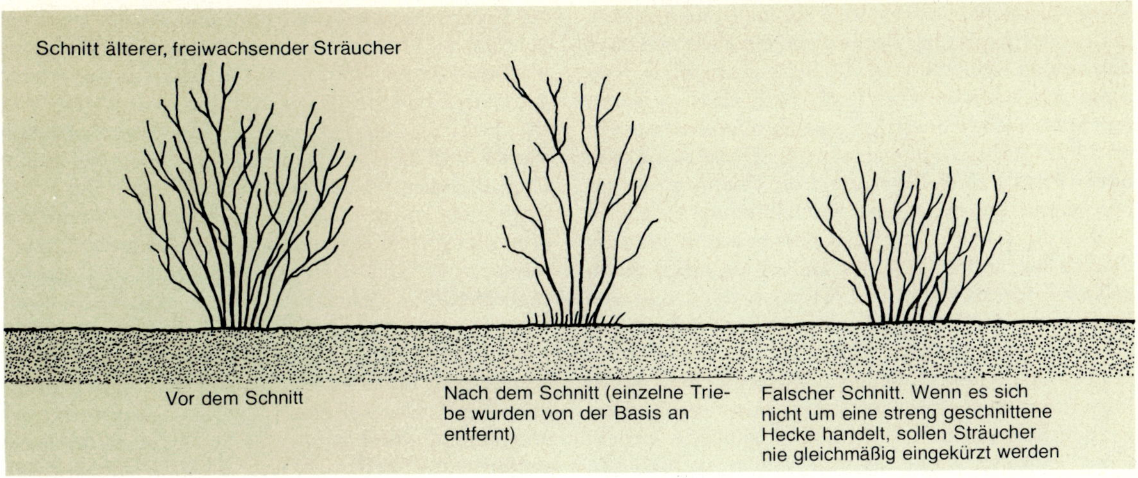


was verringert werden. Bei Sichtschutzpflanzungen mit billigen Decksträuchern wird nur 1,2–1,5 m auseinander gepflanzt; sie sollen sich durch die unnormale Enge gegenseitig in die Höhe treiben und den gewünschten Sichtschutz bringen. Bei empfindlichen Laubgehölzen muß ebenso wie bei den Koniferen im ersten Jahr Sonnen- und Windschutz gegeben werden. Ist es nach der Pflanzung noch längere Zeit trokken, dann wird nochmals gewässert.

**Laubgehölze und Boden**

Die Ansprüche an den Boden sind je nach Art sehr verschieden. Die meisten sind in ihren Forderungen ziemlich neutral; sie kommen in jedem normalen Gartenboden gut fort. Eine Reihe von Arten ist ziemlich kalkempfindlich. Wer in Kalkgegenden trotzdem nicht auf diese Arten verzichten will, muß eine größere Pflanzgrube ausheben und die Erde mit einem höheren Torfanteil versetzen. Vorbeugend muß hin und wieder mit Fetrilon gegossen werden; auch stark verdünnte Phosphorsäure hilft oft, da durch den Staub laufend alkalisch reagierende Bestandteile auf die Pflanzfläche gelangen. Besonders bei folgenden Pflanzen ist das zu beachten: *Ericaceae* (in ihrer Mehrzahl), *Cornus florida, C. kousa, Fothergilla, Halesia, Hamamelis, Hydrangea, Photinia, Stewartia* usw. Ziergehölze, die Kalk lieben und vertragen, gibt es in solcher Menge, daß ihre Aufzählung den Rahmen sprengen würde. Gärten mit anmoorigen Heide- und Moorböden brauchen auf Gehölze nicht zu verzichten. Außer den Ericaceen kommen hier besonders *Clethra, Disanthus, Fothergilla, Hydrangea, Potentilla, Salix, Stewartia, Stranvaesia* u.a. noch fort. Das Gegenteil sind trockene Sandböden. Auch für sie steht ein umfangreiches Sortiment zur Verfügung; genannt seien lediglich: *Amelanchier, Buddleja alternifolia, Chaenomeles, Genista, Hippophaë, Laburnum, Perovskia, Rhus typhina, Tamarix.* Schließlich gibt es noch gut wachsende Gehölze für salzhaltige Böden, was nicht nur für Küstenbewohner wichtig ist, sondern – des Streusalzes wegen – für jedermann, der an der Straßenseite eine Grenzbepflanzung stehen hat oder sie plant. Keine Schäden zeigen *Elaeagnus, Hippophaë, Lycium chinense, Salix acutifolia, Tamarix*. Ziemlich resistent sind *Berberis candidula, B. thunbergii, Cotoneaster horizontalis, Crataegus × lavallei, Pieris japonica.*

## Gehölzarbeiten

**Laufende Pflege und Umpflanzen**

Während der Vegetationsperiode bereiten Gehölze verhältnismäßig wenig Arbeit. Nur in ihren Jugendjahren müssen sie während längerer Dürrezeit zusätzlich Wasser bekommen. Tritt eine extreme Lage ein, so beginnt zwar der Laubfall wesentlich früher, doch hat sich die Pflanze im kommenden Jahr in der Regel wieder erholt.

Wurde anfangs zu dicht gepflanzt und müssen einzelne Arten entfernt werden, so gibt es zwei Möglichkeiten: vernichten oder verpflanzen. Wertvolle Gehölze wird man auf jeden Fall umpflanzen.

Im Kreis um die Pflanze herum wird der zukünftige Ballen abgestochen. Der Durchmesser darf nicht zu klein sein, sonst werden zu viele Faserwurzeln vernichtet – Gehölze haben sich schneller verankert, als man denkt! Um diesen spatentief abgestochenen

Kreis wird außen, etwas über Spatenbreite entfernt, ein zweiter Kreis abgestochen und die Erde zwischen den beiden Abstichen auf die Seite geschaufelt. Von dieser Sohle aus wird mit leicht nach innen gerichtetem Spaten eine weitere Spatentiefe abgestochen. Für das Untergraben ist dann Haue oder Pickel nötig. Am neuen Platz sehr viel Torf unter die Pflanzenerde geben, damit die neue Faserwurzelbildung möglichst bald erfolgen kann. Den Transport bewältigt man am einfachsten, indem man den Ballen auf einen alten, größeren Jutesack rollt und diesen zu zweit – je eine Person an einen Eckzipfel – an den nun endgültigen Standort zieht. Solche größeren, älteren Pflanzen müssen aus Vorsicht wegen der Herbst- und Frühlingsstürme angepfahlt, verankert oder angebunden werden. Sehr gut haben sich dafür sogenannte Telleranker bewährt. Drei bis vier Anker werden am Stamm angebracht und in gleichmäßiger Verteilung mit einem Schlüssel in den Boden gedreht, bis der Stamm durch die sich aufhebende Zugbelastung fest steht. Daß ein Umpflanzen im eigenen Garten nur während der Vegetationsruhe geschieht, ist selbstverständlich.
Gehackt wird zwischen den oft flachwurzelnden Gehölzen nicht. Bodenlockerung erfolgt durch Humus- und Kompostgaben von der Oberfläche her. Vorsicht vor Dauerunkräutern, die im Anfangsstadium bekämpft werden müssen. Später nisten sie sich so in den Wurzelballen ein, daß sie nicht mehr entfernt werden können. Normalerweise werden Ziergehölze nicht zusätzlich gedüngt. Oft können aber durch Torfmischdüngergaben Wachstum und Blütenbildung gesteigert werden. Einfach im Frühling auf den Wurzelbereich streuen! Bei *Syringa* (Flieder) rechtzeitig die Samenstände entfernen (soweit erreichbar), sonst fällt die nächstjährige Blüte spärlich aus.

**Der Schnitt der Ziergehölze**

Wer glaubt, er müsse an seinen Blütensträuchern Jahr um Jahr herumschneiden, irrt. Was nicht heißen soll, eine Baumschere sei überflüssig. Gelegentlich muß etwas verjüngt werden. Das ist die allgemeine Regel. Davon gibt es allerdings Ausnahmen: eine Reihe von Sträuchern muß alljährlich stark zurückgeschnitten werden, damit ihr Blütenreichtum erhalten bleibt. Zu diesen Ausnahmen gehören besonders *Buddleja davidii, Hydrangea paniculata* 'Grandiflora', *Ceanothus, Perovskia* und *Lespedeza;* bei ihnen hat sich gezeigt, daß sie nach einem alljährlichen Rückschnitt bis auf wenige Triebknospen einen weit schöneren Blütenflor hervorbringen. Der Rückschnitt erfolgt selbstverständlich erst im Frühling. Dieser Eingriff ist bald nicht mehr sichtbar, der neue Austrieb erfolgt sehr rasch. Oft muß bei veredelten Gehölzen, wie *Berberis*-Arten, *Viburnum*, *Prunus triloba* 'Plena' u. a., eingegriffen werden, weil die Unterlagen stark durchtreiben.Die Unterlagen, auf denen veredelt wurde, sind meist sehr wüchsig; besonders bei zu flachen Pflanzen treiben sie durch. Werden die Wildlinge nicht sofort an der Basis entfernt, so wird die Veredlung bald überwuchert. Bei kleinen Blütenbäumen, wie sie im Hausgarten üblich sind, genügt ein Eingriff in den ersten Jahren zum Aufbau der Krone.
Bei älteren Blütensträuchern ist hin und wieder eine Verjüngung erforderlich. Ein gleichmäßiges Einkürzen aller Triebe auf eine Länge ist Unsinn. Bei der Verjüngung werden einige ältere Triebe an der Basis entfernt und so der gesamte Strauch aufgelockert. Eine Faustregel sagt: Frühlingsblüher werden nach der Blüte verjüngt, Sommerblüher dagegen im Frühling. Bei verschiedenen Arten wird sowieso zur Gewinnung von Zimmerschmuck geschnitten (Blütenzweige normal oder angetrieben, fruchtbehangene Zweige im Herbst). Doch muß dies mit Maßen geschehen. An vielen edlen Gehölzern sollte überhaupt nicht herumgeschnitten werden: *Acer palmatum, Aralia, Cercis, Clethra, Cornus florida, C. kousa, C. mas, Daphne, Decaisnea* (nur zurückgefrorene Triebe), *Fothergilla, Halesia, Hamamelis, Hydrangea anomala* ssp. *petiolaris, H. aspera* ssp. *sargentiana, Magnolia, Paeonia suffruticosa, Xanthoceras* usw. Immergrüne Gehölze werden auch nach längerer Zeit nicht geschnitten, außer zum Entfernen abgebrochener oder erfrorener Zweige.

**Winterschutz**

Bei den Gehölzen sind mehr Arten und Sorten im Handel, die durch strenge Winter geschädigt oder ganz vernichtet werden, als bei den Stauden. Die „Härte" eines Gehölzes hängt viel vom Kleinklima des Pflanzplatzes ab. Viele Sträucher und Bäume sind nur im Jugendstadium empfindlich, z.B. *Decaisnea fargesii*, der Blauschotenstrauch, der in den kälteren Gegenden Deutschlands oft schwer zu halten ist. Wenn er aber die Höhe von 1 m überschritten hat, ist mit keinem Totalausfall mehr zu rechnen. Abhängig ist die Winterhärte weiter vom Witterungsverlauf des Vorjahres, vom Ernährungszustand der Pflanze, vom Boden und von anderen Dingen. Empfindlich sind oft immergrüne *Berberis*-Arten (Berberitze), *Cytisus*-Arten (Geißklee), *Ceanothus, Paulownia, Clerodendron, Hibiscus, Callicarpa bodinieri* var. *giraldii, Hydrangea aspera* ssp. *sargentiana* u.a. Die ganze

Garde der Halbsträucher friert zurück (*Elsholtzia stauntonii* und andere, *Perovskia, Lespedeza* usw.); das ist weiter nicht schlimm, denn sie sollen ja im Frühling sowieso zurückgeschnitten werden.
Natürlich erfrieren oft Blütenknospen *(Laburnum)*, und in Ausnahmewintern können selbst so harte Blütensträucher wie Forsythien bis zur Basis zurückfrieren. Bei Gehölzen kann man nicht wie bei Stauden etwas darüberdecken; der Versuch scheitert meist an der Größe. Deshalb nur Gehölze pflanzen, die im jeweiligen Klima hart sind; liegt ihre Winterhärte in einem Grenzbereich, dann kommen diese Gehölze an den bestgeschützten Platz im Garten. Einpacken in Stroh usw. ist problematisch, abgesehen von der Arbeit. Lediglich mit Fichtenästen kann man gegen nördliche Winde und vor allzu starker Einstrahlung der Wintersonne schützen. Viel wichtiger ist für empfindliche Arten ein leichter Schutz aus allerlei lockerem Material, Laub usw. für den Wurzelballen. Zwerggehölze sind für Nadelstreu dankbar, besonders die Immergrünen. Bei diesen ist auch auf ausreichende Wasserversorgung in trockenen Spätherbst- und Wintermonaten zu achten; sonst tritt Vertrocknungstod als sogananter Frostschaden ein. Wer kälteempfindliche Pflanzen im Spätherbst erhält, sollte sie lieber bis zum Frühling in einem geschützten Einschlag aufbewahren, als sie sofort an den endgültigen Standort zu pflanzen.

**Pflanzenschutz**

Diese ist bei den Ziergehölzen wesentlich seltener nötig als bei den Obsthölzern. Die *Viburnum*-Arten (Schneeball) werden an den Blättern und Triebspitzen schon sehr frühzeitig von schwarzen Blattläusen befallen. Man sieht es an der starken Kräuselung der Blätter. Im Anfangstadium mit E-605-Pulver stäuben. Ist der Befall größer, mit Unden flüssig, Nexion stark, Malathion, E 605, Diazinon 25-Emulsion oder Metasystox R spritzen. Auch der Flieder hat einen Schädling, die Fliedermotte. Im Sommer und Herbst sind die Blätter erst mit hellen, später mit braunen, vertrockneten, teils blasigen Stellen bedeckt. Die grünliche Raupe hat das Blattgewebe miniert. Sind nicht viele Blätter befallen, so können die Raupen vernichtet werden, sonst hilft nur mehrmaliges Spritzen mit Dipterex flüssig oder E 605. Auch die Koniferen haben einzelne Schädlinge. Douglasien sind Magneten für Wolläuse. Die durch eine weiße Wachswolle geschützten Läuse hängen oft in Massen an den Nadeln, diese krümmen sich und fallen ab. Bei Beginn des Austriebs ein- bis zweimal mit Unden flüssig oder Thiodan 35 flüssig gründlich spritzen. Kiefern leiden unter der Kiefernschütte. Die Nadeln werden im Frühling oder auch schon im Winter braun und fallen ab. Ursache ist ein Schadpilz, der ab Ende Juli alle vier Wochen mit einer Spritzung bekämpft wird (Dithane Ultra, Maneb oder Polyram Combi). Fichten haben zwei „Liebhaber“, die Fichtenröhrenlaus und die Fichtengallenlaus. Bei Befall durch die Fichtenröhrenlaus bekommen im Frühling die Altnadeln Flecken, werden braun und fallen ganz ab. Gründlich mit Thiodan 35 flüssig spritzen. Die Fichtengallenlaus verursacht gelbliche und grüne Gallen an den Trieben. Ende März und oft nochmals Ende April mit Malathion, Metasystox R oder Thiodan Spritzpulver spritzen, besonders auf die Nadelunterseiten. Natürlich kommen auch auf anderen Gehölzen Schädlinge vor – Blattläuse, Schildläuse, Spinnmilben und Raupen –, doch meist nicht in größeren Mengen. Die im allgemeinen Schädlingsteil genannten Mittel verwenden. Auch Feldmäuse, Wühlmäuse und den Maulwurf in der dort angegebenen Weise bekämpfen, ebenso Hasen und Kaninchen, die im Winter in abgelegenen Gärten großen Schaden anrichten können.

## Zierbäume

**Der Hausbaum**

Im Mittelalter gehörte zu jedem Bauernhof ein Hausbaum, eine Ulme, Linde oder in späterer Zeit eine Kastanie. Auch in unserer Zeit ist der Hang zum Hausbaum erhalten geblieben. Den heutigen Flächen angepaßt, pflanzt man keine Riesenbäume mehr, sondern kleiner bleibende Exemplare.
Der Pflanzplatz muß in diesem Fall besonders gut überlegt werden, denn selbst wenn man bei der Anlage ein Solitärstück kauft, hat man nicht die Endgröße. Vorher informieren und genügend Abstand zum Haus wahren. Gute Plätze bieten sich in der Nähe der Terrassenecke, damit ein Teil der Terrasse im Sommer angenehm schattiert wird. Oder vor dem Haus, am Weg zur Haustür oder in einer Ecke des Gartens, wo der Kompostplatz die so nötige Beschattung findet. Zur Wahl steht eine ganze Reihe von Arten. Obstbäumen tut man für diesen Zweck kaum einmal die Ehre an, aber was ist zum Beispiel gegen einen großkronigen Apfelbaum einzuwenden? Es gibt wenige Zierbäume, die so schön blühen wie ein Apfel- oder ein Birnbaum. Nicht ganz so groß werden die Zieräpfel, die im Frühjahr mit weißen, rosa und roten Blüten, im Herbst mit farbigen Äpfelchen Haus und Garten schmücken. Im gleichen Maße eignen

Halbsträucher wie Perowskia, Lespedeza usw. sollten im Frühling bis zur Basis zurückgeschnitten werden

Unerwünschte Sproßtriebe z. B. bei Zwergprunus, Kerria usw., möglichst dicht am Wurzelansatz abschneiden

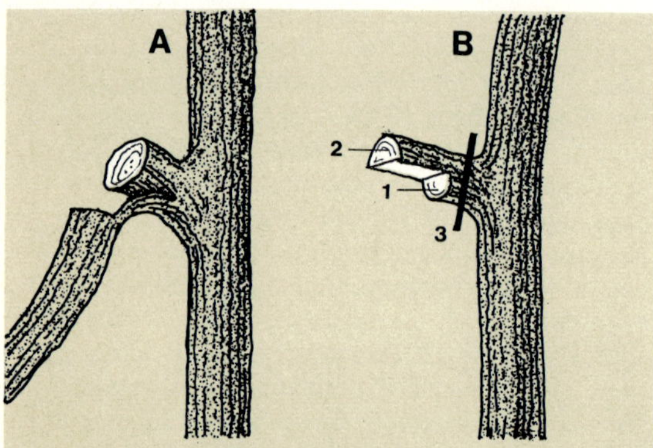


A Äste nie von oben durchsägen
B 1 Ein Stück von unten einsägen
2 Von oben absägen
3 Restlichen Aststummel absägen

sich die vielen *Prunus*-Arten (Zierkirschen). Zu wenig sieht man als Hausbaum *Sorbus aucuparia* (Eberesche), *Acer campestre* (Feldahorn), *A. platanoides* 'Globosum' (Kugelspitzahorn), *Amelanchier canadensis* und *A. laevis* (Felsenbirne), *Crataegus laevigata* 'Paulii' (Rotdorn, der aber ungeschnitten bleibt), *Cercis siliquastrum* (Judasbaum). Arg in Verruf geraten ist *Rhus typhina* (Essigbaum) wegen seiner übermäßigen Verwendung („deutscher Architektenbaum"). Es soll aber nicht das Gegenteil eintreten und er nicht mehr gepflanzt werden. Vielmehr sollte man möglichst malerische, dreistämmige Pflanzen nehmen. Wenn jährlich der äußere Zweigkranz mit der Raupenschere abgeschnitten wird, wächst der Essigbaum schneller in die Höhe und erhält bald eine pinienartige Silhouette. Bildet allerdings leicht Ausläufer, die entfernt werden müssen. Auf reich fruchtende Qualität achten!

**Schmuckstücke für geschützte Lagen**
Einige besonders schön blühende Zierbäume können nur für geschützte Lagen empfohlen und, ihrer Größe wegen, nur in weiträumigen Gärten verwendet werden, so *Catalpa bignonioides* (Trompetenbaum). Zur Blütezeit unübertroffen. Er muß im Garten frei stehen. Eine Rarität ist *Paulownia tomentosa* (Blauglockenbaum) – sie gedeiht nur in besonders milden Lagen. Nicht groß werden viele Magnolien, sie sind auf einen geschützten Standort angewiesen.

## Das Strächersortiment

Da es Sträucher jeglicher Größe und Wuchsform gibt, ist die Verwendung im Garten unbegrenzt. Meist werden sie locker angeordnet, entlang der Grundstücksgrenze, als Dreiergruppe, freistehend am Rasenrand oder bei der Terrasse, aber auch zur Tarnung zweckbestimmter oder störender Stellen. In der Regel sind die finanziellen Möglichkeiten bei einer Neuanlage beschränkt – trotzdem sollte man nur beste Arten und Sorten pflanzen. Wenn es nicht anders geht: lieber eine Pflanze nehmen, die zwar (noch) klein, aber von bester Sorte ist, als ein Riesenexemplar von billigem Deckstrauch. Schneller, als man am Anfang glaubt, entwickelt sich der Winzling zur wohlgestalteten Pflanze.

**Standard-Blütensträucher**
Sie sind viel verbreitet und beliebt; es wäre zu wünschen, daß auch bei ihnen etwas mehr auf die Sorte geachtet wird. An der Spitze dieser Kategorie steht

*Buddleja davidii*, der Schmetterlingsstrauch oder Sommerflieder. Ansiedlung nur mit Topfballen. Wo er nicht automatisch jeden Winter zurückfriert, im Frühling auf wenige Augen zurückschneiden, da die Blüten am einjährigen Holz gebildet werden. In sehr kalten Lagen Bodenschutz durch Laubschüttung. Nicht überall lange ausdauernd; Stecklingsvermehrung aber ohne weiteres möglich. Auf leichten Böden Selbstaussaat – doch die Sämlinge sind minderwertiger, wegwerfen!

Besonders gut sind die Sorten 'Fascinating', 'Ile de France', 'Peace', 'Royal Red', 'Empire Blue', 'Black Knight'. Zu wenig gepflanzt wird *Buddleja alternifolia,* als älteres Exemplar völlig hart, sehr vorteilhaft mit roten oder rosa Rosen zu kombinieren.

*Calycanthus floridus* (Gewürzstrauch) bevorzugt halbschattige Standorte. Die Blüte ist unauffällig. Friert manchmal in rauhen Lagen zurück. *Chaenomeles japonica* (Scheinquitte) eignet sich höchstens für niedere, undurchdringliche Hecken (Dornen!). Für freiere Pflanzungen kommen mehr die großblütigen Sorten in Frage, wie 'Crimson and Gold', 'Elly Mossel' (Nachblüte), 'Fire Dance', 'Nicoline', 'Nivalis'. *Deutzia* (Maiblumenstrauch) ist nicht überall völlig hart. In exponierten Lagen frieren manche Sorten etwas zurück. Schön ist *Deutzia magnifica, D. scabra* 'Pride of Rochester'.

*Forsythia* fehlt in fast keinem Garten; nicht vergessen, hin und wieder ältere Triebe an der Basis zu entfernen, nicht nur von oben Barbarazweige schneiden. Beste Sorten sind 'Beatrix Ferrand', 'Lynwood Gold', 'Spring Glory' (beste hellgelbe); *F. suspensa* var. *fortunei* blüht auch am einjährigen Holz.

*Hibiscus* (Eibisch) wird neuerdings mehr gepflanzt; er braucht einen etwas geschützteren Standort und Jungpflanzen zusätzlichen Winterschutz. Wichtig als einer der wenigen Spätsommer- und Frühherbstblüher. Von den gefülltblühenden Sorten haben sich bewährt: 'Ardens', 'Jeanne d' Arc', 'Lady Stanley', 'Speciosus', von den einfachblühenden: 'Blue Bird', 'Woodbridge'.

*Hydrangea* (Gartenhortensie) ist ein hübscher Blütenstrauch mit später Blütezeit (überwiegend Juli/August) und daher besonders wertvoll, so *H. aspera* ssp. *strigosa* und *H. paniculata* 'Grandiflora' (gibt es sogar als Bäumchen).

*Kerria japonica* (Ranunkelstrauch), mit einfachen und gefüllten Blüten, wuchert etwas mit Ausläufern (eventuell in einen Blechring setzen). In keinem Garten sollte auf *Kolkwitzia amabilis* verzichtet werden. Der wahrhaft liebliche (= amabilis) Strauch mit dem zackigen Gattungsnamen ist auch sehr schön als Solitärgestalt in oder am Rande der Rasenfläche. Bevorzugt leicht sandige Böden.

*Laburnum* × *watereri* 'Vossii' (Goldregen) wird höher, und lockere Pflanzungen von Blütensträuchern sollten sowieso etwas in der Höhe differieren. Nur die Sorte 'Vossii' pflanzen, keine andere. Als Halbstamm für Solitärplätze, nicht oder nur in Ausnahmefällen schneiden.

Ein alter Gartenstrauch ist *Philadelphus*, der Pfeifenstrauch, bekannt auch als „Falscher Jasmin". Auf Blattlausbefall achten! *Philadelphus*-Virginalis-Hybriden 'Schneesturm' und *Ph.*-Purpureo-Maculatus-Hybriden 'Belle Etoile' sollten mehr gepflanzt werden. *Potentilla* (Fingerstrauch) ist für den Garten so wichtig, daß ihr der folgende Einzelabschnitt gewidmet ist. *Ribes sanguineum* blüht zur gleichen Zeit wie *Forsythia;* sie sind ideale Partnerpflanzen. Schönste *Ribes*-Form ist 'King Edward VII'.

Sehr verbreitet ist der Spierstrauch: *Spiraea* × *arguta* und *S.* × *vanhouttei* gehören zum Standardsortiment; die Auslese *S.* × *arguta* 'Graffsheim' aus Norwegen ist besonders frosthart. Noch nicht so verbreitet, dabei sehr empfehlenswert, ist *S. nipponica;* sie beginnt mit der Blüte, wenn die meisten anderen Spiräen aufhören. *Syringa*, der Flieder, gehört seit eh und je zur Standardausstattung der Gärten. Unter den *Syringa*-Vulgaris-Hybriden sind die alten, nämlich 'Andenken an L. Späth' und 'Mme. Lemoine', immer noch mit am schönsten. Von den neueren seien die riesenblütige 'Massena' und die gelbliche 'Primrose' genannt.

Die *Viburnum*-Arten (Schneeball) sind „Läusemagneten". Auf entsprechende Bekämpfung wurde schon hingewiesen. Vier verschiedene Arten sind be-

sonders empfehlenswert: *Viburnum opulus* 'Sterile' der uralte, duftlose Schneeball, *V. rhytidophyllum* der immergrüne, frostharte Großstrauch, *V.* × *bodnantense* (besser als *V. farreri* = *V. fragrans*) als duftender Winterblüher, V. × *carlcephalum* mit seiner stark duftenden Blüte im April/Mai. Den Reigen beschließt *Weigela* (Weigelie) mit den glockenförmigen Blüten. Ihre besten Sorten sind 'Bristol Ruby', 'Eva Rathke', 'Floreal', 'Newport Red' und 'Styriaca'.

**Universalstrauch Potentilla**

Eines der wichtigsten Gartengehölze ist der Fingerstrauch *(Potentilla)*. Ob im Stein- oder im Heidegarten, als Beipflanzung zu Rosen, im Vorgarten, als Grenzbepflanzung, niedere Strauchgruppe, Kübelbepflanzung – *Potentilla* eignet sich immer. Sie blüht überreich und dazu noch am längsten von allen Blütensträuchern, nämlich von Mai bis Oktober. Es gibt aufrechtwachsende und kriechende Sorten mit weißen, hellgelben, dunkelgelben bis leicht kupferfarbenen Blüten. Dank dieser Vielfalt können allein mit *Potentilla* in Farbe und Höhe abwechslungsreiche Gruppen gestaltet werden. Wo die Pflanzung flach bleiben woll, werden nach oben gerichtete Triebe herausgeschnitten. *Potentilla* benötigt volle Sonne und kommt noch auf trockensten und leichtesten Böden fort. Heiße, trockene Hänge in Neubaugebieten geben ideale Pflanzplätze. Die Vermehrung kann in jedem im Sommer leerstehenden Frühbeet durchgeführt werden; die Stecklinge wurzeln sehr leicht. Auch Sämlinge kommen hier und dort hoch, sie sind vielfach jedoch von minderer Qualität. Ein Verpflanzen lieben die Potentillen weniger.

Zu empfehlen ist *P. fruticosa* mit ihren Sorten 'Farreri Prostrata' (gedeiht noch gut im Halbschatten), 'Arbuscula' (30 cm hoch mit bis 4 cm großen Blüten), 'Hachmanns Gigant' (größte Blüten des Sortiments, besonders für Einfassungen, Gruppen), 'Longacre' (bester Bodendecker, kissenförmig), 'Primrose Beauty' (besonders dürrefest), 'Tangerine' (goldgelb bis kupfer, extrem hart), 'Jackman' (besonders hoch, bis 1,5 m), 'Goldfinger' (anspruchslos, winterhart) und *P. fruticosa* var. *mandshurica* (Steingartenzwerg).

**Kostbarkeiten**

Steht das Gehölz-Grundgerüst im Garten, so wendet man sich meist kostbareren Arten und Sorten zu, die seltener angeboten werden, oft teurer sind oder eines höheren Pflegeaufwands bedürfen. Sie sollten niemals in der Masse untergehen, sondern möglichst frei stehen, damit ihre Schönheit voll zur Geltung kommt. Den Pflanzplatz gut auswählen und den Boden entsprechend der speziellen Ansprüche vorbereiten. Es können nur wenige aus großen Menge gepflanzt werden; dazu gehören: *Acer palmatum*-Formen (Japanischer Zierahorn), *Aesculus parviflora* (Strauchkastanie), *Amelanchier laevis* (Felsenbirne), *Aralia elata* (Aralie), *Berberis media* 'Parkjuwel' (Berberitze), *Callicarpa bodinieri* var. *giraldii* (Liebesperlenstrauch, nicht überall frosthart), *Cercidiphyllum japonicum* (Judasblatt), *Chionanthus virginicus* (Schneeflockenstrauch), *Clethra alnifolia* 'Rosea' (Scheineller), *Corylus avellana* 'Contorta' (Korkzieherhasel), *Cotinus coggygria* 'Royal Purple' (Perückenstrauch), *Cotoneaster multiflorus* var. *calocarpus* (Felsenmispel), *Daphne*-Arten (Seidelbast), *Decaisnea fargesii* (Blauschotenstrauch), *Enkianthus campanulatus* (Prachtglocke), *Euonymus hamiltonianus* var. *yedoensis* (Pfaffenhütchen), *Exochorda racemosa* (Prunkspiere), *Fothergilla monticola* (Federbuschstrauch), *Halesia carolina* var. *monticola* (Silberglocke), *Hamamelis*-Arten (Zaubernuß), *Hippophaë rhamnoides* (Sanddorn, immer weibliche und männliche Exemplare pflanzen), *Hydrangea macrophylla* ssp. *serrata* 'Acuminata' (Strauchhortensie), *Magnolien*-Arten (Magnolie), *Malus*-Arten (Zierapfel, hier besonders die Sorten 'Almey' und 'Prof. Sprenger'), *Paeonia*-Suffruticosa-Hybriden (Strauchpäonie), *Prunus*-Arten (Zierkirsche und Zierpflaume), *Pyracantha coccinea* und Sorten (Feuerdorn), *Robinia hispida* 'Macrophylla' (Robinie), *Salix sachalinensis* 'Setsuka' (Japanische Drachenweide), *Sorbus*-Lombarts-Hybriden (Vogelbeere), *Stephanandra incisa* (Kranzspiere), *Stranvaesia davidiana* und verschiedene *Viburnum*-Arten (Schneeball).

Bei solchen Gehölzen für Solitärplätze sollte man möglichst auch Solitärexemplare kaufen; es handelt sich ja nur um Einzelpflanzen.

## Zwerggehölze

Kleinere Gärten brauchen kleinere Gehölze. Das Angebot ist in den letzten Jahren dementsprechend vielseitiger geworden. Auf die Verwendung kleinster Gehölze wurde im Abschnitt Steingarten-Tröge hingewiesen. Aber auch für den Steingarten selbst gibt es eine große Anzahl von zwergigen Laubgehölzen. In allen anderen Gartenteilen, wie Vorgärten, Terrassenumpflanzung, Grenzbepflanzung, niedere Gruppen usw., lassen sich die Zwerge verwenden. Auf die Bodendecker im Schatten wurde hingewiesen; auch für sonnige Plätze gibt es genügend.

**Steingartengehölze**

Leider überwiegen in Steingärten immer noch die Zwergkoniferen, obwohl es sehr viele reizvolle laubabwerfende Zwerggehölze und klein bleibende immergrüne Laubgehölze gibt. Beim Japanischen Fächerahorn kommen besonders die langsamwachsenden *Acer palmatum* var. *dissectum* und seine Sorte 'Ornatum' in Frage. Ein leichter Schutz vor allzu heißer Mittags- und Nachmittagssonne bekommt ihnen gut; sie lieben hohe Luftfeuchtigkeit wie fast alle Pflanzen aus Japan. Der Fächerahorn ist frosthart und bevorzugt etwas sauren Boden. Nicht in der grellen Mittagssonne begießen oder bespritzen! Die Tropfen wirken als Brennglas und verbrennen die zarten Blätter.

Von den zwergigen Berberitzen friert *Berberis candidula* in rauhen Lagen oft zurück, treibt aber wieder aus; weiter eignen sich *B. buxifolia* 'Nana', *B.* 'Klugowskiana', *B. verruculosa* und *B. thunbergii* 'Atropurpurea Nana'.

Unter den *Cotoneaster*-Arten (Felsenmispel) haben sich viele in Steingärten bewährt; ihre Vermehrung durch Stecklinge und Absenker ist sehr einfach. *C. horizontalis* wird häufig verwendet, trotz seines oft zu sparrigen und hohen Wuchses; er friert in strengen Wintern zurück. Besser sind *C. adpressus, C. congestus, C. dammeri* var. *radicans, C. microphyllus* var. *melanotrichus* und die Hybride 'Streibs Findling'.

*Cytisus* (Geißklee) – in vielen Arten – ist sehr beliebt. Alle, außer dem heimischen *C. scoparius*, der nicht in Steingärten gehört, bevorzugen alkalische Böden und brauchen etwas Frostschutz. Ansiedlung nur mit Topfballen! Besonders wichtig: *C. decumbens, C. kewensis, C. purpureus. Daphne*-Arten (Seidelbast) gehören in jeden Steingarten. Auch die kalkliebende heimische *D. mezereum* paßt noch hinein. Es gibt viele Arten, eine darf aber wegen ihrer duftenden Blüten nicht fehlen: *D. cneorum* (Rosmarinseidelbast). Auf die *Euonymus*-Arten wurde schon bei den Bodendeckern hingewiesen.

Zu wenig bekannt für den Steingarten sind die winterharten Fuchsien. Sie frieren zwar alljährlich zurück, treiben aber willig wieder aus und sind wertvolle Sommer- und Herbstblüher, z. B. *Fuchsia magellanica* 'Gracilis'. In Kalksteinfugen will *Erinacea anthyllis* (Igelginster) stehen. Bei *Genista*, dem eigentlichen Ginster, müssen *G. radiata*, *G. pilosa*, *G. hispanica* und *G. sagittalis* genannt werden. Die *Hebe* (Neuseeland-Ehrenpreis) mit ihren Arten war als sehr frostempfindlich verschrien; doch bei etwas Schutz überdauern einige Arten wie *H. armstrongi* und *H. pinguifolia* die meisten Winter unbeschadet. *Helianthemum* (Sonnenröschen), oft bei den Stauden aufgeführt, ist ein Gehölz; trotz aller Züchtungen darf die *Helianthemum lunulatum* nicht vergessen werden. Viele *Hypericum*-Arten (Johanniskraut) passen gut in den Steingarten, aber die prachtvollste ist wohl *H. patulum* 'Hidcote Gold'. *Ilex crenata* 'Aurea' (Stechpalme) bleibt ebenfalls klein genug.

*Lavandula angustifolia* (Lavendel) ist wohl in der Sorte 'Hidcote Blue' am besten. Die *Lonicera*-Arten wurden bei den Bodendeckern für den Schatten erwähnt. Niedere *Potentilla* sind geeignet, ebenso alle alpinen Zwergweiden bis hin zu *Salix hastata* 'Werhahnii', die etwa 1 m hoch wird. Bei *Spiraea* (Spierstrauch) sind *S. decumbens* und *S. japonica* 'Little Princess' sehr hübsch. Die zwergige *Syringa*-Art (Flieder) *S. meyeri* ist leider noch zu wenig bekannt. Trotz aller Liebe zu Gehölzen sollten diese im Steingarten nur das Gerüst geben und keinesfalls durch zu dichte Pflanzung dominieren. Aber ohne Zwerggehölze wirkt ein Steingarten fade.

**Bodendecker**

Bodendecker für sonnige Plätze dürften hauptsächlich in Parks und öffentlichen Anlagen verwendet werden, denn normalerweise sind sonnige Stellen im Hausgarten für sie zu kostbar. Wichtigstes Gehölz unter diesen Bodendeckern ist *Cotoneaster*, die Zwergmispel. Alle im vorherigen Abschnitt genannten Arten und Sorten eignen sich dazu. Die im Halbschatten gut gedeihenden *Euonymus*-Arten (Spindelstrauch) sind auch für Pflanzungen in voller Sonne zu verwenden. Hinzu kommen *Helianthemum* (Sonnenröschen), *Potentilla fruticosa* 'Longacre' (Fingerstrauch), *Symphoricarpos* × *chenaultii* 'Hancock' (Bunte Schneebeere). Als Faustzahl kann man sechs bis acht Stück pro Quadratmeter annehmen, nur bei *Potentilla* etwa vier Stück.

## Spezielle Gehölze für spezielle Zwecke

**Duftender Gehölzgarten**

Schade, daß so viele Gärten allein durch Form und Farbe wirken und nicht auch den Duft einbeziehen. Dabei gibt es eine Unmenge wohlriechender Stauden und Gehölze, Blüten und Blätter. Freilich, Duftsträucher im Hintergrund nützen wenig, sie sollten immer leicht erreichbar sein. Günstig stehen sie nahe der Terrasse oder an einem sonstigen Sitzplatz. Das Sortiment ist sehr umfangreich; nur einige besonders wohlriechende Blütensträucher seien genannt: *Calycanthus floridus* (Gewürzstrauch), *Daphne* × *burk-*

*woodii* 'Sommerset' *D. cneorum*, *D. mezereum* (Seidelbastarten), *Syringa*-Arten (Flieder), *Viburnum carlcephalum, V. carlesii, V. fragrans* (Duftschneeballarten). Aromatisch duftende Blätter haben die meisten Halbsträucher.

**Bienenweide**
Auch hier gibt es ein umfangreiches Sortiment. Der Imker nimmt bei der Pflanzung auf seine Bienen Rücksicht. Nur die allerwichtigsten Gattungen seien genannt: *Calluna, Cornus, Corylus, Pyrus, Rhamnus, Ribes, Robinia, Rosa, Rubus, Salix, Tilia.*

**Industriefeste Gehölze**
Die Umweltverschmutzung in Ballungsgebieten bedeutet den Tod vieler Pflanzenarten. Doch einige Gehölze halten sogar in solchen Bereichen durch; als industriefest können die folgenden bezeichnet werden: *Acer campestre, A. ginnala, A. negundo, A. platanoides, A. pseudo-platanus, A. saccharum, Aesculus carnea, Ailanthus altissima, Alnus* in Arten, *Amelanchier* in Arten, *Berberis*-Arten, *Betula* in Arten, *Buddleja* in Arten, *Buxus*-Arten, *Carpinus betulus, Catalpa bignonioides, Chaenomeles* in Arten, *Cornus alba, C. mas, C. sanguinea, Corylus avellana, C. colurna, Cotoneaster* in Arten, *Crataegus × lavallei, C. monogyna, Elaeagnus angustifolia, Euonymus alatus, E. europaeus, E. fortunei* var. *vegetus, E. sachalinensis, Forsythia* in Arten, *Gleditsia triacanthos, Hydrangea paniculata* 'Grandiflora', *Ilex aquifolium* und Sorten, *Jasminum nudiflorum, Kalmia angustifolia* 'Rubra', *K. latifolia, Liriodendron tulipifera, Lonicera* in Arten, *Mahonia aquifolium, Prunus padus, P. serotina, Pyracantha* in Sorten, *Ribes alpinum* 'Schmidt', *Skimmia japonica, Sophora japonica, Sorbaria* in Arten, *Viburnum lantana, V. opulus, V. opulus* 'Sterile', *V. rhytidophyllum* und *V. tomentosum* in Arten.
Größere Baumschulen geben auf Anfrage noch ein erweitertes Sortiment bekannt. Auch bei den Koniferen gibt es eine ganze Reihe von ziemlich industriefesten (rauchharten) Arten, wie *Abies concolor, Cedrus atlantica* 'Glauca', *Chamaecyparis* in Arten, *Ginkgo biloba, Juniperus chinensis* 'Pfitzeriana', *J. communis* 'Repanda', *J. sabina* 'Tamariscifolia', *Larix decidua, L. kaempferi, Picea omorika, Picea pungens, Pinus mugo (= P. montana)* und Formen, *Pinus nigra (= P. austriaca), Taxus baccata* und *Thuja*-Arten.

**Fruchtschmuck und Herbstfärbung**
Es lohnt sich, bei Gehölzen nicht nur auf eine schöne Gestalt und Blüte zu achten, sondern auch möglichst auf Fruchtschmuck und Herbstfärbung. Auch hier muß der Katalog zu Rate gezogen werden. Das Angebot ist umfangreich. Besonders auffallende und lange haftende Früchte tragen *Callicarpa, Cotoneaster, Daphne mezereum* (giftig), *Decaisnea fargesii, Hippophaë rhamnoides, Ilex aquifolium, Pyracantha*-Arten, *Sorbus*-Arten.
Von den sehr zahlreichen Gehölzen mit schönfärbendem Laub können nur einige wenige genannt werden: *Acer rubrum, Amelanchier laevis*, viele *Betula, Corylopsis pauciflora, Cercidiphyllum japonicum, Cotinus coggygria, Liquidambar styraciflua, Parrotia persica, Photinia villosa, Fothergilla major, Rhus*-Arten, *Sorbus aucuparia, Stranvaesia davidiana, Hamamelis*-Arten, *Prunus sargentii, Rhododendron mollis* usw.

## Der immergrüne Garten

Das Interesse an immergrünen Pflanzen steigt von Jahr zu Jahr. Der Gartenbesitzer will beim Blick aus dem Fenster auch im Winter auf eine grüne Kulisse schauen. Zu den Immergrünen gehören die große Gruppe der Koniferen (die meisten Arten) und die Rhododendren. Beide sind wichtig, sie werden deshalb in gesonderten Abschnitten ausführlich behandelt. Immergrüne sind modern, doch hüte man sich vor dem Extrem eines nur immergrünen Gartens. Man hätte sich an ihm bald satt gesehen, weil der Wechsel der Jahreszeiten in einem solchen Garten viel von seinem Reiz verloren hat.

**Pflege und Ansprüche**
Immergrüne Laubgehölze verdunsten auch im Winter Wasser. Für Gärten in milden Gegenden gibt es deshalb eine größere Auswahl an Immergrünen als für Gärten in winterkalten Gebieten. Der beste Winterschutz für diese Pflanzengruppen ist durchdringendes Wässern im Herbst und Spätherbst, damit die Wasserversorgung bei Eintritt des Frostes gesichert ist. Was landläufig als Erfrieren bezeichnet wird, ist in den meisten Fällen ein Vertrocknen. Auch in Perioden mit offenem Boden sollte bei Immergrünen in exponierter Lage, wo die Wintersonne ungehindert durchkommt, nochmals an Wassernachschub gedacht werden. Jung gepflanzte Exemplare sind empfindlicher als alteingewachsene. Vertrocknet jedoch einmal dieser oder jener Zweig, so ist das nicht weiter schlimm. Er wird abgeschnitten; beim Neutrieb wird der Verlust bald überdeckt.
Immergrüne Laubgehölze lieben im verstärktem Maße einen guten Humusboden. Viel Torf in die

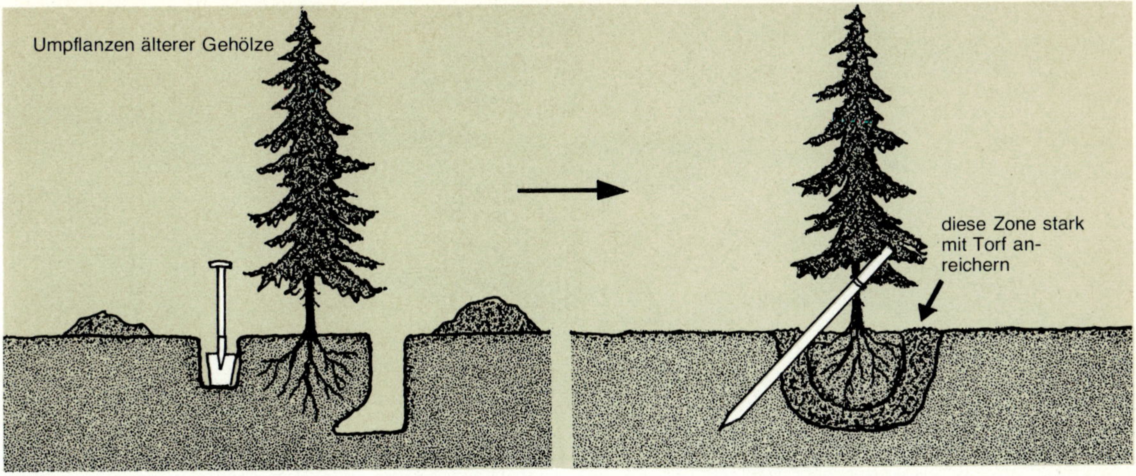


Erde und auf die Pflanzscheibe geben, pro 100 m² mindestens zwei Ballen Torfmischdünger. Schwere Böden erhalten Torf und – soweit billig anzufahren – auch Sand zur Lockerung. Als günstig hat sich hier auch das wasserhaltende Hygromull erwiesen. Wer mit sterilen Sand- oder Tonböden beginnen muß, nimmt das mit Bakterien angereicherte Florahum. Für sauren Boden liebende Pflanzen muß der Boden in Kalkgegenden speziell präpariert werden, wie im *Rhododendron*-Abschnitt angegeben.

**Dankbare immergrüne Laubgehölze**

Eine ganze Reihe immergrüner Arten kann die Gattung *Berberis* (Berberitze) vorweisen, z. B. *B. buxifolia* 'Nana' (zwergig, sehr hart), *B. candidula* (halbhoch, langsamer Wuchs), *B. gagnepainii* var. *lanceifolia* (hoch, sehr frosthart), *B. hookeri*, *B.* 'Klugowskiana' (nieder, absolut frosthart), *B.* × *stenophylla* (braucht geschützten Platz), *B. verruculosa*. *Buxus* (Buchsbaum), in der Gartenlaubenzeit in Verruf geraten, verdient eine Ehrenrettung: ungeschnitten ist der Buchsbaum ein wichtiges Element im immergrünen Garten, so *B. sempervirens* var. *sempervirens*. Es gibt davon auch buntblätterige Sorten, deren Anwendung Vorsicht erfordert. Von den immergrünen Zwergmispeln *(Cotoneaster)* wurden die niedrig bleibenden bereits unter den Bodendeckern für sonnige Plätze mit aufgeführt; die wichtigste höherwachsende Art ist *C. salicifolius* var. *floccosus*. *Daphne cneorum* (Rosmarinseidelbast) hat auch Wert als immergrüne Pflanze; dasselbe gilt für die Formen von *Euonymus fortunei* (Spindelstrauch), die bei den Bodendeckern für Halbschatten und Schatten schon genannt wurden. Humosen, sauren Boden verlangt *Gaultheria procumbens* (niederliegende Scheinbeere), die Ausläufer treibt. Auch *Helianthemum*-Arten (Sonnenröschen) gehören hierher. Die meisten *Ilex*-Arten sind immergrün. Die buntblätterigen Sorten sind nicht so grell auffallend und lassen sich gut für Gruppen mit verwenden (z. B. *I. aquifolium* 'Argento-Marginata' und *I. a.* 'Aureo-Variegata'). *Ligustrum* (Rainweide, Liguster) hat wohl mehr Bedeutung als Heckenpflanze. Ganz hart ist *Leucothoë fontanesiana* (Traubenheide). *Lonicera* wurde bei den Bodendeckern für den Schatten erwähnt. Die harte *Mahonia aquifolium* liebt feuchten Boden und Halbschatten. Beliebt sind die *Prunus laurocerasus*-Formen und Sorten (Kirschlorbeer). Die frosthärtesten sind 'Schipkaensis Macrophylla', 'Otto Luyken' und 'Zabeliana'. In einer immergrünen Pflanzung dürfen *Pyracantha* (Feuerdorn) wegen ihres Fruchtschmuckes nicht fehlen. Besonders wertvoll ist *P. coccinea* 'Bad Zwischenahn' (absolut krankheitsfrei). Wo Schorf und andere Pilzkrankheiten bei älteren Sorten auftreten, ist mit den beim Obstbau genannten Mitteln vorbeugend zu spritzen. In größeren Gärten kann die halb-immergrüne Eiche, *Quercus turneri* 'Pseudoturneri', als Mittelpunkt immergrüner Gruppen gepflanzt werden. Sie wird maximal 10 m hoch. *Skimmia japonica* (Skimmie) ziert auch durch Blüten und Früchte. Nicht vergessen werden darf als hoher, immergrüner Strauch *Stranvaesia davidiana* mit erbsengroßen, scharlachroten Früchten. Schön zur Einzelstellung. Bleiben noch die Schneeballarten. Nicht ganz immergrün in kalten Gegenden ist *Viburnum* × *burkwoodii*; dagegen hält der immergrüne Großstrauch *V. rhytidophyllum* auch in extremen Lagen durch (auch für Einzelstel-

*Für den kleinen Garten gibt es immer mehr Zwerggehölze durch Neueinführungen, zwergwüchsige Sämlinge und vegetative Vermehrung von zufällig entstehenden „Hexenbesen".*

lung). Die genannten immergrünen Laubgehölze sollten nicht für sich allein stehen, sondern in Gesellschaft von Koniferen, Rhododendren, Farnen, Gräsern und Stauden. Natürlich gehören zu den Immergrünen auch *Erica carnea* und *Calluna vulgaris*.

## Koniferen im Garten

Nadelgehölze werden im modernen Garten zunehmend beliebter, was hauptsächlich auf das verstärkte Angebot (Gartencenter, Versandfirmen, Kaufhäuser) und auf die größere Auswahl von Arten für den kleineren Garten zurückzuführen ist. Das Solitärgehölz früherer Gärten, die veredelte Blaufichte, wird inzwischen von schöneren Koniferen abgelöst. Es gibt keinen Gartenteil, in dem nicht Nadelgehölze gepflanzt werden könnten: flach wachsende für den Vorgarten, hohe für den Hintergrund, Zwerge für den Steingarten, empfindliche aus dem Süden für den Atriumgarten, genügsame für Kübel und Dachgärten, Riesen als Solitärgestalten und Koniferengruppen für jede Gartenecke. Auch im Winter ergeben sie eine grüne Kulisse, und selbst mit Schnee bedeckt wirken sie malerisch. Besonders Zwergkoniferen werden gerne gepflanzt. Hier beim Einkauf gut aufpassen! Auch groß werdende Exemplare sehen im Container zwergig aus. Die zu erwartende Endgröße genau ermitteln! Unter den Zwerggehölzen gibt es hinsichtlich Wuchsenergie erhebliche Unterschiede, was sich auch im Preis niederschlägt. Arten mit einem jährlichen Zuwachs von 2 cm sind teurer, denn es dauert wesentlich länger, bis sie ihre Verkaufsgröße erreicht haben, als solche mit einem von 10 cm.

### Zwergkoniferen

Auf besonders kleine, langsamwachsende Formen wurde im Abschnitt Troggärten schon hingewiesen. Für Steingärten, niedere Gruppen an der Terrasse oder am Eingang und für andere Zwecke gibt es noch sehr viele. Die Bezeichnung „Zwerg" läßt sich nicht klar abgrenzen. Normalerweise werden auch höher werdende, schlanke Säulenformen und sehr flach wachsende, auch wenn sie im Alter einen größeren

Durchmesser bekommen, mit dazu gerechnet. Wer nicht später mehrmals umpflanzen will, muß sich besonders bei den kleinen Koniferen nach der Endgröße erkundigen. Der im gekauften Zustand niedliche Pfitzerwacholder erreicht nach etlichen Jahren einen Durchmesser von 3–4 m. Weniger schlimm ist es bei den schlanken Säulenformen.

Die Zwergformen bei den Tannen *(Abies)* sind sehr langsamwüchsig, auch wenn manche im hohen Alter über 1 m hoch werden. Sie können unbedenklich gepflanzt werden, so *Abies balsamea* 'Nana', *A. lasiocarpa* var. *arizonia* 'Compacta'; auch *A. concolor* 'Compacta' kann noch dazugenommen werden. Die Zedern *(Cedrus)* werden im Alter ziemlich groß, doch ist der Zuwachs in den ersten zehn Jahren gering: *Cedrus brevifolia. C. libiani* 'Sargentii' dagegen ist eine ausgesprochene Zwergform. Mehr Fingerspitzengefühl erfordert das Pflanzen von Scheinzypressen *(Chamaecyparis)*. Ihr fremdartiges Aussehen kann oft eine Koniferengruppe stören. Dies trifft allerdings mehr für höhere Gruppen zu als für Zwergformen. Entsprechende Arten suche man aus dem großen Angebot der Kataloge heraus. Nur auf zwei sei hingewiesen: *Chamaecyparis obtusa* 'Pygmaea' (zuverlässig hart) und bekannte *Ch. obtusa* 'Nana Gracilis'. Die kleinen Sicheltannen *(Cryptomeria)* sind etwas empfindlich und benötigen einen Platz, der vor ausdorrenden Winden und Wintersonne geschützt ist. Frischer Boden und luftfeuchte, milde Lage ist für gutes Gedeihen notwendig. In Frage kommen: *Cryptomeria japonica* 'Bandai-sugi', 'Compacta Nana', 'Globosa Nana', 'Jindai-sugi' und 'Vilmorinana'.

Zu den wichtigsten Zwergkoniferen zählen die niederen Wacholderarten *(Juniperus)*. Der normale Pfitzerwacholder sollte Parks und öffentlichen Anlagen vorbehalten bleiben, für normale Hausgärten ist er zu wuchtig. Es gibt aber einige von gleicher Wuchsform, die nicht ganz so groß werden, für den größeren Hausgarten: *Juniperus chinensis* 'Pfitzeriana Aurea', 'Pfitzeriana Compacta', 'Pfitzeriana Glauca', 'Pfitzeriana Mathot', 'Pfitzeriana Old Gold'. Die Breite älterer Exemplare beträgt etwa 1–1,5 m, im Höchstfall 2 m. Wichtig sind vor allem die Säulenwacholder-Formen. Die zwei wichtigsten, der Irländische und der Schwedische Säulenwacholder, wurden schon im Heidegarten-Abschnitt genannt. Neu hinzugekommen ist *J. virginiana* 'Skyrocket', der zuverlässig hart ist. Die Kriechformen sind ebenfalls für moderne Gärten sehr wichtig: *J. horizontalis* 'Douglasii', *J. h.* 'Glauca', *J. h.* 'Plumosa', *J. communis* 'Repanda', 'Hornibrooki', 'Depressa'. Von *J. squamata* 'Meyeri', dem Blauzedernwacholder, muß abgeraten werden; er wird für kleine Anlagen im Alter zu groß und sparrig. Man muß ihn mittels Schnitt kompakt halten. Nicht genug empfohlen werden kann *J. squamata* 'Blue Star', eine sehr langsamwüchsige, stahlblaue Zwergform von geschlossenem Wuchs. Etwa 1,5 m hoch wird die Neuheit *J. scopulorum* 'Springbank'.

Bei den Fichten *(Picea)* ist das Angebot an Zwergen breit gefächert. Sehr klein sind *P. abies* 'Echiniformis', 'Pumila Glauca', 'Pygmaea'. Etwas größer werden 'Gregoryana', 'Maxwellii', 'Nidiformis', 'Ohlendorffi', 'Remontii', 'Tabulaeformis'. Dazu kommen einige Sonderformen, wie 'Inversa', die Hänge- oder Schleppenfichte, die aufgebunden 10 m hoch werden kann, aber auch dicht am Boden über den Steingartenhang kriecht. Beliebt ist die Zuckerhutfichte; sie wächst langsam, kann aber im Alter etwa 2 m Höhe erreichen; die botanische Bezeichnung ist *Picea glauca* 'Conica'. Von zwei weiteren hohen Fichtenarten gibt es Zwergformen – von der Serbischen Fichte die kompakte *P. omorika* 'Nana' und von der Morgenländischen Fichte *P. orientalis* 'Gracilis'. Wer nicht auf Blaufichten verzichten will, nimmt *P. pungens* 'Glauca Compacta', 'Glauca Globosa' oder die niedergestreckt am Boden wachsende *P. pungens* 'Glauca Procumbens'. Ein grünes Gegenstück ist *P. abies* 'Procumbens'.

Bei den zwergigen Kiefern *(Pinus)* ist die Auswahl wesentlich geringer. Meist wird der Gartenbesitzer enttäuscht. Die als Zwergkiefern angebotenen Berg-

*Picea abies 'Little Gem' eignet sich wegen ihres langsamen Wuchses auch zur Trogbepflanzung.*

kiefern *Pinus mugo* und deren Unterart *P. mugo* ssp. *mugo* sind im Tiefland wüchsig und haben bald die 2-m-Grenze überschritten. Auch von der einheimischen Kiefer gibt es eine Zwergform, die aber im Alter gut 3 m hoch wird, *P. sylvestris* 'Pumila'. Zu den wirklichen Zwergen zählt *P. cembra* 'Compacta Glauca', *P. mugo* ssp. *pumilio*, *P. pumila* 'Dwarf Blue', *P. strobus* 'Nana'.
Auch die Eiben *(Taxus)* werden meist etwas größer als gedacht. Gut zu den Zwergen können gerechnet werden: *T. baccata* 'Procumbens' und 'Repandens'. *Thuja*, der Lebensbaum, wirkt ziemlich fremd. Man mischt ihn lieber nicht in das übrige Zwergkoniferen-Sortiment. Bleiben noch die kleinen Formen der Hemlockstanne, wie *Tsuga canadensis* 'Gracilis', 'Minima', 'Nana' und 'Parvifolia'. Nicht umsonst wurden die kleinen Koniferen im größeren Umfang angeführt – spielen sie doch in unseren vielen kleinen Gärten eine wichtige Rolle.

**Mittelhohe Koniferen**

Sie formen den Garten so weitgehend mit, daß bei der Pflanzung ein strenger Maßstab angewendet werden muß. Nur wenige können wirklich voll empfohlen werden. Von den Tannen kommt eigentlich nur *Abies koreana*, die Koreatanne, in Frage. Mittelhohe Scheinzypressen sollten nur in Sonderfällen Verwendung finden. Einzige Ausnahme: *Chamaecyparis nootkatensis* 'Pendula', die Hänge-Scheinzypresse, eine ausdrucksvolle, winterharte Solitärgestalt. Von den Wacholdern gefallen *Juniperus chinensis* 'Monarch', 'Obelisk' und *J. virginiana* 'Canaertii'. *Larix kaempferi* 'Pendula', die Hängeform der Japanischen Lärche, empfiehlt sich besonders für Innenhöfe und markante Punkte. Als einzige mittelhohe Fichte ist *Picea abies* 'Acrocona' zu nennen; entsprechend wachsende Kiefernarten sind *Pinus mugo* und *P. leucodermis*. Die Japanische Schirmtanne, *Sciadopitys verticillata*, gehört ebenfalls hierher; sie wünscht kalkarmen Boden, der nicht zu trocken ist. Eiben gibt es in größerer Auswahl, bewährt sind: *Taxus × media* 'Hicksii', *T. baccata* 'Overeynderi' und 'Fastigiata'. Bleibt in der Größenordnung noch die Hemlockstanne, *Tsuga canadensis*, die eigentlich nie falsch steht. Nur ein frischer Boden ist Voraussetzung, einerlei, ob in der Sonne oder im Halbschatten.

**Die Riesen**

Sie sind nur für größere Gärten zu verwenden, mit einer Ausnahme, der Serbischen Fichte, *Picea omorika*. Obwohl sie hoch wird, wächst sie so schmal, daß sie auch in kleinere Gartenräume paßt. Gegenüber unserer heimischen Fichte hat sie weiter den Vorteil, auch im Alter bis unten hin beastet zu bleiben. Schön wirken verschieden hohe Dreiergruppen. (Gleich mit unterschiedlicher Höhe in der Baumschule kaufen.) Leider sind von den *Picea omorika* auch breiter werdende Sämlingsformen – meist Kreuzungen mit der Sitka-Fichte – im Handel.
Tannen benötigen Platz, wenn auch Einzelpflanzen von *Abies concolor*, *A. homolepis* und *A. pinsapo* sehr dekorativ sind.
Zedern können sich zu Prachtexemplaren auswachsen, aber nur in milden Gegenden. Zu empfehlen sind *Cedrus atlantica* 'Glauca' (liebt Kalkboden) und *C. deodara* (liebt sauren Boden). An entsprechender Stelle kann auch die heimische Lärche gut wirken. In luftfeuchteren Küstengebieten wächst die Japanlärche besser *(Larix kaempferi)*.
Ein Modebaum ist der Urwelt-Mammutbaum geworden *(Metasequoia glyptostroboides)*, der erst 1945 wieder entdeckt wurde; er wirkt in Einzelstellung sehr eindruckvoll, gedeiht leicht, ist schnellwüchsig, erreicht auf feuchteren Böden jährlich bis 1 m Höhenzuwachs und wirft im Herbst die Nadeln ab. Bei den Fichten bietet sich besonders *Picea breweriana* als große Solitärgestalt an (Mähnenfichte), auch *P. orientalis* und *P. pungens*. Die Verwendung veredelter, hoher Blaufichten ist Geschmackssache. An Kiefern kommt in erster Linie die Österreichische Schwarzkiefer in Frage, *Pinus nigra* ssp. *nigra*, dann *P. peuce*, schließlich die Gelb- und die Tränenkiefer, *P. ponderosa* und *P. wallichiana*.
Bleibt noch *Ginkgo biloba*, der Ginkgobaum, der auf den ersten Blick wie ein sommergrüner Laubbaum aussieht. Er nimmt jedoch eine Sonderstellung im botanischen System ein; er steht den Koniferen näher. Wer einen dieser Riesen pflanzt, muß sich vorher überlegen, ob er auch in 10 oder 20 Jahren noch dahin paßt. Wenn zu wenig Platz ist, wird später alles andere unterdrückt, da man sich von dem prächtigen Exemplar nicht trennen kann.

# Geschnittene und natürliche Hecken

**Vor- und Nachteile einer Hecke**
Eine schöne Hecke ist immer einem Eisen- oder Holzzaun vorzuziehen. Sie schützt die Bewohner vor unerwünschten Blicken und gibt ihnen das Gefühl des Geborgenseins. Sie begünstigt das Kleinklima durch Windschutz und verstärkter Taubildung; der alljährliche Laubfall fördert die Humusanreicherung des Bodens. In der Hecke selbst nisten gern Vögel, und der Igel hat hier sein Lager. Bei frei wachsenden Blütenhecken kommt die Blütenpracht dazu und der Fruchtschmuck im Herbst. Leider sind manche Heckenpflanzen (z.B. Weißdorn) auch Brutstätten für Schädlinge. Eine Hecke benötigt mehr Platz als ein Zaun und eine freiwachsende Blütenhecke mehr als eine streng geschnittene. Hier spielt die Größe des Gartens eine Rolle.

**Grenzabstände**
Am Anfang des Buches wurde bereits erwähnt, daß der gesetzliche Grenzabstand in der Bundesrepublik nicht einheitlich geregelt ist. Wo strenge Maßstäbe angewandt werden, verlangt das Gesetz bei Hecken bis zu 2 m Höhe einen Abstand von $^1/_2$ m, bei Hecken über 2 m Höhe einen Abstand von 1 m. Wer eine Hecke pflanzen will, sollte sich durch ein Gespräch mit dem Nachbarn oder durch Rücksprache mit dem örtlichen Amt vorher Klarheit verschaffen. Einigen sich zwei Nachbarn über eine strenggeschnittene Hecke, so kann die Pflege von beiden übernommen werden – jeder pflegt seine Seite.

## Pflanzung und Pflege

**Erdvorbereitung**
Fast immer sind im Grenzbereich die Böden arm. Heckenpflanzen werden ziemlich dicht gepflanzt, um so gründlicher muß der Boden vorbereitet werden. Es ist falsch, einige Löcher aneinandergereiht zu graben und die Heckenpflanzen hineinzusetzen. Diese Methode kann bei einer freiwachsenden Blütenhecke angewendet werden, aber nicht bei streng geschnittenen Hecken. Hier wird ein durchgehender Graben entlang der Grenze ausgehoben. Tiefe und Breite richtet sich nach der geplanten Hecke. Kleinere, bis 1 m hoch, sind mit 25–50 cm zufrieden, solche bis 2 m benötigen eine Grabenbreite von 40–60 cm und bei noch höheren Hecken nochmals 10–20 cm mehr. Je nach Pflanzart und Bodenbeschaffenheit wird zwischen 25 cm und 50 cm tief gegraben. Normalerweise wird die Erde einen Spaten tief auf die Seite gelegt und einen Spaten tief intensiv gelockert und mit feuchtem Torf vermengt. Auf diese lockere Sohle wird nochmals dünn Torf gegeben, wenn es sich um Ballenpflanzen handelt (sie werden mit dem Ballen darauf gesetzt). Die ausgehobene Erde wird ebenfalls mit Torf vermengt. Wo genügend Komposterde vorhanden ist, kann davon ebenfalls etwas zugemengt werden. Bei Heckenpflanzen, die ohne Wurzelballen geliefert werden, kommt etwa die Hälfte der ausgehobenen Erde zurück in den Graben, damit die Wurzeln beim Einsetzen von der Seite her gleich einen Halt bekommen.

**Pflanzung**
Bei geschnittenen Hecken wird streng nach der Schnur gepflanzt. Wichtig ist der Pflanzenabstand. Er richtet sich in erster Linie nach der Größe der Pflanzware und auch etwas nach der Pflanzenart. Viele Arten gibt es in Baumschulen in den verschiedensten Größen zu kaufen, so z. B. die Hainbuche. Das Angebot reicht von jungen Pflanzen ohne Ballen mit 40–60 cm Höhe über Pflanzen aus extra weitem Stand ohne Ballen in Höhen von 0,80–2,25 m bis zu den Pflanzen mit Ballen, die dreimal verpflanzt, streng säulenförmig geschnitten und bis 3 m hoch sind. Große Baumschulen bieten mehr als 20 verschiedene Größen und Qualitäten dieser einen Art an. Die Preise pro Stück liegen in einer entsprechend breiten Spanne zwischen 1,20 DM und 45,– DM. Wer gleich eine eine fertige, 3 m hohe Hecke wünscht, muß tief in die Tasche greifen. Andererseits wird von größeren Pflanzen eine geringere Stückzahl benötigt als von kleinen. Bei dem angegebenen Beispiel wird man per laufenden Meter bei der kleinsten Art vier bis fünf Stück und bei der größten etwa zwei Stück benötigen. Die später folgende Aufzählung der wichtigsten Arten enthält auch diesbezügliche Angaben.

Um ganz gleichmäßige Abstände zu bekommen, werden vor der Pflanzung an der gespannten Richtschnur die Abstände markiert (mit einem Filzschreiber oder durch Einbinden von Schnurresten). Ballenpflanzen werden wie andere Gehölze mit Ballen behandelt. Verknotung lösen, Ballierungsmaterial aus Jute wird nicht entfernt im Gegensatz zu Kunststoffgeweben. Bei Heckenpflanzen ohne Ballen werden überlange Wurzeln etwas eingekürzt. Beim Einsetzen immer wieder die Richtung kontrollieren, die Wurzeln dabei gut antreten. In Hausgärten nur einreihig pflanzen. Wo aus bestimmten Gründen doch doppelreihig gepflanzt wird, kommt in der zweiten Reihe immer ein Exemplar zwischen zwei Pflanzen der ersten Reihe (versetzt gepflanzt). Ist die gesamte Hecke gepflanzt, so wird noch einmal die Richtung kontrolliert, ebenso der senkrechte Stand der Einzelpflanze. Alles wird nun durchdringend angegossen, am besten mit dem Wasserschlauch. Nach dem Versickern des Wassers wird die restliche, auf der Seite liegende Erde eingefüllt und entlang der Pflanzenbasis ein kleiner Gießgraben für späteres Wässern gebildet. Heckenpflanzen ohne Wurzelballen benötigen gleich nach dem Pflanzen einen kräftigen Rückschnitt, je nach Pflanzenart etwa auf ein Drittel oder auf die Hälfte. Dabei wird in entsprechender Höhe eine straffe Schnur gespannt und nach dieser mit der Heckenschere geschnitten. Durch diesen Rückschnitt entwickeln sich auch von unten gut garnierte Heckenpflanzen.

**Der Schnitt**

Wer eine tadellose streng geschnittene Hecke wünscht, darf die Hecke nicht in kurzer Zeit in die Höhe ziehen. Oberster Grundsatz ist, daß das Höhenwachstum nicht auf Kosten des Breitenwachstums gehen darf. Laufender Rückschnitt der Höhentriebe ist Voraussetzung für eine einwandfreie seitliche Garnierung. Auch 10 cm über dem Boden muß eine gute Verzweigung vorhanden sein. Erst wenn unten genug Seitentriebe gebildet wurden, wird die Hecke allmählich, nämlich Jahr um Jahr etwas in die Höhe gezogen; das heißt, bei jedem Schnitt geben wir etwa 5 cm zu, bis die endgültige, gewünschte Höhe erreicht ist. Jeder Schnitt sollte mit einer Schnur erfolgen, das Auge allein ist ein unsicheres Hilfsmittel. Wichtig ist, daß Hecken nicht rechteckig geschnitten werden, sondern leicht pyramidal. Unten ist also die Hecke je nach Höhe 5–15 cm breiter als oben (dadurch verkahlen die Hecken nicht).

Auf die Schneidwerkzeuge wurde bei den Geräten hingewiesen. Wer eine lange, geschnittene Hecke hat, sollte eine elektrische Heckenschere besitzen. Eine Hecke kann jederzeit geschnitten werden, aber am besten Ende Juni, wenn nicht mehr allzuviele Vögel brüten. Meistens ist ein zweiter Schnitt im August erforderlich. Bei manchen ist ein Korrekturschnitt im Winter angebracht. Zu strenge, scharfe Kanten sollten leicht abgerundet werden, was aber besser mit einer einfachen Heckenschere durchzuführen ist. Beim Schnitt mit der elektrischen Heckenschere erspart man sich durch eine Hilfskraft, die sich um das Kabel kümmert, viel Zeit und Ärger (beispielsweise über abgeschnittene Elektrokabel). Zu hoch gewachsene, alte Hecken können im Winter ohne weiteres auf die Hälfte zurückgenommen werden, was natürlich nicht allein mit der Heckenschere durchzuführen ist; eine Baumsäge ist dazu nötig. Beste Zeit Februar/März. Während der sommerlichen Schnittperiode wählt man besser etwas trübe Tage, sonst hängt die Hecke trotz Ausharken der Oberfläche voll dürrer Blätter. Bei trübem Wetter erfolgt schnell der Regenerationstrieb, und die Schnittrückstände sind bald überwachsen.

**Sonstige Pflegemaßnahmen**

Dichtstehende Heckenpflanzen haben einen erhöhten Nährstoffbedarf. Beste Form der Nahrungszufuhr ist das Aufbringen einer etwa 5 cm starken Schicht von Torfmischdünger bei Frühlingsbeginn. Während des Triebes kann dann noch einmal eine Lösung eines Blaukornmineraldüngers gegeben werden. Ab Juli nicht mehr düngen. Durch das Aufbringen von Torfmischdünger im Frühling wird auch das Unkrautwachstum gemindert. Bei einer richtig aufgebauten, an der Basis dicht verzweigten geschnittenen Hecke

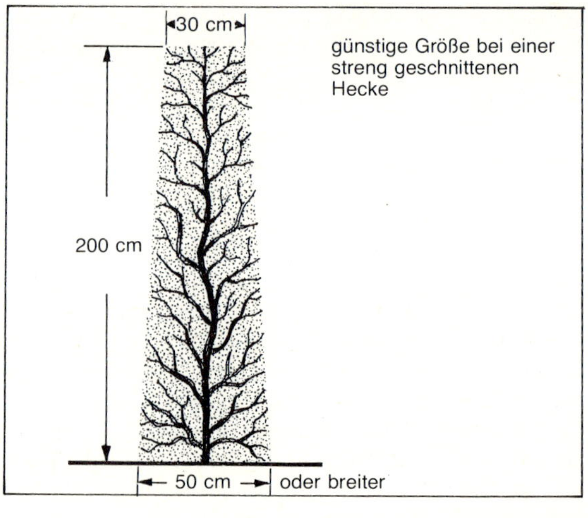

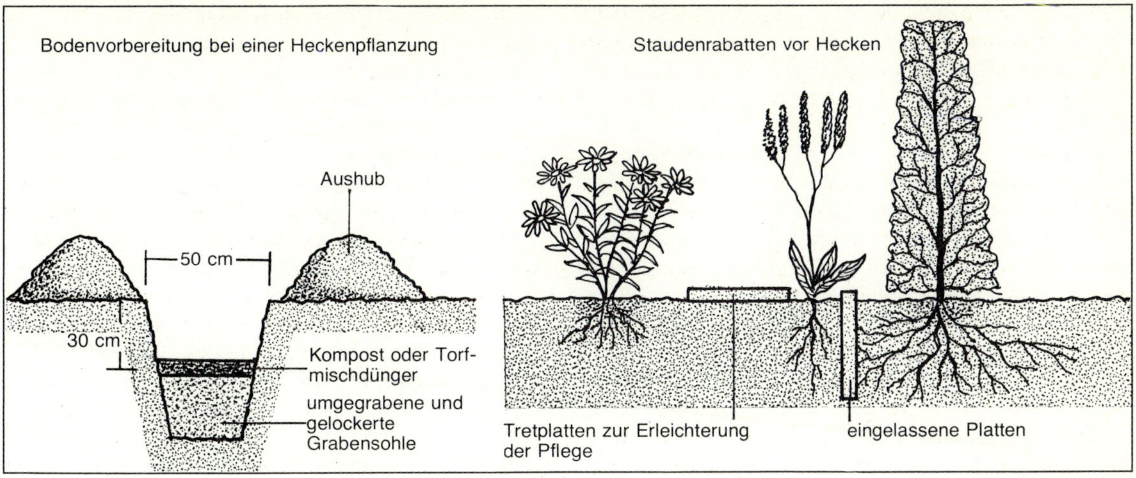


ist der Lichteinfall während der Vegetationsperiode so gering, daß kaum Unkraut aufkommt. Wichtig ist, daß beim Pflanzen keine Queckenwurzeln mit in den Boden kommen. Die moderne Chemie hat ein reiches Angebot an Unkrautvernichtungsmitteln, die viele krautige Pflanzen vernichten, der holzigen Basis der Heckenpflanzen aber nicht schaden. Immergrüne Hecken können durch Schneebruch geschädigt werden. Bei zu großen Schneemassen die Oberseite durch Abklopfen befreien.

## Pflanzenauswahl für streng geschnittene Hecken

### Laubabwerfende Hecken

Es gibt viel mehr geeignete Gehölzarten, als allgemein angenommen wird, und es gibt sie für jede gewünschte Endgröße. Nur die wichtigsten können hier genannt werden.

Für niedere Einfaßhecken bis etwa 40 cm Höhe sind zu empfehlen: *Berberis thunbergii* 'Atropurpurea Nana' (Zwerg-Blutberberitze, bei 15–20 cm Höhe 5–6 Pflanzen), *Deutzia gracilis* (Zwergdeutzie, 30–40 cm, 4–5 Stück), *Spiraea × bumalda* 'Anthony Waterer' (Spierstrauch, 30–40 cm, 4–5 Stück), *S. japonica* 'Little Princess' (30–40 cm, 4–5 Stück). Für Hecken bis 1 m Höhe: *Berberis thunbergii* und die Form 'Atropurpurea' (Blutberberitze 40–60 cm, 3–4 Stück), *Chaenomeles speciosa* (Japanquitte 40–70 cm, 5–6 Stück), *Potentilla fruticosa* 'Farreri' (Fingerstrauch 40–60 cm, 4–5 Stück), *Salix purpurea* 'Nana' (Zwergpurpurweide, 60–70 cm, 4–5 Stück). Die als Sichtschutz bevorzugte Höhe beträgt 2 m; hier ist das Pflanzenangebot am größten. *Acer campestre* (Feldahorn, 80–100 cm, 3–4 Stück), *Carpinus betulus* (Hainbuche, 80–100 cm, 3–4 Stück). *Crataegus pedicellata* (Scharlachdorn, 70–90 cm, 4–6 Stück; krankheitsfrei, frosthart), *Ligustrum vulgare* (Liguster, 50–80 cm 4–5 Stück; sehr billig, aber langweilig), *Spiraea × arguta* (Spierstrauch, 60–80 cm, 3–4 Stück). In den wenigsten Fällen werden im Hausgarten Hecken mit einer Höhe von 2–4 m benötigt. Die schon genannte Hainbuche, der Feldahorn, der Scharlachdorn, die Ligusterarten und andere können auch für diese Endhöhe gewählt werden.

### Immergrüne Hecken

Zunehmend beliebter werden Hecken aus immergrünen Laubgehölzen. Der Vorteil liegt beim totalen Sichtschutz auch im Winter, dem verstärkten Wind- und Schallschutz und, nicht zu vergessen, bei der auch im Winter grünen Hintergrundkulisse, Nachteilig ist der etwas höhere Anschaffungspreis. Alle Immergrünen werden mit Ballen oder im Container geliefert. Bei ihnen sollte viel Torf in den Boden gegeben werden, sie benötigen wesentlich mehr Wasser als die laubabwerfenden Heckenpflanzen. Durchdringendes Wässern vor Winterbeginn nicht vergessen.

Für kleinere Hecken bis etwa 1 m Höhe eignen sich *Berberis verruculosa* (Immergrüner Sauerdorn, 30–40 cm, 3 Stück, undurchdringlich für Katzen und Hunde), *Mahonia aquifolum* (Mahonie, Fiederberberitze, 30–40 cm, 5 Stück), *Lonicera pileata* (Heckenkirsche 30–40 cm, 3–4 Stück). Höher werden *Berberis julianae* (ebenfalls eine immergrüne Berberitze, 30–40 cm, 3 Stück), *Ilex aquifolium* (Stechpalme, 40–60 cm, 3 Stück), *Ligustrum ovalifolium*

(Immergrüner Liguster, 50–80 cm, 6 Stück, nicht überall völlig hart), *Pyracantha* in Arten und Formen (Feuerdorn, 40–60 cm, 4 Stück).

**Koniferen**

Alle Hinweise aus dem vorhergegangenen Abschnitt gelten auch für die Koniferenhecke. Leider stellt sich oft der Preis als Hindernis vor den Kauf. In der Höhe zwischen 1/2 m und 1 m läßt sich *Taxus baccata* halten (Eibe, 40–50 cm, 3–4 Stück). Zwischen 1 m und 2 m eignen sich für geschnittene Koniferenhecken, außer dieser Eibe, eine ganze Reihe von aufrechten *Chamaecyparis*-Arten (Scheinzypresse, 60–80 cm, 4 Stück), *Pinus mugo* ssp. *mugo* (Bergkiefer, 30–40 cm Abstand 3–4 Stück). Bekannt, aber nicht jedermanns Geschmack, sind die *Thuja*-Arten. Vor Fichtenhekken muß gewarnt werden, da früher oder später Kahlstellen auftreten und ein Verjüngen nicht möglich ist.

## Frei wachsende Blütenhecken

**Freie, gemischte Pflanzung**

Wo genügend Platz vorhanden ist, sollte eine frei wachsende Blütenhecke einer streng geschnittenen vorgezogen werden. Man kann natürlich dabei keine dichte, bis zum Boden beastete Hecke verlangen, einen Zaun kann sie meist nicht ersetzen. Aber durch elegant überhängende Zweige, durch Blüten- und Fruchtschmuck hat sie viele Vorteile. Besonders an Böschungen, mit denen man sowieso nicht viel anfangen kann, ist eine frei wachsende Blütenhecke sehr praktisch. Besser weniger Arten verwenden, die in der Reihenfolge rhythmisch wiederkehren, als zuviele verschiedene Arten und Sorten. Miteinander blühende, in der Blütenfarbe harmonierende Pflanzen sollten zusammenkommen. Auch hier, wie bei der Einzelpflanzung, ältere Triebe an der Basis entfernen und nicht die Zweige einkürzen. Der Abstand von Strauch zu Strauch beträgt etwa 1,5–2 m, je nachdem, wie schnell man diese Art von Hecke geschlossen haben will. Immer drei bis fünf Stück einer Art nebeneinander pflanzen, ehe auf eine andere übergewechselt wird. Wer mit dem Platz nicht haushalten muß, kann auch doppelreihig pflanzen. Die dem Garten zugewandte Seite bietet dann die Möglichkeit, auch kleiner bleibende Blütensträucher zu setzen und dadurch Kulissen zu schaffen. Die in einer Reihe durchgehenden Sträucher sollen ruhig in der Höhe etwas variieren. Das betont den natürlichen Wuchscharakter. Zu solch einer Art Hecke werden möglichst reichblühende Sträucher verwendet, wie *Amelanchier canadensis* (Felsenbirne), *Berberis* × *rubrostilla* 'Barbarossa' und *B. wilsoniae* (Berberitzen), *Chaenomeles speciosa* in Sorten (Japanquitten), *Deutzia* × *magnifica, D. scabra* 'Candidissima' (Deutzien), *Forsythia* × *intermedia* 'Spectabilis', *Kerria japonica* 'Pleniflora' (Ranunkelstrauch), *Malus sargentii* (Zierapfel), *Philadelphus coronarius* (Pfeifenstrauch), *Potentilla fruticosa* 'Farreri' (Fingerstrauch), *Prunus padus* (Traubenkirsche), *Robinia pseudoacacia* (Robinie), *Spiraea* × *arguta, S. nipponica, S.* × *vanhouttei* (Spierstrauch), *Syringa josikaea* (Ungarischer Flieder), *Weigela* 'Eva Rathke' (Weigelie). Das ist natürlich nur eine kleine Auswahl. In jedem Falle entscheidet der vorhandene Platz.

Man braucht keinesfalls immer nur eine gemischte freie Blütenhecke zu pflanzen; sie kann ebensogut mit nur einer Art gestaltet werden. Besonders *Spiraea* × *arguta, Potentilla fruticosa* und *Chaenomeles japonica* wirken in einheitlicher Pflanzung sehr gut.

**Undurchdringliche Hecken**

Es ist weiter nicht schwierig, solche Hecken zu pflanzen, sofern nur der Platz dafür ausreicht. Gebraucht werden vor allem Gehölze mit Dornen und Stacheln, z. B. viele der Berberitzen-Arten, Japanische Quitten, Scharlachdorn, Zieräpfel, Feuerdorn, Robinie – sie alle wurden schon vorher bei anderen Arten von Hecken genannt. Hinzu kommen: viele Strauchrosen, *Elaeagnus angustifolia* (Ölweide), *Gleditsia triacanthos* (Lederhülsenbaum), *Hippophaë rhamnoides* (Sanddorn).

*Oben: Zu den ausdauernsten und geschnitten gut aussehenden Heckenpflanzen gehört die Hain- oder Weißbuche, Carpinus betulus. Das Bild zeigt eine schöne Hainbuchenhecke in Hannover-Herrenhausen. Da die im Winter braunen Blätter oft bis zum Frühling haften, geben Hainbuchenhecken auch in dieser Jahreszeit noch Wind- und Sichtschutz. Unten Beispiele von Schlingpflanzen: Links eine schöne großblütige, lila Clematis-Hybride. Rechts Clematis 'Huldine'; diese weißblühende Sorte, mit mittelgroßen Blüten, ist besonders für kältere Gegenden zu empfehlen.*

ANNO

# Die Rose und ihre Begleiter

## Was man über Rosen wissen sollte

Rosen gehören in jeden Garten. Die Hauptblütezeit beginnt im Juni und dauert bis in den Herbst, in besonders milden Jahren bis in den Dezember. Hobbygärtner, denen die Zeit fehlt, sich mit Annuellen zu beschäftigen, haben mit den Rosen die geeigneten Pflanzen, um für den Sommer und Herbst, wenn kaum noch Stauden oder Sträucher blühen, Farbflecke zu schaffen. Extrem sonnige und trockene Lagen sollten gemieden werden (Spinnmilbenbefall usw.).

**Einteilung**
Die Rose ist eine sehr alte Kulturpflanze. Durch Selektion und Kreuzung entstanden unsere heutigen Zuchtrosen. Sie werden nach Verwendungszweck und Wuchsform in einzelne Gruppen unterteilt: Die *Teehybriden* oder sog. Edelrosen haben meist einen aufwärtsstrebenden, buschigen Wuchs und zumeist einzeln stehende, große, gefüllte, elegante Blüten. Die Durchschnittshöhe liegt bei 60–100 cm. Ihr Gegenstück sind die kleinblumigen, aber ungemein vielblütigen Beetrosen, die *Polyantharosen*. Sie werden nur noch selten gepflanzt, aber ihre Kreuzungsprodukte mit der Teehybride nehmen einen immer breiteren Raum ein. Sie sind unter der Bezeichnung *Polyanthahybriden* bekannt. Diese nochmals mit Edelrosen zurückgekreuzt, ergeben die inzwischen sehr verbreiteten *Floribundarosen*. Heute zählt man auch die Polyanthahybriden mit zur Klasse der Floribundarosen. Alle diese Rosentypen haben einen breiten, buschigen Wuchs und eine größere Anzahl von Blüten je Trieb. Die Blüten der Floribundarosen sind fast edelrosengleich, aber trotzdem zu mehreren in Büscheln stehend. Zwischen den einzelnen Gruppen gibt es alle Übergänge, was die genaue Einteilung sehr erschwert. Zwischen den eigentlichen Floribundarosen und den Teehybriden steht die neuerdings aus der Züchtung entstandene Gruppe der *Grandiflorarosen*, die edelrosengleiche Blüten zu mehreren auf einem Stiel tragen. Beetrosen erreichen Höhen zwischen 35 cm und 90 cm.
*Kletterrosen* sind allgemein bekannt. Die einzelnen Triebe werden 2–4 m lang. Die Bezeichnung „Kletterrose“ ist etwas irreführend, denn diese Pflanzen gehören zwar mit ihren Stacheln zu den sogenannten Spreizklimmern, sind aber doch meist nicht in der Lage, selbst zu klettern. Sie müssen an Rankgerüsten, Zäunen oder ähnlichem befestigt werden. Bei den Kletterrosen gibt es einmal- und öfterblühende Arten und Sorten.
Schließlich gibt es auch noch *Zwergrosen*, die wie stark verkleinerte Polyantharosen aussehen. Ihre Höhe differiert zwischen 10 cm und 30 cm.
*Hochstammrosen* gewinnen wieder an Interesse. Auf besonders herangezogenen Wildstämmchen werden Edel-, Floribunda-, Polyantha-, Miniatur- und Kletterrosen veredelt. Im letzgenannten Fall spricht man von *Hängerosen*, da die langen Triebe nach unten hängen.
Stark an Beliebtheit zugenommen haben die *Strauchrosen*, die vom Beginn der Rosenblüte bis zum Frost blühen. Sie können eine Höhe bis über 3 m erreichen. Es gibt sie mit einfachen, halbgefüllten oder ganz gefüllten Blüten. Die *Parkrosen* rechnet man heute meist zu den Strauchrosen. Die Park- und die *Wildrosen* sind in der Gestalt sehr variabel und in den meisten Fällen nur einmal blühend. Bei ihnen ist oft ein hübscher Fruchtschmuck (Hagebutten) vorhanden.

**Verwendung**
So vielseitig wie die Wuchsformen sind auch die Verwendungsmöglichkeiten. Edelrosen kommen am besten in einer regelmäßigen Pflanzung zur Geltung, sei es im rechteckigen Schnittrosenbeet oder in einem speziellen Rosengärtchen, wie am Anfang dieses Buches erwähnt. Stammrosen können dabei effektvoll mit Beetrosen kombiniert werden. Hochstamm- und Trauerrosen sollten einen auffallenden Platz erhalten, neben der Terrasse, als Solitärgestalt in der Rasenfläche, neben dem Eingang oder im Vorgarten. Unbegrenzt sind die Pflanzmöglichkeiten für die vielblütigen Beetrosen (Polyantha-, Floribunda- und Grandiflorarosen). Besonders die Sorten mit halbgefüllten Blüten lassen sich gut mit Stauden kombinieren, wie Rittersporn, Madonnenlilie, Margeriten,

*Buschrosen (Polyanthahybriden, Floribundarosen) bieten für den Hausgarten die größten Verwendungsmöglichkeiten. Es sind flächige Pflanzungen oder gemischte Stauden-Rosen-Kombinationen möglich.*

Salbei und vielen anderen (s. Abschnitt „Begleitpflanzen"). Bekannt sind große und kleine, regelmäßig und unregelmäßig geformte Rosenbeete. Die gute Wirkung vor dunklem Koniferenhintergrund sollte häufiger genutzt werden. Abgrenzungsstreifen zwischen Zier- und Nutzgarten werden gern mit Rosen bepflanzt, auch Rabatten am Rasen oder an der Terrasse. Nicht zu hoch werdende Sorten eignen sich für Dachgärten und lassen sich sogar in Kübeln und Trögen ziehen. Die Strauchrosen bilden schon kleine Hecken und wirken sehr schön als Gruppen am Rasenrand. Fensterlose Garagenwände werden damit abgedeckt. Die Strauch- und Wildrosen gehören in die frei wachsende Blütenhecke. Oder einzelne (z.B. *Rosa pimpinellifolia* 'Frühlingsgold') an Solitärplätze. Mit Kletterrosen können Pergolen und alle möglichen Gerüste berankt werden, wenn nur genügend Sonne vorhanden ist. Zwergrosen kommen in Töpfe, Kübel und Balkonkästen. Einfach oder halbgefüllt blühende sind sogar im Steingarten oder im Miniaturgarten zu verwenden. Diese sind verhältnismäßig leicht aus Samen zu ziehen.

**Auszeichnungen und Züchterschutz**

Jede Rose sieht, zum richtigen Augenblick fotografiert, sehr dekorativ aus. Man soll sich deshalb nicht vom schönen Bild in den Farbkatalogen beeindrukken lassen. Viel wichtiger sind einzelne andere Hinweise. In neun deutschen Prüfungsgärten werden deutsche und ausländische Rosenneuheiten auf ihren Wert hin geprüft (Gesundheit, Wüchsigkeit, Blüheigenschaften, Duft, Farbe, Haltbarkeit und Selbstreinigen der Blüten). Züchtungen, die 80 Punkte und mehr erreichen, bekommen die begehrte Auszeichnung ADR-Rose (All-Deutsche-Rosenneuheitenprüfung). Wer diese Rosen kauft, hat sicher die besten Sorten gewählt. Besonderes Gewicht hat diese Auszeichnung für Gärten, die nicht im idealen Rosenklima liegen.

Liebhaber, die Rosen selbst veredeln wollen, müssen vorher klären, ob es sich um patentamtlich geschützte Sorten handelt. Auch die Entnahme von einzelnen Augen einer gekauften geschützten Sorte ist nicht gestattet. Ob es sich um eine solche handelt, kann man am Etikett ersehen. Darauf ist ein spezielles Zeichen

*Ziersträucher im Garten. Oben: Cornus nuttallii ist mehr ein mittelgroßer Baum aus Nordamerika mit hübschen Blüten im Mai und schöner Herbstfärbung. Nicht für Kalkböden! Seite 261 oben links: Von den Japanischen Zwergahornarten gibt es viele Sorten mit unterschiedlicher Blattfärbung und ornamentalem Laub. Am bekanntesten ist der abgebildete Acer palmatum 'Atropurpureum'. Leider bringt eine Pilzkrankheit oft ganze Äste zum Absterben; dann hilft nur die Säge. Oben rechts: Zu den im Winter während milder Perioden aufblühenden Gehölzen zählt die Zaubernuß. Das Bild zeigt die sehr schöne Hamamelis japonica 'Zuccariniana'. Mitte links: Viel zu wenig wird Exochorda racemosa mit den schönen weißen Blüten gepflanzt, obwohl auch dieser Strauch vollkommen winterhart ist. Mitte rechts: Weitverbreitet sind die Weigelien; besonders wertvoll wegen der etwas späteren Blütezeit. Die abgebildete alte Sorte 'Eva Rathke' ist immer noch eine der besten, kräftig rot blühenden Sorten. Unten links: Außer den bekannten staudigen Pfingstrosen kommen aus Ostasien auch verholzende Strauchpäonien zu uns, denen man völlig zu Unrecht Empfindlichkeit andichtete. Neben solchen mit rosa Blüten gibt es auch weiß-, rot- und gelbblühende Paeonia-Suffruticosa-Hybriden. Unten rechts: Die Blüten bei Decaisnea fargesii sind unbedeutend, aber die bohnenartigen Früchte sind im Herbst sehr auffallend, deshalb der Name Blauer Bohnenstrauch.*

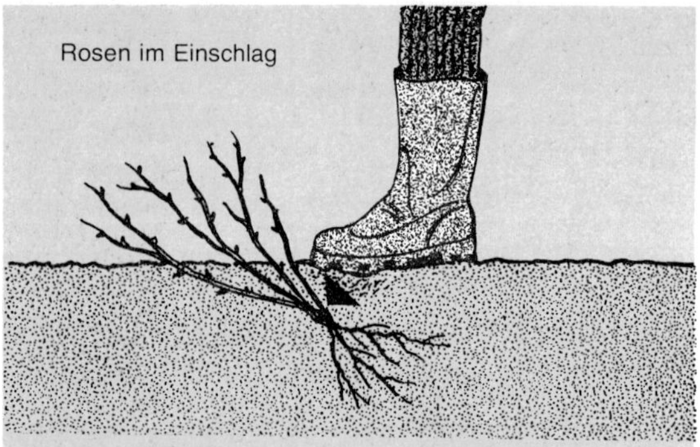


dicht an dicht schräg einschlagen, Veredlung und ein Teil der Edelreiser muß in die Erde
Antreten, damit kein Luftraum zwischen den Wurzeln bleibt

Diese treiben im Frühling neu aus, und an ihren Enden bilden sich die Blüten; Kletter- und Wildrosen zum Beispiel blühen am alten Holz. Alle gekauften Rosen (mit wenigen Ausnahmen) bestehen aus zwei Individuen, der Unterlage und der Veredelung. Alle Rosenzüchtungen lassen sich nur vegetativ vermehren; Samennachzucht würde ein buntes, minderwärtiges Sämlingsgemisch ergeben. Die einzige Möglichkeit, schnell eine große Stückzahl zu bekommen, bietet die Veredelung. Den Wildlingen (*Rosa canina* und viele andere), die aus Samen gezogen wurden, wird auf ihren Wurzelhals ein Auge einer Rosenneuheit eingesetzt. Im folgenden Winter werden sie bis über dieses Auge zurückgeschnitten und treiben dann nur als Edelrose aus. Die etwas verdickte Veredelungsstelle ist später immer noch gut zu erkennen. Das

abgebildet, bei deutschen Züchtungen eine stilisierte Rose mit zwei halbmondähnlichen Zeichen, die sich mit dem Rücken gegenüberstehen. Auch ausländische Züchter und Vertriebsgemeinschaften haben ihre eigenen Markenzeichen, die auch diesen einen Züchterschutz garantieren.

Das zu wissen, ist auch in anderer Hinsicht wichtig. Der Gartenanfänger wundert sich oft über die Preisunterschiede in Rosenangeboten. Bei den billigen Sonderangeboten handelt es sich immer um ältere, nicht geschützte Sorten – oft in minderer Qualität –, bei denen keine Lizenzgebühr bezahlt werden muß. Der Züchter, der ja einen enorm hohen Aufwand treiben muß, um eine Neuheit einführen zu können, vermag seine Arbeit nur über die Lizenzgebühr bei geschützten Sorten zu finanzieren. Nicht alle ungeschützten alten Sorten sind schlecht; man sollte aber nur die pflanzen, die man an anderer Stelle gesehen hat. Das Risiko bei den neuen geschützten Sorten ist wesentlich geringer.

## Wie wird gepflanzt?

### Rosenanatomie

Wer Rosen richtig pflanzen und pflegen will, muß einiges über sie wissen. Die Rose bildet Zweige und Triebe, die mit der Zeit verholzen; sie überdauern den Winter und sterben nicht ab. Aus dem verholzten Teil, knapp über der Veredelungsstelle, treiben von Zeit zu Zeit kräftige Jungtriebe, die alles abgängige Holz ersetzen. Die Rose gehört also zu den Sträuchern und damit zu den Gehölzen. Die Triebknospen entlang den Zweigen werden als Augen bezeichnet.

Rückschnitt der Polyantha- und Floribundarosen

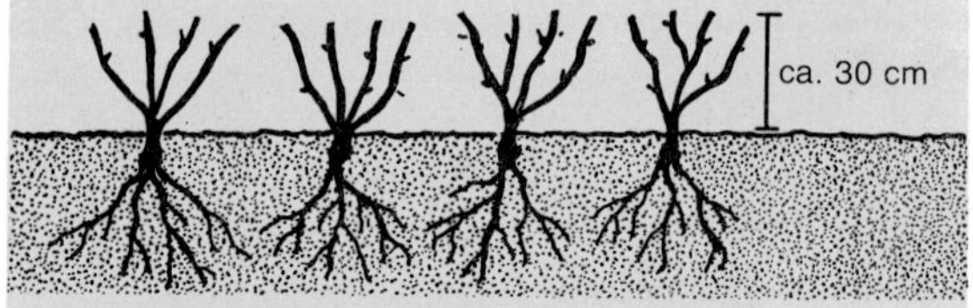


bei flächiger Pflanzung

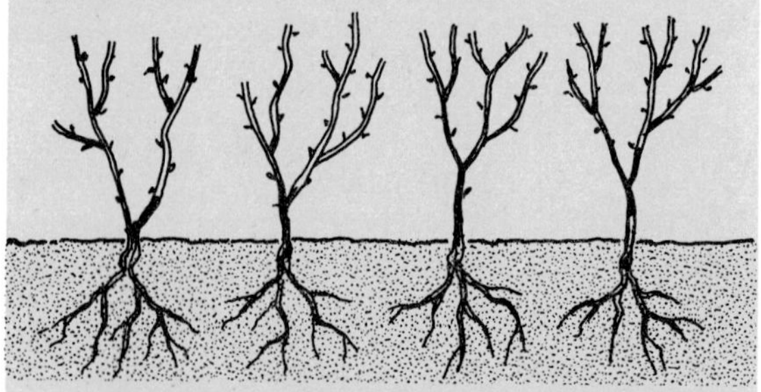

bei freier Pflanzung nur erfrorene und überlange Triebe einkürzen!

Wurzelsystem unterhalb dieser Stelle gehört also zur Wildrose (Unterlage) und die oberirdischen Teile darüber zur Edelsorte.

**Rosen kommen an**

Wenn Rosen nicht an Ort und Stelle gekauft werden, sondern mit der Bahn von Baum- und Rosenschulen kommen, sind sie in Strohballen oder in Kartons verpackt. Die einzelnen Sorten sind zusammengebunden, und um die Wurzeln ist feuchtes Moos oder Holzwolle gewickelt. Vorsichtig auseinandernehmen, damit die einzelnen Sorten nicht durcheinandergeraten. Eingetroffene Rosen immer erst einige Stunden ins Wasser stellen. Herbstpflanzung und Frühjahrspflanzung sind möglich. Wo Pflanzungen nur im März/April/Mai in Frage kommen, ist die Wässerung mit besonderer Sorgfalt durchzuführen, da diese Rosen meist aus dem Kühlhaus kommen, wo sie aufbewahrt wurden, um einen zu frühen Austrieb zu verhindern.

Wird im Herbst gepflanzt, so darf das nicht zu früh geschehen, nicht vor Ende Oktober, da die Pflanzen vorher nicht ausgereift sind. Kommen die Pflanzen sehr spät an, und es kann wegen Dauerfrost nicht mehr gepflanzt werden, dann werden sie eingeschlagen; nicht im warmen Keller, sondern im Freien! Vorsorglich kann man so einen Platz durch Laubschüttung vorher frostfrei halten. Die Pflanzen werden dicht an dicht schräg eingeschlagen. Die Veredlungsstelle und ein Teil der Edelreiser müssen gut mit Erde bedeckt sein.

**Bodenvorbereitung**

Guter Rosenboden ist lehmig-sandig, nährstoffreich und hat einen pH-Wert von 6,4–7,5. Wo diese Voraussetzungen nicht erfüllt sind, sollte der Boden verbessert werden. Die Rose steht lange am gleichen Platz, deshalb lohnt sich eine gründliche Vorbereitung. Die Grabtiefe beträgt etwa zwei Spatenstiche. Der weitere Untergrund soll möglichst durchlässig sein. Wenn Rosen an die gleiche Stelle gepflanzt werden, an der schon vorher Rosen gestanden hatten, muß der Boden ausgewechselt werden. Er ist „rosenmüde“. Unsere Edel- und Beetrosen halten etwa 15–30 Jahre am gleichen Ort aus. Beim Boden tritt diese Rosenmüdigkeit auch schon auf, wenn die Rosen nur wenige Jahre auf dem Platz gestanden haben, und durch eine neue Rosenpflanzung ersetzt werden sollen. Die alten Rosenpflanzen hätte diese merkwürdige Wachstumsdepression dagegen noch lange nicht betroffen. Wer die Bodenerneuerung nicht durchführt, wird es bereuen.

Alles, was nicht in den Boden gehört, wie große Steine, Scherben, Bauschutt, Dauerunkräuter, wird vor einer Erstbepflanzung entfernt. Bei der etwa 40 cm tiefen Bearbeitung darauf achten, daß die Mutterbodenschicht oben bleibt! Eine Humusdüngung, also Gaben von Kompost, verrottetem Mist und Torf, schadet nie. Mineraldünger haben bei der Pflanzung noch nichts zu suchen. Nasse, tonige, kalte Böden müssen dräniert werden, z. B. durch Styromullzusatz; bei den sandigen Böden hilft Hygromull oder Torf. Ist der Boden vorbereitet, so wird glattgeharkt und der Pflanzenabstand markiert. Dieser richtet sich danach, ob es sich um eine schwach- oder starkwüchsige Sorte handelt, um eine lockere Vorpflanzung oder ein dichtes, geschlossenes Beet. Auf Beeten kann der Abstand etwa 30–50 cm betragen, wenn man eine wirkungsvolle Farbfläche erhalten will, bei Zwergrosen sogar nur 20–30 cm. Strauchrosen-Dreiergruppen benötigen über 1 m Abstand – bei heckenartiger Pflanzung ist er etwas geringer –, Hochstämmchen 1,2–1,5 m und Kletterrosen mehr als 3 m.

**Das Pflanzen**

Oberster Grundsatz ist, daß die Wurzeln feucht bleiben. Wo sie nicht in einem Gefäß mit Wasser verbleiben können, deckt man sie neben dem Pflanzplatz mit einem nassen Sack zu. Die Wurzeln werden nur etwa um ein Drittel zurückgeschnitten, extrem lange Hauptwurzeln auf etwa 20 cm. Alles Abgebrochene und Beschädigte wird auf gesunde Wurzeln zurückgenommen. Von den Trieben wird gleichermaßen alles Überlange und Geknickte entfernt. Die oft schon für die Herbstpflanzung empfohlene Kürzung auf 30 cm bringt keine Vorteile, höchstens Nachteile. Auch bei Herbstpflanzung erfolgt der Pflanzschnitt erst im Frühling. Die Erde wird an den markierten Stellen 25–30 cm tief ausgehoben; die Wurzeln sollen im Pflanzloch genügend Platz haben und nicht umgebogen werden. Zum Rosenpflanzen gehören zwei Personen, da die Pflanzhöhe wegen der Veredlungsstelle sehr wichtig ist. Diese muß 5 cm mit Erde bedeckt sein. Eine Person hält die Pflanze in richtiger Höhe und die zweite schaufelt die Erde in das Loch. Dabei wird die Rose etwas geschüttelt, damit die Erde gut zwischen die Wurzeln kommt. Die etwas hochgewölbte Erde wird angetreten und ein kleiner Gießrand geschaffen. Reichlich wässern! Später wird angehäufelt mit lockerer Erde, so daß das Edelholz an der Basis etwa 20 cm hoch bedeckt ist. Auch im Frühling! Erst wenn die Augen treiben, wird abgehäufelt und bei Beetrosen jeder Trieb auf drei bis fünf Augen zurückgeschnitten. Die Schnittstelle soll immer etwas

*Seite 264 oben links: Eine wüchsige Strauchrose mit rosaroten Blüten, die dicht gefüllt sind, ist Rosa acicularis 'Dornröschen'. Sie ist sehr frosthart, an Hauswänden wird sie mehr als 2 m hoch. Die Einzelblüte ist edelrosengleich, und sie ist dauerblühend bis zum Frost. Oben rechts: Ein Gegenstück dazu ist die elegant-einfache Rosa moyesii mit den tiefblutroten Blüten. Diese Rose wächst breitausladend und benötigt deshalb etwas mehr Platz. Außer durch die reiche Blüte ist die Pflanze auch wegen des leuchtendroten Fruchtbehangs im Herbst wertvoll. Besonders als Einzelpflanze ist die Rosa moyesii ein Schmuckstück. Unten: Edelrose 'Kronenbourg', besonders durch die gelblichen, rotgeäderten Knospen auffallend, die sich dann zu feurig-purpurroten Blüten öffnen. Eine Edelrose, die kräftig und buschig wächst. Außerdem hat diese Sorte einen vorzüglichen Duft. Winterschutz nicht vergessen! Seite 265: Das ist keine Rhododendron-Züchtung, sondern eine Wildart aus den Wäldern des Kaukasus, Rhododendron smirnowii. Diese Art ist für jeden Garten zu empfehlen. Sie ist vollkommen winterhart, langsamwachsend und von mittlerer Größe. Die großen rosa Blüten erscheinen erst im Mai-Juni und werden deshalb kaum mehr von Spätfrösten erwischt. Wichtig für den Gartenfreund ist, daß diese Rhododendronart auch geringe Mengen Kalk im Boden toleriert. Die üblichen Torfbeimengungen sind jedoch bei der Pflanzung zu berücksichtigen.*

über einem Auge liegen. Strauch-, Wild- und Kletterrosen beläßt man etwas länger. Wer Hochstämmchen pflanzt, muß den Stützpfahl vor dem Pflanzen einschlagen. Er soll immer in der Hauptwindrichtung stehen. Mit Plastikbindern wird der Stamm an zwei Stellen an den Pfahl gebunden. Hochstammrosen sollen nicht tiefer in den Boden gelangen, als sie in der Baumschule gestanden haben. Kletterrosen kommen mit der Wurzel nicht zu dicht an die Wand, da diese Zone doch meist nur aus Bauschutt besteht und Dach oder Mauer den Regen abwehren. Etwa 40cm Abstand halten und die Triebe zur Mauer hin biegen.

## Rosenpflege

### Schnitt

Mit dem Schnitt wird die Wüchsigkeit der Pflanze erhalten. Grundsätzlich ist aber dennoch zwischen dem Schnitt niedriger Beetrosen und dem von Wild- und Kletterrosen streng zu unterscheiden. Ein Teil der oberen Triebe mag sowieso dem Winter zum Opfer gefallen sein und wird damit entfernt. Auch bei alteingewachsenen Beetrosen erfolgt der Pflegeschnitt erst im Frühling, was nicht ausschließt, daß überlange Triebe, die bei Winterschutzmaßnahmen stören, schon im Herbst zurückgenommen werden können. Geschnitten wird Mitte März bis Mitte April, je nach der jährlichen Witterung und der Lage des Gartens. Bei eingewachsenen Pflanzen kann ebenso rigoros vorgegangen werden wie nach der Pflanzung. Schwache Triebe werden stark zurückgeschnitten oder ganz entfernt, starke und kräftige auf nur wenige Augen. Es kommt ganz auf die Höhe an, auf der man die Pflanzen halten will. Starker Rückschnitt fördert die Bildung einzelner extrem starker Triebe und gefährdet damit den gleichmäßigen Aufbau der Pflanzen. Besser ist ein der Wuchsstärke angepaßter, aber dennoch kräftiger Rückschnitt. Auf einheitlichen Beeten kann auch möglichst gleichmäßig auf etwa 30cm zurückgeschnitten werden. Alte, mehrjährige Triebe werden hin und wieder bis nahe der Veredlungsstelle eingekürzt, um die Bildung junger Triebe von unten zu fördern. Stammrosen keinesfalls vor dem Austrieb schneiden, da man dann erst genau erkennen kann, was den Winter unbeschädigt überdauert hat.
*Strauch- und Wildrosen* vor allem auslichten; alles tote Holz, alle schwachen Triebe und für den gesamten Aufbau unschöne Verzweigungen entfernen. Kein Rückschnitt der nach dem Auslichten verbleibenden Triebe!
Bei *Kletterrosen* nur abgestorbene und überalterte, meist drei- bis vierjährige Triebe an der Basis entfernen. Die Seitentriebe auf zwei bis drei Augen einkürzen. Kletterrosen blühen am besten am ein- und zweijährigen Holz. Durch das jährliche Auslichten wird die Bildung starker einjähriger Ruten, die sich im nächsten Jahr voll mit Blütenbüscheln garnieren, sehr gefördert. Die langen Ruten waagerecht anbinden, aber nie einkürzen!

### Sommerliche Arbeiten

Die Hauptarbeit ist das Abschneiden aller verwelkten Blüten. Je eher abgeschnitten wird, um so besser. Der Rückschnitt erfolgt auf das oberste voll entwickelte Blatt. Von Zeit zu Zeit kürzt man besonders bei Edelrosen stärker ein, damit die Pflanze ihre Form behält. Beetrosen blühen nicht mit gleichmäßig starker Blütenfülle bis zum Herbst, was gleichfalls für Strauchrosen und für öfterblühende Kletterrosen gilt. Je schneller das Verblühte abgeschnitten wird, um so mehr Blütenhöhepunkte erreicht die Pflanzung. Bei allen nur einmalblühenden Rosen mit schönen Hagebutten (Wildrosen, Strauchrosen) beläßt man natürlich die Fruchtstände!
Im Sommer bei Trockenheit wässern. Die Rosen sollen möglichst dabei nicht naß werden, um dem Pilzbefall entgegenzuwirken (Wasser aus dem Schlauch laufen lassen, nur Boden bewässern).

### Winterschutz

Moderne Rosen sind härter geworden, sie sind aber noch nicht völlig winterfest. Je nach Gebiet muß mehr oder weniger Winterschutz gegeben werden. Leider weiß man im voraus nicht, was für ein Winter kommt, und man sollte sich auf kein Risiko einlassen. Der be-

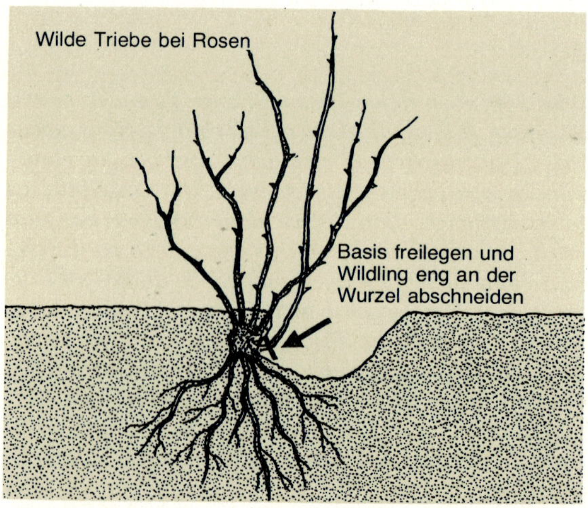

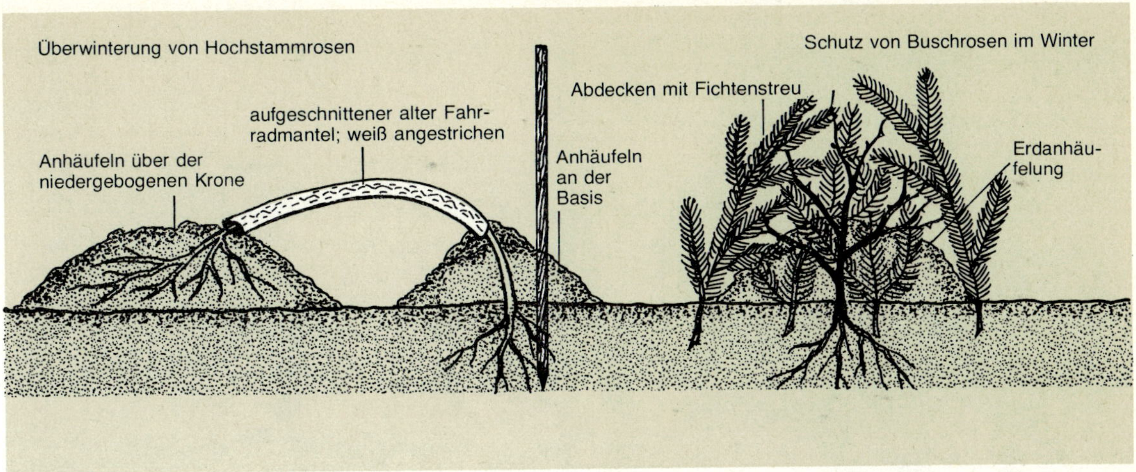


ste Winterschutz wäre eine dauerhafte, genügend hohe Schneedecke. Erfrierungen durch tiefe Temperaturen sind weniger zu erwarten; aber starke Temperaturschwankungen wirken sich schädlich aus, ebenso ungehindertes Einstrahlen der Februarsonne, was zum Vertrocknen der Triebe führt. Auf die 20 cm hohe Anhäufelung mit Erde wurde schon hingewiesen. Wenn es sich nicht um Neupflanzungen handelt, wird erst Ende November/Anfang Dezember, vor dem Einsetzen stärkerer Dauerfröste angehäufelt. Die gesamte Fläche wird mit Fichtenreisig gegen Strahlungsschäden abgedeckt. So ist ein doppelter Frostschutz vorhanden. In sehr milden Wintern kommen Rosen ungeschützt durch den Winter. In mäßig starken erfrieren alle Triebteile, die oberhalb der Fichtenzweige stehen, und in sehr strengen Wintern erfriert alles oberhalb der Anhäufelung. Das gilt für Edel-, Polyantha-, Floribunda-, Grandiflora- und Zwergrosen.
Strauchrosen werden ebenfalls angehäufelt, erhalten aber nur im ersten Jahr nach der Pflanzung eine Fichtengrünabdeckung; Strauch- und Parkrosen sind meist genügend hart. Kletterrosen können als alteingewachsene Pflanzen nur selten Schutz auf der ganzen Fläche bekommen. Zur Risikosicherung sollte man auch sie anhäufeln, besonders in den ersten Jahren. Richtige Sortenwahl ist aber hier der beste Schutz. Die einmal, aber überreich blühende ältere Sorte 'Pauls Scarlet Climber' friert z. B. in frostgefährdeten Lagen oft bis zur Basis zurück, die neuere 'Flammentanz' hält jeden Extremwinter aus.
Mehr Arbeit bereiten Hochstammrosen. Die Veredlungstelle befindet sich nicht wie bei Buschrosen knapp oberhalb der Wurzel, sondern knapp unterhalb der Krone. Diese muß geschützt werden. Das Stämmchen wird vom Pfahl gelöst und, falls es noch jung und elastisch ist, zur Erde niedergebogen, mit einer genügend großen Astgabel festgesteckt und ganz mit Erde bedeckt. Ist der Stamm zu alt und steif und das Niederbiegen ohne Bruchgefahr nicht mehr möglich, so wird die Krone mit Holzwolle, Stroh, trockenem Heidekraut oder ähnlichem Material umgeben. Außen herum werden Fichtenzweige gebunden. Das oft durchgeführte Umbinden mit undurchlässigem Material wie Plastikfolien und Ölpapier hat mehr Nachteile als Vorteile. Niedergebogene Stämmchen können zusätzlich mit Fichtenreisig geschützt werden. Den Winterschutz im Frühling zum richtigen Zeitpunkt entfernen, nicht zu früh und nicht zu spät, damit sich nicht zu viele geile Triebe bilden.

**Düngung**

Nach dem gründlichen Einwachsen haben Rosen einen ziemlich hohen Nährstoffbedarf. Dann kann ohne weiteres mit Mineraldünger gearbeitet werden, im Gegensatz zur Pflanzung. Je zeitiger im Jahr die Düngung erfolgt, um so besser ist es. Etwa 50–70 g eines Blaukornvolldüngers je Quadratmeter werden kurz vor oder gleich nach der Schneeschmelze gegeben, die gleiche Menge nochmals nach dem Abhäufeln. Die letzte Volldüngergabe erfolgt im Juni/Juli. Bei nasser Witterung zur Triebfestigung im Oktober Kali geben. Bei einer stickstoffhaltigen Düngung nach Anfang Juli reifen die Triebe nicht genügend aus, und die Rosen gehen frostgefährdet in den Winter. Eine gute Düngemaßnahme, kombiniert mit Winterschutz, ist das Aufbringen von strohigem Rinderdünger im Spätherbst. Torfmischdünger läßt sich

*Seite 268: Rechtzeitige Ernte für die Trockenbinderei. Oben: Sonnenflügel, Strohblumen, Statice, Hasenschwanzgras und Getreide. Unten: Im Herbst kann man mit den Früchten der Ziersträucher allerlei Gebinde machen: Blauer Bohnenstrauch, Zieräpfel, Sanddorn und Felsenmispel. Seite 269 links: Eine alte Zimmerpflanze ist der Judenbart, Saxifraga stolonifera 'Tricolor'. Oben rechts: Pelargonium-Grandiflorum-Hybriden, allgemein bekannt unter dem Namen Edelpelargonien, hier die Sorte 'Marktgärtners Freude'. Unten links: Eine prachtvolle Orchidee ist Cymbidium 'Baylon Castle Hill'. Unten rechts: Die aus Brasilien stammende Engelstrompete, Datura suaveolens, ist eine dankbare Kübelpflanze.*

ebenfalls gut verwenden; die ganze Pflanzfläche wird nach dem Abhäufeln etwa 1 cm hoch damit bedeckt (entspricht zwei bis drei Ballen auf 100 $m^2$). Bei den Mineraldüngern eignen sich Blaukornvolldünger oder Hakaphos Perfekt. Eine Blattdüngung kommt z. B. bei Mangelschäden oder Trockenheit in Frage. Weiter sind eine ganze Anzahl von speziellen Rosendüngern im Handel, deren Nährstoffzusammensetzung des Bedürfnissen der Rosen angepaßt ist. Besonders gut wachsen und blühen die Pflanzen mit Mischdüngern, deren Stickstoffgehalt gleichmäßig über längere Zeit an die Pflanze abgegeben wird (z. B. Rosen-Floranid).

**Pflanzenschutz**

Ohne Pflanzenschutz kommen Rosen nicht aus, wobei die pilzlichen Krankheiten wie Mehltau, Sternrußtau und Rosenrost meist mehr Kummer machen als z. B. Blattläuse. Viel hängt von der Bodenpflege und vom Standort ab. In sehr geschützen, geschlossenen Lagen tritt schon bald nach dem Austrieb Mehltau auf. Auch der Rosenrost mit den roten Pusteln kommt an solchen Orten vermehrt vor. Der Sternrußtau – kenntlich an den schwarzen Flecken auf den Blättern – tritt ab Mitte des Sommers verstärkt auf. Ab Juni ist die hohe Zeit der Blattläuse, der Raupen und – vermehrt auf Kletterrosen an Südwänden – der Rosenzikaden. Auch Spinnmilben treten in warmen Lagen auf. Vorbeugende Maßnahmen helfen viel Ärger sparen, beispielsweise durch Spritzung mit einem Austriebsspritzmittel (Folidol), wie sie im Obstbau verwendet werden, schon vor dem Austrieb. Dadurch werden die Überwinterungsformen der Blattläuse vernichtet. Später werden die Läuse durch andere Insektizide bekämpft. Sind nur einige Triebspitzen befallen, so genügt eine Spraydose.

Vorbeugend gegen Pilzkrankheiten wird ab Mai in vierzehntägigem Abstand bis zum Herbst gespritzt. Ist eine Pilzkrankheit einmal aufgetreten, dann läßt sie sich durch Spritzung wohl eindämmen; aber erkrankte Pflanzenteile werden dadurch nicht wieder gesund. Bequem sind kombinierte Spritzmittel gegen schädliche Insekten und Pilzkrankheiten (Bilobran oder Gesal-Spritzmittel). Gegen alle Pilzkrankheiten an Rosen hat sich Badilin-Rosenfluid bewährt. Spezielle Mittel gegen echten Mehltau bei Rosen sind Saprol, Compo-Mehltaumittel F 238 und Euparen. In Abständen von zwei Wochen eingehend spritzen, auch vorbeugend.

Die Chlorose (Gelbsucht), eine Eisenmangelkrankheit, tritt auch bei Rosen auf. Zwar lieben Rosen einen leicht kalkhaltigen Boden, doch nur bis zu einem gewissen Grad, dann werden die Triebe und Blätter gelb. Es kommt hier stark auf die Sorte an. Verschiedene Wildrosen (*Rosa rugosa* u. a.) sind da besonders empfindlich. Da nicht allein das Aussehen leidet, sondern auch durch verringerte Assimilation Wachstumsstockungen auftreten, muß die Chlorose behoben werden: mit starken Torfgaben, verdünnter Phosphorsäure und am bequemsten mit Fetrilon. Bei Neuanlagen mit übermäßigem Kalkanteil im Boden wird unter die Erde 30–50 g Fetrilon/$m^2$ gemischt. Gründliche Einarbeitung ist unerläßlich. Auch flüssig kann das Mittel angewendet werden. 60–100 g werden in 10 l Wasser gelöst; damit können vier bis sechs Rosenstöcke gegossen werden. Hinterher mit klarem Wasser spülen. Oder man tränkt einen Ballen Torf mit einer Lösung von 200–300 g Fetrilon. Die Masse

Bei Mehltau und Sternrußtau die Rosenblätter auch von unten mit Fungizid besprühen

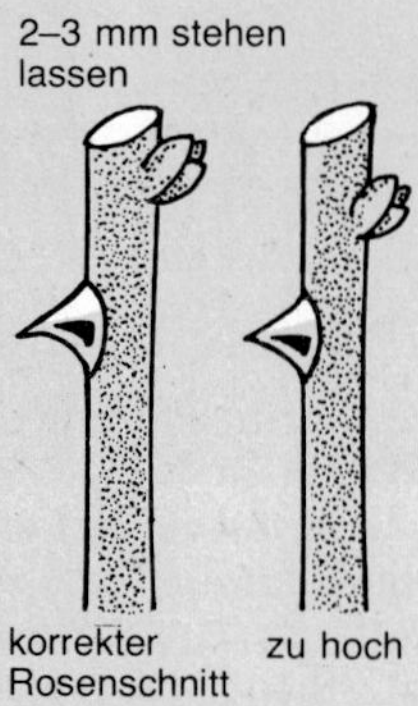


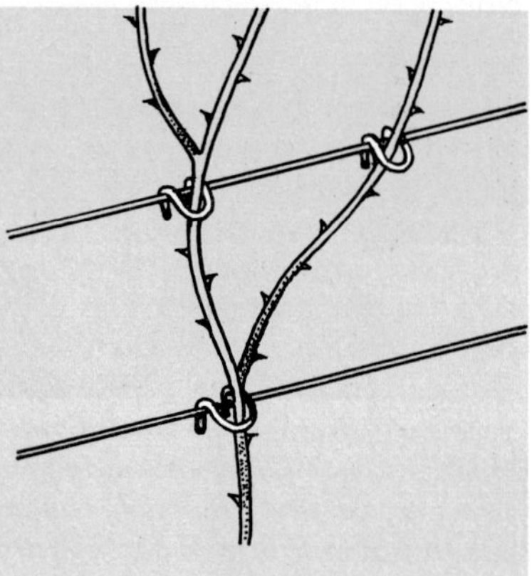

Klammern zum Aufbinden von Kletterrosen aus kunststoffummanteltem Draht

wird auf die Pflanzenfläche verteilt. Zur sofortigen Bekämpfung kann auch mit einer etwa 0,003%igen Fetrilonlösung gespritzt werden, doch ist die Wirkung nicht sehr anhaltend, eventuell wiederholen.
Allen Mitteln wird zur besseren Benetzung und zur Verminderung der unerwünschten Fleckenbildung 0,025% Citowett zugesetzt (2,5 cm³/10 l Brühe).

## Begleitpflanzen

### Gehölzpartner

Große, regelmäßige, gleichförmige Rosenbeete gehören in öffentliche Anlagen. Im Hausgarten wirken kombinierte Pflanzungen wesentlich besser. Dabei darf natürlich kein „Streuzuckereffekt" entstehen, sondern die gleichmäßigen Flächen sollten von Stauden und Gehölzen unterbrochen werden oder eine Vorpflanzung aus ihnen erhalten. Es gibt bei den Gehölzen nicht sehr viele, die voll befriedigen. Rosen wirken vor dunklem Koniferenhintergrund (Eiben!) immer gut, aber zur Zwischenpflanzung befriedigt eigentlich nur die Kiefer. *Pinus mugo* ssp. *mugo* und kleinere Arten und Formen können dazu kombiniert werden. Ideale Partner unter den Sträuchern sind die verschiedenen *Potentilla,* die durch ihre Höhe und ihre lange Blütezeit sich mit den Rosen ergänzen. Von den Halbsträuchern passen Lavendel, *Perovskia* und *Caryopteris* × *clandonensis* dazu. Auch niedere *Cotoneaster* wirken gut.

### Staudenpartner

Hier muß unterschieden werden, ob es sich um Partner für Staudenpflanzungen oder für Rosenpflanzungen handelt. Überwiegen die Rosen und wurden die genannten Hölzer verwendet, so wirken einige Stauden mit silbergrauer Blattfarbe sehr elegant. Es gibt eine ganze Reihe davon, z.B. *Artemisia* (Beifuß), in verschiedene Höhenabstufungen; beste Arten für diesen Zweck sind *A. schmidtiana* 'Nana' und, für höheren Wuchs, *A. ludoviciana* 'Silver Queen', weiter das Hasenohr, *Stachys olympica* (= *S. lanata)* und seine Ausleseformen sowie die Silberkamille, *Anthemis biebersteiniana*. Als Solitärgestalten in der Rosenfläche wirken hohe *Verbascum* (Königskerzen) und *Onopordum bracteatum* (Rieseneselsdistel). Im Frühling, wenn die Rosen noch kahl sind, können Krokus und Tulpen dazwischengepflanzt werden; im Sommer sind *Allium*-Arten oder deren Fruchtstände aparte Gegenspieler.
Aber auch höher wachsende Staudenarten mit ausdrucksvollem Blütenschmuck vertragen sich gut mit Rosen, speziell mit rotblühenden, z.B. *Delphinium*-Arten (Rittersporn), *Chrysanthemum maximum* (Margeriten), *Achillea* 'Coronation Gold' (Edelgarbe) und *Salvia nemorosa* 'Ostfriesland' oder *S. patens* (Salbei) sind gut geeignet.

### Gräserpartner

Auch hier überwiegt der silbergraue Ton: *Festuca glauca* (Schafschwingel) mit ihren Auslesen wird teppichartig gepflanzt, natürlich nicht in regelmäßiger Form, sondern hier ausgreifend, dort zurückweichend; dazwischen steht *Helictotrichon sempervirens* (= *Avena sempervirens)* 'Pendula' (Blaustrahlhafer). Aber auch einzelne Gräser passen in diese Pflanzung, wie *Calamagrostis acutiflora* 'Karl Foerster' (Reitgras), *Molinia arundinacea* (= *M. altissima*) 'Karl Foerster' oder 'Heidekind', *Panicum virgatum* 'Rotstrahlbusch' (Zierhirse) und die verschiedenen *Pennisetum*-Arten (Lampenputzergras).

### Sommerblumenpartner

Die meisten Sommerblumen sind wegen ihrer kräftigen Farben keine geeigneten Begleiter für Rosen. Es gibt nur wenige Ausnahmen von dieser Regel. Das sind blaublühende und graulaubige Pflanzen, vor allem die noch viel zu selten verwendete *Salvia farinacea (Salbei). Das vielfach dazu verwendete Chrysanthemum frutescens* (Strauchmargerite) ist nur bedingt zu empfehlen. Eine sehr gute Einfassung zu Rosen bietet *Lobularia maritima* var. *benthamii,* der Duftsteinrich.

## Der streng geometrische Rosengarten

### Zusätzliche Pflanzen

Diese Art Liebhabergarten wurde am Anfang bereits kurz erwähnt. Obgleich ein Garten nur für Rosen, sind trotzdem auch andere Pflanzen darin vertreten, speziell als Einfassung. Kleine geschnittete Buchsbaum- und Lavendelhecken umgeben die geometrischen Quartiere. Große geschnittene Koniferen bilden den richtigen Hintergrund, etwa *Thuja*- oder besser *Taxus*-Hecken.

### Rosen über alles

Das Hauptelement einer solchen Anlage bilden Edel- und großblütige Floribundarosen. Besonders hübsch wirken Hochstämmchen oder Hochstammhängerosen als ihr Mittelpunkt. Kletterrosen besetzen Pergolen und Mauern. Kleine, jeweils einfarbige Teppiche von Zwergrosen wirken gut in diesem Garten. Edel-

rosen wollen einzeln bewundert werden; es kann also bunt gemischt gepflanzt werden, doch sollten möglichst drei Pflanzen von jeder Sorte beisammenstehen.

## Kletterrosen

### Klettergerüst

Kletterrosen benötigen zum Ranken Hilfmittel. Das mächtigste, die Pergola, wurde schon eingehend besprochen. In den meisten Fällen kommen Kletterrosen an glatte Mauerflächen, wo ihre Triebe gelegentlich unmittelbar befestigt werden. Besser ist ein Spaliergerüst. Es gibt drei Möglichkeiten für seine Beschaffung: Selbstbau aus kräftigen Holzleisten, die einen Lackaufbau bekommen wie die Fenster am Haus. Zweitens: Baustahlgewebe, am besten kunststoffbeschichtet oder wenigstens gut entrostet und lackiert. Als dritte Möglichkeit können fertige Spaliere aus wetterfestem, schlagzähem PVC empfohlen werden, deren Montage sehr einfach ist. Der Farbton Weiß-Lichtgrau wirkt bei diesen Rankgestellen am besten. Der Abstand zwischen Hauswand und Spalier sollte wenigstens 5 cm betragen, einige Zentimeter mehr sind jedoch besser. Gerne berankt werden auch Torbögen und Torpergolen am Haus-, Garten- und Terrasseneingang. Das Gerüst kann aus den genannten Werkstoffen bestehen; die käuflichen PVC-Materialien werden mit Erdverankerung und Metallarmierung geliefert.

### Sortiment

Der Liebhaber steht vor der Frage, ob er einmalblühende oder öfterblühende Kletterrosen pflanzen soll. Am besten löst er sie mit einem Kompromiß und pflanzt beides. Wer erwartet, daß die öfterblühenden unentwegt in voller Pracht stehen bis zum Frost, der irrt; sie blühen nach der Hauptblüte zwar ständig weiter, doch wesentlich gedämpfter. Einige bewährte Sorten sind: 'Goldstern' (gelb, sehr winterhart), 'Sympathie' (dunkelrot, üppig wachsend), 'Parkdirektor Riggers' (mehr aufrechter Wuchs), 'Schwanensee' (weiß mit rosa Hauch),'Solo' (dunkel blutrot, duftend), 'New Dawn' (zartrosa, duftend, immer noch gut), 'Ilse Krohn superior' (weiß, herrlich duftend, hart), 'Hamburger Phönix' (karmesinblutrot, sehr winterhart), 'Blaze superior' (scharlachrot), 'Coral Dawn' (korallenrosa, stark duftend), 'Köln am Rhein' (rosa, duftend), 'Coral Satin' (zartrosa), 'Iskra' (leuchtend rot), 'Heidelberg' (rot). Bei den einmalblühenden Kletterrosen sollte auf eine nicht verzichtet werden: 'Flammentanz', die eine ungeheure Blütenfülle hat und nie zurückfriert. Die Climbing-Sorten (Sports von Edel- und Floribundasorten) sind wesentlich frostempfindlicher und müssen gut geschützt werden.

*Zimmerpflanzen. Oben: Parade der Flaschengärten. Mitte links: Zu den widerstandsfähigsten Tillandsien gehört Tillandsia aeranthos. Sie ist außerdem ein zuverlässiger, dankbarer Blüher. Mitte rechts: Senecio serpens und Echeveria wünschen im Winter einen kühlen, aber frostfreien Standort. Unten links: Cryptanthus bromelioides, eine hübsche Bromelie. Unten rechts: Smithiantha-Hybriden sind Topfpflanzen, die durch Rhizome vermehrt werden.*

## Verschiedene Rosensortimente

### Beetrosen

Das ist die meistgepflanzte Rosengruppe. Besonders die Polyantha- und Floribundarosen blühen reich und anhaltend; ihre Blüten sind intensiv gefärbt und wetterbeständig. Je nach Verwendungsart werden, z.B. für Kombinationen mit Stauden, etwas höhere, für reine Beetbepflanzung niedere Sorten vorgezogen. Natürlich kann der niedere Wuchs sowohl durch den Schnitt als auch durch das Anpflanzen niederer Sorten erreicht werden oder durch Kombination beider Möglichkeiten.

Niedere, gute Sorten mit einer Durchschnittshöhe von 35–60 cm sind: 'Edelweiß' (kremweiße Floribunda), 'Topsi' (orangerot), 'Montana' (schweizerrot),'Rodeo' (zinnoberblutrot),'Marlena' (leuchtend dunkelrot), 'Insel Mainau' (blutrot), 'Sarabande' (geranienrot), 'Goldtopas' (bernstein-braungelb), 'Bonanza' (orange), 'Attraktion' (goldgelb, innen pfirsichrosa).

Unter den höheren Sorten gibt es einige gute Staudenpartner, wie die sehr gesunde 'Märchenland', ferner 'Geisha', 'The Queen Elizabeth Rose', 'Weiße The Queen Elizabeth Rose', 'Florida von Scharbeutz', 'Lichtkönigin Lucia', 'Lyric'. Natürlich können auch viele halbhohe Sorten zu Stauden gestellt werden, wobei solche mit halbgefüllten, offenen Blüten besser wirken (z.B. 'Escapade', 'Paprika') als Sorten mit dichtgefüllten Blüten. Bei den Beetrosen mittlerer Höhe ist die Auswahl am größten, nur wenige sollen genannt werden: 'Anabell' (lachsorange, sehr regenfest) 'Friesia' (goldgelb) 'Gruß aus Bayern' (blutrot, halbgefüllt, für flächige Pflanzungen), 'Pußta' (leuchtend bis dunkelrot). Bei ADR-Rosen ist das Risiko eines Fehlgriffs am geringsten.

**Edelrosen**

Auch bei der Auswahl von Grandiflora- und Teehybriden achte man auf das ADR-Zeichen. Hier, wo es nicht auf Massenwirkung ankommt, kann der eigene Geschmack hinsichtlich Form, Farbe und Duft mehr zur Geltung kommen, obwohl natürlich Spitzensorten wie 'Super Star' oder die alte 'Gloria Dei' auch Massenblüher sind, was nicht unerwünscht ist. Nur selten enttäuschen die folgenden Sorten: 'Mainzer Fastnacht', 'Königin der Rosen', 'Duftwolke', 'Papa Meilland', 'Montezuma', 'Abe's Red', 'John F. Kennedy', 'Erotica', 'Herzog von Windsor', 'Alexandra', 'Feuerzauber', 'Kölner Karneval', 'Kordes Perfecta', 'Königliche Hoheit', 'Neue Revue', 'Picadilly', 'Adolf Horstmann' u.a. Jährlich erscheinen weitere Neuzüchtungen. Leider ist der Duft, im Gegensatz zu den Sorten des vorigen Jahrhunderts, nicht im gleichen Maße berücksichtigt worden wie andere Eigenschaften. Trotzdem findet der Freund duftender Rosen noch genügend Auswahl: 'Duftwolke', 'Duftzauber', 'Primaballerina', 'Ave Maria', 'Electron', 'Lolita', 'Picadilly', 'Wiener Charme', 'Wienerwald', u.a.

**Hochstammrosen**

Die meisten der genannten Edelrosensorten gibt es auch als Stammrosen, so daß sich eine namentliche Aufzählung erübrigt. Die Hochstämmchen werden in Höhen von 30cm, 90cm bis 140cm geliefert. Durch Veredelung von Kletterrosen auf 140cm hohe Hochstämme erhält man Hängerosen (Trauerrosen). Sie passen besonders gut in regelmäßige Anlagen. Star bei den Hängerosen ist 'Sympathie' (dunkelrot): weiter haben sich bewährt: 'Coral Dawn', 'New Dawn', 'Goldstern'. 'Gruß aus Heidelberg', 'Solo', 'Coral Satin', 'Parkdirektor Riggers'.

**Zwergrosen**

Die Zwergrosen (etwa 20–25cm hoch, Pflanzweite 20cm) finden immer mehr Verwendung für alle Arten mobiler Gärten, zu Pflanzungen an Terrassen oder im Steingarten. Das Gesamtsortiment ist weniger umfangreich. Besonders für Topfbepfanzung eignen sich: 'Rosmarin' (silberrosa), 'Scarlet Gem' (dunkel orangerot) 'Starina' (lachs), 'Vatertag' (orange) und 'Muttertag' (rot). Für den Steingarten sind Sorten mit offenen Blüten besser zu verwenden; dabei mindestens drei oder fünf Stück einer Sorte zusammenpflanzen! Zu nennen sind 'Alberich' (leuchtend rot), 'Little Buekaroo' (blutrot, gelbe Mitte), 'Bit O'Sunshine' (gelb). Für andere Zwecke empfehlen sich: 'Baby Maskerade' (kupfergelb, -rot), 'Eleanor' (rosa), 'Lollipop' (leuchtend rot), 'Coralin' (korallenrot), 'Degenhardt' (rein rosa), 'Lax' (lachsorange), 'Little Sunset' (lachsrosa auf gelblichem Grund), 'Zwergkönig' (blutrot), 'Zwergkönigin' (rosa).

**Öfterblühende Strauchrosen**

Für Heidegärten wirken Strauchrosen mit einfachen Blüten sehr natürlich; sie erinnern an Wildrosen, wie 'Hein Mück' und 'Hanseat'. Für Gruppen, ungeschnittene Hecken, Terrassenumrandungen, Hintergrundpflanzungen kommen besonders folgende Sorten in die engere Wahl: 'Dirigent', 'Lichtkönigin Lucia', 'Schneewittchen', 'Lyric', 'Feuerwerk', 'Cocktail', 'Lichterloh', 'Stadt Rosenheim', 'Friedrich Heyer', 'Händel', 'Westerland'. Besonders für Hekken eignen sich 'Bischofsstadt Paderborn', 'Elmshorn', 'Mannheim' und 'Nymphenburg' (doppelreihig pflanzen, Abstand von Pflanze zu Pflanze 60–100cm, von Reihe zu Reihe 90–100cm).

**Einmalblühende Strauchrosen**

Es handelt sich um Wildrosen und deren Sorten, die einmal im Jahr blühen und zum Teil auch einen interessanten Fruchtschmuck tragen. Manche sind uralt und einige etwas krankheitsanfällig, andere sind bestens zu empfehlen: *Rosa acicularis* 'Dornröschen', *R. hugonis* (sehr frühblühend), *R. moyesii* 'Marguerite Hilling', die verschiedenen Sorten von *R. pimpinellifolia:* 'Frühlingsanfang', 'Frühlingsgold', 'Frühlingsmorgen'; auch *R. xanthina* darf nicht vergessen werden. Manche „Frühlings"-Sorten, wie 'Frühlingszauber' und 'Frühlingsduft', sind leider schwer zu beschaffen.

**Alte Rosen**

In letzter Zeit besinnen sich Rosenliebhaber mehr und mehr auf die Rosen unserer Großeltern und Urgroßeltern, bei denen der Duft oft viel stärker ausgeprägt war als bei den neuen Rosen. Es macht Spaß, einzelne Gruppen der Rosenfamilie zusammenzutragen, wie Remontantrosen, Chinarosen, Teerosen, Japanische Rose (Kartoffelrose), Schottische Zaunrose (Apfelrose), Moschata-Hybriden (Lambertina), Moosrosen, Gallica-Hybriden, Damascener- und Portlandrosen, Centifolien, Bourbonrosen, *Rosa*-Alba-Typen. Diese Rosen sind meist schwieriger zu kultivieren als die neueren Züchtungen, weil sie häufig empfindlicher für Mehltau und andere Krankheiten sind; zum Teil blühen sie nur einmal im Jahr. Doch sind die altmodische Form und die Farbe – dazu noch ein köstlicher Duft – oft so faszinierend schön, daß der Liebhaber altmodischer Rosen ihre Mängel in Kauf nimmt.

## Rosenvermehrung

### Generative Vermehrung

Rosensorten lassen sich nicht durch Samen vermehren, sondern nur vegetativ. Der Gartenliebhaber kann allenfalls Zwergrosen (Kußröschen, Bengalrosen) aus Samen ziehen, doch läßt die Winterhärte der Sämlinge oft zu wünschen übrig. Es sind gute Samenmischungen im Handel, aber die Blüten sind oft nicht so dicht gefüllt. Solche uneinheitlichen Gruppen können dann gut im Steingarten verwendet werden. Möglich ist es natürlich, die Wildarten der Parkrosen aus Samen zu ziehen; die Hobbygärtner brauchen aber nie eine so große Stückzahl, daß es sich lohnen wird. Normale Aussaat in Töpfe oder Schalen, Keimung nach zwei bis drei Wochen.

### Vermehrung durch Steckholz

Alle gekauften Edelsorten sind auf einen Wildling veredelt. Wer wurzelechte Pflanzen will, muß mit Steckholz arbeiten, was normalerweise nur bei Kletterrosen gemacht wird, wenn man sich ärgert, daß die Unterlage immer wieder durchtreibt. Von den alten Pflanzen werden etwa 20 cm lange, genügend kräftige Stücke geschnitten, deren Durchmesser an der schwächsten Stelle nicht weniger als 4 mm betragen soll. Unterhalb eines Auges am unteren Ende wird nachgeschnitten; die Wurzelbildung ist an dieser Stelle am besten. Vorteilhaft ist es, die oberen Enden in Baumwachs zu tauchen. Die Steckhölzer werden mit einer Weidenrute zusammengebunden und tief eingeschlagen, entweder im Freien oder, in Sand, im kühlen Keller. Die Steckhölzer müssen vor dem Eintritt stärkerer Fröste geschnitten sein. Sobald der Boden im Frühling abgetrocknet ist, kommen die Hölzer so tief in den Boden, daß nur zwei bis drei Augen oberhalb der Erde stehen. Dabei gut die Erde andrücken. Bald beginnen die über der Erde liegenden Augen des Steckholzes auszutreiben. Leichter Boden ist günstiger als schwerer Lehm.

Außer der geschilderten Art ist auch Vermehrung durch frische Stecklinge während des Sommers möglich. Sobald diese lang genug sind, werden sie abgenommen und in ein Vermehrungsbeet mit „gespannter Luft" gesteckt. Nach vier bis sechs Wochen ist meist der Wurzelansatz am Kallus so weit, daß in Container gepflanzt werden kann.

### Rosen okulieren

Geschützte Sorten dürfen auch für den Eigenbedarf nicht vermehrt werden (Abschnitt „Auszeichnungen und Züchterschutz"). Bei älteren Sorten lohnt es sich nicht, aber von ganz alten Sorten bekommt man oft nur Reiser, aber keine Pflanzen. Der eine oder andere will es darum trotzdem einmal versuchen. Dem Gartenfreund steht als Unterlage meist nur *Rosa canina* (Hundsrose) zur Verfügung. Im Mai/Juni erfolgt das Okulieren auf das treibende Auge – eine nur in Ausnahmefällen angewendete Methode. Meist okuliert man von Juli bis September auf das schlafende Auge, das dann erst im folgenden Jahr austreibt. Die Rinde des Wildlings muß sehr geschmeidig sein und sich gut vom Holz lösen. Das kräftige Edelauge (zwischen Trieb und Blätterstiel) wird erst unmittelbar beim Okulieren schildförmig aus dem Reis geschnitten, etwa 3 cm lang und 0,5 cm breit. Vor allem die Rückseite muß glatt sein und darf keine Hohlräume aufweisen. Der Holzteil wird – soweit vorhanden – herausgelöst. Der Wildling bekommt einen T-förmigen Einschnitt, und die beiden Lappen werden vorsichtig gelöst und aufgeklappt. Das Schildchen des Edelauges wird dann eingeschoben; die Rindenlappen werden wieder darübergeklappt. Alles muß mit einem breiten Gummi- oder Kunststoffband umwickelt werden, besonders fest in der Nähe des Edelauges, das selbst frei bleiben muß. Bei Buschrosen wird die Veredelungsstelle anschließend angehäufelt.

# Rhododendron und andere Moorbeetpflanzen

## Standort und Bodenvorbereitung

Obwohl Rhododendren im Schrifttum bei den Moorbeetpflanzen aufgeführt sind, ist es ein Irrtum, anzunehmen, daß sie nur in reinem Moorboden gedeihen. Rhododendren vertragen nur keinen Kalk. Gewisse Ausnahmen werden im folgenden Kapitel behandelt.

### Ansprüche an den Boden

Der ideale Rhododendronboden ist humos, durchlässig, mildfeucht und von leicht saurer Reaktion. Es gibt kaum einen Hausgarten, in dem der dort vorhandene Humusgehalt ausreicht. Es kann nicht genug Torf (Handelsbezeichnung „Düngetorf“) eingearbeitet werden. Besonders gut ist es, alten verrotteten Rinderdünger mit zu verwenden. Dafür eignet sich auch pulverisierte Sackware (Cofuna, California-Rinderdünger). Stehen diese gerade nicht zur Verfügung, so wird Torfmull mit einem Torfmischdünger (Super-Manural) 1 : 1 gemischt verwendet. Diese Mischung mit der zwei Spaten tief gelockerten Erde gründlichst vermengen. Torf oder Torfmischdünger immer nur angefeuchtet einarbeiten! Wird Torfmischdünger verwendet, so bringt man um den Wurzelballen herum ein Gemisch mit einem geringeren Anteil dieses Düngers ein.
Neuerdings gibt es ein spezielles Torfprodukt für Rhododendron und andere Ericaceen unter der Bezeichnung „Rhodohum“ im Handel. Etwa 1 : 1 mit dem vorhandenen Gartenboden gemischt, gibt es ein ausgezeichnetes Pflanzsubstrat für Rhododendron. Es kommt etwas teurer, aber die Anwendung ist problemlos. Natürlich sind halbverrottete Lauberden ideale Zusätze für Rhododendronböden, besonders solche aus Eichenlaub; sie haben durch den Gerbsäuregehalt der Eichen gleich eine saure Bodenreaktion. Auch Nadelholzerden verbessern Rhododendronböden. Andere tierische Dünger außer Rinderdünger sollten vorher mit Torf kompostiert werden.
Ist der vorhandene Boden sandig, so bedarf er außer der ergänzenden Humuserde keiner weiteren Zusätze. Bei humusreichen Waldböden braucht nicht sehr viel verbessert zu werden, außer einer entsprechenden Düngergabe, da diese Böden meist sehr nährstoffarm sind. Schwere Böden erhalten zu einer großen Humusgabe auch kalkfreien Fluß- oder Kiessand (Körnung 0–3 mm). Alle Erdvorbereitungen werden besser kurze Zeit vor der Bepflanzung durchgeführt. Die abgelagerte Mischung soll einen pH-Wert von etwa 4,5–5,2 haben. Unbedingt muß jedes Stückchen Wurzel von Dauerunkräutern aus dem Boden beseitigt werden, auch wenn es noch so große Mühe macht. Aus einem dichtfaserigen Wurzelballen ist später kein kriechendes Unkraut mehr zu entfernen.
Wie erwähnt, sind Böden mit hohem Kalziumkarbonatgehalt (z. B. Muschelkalk) die größten Feinde jeder Rhododendronpflanzung. Wo gutes Gedeihen auf Böden mit höherem pH-Gehalt beobachtet wurde, handelt es sich fast immer um solche mit hohem Magnesiumgehalt. Die sogenannte Kalk-Chlorose (Gelbsucht) tritt immer dann auf, wenn Kalziumkarbonat die Eisenverbindungen im Boden festlegt, so daß es für die Blattgrünbildung (Chlorophyll) von den Pflanzen nicht aufgenommen werden kann. Auf reinem Kalkstein-Verwitterungsboden mit einer geringen Humusschicht ist die Kultur von Rhododendron fast aussichtslos. Es müßte mindestens eine Schicht von 20 cm des vorhandenen Bodens entfernt werden und durch eine Mischung aus Torfmull, Rhodohum, verrottetem Laub, Sägemehl und lehmfreien Sand ersetzt werden. Auch wenn es sich nur um ein oder wenige Exemplare handelt, hat es keinen Zweck, allein das kleine Pflanzloch mit einer solchen Mischung zu füllen – mindestens die dreifache Fläche muß diese Spezialerde erhalten, sonst dringt alkalisches Bodenwasser bald wieder bis zum Wurzelballen der Rhododendren vor. Zusätzlich werden einige Hilfsstoffe beigemengt, wie Fetrilon (80 g/m$^2$) oder Bittersalz (Magnesiumsulfat 50 g/m$^2$). Wichtig ist, daß in solchen für Rhododendren speziell hergestellten Flächen auch kein Oberflächenwasser aus alkalischen Schichten dringen kann; dem beugt man durch eine geringe Erhöhung der Rhododendronpflanzfläche oder durch Dränagegräben vor. Es gibt auch Rezepte, den alkalischen Boden mit Eisensulfat und gemahlenem Schwefel anzusäuern, doch wird von dieser Methode abgeraten. Lediglich mit stark ver-

dünnter Phosphorsäure (0,5 %) kann die oben angegebene, aufgebrachte Erde zusätzlich leicht angesäuert werden. Für einzelne Rhododendronsträucher können auch halbierte Kunststoffässer oder andere zylindrische Gefäße ohne Boden eingesenkt werden. Der Gefäßrand soll dabei etwas über dem sonstigen Bodenniveau stehen; so kann aus der kalkhaltigen Erde der Umgebung nichts eindringen. Auf den Untergrund kommt zunächst grober Kies oder Styromull als Dränage (mindestens 10 cm stark), damit kein kalkhaltiges Wasser nach oben dringen kann. In das Pflanzloch kann eine stärkere Polyäthylenfolie eingelegt werden, die den gleichen Zweck erfüllt, wenn sie an der tiefsten Stelle durchlöchert und grobes Material aufgebracht wird (andernfalls würde ein Sumpfbecken entstehen). Dann wird die oben erwähnte saure Erdmischung eingefüllt.
In Weihenstephan bei München hat man mit folgender Erdmischung, die auf kalziumkarbonathaltigem Boden aufgebracht wurde, gute Erfahrungen gemacht: Auf 1 m³ Torf (drei bis vier Ballen) kommt 1 kg eines Mineralvolldüngers mit Spurenelementen, etwa 20 g Fetrilon, 5–10 g Kupfersulfat (Kupfervitriol) und 2 g Natriummolybdat. Wird diese Mischung mit dem vorhandenen, leicht alkalischen Boden vermengt, ist ein weiterer Zusatz nicht nötig. Wenn ausschließlich diese Mischung als Pflanzerde verwendet wird, muß 0,5 kg Düngekalk beigemengt werden, weil sie überhaupt kein Kalzium enthält – so merkwürdig das auch klingen mag. Laufende Pflege, Düngung und Gießwasser für alkalische Böden werden im Abschnitt „Bodenpflege" Seite 279 behandelt.

**Ansprüche an die Lage**

Rhododendren vertragen meist keine prall sonnige Lage, wie etwa die Südseite eines Hauses oder einer Gehölzpflanzung. Im tiefen Schatten, dem anderen Extrem, wachsen sie zwar noch, werden aber im Aufbau zu locker und blühen nicht. Halbschatten ist also günstig. In Gebieten mit höherer Luftfeuchte (Küsten, Flußufer, Seeniederungen) kann der Standort wesentlich sonniger sein als im lufttrockenen Binnenland. Auch zwischen den Ansprüchen der großblumigen, starkwüchsigen Arten und der zwergwüchsigen, kleinblumigen muß ein Unterschied gemacht werden. Die großblumigen lieben als typische Waldpflanzen einen etwas stärker beschatteten Pflanzplatz als die kleinblütigen; diese stammen oft aus den waldlosen Höhenlagen der Gebirge und sind Strahlung gewohnt. Laubabwerfende Rhododendren (Azaleen) sind sonnenverträglicher als immergrüne Arten.
Rhododendren sind Flachwurzler; sie etwa in den Wurzelfilz von flachwurzelnden Birken zu setzen, wäre aussichtslos. Ideal sind dagegen hochkronige Bäume mit tiefgehenden Wurzeln, wie Eiche, Kiefer, Lärche und Roterle, Arten, die in Hausgärten aber selten anzutreffen sind. Wo konkurrierende Wurzelbereiche dicht aneinanderstoßen, sollte eine unterirdische Trennwand eingebaut werden, wie im Abschnitt „Staudenpflanzung vor Hecken" näher beschrieben. Außer auf die Schattierung muß auf Schutz vor ausdörrendem Wind und vor Wintersonne geachtet werden. An einem idealen Standort stehen die Pflanzen während der heißen Mittagszeit im Halbschatten. Gestalterisch ist es günstig, wenn sich die Rhododendronpflanzung an höhere Gehölzgruppen oder an Gebäude anlehnt.

**Das Pflanzen**

Rhododendren erhält man aus der Gärtnerei oder aus der Baumschule immer mit Wurzelballen. Eine Ballierung erübrigt sich fast immer, da der Wurzelfilz so dicht ist, daß die Erde zwischen den Wurzeln festgehalten wird. So günstig sich ein trockener Ballen auf die Fracht auswirken mag – für das sofortige Pflanzen ist er Gift. Rhododendronballen gehören über Nacht in ein Gefäß mit Wasser gestellt. Notfalls muß man ein Loch graben, mit Folie auskleiden und mit Wasser füllen. Darin können sich die Wurzelballen wieder vollsaugen. Bei heißem Wetter wird der Ballen vor direkter Sonnenbestrahlung geschützt. Pflanzenloch ausheben, mit etwa 20 cm mehr Durchmesser als der Ballen mißt. Beim Einbringen des Ballens darauf achten, daß die Pflanze auf keinen Fall tiefer in der Erde sitzt als zuvor in der Baumschule. Um den Ballen selbst kommt feuchter Torf, 10 : 1 mit pulverisiertem Rinderdünger oder Super Manural vermischt. Leicht festtreten; das Senken der neuen Pflanzfläche mit berücksichtigen. Einen kleinen Gießrand bilden. Als Starthilfe erhalten die Pflanzen je nach Größe 10–25 l Wasser. Gegen austrocknende Winde und als Sonnenschutz wird eine handhohe Mulchschicht aufgebracht (halbgarer, kalkfreier Kompost, Waldstreu oder halbverrottete Lauberde; wo nicht greifbar, normalen Torf oder besser Rhodohum nehmen). Eventuell Sonnenschutz durch Jutesäcke, die auf einen Rahmen gespannt werden. Sind die Rhododendren mit starkem Knospenbesatz angekommen, so entfernt man nach dem Pflanzen mindestens die Hälfte davon: Das Gleichgewicht zwischen dem stark geschädigten Wurzelwerk und den grünen Teilen der Pflanze muß erst wieder hergestellt werden. Bei gruppenweiser Anlage ist zwischen den einzelnen Exemplaren ein Mindestabstand einzuhalten; man

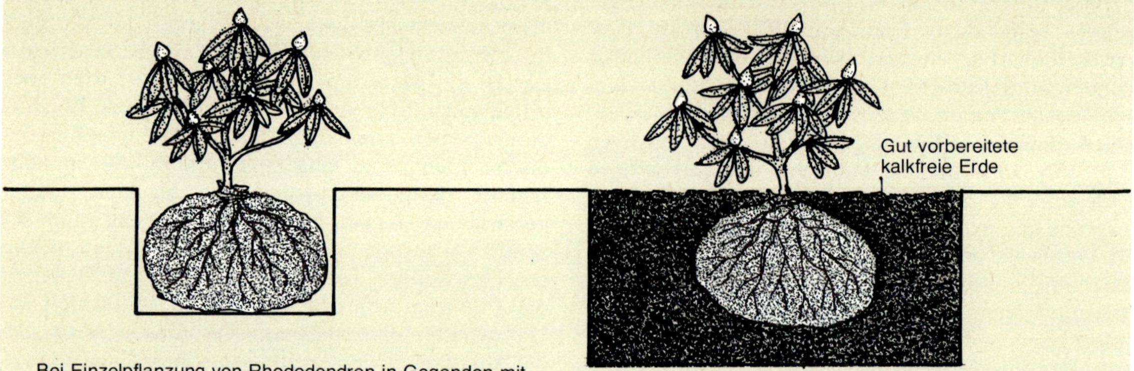


Bei Einzelpflanzung von Rhododendren in Gegenden mit kalkreichem Boden die Pflanzen nicht in enge Löcher zwängen, sondern genügend Raum für präparierte Erde lassen

muß zu diesem Zeitpunkt jedoch ihre Endgröße außer acht lassen, andernfalls würde die Rhododendrongruppe viele Jahre als recht kümmerlich erscheinen. Als Faustregel gilt: Abstand gleich doppelte Höhe der Pflanze; ist sie nur bis zu einem halben Meter hoch, kann er bis auf 25 cm reduziert werden. Machen sich die Pflanzen dann nach einigen Jahren Konkurrenz, so wird eine versetzt. Einzelexemplare gedeihen oft weit schwieriger als Gruppen. Die Pflanzzeit für Rhododendren beginnt schon sehr früh, nämlich Ende August, im Frühling dauert sie bis Ende April.

**Das Verpflanzen**

Das Verpflanzen im eigenen Garten ist wegen der vorher geschilderten Umstände öfter nötig. Praktisch kann dies jederzeit bei offenem Boden geschehen, bei Vollblüte wird man es allerdings kaum machen. Rhododendren sind Flachwurzler. Der Ballen wird darum so groß wie möglich (so daß er gerade noch transportabel ist) umstochen und ausgegraben. In fast allen Fällen ist ein Anbinden am neuen Standort nicht nötig, die breit aufgebauten Pflanzen tragen sich selbst. Alle anderen Arbeiten entsprechen denen bei normaler Pflanzung.

**Wasserversorgung**

Wer in Kalkgegenden mit viel Mühe seinen Boden für eine Rhododendronpflanzung präpariert hat und dann mit Leitungs- oder Brunnenwasser gießt, wird enttäuscht werden. In Kürze wird der Boden wieder eine alkalische Reaktion aufweisen und die Pflanzungen kümmern. Ebensowenig ist stark gechlortes Wasser zuträglich. Bestens geeignet ist aufgefangenes Regenwasser. Wo das Leitungswasser stark chlorhaltig ist, sollte man es besser in einem Behälter abstehen lassen. Mit Hilfe einer kleinen elektrischen Pumpe kann man besonders in Gebieten mit geringer Luftfeuchtigkeit durch öfteres Überbrausen bei warmer Witterung (aber nicht in praller Sonne) das gute Gedeihen fördern. Noch wichtiger ist das gründliche Wässern während trockener Herbstmonate, damit die Pflanzen im Winter nicht „vertrocknen". Ein enormer Wasserverbrauch herrscht während der Blüte und des Austriebs, doch fallen zu dieser Zeit meist genügend Niederschläge.

Bleiben in Kalkgegenden einmal die Regenfälle aus und der Vorratsbehälter enthält kein Regenwasser mehr, dann muß das kalkhaltige Wasser präpariert werden. Am einfachsten ist es, den Kalk durch Torf-

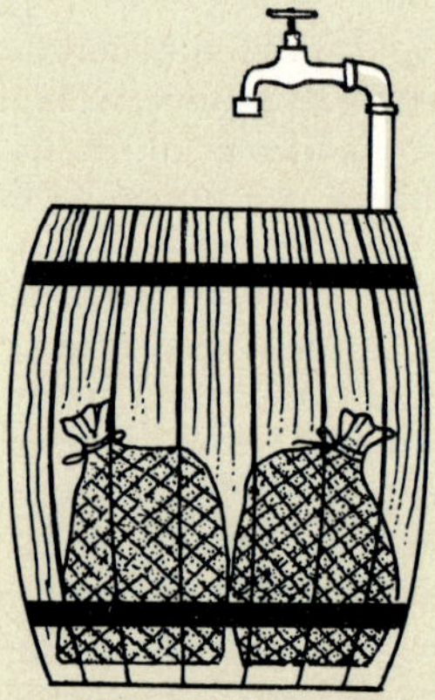

Gewinnung von kalkfreiem Gießwasser: Mit Torf gefüllte Zwiebelsäckchen in das Wassergefäß geben mull zu neutralisieren. Der mit Kalk gesättigte Torf kann dann für andere kalkholde Pflanzen verwendet werden. Als Beutel zum Eintauchen des Torfes in das Wasser eignen sich die im Handel anfallenden, weitmaschigen Zwiebelsäcke sehr gut. Wo bei Zentralheizungen Wasserenthärtungsanlagen installiert sind, kann der Bedarf für die Rhododendren abgezapft werden. Das Gießwasser kann auch durch Aquisal entkalkt werden. Empfindlich reagieren die Pflanzen auf höheren Salzgehalt; deshalb ist die Entnahme von Wasser aus Flüssen und Bächen oft problematisch, da durch die Industrie und das winterliche Streuen immer mehr Salz in die Gewässer kommt.

Besonders alle neugepflanzten Immergrünen vor der austrocknenden Vorfrühlingssonne schützen

## Rhododendronpflege

### Bodenpflege

Wegen des flachen Wurzelnetzes der Rhododendren ist Graben und Hacken grundsätzlich zu unterlassen; auch ständiges Harken zwischen solchen Pflanzungen schadet nur. Alle Blätter, Zweige und sonstiges natürliches Material bleibt liegen, ja wird zusätzlich noch zum Mulchen aufgebracht (z. B. Waldstreu, Nadelerde, Laub, feineres, gehacktes Reisig, Sägemehl in Maßen, nicht zu grobe Rindenstücke, Rasenschnitte, gehäckseltes Stroh und Heu, halbverrottteter, kalkfreier Kompost oder Torfmull). Wem das zu unfein wirkt, der gibt jährlich eine Handbreit hoch Rhodohum auf die Pflanzfläche. Besonders wichtig ist das Aufbringen von Torf oder Rhodohum in Kalkgegenden; der Anflug von alkalischem Staub aus der Luft ist wesentlich höher als vermutet. Die Humussäure des Torfes bindet die Alkalität und verhindert deren Einwirkung auf die Rhododendren; natürlich muß dies durch regelmäßige Gaben von verdünnter Phosphorsäure und Fetrilon unterstützt werden. Die Mulchschicht gleicht Temperaturschwankungen in diesem Bereich aus, und sie fördert die Bodenfeuchtigkeit und das Bodenleben. Oft wird eine extrem starke Mulchschicht empfohlen, aus dekorativen Gründen sollten aber 10–20 cm genügen.

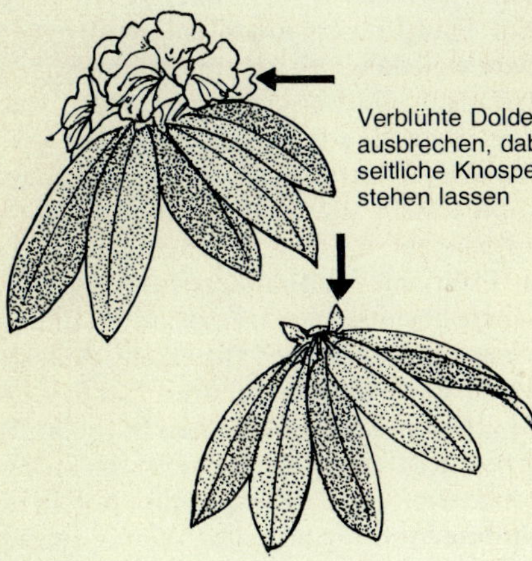
Verblühte Dolden ausbrechen, dabei seitliche Knospen stehen lassen

### Entfernen von Pflanzenteilen

Wer alte Blütenstände stehen läßt, braucht sich nicht zu wundern, wenn der Blütenansatz für das nächste Jahr mager bleibt. Nach der Blüte müssen die Fruchtstände daher sofort ausgebrochen werden, was bei jungen Pflanzen keine Schwierigkeiten bereitet. Wenn der Neutrieb schon stark entwickelt ist, vorsichtig zu Werke gehen! Bei älteren Pflanzen kann diese Arbeit unterbleiben; sie können die Samenbil-

Rhododendron-Ableger
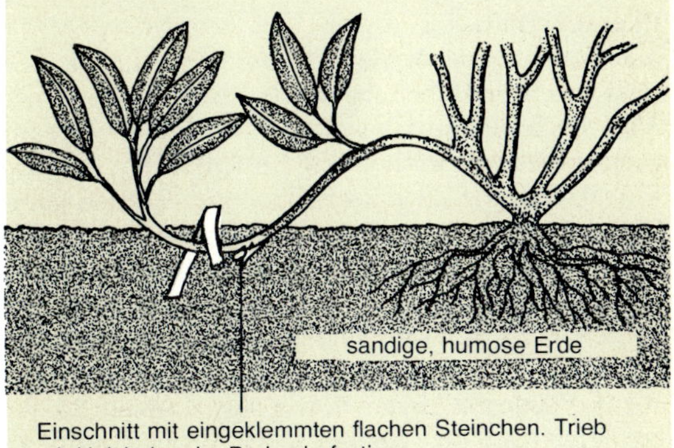

Einschnitt mit eingeklemmten flachen Steinchen. Trieb mit Holzhaken im Boden befestigen dung verkraften. Außer zum Entfernen von abgebrochenen oder vertrockneten Pflanzenteilen wird an Rhododendren nicht herumgeschnitten. Wenn aber einmal die Dimensionen gesprengt werden, so ist Rückschnitt bis zur gewünschten Größe ohne weiteres möglich. Aus einem schlafenden Auge erfolgt nach etwa einem Monat der neue Austrieb. Ideale Zeit für den Rückschnitt ist der März. Man kann nicht wahllos darauflosschneiden; der Schnitt erfolgt immer oberhalb der sichtbaren Seitenknospen. Wird bis in sehr altes Holz zurückgeschnitten – was durchaus Erfolg verspricht –, so sind die schlafenden Augen kaum noch zu erkennen. Deshalb müssen eventuell stehengebliebene Zapfen später entfernt werden. Geschnittene Pflanzen im Mai kräftig düngen.

**Düngung**

Mineralische Dünger können bei eingewachsenen Pflanzen ohne weiteres verwendet werden. Wenn organischer Dünger vorhanden ist, wird man diesen vorziehen, weil damit gleich eine Humusgabe erfolgt (Rinderdünger, Torfmischdünger). Wird das Laub heller und zeigt sich beim Austrieb eine gelbgrüne Verfärbung oder erfolgt gar im August/September ein extrem starker Blattfall, so sind das Zeichen für Nahrungsmangel. An mineralischem Dünger kann im zeitigen Frühjahr ein Blaukornvolldünger gestreut oder Superphosphat und Patentkali (Kalimagnesia) gegeben werden, aber auch Bittersalz, Alkrisal, Erical und sonstige für Rhododendren und Eriken angebotene Fertigmischungen kommen in Frage. Wichtig ist, daß sie nicht alkalisch reagieren. Keinesfalls die Rhododendren nach Mitte Juni noch düngen. Herrscht feuchtes, regnerisches Wetter zur Zeit der Düngung, so können die mineralischen Dünger ausgestreut werden. Bei längerer Trockenheit wird der gelöste Dünger mit der Gießkanne verabreicht.

**Pflanzenschutz**

Auf die Chlorose als Mangelkrankheit bei Kalküberschuß und ihre Behebung wurde bereits hingewiesen. Aber auch andere Umwelteinflüsse können schädigend wirken, wie Boden- und Lufttrockenheit, starke Versalzung usw., und schließlich gibt es eine ganze Reihe von pilzlichen Erkrankungen, wie Alpenrosenrost, Ohrläppchenkrankheit, Blattfleckenkrankheit. Man kommt hier meist mit Cupravit Ob 21 aus; oft genügt zwei- bis dreimaliges Spritzen in vierzehntägigem Abstand. Rhododendron-Hautwanze und Weiße Fliege mit Unden flüssig oder Lannate 25-WP bekämpfen, Rote Spinne und Weichhautmilben durch Spritzen mit Kelthane, den gefürchteten Dickmaulrüßler durch Streuen von Lindanstreumittel um den Wurzelhals abwehren. Normalerweise treten bei gut gepflegten Rhododendren am richtigen Standort verhältnismäßig wenige Schädigungen auf.

**Frostschutz**

Die immergrünen Rhododendren verdunsten auch während der kalten Jahreszeit Wasser, und es besteht in strengen Wintern Vertrocknungsgefahr. Viele Hybriden haben unter ihren Eltern Arten, die den mildfeuchten Monsun-Gebirgswäldern Südostasiens entstammen und nicht genügend hart sind. In winterkalten Gebieten Deutschlands ist deshalb die Auswahl an brauchbaren Arten wesentlich geringer. In größeren Baumschulkatalogen werden die Hybriden je nach Winterhärte in drei Klassen unterteilt. Die Angaben lauten: Zuverlässig winterhart – bedarf leichten Winterschutzes – muß gut gegen Winterkälte, Wind und Sonne geschützt werden. In extremen Lagen wird man sich auf die erste Gruppe beschränken, wenn diese auch nicht die prächtigsten sind. Es handelt sich meist um Hybriden von *Rhododendron catawbiense*.

Falsch ist es, Rhododendren mit dichten Kisten abzudecken oder mit Folie einzubinden. Bestes Winterschutzmittel sind Fichtenäste, die mit dem dicken Ende nach unten rings um die Pflanze in den Boden gesteckt werden. Um größere Gruppen schlägt man Pfähle (möglichst so hoch wie die Rhododendren) in den Boden, verbindet sie an der Oberkante mit kräftigen Latten oder Fichtenstangen und nagelt daran ringsum Fichtenäste mit der Spitze nach unten fest. Nicht von oben bedecken – der Seitenschutz gegen die tiefstehende Wintersonne und den ausdorrenden Wind ist wichtig! Bei Bedeckung von oben bildet sich in schneereichen Gebieten eine dicke Schneeschicht, deren hohes Gewicht die Fichtenäste und die Rhododendronspitzen nicht tragen können. So bricht die Last ein, und viele Zweige und Äste werden abgebrochen. Auch bei Rhododendronpflanzungen an Garagen, Schuppen und am Haus muß darauf geachtet werden, daß vom Dach rutschende Schneemassen keine Bruchschäden herbeiführen. Erst bei längerem Frost unter −15 °C werden leichte Fichtenzweige auch auf die Oberseite gedeckt, die aber aus dem oben geschilderten Grund nach Beendigung der Dauerfrostperiode wieder zu entfernen sind. Wurde der Frostschutz vergessen oder wurde nicht mit einem so strengen Winter gerechnet, dann wird langhalmiges Stroh über die Pflanzen gedeckt; auf das Aussehen darf in diesem Fall keine Rücksicht genommen werden.

Eine gewisse Schutzmaßnahme ist ein möglichst lange währender Wassernachschub im Spätherbst und Frühwinter. Dies wird erreicht durch zusätzliche Wassergaben, besonders bei einem trockenen Herbst. Auch eine dicke Mulchschicht, die eine gewisse Verrottungswärme erzeugt, hält den Boden um den Wurzelbereich möglichst lange offen und bewirkt damit eine erst später einsetzende Störung des Wasserhaushalts.
Wo es in der Nähe kein billiges Fichtenreisig gibt, haben sich auch Schattiermatten aus Jute oder Kunststoff bewährt; anbringen wie vorher beschrieben. Einzelpflanzen können auch der Form eines Spitzzeltes umbaut werden. Alle diese Winterschutzmaßnahmen richten sich nach den verwendeten Arten und Sorten und nach der Lage des Gartens. Vor Wintersonne natürlich geschützte Pflanzen benötigen gar keinen oder geringen Schutz. In küstennahen Rhododendrongebieten, wie Oldenburg und Schleswig-Holstein, ist oft kein Schutz nötig; in einigen Gebieten Bayerns dagegen wird man ohne ihn nicht auskommen. Laubabwerfende Rhododendren (Azaleen) sind meist wesentlich härter und kommen ohne Winterschutz aus.

## Rhododendronvermehrung

### Vegetative Vermehrung

Wie bei vielen Hochzüchtungen anderer Pflanzen können die Hybriden nicht „echt" durch Aussaat vermehrt werden, es bleibt nur die vegetative Vermehrung übrig. Da im Hausgarten nie eine größere Stückzahl benötigt wird, ist bei den Rhododendren die Vermehrung durch Absenker am gebräuchlichsten (s. „Vegetative Vermehrung", Seite 105).
Bei Rhododendren muß die Erde besonders stark torfhaltig sein. Zum Absenken wird ein Neutrieb im Juli genommen, er bewurzelt sich schneller. Eventuell vorhandene oder sich bildende Blütenknospen sind auszubrechen. Die Blätter werden dort entfernt, wo der Absenker mit Erde bedeckt wird, also zu beiden Seiten des Einschnitts. Rhododendronabsenker trotz Wurzelbildung noch nicht im Herbst abtrennen, sondern ruhig noch ein ganzes Jahr warten, bis das Gleichgewicht zwischen Wasseraufnahme und -verdunstung völlig hergestellt ist. Die vegetative Vermehrung durch Stecklinge ist nicht einfach – es gibt viele Ausfälle. Am ehesten gelingt es noch bei Japanischen Azaleen (im August/September stecken); andere Azaleen wurzeln schwerer. Die Stecklinge sollten weich sein, also noch nicht verholzt, und viel Licht bekommen. Bei den immergrünen Rhododendren ist die Neigung, sich leicht zu bewurzeln, von Sorte zu Sorte verschieden. Verhältnismäßig rasch wurzeln die Catawbiense-Hybriden, da sie aber ohne weiteres erhältlich und billig sind, ist dies für den Hobbygärtner uninteressant. Bei seltenen Wildarten lohnt es: man muß es versuchen, wenn es auch oft danebengeht. Alle Stecklinge, ob im Kleintreibhaus oder im Frühbeet, sollten unter Doppelglas kommen. Bewährt hat es sich, von den Stecklingen einen 1–2 cm langen Rindenstreifen abzuschälen; die Kallusbildung wird dadurch angeregt. Natürlich werden die Stecklinge vorher in ein Bewurzelungshormon getaucht (z. B. Seradix B). Als Vermehrungssubstrat dient angefeuchteter Torfmull, dem pro Liter 1 g kohlensaurer Kalk zugesetzt wird. Hohe Temperatur (20–25 °C) und extrem hohe Luftfeuchtigkeit sind weitere Voraussetzungen für eine gute Wurzelbildung. Wer Rhododendren vegetativ vermehrt, muß darauf achten, daß eine Reihe von geschützten neueren Züchtungen auch nicht für den Eigenbedarf vermehrt werden dürfen.

### Vermehrung aus Samen

Nur der züchterisch interessierte Liebhaber wird Rhododendron durch Samen vermehren, es sei denn, es handelt sich um eine äußerst rare Wildart. Wie üblich, im März/April den staubfeinen Samen je nach Menge in Töpfe oder Kistchen mit sandiger Heideerde säen. Die Saatgefäße einfüttern, damit sie nicht so schnell austrocknen. Nicht zu dicht säen und nur hauchdünn mit Sand übersieben. Keimung nach drei bis vier Wochen, Dauer bis zur ersten Blüte fünf bis sechs Jahre!

## Begleitpflanzen für Rhododendron

### Baum und Strauch

So schön auch jede Einzelpflanze ist – ein Garten mit nichts als Rhododendron wirkt eintönig. In der richtigen Kombination mit Baum, Strauch und Staude zeigt sich der Meister. Auf die tiefwurzelnden, idealen Bäume wurde schon hingewiesen; leider kommen sie für kleinere Gärten nicht in Frage. Zu empfehlen sind für den Hausgarten folgende Koniferen: *Pinus mugo* (Bergkiefer), *Larix kaempferi* (Japanische Lärche, die Rückschnitt verträgt), *Picea omorika* (Serbische Fichte), *Tsuga canadensis* (Hemlockstanne) und höhere *Taxus* (Eibe). Oft entsteht unter hohen Bäumen, besonders bei Ahorn und Linde, Rußtau auf den Blättern. Bei Flachwurzlern wie *Picea* und *Tsuga* sind gegebenenfalls Trennwände in den Boden einzulassen, wenn die Rhododendren nahe den Koniferen gepflanzt werden. Auch Tannen *(Abies)* lassen sich verwenden, wenn man ihr Breitenwachstum berücksichtigt. Sicheltannen *(Cryptomeria)* sind sehr schön, aber nur für milde Lagen geeignet.

Von den kleineren, laubabwerfenden Gehölzen sind, da sie ebenfalls eine leicht saure Bodenreaktion vertragen, idealer Partner: *Sorbus*-Arten, *Magnolia* (Magnolie), *Quercus robur* 'Fastigiata' (langsam wachsende Pyramideneiche), *Cornus florida* und *C. kousa* (Blumenhartriegel). Aber auch *Amelanchier canadensis* und *A. laevis* (Felsenbirne), *Acer palmatum* (Japanahorn), *Prunus*- und *Malus*-Arten (Zierkirsche und Zierapfel) sowie viele Sträucher sind zu gebrauchen, z.B. *Halesia carolina* (Silberglocke), *Enkianthus campanulatus* (Prachtglocke), *Photinia villosa* (Glanzmispel), *Hamamelis* (Zaubernuß), *Hippophaë rhamnoides* (Sanddorn), *Ilex*-Arten (Stechpalme), höhere *Cotoneaster*-Arten (Felsenmispel), *Cotinus coggygria* (Perückenstrauch), *Fothergilla*-Arten (Federbuschstrauch), *Clethra alnifolia* (Scheineller), *Hydrangea aspera* und *H. macrophylla* (Hortensie), auch *Corylopsis* (Scheinhasel) und *Rhus typhina* (Essigbaum). Niedriger sind die meisten Arten von *Berberis* (Berberitze), *Cytisus* (Geißklee) und *Genista* (Ginster).

**Bodendecker**

Aus der Vielzahl dieser Pflanzengruppe harmoniert besonders die immergrüne *Pachysandra terminalis* (Ysander) gut mit Rhododendron. Die panaschierte Form 'Variegata' bringt ein wenig Farbe in die blütenlose Zeit; allerdings wächst sie etwas langsamer als die Stammart. *Tiarella cordifolia* (Schaumblüte), *Waldsteinia geoides* (Waldsteinie), *Epimedium*-Arten und -sorten (Elfenblume), *Hypericum calycinum* (Johanniskraut) und *Calluna* (Besenheide) sind weitere passende Partner. Dagegen gedeihen *Asarum europaeum* (Haselwurz) und *Erica carnea* (Schneeheide) in saurem Boden nicht sehr gut. Auch alle zwergigen, kriechenden *Cotoneaster*-Arten gehören hierher.

**Stauden**

Wer etwas höhere Stauden zu *Rhododendron* pflanzen will, benötigt Fingerspitzengefühl – allzuleicht wirken sie störend. Gut harmonieren die vielen Züchtungen der Astilben. Natürliche Partner, teilweise vom Heimatstandort her, sind die *Hosta*-Arten und -züchtungen. Allerdings muß vor Kombinationen mit allzuvielen verschiedenen, buntlaubigen Formen gewarnt werden. *Cimicifuga*-Arten (Silberkerze) fügen sich gut ein. Wo genügend Platz ist, werden die *Rodgersia*-Arten dazugepflanzt (Schaublatt). *Iris gracilipes* und die weiße *I. gracilipes* 'Alba' lieben die gleiche Bodenreaktion, genauso wie *Meconopsis* (Scheinmohn) und viele heikle asiatische Primeln. Wo Platz ist, kann auch *Aruncus dioicus* (Geißbart), *Hemerocallis* (Taglilie) und *Ligularia* (Greiskraut) gepflanzt werden.

**Gräser und Farne**

Praktisch eignen sich als Partner alle Schattengräser, besonders die *Carex*- und *Luzula*-Arten (Segge und Hainsimse); der wahre Meister zeigt sich in der Verwendung von winterharten Bambusarten, die verschiedenen Gattungen angehören und meistens noch keinen deutschen Namen haben: *Sasa pygmaea* (= *Arundinaria pygmaea*), *S. palmata* und *S. pumila* (Zwergbambus), *Pseudosasa japonica, Phyllostachys nigra, Shibataea kumasaca, Semiarundinaria fastuosa, Sinarundinaria murielae* (Chambambus), *S.* 'Nagashima', *S. nitida*. Die zuletztgenannte, höhere Bambusart ist verhältnismäßig leicht zu erhalten, die anderen sind seltener oder sehr selten im Angebot. Falls die niederen Arten in strengen Wintern bis zum Boden zurückgefrieren, macht das nichts – sie treiben willig wieder aus. Gute Nachbarn sind fast alle Schattenfarne; ihre Aufzählung würde den Rahmen sprengen, nur auf *Osmunda regalis,* den Königsfarn, sei hingewiesen.

**Blumenzwiebeln und Rhododendren**

Im Frühling blühen *Scilla* (Blaustern), Anemonen, *Galanthus* (Schneeglöckchen), *Fritillaria meleagris* (Schachblume, Kiebitzei) und Narzissen (besser nur kleinblütige nehmen!). Sommerliche Blumenzwiebelpartner sind viele Lilien; besonders gut gedeihen *Lilium auratum* und *L. speciosum* (Goldband- und Prachtlilie), von der letztgenannten hauptsächlich die Sorten 'Uchida Konako' und 'Grand Commander'. Durch Kreuzung zwischen *Lilium auratum* und *L. speciosum* entstanden die Orient-Hybriden – das Prachtvollste, was es an Lilien gibt. Im Halbschatten zwischen Rhododendron, in humosem, leicht saurem Boden mit guter Dränage fühlen sie sich richtig wohl. Einige Spitzensorten: 'Pink Glory', 'Empress of India', 'Magic Pink', 'Imperial', 'Crimson', 'Imperial Gold', 'Jamboree', 'Allegra', 'Everest'. Sie bringen auch nach der Rhododendronblüte Farbe in solch eine Anlage.

Aber auch die Nordamerikanischen Lilien, wie *Lilium*-Pardalinum-Hybriden und die Sorten

'Shuksan', 'Buttercup' und 'San Gabriel-Hybrids', finden zwischen *Rhododendron* geeignete Pflanzplätze. Der Kenner versucht es dann noch mit anderen, seltenen und heiklen nordamerikanischen Arten.

**Andere „Moorbeetpflanzen"**

Als Moorbeetpflanzen werden viele Heidekrautgewächse (Ericaceae) bezeichnet, die an den Boden ähnliche Ansprüche stellen wie *Rhododendron* und deshalb gerne damit kombiniert werden. Auf *Erica carnea* (Schneeheide) und *Calluna vulgaris* (Besenheide) samt deren Sorten wurde schon als Bodendekker hingewiesen. Etwas höhere Bodendecker aus dieser Gruppe sind *Gaultheria*-Arten (Scheinbeere). Gut harmonieren *Kalmia* (Lorbeerrose), *Ledum* (Porst), *Pieris* (Lavendelheide), *Vaccinium* (Heidel-, Moos-, Preiselbeere), *Pernettya* (Torfmyrte), *Arctostaphylos* (Bärentraube), *Bruckenthalia* (Ährenheide) und *Enkianthus* (Prachtglocke). Außer diesen bekannteren Gattungen und Arten gibt es für den Liebhaber eine ganze Reihe weiterer „Moorbeetpflanzen". Man darf sich durch diese irreführende Bezeichnung nicht dazu verleiten lassen, sie in reine Moorbeete zu setzen. Die Rhododendronböden sagen ihnen bestens zu, da sie alle mehr oder weniger kalkfliehend sind.

## Rhododendronsortimente

**Kalktolerante Rhododendren**

Rhododendren, so wurde im letzten Kapitel gesagt, vertragen keinen Kalk, es gebe aber Ausnahmen. Tatsächlich tolerieren manche Arten eine geringe Einwirkung von Kalk (Staubanflug in Kalkgegenden). Die großblumigen Hybriden verhalten sich alle ziemlich gleich ablehnend gegen eine geringe Alkalität. Rotblühende Sorten sind sogar noch empfindlicher als violett- und weißblühende. *Rhododendron catawbiense* 'Grandiflorum', die „Allerweltssorte", schluckt ziemlich viel. Auf *Rh.*-Fortunei-Unterlagen veredelte, großblütige Hybriden kommen in Kalkgegenden besser fort als andere. Auf Kalk selbst wächst *Rh. hirsutum*, der Almrausch der Alpen, und sein Verwandter aus den Karpaten, *Rh. kotschyi.* Aber auch sie haben meist eine saure Rohhumusschicht im Wurzelbereich. Im Garten kann auch *Rh.* × *praecox* zu den kalktolerierenden gerechnet werden. Das rundblättrige *Rh. williamsianum* ist nicht so empfindlich und hat diese Eigenschaft auf viele ihrer neuen Hybriden übertragen. Auch *Rh. oreodoxa* toleriert etwas Kalk. Entsprechend unempfindlich ist die Hybride *Rh. oreodoxa* × *Rh. williamsianum.* Auch andere Kreuzungen zeichnen sich dadurch aus (*Rh. insigne* × Gartenhybriden, *Rh.*-Hybriden × *Rh. scyphocalyx*). Bei den kleinen Arten muß noch auf *Rh. impeditum* und dessen Abkömmlinge hingewiesen werden. Von den größeren machen *Rh. hirtipes, Rh. rubiginosum* und *Rh. smirnowii* gut mit – entsprechende Bodenvorbereitungen vorausgesetzt. Zu vermerken wäre noch, daß laubabwerfende Arten (Azaleen) toleranter sind als immergrüne.

**Steingartensortiment**

Eine ganze Reihe von Arten gedeihen auch im Steingarten gut, manche sogar in Gegenden mit höherer Luftfeuchtigkeit in etwas sonnigerer Position. Natür-

Rechtzeitig Schutzgerüst bauen!

Vorsicht vor Schneebruch nahe an Garagen-, Schuppen- und Hausdächern.

lich muß die entsprechende, leicht sauer reagierende Bodenzusammensetzung vorhanden sein, und es muß Sand- oder Urgestein verwendet werden. Für kalkhaltige Erde bleibt lediglich die Pflanzung von *Rh. hirsutum, Rh.* × *praecox* und *Rh. kotschyi.* Gut verwenden lassen sich die blaublühenden *Rh.*-Impeditum-Sorten oder die ähnlichen *Rh. russatum* und *Rh. hippophaeoides.* Teppiche bilden *Rh. radicans* und *Rh. keleticum.* Sommergrün und hart ist *Rh. camtschaticum.* Vom Habitus her gehörten auch die Hybriden von *Rh.* × *aronense* in diese Aufzählung; ihre Härte reicht aber in rauheren Lagen meist nicht ganz aus. Geeignet ist natürlich die nichtbehaarte, heimische sogenannte Rostblättrige Alpenrose, *Rh. ferrugineum,* und deren seltene weißblühende Form. Weitere Arten sind *Rh. chryseum, Rh. edgarianum, Rh. fastigiatum, Rh. scintillans* u.a. Auch die Japanischen Azaleen gehören in den Steingarten, ihre Härte muß berücksichtigt werden.

**Rhododendron für den kleinen Garten**

Sicher, es können hier auch die oben angeführten Rhododendren verwendet werden, doch viele dieser Arten und Sorten sind stillere Schönheiten für den Liebhaber. Die Züchter haben in den letzten Jahren enorme Fortschritte gemacht, und es stehen viele hübsche Arten für den modernen, in der Fläche begrenzten Hausgarten zur Verfügung. Die wichtigste Gruppe stellen die neuen Hybriden von *Rhododendron repens* in den heute so beliebten, leuchtendroten Blütenfarben; sie bleiben alle ziemlich nieder und sprengen auch nach Jahren nicht die Dimensionen: 'Aksel Olsen' (spätblühend), 'Elisabeth Hobbie' (weitgehend sonnenverträglich), 'Baden-Baden' (sehr winterhart und sonnenverträglich), 'Scarlet Wonder' (leuchtend scharlachrot), 'Juwel' (breit wachsend), 'Salute' (stärker wachsend), 'Coral Carpet' (teppichbildend, 30 cm hoch), 'Antje' (besonders blütenreich). Neuere Hybriden anderen Ursprungs, aber für den gleichen Verwendungszweck, sind 'Lavendula', *Rh. chrysanthum* × *Rh. campylocarpum, Rh. metternichii* × *Rh. williamsianum.*
Eine weitere große Gruppe für den Hausgarten sind die *Rhododendron*-Williamsianum-Hybriden, meist mit breiten, glockenförmigen Blüten. Sie werden aber teilweise 2 m hoch. Hervorzuheben sind: 'Gartendirektor Glocker' (bronzeroter Austrieb), 'Gartendirektor Rieger', 'Lissabon', 'Oldenburg', 'Psyche', 'Rödhätte', 'Vater Böhlje', 'Bad Zwischenahn' u.a. In den kleinen Garten passen die neuen Diamant-Azaleen, sie sind vollbelaubt, winterhart, von niederem, gedrungenem Wuchs. Durchmesser einer fünf Jahre alten Pflanze 50–60 cm. Die Sorten sind als Farbgruppen im Handel (rot-rosa-lachs-purpur). Überhaupt eignen sich fast alle Azaleen für den Hausgarten. Besonders schön sind die neuen Exbury- und Knaphill-Azaleen; hervorstechend: 'Persil' und 'Satan'.

**Großblütige Hybriden und Species**

Sortenempfehlungen erübrigen sich, man richte sich nach den Katalogangaben über Winterhärte, Wuchs, Blütenfarbe. Der passionierte Rhododendronliebhaber wird immer auch die Wildarten berücksichtigen, die ihren eigenen Reiz haben. Zu diesen Stars zählen: *Rhododendron yakusimanum* (die reine Art bleibt sehr niedrig), *Rh. atlanticum, Rh. calendulaceum, Rh. calostrotum, Rh. campanulatum, Rh. imperator, Rh. luteum, Rh. mucronulatum, Rh. obtusum, Rh. occidentale, Rh. pruniflorum, Rh. schlippenbachii, Rh. sutchuenense.* Das ist die Garde der härtesten, immergrünen und laubabwerfenden Arten. In milderen Gegenden Deutschlands erweitert sich das Sortiment noch wesentlich.

# Schlinger und Kletterkünstler

## Pflanzplätze und Pflanzung

Wie auch kleinere Gärten attraktiv zu gestalten sind, indem man sich der schwachwachsenden Arten und Züchtungen bedient, wurde schon gezeigt. Eine weitere Möglichkeit bieten die Schlingpflanzen.

**Für und Wider um die Hauswand**

Wenn auch die waagerechte Nutzungsfläche beschränkt ist, die vertikale ist (fast) unbeschränkt. Die Gegner der Berankung von Hauswänden behaupten zwar, die Mauer leide, Insekten und Mäuse kämen in die Wohnung. Eingehende Forschungen haben aber gezeigt, daß das mit Schlingern bedeckte Mauerwerk keinesfalls feuchter ist als das unbedeckte. Die Haftwurzeln zerstören auch nicht den Putz. Überdies müssen es ja nicht unbedingt selbstklimmende Arten mit Haftwurzeln sein – wie wäre es denn mit einem Klettergehölz am Spalier? Wenn das Rankgerüst nicht zu dicht am Mauerwerk befestigt wird, sind selbst bei Skeptikern alle Bedenken zerstreut. Heutzutage, wo schon nach wenigen Jahren der Verputz erneuert wird, ist ein Rankgerüst besonders praktisch. Es wird mit den Schlingpflanzen daran weit genug von der Hauswand zurückgeklappt, so kann auch die darunterliegende Fläche renoviert werden.

Bleiben die Insekten. In jedem Haus, das von einem Garten umgeben ist, werden hin und wieder Insekten auftauchen, auch Spinnen. Es wären sicher noch viel mehr, wenn nicht gerade die Spinnen den Befall mit anderen Kerbtieren in Grenzen hielten. Daß Mäuse durch das offene Fenster eindringen, kommt wohl nur bei den Selbstklimmern vor; gerade sie aber können an Wohnhäusern – und das nicht zu ihrem Nachteil – durch Schlinggewächse an Spalieren „ersetzt" werden.

**Welche Pflanzplätze noch?**

Von den vielen Möglichkeiten – Zaun, Mauer, Hauswand, Garage, Gartenlaube, Geräteschuppen – ist eine fast immer vorhanden: der Zaun. Mit Schlingern macht er stets ein gutes Bild, mag er aus Holz sein oder aus Maschendraht. Oft ist der Draht rostig – Kletterpflanzen verbergen ihn unter ihrer Frische und Anmut. Viele machen ihn zudem im Sommer undurchsichtig, was oft erwünscht ist. Schwieriger ist es im Anfangsstadium bei Zäunen aus Profileisen, wie sie vielfach verwendet werden. Die jungen Triebe frisch gesetzter Pflanzen dürfen zu dieser Zeit noch keinen Kontakt mit der an warmen Tagen durch die Sonne stark aufgeheizten Metalloberflächen bekommen.

Für Zäune werden nicht zu üppig wachsende Schlinger genommen, wie u.a. einjährige Kletterpflanzen und Kletterrosen, die schon in frühen Abschnitten ausführlich behandelt wurden (s. Seite 273). Vorzüglich eignen sich auch die meisten *Clematis*-Arten.

Eine Mauer als Einfriedung ist der richtige Platz für selbstklimmende Schlingpflanzen, z.B. *Parthenocissus tricuspidata* (Jungfernrebe), *Hedera*-Arten (Efeu). Werden andere Kletterpflanzen verwendet, so müssen verzinkte Drähte oder starke Perlonschnüre gespannt werden, die an Dübeln befestigt sind.

Pergolen wurden eingehend besprochen; sie sind der ideale Pflanzplatz für Kletterer. Wo der Raum für eine Pergola nicht reicht, errichtet man für die Kletterpflanzen freistehende Säulen: Einige stärkere Baustahl-Rundeisen werden im Kreis in den Boden betoniert und miteinander verbunden. Oder es wird Baustahlgewebe zu einer Säule zusammengerollt und am Fuß einbetoniert. Auch hier bei starker Sonneneinstrahlung Vorsicht, denn das Metall heizt sich sehr schnell auf. Schließlich gibt es jetzt auch ähnlich zu verwendende Stäbe und Rohre aus Kunststoff, die wesentlich pflegeleichter sind und sich nicht so stark aufheizen. Auf die Berankung von Hausmauern wurde schon im vorhergehenden Abschnitt hingewiesen; über Rankgerüste steht mehr bei den Kletterrosen.

Überdachte Terrassen werden gerne mit Schlingern bepflanzt. Die Überdachung springt vom Hausdach vor und wird von Säulen aus Metall, Holz oder Mauerwerk gestützt. Diese zu beranken macht keine Schwierigkeit. Das gilt auch für die am Hauseingang vorgezogene kleine Überdachung. Auf den Rosenbogen wurde schon hingewiesen (Seite 273); er ist auch für einen Schlinger gut.

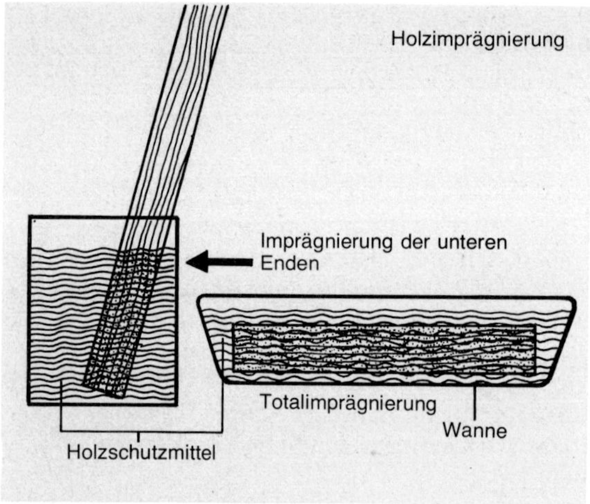


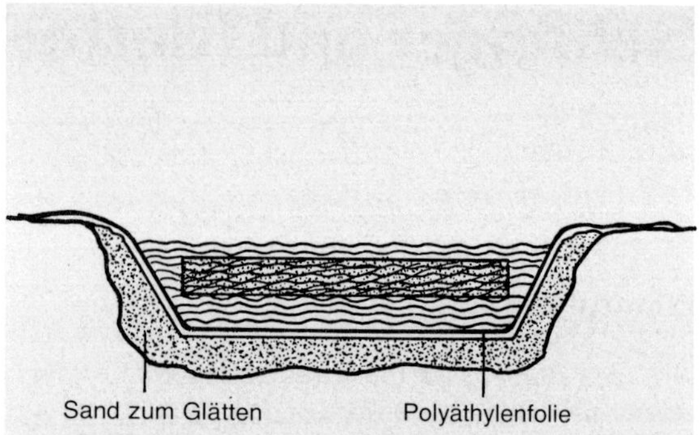


Provisorische Wanne: Ausheben eines Grabens, Glätten mit Sand und Auslegen mit Polyäthylenfolie

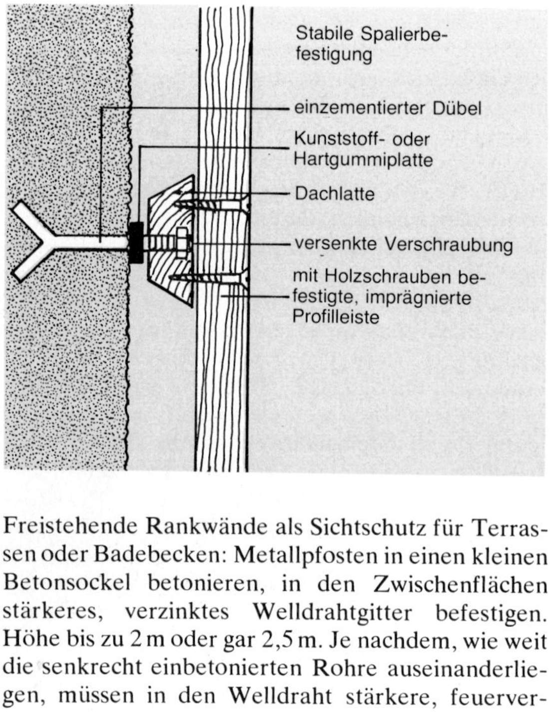


Freistehende Rankwände als Sichtschutz für Terrassen oder Badebecken: Metallpfosten in einen kleinen Betonsockel betonieren, in den Zwischenflächen stärkeres, verzinktes Welldrahtgitter befestigen. Höhe bis zu 2 m oder gar 2,5 m. Je nachdem, wie weit die senkrecht einbetonierten Rohre auseinanderliegen, müssen in den Welldraht stärkere, feuerverzinkte Drähte zum Spannen eingezogen werden. Empfehlenswert ist es auch, die beim Maschendrahtzaun verwendeten Spanner mit einzubauen. Natürlich können auch an der Ober- und Unterkante waagerechte Rohre eingeschweißt werden, so daß ein Quadrat oder Rechteck entsteht. Da es Schlinger für volle Sonne, Halbschatten und Schatten gibt, lassen sich solche Sichtschutzwände überall, wo notwendig, errichten.

Dem Balkon verleihen die Schlinger Wohnlichkeit, ja Eleganz; dem Geländer vor dem Hauseingang nimmt eine Waldrebe die Nüchternheit. Wer sich in seinem Garten umblickt, wird noch viele Möglichkeiten finden, um Schlingpflanzen unterzubringen – sie beispielsweise an einem Baumstamm hochziehen – mehr noch: er wird entdecken, daß dieser oder jene Mangel mit Hilfe der Schlinger überspielt, wenn nicht gar zu einem besonders reizvollen Gestaltungselement aufgewertet werden kann, wie etwa der tote Baum, von *Clematis* durchsponnen, oder die Stammruine, von *Hedera* umschlungen. Sogar der Telefonmast, der gerade in den Garten zu stehen kam, erhält, von Kletterpflanzen am unteren Ende umwachsen, eine fast freundliche Note. Natürlich werden dafür annuelle Schlinger genommen; denn gelegentlich müssen Arbeiten ausgeführt werden, und dabei kann auf die Pflanzen, die ja eigentlich gar nicht dorthin dürfen, keine Rücksicht genommen werden.

**Pflanzung**

Alle Schlinger erhält man normalerweise aus dem Gartencenter, der Baumschule, der Gartenabteilung des Kaufhauses oder von sonstigen Bezugsquellen als Topfpflanzen, teils im Tontopf, teils im Plastikcontainer; darin steckt in der Erde ein kleiner Bambusstab, an dem der Schlinger befestigt ist. Der gutdurchwurzelte Ballen läßt sich aus Tontöpfen leicht herausnehmen. Bei den kleinen Plastikcontainern sind die Wurzeln oft durch die Dränageschlitze herausgewachsen; dann ist es besser, den Behälter aufzuschneiden. Schlingpflanzen sind im allgemeinen nicht besonders anspruchsvoll; was sie aber unbedingt brauchen, ist ein möglichst tief durchlockertes Pflanzloch –

schließlich stehen sie viele Jahre an der gleichen Stelle. Mit feuchtem Torf und gutem Kompost die Pflanzerde anreichern. Der Pflanzplatz soll nie zu dicht an dem zu berankenden Objekt liegen, da dort meist Bauschutt und anderes Unzuträgliches zu finden ist; es macht gar nichts, wenn er etwa 30–50 cm querab liegt. Der kleine mitgelieferte Bambusstab dient im Anfang dazu, die Pflanze zum Rankgerüst hinzuführen. Der Topfballen kann deshalb gleich schräg eingepflanzt werden. Nach dem Angießen wird der Pflanzplatz mit Torf abgedeckt. Stehen die Schlingpflanzen an heißen Plätzen (Südseite von Mauern) so muß im ersten Jahr öfter gewässert werden. Anfangs ist auf richtige Düngung und natürlich auf das Anbinden der sich bildenden neuen Triebe zu achten. Die ersten Triebe werden nicht büschelartig hochgezogen, sondern gut fächerförmig verteilt. Besonders in weniger windgeschützten Lagen müssen die Jungtriebe laufend angebunden werden, aber keinesfalls zu fest.

## Spezielles zu Clematis

**Pflegemaßnahmen**

*Clematis* (Waldrebe) sind wohl außer Rosen die prächtigsten und beliebtesten Kletterpflanzen für den Garten. Die *Clematis*-Arten und -Sorten sind sog. Blattstielranken, die sich mit Hilfe der Stiele, auch der Fiederblättchen, an dünnen Stäben und Drähten festklammern. Meist erwischen sie dabei eigene Triebe. Deshalb der *Clematis* nur dünne Rankhilfen geben (Draht, Stäbe, Leisten). Waldreben lieben einen „kühlen, feuchten Fuß“. Es ist gut, wenn die Pflanzscheibe überhaupt nicht von der Sonne getroffen wird – Zwerggehölze vorpflanzen oder einen schönen Solitärstein davorsetzen. Wo dies alles nicht möglich ist, den Pflanzplatz wenigstens dick mit Laub oder gekalktem Torf bedecken! Dabei muß natürlich von Zeit zu Zeit die Auflage erneuert werden.

Wer Freude an *Clematis* haben will, sollte den Pflanzplatz besonders tief ausgraben (etwa 80 cm). Auf die Sohle kommt eine gute Dränage aus Schotter, Bauschutt, groben Styromullflocken; darauf folgt eine etwa 20 cm starke Schicht aus grobem Material, wie Zweige vom Obstbaumschnitt, Reisig, grobes, schwer verrottbares, ausgesiebtes Material vom Kompost. Nun die Pflanzerde: dem Aushub wird je nach Zusammensetzung grober Sand, Torf, Lauberde, Kompost, verrotteter Rinderdung zugegeben, auch feinerer Baumörtel. *Clematis* liebt eine alkalische Bodenreaktion, die nicht unter pH 6 liegen soll.

Wenn diese Maßnahmen richtig durchgeführt wurden, braucht man das berüchtigte „Clematis-Sterben“ nicht zu befürchten. Diese Krankheit zeigt sich so, daß junge oder alte Exemplare von großblumigen Sorten oder auch *Clematis montana*-Sorten plötzlich welk werden und innerhalb weniger Tage absterben. Häufigste Ursache: der Boden ist zu schwer, zu kalt und naß. Wo man wurzelechte Ware erhalten kann, pflanzt man diese; sie sind weniger empfindlich als die veredelten Pflanzen. Möglichst die *Clematis* beim Pflanzen nicht beschädigen. Ein weiterer Grund für das Auftreten der *Clematis*-Krankheit sind Frühjahrsfröste von März bis Mai. Waldreben deshalb nie an frostgefährdete Stellen pflanzen und während solcher Kälteeinbrüche gut schützen.

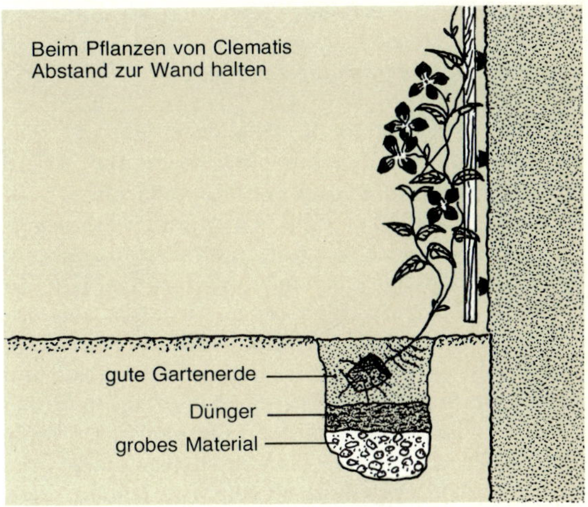

Beim Pflanzen von Clematis Abstand zur Wand halten

Schwachwüchsige Clematis können auch an kunststoffummantelten Drähten an Mauern hochgezogen werden

**Gruppeneinteilung und das Sortiment**

Bei den Waldreben unterscheiden wir zwischen Wildarten und großblumigen Zucht-Clematis. Zu den ersten zählt *Clematis alpina* (Alpenwaldrebe), die im Steingarten größere Brocken und Zwergkoniferen überzieht (an deren Nordseite pflanzen!) Von den höher wachsenden Arten ist *C. montana* bzw. deren Sorten 'Rubens' und 'Superba' vielfach im Handel; sie sind sehr wüchsig, und die Triebe können bis 6 m hoch werden. *C. viticella* wächst mittelstark (etwa 4 m); schwach wächst *C. tangutica,* bei der außer den Blüten auch die Fruchtstände eine Zierde sind. Diese Wildarten sind robust; ein Schnitt erfolgt nur zur Verjüngung und zum Auslichten, falls alles zu dicht wird. Stark wachsende Arten nicht mit schwach wachsenden zusammenpflanzen. Die starkwüchsigen benötigen ein stabiles Klettergerüst – sie erlangen als ältere Pflanzen ein hohes Gewicht. Die Wildarten vertragen genausowenig wie die großblumigen Sorten den Wurzeldruck anderer Gehölze.

Die Sorten der großblumigen *Clematis* wachsen wesentlich schwächer als die Wildarten. Es sind alles Züchtungen, allerdings oft schon sehr alte. Diese hochgezüchteten *Clematis* werden wiederum in Sektionen eingeteilt. Man sollte sich informieren, zu welcher Gruppe die eigenen Sorten im Garten gehören, da sie unterschiedlich behandelt sein wollen. Die *C.*-Florida-Hybriden werden bei uns weniger angeboten; verbreiteter sind die Abkömmlinge von *C.* × *jackmanii.* Sie blühen am frischen Frühlingstrieb und werden deshalb um ein Drittel bis zur Hälfte eingekürzt. Von den *C.*-Lanuginosa-Hybriden (z. B. 'Nelly Moser', 'Prins Hendrik') blühen dagegen einige Sorten am alten Vorjahrsholz, vor allem die frühen; diese werden gleich nach der Blüte zurückgeschnitten und ausgelichtet. Die anderen Züchtungen, die an den jungen Trieben blühen, werden zeitig im Frühling geschnitten. Nur für mildes Klima eignen sich die *C.*-Patens-Hybriden, z. B. 'Lasurstern', 'Mme. Le Coultre'. Sie blühen am alten Holz, deshalb immer nach der Blüte auslichten und einzelne frische, überlange Triebe einkürzen. Wesentlich kleinere, dafür überreiche Blüten bringen die *C.*-Viticella-Hybriden; wenn nötig, wird im März geschnitten, denn die Blüte sitzt an den neuen Trieben. Zu dieser Gruppe gehören z. B. 'Huldine' und 'Ville de Lyon', die sich wie *J.* × *jackmanii* 'Superba' besonders in winterkalten Gegenden bewährt haben.

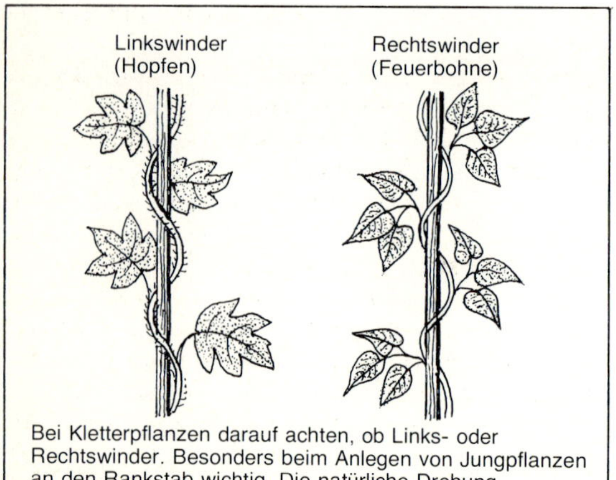

Bei Kletterpflanzen darauf achten, ob Links- oder Rechtswinder. Besonders beim Anlegen von Jungpflanzen an den Rankstab wichtig. Die natürliche Drehung beachten

## Andere bewährte Schlinger

**Für schattige Plätze**

Selbst für tieferen Schatten eignet sich der Efeu *(Hedera helix),* obwohl er genausogut im Halbschatten oder in der Sonne wächst. Es gibt verschiedene Ausleseformen, deshalb Katalogbeschreibung genau lesen. Der Efeu entwickelt Haftwurzeln, mit denen er ohne Rankgerüst an Mauern und Bäumen hochklettern kann. Die Pflanzen benötigen einen humosen Boden, der um so feuchter sein soll, je sonniger die Pflanzen stehen. Deshalb in warmen Sommern zusätzlich Wassergaben verabreichen. Kaligaben im Spätsommer soll die Winterhärte steigern. Jeder Gartenliebhaber kann den Efeu leicht selbst vermehren: Mehrere mittelharte Stecklinge kommen in einen Topf mit nahrhafter Erde, Polybeutel darüberstülpen und an einen schattigen Platz stellen. Noch gut im Schatten, aber auch sonnig gedeiht *Hydrangea anomala* ssp. *petiolaris* (Kletterhortensie). Benötigt einen sehr feuchten Boden mit saurer Reaktion. Besonders zum Beranken von Pfosten, Masten, Säulen und Bäumchen. Vermehrung durch Absenker. An schattigeren Plätzen wird *Aristolochia macrophylla* (Pfeifenwinde) gerne gepflanzt. Auch sie liebt eine zusätzliche Wässerung und Düngergabe und ist dann besonders raschwüchsig.

**Dekorative Blüher**

Zu ihnen gehören die *Lonicera*-Arten (Geißblatt, Heckenkirsche). Besonders gerne gepflanzt werden *Lonicera* × *brownii* 'Dropmore Scarlet Trumpet', *L. caprifolium* 'Major', *L. henryi, L.* × *tellmanniana* und *L.* × *heckrottii.* Außer *L. henryi* sind sie überall genügend hart. Sie eignen sich praktisch für jedes Rankobjekt. Ältere Exemplare verkahlen von der

Basis her, deshalb einen Kleinstrauch oder etwas Ähnliches davor pflanzen. Man kann die älteren Pflanzen alle paar Jahre auf 1/2 m Höhe zurückschneiden und sie auf diese Weise zum Austrieb von unten zwingen. Nahrhafte, frische Erde bietet das Optimum. In der trockenen Jahreszeit einige Male durchdringend wässern. An trockenem Standort werden besonders *L. × tellmanniana* und *L. caprifolium* gern von Blattläusen befallen. Ausreichend wässern und vorbeugend spritzen mit einem der genannten Insektizide. *Lonicera*-Arten sind leicht durch Absenker oder krautige Stecklinge zu vermehren.
Ein reizvoller Schmuck, besonders für mildere Gegenden, ist *Campsis radicans* (Klettertrompete). In kälteren Gebieten braucht sie etwas Winterschutz. Der Platz soll möglichst windstill und warm sein. Frieren die Pflanzen einmal zurück, so treiben sie von der Basis wieder aus. Der Blütenreichtum wird erhöht, wenn man im März alle Triebe, die im Vorjahr geblüht haben, auf 10–15 cm lange Stutzen zurückschneidet. Die Basis liebt Beschattung – auch hier ein Zwerggehölz vorpflanzen. Die Pflanzgrube gut lokkern und den Boden mit Humus anreichern.
Der Wunschtraum vieler Hobbygärtner ist eine reichblühende *Wisteria sinensis* (Glyzine, Blauregen). Volle Sonne und ein warmer, geschützter Platz ist Voraussetzung für ein gutes Gedeihen. Der Boden muß durchlässig sein. Wisterien sind Flachwurzler; sie lieben keine Wurzelkonkurrenz. Nur Jungpflanzen aus Töpfen nehmen und diese im späten Frühling pflanzen. Wisterien können im Alter mehrere Zentner wiegen, deshalb muß das Rankgerüst oder ähnliches stabil sein. Düngergaben nur bis Anfang August.

**Riesen**
*Parthenocissus quinquefolia* und *P. tricuspidata* 'Veitchii' (Wilder Wein) sowie *Bilderdykia aubertii* (= *Polygonum aubertii,* Kletterknöterich) sind drei anspruchslose Kletterpflanzen mit enormer Wuchskraft, die für schnell abzudeckende Mauerflächen oder ähnliches verwendet werden. *Parthenocissus tricuspidata* 'Veitchii' ist ein Selbstklimmer, die anderen benötigen ein Klettergerüst.

# Kästen und Kübel

## Aus welchem Material?

Den hölzernen Fenster- und Balkonkasten gibt es wahrscheinlich nicht mehr, wohl aber inzwischen ein breitflächiges Angebot von Pflanzgefäßen aus den verschiedensten Materialien und für jede nur denkbare Gelegenheit. Hobbygärtner machen von den neuen Behältern ebenso regen Gebrauch wie Architekten und Stadtverwaltungen, mögen die einen damit einen kahlen Fleck im Garten wegzaubern, eine langweilige Partie beleben, die anderen ganze Flächen, fast über Nacht, ergrünen lassen. Der bescheidene Kasten auf dem Fensterbrett und der Balkonbrüstung hat Wege, Plätze, Innenhöfe, Terrassen und Dachgärten erobert und sich zum „Mobilen Garten" entwickelt.

**Asbestzement**
Gefäße aus Asbestzement sind besonders dauerhaft; lediglich bei stärkeren Schlägen springt das Material, aber der Riß kann mit Epoxidharz-Kleber wieder repariert werden. Vor allem aber sind sie pflanzenverträglich und haben sich seit vielen Jahren als Fenster- und Balkonkästen sowie als Blumenspindeln bewährt.
Sechseckschalen haben den Vorteil, daß sie sich gut zu größeren Pflanzflächen zusammenstellen lassen; durch Aufeinandersetzen können zudem unterschiedliche Höhen geschaffen werden. Höhere Viereckkübel mit abgerundeten Ecken bieten schon Zwerggehölzen genügend Lebensraum. Regelmäßige Schalen mit schrägem Rand gibt es in den verschiedensten Größen. Bei sehr eigenwillig-modernen, unregelmäßigen Formen muß man etwas vorsichtiger sein; sie passen nicht überall hin. Das gilt auch für die entfernt an eine japanische Pagode erinnernde Form „Semiramis". Dagegen können die Kugelschalen breitgefächert verwendet werden. Die hellgraue Tönung von Asbestzement harmoniert gut zu den Blütenfarben; Balkonkästen gibt es auch in reinem Weiß.

Sollte in besonderen Fällen eine andere Nuance erwünscht sein, so muß eine chemikalienfeste Farbe genommen werden (Chlorkautschuk, Kunststoff, DD-Lack), die mit dem alkalischen Untergrund nicht verseift. Anstrich nur in zarten Pastellfarben, matt; deftige Farben mit Speckglanz wären scheußlich.

**Kunststoff**

Heute werden Pflanzgefäße aus Kunststoff angeboten, ebenso Blumenkästen und Untersetzer aus schlagfestem Polystyrol und Kästen aus glasfaserverstärktem Polyester-Kunststoff.

Formen sind Geschmackssache, erst recht, wenn diese unentschieden und verspielt sind. Quadratische Formen mit Metalluntergestell sind mehr für Wohnräume und Terrassen gedacht. Die Sechseckkübel aus Kunststoff (Varioflor) mit etwa $1/2$ m Durchmesser erlauben genausoviele Kombinationen wie die aus Asbestzement. Stabilisiertes Material ist lichtecht. Gereinigt werden diese Pflanzgefäße mit einem der bekannten Haushalts-Spülmittel, keinesfalls mit einem Scheuermittel, das die Oberfläche zerstört. Auch vor stärkerer Hitze (Gartengrill) muß das Material geschützt werden. Billige Kunststoffbehälter sind auseinandergesägte Einwegfässer.

*Balkonkastenpflanzung. Von oben nach unten: Abdecken der Wasserabzugslöcher mit Topfscherben und Einfüllen der Erde. Die Balkonpflanzen werden ausgetopft, gepflanzt und gut angedrückt. Kräftiges Angießen erleichtert den Start.*

**Beton**
Am dauerhaftesten sind Pflanzgefäße aus Beton. Fast alle Elemente gibt es aus Waschbeton mit der schönen Kieseloberfläche. Quadratische, recht- und sechseckige Formen stehen zur Wahl. Größere Elemente werden wegen des enormen Gewichts oft nur als Rahmen geliefert, der Boden wird anschließend eingesetzt. Alle Betongefäße sind eisenarmiert und daher absolut frostbeständig. Problematisch sind Gewicht und Preis.

**Holz**
Empfehlenswert aus diesem Material sind eigentlich nur Kübel, und diese wiederum nur, wenn sie, der Dauerhaftigkeit wegen, aus Eichenholz sind. Besonders Kübelpflanzen, die frostfrei überwintert werden müssen, werden gerne in solche Holzgefäße gepflanzt. Diese sollten einen Eisengriff für den Transport besitzen oder zwei Einkerbungen unterhalb des oberen Eisenreifens, so daß Tragegriffe eingehakt werden können. Nicht bepflanzte Kübel von Zeit zu Zeit ins Wasser werfen, damit das Holz quillt und nicht einfällt. Das Äußere kann gelegentlich mit einem Holzimprägnieröl eingelassen werden. Die Faßreifen erhalten einen Anstrich mit schwarzem Eisenlack. Beliebt als Pflanzkübel sind auch alte aufgesägte Bierfässer.

**Kübel aus Ton**
In neuerer Zeit ist das Angebot an Pflanzkübeln und Vasen aus Ton größer geworden. Es gibt meist sehr geschmackvolle, auch ornamentverzierte Formen. Darauf achten, daß ein Abzugsloch für Wasser am Boden vorhanden ist. Oft braucht nur eine deutlich markierte Vertiefung durchstoßen zu werden. Es gibt Typen mit glasierter und matter, rauher Außenseite. Eleganter und natürlicher sind die letztgenannten; aber an schattigen, feuchten Stellen überziehen bald Grünalgen ihre Oberfläche.

**Natursteingefäße**
Alte Futter- und Tränktröge (im Kapitel „Steingarten" schon ausführlich besprochen) sind zu schade für eine Allerweltsbepflanzung; sie sollten wirklichen kleinen Steingartenschätzen vorbehalten bleiben. Man kann (wie im gleichen Kapitel erläutert) Pflanzgefäße aus Natursteinen mauern, und diese – darin liegt der Vorteil – maßgeschneidert für jede Größe.

**Andere Pflanzgefäße**
Leider muß oft das unmöglichste Zeug als Pflanzbehälter dienen, z. B. Spankörbe, Obststeigen, Benzinfässer, kunstvoll zurechtgesäbelte Autoreifen u.s.w. Entweder sind diese Behälter nicht dauerhaft oder häßlich. Manches wirkt reichlich kitschig, wie etwa bepflanzte Schubkarren oder Milchkannen.

## Dränage und Erde

**Wasserabzug**
Selbstverständlich ist bei Pflanzgefäßen, die auf der Erde stehen, besonders auf den Wasserhaushalt zu achten. Ein Übermaß an Wasser muß bei Dauerregen ungehindert abfließen können. Alle Pflanzgefäße des „Mobilen Gartens" haben deshalb an der Unterseite einige Wasserabzugslöcher, außer es handelt sich um Sumpf- oder Wasserpflanzschalen. Manche Gefäße (aus Kunststoff, Asbestzement, Ton) haben beim Kauf noch eine mehr oder weniger dünne Schicht über den Löchern; diese muß mit einem starken Nagel oder ähnlichem durchgestoßen werden. Ohne eine Dränageschicht würden die Löcher bald mit Erde verschlämmt sein, und ihre Funktion wäre lahmgelegt. Deshalb immer auf den Boden grobes Material geben, wie Topfscherben, Kies oder große Styromullflocken.

**Erdmischung**
Keinesfalls darf die Erde zu sandig sein; sie würde sonst schon bei einigen Tagen Sonnenschein völlig austrocknen. Auch hier ist ein genügender Torfmullzusatz eine gute Hilfe. Besonders länger wirkende, organische Dünger wie Horn- und Knochenmehl haben sich speziell zur Beimischung als gut geeignet erwiesen. Auch ein Anteil von Torfmischdünger bringt Vorteile.

## Pflanzvorschläge

**Gehölze in Kübel und Schalen**
Gehölze kommen selbstverständlich nur für größere Behälter in Frage. Es ist durchaus möglich, eine Pflanzung allein mit Gehölzen zu bestreiten. Dabei wird eine höher wachsende Pflanze mit zwei halbhohen und einigen kriechenden kombiniert. Nicht alle Gattungen, Arten und Sorten können hier aufgeführt werden; besonders bewährt haben sich: *Acer palmatum*-Sorten, *Amelanchier canadensis* und *A. laevis, Aralia elata, Berberis wilsoniae* var. *subcaulialata, Chaenomeles*-Arten, *Cotinus coggygria* und Sorten, die meisten *Cotoneaster, Cytisus* und *Genista* in Arten, Formen und Sorten, *Euonymus sachalinensis,*

Dachgartenbepflanzung in TKS (nach Torfstreuverband GmbH)

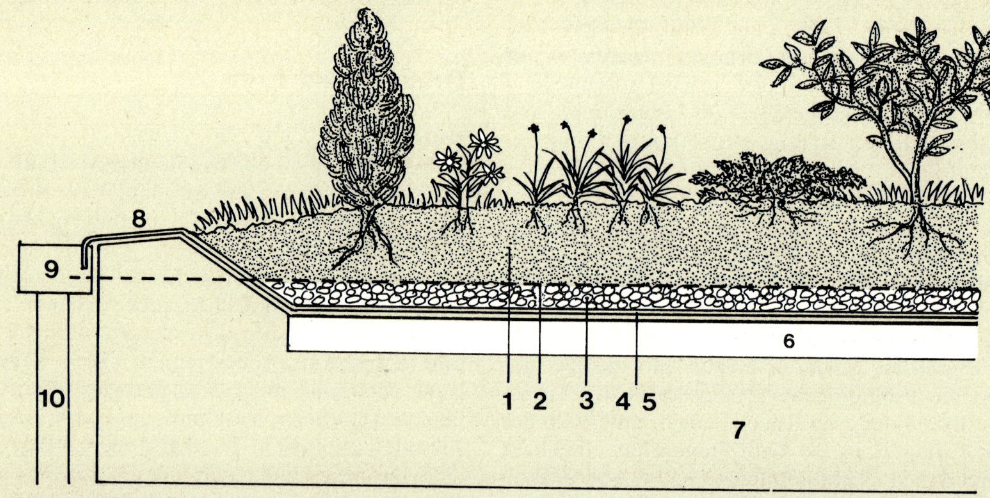


1 TKS Schüttung bei Rasen 50% (Vol.) Zusatz von Blähton
2 Terra-Tel
3 Dränageschicht aus Blähton (Mindesthöhe 3 cm)
4+5 Rhepanol-Folie und 500er Bitumenpappe
6 Gefällbeton
7 Stahlbeton
8 Prewanol-Folie verschweißt
9 Kastenrinne mit Überlauf
10 Fallrohr

*Forsythia,* winterharte *Fuchsia, Hibiscus, Hypericum*-Arten, *Nothofagus antarctica, Perovskia abrotanoides, Potentilla*-Arten, Formen von *Pyracantha coccinea,* immergrüne und laubabwerfende, *Rhododendron, Rhus* in Arten, Strauchrosen, Beetrosen, *Sorbaria*-Arten und Formen. Selbst Schlinger können in einem entsprechend großen Pflanzgefäß mit verwendet werden. Sie wachsen an einem gut befestigten Stab hoch, so *Hedera helix, Lonicera* in Sorten und *Wisteria.* Die Auswahl an kleinen Koniferen ist sehr groß; als besonders robust im Kübel haben sich herausgestellt: *Juniperus chinensis* 'Pfitzeriana', *J. chinensis* 'Repanda', *J. squamata* 'Meyeri', *Pinus mugo* und *P. mugo* ssp. *mugo, P. sylvestris.* Natürlich kommen als Bodendecker in Kübeln die vielen *Calluna*- und *Erica*-Arten in Betracht.

**Stauden in Kübeln**

Prachtstauden werden verhältnismäßig wenig für Kübel- und Schalenbepflanzung verwendet. Lediglich wenn der Flor der Annuellen abgeklungen ist, werden gerne niedere Chrysanthemen gepflanzt, meist schon voll erblüht, mit Topfballen. Besonders die Kombination gelber Sorten mit *Calluna* (Besenheide) ergibt hübsche Bilder. Vereinzelt sieht man auch *Aster dumosus* (Zwergaster). Im allgemeinen dauert die Staudenblüte für Pflanzungen in Behältern nicht lange genug. Staudengräser, wie *Festuca glauca* (Schafschwingel) und *Helictotrichon sempervirens* (= *Avena sempervirens,* Blaustrahlhafer) kommen sehr gut zur Geltung.

**Ein- und Zweijahresblumen**

Besonders bei Gefäßen mit Gehölzen werden kleine freie Flächen im Herbst oder im Frühling mit Zweijahresblumen bepflanzt, wie *Bellis* (Gartenmaßliebchen), *Myosotis* (Vergißmeinnicht) und *Viola*-Wittrockiana-Hybriden (Stiefmütterchen). Lang blühende Sommerblumen in kräftigen Farben beherrschen die Pflanzflächen im Kübel während der heißen Monate: *Salvia splendens* (Prachtsalbei), *Tagetes*-Arten, *Begonia*-Semperflorens-Hybriden (Gottesauge), *Ageratum* (Leberbalsam) und viele andere. Dazwischen können einige *Cleome* (Spinnenpflanze) stehen oder einzelne *Ricinus communis* (Wunderbaum).

**Blumenzwiebeln und Knollenpflanzen**
Einen passenden Platz finden in solchen Pflanzgefäßen besonders die Hyazinthen, aber auch niedere Tulpen und Kleinblumenzwiebeln. Die Frühjahrsblüher werden herausgenommen, wenn das Laub zu vergilben anfängt, und an einer anderen Stelle im Garten bis zum Einziehen eingeschlagen. Lilien, vor allem niedere Arten der Asiatischen Hybriden, können samt Topf in die Behälter eingesenkt werden; nach dem Abblühen werden sie gleich wieder entfernt. Prächtige Pflanzen für Kübel und Schalen sind *Canna,* in erster Linie die Zwergsorten wie 'Alberich' und 'Lucifer'. Auch niedere Mignon-Dahlien oder andere, noch kleinere Züchtungen eignen sich dazu.

**Gruppen- und Fensterpflanzen**
Geeignet sind alle im Kapitel „Sommerblumen und Zweijahresblumen" (Seite 114) aufgeführten Gruppenpflanzen und natürlich auch alle im folgenden Abschnitt genannten Balkonpflanzen, wie *Pelargonium, Petunia, Fuchsia, Begonia* u.a.

## Balkon- und Fensterkasten

**Pflanzung und Pflege**
Je größer der Kasten, um so besser das Wachstum. Die Mindestbreite und -höhe beträgt 20 cm. Leider wird dieses Maß oft unterschritten, weil sich der Kasten nun einmal den Gegebenheiten (Fenstersimsbreite) anpassen muß. Die Länge des Kastens spielt keine Rolle, doch sollte sie wegen des Transports 1 m nicht überschreiten. Auf die Materialien wurde bereits hingewiesen, ebenso auf die Dränagemaßnahmen (Seite 137 und Seite 229). Da für Balkonkästen keine sehr großen Mengen an Erde benötigt werden, kann man auf die im Handel befindlichen Blumenerden zurückgreifen; die Erde ist alljährlich zu erneuern. Meist kommen die Balkonpflanzen aus Töpfen. Bei der Pflanzung soll der obere Rand des Topfballens mit der Erdoberfläche abschließen; diese soll nach dem Angießen 1–2 cm unterhalb des Kastenrandes liegen, andernfalls würde das Gießwasser überlaufen. Haben die Pflanzen mit Topfballen einen sehr starken Wurzelfilz, so wird mit einem Hölzchen aufgelockert, damit die Wurzeln schneller in das umgebende Erdreich vorstoßen.

Auch bei Kübelpflanzen auf gute Dränage achten (Kies-Styromull). Wasserabzugslöcher abdecken!

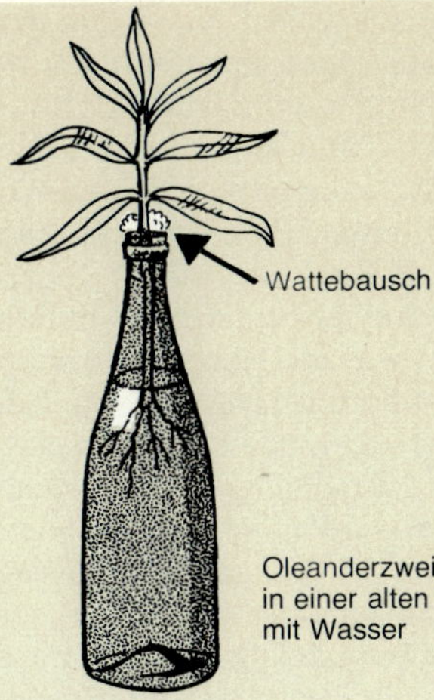


Oleanderzweige wurzeln leicht in einer alten Weinflasche mit Wasser

Gegossen wird an heißen Tagen zweimal täglich, morgens und abends, und zwar gründlich, so daß nicht nur die Oberfläche benetzt wird. Gedüngt wird nach dem Einwachsen einmal in der Woche. Man gibt etwa 1 g eines mineralischen Volldüngers auf 1 l Wasser. Daß alles Verblühte, Abgebrochene und Abgestorbene entfernt wird, ist selbstverständlich. Die Pflanzen landen nach dem ersten Frost auf dem Komposthaufen; aufbewahrt werden lediglich die Knollen der Knollenbegonien, und zwar frostfrei in Torf. Auch Stecklinge von nicht winterharten, ausdauernden Pflanzen können gemacht werden; das ist besonders für denjenigen Besitzer eines Kleingewächshauses interessant, der es als Kalthaus (Überwinterungshaus) betreibt.

**Sortiment**
Die wichtigste Balkonpflanze ist nach wie vor die Pelargonie, die allgemein, obschon fälschlich, „Geranie" genannt wird. Sie blüht und wächst auch in ungünstigen Jahren gut, was man von Petunien nicht

immer sagen kann. Die vielen Arten und deren Hybriden sind in drei Gruppen eingeteilt. Am weitesten verbreitet sind *Pelargonium*-Zonale-Hybriden; ihre Merkmale sind: aufrechter Wuchs, Blätter und Stengel zart behaart, klare, einfarbige Blüten. Die glattblätterigen *P.*-Peltatum-Hybriden (Efeupelargonien, auch als Hänge-„Geranien" bezeichnet), kommen in doppelreihig bepflanzten Balkonkästen immer nach vorne, wie alle Hängepflanzen. Bleiben noch die *P.*-Grandiflorum-Hybriden, die Edelpelargonien, deren meist sehr große Blüten oft einen Fleck oder eine besondere Zeichnung auf dem Blumenblatt tragen. Pelargonien werden im Frühling vom Marktgärtner gekauft, aus Stecklingen von überwinterten Mutterpflanzen gezogen oder neuerdings, seit es davon $F_1$-Hybriden gibt (z. B. auch 'Sprinter'), auch aus Samen gezogen. Das hat aber nur Zweck, wenn sehr frühzeitig gesät werden kann. Wo der gefürchtete Pelargonienrost stärker verbreitet ist, regelmäßig mit Dithane Ultra spritzen.

Nur einjährig ist die *Petunia*, die immer – oft auch vom Gartenliebhaber – neu aus Samen gezogen wird. Auch hier werden die Pflanzen fast nur noch aus hochwertigem $F_1$-Saatgut herangezogen. Aussaat Januar–März. Es gibt höhere und niedere Sorten, aufrecht wachsende und hängende. Sehr hübsch und dauerhaft in der Blüte sind gefüllte zweifarbige Sorten, z. B. 'Zirkus'.

Während Pelargonie und Petunie volle Sonne vertragen und lieben, möchte *Fuchsia* nicht den ganzen Tag Prallsonne haben. Fuchsien sind Düngerfresser, nicht hungern lassen! (Düngervorschläge: Hakaphos perfekt, Mairol, Alberts Nährsalz, Crescal u.s.w.) Wichtig ist, daß schnell in die Höhe wachsende Pflanzen immer wieder entspitzt werden.

Nur in luftfeuchten Gebieten wachsen die Tiroler Gebirgshängenelken zufriedenstellend. Es ist schade, daß in Katalogen nicht darauf aufmerksam gemacht wird. Im trockenen Klima werden es dann nur unscheinbare Pflanzen.

Für Ost- und Westlagen, aber nicht für ganztägige Sonnenbestrahlung, eignen sich die Knollenbegonien in aufrechten und hängenden Formen. Wer ihre breite Rot-Palette noch um Gelb bereichern möchte, nimmt dazu *Calceolaria integrifolia* (Pantoffelblume); besonders die Sorte 'Triomphe de Versailles' hat sich für Balkonkästen bewährt. Nachdüngung nicht vergessen. Vergilbende Blätter sind auf zu nassen Stand zurückzuführen oder auf zu starke Temperaturunterschiede.

*Impatiens* („Fleißiges Lieschen"), eine gute Kastenpflanze, auch für Halbschatten; erscheint in immer mehr Farben. Natürlich gibt es noch viele andere, weniger gebräuchlichere Pflanzen, die sich durchaus für den Blumenkasten eignen. Tief dunkelblau blüht die einjährige Gruppenpflanze *Heliotropium arborescens*. Fast nur die Sorte 'Marine' ist im Handel. Der Duft nach Heliotrop ist sprichwörtlich. Die Pflanze wird etwas höher, deshalb mehr an die Außenseite pflanzen. Guter Farbpartner zu *Calceolaria*. Jungpflanzen beim Marktgärtner kaufen oder Aussaat im Februar/März bei 18 °C.

Die Wandelröschen (*Lantana*-Camara-Hybriden) werden wegen ihrer ununterbrochenen Blüte bis zum Frost auch für Balkonkästen immer beliebter. Kräftig düngen. Es gibt ein reiches Sortiment. Einfarbig sind 'Goldsonne' und 'Professor Raoux'; mehrfarbig 'Arlequin', 'Fabiola', 'Maifest' und 'Schloß Ortenburg'. Jungpflanzen kaufen oder eigene Stecklinge von frostfrei überwinterten Pflanzen heranziehen.

Auch das Gazanien-Angebot ist reichhaltiger geworden. Für Fensterkästen eignet sich die silberblättrige *Gazania rigens* 'Splendens'. Auch die vegetativ vermehrten Sorten, die man nur als Jungpflanzen kaufen kann ('Kupferglut', 'Goldgelb'), sind wichtig, besonders für einfarbige Pflanzungen. Vielfarbig und bunt ist die neue 'Sunshine-Hybriden-Mischung' oder die Mischung 'Großblumige Spielarten'. Schon Anfang März sollte bei 18 °C ausgesät werden, Weiterkultur bei 12–15 °C. Leider öffnen sich die Blüten nur bei Sonnenschein.

Auch die Kapuzinerkresse kann für Fensterkästen genommen werden, natürlich nicht die rankenden, riesenwüchsigen. Geeignete niedere Sorten sind 'Whirly Bird', 'Bunte Juwelen' und 'Zwerggefüllte Juwelen' (diese nur 25 cm hoch). Die Aussaat der großen Samen ist einfach. Wichtig für Farbkombinationen ist die aus Südafrika stammende Kap-Aster *(Felicia amelloides)*, die, mit reinblauen Margeritenblüten und gelber Mitte, unermüdlich bis zum Frost blüht. Sie wird als Jungpflanze angeboten. Eigene Anzucht wie bei *Lantana*.

Nicht ganz so leuchtend blau ist *Ageratum houstonianum* (Leberbalsam). Vegetativ vermehrte Pflanzen bringen eine gleichmäßige Färbung; man kann sie beim Marktgärtner kaufen. Gute Sorten sind: 'Blaue Donau', 'Blaue Kugel' und 'Lorle'. Es gibt aber auch gut durchgezüchtete Samenmischungen. Aussaat im März bei 15–18 °C. Sehr schön 'Biscaya' (enzianblau), 'Bodensee' (mittelblau), 'Summersnow' (weiß), 'Nordmeer' (tiefblau); die rosa Sorten können nicht befriedigen.

Gerne gepflanzt werden die Lobelien *(Lobelia erinus)*, auch „Männertreu" genannt (nicht zu verwech-

*Bepflanzen einer Tonschale mit Sukkulenten. Von oben nach unten: Durchstoßen des Wasserabzugsloches. Einbringen von groben Styroporflocken als Dränage. Einfüllen der leichten Erdmischung. Die noch freiliegende Pflanzfläche wird mit Blähton abgedeckt.*

seln mit „Mannstreu" = *Eryngium!*). Aussaat Februar/März, mäßig warm. Beste Fensterkastensorte ist die hängende 'Pendula Saphir', deren tief blaue Blüten ein weißes Auge haben. Bei allen anderen stehenden Sorten die geringe Höhe (etwa 10 cm) bei der Pflanzung beachten.

Als Zwischenpflanzen eignen sich die Buntnesseln (*Coleus*-Blumei-Hybriden) mit ihren vielfarbigen Blättern. Man kann sie selbst aus Samen ziehen; Aussaat ab Anfang Februar, mäßig warm und hell kultivieren, Schatten und Stickstoff schaden der Blattfarbe. Außer den Prachtmischungen gibt es schon treu fallende Auslesen: 'Goldener Regenbogen', grüngefleckt, 'Herbst Regenbogen', rotbronze mit grünen Flecken, 'Roter Regenbogen', rot mit grünem Rand, 'Samt-Regenbogen', tief samtpurpur, und viele andere.

Mehr ein „Solitär" ist *Abutilon,* die Samtpappel oder Schönmalve. Sie wird etwas höher, deshalb an die Außenseiten setzen. Feucht oder halbschattig halten. Rückschnitt wird gut vertragen. Sehr schön die kompaktere Sorte 'Feuerglocke'. Nur für die Herbstbepflanzung geeignet ist *Erica gracilis,* die bekannte Topferika. Wenn die Sommerblumen im September an Blühwilligkeit nachlassen, werden die Kästen geräumt und mit Torf oder Beutelerde gefüllt. In

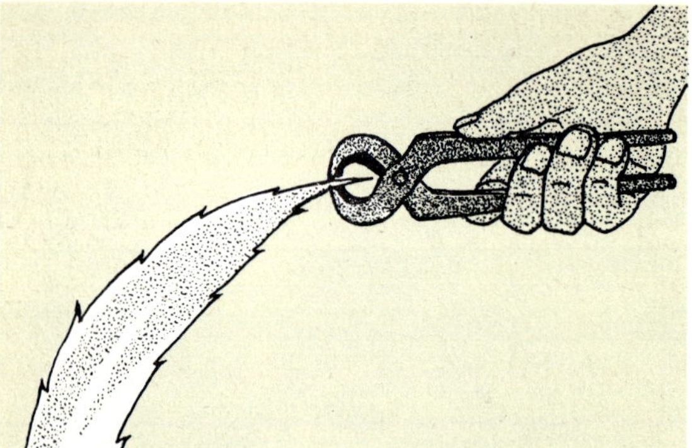

Bei Agaven in Kübeln die nadelartige Spitze abzwicken (Verletzungsgefahr!)

30–35 cm Abstand wird nun die dicht mit Knospen besetzte *Erica* gepflanzt. Von Eigenanzucht wird abgeraten.

Damit sind noch lange nicht alle Pflanzen erwähnt, mit denen Balkonkästen bepflanzt werden können, beliebt sind noch Zwergdahlien, Zwergastern, Strauch-Chrysanthemum, Studentenblumen *(Tagetes)*.

Wie schon angedeutet, sollten Balkonkästen ganzjährig bepflanzt werden, im Frühling mit Zweijahrsblumen, wie Stiefmütterchen. Dann folgt der normale Flor, und im Herbst nach dem ersten Frost werden *Erica gracilis* oder kleine Fichten gepflanzt (Forstware von der gewöhnlichen *Picea abies*).

## Spezielle Kübelpflanzen

### Verwendung und Pflege

Im Gegensatz zu den bereits erwähnten winterharten Kübelpflanzen geht es jetzt um dauerhafte, nicht oder nur bedingt winterharte Pflanzen. Es kann sich dabei um Gehölze, Stauden oder Zwiebelpflanzen handeln. Alle lieben einen sonnigen, warmen Platz von Mitte Mai bis Oktober; im Winter dagegen mögen sie einen kühlen, frostfreien Raum, der aber nicht zu dunkel sein sollte. Der Kübel braucht während des Winters nicht oft gegossen zu werden; er sollte jedoch nie völlig austrocknen. Kübelpflanzen haben ihren Platz wohl meist auf der Terrasse oder in der Nähe von Hauseingängen. Daß während der Vegetationsperiode öfter gewässert werden muß, ist selbstverständlich. Es wird zwar gedüngt, aber nur mäßig; eine kleine Gabe pro Monat genügt.

### Sortiment

Beliebteste Kübelpflanze ist *Nerium oleander* (Oleander), was wohl mit den vielen Urlaubsreisen in südliche Länder zusammenhängt. Mitgebrachte Zweige wurzeln, in Wasser gesteckt, verhältnismäßig leicht. Dekorativ ist *Datura suaveolens* (Strauchiger Stechapfel). *Agapanthus africanus* lohnt nicht mehr als Kübelpflanze, seit es die winterharten, englischen Hybriden gibt. Von den Zwiebelpflanzen können *Crinum × powellii* (Hakenlilie) und *Eucomis*-Arten (Schopflilie), alte Kübelpflanzen, sehr elegant wirken. *Erythrina crista-galli* (Korallenstrauch), eine interessante Pflanze, ist jetzt öfter im Angebot. *Punica granatum* (Granatbaum), *Plumbago auriculata* (= *P. capensis*, Bleiwurz) und *Myrtus communis* (Brautmyrte) sind alte Orangeriepflanzen, die als Kübelgewächse in unseren Gärten weiterwachsen. *Ficus carica* (echte Feige) schmückt mit seinen ornamentalen Blättern. Nicht zu vergessen ist *Laurus nobilis* (Lorbeerbaum). Eine Reihe von Palmen gedeihen in Kübeln, Bambusarten, nicht ganz harte Koniferen *(Araucaria*-Arten, *Pinus canariensis)*, dann die vielen größer werdenden Agaven und nicht winterharte *Yucca*. Hier alle aufzuzählen, würde den Rahmen sprengen.

## Der Garten auf dem Dach

### Anlage

Ein Dachgarten besteht aus einer Anzahl größerer oder kleinerer Betonwannen; die Pflanzen müssen mit einem eingeschränkten Wurzelbereich auskommen, sie haben keinen Kontakt zum Gartenboden.

Nur Eichenholz-Pflanzkübel mit Einkerbung verwenden. Dazu passende Tragegriffe basteln.

Die konstruktiven Voraussetzungen (Statik, Wasserdichte) dafür zu schaffen, ist Aufgabe des Architekten. Ferner ist ein guter Windschutz für den Erfolg eines Dachgartens entscheidend. Die ebenfalls wasserdichte Wanne muß an der tiefsten Stelle einen Abfluß für Überschußwasser haben, wie es bei stärkeren Regenfällen vorkommt. Der Boden bekommt deshalb auch ein leichtes Gefälle (1%). Als erste, etwa 3 cm starke Schicht werden Kiesel (oder Leca-Steine) mit einem Durchmesser con 15–20 mm aufgebracht. Durch diese Schicht wird das Wasser abgeleitet. Zum Bewässern genügt ein normaler Regner; es ist jedoch besser, eine Bewässerungsvorrichtung mit Schwimmeranlage einzubauen. Dadurch kann der Wasserstand immer bis zur Oberkante des Kiesschicht gehalten werden. Wenn das Wasser höher steigt, muß es durch eine Entwässerungsvorrichtung abfließen. An Stelle von Kies haben sich Leca-Steine (Blähton) bewährt, die in fast jedem Baugeschäft erhältlich sind. Zwischen die Dränageschicht und die Kulturerde kommt ein Glasvlies, beispielsweise „Terra-Tel", damit die Erde nicht in die Dränageschicht gespült wird. Für Rasenflächen wird darauf eine Mischung von mindestens 10% Stärke von 50 Vol.% TKS 2 (oder ein anderes Torfkultursubstrat in der zweiten Stufe) mit der gleichen Menge Blähton aufgebracht. Bei dickeren Rasenflächen wird der Anteil von Blähton noch erhöht; dadurch wird der Rasen gleich trittfest.
Alle anderen Pflanzflächen für Gehölze, Stauden und Sommerblumen werden mit reinem Torfkultursubstrat 2 aufgefüllt. Die Schichtstärke für Sommerblumen und Stauden beträgt 10–15 cm, für Gehölze etwa 20 cm. Bei Solitärgehölzen mit stärkerem Ballen wird mit TKS von beiden Seiten schräg angeböscht. Das Substrat wird gelockert und angefeuchtet aufgebracht. Es müssen etwa 3½ Ballen/m² gerechnet werden. Solitärgehölze gewinnnen an Standfestigkeit, wenn ihre Ballen auf eine Eisenplatte gesetzt und mit unverrottbarem Material darauf festgeschnürt werden. Das TKS enthält so viele Nährstoffe, daß im ersten Jahr nicht gedüngt werden muß. Später kommt im Frühling eine 1 cm hohe Schicht Supermanural oder ein gleichwertiger Torfmischdünger auf die Fläche, oder man düngt mit 5 kg Blaukorn-Dünger auf 100 m². Sofort gut wässern.

**Pflanzmaterial und Zubehör**

Alle Gehölze, die bei der winterharten Kübelbepflanzung genannt wurden, können auch für Dachgärten genommen werden. Windverträgliche Flachwurzler sind zu bevorzugen. Aber auch Stauden können verwendet werden, besonders halbhohe Arten und Bodendecker. Beliebt sind natürlich die vielen dauerblühenden Sommerblumen, besonders bei einer streng formalen Bepflanzung. Schlinger an einem Rankgerüst ergeben eine gute vertikale Kulisse, nur dürfen sie nicht in zu windiger Lage stehen. Der Einbau von Vogeltränken, Wasserbecken, Sitzecken vervollständigen den Garten auf dem Dach.

*Die Bepflanzung von Kästen und Kübeln bietet viele Möglichkeiten. Besonders beliebt für Terrassen sind Kübel aus glasiertem, ornamentgeschmücktem Steingut; schön mit bunten Sommerblumen. Standardpflanzen sind nach wie vor Pelargonien, im Volksmund als Geranien bezeichnet.*

# Pflanzen für Zimmer und Blumenfenster

## Umweltansprüche

### Luftfeuchtigkeit

Wohnungen Wohnungen mit Zentralheizung sind zimmerpflanzenfeindlich. Ihre trockene, gleichmäßig temperierte Luft läßt für viele Arten nur noch ein Dahinsiechen zu. In alten Häusern war die Pflege vieler Topfpflanzen leichter. Die Luft, besonders am beschlagenen Fenster, war feuchter, und ein rhythmischer Temperaturunterschied zwischen Tag und Nacht – der Ofen ging eben am Abend aus – kam den Pflanzen entgegen. Wer in zentralbeheizten Zimmern Topfpflanzen erfolgreich halten will, konzentriere sich auf die „Zimmerhelden", *Clivia, Sansevieria* (Bogenhanf), *Tradescantia* (Dreimasterblume), *Philodendron scandens*, Kakteen und andere sukkulente Pflanzen. Eine kleine Verbesserung bringt das Einfüttern der Töpfe in einen Kasten mit Torfmull, der immer feucht sein muß! Gut wirken in Wohnräumen gemauerte Pflanzecken, die, ebenfalls mit feuchtem Torfmull gefüllt, die Töpfe oder die Pflanzen, frei ausgepflanzt, aufnehmen. Durch die verhältnismäßig große Fläche, die Wasser verdunsten kann, gedeihen diese dort recht gut.

Elektrische Luftbefeuchter, die durch einen Hygrostat automatisch steuerbar sind, schleudern durch Rotation winzig kleine Nebeltröpfchen in die Luft; eine direkte Benetzung der Pflanzen findet nicht statt. Einrichtungsgegenstände in der Umgebung leiden daher kaum. Aber auch ein gewöhnlicher Einhandsprüher, der täglich zwei- bis dreimal verwendet wird, trägt zum Wohlbefinden vieler, jedoch nicht aller Pflanzen bei. So bilden sich bei Gloxinien, „Amaryllis", Primeln, Pantoffelblumen, Usambaraveilchen und vielen Orchideen leicht Flecken auf Blüten oder sogar Fäulnisherde an den Knospen. Außerdem bleibt bei der Verwendung von kalkhaltigem Wasser ein unschöner Belag auf den Blättern zurück. Deutlich erhöht sich die Luftfeuchtigkeit durch Zimmerspringbrunnen. Aber Vorsicht: Kitsch! Einfache Formen wirken am besten. Der gleichmäßigen Luftfeuchtigkeit wegen sind geschlossene Blumenfenster sehr beliebt. Gute Konstruktionen benötigen nur noch einen geringfügigen Arbeitsaufwand.

### Temperatur

Jede Pflanzenart hat „ihre" optimale Temperatur, bei der sie also gut gedeiht. Dies muß bei der Auswahl beachtet werden. Das Angebot ist für jeden Temperaturbereich groß. Man unterscheidet zwischen Kalthauspflanzen, Warmhauspflanzen und solchen Pflanzen, die in beiden Temperaturbereichen noch gut mitmachen.

Zu den Pflanzen für kühle Räume (Nachttemperatur 5–12 °C) gehören z. B. die meisten Kakteen, *Camellia japonica* (Kamelie), *Campanula isophylla* (hängende Glockenblume), *Cyclamen persicum* (Alpenveilchen), *Fatsia japonica* (Zimmeraralie), *Myrtus communis* (Myrte), viele Arten der Palmen und Primeln, *Solanum capsicastrum* (Korallenstrauch).

Einen warmen Raum (Nachttemperatur 12–18 °C) lieben z. B. Arten der *Begonia* und der Bromelien, *Hibiscus rosa-sinensis, Hippeastrum*-Hybriden (Amaryllis), *Hoya carnosa* (Wachsblume), *Impatiens walleriana* (Fleißiges Lieschen), *Kalanchoe blossfeldiana* (Flammendes Kätchen), *Peperomia*-Arten (Pfeffergesicht), *Sansevieria* (Bogenhanf), *Saintpaulia ionantha* (Usambaraveilchen), *Sinningia*-Hybriden (Gloxinie).

Zu den Pflanzen, die für warme und kühle Temperaturen geeignet sind (Nachttemperatur 8–18 °C), zählt *Asparagus densiflorus* (Zierspargel), *Chlorophytum comosum* (Graslilie), *Cissus antarctica* (Klimme), *Clivia miniata* (Clivie), *Ficus elastica* (Gummibaum), *Hedera*-Arten (Efeu), *Monstera deliciosa* (Zimmerphilodendron), *Tradescantia* (Dreimasterblume) und andere. Auch hinsichtlich der Temperatur bietet ein geschlossenes Blumenfenster Vorteile, wenn sie unabhängig von der Zentralheizung mittels Thermostat geregelt werden kann.

### Licht

Pflanzen brauchen Licht zur Assimilation. Deshalb bleibt zur Zimmerpflanzenpflege meist nur die Fensterbank. Es gibt aber eine Reihe von Pflanzen, die auch in den nur mäßig hellen Teilen des Zimmers noch fortkommen und die deshalb weit verbreitet sind, wie *Aspidistra elatior* (Metzgerpalme), *Fatsia japonica* (Zimmeraralie), *Hedera*-Arten (Efeu), *So-*

*leirolia soleirolii* (Bubikopf), *Monstera deliciosa* (Zimmerphilodendron), *Piper*-Arten (Pfeffer), *Tradescantia* und die Zimmerfarne.

## Erde, Wasser und Düngung

**Kulturerden**

Auch Zimmerpflanzen stellen die unterschiedlichsten Anforderungen an das Pflanzsubstrat. Besonders in der Vergangenheit gab es für jede Topfpflanze eine „Spezialmischung"; der größte Teil kommt aber in normaler Einheitserde gut fort. Dem Zimmerpflanzenfreund ohne Garten steht sowieso nur im Beutel gekaufte Blumenerde zur Verfügung, und in der Regel sind die Erfolge gut. Der Gartenbesitzer kann sich seine Topfpflanzenerde selbst mischen, die immer humose Gemische aus Kompost-, Mistbeet-, Rasen-, Laub- und Gartenerde sind. Zudem enthalten sie hohe Anteile an Torf und oft auch scharfem Sand. Auch Styromull und Hygromull werden vielfach als Beimengungen verwendet. Die Gartenerde darf nur unter Berücksichtigung ihrer Zusammensetzung, die sehr unterschiedlich sein kann, genommen werden. Auch hier hat sich eine Mischung von je einem Drittel gedämpfter Komposterde, Torf und Sand unter Zusatz von etwas pulverisiertem Rinderdünger bewährt. Das schon oft erwähnte TKS (Torfkultursubstrat), in der zweiten Stufe mit erhöhtem Nährstoffgehalt (TKS 2), läßt sich für viele Topfpflanzen gut verwenden, ebenso Compo-Sana. Das letztgenannte Produkt ist verbessert worden und enthält außer hochwertigem Torf auch Atmungsflocken zur besseren Luft- und Wasserdurchlässigkeit. Der darin enthaltene Volldünger hat seine spezielle Zusammensetzung mit Langzeitwirkung.

Zu den Spezialerdmischungen gehört eine Epiphytenmischung für Bromelien mit lufthungrigen Wurzeln und Orchideen. Es sind Mischungen aus *Sphagnum* (Torfmoos), *Osmunda regalis*-Wurzeln (Königsfarn), gehacktem Buchenlaub, groben Rinden, und Torfstückchen. Zur Desinfektion werden kleine Holzkohlestückchen zugegeben. Orchideengärtnereien mischen in letzter Zeit vermehrt Styromull bei. Bei Erdorchideen wird oft Bimskies mit aufgekalktem Torfmull verwendet.

*Buntblättrige Pflanzen beleben das Blumenfenster: Maranta, Aphelandra, Caladium.*

*Bepflanzen eines Flaschengartens. Von links oben nach rechts unten: Durch eine Papiertüte wird die unkrautfreie Erde vorsichtig eingefüllt. Käufliche Beutelerden eignen sich gut für diesen Zweck. Sowohl die Flasche selbst, als auch die verwendeten Geräte wurden vorher sorgfältig gereinigt. Die Pflanzen werden möglichst eng in Papier eingewickelt und so durch den Flaschenhals eingeführt. Bewährt hat sich ein „Pflanzbesteck“. Alte Löffel oder Gabeln erhalten eine Verlängerung aus Holz oder Metall. Mit etwas Geschick lassen sich die Pflanzarbeiten innerhalb der Flasche gut durchführen. Mit einem feinen Gummischlauch werden die Pflanzen vorsichtig angegossen. Nach einigen Tagen kann die Flasche mit einem Korken verschlossen werden. Flaschengärten wünschen einen möglichst hellen, aber nicht sonnigen Platz. Zum Bepflanzen eignen sich besonders dekorative Grünpflanzen; aus der großen Gruppe der Bromelien besonders die kleiner bleibenden Arten, ebenfalls die schwächer wachsenden Efeu-Sorten; Peperomien, besonders Peperomia obtusifolia; die buntblättrigen und panaschierten Tradeskantien lockern die Pflanzung etwas auf; gut sind kleiner bleibende Zimmerfarne. Bei richtiger Pflanzung kann der Flaschengarten lange ohne weitere Pflege bleiben. Laufende Beobachtung ist erforderlich. Faule Blätter und andere Pflanzenteile müssen mit Hilfe des Pflanzenbestecks rechtzeitig entfernt werden, damit kein größeres Unheil entsteht. Mit der Düngung muß man sehr vorsichtig sein, kleinste Gaben genügen.*

Auch für Kakteen gibt es besondere Erdmischungen; da aber der Liebhaber keine großen Mengen benötigt, lohnt eine Eigenmischung kaum. Fertige Kakteenerde erhält man von speziellen Kakteengärtnereien. Auch ist eine fertige Mischung unter der Bezeichnung „Compo-Cactea“ im Handel. Ebenfalls eine besondere Erde brauchen die auch als „Moorbeetpflanzen“ bezeichneten Heidekrautgewächse. Sie benötigen eine saure Bodenreaktion. Die Erde besteht aus Torf und Nadelerde (Walderde).

**Wasser und Zimmerpflanzen**

Jedem Zimmerpflanzen-Liebhaber steht Leitungswasser zur Verfügung, doch ist dessen Qualität sehr unterschiedlich. Wichtig ist der Kalkgehalt; man spricht von „hartem“ Wasser, wenn er sehr hoch, von „weichem“ Wasser, wenn er sehr niedrig ist. Wasser, das aus kalkführenden Bodenschichten kommt, ist meist sehr hart. Bei jedem kommunalen Wasserwerk kann man den Härtegrad erfahren. Ein „Deutscher Härtegrad“ (DH) bedeutet: in 1 l Wasser sind 10 mg Kalziumoxid oder 7,14 mg Magnesiumoxid enthalten. Bei Leitungswasser mit einem Härtegrad bis etwa 8° DH bestehen für die Verwendung als Gießwasser keine Bedenken. Mit Wasser zwischen 8–18° DH dürfen kalkempfindliche Zimmerpflanzen wie Azaleen *(Rhododendron simsii), Anthurium* (Flamingoblume), *Erica* (Heidekrautgewächse), *Camellia* (Kamelie), *Hydrangea* (Hortensie), Bromelien, Orchideen u.a. nicht ohne Enthärtung gegossen werden. Bei höheren Härtegraden bleibt dann nur die Verwendung von Regenwasser, das in Großstädten auch nicht immer vorhanden ist, oder die Aufbereitung des Leitungswassers: Einen 10-l-Eimer mit Torf halb füllen, mit dem kalkhaltigen Wasser übergießen, nach 24 Stunden das nun leicht braun gefärbte Wasser ablaufen lassen und zum Gießen verwenden. Der restliche Torf dient der Humusdüngung im Garten. Nicht-Gartenbesitzer verwenden käufliche Enthärtungstabletten, z. B. Aquisal. Der Kalk wird dadurch ausgeschieden; er setzt sich als weißer Belag am Boden ab. Aquisal ist auch in flüssiger Form im Handel erhältlich.

Wer keine dieser Methoden anwenden kann, dem bleibt nur das Abkochen des Wassers (Kalk scheidet sich als „Kesselstein“ am Topfrand ab). Wenn das Wasser über 23° DH liegt, sollten auch tolerante Pflanzen nicht mehr damit gegossen werden. Vielerorts ist das Leitungswasser zusätzlich stark gechlort. Solches Wasser sollte vor dem Gießen zumindest längere Zeit abstehen. Der größte Teil des Chlors entweicht dadurch; mehrfaches Umrühren beschleunigt diesen Vorgang. Brunnenwasser enthält zwar kein Chlor, aber wie steht es mit seinem Kalkgehalt? Dieser muß zuerst einmal genau festgestellt werden. Bei Fluß- und Bachwasser muß außer dem Kalkgehalt der Grad der Verschmutzung durch Haushalts- und Industrieabfälle und durch schlecht funktionierende Kläranlagen beachtet werden. Wo der Fischbestand zurückgegangen ist, sollten Zimmerpflanzen nicht mit solchem Wasser vorlieb nehmen müssen. Regenwasser wird zum Gießen gerne genommen; da es keinen Kalk enthält, ist es sehr weich. In ländlichen Gegenden ist es meist sehr sauber; in dicht besiedelten Gebieten wird seine Verwendung allerdings problematisch, weil dort das Regenwasser einen hohen Anteil an Ruß, Schwefel usw. aus der Luft aufweist.

Der Zimmerpflanzengärtner kann oft schon an den Töpfen die Reaktion der Blumenerde erkennen, die ja wesentlich durch das Gießwasser beeinflußt wird. Bei einer sauren Reaktion bemoosen sich die Töpfe an der Außenseite, bei einer mehr alkalischen entstehen am Topfrand und an der Außenseite Krusten und weiße Salzausblühungen.

**Düngung**

Gekaufte Blumenerden enthalten einen gewissen Düngervorrat, der sich natürlich auch einmal erschöpft. Dann muß eine Nachdüngung erfolgen. Es gibt im Handel viele Kleinpackungen mit mineralischen Volldüngern, wie Substral, Mairol, Blütol, Hakaphos, Hostal u. a. Diese Dünger werden im Wasser aufgelöst, 1–2 g/2 l Gießwasser und einmal in der Woche genügt. Natürlich kann man hin und wieder auch etwas pulverisierten Rinderdünger auf die Erde sreuen. Mineraldünger in flüssiger Form werden immer mehr der festen Form (Salz, Stäbchen, Tabletten) vorgezogen; sogar Naturguano wird flüssig angeboten (Compo, Echter-Guano-flüssig). Keine Düngerwirkung haben die oft für großflächige Blattpflanzen verwendeten Blattglanz-Sprays.

## Zimmerpflanzenpflege

**Richtiges Gießen**

Gießen ist nicht gießen! Jede Pflanzenart hat einen anderen Wasserbedarf. Die Raumtemperatur, der Standort, die Jahreszeit und viele andere Faktoren spielen eine Rolle. Es vertrocknen nicht nur viele Zimmerpflanzen, es werden auch viele zu Tode gegossen. Trockene Luft kann durch verstärktes Gießen etwas ausgeglichen werden. Es gibt deshalb kein allgemein gültiges Rezept, wie oft und wie viel gegossen

*Dekorativer Nestfarn, Asplenium nidus.*

werden soll. Eine Reihe von Pflanzen wünscht während des Sommers mehr Feuchtigkeit als im Winter, wie etwa Gummibaum und Zierspargel. Winterblüher benötigen aber gerade zu dieser Jahreszeit wesentlich mehr Wasser (Anthurien, Azaleen u.s.w.). Wenn Pflanzen eine Ruhezeit durchmachen, wird das Gießen stark eingeschränkt.

Das Gießwasser selbst soll nicht eiskalt sein, sondern gut temperiert. Für den Blumentopf gilt das gleiche wie für Kübel und Kästen; auch er braucht einen guten Wasserabzug. Deswegen legt man einen Topfscherben über das Bodenloch und füllt, als Dränage, etwa 2 cm hoch Kies oder Styromull ein. Zweifel herrschen oft darüber, ob von oben oder von unten gegossen werden soll („von unten" heißt: in den Untersetzer). Alle Pflanzen können von oben her gegossen werden, nur soll der Gießstrahl nicht in das Herz der Pflanze treffen. Auch Gießen von unten schadet nicht, wenn es in Maßen erfolgt und nach dem Ansaugen kein übriges Wasser im Untersetzer stehen bleibt. Spätestens nach einer dreiviertel Stunde ist die Topferde mit Wasser gesättigt und alles noch verbliebene muß ausgeschüttet werden.

Die Tageszeit, während der gegossen werden soll, ist bei Zimmerpflanzen weniger ausschlaggebend; es erfolgt meist in den Morgenstunden. Wenn gegossen wird, sollte es durchdringend geschehen; oberflächliche Befeuchtung hat wenig Zweck. Pflanzen, deren Ballen trocken geworden sind, weil man einmal das Gießen versäumt hat, werden bis zum Rand ins Wasser gestellt. Ist es gleich eine ganze Gesellschaft solch schlapper Gestalten, so führt man das Vollsaugen in der Badewanne durch. Problematisch wird das Gießen während der Urlaubsabwesenheit. Es gibt allerlei Methoden, die Pflanzen dennoch zu versorgen, die aber meist nicht voll befriedigen; das Beste ist noch, sie auf ein Bewässerungsvlies zu stellen, wie im Abschnitt „Kleintreibhaus" (Seite 81) erwähnt. Beste Hilfe beim Gießen bleibt ein blumenliebender Nachbar. Vorteile haben in dieser Situation Zimmerpflanzen-Liebhaber, die ihre Pfleglinge nicht in Erde gepflanzt haben, sondern sie nach der Hydrokultur-Methode pflegen (s. Abschnitt „Hydrokultur", Seite 309).

**Umtopfen**

Wenn die Wurzeln den Topf so weit durchsetzt haben, daß kaum noch Erde zu sehen ist, wird es höchste Zeit zum Umtopfen; es wird meist im Frühling vorgenommen.

Zum Austopfen wird die Pflanze umgedreht und an der Basis mit der einen Hand gehalten; durch vorsichtiges Aufstoßen des Topfrandes auf eine feste Unterlage löst sich der Topfballen vom Topfrand und kann leicht herausgenommen werden. Noch nicht fest durchwurzelte Erde wird entfernt, der Wurzelfilz so weit wie möglich aufgelockert; abgestorbene Wurzeln werden entfernt. Natürlich darf der Ballen nicht zu lange an der Luft liegen bleiben, er sollte möglichst bald wieder eingetopft werden. Der neue Topf soll etwa zwei Nummern größer sein als der alte. Nicht vergessen: Scherben und Dränageschicht einlegen!

Jetzt wird der Ballen zur Kontrolle in den Topf gehalten; sitzt er noch etwas tief, so wird auf die Dränageunterlage gleich etwas gute Erde gegeben. Wenn die Höhe stimmt, wird der Raum zwischen Topf und Ballen vorsichtig mit Erde ausgefüllt; der Ballen soll dabei gleichmäßig in der Mitte sitzen. Anschließend wird durchdringend gegossen, damit die Erde zwischen Wurzelhohlräume gespült wird. Sinkt dabei die ganze Erde am Topfrand ein, so wird noch einmal nachgefüllt. Zum Umtopfen eignet sich ein Torfdünger, der unter der Bezeichnung „SM 720" in Kleinpackung angeboten wird. Einen Eimer SM 720 mischt man mit zwei Eimern normaler Gartenerde. Steht diese nicht zur Verfügung, kann notfalls auch die alte Topferde aufbereitet werden, in gleicher Mischung oder zwei Teile normalen Torf (eventuell Kleinpakkungen wie Torfboy und Torfbaby für Nicht-Gartenbesitzer) mit einem Teil SM720.

**Schnitt**

Alle welk gewordenen Blüten und Pflanzenteile werden sofort abgeschnitten. Verholzende Pflanzen, wie *Hibiscus rosa-sinensis, Nerium oleander* usw. brauchen von Zeit zu Zeit unbedingt einen kräftigen Rückschnitt; dieser Verjüngungsschnitt erfolgt im Frühling. Besonders bei Jungpflanzen, die sehr in die Länge wachsen, nimmt man, um buschigere Pflanzen zu erhalten, den Mitteltrieb stark zurück.

**Pflanzenschutz**

Wenn eine Pflanze nicht unter optimalen Bedingungen gehalten wird und geschwächt ist, wird sie leicht von Schädlingen befallen. Das sind, um nur einige tierische zu nennen, vor allem Spinnmilbe, Thrips, Blatt-, Schmier- und Schildlaus, Weiße Fliege. Das Spritzen und Stäuben synthetischer Insektizide muß unbedingt im Freien erfolgen, auf dem Balkon oder der Terrasse; im Zimmer an Ort und Stelle können nur solche Pflanzensprays verwendet werden, die für Menschen kaum giftige, pflanzliche Produkte enthalten (Pyrethrum, Derris). Auf den Sprühdosen ist der richtige Abstand von Dose zu Pflanze angegeben. Stark befallene Pflanzenteile werden vorher entfernt. Nicht auf den Kompost werfen! Meist muß mehrmals gespritzt werden, bis alle Schädlinge vernichtet sind. Keinesfalls darf aber die vorgesehene Konzentration überschritten werden.

Sind Regenwürmer in die Topferde gekommen, so wird der Topf in eine Schüssel mit lauwarmen Wasser gestellt; schon bald kriechen die Würmer aus der Erdoberfläche heraus. Gegen eingeschleppte Schnecken streut man etwas Schneckenkorn auf die Erdoberfläche.

Auch pilzliche Krankheiten kommen gelegentlich bei Zimmerpflanzen vor; so können an ihnen alle bekannten, bei den Freilandpflanzen auftretenden Krankheiten beobachtet werden, wie Echter und Falscher Mehltau, Grauschimmel, Brennfleckenkrankheit, Fußkrankheiten, Rost, Zwiebeltrockenfäule, Stengel- und Knollenfäule usw. Die Bekämpfung erfolgt nach den früher gegebenen Hinweisen (Seite 51). In den meisten Fällen hilft ein breit wirkendes Präparat, wie Dithane Ultra, Orthocid usw., in Verbindung mit einem Kupferpräparat (Cupravit).

Schwieriger sind Virus- und Bakterienkrankheiten zu bekämpfen. Es ist wichtig, die befallenen Pflanzen sofort zu vernichten und die Geräte zu entseuchen (Albisal-Lösung). Eine Chlorose wird oft nicht von Viren, sondern durch zu starken Kalkgehalt von Erde und Gießwasser hervorgerufen. Bekämpfung durch Spritzung oder Gaben von Fetrilon. Ähnliche Schadbilder werden oft durch andere Umwelteinflüsse hervorgerufen. So vertragen Zimmerpflanzen auch kein Gas. Deshalb gedeihen Zimmerpflanzen nicht in Küchen, in denen mit Gas gekocht wird.

## Pflanzgefäße und Zubehör

**Topf**

Auf die verschiedenen Topfarten wurde im Kapitel „Geräte und Hilfsmittel" hingewiesen. Die normale, leicht konische Form ist für fast alle Topfpflanzen ideal. Bei Selbstvermehrung aus Samen oder durch Stecklinge nicht gleich die Endgröße wählen; auch in Großbetrieben wird erst in einem kleineren Topf vorkultiviert. Der althergebrachte gebrannte Tontopf ist immer noch am besten für Topfpflanzen, besonders wenn sie kräftig und voll entwickelt sind. Der harte Plastiktopf bewährt sich besonders bei Zimmer-Primeln, da die Erde in ihm weniger stark austrocknet. Zum Einfüttern in Torfwannen usw. nützt ein Plastiktopf gar nichts. Töpfe aus Styropor verhalten sich ähnlich wie Töpfe aus Hartplastik. Pflanzen mit harten Ausläufern durchbohren oft ihre Wandung *(Sansevieria)*.

*Elektrischer Luftbefeuchter bewährter Bauart.*

**Übertopf, Untersetzer**

Der freistehende Tontopf ist vielen nicht hübsch genug, deshalb tarnen sie ihn mit einem Übertopf aus Plastikmaterial, Eichenholz, Kupfer, Messing oder Keramik. Sofern er gitterartig ist, stört er wenigstens nicht die Funktion der porösen Tontopfwand. Übertöpfe mit geschlossener Wandung müssen daher so groß sein, daß zwischen den beiden Töpfen genügend Zirkulationsabstand bleibt. Auf den Boden des Übertopfes kommt Kies, damit der Tontopf höher steht und keinen nassen Fuß bekommt, wenn zuviel gegossen wurde. Übertöpfe in schlichten Formen und dezenten Farben treten hinter der Pflanze zurück, anstatt ihr den Rang streitig zu machen, wie dies z. B. bei den verschnörkelten, bunten Barockimitationen unweigerlich der Fall ist. Untersetzer aus gebranntem Ton werden kaum noch verwendet, da solche aus Kunststoff (meist Polystyrol) keinerlei Nachteile für den Pflanzenwuchs haben.

## Das Blumenfenster und allerlei Behälter

**Das offene Fenster**

Durch den Einbau eines Blumenfensters kann man den hohen Arbeitsaufwand für die Pflege von Zimmerpflanzen erheblich senken. Für den nachträglichen Einbau hat sich das Eternit-Blumenfenster (System Linz) bewährt, sowohl für das offene als auch für das geschlossene Blumenfenster. Diese Anlage besteht aus einer Wanne und einem Einsatz; sie werden an Stelle des Fenstersimses eingebaut. An der Wanne befinden sich Überlaufstutzen und Schlitze für die Luftzufuhr, die für die Luftfeuchtigkeit und -zirkulation wichtig sind. Die Seitenwände und die Oberseite der Fensternische sollten einen feuchtigkeitsabweisenden Anstrich erhalten oder mit wetterfesten Asbestzementplatten ausgekleidet werden. Auch Klinkerfliesen wirken gut. Alles überschüssige Wasser vom Gießen und Überbrausen wird in der Wanne wieder aufgefangen. Der Überlaufstutzen am Wannenboden bewirkt, daß immer etwa 3 cm Wasser in der Wanne stehen. Auf den Boden des Einsatzes kommt eine Lage Holzkohle und darauf die Kulturerde. Durch die Löcher am Boden des Einsatzes kann überschüssiges Wasser wieder in die Wanne darunter fließen. Andererseits wird durch die Löcher am Einsatzfuß Wasser angesaugt.

Durch die seitlichen Luftschlitze zirkuliert laufend die Luft; sie nimmt von dem Wasser am Wannenboden Feuchtigkeit auf und führt diese den oberirdischen Pflanzenteilen zu. Die Scheibe des Fensters sollte aus Isolierglas bestehen, oder das Fenster selbst sollte ein Doppelverbundfenster sein und zwischen den Scheiben ein Plastikrollo zur Schattierung haben; bei Isolierglas wird von außen schattiert. Vorteilhaft ist eine Entlüftung nach außen. Folgende Installationen verbessern die Möglichkeiten einer erfolgreichen Pflanzenkultur; Spezial-Blumenfensterleuchten an der Oberkante, Elektro-Luftbefeuchter im oberen Teil, Bodenheizkabel auf dem Boden des Einsatzes, in Sand gebettet und thermostatgesteuert, Rohrheizung zwischen Wannenaußenseite und Fenster. Das genannte Eternit-Blumenfenster gibt es in 1–2,5 m Länge; der Einsatz ist jeweils 7 cm kürzer. Die Höhe beträgt bei allen Größen 26,5 cm, die Breite 32,5 cm. Wer ein breiteres offenes Blumenfenster wünscht, muß die Pflanzwanne anders gestalten.

**Das geschlossene Fenster**

Hier bieten sich natürlich ideale Möglichkeiten. Durch die Trennung des Blumenfensters zum Wohnraum mittels Glasschiebetüren entsteht ein geschlossener Raum, in dem durch richtigen Einsatz von Klima- und Regelgeräten jedes gewünschte Kleinklima geschaffen werden kann. Von den Kakteen bis zu den tropischen Orchideen kann man alles pflegen. Geschlossene Blumenfenster werden meist etwas breiter angelegt als offene, je breiter, desto wirkungsvoller. Je tiefer das Blumenfenster in das Zimmer reicht, um so mehr zusätzliche Beleuchtung muß installiert werden. Je nach Tiefe hängen ein bis zwei Spezial-Blumenfensterleuchten mit je zwei Leuchtröhren nebeneinander. Diese Beleuchtung wird durch Kunststoffraster oder Milchglasscheiben abgedeckt. Bei direkter Sonnenbestrahlung muß schattiert werden, wie üblich durch Lamellenstores aus Aluminium oder Kunststoff, entweder vor der Außenscheibe oder bei Verbundfenstern zwischen den Scheiben. Bei Verwendung eines automatisch gesteuerten Elektro-Luftbefeuchters können die Pflanzen wesentlich mehr Sonnenlicht vertragen als ohne. Auf Südseiten kommt man jedoch ohne Schattierung nicht aus, auf Ost- und Westseiten ist sie nicht so zwingend. Die Luftfeuchtigkeit, deren Bedeutung für Zimmerpflanzen schon betont wurde, ist stets höher als im Wohnraum.

Die Technik hat noch weitere Bequemlichkeiten geschaffen: Automatischer Wasserzufluß und Dauerbenebelung in den Morgenstunden wie in der Natur. Während des Tages ist eine zu hohe Luftfeuchtigkeit unter Umständen sogar schädlich. Sie soll normal bei 60–70 % relativer Feuchte liegen.

Umtopfen alter Topfpflanzen

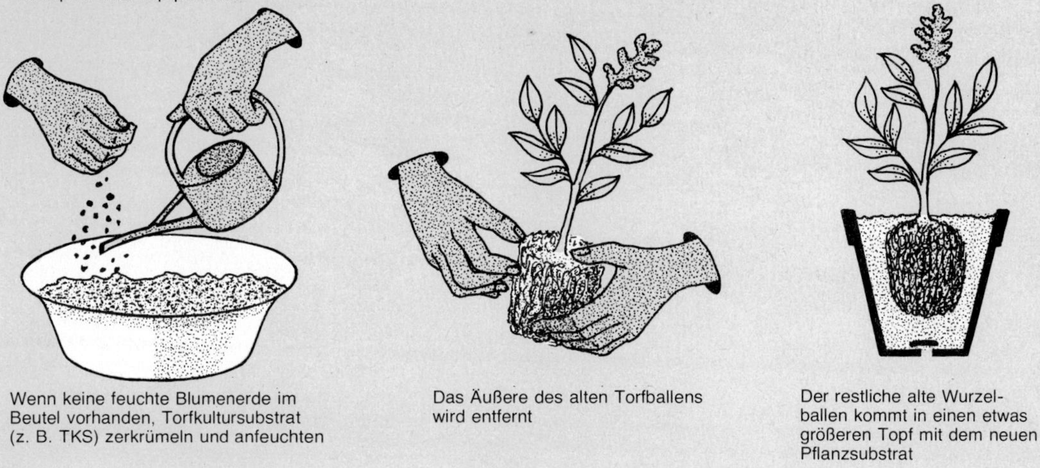


Beispiele für Hydrokultur

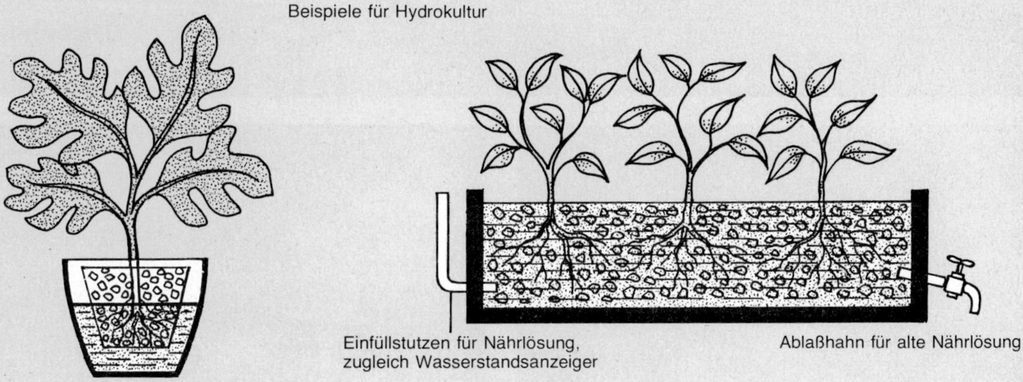


Behandlung ballentrockener Topfpflanzen

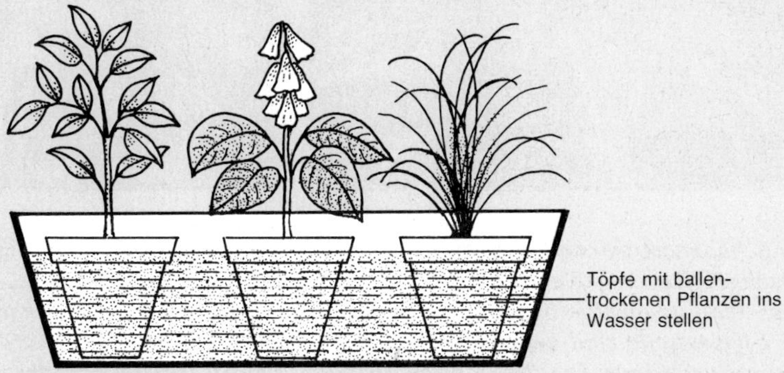

*Oben: Die Schaublattarten sind größere Stauden für die halbschattige Pflanzung. Stehen sie sonniger, sollten sie etwas Wassernachhilfe bekommen. Die gelblichweißen Blütenstände sind nicht sehr auffallend, aber ausgesprochen hübsch. Die abgebildeten Rodgersia podophylla bildet besonders schöne Horste. Unten links: Iris uniflora, eine nahe Verwandte der in den Karpaten vorkommenden Iris ruthenica. Beide bilden große, niedrigbleibende Horste mit zarten Blüten. Unten rechts: Die Karde, Dipsacus sylvestris, gehört nicht unbedingt in den Garten, sie wird in der Natur gesammelt und zur Trockenbinderei verwendet.*

*Oben links: In den letzten Jahren sind die kleinen Orangenbäumchen Mode geworden, die bei guter Pflege recht stattlich werden können. Ein etwas kühlerer Standort wird vorgezogen. Oben rechts: Cyclamen cilicicum aus der Türkei ist ein dankbares Alpenveilchen für den Steingarten. Diese Art gehört mit zu den zwergigsten Arten. Unten links: Fritillaria persica mit den purpurbraunen Glöckchenblüten ist eine nahe Verwandte der Kaiserkrone. Sie ist eine markante Pflanze für den Steingarten. Unten rechts: Interessante Früchte einer Hartriegelart, Cornus kousa, sie haben eine gewisse Ähnlichkeit mit Himbeeren.*

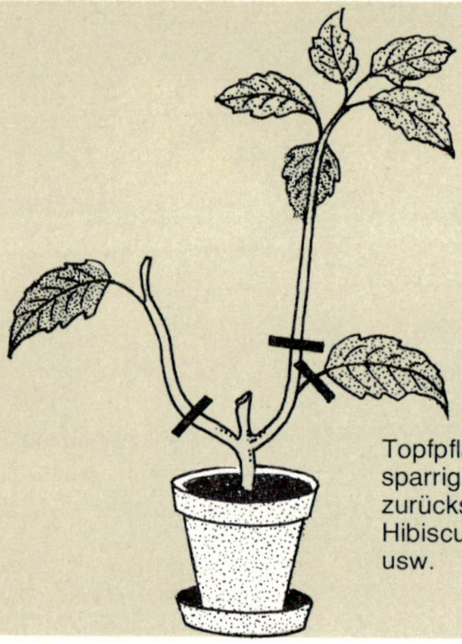

Topfpflanzen, die zu sparrig geworden sind, zurückschneiden, so z. B. Hibiscus, Zimmerlinden usw.

Auch eine laufende Frischluftzufuhr ist nötig. Unterhalb der Heizkörper angebracht, hat sie den Vorteil, daß die Luft vorgewärmt wird. Der Lufteintritt soll unterhalb der Wanne vom Zimmer her erfolgen, der Austritt oberhalb des Verbundfensters, ebenfalls in das Zimmer. Das können normale Schiebelüfter bewerkstelligen, bei denen die gewünschte Zirkulation mit der Hand einzustellen ist. Bei größeren Anlagen kann auch mit einem thermostatgesteuerten Ventilator gearbeitet werden.

Ein wichtiger Faktor ist die Bodenwärme. Deshalb soll man auf dem Boden der Pflanzwanne ein Plastikheizkabel in Sand betten (z.B. Floratherm-Plastikheizkabel). Die Raumbeheizung selbst kann ebenfalls durch Heizkabel (auf ein verzinktes Rohr gewickelt) oder durch Rohrheizkörper erfolgen. Ähnlich wie im Kleingewächshaus werden verschiedene Temperaturzonen unterschieden, je nachdem, welche Pflanzengruppe man besonders pflegen will. Doch Kalt- und Warmhauspflanzen kann man auch im Blumenfenster nicht auf die Dauer miteinander pflegen. Bei wärmeliebenden Pflanzen wird eine Temperatur von etwa 20 °C eingestellt, bei einem mäßig warmen Fenster auf 14 °C und bei Kalthauspflanzen auf 10 °C. Wohlgemerkt, es handelt sich dabei um die Thermostateinstellung; bei Sonneneinstrahlung steigt die Temperatur sowieso stark an. Besonders begünstigt wird das Wachstum der Pflanzen, wenn die Temperaturen bei Nacht etwas niedriger sind als bei Tag. Das kann mit der Hand oder mittels zweier Raumthermostaten mit unterschiedlicher Einstellung über eine Schaltuhr gesteuert werden. Da die Betriebskosten von sehr vielen Faktoren abhängig sind, können dazu keine genauen Angaben gemacht werden; bei Installation von Licht, Heizung und Luftbefeuchter kann man als grobe Faustzahl einen Aufwand von 20–40 DM im Monat annehmen.

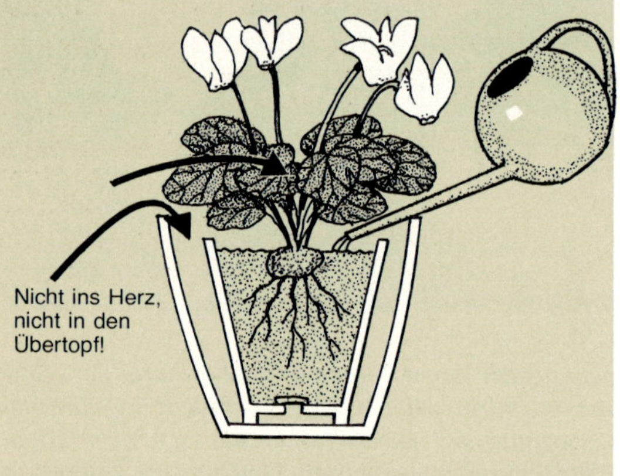

Richtiges Gießen von Alpenveilchen

Unter im Freien eingesenkten Blumentöpfen muß ein Hohlraum bleiben, damit die Wurzel nicht in die umgebende Erdschicht wächst

**Zimmergewächshaus**

Zimmergewächshäuser aus Aluminium (z.B. Fa. Krieger) oder aus feuerverzinktem Eisen (z.B. Fa. Terlinden) werden in großen Zügen genauso betrieben wie Blumenfenster. Eventuell kann in einem dauerbeheizten Raum eine zusätzliche Beheizung wegfallen. Diese Zimmergewächshäuser sind Vitrinen auf vier Beinen mit Schiebefenstern auf den beiden Längsseiten. Da Zimmergewächshäuser normalerweise tiefer im Raum aufgestellt werden und nicht am Fenster, ist ihr wichtigstes Element die künstliche Beleuchtung. Wenn der Abstand von der Leuchtröhre zur Pflanze 60–100 cm beträgt, wird pro Quadratmeter Bepflanzungsfläche eine Leistung von 300–400 W (bei Leuchtstoffröhren) benötigt. Hier sind unbedingt Feuchtraumleuchten zu nehmen. Die stärksten Fluora-Leuchten haben eine Leistung von 65 W (L 65 W/77 R); es sind dann je nach der Grundfläche entsprechend mehrere nebeneinander zu installieren. Die neuen True-Lite-Röhren haben eine angenehme Lichtfarbe. Lichtliebende Pflanzen kommen mehr nach oben, die anderen nach unten. Die Beleuchtung soll im Winter bis zwölf Stunden, im Sommer etwa sechzehn Stunden in Betrieb sein.

### Pflanzen für Blumenfenster und Zimmergewächshäuser

Selbstverständlich begnügt man sich nicht mit Allerweltspflanzen, die anderenorts auch gedeihen würden; dafür lohnt sich der technische Aufwand nicht. In erster Linie kommen wertvolle Zimmerpflanzen in Frage, die eine höhere Luftfeuchtigkeit benötigen, als sie die normale Fensterbank in zentralbeheizten Räumen bietet. Mehr als 50% relative Luftfeuchtigkeit wünschen z.B.: *Anthurium*-Hybriden (Flamingoblumen), *Aphelandra squarrosa* (Glanzkölbchen), *Brunfelsia pauciflora* (Brunfelsie), *Saintpaulia ionantha* (Usambaraveilchen), *Sinningia speciosa* (Gloxinie), *Codiaeum variegatum* var. *pictum* (Croton), *Dieffenbachia maculata* (Dieffenbachie), *Dizygotheca elegantissima* (Fingeraralie), *Dracaena deremensis* (Drachenlilie), *Maranta leuconeura* (Marante), *Aeschynanthus parasiticus, Columnea*-Arten, *Philodendron erubescens* (Kletter-Philodendron), alle Zimmerfarne, *Microcoelum weddelianum* (Kokospälmchen u.a.). Wunderschön sind die vielen Bromelien aus den Gattungen *Aechmea, Billbergia, Cryptanthus, Guzmania, Neoregelia, Nidularium, Portea, Streptocalyx, Tillandsia* usw. Den Höhepunkt solcher Pflanzenanlagen bilden natürlich die Orchideen. Es gibt mehr leicht gedeihende Arten und Sorten als allgemein angenommen wird für jede Temperaturspanne. Durch geeignete Auswahl hat man eine Orchideenblüte rund um das Jahr. Das Aufführen einzelner Arten würde den Rahmen sprengen.

### Der Epiphytenstamm

Natürlich sind vollbestückte Epiphytenstämme besonders dekorativ und für ein Blumenfenster oder Zimmergewächshaus sehr gut geeignet. Das Holz soll möglichst dauerhaft sein. Eichen, Robinien oder alte, knorrige Weinstöcke eignen sich dazu. Wo das Material nicht greifbar ist, kann auch ein interessant gewachsener Ast vom Apfelbaum genommen werden, der zur Verschönerung teilweise mit käuflicher Korkeichenrinde umwickelt wird. Viele Epiphyten gedeihen gut, wenn sie mit etwas *Sphagnum* und *Polypodium* am Stamm befestigt sind. Als Bindematerial werden 2–3 cm breite Streifen von Damenperlonstrümpfen genommen, da diese nicht verrotten und sich farblich gut dem Stamm anpassen. *Sphagnum* holt man selbst aus dem Wald; *Polypodium*, Brasilianischen Baumfarn, *Osmunda* und andere Epiphyten-Pflanzstoffe sowie sonstiges dazugehörige Material (Orchideenhalter, Orchideenkörbchen aus Sipo-Mahagoni usw.) bekommt man von Orchideengärtnereien. Das wichtigste bei einem Epiphytenstamm ist ausreichende Feuchtigkeit, auch der Stamm selbst darf nie austrocknen. An Pflanzen bieten sich außer Orchideen und Bromelien *Platycerium*-Arten (Geweihfarne), *Ficus pumila, Rhaphidophora*-Arten (Efeutute) und ähnliche Pflanzen an.

## Spezielle Kulturformen

### Hydrokultur

Die Tatsache, daß die Pflanze keine Erde benötigt, sondern nur die im Bodenwasser gelösten Nährsalze aufnimmt, ist die Grundlage der sogenannten Hydro- oder erdelosen Pflanzenkultur. Wenn die Wurzeln durch andere Materialien gehalten werden und sich darin gut verankern können, steht einer solchen Kultur nichts im Wege. Es gibt spezielle Hydrokulturgefäße im Handel. Die Pflanze sitzt mit der Wurzel in einem Einsatztopf, in dem sich Kies, Bimskies, Ziegelsplitt, Basaltsplitt, Styromull, Vermiculite oder ähnliches Material befindet. Der äußere Topf ist mit einer Nährlösung gefüllt, und zwar bis zu einer Höhe, daß der Boden des Einsatztopfes diese fast berührt. Wenn Pflanzen aus der Erdkultur auf Hydrokultur umgestellt werden, müssen die Erdreste vorher vollständig entfernt werden, einerlei ob es sich um Jungpflanzen oder um ältere Pflanzen handelt. Wichtig ist, daß der Spiegel der Nährlösung gleichmäßig hoch gehalten wird – Nachgießen im warmen Zimmer etwa alle drei Tage, kein hartes Wasser verwenden! Zur Herstellung der Nährlösung kann ein ganz normaler Blaukornvolldünger verwendet werden oder spezielle Hydrokultur-Düngetabletten. Die Konzentration beträgt im Durchschnitt 0,5–1 g/1 l Wasser. Alle drei Wochen wird die alte Nährlösung durch eine neue ersetzt, da ihr ja die jeweiligen Pflanzenarten die einzelnen Salze sehr unterschiedlich entnehmen. Mit Langzeitdünger muß man die Lösung nicht so häufig wechseln. Bei kalkempfindlichen Pflanzen ist gegebenenfalls der pH-Wert einzustellen. Entsprechend

*Steingartenpflanzen. Seite 310 oben: Gentiana asclepiadea, der Schwalbenwurzenzian, eine Wildpflanze der Alpen. Unten: Geranium subcaulescens ist ein reichblühendes, dankbares Steingartengeranium. Seite 311 oben links: Zu den frühesten Blühern im Steingarten gehört der Winterling. Besonders reichblühend ist Eranthis × tubergenii 'Guinea Gold'. Oben rechts: Steingartenpartie Anfang Mai mit Blaukissen, Aubrieta, Bergsteinrich, Alyssum montanum, und Zwergiris. Mitte links: Oxalis adenophylla ist ein hübscher, knolliger Sauerklee. Mitte rechts: Das Gegenstück zur Silberdistel ist die Golddistel, Carlina acanthifolia. Unten rechts: Reizende Polster bildet das Steintäschel, Aethionema grandiflora 'Warley Rose'. Es benötigt bei längerem Kahlfrost etwas Winterschutz.*

den Hydrokultur-Töpfen kann natürlich auch eine Wanne oder ein anderes Gefäß gleicher Konstruktion verwendet werden. Ein großer Vorteil der Hydrokultur ist, daß die Pflanzen einige Zeit ohne Pflege überdauern können (Urlaub!).

**Flaschengärten**

Nichts Neues, aber wieder in Mode gekommen, sind bepflanzte Glasballons, große Gurkengläser, Aquarien und vielerlei andere Gläser. Ein Flaschengarten ist im Grunde weiter nichts als ein geschlossenes, etwas primitives Blumenfenster. Die Flaschen sollten möglichst klar sein, damit man den Inhalt gut betrachten kann. Das Substrat muß genau wie der Behälter steril sein, andernfalls wird er zu einer Brutstätte für Pilze. TKS oder ein anderes entsprechendes Torfkultursubstrat eignet sich aufgrund der Nährstoffzusammensetzung gut für diesen Zweck; es sollte ihm lediglich zur besseren Durchlüftung etwa ein Drittel des Volumens Styromull beigemischt werden. Auf den Behälterboden selbst kommt eine Kiesschicht.

Es werden möglichst junge Pflanzen oder bewurzelte Stecklinge genommen. Besonders allerlei Grünpflanzen, die nicht groß werden, sind für diesen Zweck geeignet, wie Peperomien, Farne, Maranta, kleinere Bromelien, Tradescantien, Anthurien usw. Beim Einfüllen der Erde darf die Innenwand nicht verschmutzen; deshalb benützt man dazu einen längeren Pappzylinder, dessen Durchmesser gerade noch durch den Flaschenhals geht. Mit einem Flaschengarten-Besteck, das den japanischen Eßstäbchen ähnelt, können bei einigem Geschick alle Pflanzarbeiten im Inneren durchgeführt werden; leichter tut man sich mit Stäbchen, an denen man vorne einen alten Teelöffel mit Draht befestigt hat. Haben die Pflanzen einen Topfballen, so muß er gründlich ausgeschüttelt werden, da er sonst nicht durch den engen Flaschenhals geht. Die Pflanze selbst wird eng in ein Papier gewikkelt, ohne sie jedoch zu beschädigen, und behutsam durch den Flaschenhals geschoben. Das Papier wird danach vorsichtig wieder herausgeholt.

Das notwendige (aber nicht zu starke) Angießen erfolgt mittels eines dünnen Schlauches. In welchen Zeitabständen gegossen werden soll, richtet sich nach der Größe der Flaschenöffnung, also wieviel Wasser im Laufe der Zeit verdunstet. Wenn die Glaswand laufend beschlagen ist, hat der Flaschengarten zu viel Feuchtigkeit erhalten. Richtig ist, wenn das Flascheninnere morgens beschlagen und mittags abgetrocknet ist. Die Flasche selbst wird am besten längere Zeit verkorkt und dann wieder einige Zeit offengelassen. Während des Urlaubs bleibt natürlich der Flaschenhals immer verkorkt. Daß das Werk in einer finsteren Zimmerecke mißlingt, ist klar. Der Flaschengarten soll so hell wie möglich, aber keinesfalls sonnig stehen, auch nicht vorübergehend.

# Schnitt- und Trockenblumen

## Geeignete Pflanzen

**Sommerblumen**

Den Hauptteil an Schnittblumen im Hobbygarten stellen die Einjährigen. Die speziellen Zuchtsorten zur Schnittblumengewinnung zeichnen sich durch lange Stiele, geringe Verzweigung, prachtvolle Blüten und längere Haltbarkeit in der Vase aus. Zu den wertvollsten Schnittblumen aus dieser Gruppe zählen *Antirrhinum*-Hybriden (Löwenmaul), *Callistephus chinensis* (Sommeraster), *Calendula officinalis* (Ringelblume), *Chrysanthemum carinatum* (einjährige Margerite), *Cosmos bipinnatus* (Kosmea), *Helianthus annuus* (Sonnenblumen), *Lathyrus odoratus* (Edelwicke), *Mattiola incana* (Zinnie), *Tagetes*-Hybriden (Studentenblume). Das sind nur die allerwichtigsten, eine große Anzahl anderer Arten und Sorten kommt hinzu. Je kleiner die Vase, um so größer werden die Möglichkeiten der Gestaltung.

Außer den Annuellen seien auch noch Zweijahresblumen genannt, wie *Campanula medium* (Marienglockenblume), *Cheiranthus cheiri* (Goldlack), *Dianthus barbatus* (Bartnelke), *Myosotis sylvatica* (Vergißmeinnicht, höher wachsende Sorten), *Dianthus caryophyllus* (Gartennelke).

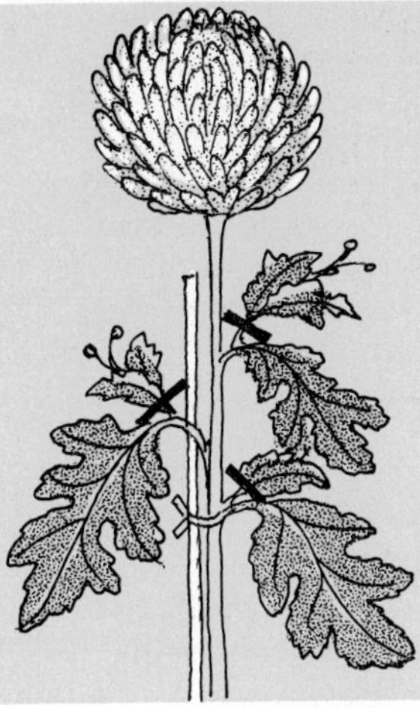

Wer große Blüten bei Schnittblumen wünscht muß die Seiten- und Achseltriebe rechtzeitig entfernen

Viele Schnittblumen bilden nach dem Schnitt neue Triebe aus den Blattachseln oder von unten

Zum frühen Schnitt Stauden ausgraben und im Kleingewächshaus antreiben, z. B. Primeln, Gemswurz, Christrosen

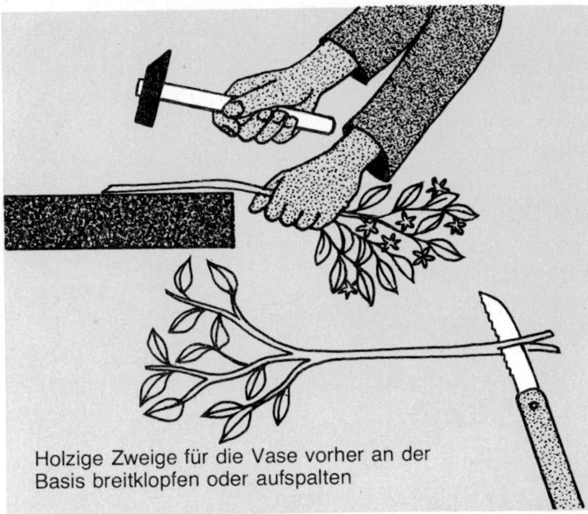

Holzige Zweige für die Vase vorher an der Basis breitklopfen oder aufspalten

Frisch abgeschnittene Christrosen halten länger, wenn sie einige Stunden in eine schwache Zuckerlösung (2–3 %ig) kommen

Barbarazweige ab 4. Dezember schneiden. Die Sträucher sollen vorher Frost bekommen haben

*Oben: Dankbare Frühlingsblüher für den Halbschatten sind die Hundszahnarten. Am bekanntesten ist Erythronium dens-canis. Die Amerikaner haben eine wesentlich hübschere Bezeichnung dafür: Forellenlilie. Seite 315 oben: Winter im Steingarten. Noch liegt kein Schnee, aber die rauhreifbesetzten Gräser und Koniferen haben auch ihren Reiz. Im Mittelpunkt steht ein schönes Exemplar des Essigbaums, Rhus typhina. Im Vordergrund ist das Moskitogras mit seinem waagerechten Ähren zu erkennen. Auch die Walzenwolfsmilch daneben sieht zu der blütenlosen Jahreszeit sehr dekorativ aus. Auch andere Gräser, niedrige, schopfige und hohe aufstrebende, schmücken durch ihre Linienschönheit. Alle Gräser auch deshalb erst im Frühling schneiden! Unten links: Wer Früchte am Sanddorn, Hippophae rhamnoides, bekommen möchte, muß zu einem weiblichen Exemplar mindestens ein männliches pflanzen. Die kräftig orange Beeren halten lange ihre Farbe und haben oft so eine hübsche Schneehaube wie im Bild. Lediglich die Ausläuferbildung macht sich oft störend im Garten bemerkbar. Rechtzeitiges Abstechen erspart Ärger. Unten rechts: Nicht nur der frühe, sondern auch der späte Schnee zaubert hübsche Gartenbilder. Oft werden die Frühlingsblüher vom Schnee überrascht, wie hier ganz typisch das Schneeglöckchen.*

**Stauden**

Noch umfangreicher ist das Staudensortiment an Schnittblumen. Für eigens zum Schnitt angelegte Beete sind zu empfehlen: *Aquilegia*-Hybriden (Akelei), *Aster tongolensis* (Frühsommeraster), *Chrysanthemum coccineum* (bunte Margerite), *Ch. maximum* (Margerite), *Ch. indicum* (Chrysantheme), *Coreopsis grandiflora* (Mädchenauge), *Delphinium*-Sorten (Rittersporn), *Dianthus plumarius* (Federnelke), *Doronicum orientale* (Gemswurz), *Erigeron*-Sorten (Feinstrahl), *Gaillardia aristata* (Kokardenblume), *Heliopsis helianthoides* var. *scabra* (Sonnenauge), *Helleborus niger* (Christrose), *Iris*-Barbata-Elatior-Sorten (Hohe Schwertlilie), *Paeonia lactiflora* (Chinesische Pfingstrose), *Phlox paniculata* (Staudenphlox), *Rudbeckia laciniata*-Sorten (Rudbeckie), *Scabiosa caucasica* (Skabiose), *Trollius*-Hybriden (Trollblume). Besonders die frühblühenden Stauden sind für den Schnitt sehr wertvoll, da zu dieser Zeit noch keine Sommerblumen zur Verfügung stehen. Es gibt natürlich noch eine große Zahl von weiteren Stauden, die sich für den Schnitt eignen; im eigenen Garten können auch solche Arten hinzugenommen werden, deren Haltbarkeit kürzer ist, eventuell nur drei Tage. Als Schnittgrün eignet sich *Asparagus officinalis* var. *pseudoscaber* 'Spitzenschleier' sehr gut.

**Zwiebel- und Knollenpflanzen**

Sie gehören zwar zu den Stauden, werden aber meist getrennt behandelt. Von den Winterharten sind Anemonen, Narzissen, Tulpen, Zwiebeliris während des ganzen Winters in den Blumengeschäften zu haben. Auch der Kleingewächshausbesitzer kann sie in Steigen für den Schnitt antreiben. Bei höherem Eigenbedarf lohnen eigene Beete zum Frühjahrsschnitt. Besonders schöne Schnittblumen liefert die Gattung *Lilium* in allen ihren Arten. Gleich beim Schnitt die Staubbeutel mit dem Blütenstaub entfernen, da Textilien leicht damit beschmutzt werden. (Für Brautsträuße wurde eigens die sterile, pollenlose 'Corsage' gezüchtet.) Lilien nicht in der Tagesmitte schneiden, sondern früh oder abends. Wenn die ersten Knospen aufgehen, kann geschnitten werden; in der Vase öffnen sich noch alle, auch die kleineren.

Von den nicht winterharten Knollenpflanzen sind die Gladiolen die wichtigsten. Die besten Dahlien für den Schnitt kommen aus den Gruppen der Kaktus-, Semikaktus- und Pompondahlien.

**Unterglas-Schnittblumen**

Dem Kleingewächshausbesitzer eröffnen sich viele zusätzliche Möglichkeiten, zu Schnittblumen zu gelangen. Auf die Blumenzwiebeltreiberei wurde hingewiesen. Lilien können genauso verfrüht werden (Midcentury-Hybriden). Aber auch Stauden lassen sich vortreiben. Der Wurzelstock wird ausgegraben und in Steigen mit feuchtem Torfmull gesetzt. Dankbar zum Treiben sind *Aquilegia, Astilbe, Convallaria, Doronicum, Helleborus, Primula vulgaris, P. denticulata, P. elatior, Trollius* und *Viola odorata.*

Wer Platz hat, kann es auch mit der Super-Freesien-Treiberei versuchen, mit der Kultur der feinstrahligen *Gerbera*-Jamesonii-Züchtungen, oder er kann den Eigenbedarf an Schnittgrün mit einigen Töpfen *Asparagus setaceus* oder *A. densiflorus* abdecken. Im Herbst können einstielige Chrysanthemen gezogen werden.

**Gehölze**

An erster Stelle stehen die Rosen; auf ihren Wert als Schnittblumen muß nicht hingewiesen werden. Aber auch viele Blütensträucher liefern reizvollen Vasenschmuck, wie Kätzchenweide, Forsythie, Japanische Quitte, Flieder, Ginster, *Hamamelis*, Jasmin, Magnolie, Zierapfel, Zierkirsche, Schneeball, um nur einige zu nennen. Das Sortiment erweitert sich, wenn die vielen fruchttragenden Sträucher dazugenommen werden, die Material für herbstliche Sträuße ergeben.

## Schnittblumenbeete

**Für und Wider**

Die Anlage von eigenen Schnittblumenbeeten ist dort zu empfehlen wo genügend Raum zur Verfügung steht und ein höherer Eigenbedarf vorhanden ist. In einem Garten mit größeren Stauden- und Sommerblumenpflanzungen, mit Rosen und Blütensträuchern wird für eine Vase immer genug geschnitten werden können, ohne daß „der Verlust" auffällt oder gar das Gartenbild beeinträchtigt. Teilweise hat das behutsame Schneiden für die Vase sogar Vorteile: Die Pflanzen werden dadurch zur Neubildung von Blüten angeregt; bei einigen Zweijahrsblumen *(Digitalis, Coreopsis, Gaillardia)* ist eine Verlängerung der Lebensdauer festzustellen, wenn alle ihre Blüten abgeschnitten werden.

**Anlage der Schnittblumenbeete**

Schnittblumenbeete kommen meist in den Nutzgarten zu den Kräuter-, Erdbeer- und Gemüsebeeten. Oft werden sie als Trennstreifen oder Übergang vom Zier- zum Nutzgarten angelegt. Sonst unterscheidet sich das Schnittblumenbeet durch nichts von anderen

Beeten. Volle Sonne ist Voraussetzung. Staudenbeete müssen im Anschluß an die Hauptblüte mit einem Blaukornvolldünger nachgedüngt werden, damit sich der dann folgende Flor kräftig entwickelt. Bei Einjahrsblumenbeeten ist, wie bei Gemüse, darauf zu achten, daß nicht die gleiche Art mehrere Jahre auf dasselbe Beet zu stehen kommt. Gemüse wächst besonders gesund in Beeten, auf denen im Vorjahr Tagetes oder Ringelblumen standen.

## Lebensdauer, Vase, Kombinationen

### Verlängerung der Lebensdauer

Als Schnittblumen werden solche Pflanzen bezeichnet, deren Lebensdauer in der Vase mindestens eine Woche währt. Chrysanthemen und Astern können drei Wochen und mehr halten, manche Orchideen noch viel länger. Außer dieser arteigenen Eigenschaft, die nicht geändert werden kann, spielen viele Umweltfaktoren eine große Rolle. Bekannt ist, daß an einem kühleren, zugfreien Platz die Blumen viel länger halten als auf einem Fensterbrett über der Zentralheizung und in voller Sonne. Ebenso hält ein lockerer Strauß länger als ein zusammengequetschter.

Manche Blumen vertragen einander nicht, zumindest wird die Lebensdauer etwas verkürzt gegenüber solchen, bei denen die Art unter sich bleibt. Solche „feindliche Brüder“ sind Rosen und Nelken, Tulpen und Narzissen, Veilchen und Maiglöckchen.

Geschnitten wird nie in der Mittagshitze. Wenn die ersten Blüten aufgehen oder die Knospen Farbe zeigen, ist der richtige Zeitpunkt zum Schnitt gekommen. Eine Ausnahme machen einige Korbblütler, wie *Erigeron* (Feinstrahl); ihre Blüten müssen voll aufgeblüht sein, da sich die Knospen meist nicht mehr öffnen. Die Schnittfläche am Stiel muß weiter Wasser aufnehmen. Eine Reihe von unterstützenden Maßnahmen erleichtert diese Aufgabe: Die Stiele werden öfter nachgeschnitten (schräg anschneiden), etwa alle drei Tage; dadurch werden an der Schnittfläche Faulstellen entfernt. Holzige Stiele (z.B. Flieder) werden am unteren Ende mit dem Hammer breit und faserig geklopft oder, besonders bei Rosen, 10 cm lang gespalten oder mit einem langen Schrägschnitt versehen. Milchsaft führende Schnittblumen (Mohn, Weihnachtsstern) taucht man sofort nach dem Schnitt (oder Nachschnitt) in warmes Wasser und läßt sie wenige Minuten darin stehen, bis der Milchsaft ausgelaufen ist. Man kann die Schnittstelle auch kurz über eine Flamme halten (nicht immer erfolgreich).

*Dekorativer Strauß für Bodenvase mit Eremurus (Steppenkerze, Steppenlilie) und Aurelian-Lilien.*

Das Wasser in der Vase bleibt länger frisch, wenn ihm eine Prise Holzkohlepulver zugesetzt wird. Leider läßt sich dieses sehr empfehlenswerte Hausmittel nicht bei durchsichtigen Vasen anwenden. Dann nimmt man eines der vielen Frischhaltemittel. Diese unterbinden die Entwicklung von Algen, Bakterien und Pilzen; das Wasser bleibt also sauber und klar, und die Leitungsbahnen der Pflanze, in denen die in geringen Mengen enthaltenen Nährsalze und das Wasser zur Blüte transportiert werden, bleiben offen. Somit kann das mehrmalige Nachschneiden der Stiele unterbleiben. Die verschiedenen Mittel (z.B. Compo Blumenfrisch, Chrysal, Flora frisch, Substral frisch u.a.) sollen grundsätzlich eine Verlängerung der Haltbarkeit bewirken; der Erfolg ist aber von Art zu Art sehr unterschiedlich. Daß keine Blätter an den ins Wasser getauchten Stielen belassen werden, ist selbstverständlich, ebenso, daß die Vase vor dem Füllen sauber sein muß. Durch Kühlstellen eines knospigen Zweiges kann das Aufblühen verzögert, durch Warmstellen beschleunigt werden.

**Vasen**

Der Altmeister Professor Karl Foerster hat einmal gesagt, in einem richtigen Haushalt müßten 25 Vasen vorhanden sein, was nicht übertrieben ist. Die Auswahl der Vasen ist Geschmackssache. Übereinkunft dürfte darin bestehen, daß die einfache Form der gewollt-originellen oder verschnörkelten, eine ruhige, einfarbige Tönung der bunten Bemalung vorzuziehen ist, allein der Blumen wegen. Sie sind die Hauptsache, sie vor allem sollten zur Wirkung gelangen – das Gefäß soll sie darin unterstützen. Dann erfüllt es seinen Zweck. Dazu gehört allerdings auch, daß es überhaupt benutzbar, nämlich wasserdicht und standfest ist. Leckstellen in Tonvasen können mit Wasserglas oder wasserfestem Lack abgedichtet werden. Blei im Boden verbessert ein wenig die Standfestigkeit (Steckigel versenken).

**Die richtigen Blumen im richtigen Gefäß**

Alles hängt davon ab, daß sie zusammenpassen, sowohl Gefäß und Pflanze als auch Blume zu Blume. So ist es ein Unterschied – er springt einem ja förmlich ins Auge – , ob das Gefäß aus Porzellan, Steingut, Glas, Zinn oder Kupfer besteht. Ein farbenfroher Sommerblumenstrauß gehört in einen festen, erdhaften Tonkrug – was sollte er in einer zarten Kristallvase? Eine Orchidee dagegen... Für Blumen untereinander gilt, was schon bei den Stauden erwähnt wurde (Seite 127): Verschiedene Farben „beißen" sich, so gelb- und blaustichiges Rot; Weiß wirkt auch

*Gewürzpflanzen und Beerenobst. Seite 318 oben links: Eine Alliumart, aber nicht zur Gartenzierde, sondern zur Speisewürze, Blüte vom Knoblauch, Allium sativum. Oben rechts: Salbei, Salvia officinalis, in Blüte. Unten links: Der Liebstock, Levisticum officinale. Diese kleine Pflanze darf nicht täuschen, im Alter kann sich daraus ein 2 m hohes, gewaltiges Exemplar entwickeln. Unten rechts: Fenchel, Foeniculum vulgare. Eine braunrotblättrige Spielart wird auch als Zierpflanze verwendet. Seite 319 oben: Seit einigen Jahren werden gerne die dornenlosen Brombeeren gepflanzt, hier die Sorte 'Thornfree', die noch unter vielerlei anderen Namen läuft. Mitte: Der bekannte Beifuß. Unten: Die empfehlenswerte Erdbeersorte 'Gorella'.*

Kugeldisteln werden kurz vor dem Öffnen der Blüten geschnitten (Trockensträuße)

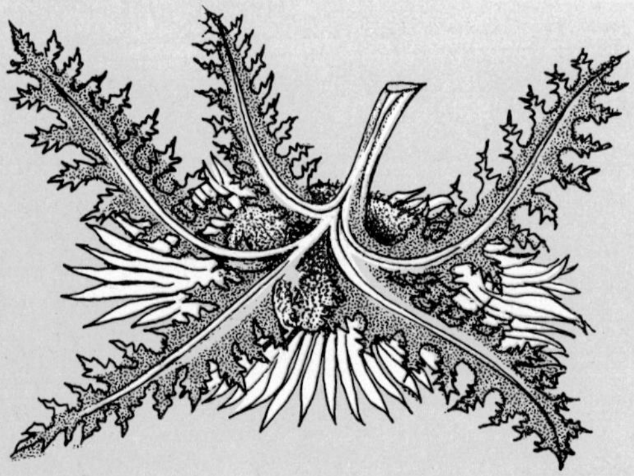

Silberdisteln bei sonnigem Wetter schneiden und mit der Blüte nach unten trocknen

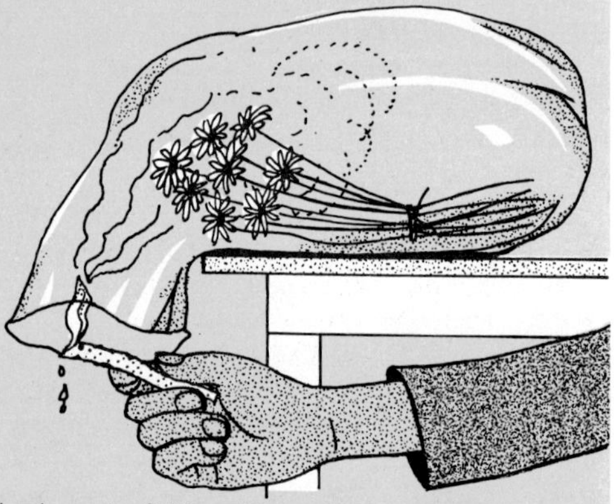

Bei beginnender Schimmelbildung Trockenblumen schwefeln!

in der Vase verbindend und ausgleichend. Das Arrangieren von Blumen ist in allen seinen Spielarten bis hin zum Ikebana eine beglückende, kreative Beschäftigung; wie außerordentlich beliebt sie ist, bezeugt die kaum übersehbare Literatur hierzu; eine Auswahl ist im Literaturverzeichnis aufgeführt.

**Bodenvasen**

Keine Vasenart hat so schnell so viele Freunde gefunden. Auch hier eignen sich schlichte, einfache Formen am besten. Vasen, die nur zur Dekoration vorhanden sind und nie gefüllt werden, unterliegen natürlich anderen Gesetzen. Bodenvasen sind ideal für langstielige Lilien, Forsythien, Rittersporn, Sonnenblumen, bunte Staudensträuße, Chrysanthemen, Herbststräuße mit Früchten und buntes Laub. Sind die Stiele zu kurz, so werden sie mit Draht und einem dünnen Bambusrohr verlängert, falls kein Spezialeinsatz vorhanden ist.

## Trockenblumen

**Trockenblumen sind nicht nur „Blumen"**

Jahrzehntelang verpönt, erleben Trockenblumen jetzt eine ungeahnte Renaissance. Strohblumensträußchen und Immortellenkränzchen sind wieder gefragt. Trotzdem wird man bei dem Wort „Trockenblumen" nicht zuletzt an deren klassische, nun wieder in Mode gekommene Vertreter denken, an Strohblume, Judaspfennig und Lampionblume, sondern weit mehr an hochstengelige Gräser, farbige Blätter, an Hagebutten und Beerenbüschel, an bizzare und elegante Fruchtstände, gewundene Zweige, an Kiefernzapfen, Kräuter, Farne, Moose, Flechten, Wurzeln – kurz, ein bisher überhaupt nicht beachtetes Material, das erst in unserer Zeit floristisch entdeckt wurde. Es wird, viel zu eng, eben auch unter der Bezeichnung „Trockenblumen" geführt. Tatsächlich handelt es sich um eine überaus arten-, farben- und formenreiche Sondergruppe aus dem gesamten Pflanzenreich. Der Reiz dieses Materials, seine Mannigfaltigkeit und die unerschöpflichen Möglichkeiten seiner Verwendung haben ihm ein Heer von Freunden zugeführt, zumal mit der Entwicklung neuer Hilfmittel auch dem Laien der Umgang damit leicht gemacht wird. Unter halbwegs geschickten Händen entstehen zauberhafte Gebilde, die vom zarten Tischgedeck bis zur raumbeherrschenden Dekoration reichen. Und das Schönste ist: der Gartenbesitzer kann fast alles, was er dazu braucht, im eigenen Garten „ernten".

**Behandlung**

Ein wichtiger Faktor ist das richtige Trocknen, Sammeln und Pflegen. Der Schnitt erfolgt bei den einzelnen Pflanzen in ganz unterschiedlichem Entwicklungsstadien: bei den meisten Einjährigen in Vollblüte, bei Strohblumen, wenn sich die farbigen Blütenblätter öffnen; Kugeldisteln müssen volle Farben zeigen, die Einzelblüte darf sich aber noch nicht voll geöffnet haben. Gräser, Samen- und Fruchtstände sollen voll entwickelt, aber noch nicht ausgereift sein. Alles wird in einem vor Feuchtigkeit geschützten, luftigen Raum getrocknet und aufbewahrt. Zum Trocknen werden die Stielenden zusammengebunden und die Büschel mit der Blüte nach unten aufgehängt. Dabei schwindet auch der Stengelumfang, deshalb muß anfangs öfter nachgebunden werden, damit die Stiele nicht aus dem Bindfaden herausfallen. Voll trocken, können die Blumen nun in Schachteln und Kartons aufbewahrt werden.

Farnwedel sollen ausgereift sein; wer mag, kann sie zwischen Fließpapier oder einfaches, saugfähiges Zeitungspapier legen, pressen und trocknen. Manchen Disteln werden nur die Köpfe belassen (die eventuell noch ausgezupft werden); die kratzenden und stechenden Blätter werden entfernt. Geschwefelt wird nur, wenn sich irgendwo Schimmelbildung bemerkbar macht (Schwefelschnur anzünden, befallene Büschel nahe an die brennende Schnur bringen, damit sie von dem sich bildenden Schwefeldioxidgas durchzogen werden). Gefärbte Trockenblumen sehen meistens kitschig aus; im Originalfarbton wirken sie immer am besten. Man sollte höchstens im gleichen Ton mit Anilinfarben etwas nachhelfen (z.B. gelbe Achilleen in gelbe Farbstofflösung tauchen).

**Zubehör**

Dazu gehören Wurzeln, Schwemmholz, Moorwurzeln, Korkrinde, schöne Astgabelungen, Stockstämme (Holzpilze, die gut getrocknet werden). Als Basis für das Gesteck dienen Holzscheiben, Brettchen, ganz flache Teller aus Ton, Glas, Kupfer oder Zinn oder sonstige flache Gefäße. Kleinere Gestecke arbeitet man mit Schaumstoffmasse (wie für Frischblumen üblich), größere mit Knetmasse (Stecky-Steckkitt, Compo Knety; haftet auf jeder Unterlage). Moos *(Sphagnum)*, Messer, Schere, Draht in verschiedenen Stärken und ein Blumentopf zum sicheren Abstellen der gedrahteten Teile vervollständigen die Grundausrüstung. Für die Formbinderei kommen die hilfreichen „Unterformen“ aus Styropor dazu. Ein gutes Hilfsmittel ist zusammengedrückter Maschendraht, der für sehr große Gestecke in Frage kommt.

**Trockenblumen aus dem Garten**

Wer will und kann, pflanzt die einjährigen Trockenblumen auf ein Extrabeet. Favorit ist nach wie vor *Helichrysum bracteatum* (Strohblume); da ihre höher wachsenden Sorten leider oft umfallen, weicht man lieber gleich auf die niedrigere Sorte 'Laurin' aus, zumal sie für Bindezwecke noch lang genug ist. Geeignet sind weiter: *Limonium (= Statice) suworowii* (Widerstoß, Meerlavendel), *L. sinuatum* (einjähriger Strandflieder), *Lonas annua* (Immortelle), *Lunaria annua* (Judassilberling), *Gomphrena globosa* (Kugelaramant), Samenstände von *Nigella damascena* (Jungfer im Grünen), *Delphinium ajacis* (einjähriger Rittersporn), *Helipterum roseum, H. manglesii* (Sonnenflügel), *Ammobium alatum* (Papierknöpfchen), *Xeranthemum annuum* (Papierblume).

Von den Stauden sind als Trockenblumen viele zu empfehlen, besonders schön sind gelb blühende *Achillea*-Sorten (Edelgarben), *Echinops*-Arten (Kugeldisteln), *Carlina acaulis* (Silberdistel), *Carlina acanthifolia* (Golddistel), *Anaphalis margaritacea* (Riesenkatzenpfötchen). Noch mehr Stauden gibt es, deren Samenstände zieren, wie *Physalis alkekengi* (Lampionblume), *Allium karataviense, A. christophii, A. schubertii, A. sphaerocephalon* und andere Zierlaucharten, *Eryngium giganteum* (Edeldistel) in Sorten und Arten, aufgeplatzte Samenkapseln von *Dictamnus albus (Diptam)*, Samenstände von *Cimicifuga ramosa* (Silberkerze), *Onopordum acanthium* (Eselsdistel), *Phlomis samia* (Goldquirl), *Eremurus stenophyllus* var. *bungei* (Steppenkerze), *Papaver orientale* (Türkenmohn), *Aruncus dioicus* (Geißbart), *Centaurea rhaponticum* (Riesenflockenblume), *Armeria latifolia* (Strandnelke, Grasnelke), *Limonium latifolium, L. tataricum* (Widerstoß, Meerlavendel), Zweige von *Santolina chamaecyparissus* (Heiligenkraut).

**Einjährige Gräser**

Annuelle Gräser werden, ähnlich den Strohblumen, auf einem gesonderten Beet herangezogen, nach Arten getrennt, oder in Mischung. Bei Mischungen muß das Beet völlig unkrautfrei sein, andernfalls gedeihen die Unkrautgräser besser als die Ziergräser. Beim Verziehen die kleinen nachfolgenden nicht herauswerfen, sonst gibt es einseitige Bestände. Geerntet werden die Ziergräser, wenn die Ähren voll entwikkelt, aber noch nicht überreif sind. Beliebtestes Einjahrsgras ist *Lagurus ovatus* (Hasenschwanzgras); aber auch alle anderen sind wertvoll, wie *Agrostis nebulosa* (Straußgras), *Briza maxima* (Zittergras), *Hordeum jubatum* (Gerste), *Pennisetum setaceum* und *P. villosum* (Federborstengras), *Rhynchelytrum repens* (Wollhaargras), *Setaria macrostachya* (Kolbenhirse) u.a. Gerne verwendet wird auch Ziermais mit verschiedenfarbigen Kolben (*Zea mays japonica* 'Amero').

**Staudengräser**

Wer wegen der Trockenbinderei kein Extrabeet mit Einjahrsgräsern anlegen will, findet auch bei den Staudengräsern genügend geeignetes Material: *Carex grayi* (Morgensternsegge), *Eriophorum scheuchzeri* (Wollgras), *Helictotrichon sempervirens (= Avena sempervirens)* 'Pendula' (Blaustrahlhafer), *Bouteloua gracilis* (Moskitogras), *Elymus giganteus* 'Glaucus' (Strandhafer, Haargerste), *Miscanthus sinensis* 'Silberfeder' (Silberfahnengras), *Pennisetum*-Arten (Federborsten-, Lampenputzergras) und viele elegante *Thypha*-Arten, besonders *T. minima* (Rohrkolben).

**Zusätzliches aus Wald und Flur**

Auf Spaziergängen wird im Laufe des Jahres allerlei gesammelt – Zweige der Heckenrosen mit Hagebutten, Fruchtstände von Bärenklau, Kardendisteln, Flockenblumen, deren Inneres ausgezupft wird, so daß nur die trockenen Kelchblätter am Stiel verbleiben, Buchenzweige mit trockenen, aufgeplatzten Samenkapseln, die kleine Golddistel *(Carlina vulgaris)*, Farnwedel, Gräser, zu denen auch Getreideähren gehören, Tannenzapfen und vieles mehr. Gut lassen sich auch die kleinen Zapfen von *Tsuga canadensis* (Hemlockstanne) aus dem Garten verwenden. Von Urlaubsreisen werden Zapfen von Zedern und Zypressen mitgebracht.

**Zusätzliches aus aller Welt**

Oft genügt das im Garten und der Natur gesammelte Material nicht. Der Großhandel für Floristenbedarf führt ein umfangreiches Sortiment von Blättern, Zweigen, Fruchtständen und Früchten für die Trockenbinderei, und jährlich wird Neues importiert. Es können bei weitem nicht alle Arten aufgeführt werden, nur die besonders dekorativen seien genannt: *Sorghum durra* (Mohrenhirse, Kaffis-corn), *Gossypium hirsutum* (Baumwolle-Fruchtstand), *Cynara scolymus* (Artischocke), *Pennisetum spicatum* (Perlhirse, Federborstengras), *Protea*-Arten, *Magnolia grandiflora* (Königliche Magnolie), *Nelumbo nucifera* (Samenstand der Lotosblume), *Xylomelum pyriforme* (Australische Birne), *Banksia nutans* (Australische Rose), *Eucalyptus cornuta, Leucadendron aemulum, Diospyros kaki* (Fruchtboden der Kakipflaume), *Hakea sericea, Aristea thyrsiflora, Proboscidea louisianica* (Gemshorn), *Delonix regia* (Flammenbaum-Bohne), *Molucella laevis* (Muschelblume) und andere.

**Hinweise zur Gestaltung**

Der Gestaltung sind keine Grenzen gesetzt, doch sollten einige Punkte beachtet werden: Die Größe muß zum vorhandenen Raum und zur Fläche passen. Ein Riesengebinde auf einem kleinen Tischchen paßt nicht. Auch hinsichtlich der Form muß auf den Raum Rücksicht genommen werden. Das Pflanzenarrangement bleibt die Hauptsache. Die Unterlage – Holzscheiben, Wurzeln, Steine, Schalen und sonstige Gefäße – soll so zur Geltung kommen, daß sie die Gesamtwirkung unterstützt, sich also weder vordrängt noch völlig verschwindet. Der Aufbau sollte von einem gedachten Mittelpunkt, dem „Wachstumspunkt", ausgehen und nach außen wie nach oben immer leichter und luftiger werden. Es gibt, im Gegensatz zu Ikebana, keine „Gesetze", wohl aber gelten auch für ein Gesteck allgemeine Gestaltungsregeln (wie für jede bewußte künstlerische Ordnung). Vertrauen Sie den Eingebungen Ihrer Phantasie und Ihres Geschmacks – das Ergebnis wird Sie erfreuen! Noch ein ganz prosaischer praktischer Tip: In wärmeren Räumen den Steckkitt zusätzlich mit Draht umwickeln, da dieser manchmal weich wird.

# Gemüse im Garten

## Warum wieder Eigenbau?

Gemüse aus dem eigenen Garten steht heute wieder hoch im Kurs. Zwar weiß jeder, des Geldes wegen lohnt sich der Anbau nicht. Aber: Das Gemüse kommt frisch geerntet auf den Tisch. Es ist ganz oder weitgehend rückstandsfrei, weil man entweder gar nicht oder mit verhältnismäßig schnell abbauenden Wirkstoffen und sehr vorsichtig gespritzt hat, so daß keine Gefahr für unzulässige Rückstände besteht. Zu den Vorzügen des Frischen und Gesunden gesellt sich noch das „Besondere". Was am Ort, ja in der Gegend nur selten zu haben ist – hier, im eigenen Garten gibt es Spezialitäten reihenweise: Knollenfenchel, Bleichsellerie, Grünspargel, Artischocken und Cardy. (Weiteres siehe „Gemüse für Feinschmekker".) Und schließlich spricht für den Eigenbau, daß er dank der Fortschritte in der Züchtung risikoärmer geworden ist. Für den Eigenbau sind, außer den genannten Spezialitäten, zu empfehlen: Salat in jeder Variation, Radies, Rettiche, Möhren, Sellerie, Schwarzwurzeln, Bohnen, Tomaten, Gurken, Zwiebeln, Erbsen, Brokkoli, Blumenkohl, Kohlrabi, Chinakohl und Grünkohl.

### Selbstanzucht oder Pflanzenkauf?

Hobbygärtner sind neugierig; neue Züchtungen sollen baldmöglichst im eigenen Garten stehen. Marktgärtner verlassen sich bei der Jungpflanzenanzucht meist auf das Bewährte. Daraus ergibt sich, daß Selbstanzucht der Gemüsepflanzen besonders dort lohnt, wo neuere Züchtungen sonst nicht zu erhalten sind. Die Aussaat erfolgt wie üblich, nur folgende Punkte sollten zusätzlich beachtet werden: Langsam keimende Samen (Möhren, Petersilie) mit Radies als Markierungssaat vermischen. Hartschalige Samen einen Tag lang im Wasser vorquellen lassen. Möglichst in Reihen säen (Unkrautbekämpfung!).

## Fruchtfolge

Den ausgeklügelten Fruchtfolgetabellen und Anbauplänen, die da und dort propagiert werden, steht eine wesentlich einfachere Praxis gegenüber. Selbstverständlich muß auf die Fruchtfolge geachtet werden. Um es nicht zu kompliziert zu machen, beschränken wir uns auf die eisern einzuhaltende Regel: Nie das gleiche Gemüse auf das gleiche Beet wie im Vorjahr! (Weitere Hinweise folgen.) Eine einzige Gemüseart, mehrmals hintereinander auf der gleichen Fläche kultiviert, entzieht dem Boden einseitig Nährstoffe. Schädlinge, besonders solche im Boden, würden sich von Jahr zu Jahr stärker ausbreiten. Auch Verrottungsrückstände einzelner Gemüsearten wirken sich auf die nächste Kultur aus. Eine Ausnahme machen Tomaten und Bohnen, die ohne negative Wirkung mehrere Jahre auf dem gleichen Platz angebaut werden können.

### Nährstoffansprüche

Da die einzelnen Gemüsearten unterschiedlich hohe Nährstoffansprüche haben, teilt man sie demgemäß in schwach und stark zehrende Pflanzen ein. Starke Zehrer sind alle Kohlarten, Spinat, Mangold, Tomaten, Gurken, Kürbis, Sellerie und Blattsalate. Sie kommen, soweit möglich, auf frisch gedüngte Beete – man spricht von der ersten Tracht. Schwache Zehrer sind Zwiebeln, Mohrrüben, Rettiche, Rote Bete, Radies, Schwarzwurzel, Feldsalat, Lauch, Erbsen und Bohnen. Die Hülsenfrüchte Erbse und Bohne berauben und bereichern den Boden zur gleichen Zeit; einerseits entnehmen sie ihm Nährstoffe, andererseits bringen sie durch die Bakterien in ihren Wurzelknöllchen Stickstoff in den Boden. Die schwachen Zehrer wird man möglichst für die zweite Tracht vorsehen.

### Folge- und Mischkulturen

Den meisten Gartenbesitzern steht kein großer Nutzgarten zur Verfügung. Um so intensiver sollte die Nutzung sein. Wo es sich machen läßt, werden die Beete mit einer Vor-, einer Haupt- und einer Nachkultur bestellt. Beispiel für ein Beet: Ende März Frühsalat pflanzen, eventuell unter dem Schutz eines Folienhäuschens; nach den Eisheiligen folgen Tomaten; im September wird ein winterharter Feldsalat gesät. Oder: mit Frühkohlrabi unter Folienschutz beginnen, dann Gurken als Hauptkultur, Grünkohl als

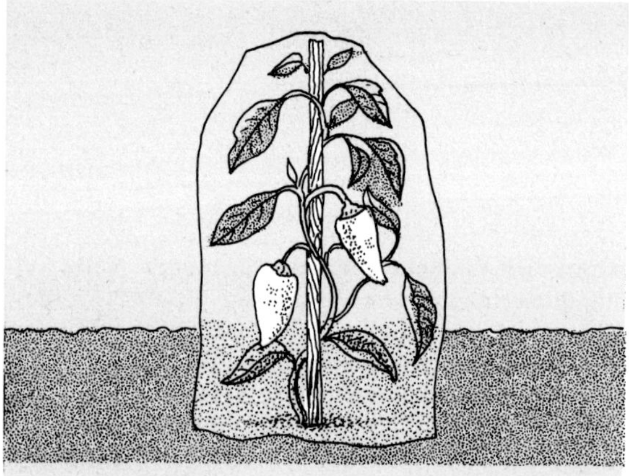

Paprikakultur in kälteren Gegenden unter Foliensäcken

Nachfrucht. Als Frühkultur eignen sich noch Radies, Spinat, früher Blumenkohl (unter Folienschutz), als Nachkultur Spinat, Wintersalat, Winterzwiebeln, Endivien.

Mit der Kulturfolge wird es anfangs nie perfekt funktionieren, weil das unberechenbare Wetter sowie Düngung und Pflege, die man noch nicht so heraus hat, eine große Rolle spielen. In kälteren Gegenden mit spät einsetzendem Frühling (und dadurch späterer Beetbestellung) werden sich oft nur zwei Fruchtfolgen durchführen lassen. Mit der Zeit bekommt man das richtige Fingerspitzengefühl dafür, ob eine Kultur schon oder nicht mehr möglich ist.

Da eine kleine Familie mit einem großen Beet voll gleichzeitig erntereifem Salat nicht viel anfangen kann (wer möchte schon täglich zweimal Salat essen!), und andererseits biologische Vorteile vorhanden sind, finden gemischte Kulturen immer mehr Anhänger. Mischkulturen werden weniger von Schädlingen befallen als Monokulturen. Meistens liegt es daran, daß die „Duftwirkung" der Nachbarpflanze den Schädlingen nicht gefällt, die auf ihre spezielle Wirtspflanze geruchsorientiert sind. Paradebeispiel ist das Zusammenpflanzen von Möhren und Zwiebeln – sie schützen sich gegenseitig vor dem Befall durch Zwiebel- und Möhrenfliege. Blumenkohl, Kohlrabi und Radies werden durch Zusammenpflanzen mit Salat weitgehend von Erdflöhen frei gehalten, auch Spinat wirkt ähnlich. Weitere Beispiele für das Zusammenpflanzen: Buschbohnen und Gurken oder Salat, Gurken und Sellerie, Erbsen und Möhren, Möhren, mit Radies durchsetzt, und Saatzwiebeln, Möhren und Lauch. Hierbei kommt es auch auf die Wahl richtiger Sorten an, damit keine die andere Kultur unterdrückt.

Einschlagen und Treiben von Chicorée

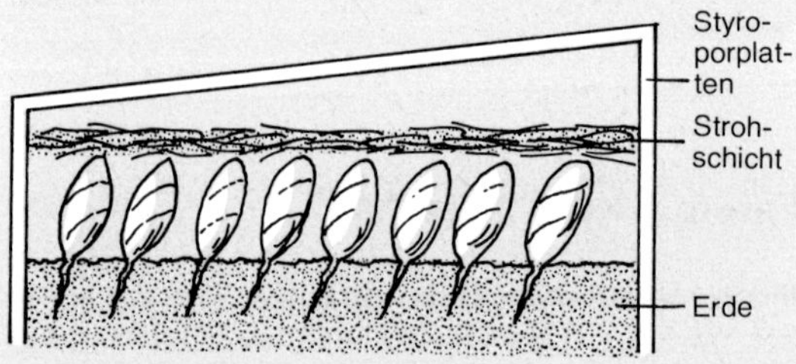


Die Sorte 'Zuckerhut' wird nicht getrieben, sondern fertig geerntet und mit der Wurzel in einem kalten Kasten eingeschlagen bis zum Verbrauch

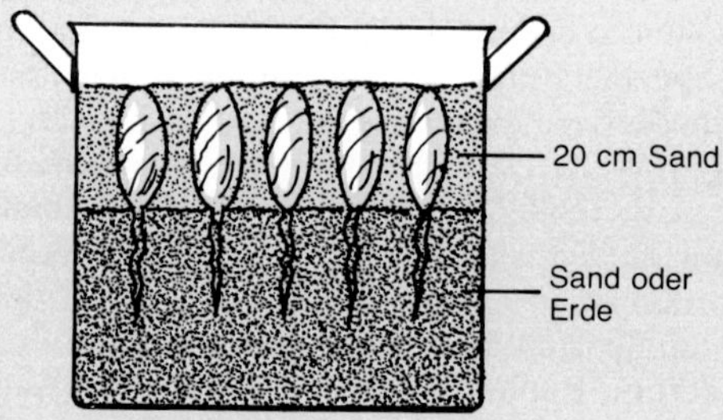


Herkömmliche Treibmethode. Die Wurzeln werden mit einem langen Blattstutzen geerntet und im Keller in Sand getrieben

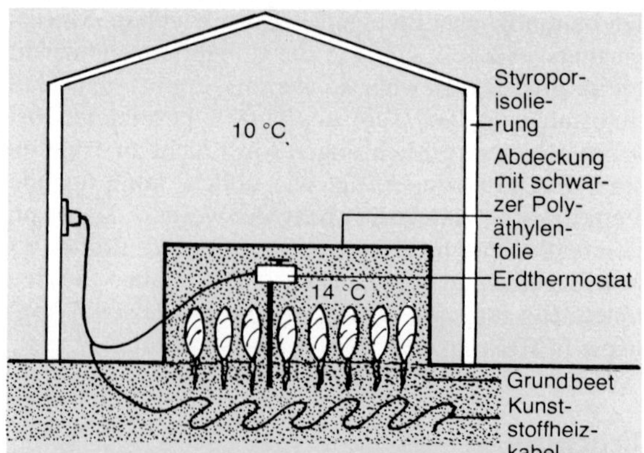


Treiben ohne Erdabdeckung im Kleingewächshaus. die Köpfe treiben im verdunkeltem Raum. Diese Methode eignet sich nur für die speziellen angeführten Sorten

## Gemüse für Feinschmecker

### Paprika

Der Anbau wird zunehmend auch von Hobbygärtnern versucht. Je wärmer die Lage und der Sommer, um so größer sind die Erfolgsaussichten. In kühleren Gebieten auf das Kleinklima achten, Anbau an der Südseite von Mauern und Hauswänden oder unter Folienschutz. Wer die Jungpflanzen selbst ziehen will, muß im Februar oder Anfang März im Kleingewächshaus oder warmen Frühbeet beginnen (Samen in Wasser anquellen!). Bald pikieren und, wenn die Sämlinge erstarkt sind, in 8-cm-Tontöpfchen eintopfen, in der zweiten Maihälfte ins Freie auspflanzen. 1 g Samen ergibt 60 Jungpflanzen. Der Abstand beträgt etwa 60 × 40 cm von Pflanze zu Pflanze.
Die Kultur ist ähnlich wie bei Tomaten (s. Seite 340). Genügend düngen, hacken und wässern (10 g Blaukornvolldünger auf 10 l Wasser, oder stark verdünnte Geflügeljauche). Da die meisten Sorten nur etwa 40 cm hoch werden, lassen sich die Pflanzen während kühlerer Perioden unter Folientunnel kultivieren.
Das Sortenangebot hat enorm zugenommen. Für den Gartenliebhaber sind wichtig: 'Haubners Szegediner', halbhoch bis hoch, starkwüchsig, dunkelgrün, bei Reife dunkelrot, ertragreich auch im Freiland, beste Sorte zum Füllen; 'Pennwonder', mit die beste Frühsorte, besonders wichtig für Gegenden mit Frühfrösten; 'Danube', nur für das Kleingewächshaus; 'Pußtagold', ein gelber Gemüsepaprika, dickfleischig und ertragreich, aber nur in milden Lagen für Freilandkultur geeignet. Scharfe Sorten sind 'Pfeffer Cayenne', 'Pfeffer Pikanta' und 'Pfeffer Westlandia'. Das Gegenteil, mild und süß, ist 'Kalifornischer Fleisch'. Wer Paprika mild liebt, muß die Samenkörner entfernen. Ernteüberschuß in Essig einlegen.

### Eierfrucht oder Aubergine

In Frankreich stärker verbreitete Gemüseart, die noch mehr Wärme braucht als Tomate und Paprika. Anzucht wie Tomaten (s. Seite 340); Kultur auch in milderen Gebieten möglichst unter Glas oder Folienüberdachung. Bodenmulch erhöht den Ertrag. Wer es versuchen will, nimmt eine der besten $F_1$-Hybriden, 'Baluroi', lang, schlank, dunkel, glänzend, oder 'Blue King' mit halblangen Früchten. Beide sind sehr früh und ertragreich.

### Spargelkohl oder Brokkoli

Ohne übermäßige Wärmeansprüche gedeiht dieses Gemüse in jedem Garten. Leider hat sich das anscheinend noch nicht herumgesprochen. Anzucht wie bei Blumenkohl (s. Seite 330), Aussaat in der zweiten Märzhälfte ins warme Frühbeet oder im April in den kalten Kasten; es genügt aber auch, von Mitte Mai bis ungefähr 10. Juni auf ein Saatbeet ins Freie zu säen. Bei Frühanzucht unter Glas besser in Töpfchen pikieren; bei Freilandanzucht kann bei weitem Stand direkt auf das Kulturbeet gepflanzt werden. Brokkoli gedeiht sowohl auf feuchteren als auch trockeneren Böden. Wenn bei früher Aussaat etwa Ende Mai gepflanzt wird, kann von Ende Juli an laufend geerntet werden. Die abgeschnittenen Sprossen wachsen laufend nach; in günstigen Jahren kann bis Ende November geerntet werden. Ältere bewährte Sorten sind: 'Calabrese', 'Greenia' und 'Coastal'; eine neuere $F_1$-Hybride ist 'Yoko', mit etwa 300 g schweren Köpfen und früher Reifezeit. Gleichzeitige Ernte ermöglicht Nachkultur auf dem Beet.

### Zichoriensalat oder Chicoree

Dieser Wintersalat hat viele Liebhaber gefunden. Die Anzucht ist praktisch bei allen Sorten gleich, nicht aber die später folgende Treibmethode, die von Sorte zu Sorte sehr verschieden ist. Im April bis Mai wird auf ein Freilandbeet mit einem Reihenabstand von 30 cm ausgesät. Zu eng stehende Pflanzen werden ausgedünnt bis auf einen Pflanzenabstand von 8–10 cm in der Reihe. Im Herbst setzen die unterschiedlichen Verfahren ein: bei Treibsorten werden die Wurzeln ausgegraben, das Laub bis auf einen Stutzen von 3 cm zurückgeschnitten, und die fingerdicken Wurzeln unter Lichtabschluß im Kleintreibhaus oder Keller in Sand eingeschlagen und zum Treiben gebracht. Die zarten, gelblichen Triebe geben einen ausgezeichneten Salat. Es gibt verschiedene Sorten, die im Dunkeln sogar ohne Erde oder Sandabdeckung treiben – deshalb genau die Vorschriften auf den Samentütchen beachten –, diese Sorten sind nur für Kleingewächshausbesitzer geeignet, die über eine Bodenheizung (Plastikheizung) verfügen, da die Bodentemperatur etwa 18 °C und die Lufttemperatur nur 14 °C betragen soll. Die Luftfeuchtigkeit soll bei 100% liegen; verdunkelt wird mit schwarzer, lichtundurchlässiger Folie. Die Wurzeln werden im Treibraum eingeschlagen und mit viel Wasser eingespült. Bei Bedarf während der Treibzeit noch einige Male Wasser geben, aber nicht zu viel auf einmal. Nach drei bis vier Wochen sind die Triebe erntereif.
Der Zichoriensalat 'Zuckerhut' bildet 40 cm hohe, feste geschlossene Köpfe, gut geeignet für Salat, im Geschmack ähnlich Endivie. Diese Köpfe werden mit den Wurzeln geerntet und im geschützten kalten Ka-

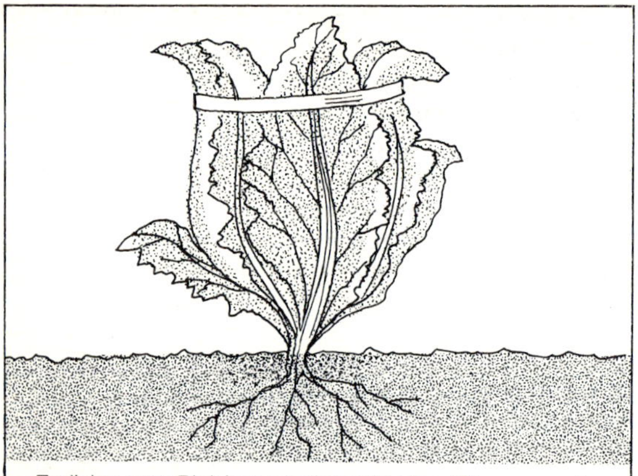

Endivien zum Bleichen zusammenbinden (Ringe von alten Fahrradschläuchen nehmen)

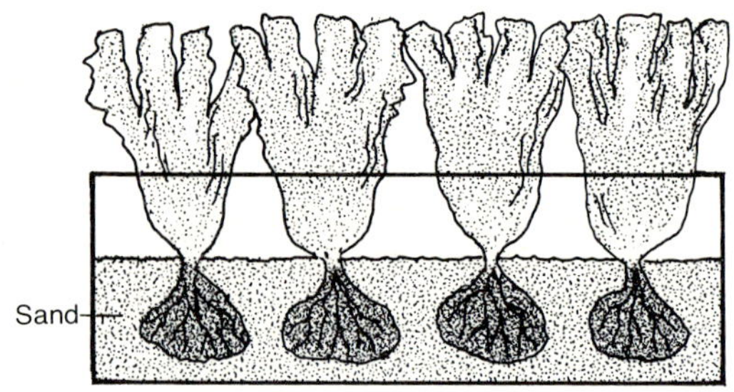


Endiviensalat vor stärkeren Frösten mit Erdballen herausnehmen und in einer Kiste mit Sand im Keller aufbewahren

sten oder an ähnlichen Plätzen eingeschlagen. Die Köpfe selbst vertragen Fröste bis −4 °C ohne Schaden. Beste Aussaatzeit Anfang Juni.
Nochmals beachten: es gibt zweierlei Chicorée; der eine muß getrieben werden, der andere eignet sich nicht zum Treiben. Jede Treibsorte verlangt die richtige Treibmethode. Für den Gartenliebhaber sind die Züchtungen, die während der Vegetationsperiode einen festen Kopf bilden und nicht getrieben werden, die wichtigsten ('Zuckerhut'). Dann folgen die Sorten, die mit 20 cm Sand oder Erde zum Treiben abgedeckt werden müssen, was auch im Keller durchgeführt werden kann ('Edelloof', 'Deldra', 'Delvo', 'Brüsseler Witloof'). Nur für Kleingewächshausbesitzer mit Bodenheizung eignen sich die Treibsorten, die keine Deckerde benötigen ('Pigalle' oder die Selektionen von Zwaan, nämlich 'A.O.', Ernte September/Oktober; 'V.O.', Ernte November/Dezember; 'M.O.', Ernte Januar/Februar; 'L.O.', Ernte März/April.

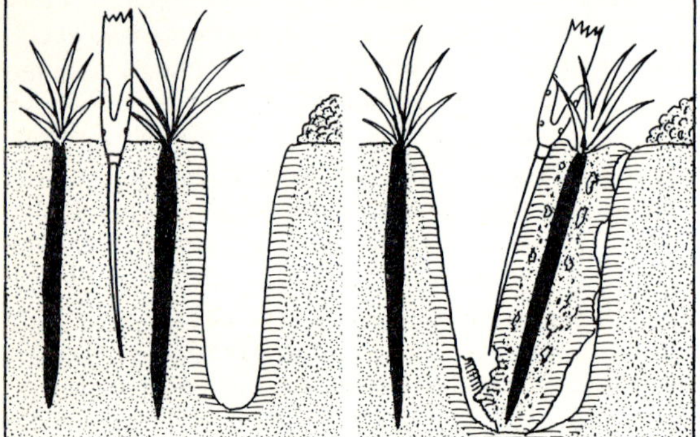

Ernten von Schwarzwurzeln

**Zuckermais**

Findet immer mehr Liebhaber. Aussaat im April in Töpfe oder Ende April/Mai ins Freie in Reihen von etwa 50 cm Abstand (benötigte Saatmenge 0,5–1 g/m²). Mais keimt besser, wenn man die Körner vor der Aussaat einen Tag lang in Wasser anquellen läßt. Sicherheitshalber werden immer zwei Körner gelegt; die schwächere Pflanze wird später herausgezogen. Obschon der Zuckermais auch als Windschutzpflanzung dienen kann, gedeiht er an der Südseite von Mauern doch am besten. Wenn die aus den Kolben herausschauenden Griffelfäden einzutrocknen beginnen, ist Erntezeit. Gute Sorten sind 'Golden Beauty' (Sonnengold), 'Merit', 'Golden Bentham', 'Seneca'. Während des Wachstums etwas Volldünger geben. Die Kulturdauer beträgt ca. 120 Tage. Wer Pop-Corn liebt, säe die $F_1$-Hybride 'Puff-Mais', deren Körner beim Rösten in bekannter Weise aufplatzen.

**Zucchetti oder Squash**

In Italien und den USA ist dieses Kürbisgemüse weit verbreitet; jetzt findet es auch bei uns Liebhaber. Es werden ihrer noch mehr werden, sobald einmal allgemein bekannt ist, daß die Früchte sehr jung geerntet werden müssen. Aussaat der nicht rankenden Zucchetti Mitte Mai direkt ins freie Land; je drei Körner miteinander legen; Reihenabstand etwa 80 cm, innerhalb der Reihe 60 cm. Der Erntetermin kann wesentlich verfrüht werden, wenn gegen Mitte April in 8-cm-Töpfchen ausgesät und Ende Mai ausgepflanzt wird. Bekannte Sorten: 'Cococelle von Tripolis', 'Langer grüner Hybrid-Zucchetti', 'Vegetable Marow', 'Green Hubard' und die neuen Sorten 'Striato $F_1$-Hybrid' und 'Diamant Hybrid'.

**Knollenfenchel**
Eine wertvolle Gemüseart. Frühaussaat, für die sich die Sorte 'Silverball' eignet, kommt für den Gartenliebhaber kaum in Frage. Er wird im März ins Frühbeet gesät und Ende Mai im Abstand von 35 cm ausgepflanzt.
Wichtig ist der Fenchel als Folgekultur. Aussaat Anfang bis Mitte Juni in ein gut gelockertes Beet (frühere Aussaat führt zu verstärkter Schosserbildung), Reihenabstand 30–40 cm. Später werden die Jungpflanzen in der Reihe auf etwa 20 cm vereinzelt. Bei Trockenheit wird gewässert; auch ein bis zwei leichte Volldüngergaben sind angebracht. Etwa Ende September/Anfang Oktober wird angehäufelt, damit die Knollen schön weiß bleiben. Ab Mitte Oktober bis zu stärkeren Dauerfrösten kann geerntet werden. Die Knollen können nach der Ernte auch längere Zeit im kalten Kasten oder im Keller eingeschlagen werden, am besten in Sand; dabei wird das Laub etwa 10 cm über der Knolle abgeschnitten. Der Knollenfenchel ist auch unter dem italienischen Namen „Finocchio" bekannt. Gute Sorten für die Herbstkultur sind 'Perfektion' und besonders 'Latina', eine verbesserte 'Bologneser'. (Fenchel als Gewürzpflanze s. Kapitel „Kräuterbeete".)

**Artischocke**
Anders als bei unseren westlichen und südlichen Nachbarn ist hierzulande diese Gemüsepflanze wenig verbreitet. Sie ist eine Staude, die aber auch einjährig kultiviert werden kann. Die Aussaat sollte sehr früh, schon Anfang Februar, im Kleingewächshaus oder auf dem Fensterbrett erfolgen; später wird in Torftöpfe pikiert. Nach guter Abhärtung werden die Artischocken Ende Mai an eine geschützte Stelle ins Freiland ausgepflanzt. Bei mehrjähriger Kultur müssen die Wurzelstöcke durch sorgfältiges Abdecken vor Barfrost geschützt werden; in rauhen Gebieten ist es auch nötig, sie frostfrei im Keller zu überwintern. Die Stöcke selbst kommen in feuchten Sand. Die Pflanzen werden ziemlich umfangreich und benötigen je etwa 1 m² Platz. Während der Kulturzeit muß reichlich gewässert und gedüngt werden. Die Blütenköpfe werden geerntet, solange sie noch grün sind; man läßt dabei nur die Hauptköpfe stehen. Verspeist wird allein der Blütenboden. In milderen Gegenden gedeiht die Sorte 'Große Grüne von Laon' gut.

**Cardy oder Kardon**
Wesentlich geringere Ansprüche an das Klima stellt der Cardy. Aussaat im Mai in Töpfe oder Saatschalen oder gleich an Ort und Stelle. Ähnlich der Artischocke benötigt auch Cardy etwa 1 m² Platz pro Exemplar. Die Pflanzen müssen gut feucht gehalten werden; alle drei bis vier Wochen erhalten sie etwas Volldüngerlösung. Ab Ende August beginnt das Bleichen. Die großen Blätter werden zur Mitte zusammengebunden und mit Wellpappe, schwarzer Polyäthylenfolie oder ähnlichem Material umwickelt. An die Stiele darf kein Licht mehr hinkommen. Zusätzlich wird noch mit Erde angehäufelt. Nach drei bis vier Wochen ist Erntezeit, die bis in den November geht. Als Gemüse kommen nur die Blattstiele in den Topf.

**Chinakohl**
Aussaat Mitte bis Ende Juli, je drei Saatkörner im Abstand von 40 × 40 cm; später dann nur die stärkste Pflanze stehen lassen. Kulturzeit etwa zehn Wochen. Chinakohl wird gern von Erdflöhen befallen. Da er bis −5 °C aushält, kann der Chinakohl in milden Lagen auch bis Anfang Dezember im Garten verbleiben. Lagerung ein bis zwei Monate. Die Sorte 'Peking' hat eine sehr kurze Kulturzeit. 'Early Market' aus Japan ist ebenfalls eine sehr frühzeitige Sorte; sie bildet schwere, goldgelbe Köpfe und ist mehltauresistent. Auch 'Cantoner Witkrop' und 'Hongkong' sind empfehlenswert. Chinakohl kann wie Endivie oder Spinat zubereitet werden.

## Salatgemüse

**Kopfsalat**
Kopfsalat ist die im Liebhabergarten am meisten angebaute Gemüseart. Mit der kaum überschaubaren Sortenvielfalt gehen deutliche Unterschiede der Ansprüche und des Aufwandes einher. Deshalb muß der Gartenliebhaber beim Kauf von Jungpflanzen oder Samen besonders darauf achten, daß diese derjenigen Gruppe angehören, für die er die Kulturmöglichkeit hat. Kurztags-Treibsorten interessieren nur den Berufsgärtner zur Treibhausanzucht während der Herbst- und Wintermonate. Für den Kleingewächshausbesitzer lohnt diese Anzucht nicht, wenn er die Heizungskosten berücksichtigt. (Höchstens für die Herbstanzucht kann er diese Spezialsorten verwen-

den. Aussaat etwa 10. August, Keimtemperaturen nicht über 12 °C, pikieren, nach dem Erstarken auspflanzen ins Grundbeet des Kleingewächshauses, viel lüften!) Wesentlich interessanter sind für ihn die normalen Treibsorten.

Wer keine Pflanzen kauft, sondern selbst sät, muß damit Ende Januar/Anfang Februar beginnen. In Kästchen am Fensterbrett oder im Kleingewächshaus dünn säen, damit gedrungene Sämlinge entstehen. Die Keimtemperatur liegt bei 14–16 °C, nicht wärmer stellen! Nach dem Pikieren wird bei 10–15 °C weiterkultiviert, lieber kühler als zu warm. Längliche Blätter verweisen auf falsche Kultur, sie müssen schön rund sein. Nach dem Pikieren in das als Kalthaus betriebene Kleingewächshaus oder in den Frühbeetkasten pflanzen. Die einzelnen Setzlinge werden zur Vorbeuge gegen die Salatfäule möglichst hoch, fast auf einen Hügel gepflanzt. Handelt es sich um ein Mistbeet, so muß oft gelüftet werden. Den Salat an sonnigen Tagen gießen; das soll selten, aber kräftig geschehen. Die Kästen bei Nachtfrost abdecken.

Frühsalate sind die wichtigste Gruppe für den Liebhabergärtner. Sie eignen sich sowohl für den kalten Kasten als auch zur Kultur unter Folientunnel, für den ersten Freilandanbau und auch wieder für die Herbstkultur. Aussaat wie bei den Treibsalaten beschrieben. Auf gutes Abhärten der Jungpflanzen vor dem Auspflanzen achten. Unbedingt flach pflanzen, ja nicht zu tief! In milderen Gegenden kann etwa ab 25. März ins Freiland gepflanzt werden.

Frühsommersalate folgen als nächste Anzucht ziemlich problemlos, Aussaat im April/Mai. Von der Aussaat bis zum Auspflanzen kann normalerweise eine Zeitspanne von vier Wochen angenommen werden.

*Sommersalate* werden von Mai bis Anfang Juli gesät, entweder im Saatkistchen oder direkt ins Freiland, dabei die Samen mit etwa 1–2 cm Erde bedecken. Die zu dicht stehenden Sämlinge später ausziehen. Diese Salattypen sind besonders auf Schoßfestigkeit gezüchtet. Leider tritt bei ihnen hin und wieder Salat-Mosaikvirose auf, die auch durch Samen übertragen werden kann. Blattläuse verbreiten dann diese Krankheit schnell; deshalb bei Auftreten diese sofort bekämpfen.

Kopfsalate lieben einen leichteren, humosen, gut gedüngten Boden. Auch während der Vegetationsperioden müssen sie Kopfdünger erhalten, an Salate mit verhältnismäßig kurzer Kulturzeit werden selbstverständlich nur schnell wirkende Dünger verabreicht. Bei Verwendung von Mineraldüngern werden pro m² 100 g Nitrophoska blau oder ein anderer blauer Volldünger gründlich eingearbeitet. Kopfsalat benötigt eine gleichmäßige Bodenfeuchtigkeit, deshalb bei trockenem Wetter viel gießen. Der Saatgutbedarf beträgt bei Pflanzung 0,05 g/m², bei Direktsalat 0,25 g. Auf Beeten von 1,20 m Breite können fünf Reihen gepflanzt werden. Der Abstand bei der Treiberei beträgt 24 × 20 cm (für ein normales Frühbeetfenster von 1,5 m² 32 Pflanzen), im Freiland bei Frühsalat etwa 25 × 25 cm, bei Sommersalat 30 × 30 cm. Leider treten oft Schädlinge auf. Drahtwürmer, Engerlinge und Maulwurfsgrillen fressen die zarten Wurzeln. Auf das Salat-Mosaikvirus wurde hingewiesen; die übertragenden Blattläuse müssen mit Malathion, Perfektion, E 605 oder einem wenig giftigen Pyrethrum-Mittel wie Parexan, das nur eine Karenzzeit von 7 Tagen hat, bekämpft werden. Auch Falscher Mehltau tritt oft auf; Bekämpfung mit Polyram-Combi, 2 g/l Spritzbrühe.

Damit im kleinen Hausgarten nicht große Mengen Salat gleichzeitig erntereif werden, die dann nicht zu bewältigen sind und bald „schießen“, nimmt man viele kleine Folgesaaten vor. Dann kann vom zeitigen Frühjahr bis zum späten Herbst laufend Salat geerntet werden.

Sortenvorschläge für Treibsalate (nicht Kurztag-Treib): 'Maikönig Askania Treib', 'Hilmar Treib', 'Apollo'. Frühe Freilandsorten: 'King' (wertvoll), 'Blondine', 'Top Hit', 'Maikönig', 'Primeur'. Frühsommersalate: 'Artraktion', 'Susan', 'Neckarriesen', 'Hilde', 'Luna', 'Mona'. Sommersalate: 'Kagraner Sommer', 'Brauner Trotzkopf', 'Sylvester', 'Wunder von Voorburg'.

*Eis- und Krachsalate* werden auch bei uns beliebter; sie benötigen mehr Platz, und die Entwicklung dauert ein wenig länger. Gute Sorten sind 'Laibacher Eis', 'Great Lakes', 'Forty Niner' und 'Format'.

Wintersalate eignen sich nur für sehr milde Gegenden; normalerweise ist das Risiko zu groß (Sorte: 'Winter-Maiwunder').

**Winterendivie**

Wichtigster Herbst- und Wintersalat. Aussaat ab Mitte Juni auf Freilandanzuchtbeete, Keimdauer etwa eine Woche. Endiviensalat ist stets eine Zweitfrucht, deshalb den Boden noch einmal gut durcharbeiten. Ab Mitte Juli bis Mitte August ins Freiland oder in den frei gewordenen kalten Kasten pflanzen. Man muß die richtige Saat- und Pflanzzeit treffen. Liegt die Aussaat zu früh, dann schießen die Pflanzen; liegt sie zu spät, dann wird der Salat nicht mehr fertig. Flach pflanzen, sonst gibt es leicht Schosser. Pflanzweite 30 × 30 cm oder 30 × 25 cm. Saatgutbedarf bei Pflanzung 0,1 g/m².

*Beispiel von Mischkultur unterm Folienzelt: Spinat und Radies, Kopfsalat und Blumenkohl.*

Winterendivien gedeihen noch auf wesentlich kalkhaltigeren Böden als Kopfsalat. Gut düngen mit organischen Düngemitteln; als Mineraldünger einen blauen Volldünger (Nitrophoska blau), etwa 30–40 g/m², vor der Pflanzung einarbeiten. Als Kopfdünger haben sich kleine Kalksalpetergaben bewährt. Im Herbst werden bei trockenem Wetter laufend einige Pflanzen zum Bleichen zusammengebunden; in etwa zwei Wochen sind die inneren Blätter schön gelb geworden. Ab September wird geerntet. Winterendivien vertragen leichte Fröste ohne Schaden. Tritt stärkerer Frost ein, dann werden die Pflanzen mit dem Wurzelballen aus dem Boden genommen und entweder im Frühbeetkasten oder im Keller in Sand eingeschlagen.
Recht winterfest ist die Sorte 'Eskorial Grüner'; 'Bubikopf' wird etwas höher; 'Golda' ist selbstbleichend, da das Herz dicht ist, braucht deshalb nicht zusammengebunden zu werden. Die Schädlinge sind die gleichen wie beim Kopfsalat. Da Endivie als Zweitfrucht verwendet wird, darauf achten, daß sie nicht auf Beete kommt, auf denen vorher Kopfsalat gestanden hat (Nachbauprobleme).

**Feldsalat, Rapunzel**
Wichtig als Zweit- oder Drittfrucht. Gesunder Spätherbst-, Winter- und Frühjahrssalat. Der Idealboden ist lehmighumos und kalkhaltig. Feldsalat ist ziemlich anspruchslos. 25–40 g eines Blaukornvolldüngers werden vor der Aussaat gut in den Boden eingearbeitet. Ausgesät wird ab Mitte Juli bis Anfang September, je nach gewünschtem Erntezeitpunkt, in milderen Gegenden auch noch bis Mitte September. Saatgutbedarf etwa 2 g/m². Das Beet sollte möglichst unkrautfrei sein. Wo mit stärkerer Verunkrautung zu rechnen ist, wird in Reihen gesät, nicht breitwürfig, so daß man mit der Ziehhacke das Unkraut besser vernichten kann. Nicht zu flach säen; eine Erddeckung von 1,5 cm ist ideal (bedecken mit einwandfreier Komposterde). Um auch im Winter ernten zu können, werden die in guter Entwicklung stehenden Beete mit Folienzelten oder ähnlichem abgedeckt. An sonnigen Tagen muß aber reichlich gelüftet werden, sonst werden die Pflanzen bald von Mehltau befallen. Selbstverständlich kann auch in den kalten Kasten oder ins Kalthaus gesät werden.
Nur für den Herbst eignet sich die ertragreiche Sorte

'Holländischer Breitblätteriger', da sie nicht genug winterhart ist. Im Geschmack sind die folgenden kleinblätterigen Sorten würziger: 'Dunkelgrüner Vollherziger' (winterfest und ertragreich), 'Stuttgarter Markt', 'Felma', 'Etampes'.

**Besondere Blattsalate**

Mit dem Kopfsalat verwandt sind Pflücksalat *(Lactuca sativa* var. *acephala).* Sie ähneln ihm auch in der Kultur; man sät nur wesentlich dichter, da sie ja keine Köpfe bilden. Freilandkultur ab Ende März in Reihen von 15 cm Abstand. Pflück- oder Schnittsalat ist auch als Einfassung für andere Gemüsebeete zu gebrauchen. Den Schnittsalat kann man öfter hintereinander ernten, bis er zu schießen anfängt. Der Pflücksalat wächst zu 40–50 cm hohen Pflanzen heran; seine jungen Blätter und der Herztrieb können den ganzen Sommer über laufend gepflückt werden. Gute Sorten, Schnittsalat: 'Hohlbättriger Butter', 'Krauser Gelber', 'Gelber Runder'. Pflücksalat: 'Amerikanischer Brauner', 'Australischer Gelber'.
Sommerendivie oder Römischer Salat *(Lactuca sativa* var. *longifolia)* benötigt guten Boden mit genügender Feuchtigkeit. Die Aussaat kann Ende April auf ein Saatbeet ins Freie erfolgen. Sobald die Pflanzen stark genug sind, werden sie im Abstand von 40 x 30 cm ausgepflanzt. Eine empfehlenswerte Sorte ist 'Kasseler'. Schmeckt auch gekocht gut.

## Kohl im Garten

Dem Wandel vom Selbstversorgergarten zum Hausgarten sind die meisten Kohlarten zum Opfer gefallen – der Anbau von „Grobgemüse" lohnt nicht mehr. Daß es doch noch in Privatgärten zu finden ist, hat es der Frische und Schmackhaftigkeit zu verdanken, die nun einmal alles Selbstgezogene und Selbstgeerntete auszeichnet. Gute Erfolge erzielt man auf lehmighumosen, tiefgründigen Böden, die nicht zu trocken sind. Gaben von Kompost und sonstigen organischen Düngemitteln machen sich beim Ertrag bemerkbar. Meist werden Jungpflanzen in der Gärtnerei gekauft. Selbstaussaat erfolgt im Frühbeet oder etwas später auf ein Saatbeet im Freien. Ab Mitte April kann ins Freie gepflanzt werden. Späte Kohlarten, wie Kohlrabi, Rosenkohl, später Rot- und Weißkohl, werden meist ab Mitte April ins Freie gesät. Kohlpflanzen sind dankbar für mehrmaliges Hacken. Krankheiten und Schädlinge gibt es genug: Drehherzigkeit, Kohlhernie, Kohlgallenrüßler, Kohlfliege, Kohlweißling, Falscher Mehltau usw. Bekämpfung durch die mehrfach genannten, breitwirkenden Schädlingsbekämpfungsmittel.

**Blumenkohl**

Frühsorten werden Anfang Februar gesät. Für 1 m² benötigt man etwa 3 g Samen. Anfang April wird ausgepflanzt, besonders erfolgreich unter dem Schutz von Folienhäuschen. Spätsorten werden von Mai bis Juni gepflanzt. Ein guter Boden, genügend Dünger und Feuchtigkeit sind zur Ausbildung von schönen Köpfen unbedingt nötig. Leichter Frost schadet den Frühsorten gar nicht, oft ist danach die Kopfbildung sogar besser. Sobald die Köpfe etwa faustgroß sind, werden einige Blätter nach innen umgeknickt und über die Köpfe gelegt, damit diese nicht in der Sonne vergilben. Der Ertrag liegt bei fünf bis sechs Köpfen je m². Bei späten Sorten können Radieschen als Vorkultur genommen werden, bei Frühsorten Winterendivien als Nachkultur. Bewährte Frühsorten: 'Delfter Markt', 'Erfurter Marktgärtner', 'Sperlings Gloria', 'Malinus'. Spätsorten: 'Riesenkönig', 'Flora Blanca'.

**Weißkohl**

Frühsorten ab Anfang Februar in den halbwarmen Kasten oder in das Kleingewächshaus aussäen, pikieren in Torftöpfchen. Auspflanzen März/April bei Ernte ab Anfang Juli. Für spätere Ernte im April/Mai säen. Freilandaussaat für Späternte ab Ende März. Im Privatgarten lohnen eigentlich nur die Frühsorten. Pflanzweite 40 – 50 cm x 60 cm, Nachkultur Winterendivie, Spinat, Feldsalat, Frühsorten sind 'Dithmarscher Frühstamm', 'Delfter Spitz', 'Marner Allfrüh'. Sommersorten: 'Augustkohl', 'Frühseptember', 'Nagels Frühweiß'. Ausgesprochene Lagersorten sind 'Holsteiner Platter', 'Dauerweiß'.

**Rotkohl**

Kultur wie Weißkohl. Frühe Sorten: 'Frührot', 'Baby Früh'. Herbst- und Wintersorten: 'Marner Lagerrot', 'Septemberrot', 'Baby-Dauer'. Rotkohl wächst etwas langsamer als Weißkohl.

**Wirsingkohl**

Ebenfalls gleiche Kultur wie Weißkohl. Frühsorten: 'Juliwirsing' und 'Vorbote'. Sommersorten: 'Eisenkopf', 'Marner Grünkopf' und 'Marner Septemberwirsing'. Dauer- und Winterwirsing werden im Hausgarten weniger angebaut. Die Sorte 'Winterfürst' verträgt bis − 8 °C. Bei Wirsingkohl kann ab Ende April in Folgesaaten auf das Freilandbeet gesät werden. Die Entwicklung auf schweren Böden ist wesentlich besser als auf leichten.

**Kohlrabi**

Eine Gemüsesorte, die auch noch für den Hobbygärtner zu empfehlen ist, nicht zuletzt wegen der wesentlich kürzeren Kulturzeit gegenüber anderen Kohlarten. Frühsorten werden im Februar unter Glas ausgesät, ab Anfang April direkt ins Freiland. Durchschnittlich rechnet man etwa 50 Tage von der Pflanzung bis zur Ernte. Empfehlenswert sind Mischkultur mit Salat und Randbepflanzung von Bohnen-, Gurken- und Tomatenbeeten.

Es soll nicht zu dicht gepflanzt werden Frühsorten erhalten einen Pflanzabstand von 25x30cm, Spätsorten von 30x40cm. Früheste Sorten werden besser mit Topfballen gepflanzt, später ist das nicht unbedingt nötig. Beim Pflanzen ohne Ballen darauf achten, daß man nicht zu tief kommt, sonst sitzen später die Knollen am Boden; Krankheit und Fäulnis ist die Folge. Kohlrabi möchten einen gut gedüngten Boden; später, nach dem Anwachsen, bekommen die jungen Pflänzchen einen mineralischen Blaukornvolldünger als Kopfdüngergabe, und zwar 20–25 g/m². Während der Kultur die Erde oberflächlich zwischen den Pflanzen lockern. Kohlrabi müssen schnell und ohne Störung wachsen können. Bei der Knollenbildung wird Feuchtigkeit benötigt, sonst platzen sie. Dies kann aber auch durch den Kohltriebrüßler hervorgerufen werden. Zweimaliges Stäuben bei der Jungpflanzenanzucht mit E 605-Staub beugt dagegen vor. Den Kohlrabi befallen auch alle sonstigen Kohlkrankheiten; bei Jungpflanzen auf Erdflöhe achten! Das unerwünschte Schossen der Kohlrabi wird durch länger dauernde kühle Temperaturen begünstigt Manche Sorten sind temperaturempfindlicher als die übrigen.

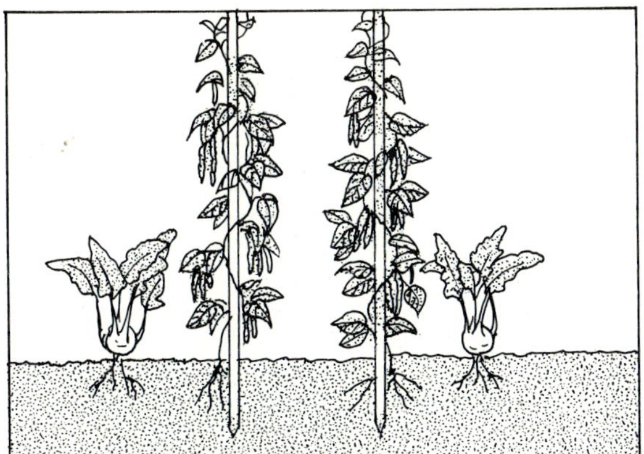

Kohlrabi eignen sich zur Pflanzung an Rändern von Busch- und Stangenbohnenbeeten

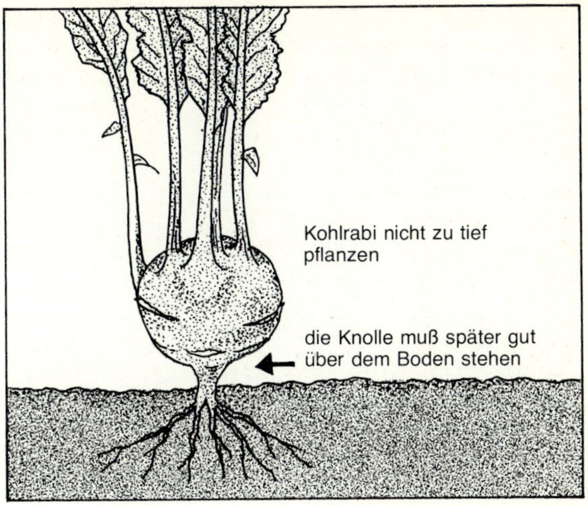


Ein empfehlenswerter, ziemlich schoßfester Treib- und Frühkohlrabi ist 'Primavera weiß' und 'Primavera blau'; weitere gute Frühsorten sind: 'Lanro', 'Blaro', 'Blaue Adria', 'Marco', 'Rasant'. Reine Treibsorten für den Anbau unter Glas (Kleingewächshaus, Frühbeet) sind 'Trero' und 'Wiesmoor Treib'. Für Sommer und Herbst eignet sich besonders 'Blauer Speck', 'Delikateß', 'Roggli Freiland'.

**Grünkohl, Krauskohl**

Wichtig als Folgefrucht für abgeerntete Beete. Ausgesät wird erst Mitte Mai bis Anfang Juni ins Freiland-Saatbeet. Im Juli/August wird gepflanzt, Abstand 40x50cm. Die Ernte liegt zwischen November und März. Grünkohl schmeckt erst, wenn er einmal richtig durchgefroren ist. Es gibt Sorten von verschiedener Höhe. Eine empfehlenswerte niedere Sorte ist 'Frosty'. Halbhohe Sorten sind 'Wundergrün', 'Verdura', 'Lerchenzungen'. Gute Sorten halten Fröste bis −8 °C aus.

**Rosenkohl**

Ebenfalls wichtig als Folgefrucht und Spätgemüse. Die Aussaat erfolgt ab April. Rosenkohl soll spätestens um den 10. Juni ausgepflanzt sein, Reihenabstand 50cm, Pflanzenabstand bis 80cm. Der Ertrag von 10m² liegt bei 8–12kg. Die Termine und Abstände unbedingt einhalten; zu frühes oder zu spätes Säen führt zu Mißerfolg. Schwere Böden mit reichlicher organischer Düngung geben beste Erträge. Etwa vier Wochen nach dem Auspflanzen eine kräftige Kopfdüngergabe verabreichen (Nitrophoska rot, 60g/m²). Gute Erträge bringen 'Hilds Ideal' (bereits

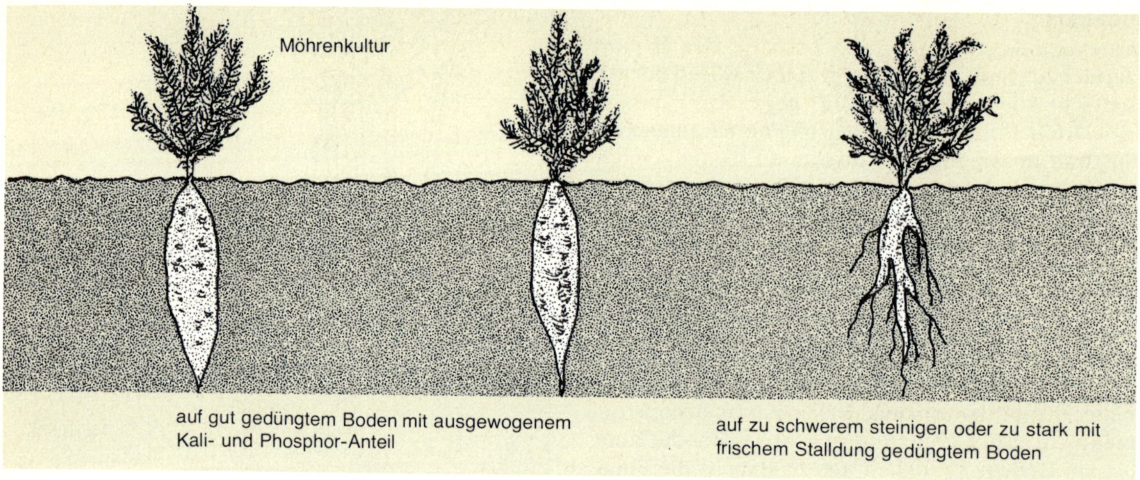


Ende März/Anfang April säen), 'Fest und Viel', 'Wilhelmsburger Sonderzucht', 'Abunda'. Die Kulturzeit beträgt je nach Sorte 170–250 Tage.

## Wurzelgemüse

### Möhren, Karotten, Gelbe Rüben

Gut, aber nicht frisch gedüngter, tiefgelockerter Boden ist Voraussetzung für eine erfolgreiche Möhrenkultur. Es ist weitgehend unbekannt, daß schon im Herbst (Oktober) einige Sorten, wie 'Duwiker', auf das Kulturbeet gesät werden können. Die Samen gehen dann gleichmäßig auf, sobald der Boden offen ist. Normalerweise wird jedoch im März/Anfang April gesät.

Bei den Sorten 'Pariser Markt' und 'Nantaise Typ Marktgärtner' sind auch noch Juli-Aussaaten möglich. Die Keimzeit im Frühling beträgt oft vier bis fünf Wochen, im Sommer vierzehn Tage. Die Keimtemperatur muß mindestens +5 °C betragen. Man nimmt als Markiersaat gerne Radies. 10g Möhrensaat wird etwa 5g Radiessaat beigemischt. Saattiefe 1 cm. Zur gleichmäßigeren Aussaat das Saatgut mit etwas trockenem Sand vermischen. Bei Reihensaat in schwerem Boden die Saatrillen mit Sand versetzen, Abstand 25 cm. Möhrenbeete dürfen niemals Durst leiden. Zum Treiben kann schon ab Ende Januar in den warmen Kasten gesät werden.

Die richtige Sortenwahl ist sehr wichtig; es gibt Früh- und Spätsorten, kurze, halblange und lange Züchtungen. Bewährte Frühsorten sind: 'Rotin', 'Frühbund', 'Tip Top', 'Marktgänger', für den Herbst- und Winterbedarf: 'Lange rote Stumpfe ohne Herz', 'Juwarot', 'Rothild'. Die Entwicklung von der Aussaat bis zur Ernte dauert je nach Sorte 100–190 Tage.

Ob die Möhrenfliege auch im Hausgarten mit Insektiziden bekämpft werden soll, muß jeder selbst entscheiden. In windreichen Lagen ist der Befall gering.

### Pastinaken

Eine weniger verbreitete Gemüseart, deren Wurzeln ebenso als Gemüse wie auch Salat Verwendung finden. Bodenansprüche ähnlich Möhren. Bewährte Sorten: 'Halblange Student' und 'Halblange Weiße'.

### Sellerie

Die Knollensellerie ist bekannt; aber auch die keine Knollen bildende Bleichsellerie, deren zartknusprige Blattstiele man erntet, findet mehr und mehr Liebhaber.

Sellerie gehört mit zu den Gemüsearten, die im Hausgarten oft zu Mißerfolgen führen. Sellerie frostempfindlich. Auch stärkere kühle Perioden während der Anzucht können ein frühzeitiges Schießen verursachen. Eigene Anzucht nicht zu früh vornehmen; die Aussaat gegen Ende März ist am günstigsten. Sellerie ist ein Lichtkeimer, deshalb den feinen Samen nur wenig mit Erde bedecken. Bei einer Temperatur von 20–25 °C erfolgt die Keimung nach etwa drei Wochen. Rechtzeitig pikieren, Abstand 5x4 cm. Einfacher ist es, die wenigen für eine Familie benötigten Pflanzen zu kaufen; jeder Marktgärtner führt Jungpflanzen von Knollensellerie. Bei Bleichsellerie ist dagegen eigene Anzucht nötig. Knollensellerie braucht einen Abstand von 40x50 cm, Bleichsellerie von 30x40 cm. Die Pflanzung selbst erfolgt ab Ende Mai ins Freiland, wobei die im Kasten oder Kleinge-

wächshaus selbst herangezogenen Pflanzen behutsam abgehärtet werden müssen. In Torftöpfe pikierte Pflanzen überwinden den Umpflanzungsschock leichter. Es wird flach gepflanzt.
Sellerie ist ein Nährstoff-Fresser. Das Kulturbeet selbst sollte in guter Dungkraft stehen. Während der Hauptwachstumszeit im Juli/August wird dreimal im Abstand von vierzehn Tagen eine Kopfdüngergabe mit Nitrophoska rot verabreicht, und zwar jeweils 30 g/m$^2$.
Auch eine Kalisalzgabe (Kalimagnesia) wirkt sich positiv aus. Geerntet wird so spät wie möglich, da der Hauptzuwachs in den letzten Monaten erfolgt. Blätter für die Küche können ohne Schaden geerntet werden, wenn dies auf ein vernünftiges Maß beschränkt bleibt. Sehr oft tritt die Blattfleckenkrankheit auf, sie wird mit Cupravit oder Polyram Combi bekämpft. Seltener ist, wenigstens im Hausgarten, die Selleriefliege; wo nötig, wird mit E 605, Unden oder ähnlichen Insektiziden gespritzt.
Empfehlenswerte Sorten: 'Magdeburger Markt', 'Neckarland', 'Balder', 'Berges weiße Kugel', 'Invictus', 'Roka' (besonders für schwere Böden).
Die Bleichselleriepflanzen werden von Mitte August bis Anfang September gebleicht. In leichten Böden wird angehäufelt und die Pflanze für etwa zwei bis drei Wochen mit schwarzer Folie oder mit Wellpappe umwickelt. Die gebleichten Blattstiele sind nach der Ernte nicht besonders haltbar. Bei Frost können die Pflanzen – mit Wurzeln! – im Keller in Sand eingeschlagen werden. Sorten: 'Elne', 'Weißer englischer', 'Gelber englischer'; die Sorte 'Pariser goldgelber' ist selbstbleichend. Es gibt auch spezielle Schnittsellerie für Suppengrün; sie heißt: 'Aromatischer extra Krauser'. Als Zwischenkultur von Knollensellerie eignet sich besonders der Salat 'Attraktion'.

**Petersilie**

Eines der wichtigsten Würzkräuter und daher in den meisten Hausgärten zu finden. Man unterscheidet zwischen Wurzel- und Schnittpetersilie und verwendet von der einen die dicke, fleischige Wurzel, von der anderen das Grün zum Würzen und zum Garnieren. Schnittpetersilie hat den höchsten Vitamin-C-Gehalt. Wichtig ist sehr zeitige Aussaat, sobald im März der Boden abgetrocknet ist; noch besser ist Herbstaussaat. Zur Keimung ist viel Feuchtigkeit nötig, deshalb den Boden nie austrocknen lassen. Saat breitwürfig oder in Reihen mit 20 cm Abstand; Saattiefe 2–3 cm. Der Boden darf nicht frisch gedüngt sein. Bei Wurzelpetersilie verzieht man später auf etwa 15 cm Abstand, damit sich kräftige Wurzeln bilden. Die

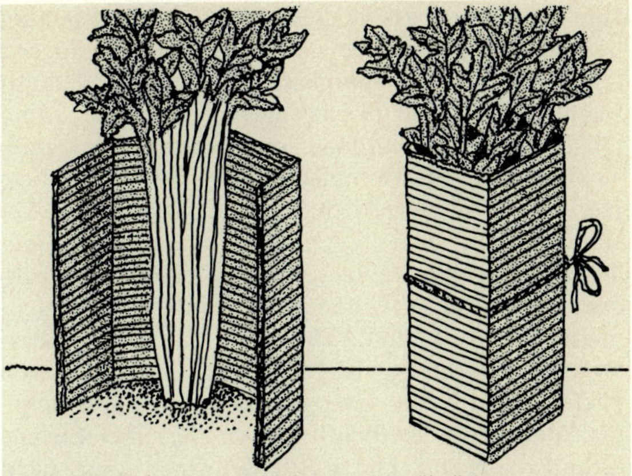

Bleichsellerie Wellpappe oder ähnliches Material

ausgezogenen Pflanzen werden als Blattpetersilie verbraucht. Möglichst spät im Herbst erntet man die Wurzeln; sie können im Winter auch zur Treiberei verwendet werden. Beliebt sind die stark gekrausten Sorten der Schnittpetersilie, wie 'Grüne Perle', 'Mooskrause Superkraus'. Bei der Wurzelpetersilie sind 'Halblange Glatte', 'Halblange Berliner', 'Lange Glatte' zu nennen.

**Rettich**

Die Rettichkultur hängt stark vom Boden ab; er soll leicht und humos sein. Je tiefer gelockert ist, um so besser der Erfolg. Keinen Stallmist geben, doch wird Kompost und Torfmischdünger vertragen. Im Freiland werden etwa vier Korn pro Saatstelle gelegt; nach der Bildung des ersten Laubblattes wird auf eine Pflanze verzogen. Im Hausgarten sollte vom März bis

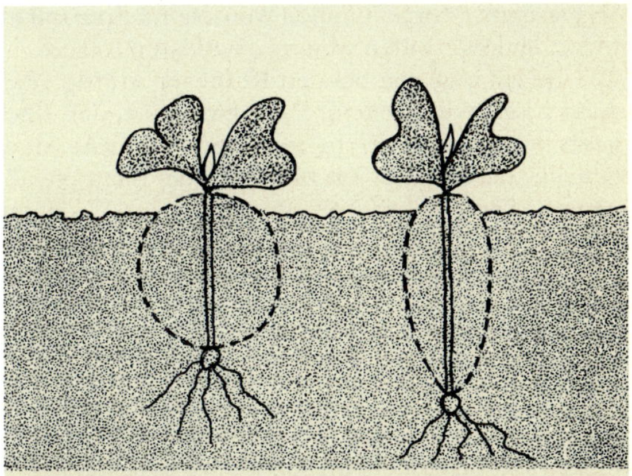

Die Saattiefe beeinflußt die Form der Radieschen

Juni im Abstand von vierzehn Tagen laufend in kleinen Mengen gesät werden. Der Boden muß genügend feucht sein. Volldüngergüsse während der Hauptwachstumszeit sind zu empfehlen.

Die Rettichsorten werden in drei Gruppen eingeteilt: Treib- und Frühsommerrettich, Sommerrettich, Herbst- und Winterrettich. Im Freiland sollte ein Abstand von 25 x 20 cm eingehalten werden, bei den frühen Sorten etwas weniger, bei Treibkultur im Frühbeet 20 x 20 cm. Treibtemperatur möglichst gleichmäßig 12–14 °C und nachts 6–8 °C. Bei stärkerer Sonneneinstrahlung viel lüften und gießen. Gegen Erdflöhe mit Nexit- oder E-605-Staub stäuben, gegen Maden der Rettichfliege vor der Saat Birlane Granulat streuen. Die Rettichschwärze kann nicht direkt bekämpft werden, deshalb besonders bei weißen Frührettichen strikt auf Fruchtwechsel achten.

Treib- und Frühsommerrettiche sind: 'Frühlingsgruß', 'Neckarruhm', 'Maindreieck', 'Halblanger weißer Treib- und Freiland', 'Marktwunder', 'Reform', 'Neuzucht 1000' (tetraploid, nur ca. 45 Tage bis zur Ernte!). Für den Sommer eignen sich besonders 'Mainkrone', und 'Kitzinger Weißer Sommer'. Herbst- und Winterrettiche wie 'Münchner Bier', 'Runder Schwarzer', 'Langer Schwarzer Winter', 'Blauer Herbst', sollten nicht vergessen werden.

**Radies**

Radies, im Hausgarten besonders beliebt, ist die ideale Zwischenfrucht mit kurzer Kulturzeit, die nirgendwo stört, und außerdem auch zur Vor- und Nachkultur geeignet. Für den Hobbygärtner sind sowohl die Treibsorten für den kalten Kasten und das Kleingewächshaus, als auch die reinen Freilandsorten wichtig. Im temperierten Kalthaus können Aussaaten ab Dezember vorgenommen werden, im Freiland ab März; laufend sollten weitere Aussaaten folgen.

Der Boden muß wie bei den Rettichen kräftig, aber nicht frisch gedüngt sein. Sehr wichtig ist, daß flach gesät wird, optimal ½ m–1 cm tief. Versuche ergaben, daß die Qualität mit zunehmender Saattiefe abnimmt. Die Reihenabstände betragen 15–20 cm. Saatgutbedarf ungefähr 3 g/m$^2$. In den Reihen zu dicht stehende Sämlinge werden ausgezogen: Pflanzenabstand ca. 3 cm, Kulturzeit etwa drei bis vier Wochen. Während dieser Zeit gut wässern. Einige Volldüngergüsse sind zu empfehlen. Radieschen müssen zum richtigen Zeitpunkt geerntet werden, da sie sonst sehr leicht überständig („pelzig“) werden. Hier Sommersorten verwenden. Im Sommer ist es besser, wenn etwas schattiert wird. Verstärkter Anbau wieder im Herbst.

Auf die richtige Sorte achten! Ausgesprochene Treib- und Frühsorten: 'Saxa Treib', 'Fix' (nur Unterglasanbau), 'Certina', 'Cherry Belle' und besonders 'Frühwunder'. Wer lange Formen liebt, nimmt die bekannten 'Eiszapfen'. Die genannten Frühsorten eignen sich auch für den Herbstanbau. Aussaat bis Anfang September, 'Riesenbutter', 'Rosa Perle'. Ausgesprochene Sommersorten, die nicht so leicht pelzig werden: 'Champion', 'Parat', 'Riesen von Aspern', 'Stoplite', 'Gigant' (ist mehr rettichförmig).

**Mairüben**

Nur in manchen Gegenden beliebt. Aussaat im März bis Mai, oder im August als Nachfrucht, in Reihen von etwa 20 cm Abstand; in der Reihe wird auf 10 cm vereinzelt. Ein leichter, nahrhafter Boden ist ideal. Wird die dreifache Menge ausgesät (etwa 3–5 g/m$^2$), so bilden sich wegen des zu dichten Standes keine Rüben. Dafür werden dann die kräftigen Blattstengel geerntet, die das im rheinisch-westfälischen Gebiet bekannte Stielmus ergeben. Für die Stielmuskultur kann bei offenem Boden, in geschützter Lage, bereits im Februar gesät werden, die Samen läßt man dabei vorkeimen. Vorsicht, es treten oft Erdflöhe auf (Stäubemittel).

'Teltower' sind besonders für Sandböden; 'Holländische Plattrunde Weiße' für Frühjahrs- und Herbsternte; 'Wilhelmsburger Gelbe', robust, verträgt auch leichten Frost; 'Schneeball' und 'Goldball', besonders zart, und 'Tokio-Express' für Folientunnel und Freiland, schon nach 25 Tagen erntefähig.

**Rote Rüben, Rote Bete**

Normalerweise wird nach dem 20. Mai ins Freiland gesät (Keimtemperatur etwa bei 9 °C), Saattiefe etwa 3 cm. Wer Rote Rüben pflanzt, muß gut wässern und etwas schattieren, sonst überwinden sie den Umpflanzungsschock oft schlecht. Abstand 20–25 cm bei einem Reihenabstand von 40 cm. Es gibt runde und längliche Formen; bei sehr schweren Boden nur die runden Sorten anbauen. Wenig Stickstoffdünger geben, sonst gibt es in der Rübe weiße Ringe; Kali- und Phosphordünger sind dagegen wichtig. Grundsätzlich schmecken kleine, kompakte Rüben besser als sehr große. Beim Ernten die eigentliche Rübe nicht verletzen, damit sie nicht „ausbluten“. Den Blattstiel etwa 2–3 cm lang stehen lassen. Die Kulturzeit beträgt 100–110 Tage. Bekannt und bewährt sind folgende Sorten: 'Ägyptische plattrunde, dunkelrote', 'Rote Kugel' (sehr schoßfest), 'Little Ball' (nur für die Herbsternte, nicht ausdünnen, kann noch bis Ende Juli gesät werden), bei den länglichen die Sorte 'Formanova'. Schädlinge sind im Kleingarten weniger bekannt. Die Maßnahmen gegen Blattfleckenkrankheit (Spritzung beispielsweise mit BASF-Maneb-Spritzpulver), und gegen die im Blatt minierenden Maden der Rübenfliege beschränken sich mehr auf den Großanbau.

**Schwarzwurzeln**
Voraussetzung ist ein gut bearbeiteter, lockerer, kräftig, aber nicht frisch gedüngter Boden. Von März bis Mai wird ausgesät, in Reihen mit 20 cm Abstand. Aber auch Augustaussaat ist möglich (überwintert ohne Bedeckung und wird im nächsten Sommer geerntet). Die Samen sollen etwa 2 cm bedeckt sein, Abstand untereinander 2–3 cm. Anfang Juni etwas Kopfdünger geben. Bei Frühjahrssaat wird ab Oktober je nach Bedarf geerntet. Die Schwarzwurzel ist winterfest und hat kaum Krankheiten im Hausgarten. Wo Weißer Rost auftritt, Maneb spritzen. Sorten: 'Hoffmanns schwarzer Pfahl', 'Duplex', 'Einjährige verbesserte nicht schießende Riesen'.

## Lauchgewächse

**Zwiebeln**
Durch billige Importzwiebeln ist das Interesse der Gartenbesitzer am eigenen Anbau der Zwiebel stark zurückgegangen. Eine kleine Ecke zur Früherntе und für Zwiebelgrün zum Salat lohnt trotzdem noch, wenn auch nicht finanziell. Je wärmer und trockener die Lage des Gartens ist, um so leichter gedeihen Zwiebeln; lediglich während der Hauptwachstumszeit im Juni/Juli wird eine ausreichende Feuchtigkeit benötigt. Je trockener das Wetter während der Reifezeit ist, um so haltbarer sind die Zwiebeln. Warme, neutrale bis kalkhaltige, lehmige Böden sind optimal. Ein gewisser Humusanteil sollte vorhanden sein, aber keinesfalls frischen Stallmist geben. Wenn das Beet im Vorjahr gut mit Nährstoffen versorgt wurde, ist eine weitere Düngergabe nicht nötig.
Zwiebeln können durch Saat, Pflanzung und Steckzwiebeln angebaut werden. Im Hausgarten erfolgt der Anbau meistens durch Steckzwiebeln. Am besten werden diese im Fachgeschäft gekauft; Auslesen der kleinsten Zwiebeln aus eigener Ernte lohnt nicht. Die Zwiebeln sollen höchstens 2 cm groß sein (Haselnußgröße), sonst gibt es Schosser. Wer sie schoßfester machen will, hält sie vor dem Ausbringen vier Wochen bei 30 °C (Aufbewahren im Zentralheizungskeller). Die Zwiebelchen werden flach gesteckt, so daß die Spitzen noch aus dem Boden schauen. Nicht

*Trocknen von Zwiebeln, Laub nicht umtreten!*

stark andrücken! Reihenabstand 25–30 cm. Ernte ab Juli. Bei Saatzwiebelkultur wird ein leichter, gut gelockerter Boden vorgezogen. Die Saatdichte beeinflußt die Zwiebelgröße (mittelgroße Zwiebeln 1,4 g/$m^2$, kleine 1,7 g und große 1 g/$m^2$). Zwischen den Reihen öfter hacken.
Das Umknicken des Laubes im Herbst bringt mehr Nachteile als Vorteile. Die Ernte wird nicht wesentlich verfrüht, andererseits werden die Pflanzen krankheitsanfälliger. Bei der Verwendung als Zwischenfrucht darauf achten, daß Zwiebeln und Hülsenfrüchte miteinander unverträglich sind. Wer selbst Steckzwiebeln ziehen will, muß im Juni säen. Die am meisten verwendete Sorte sind die 'Stuttgarter Riesen'.
Bewährt sind 'Zittauer Riesen'; 'Zwaans große gelbe Winter' sind auf Winterhärte gezüchtet und können in milden Gegenden im August gesät, im September oder im März gepflanzt werden. Bei Kahlfrost muß etwas Winterschutz gegeben werden. Ernte im kommenden August. Die Sorte 'Weiße Königin' wird ausschließlich als Perlzwiebeln zum Einlegen angebaut. Eine kurze Kulturzeit hat die Sorte 'Frühkugel' (etwa 109 Tage). Wer eine längliche Garnier- und Schaschlikzwiebel benötigt, nimmt die Sorte 'Lange Birnenförmige'. Eine Sonderstellung nimmt die weiße Frühlingszwiebel ein, die in milden Gegenden im Freiland überwintert; sie ähnelt 'Zwaans große gelbe Winter'. Anfang August im Reihenabstand von 25–30 cm säen, im Oktober auf 10–15 cm verziehen. Etwas Winterschutz geben. Ernte schon Mai/Juni. Es gibt auch mehrjährige Zwiebeln, wie die Winterheck-

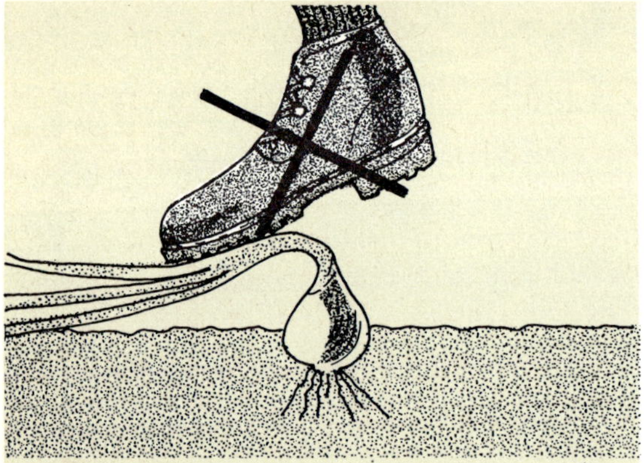

Das weitverbreitete Umtreten des Zwiebellaubes bringt mehr Nachteile als Vorteile

zwiebel *(Allium fistulosum)*. Sie hat mehr lauchähnliche, verdickte Stengelteile. Alle zwei bis drei Jahre wird umgepflanzt und geteilt. Aussaat im Frühjahr und Pflanzung im Juni.

**Schalotte**
Beliebt wegen ihrer guten Würze und Lagerbeständigkeit. Winterhärte bis −8 °C, deshalb in milden Gegenden oft auch im Spätherbst gepflanzt. Normalerweise werden ausgereifte Brutzwiebeln im März/April in Reihen von 20–25 cm gesteckt. Im Juni/Juli beginnt die Blattwelke: die Zwiebelbüschel ausheben und auf dem Beet nachreifen lassen. Erst beim Verbrauch werden die einzelnen Früchte abgebrochen. (Die Einzelknäuel bestehen aus zehn bis fünfzehn einzelnen Zwiebelchen.)

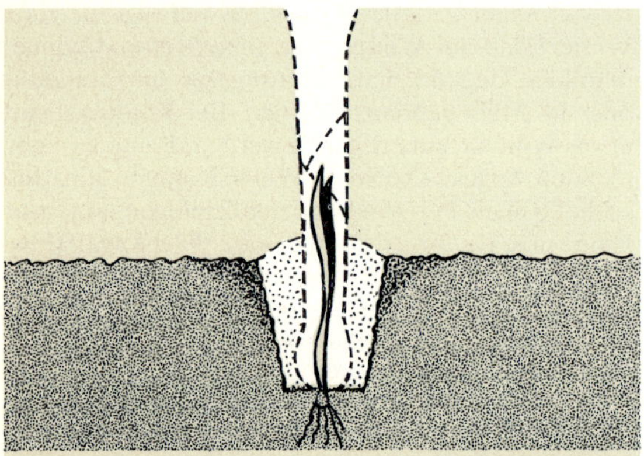

Pflanzen von Porree in einer Furche. Mit dem Wachsen des Porrees zunehmend die Furche zuschütten

**Johannis-Eschlauch**
Eine Abart der Schalotte. Bildet aus vielen Brutsprossen Zwiebelbüschel, die im Mai/Juni geerntet werden.

**Knoblauch**
Als Würz- und Gesundheitspflanze weit verwendet, aber im Hausgarten weniger angebaut, obwohl Knoblauch in jedem nicht zu feuchten Gartenboden wächst. Die Zehen werden ab März erst wieder geerntet und getrocknet. Es kann aber auch schon im Herbst gesteckt werden.

**Lauch oder Porree**
Der Boden soll nahrhaft und nicht zu schwer sein. Lauch ist ein stärkerer Zehrer als die Speisezwiebeln; deshalb Humusdünger im Herbst vorher einarbeiten. Während der Kulturzeit gibt man zwei bis drei Gaben eines Blaukornvolldüngers. Normalerweise wird ab Ende Februar im Frühbeet ausgesät. Pflanzung dann Ende Mai. Zur Nachkultur kann aber auch noch Mitte April auf Freilandbeete gesät werden. Saatgutbedarf etwa 3 g/m$^2$, Keimzeit 10–12 Tage. Meist holt der Liebhabergärtner Jungpflanzen beim Gärtner. Die Unsitte, beim Pflanzen das Laub einzukürzen, sollte unterlassen werden. Pflanzabstand 30 x 15 cm. Lauchpflanzen müssen immer in „Täler“ gepflanzt werden, entweder in einzelne tiefe Löcher oder in tiefe Längsrillen (12–12 cm tief). Da nur die gebleichten Teile des Porrees verwendet werden, füllt man während der Kulturzeit dann den Graben laufend etwas zu, bis der Blattansatz erreicht ist. Bei zu flacher Pflanzung muß vor dem Winter angehäufelt werden.
Wer Porree überwintern will, muß bei der Sortenwahl achtgeben. Gut überwintern: ‘Siegfried’, ‘Blaugrüner Winter’, ‘Carentan’, ‘Delwin’, ‘Catalina’. Für die Herbsternte empfehlen sich: ‘Elefant’, ‘Malabar’, ‘Titan’, ‘Fafner’, ‘Früher Sommer’, ‘Ekkehard’, ‘Delmeur’, ‘Delherb’.

**Schnittlauch**
Einige Schöpfe Schnittlauch sind in den meisten Gärten zu finden. Schnittlauch bevorzugt feuchte, humose Lehmböden. Die Vermehrung erfolgt durch Aussaat oder Schopfteilung. Ausgesät wird im Frühling. Die Sämlinge werden in kleinen Büscheln gepflanzt, Abstand 25 x 20 cm. Schnittlauch nicht zum Blühen kommen lassen. Die Schöpfe sollen nie länger als zwei bis drei Jahre am gleichen Platz stehen. Zum Treiben am Küchenfenster werden im Herbst einige Schöpfe eingetopft. Vorher eine Zeitlang durchfrie-

ren lassen und dann acht bis zehn Stunden in ein Warmwasserbad von 40 °C setzen, das bringt eine schnelle Entwicklung.

**Schädlinge bei Zwiebelpflanzen**
Vereinzelt tritt die Zwiebelfliege auf; ob jedoch im Hausgarten die Anwendung chemischer Mittel lohnt, ist fraglich. Man kann gegebenenfalls in der zweiten Maihälfte mit Perfekthion angießen. Dieses Mittel hilft auch gegen andere Schädlinge, die hin und wieder auftreten (Zwiebelminierfliege, Lauchmotte). Im Hausgarten spielen auch die Pilzkrankheiten keine große Rolle, im Gegensatz zum Feldanbau, wo Mehlkrankheit, Grauschimmelfäule, Falscher Zwiebelmehltau mit Maneb bekämpft werden.

## Hülsenfrüchte

**Buschbohnen**
Der Hauptfehler bei der Bohnenkultur ist zu frühe Aussaat. Günstigster Termin ist, je nach Lage des Gartens, zwischen 1. und 20. Mai. Falls die Temperatur unter 5 °C sinkt, müssen die jungen Keimlinge durch Plastikhauben, Blumentöpfe oder ähnliches geschützt werden. Es können laufend Folgesaaten gemacht werden, bis Ende Juli als Zweitfrucht zur Späternte. Der Abstand beträgt 40x35cm in der Reihe und 5cm von Korn zu Korn. Bei kalter, nasser Witterung keimen die Bohnen oft schlecht, besonders die weißsamigen Sorten. Durch Beizung mit Orthocid 83 kann dies verhindert werden. Saatgutbedarf etwa 15 g/m$^2$; Saattiefe 2–3 cm, nicht mehr. Vorteilhaft ist es, wenn am Saatplatz etwas feuchter Torf eingebracht wird. Bei einer Höhe von 20–25 cm wird bis zum untersten Blattpaar mit Erde angehäufelt. Den Boden durch Hacken (Ziehhacke) immer offen halten. Nicht zwischen feuchtem, nassem Laub arbeiten, weil dadurch Pilzkrankheiten verbreitet werden. Die Gesamtkulturzeit beträgt 55–66 Tage.
Es gibt grün- und gelbhülsige Sorten; gelbe sind: 'Goldimmens' (resistent gegen Bohnenvirus, besonders gut zum Konservieren), 'Wachs Beste von Allen', 'Findor', 'Greta'. Die Auswahl bewährter grünhülsiger Sorten ist größer: 'Daisy', 'Salia', (gut zum Gefrieren), 'Grandimuna', 'Marona', 'Famos', 'Pfalzgräfin', 'Cordon', 'Favorit 2'.

**Stangenbohnen**
Die Angaben bei den Buschbohnen gelten auch für Stangenbohnen. Aussaatmenge 10 g/m$^2$. Pro Stange sechs bis acht Stück, die nach dem Aufgehen auf vier bis fünf Pflanzen vereinzelt werden. Stangenabstand 90x60cm. Die Stangen kann man mit Albisal desinfizieren. Länge der Stangen etwa 2,50m, am besten senkrecht stellen. Bohnen gedeihen besonders auf altgedüngtem Land. Mineralische Volldüngergaben wirken sich gut aus. Wie alle Hülsenfrüchte wollen auch die Bohnen einen entsprechenden Kalkgehalt im Boden. Bewährte Sorten: 'Rheinprinzessin', 'Pfalzkrone', 'Goldregen', 'Neckarkönigin', 'Rekord', 'Goldhilde', 'Blauhild', 'Neckarsegen', 'Selma Star'.

**Prunk- oder Feuerbohnen**
Unterscheiden sich in der Kultur nicht vor normalen Stangenbohnen. In sehr rauher Lage sollte man die Feuerbohne bevorzugen, besonders die Sorte 'Preisgewinner', die selbst leichte Fröste verträgt. Weitere Sorten sind 'Desiree' und 'Weiße Riesen'. Wegen ihrer hübschen Blüten auch im Ziergarten zu verwenden.

**Dicke Bohnen, Puffbohnen**
Im Gegensatz zu den bisher genannten Bohnen erfolgt hier die Aussaat so frühzeitig wie möglich, sobald der Boden offen ist, ab Anfang März. Samen vor dem Legen vorquellen. Auch Auspflanzen nach dem Antreiben im Kasten ist möglich. Reihensaat mit einem Reihenabstand von 40cm. Pro Loch werden drei Bohnen etwa 5cm tief gelegt. Pflanzenabstand 50cm. Es kann aber auch je ein Korn im Abstand von 10cm gesät werden. Während der Kulturzeit viel hacken und etwas anhäufeln. Empfehlenswerte Sorten: 'Con Amore', 'Dreifach Weiße', 'Sito', 'Hangdown', 'Canner', 'Trio'.

**Bohnenkrankheiten**
Besonders Pilzkrankheiten treten bei dieser Gemüseart auf, aber auch Blattläuse sind zu bekämpfen. Vor der Blüte werden gespritzt: Busch und Stangenbohnen mit Polyram Combi gegen Rost und Brennfleckenkrankheit, Busch-, Stangen- und Puffbohnen mit einem Insektizid gegen Blattläuse.

**Erbsen**
Man unterscheidet zwischen Kneifel-, Schal- oder Palerbsen, Mark- und Zuckererbsen. Ihre Kultur differiert besonders hinsichtlich der Aussaatzeit.
Die Palerbse ist die unempfindlichste und verträgt auch Kälte und Nässe. Sie eignet sich besonders für kältere Gegenden. Schon frühzeitig, Ende März/Anfang April, wird sie ausgesät. Da das Korn schnell hart wird, muß rechtzeitig geerntet werden. Was nicht

frisch verbraucht wird, kommt in die Tiefkühltruhe. Das Korn der Palerbse ist rund und glatt.
Markerbsen dürfen erst in der zweiten Aprilhälfte in den Boden kommen; sie sind wärmebedürftiger. Die wesentlich zarteren und geschmacklich besseren Körner sind etwas runzelig.
Zuckererbsen können samt den Hülsen gegessen werden; man erntet deshalb frühzeitig, wenn sich die Körner gerade erst entwickeln. Hinsichtlich der Aussaatzeit werden sie wie Markerbsen behandelt.
Erbsen haben eine kurze Vegetationszeit; von der Aussaat bis zur Ernte vergehen etwa 80–100 Tage. Die Beete können dann immer für Nachkulturen genützt werden. Beim Samenkauf ist auf die Wuchshöhe der einzelnen Sorten zu achten; was unter 40 cm bleibt, kommt ohne Klettervorrichtung aus, die Sorten darüber benötigen dürre Fichtenreiser, Maschendraht oder Erbsengitter. Normalerweise werden auf ein Beet drei Reihen gelegt; die Erbsen kommen 4–6 cm tief in den Boden, keinesfalls flacher, und in einen Abstand von 5 cm. Wo Tauben in der Nähe sind, brauchen die Beete etwas Schutz, bis die Saat aufgelaufen ist. Saatgutbeizung ist bei Erbsen dringend anzuraten, da in kühlen, feuchten Perioden sonst oft Mißerfolge oder Pilzkrankheiten auftreten. Erbsen sind Stickstoffsammler, die den Boden mit Hilfe der Knöllchenbakterien anreichern. Gedüngt wird nur vor der Aussaat, und zwar mit Kompost oder einem anderen organischen Dünger, aber nicht mit Stallmist. Auch stickstoffarmer mineralischer Volldünger kann vorher gegeben werden; etwa 30–40 g/m$^2$ einarbeiten. Während der Vegetationsperiode wird nicht gedüngt. Sind die Jungpflanzen 10 cm hoch gewachsen, wird beidseitig etwas angehäufelt. Zwischen den Reihen möglichst lange lockern; wenn die Pflanzen höher sind, ist das meistens sowieso nicht mehr möglich. Während der Hauptwachstumszeit darf nicht mit Wasser gespart werden. Im Hausgarten erübrigt sich meist eine Schädlingsbekämpfung. Wo jedoch der Erbsenwickler auftritt, dessen Raupen die grünen Körner fressen, muß rechtzeitig gespritzt werden (E 605 forte). Gegen Rost BASF-Maneb-Spritzpulver, gegen Mehltau Netzschwefel-Präparat. In den Liebhabergärten sollten die Mark- und Zuckererbsen vor den Palerbsen rangieren. Es gibt bei den einzelnen Gruppen eine große Anzahl guter Sorten. Die Kneif-, Schal- oder Palerbse ist nicht nur grün, sondern auch ausgereift verwendbar; eine empfehlenswerte Sorte ist 'Rheinperle' (extrem früh erntefähig, 30 cm hoch). Bei den wichtigeren Markerbsen, die allerdings nur grün verwendet werden können, empfehlen sich: 'Siegerin' (frühzeitig auflaufend, hoher Ertrag, 60–70 cm hoch, aber trotzdem ohne Reiser zu verwenden), 'Exzellenz' (niedrig und standfest), 'Juwaperle' (mittelspät, 75–90 cm hoch), 'Sprinter' (reichtragend, mittelfrüh), 'Kelvex' (70 cm hoch), 'Juwel' (mittelspät, ohne Reiser). Die Zuckererbsen werden geerntet, wenn das Korn noch nicht ausgebildet ist. Bewährte Sorten: 'Frühe Heinrich' (hoher Wuchs), 'Rheinische Zucker' (mittelfrüh, 70 cm hoch), 'Gero' (70–80 cm hoch, hohe Erträge, kommt ohne Reiser aus), 'Riesensäbel' (150 cm hoch!).

## Gurken und Kürbisgewächse

### Gurken

Infolge der ganzjährigen Gewächshauskultur ist das Interesse am Gurkenanbau im Hausgarten etwas zurückgegangen. Landgurken verlangen einen lockeren Boden, der gut mit Stalldung und anderen organischen Düngern versetzt ist. Der Boden muß so warm und sonnig wie nur möglich, dabei aber genügend feucht sein. Vorkultur ab Anfang April im Kleingewächshaus, warmem Kasten oder am Zimmerfenster in Kistchen oder Töpfchen (2–5 cm tief säen). Vor dem Auspflanzen etwas abhärten. Nach den Eisheiligen wird mit starkem Wurzelballen ausgepflanzt. Ende Mai kann bei genügender Bodenerwärmung auch eine direkte Aussaat ins Freiland erfolgen. Vorkultivierte Pflanzen tragen aber reicher. Je Beet werden zwei Reihen gemacht, Abstand 80x20 cm. Als Zwischenkultur eignet sich besonders Kopfsalat gut. Ab August Kupfermittel gegen Falschen Mehltau stäuben. Kopfdüngergaben wirken sich positiv aus.

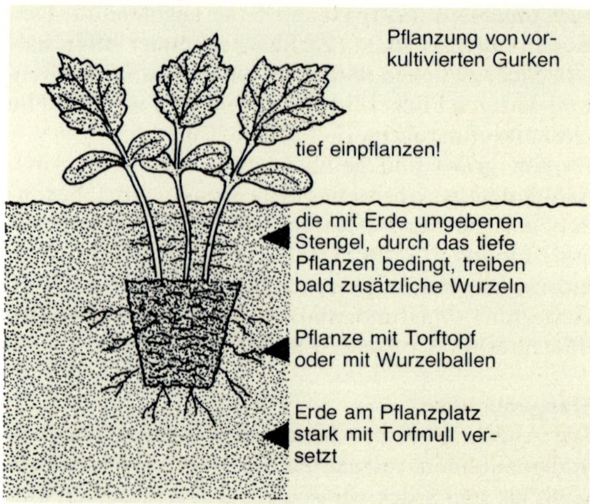

Pro Kürbispflanze nicht mehr als 2–3 Früchte belassen.
Bei feuchter Erde Brettchen unterlegen!

Einlegegurken können im Freiland auch an 1,5 m hohen Maschendrahtgittern gezogen werden. Reihenabstand 1,25 m, Pflanzabstand 15 cm, Pfahlabstand 3 m. Wesentlich frühere Ernten werden natürlich in kalten und warmen Kästen erzielt. Gurken lieben es, wenn sie in den Mittagsstunden mit warmem, abgestandenem Wasser überbraust werden. Auch leichtes Anhäufeln an der Basis wirkt sich positiv aus. Für den Laien sei gesagt, daß Gurken getrenntgeschlechtlich sind, also sowohl männliche als auch weibliche Blüten tragen; selbstverständlich setzen nur die weiblichen Blüten Früchte an.

Beim Samenkauf besonders auf die Wuchsform achten; als Einlegegurken eignen sich besonders folgende Sorten: 'Heureka' (hoher Anteil weiblicher Blüten, frühe Reife, geringere Blattbildung), 'Rheinische Vorgebirgstrauben' (hohe Erträge), 'Hokus' (krankheitsresitent), 'Plento' (wüchsig). Bei den Einlegegurken hat sich die Kultur auf schwarzer Mulchfolie bestens bewährt. Diese wird über das Beet gelegt; die Enden werden eingegraben und für die Pflanzung Kreuzschnitte angebracht. Als Salatgurken empfehlen sich: 'Chinesische Schlangen' (reichtragend und unempfindlich), 'Giganta' (schnellwüchsig, früh erntefähig), 'Niebitt' (bitterfreie Züchtung), 'Neckarruhm' (widerstandsfähig), 'Sensation' (lang, dickfleischig). Für die Kastenkultur gibt es besondere Sorten: 'Produkta' (kalter oder warmer Kasten), 'Green Stitch' (widerstandsfähig).

**Speisekürbis**

Aussaatzeit und Vorkultur wie bei den Gurken. Am besten zwei bis drei Korn in Torftöpfchen geben. Kürbisse sind Flachwurzler, deshalb den Boden vorher gut lockern. Der Pflanzabstand beträgt 100 x 100 cm. Der Trieb sollte nach dem sechsten Blatt gekürzt werden; oberhalb der sich bildenden Früchte läßt man zwei bis drei Blätter stehen. Die Kürbispflanzen lieben öfters Kopfdüngergaben und tägliches Gießen. Sie können auch auf einem genügend sonnig gelegenen Komposthaufen gezogen werden; diesem werden zwar Nährstoffe entzogen, andererseits wird der Haufen schattiert, und unter den Blättern herrscht eine feuchtwarme, die Verrottung der organischen Substanzen vorantreibende Atmosphäre. Kürbisfleisch, richtig eingelegt ist eine Delikatesse.

Beliebt sind: 'Großer gelber Zentner' (bis 50 kg schwer), 'Großer grüner Zentner' (ähnlich den vorhergenannten, nur grün ausreifend), 'Gelbe genetzte

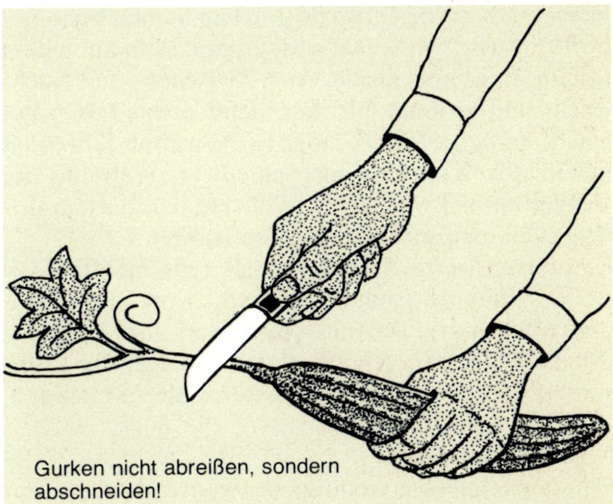

Gurken nicht abreißen, sondern abschneiden!

Riesen' (zartes Fleisch), 'Orange Knirps' (nur 2-kg-Früchte, orangerot, feinschmeckend), 'Goliath' (ohne üblichen Kürbisgeschmack, feines Aroma).

**Melonen**
Die Kultur der Melonen ist die gleiche wie bei Gurken und Kürbis; nur die Wärmeansprüche sind noch wesentlich höher. Vorkultur in Töpfen, auspflanzen nach der Bildung des fünften Blattes. Bei der Kultur im Kasten rechnet man mit zwei Pflanzen je Fenster. Bei Freilandkultur müssen die Pflanzen vorher gut abgehärtet werden. Beim Auspflanzen auf das dritte Blatt zurückschneiden und nach dem fünften Blatt nochmals. Sobald sich der Fruchtansatz gebildet hat, werden Triebe ohne Fruchtbildung ausgeschnitten. Sobald die Früchte die Größe einer Walnuß erreicht haben, Triebe bis auf drei Blätter über der besten Frucht stutzen.
Folgende Sorten eignen sich für unser Klima: 'Benarys Zuckerkugel' (beste Freilandmelone), 'Amerikanisch Freiland' (braucht viel Wärme), 'Berliner Netz' (besonders für Kastenkultur), 'Wormser Goldzucker' (für geschützte Lagen und Kleingewächshaus), 'Süßes Wunder' (früh reifend).

## Anderes Blattgemüse

**Spinat**
Ausgesät wird für den Frühsommerbedarf im März/April, für den Herbstbedarf im Juli/August und für den Winter- und Frühlingsverbrauch von August bis Oktober; in kälteren Gegenden kommt die letztgenannte Aussaatzeit nur für kalte Kästen in Frage. Man sät am besten in Reihen, Abstand 20cm. Für Reihensaat werden etwa 50 g/m² an Samen benötigt, für Breitsaat 70g. Spinat gedeiht praktisch auf jedem Boden. Er ist eine ideale Vor-, Zwischen- und Nachfrucht und es kann mit ihm kaum etwas falsch gemacht werden. Nicht zu lange in die warme Jahreszeit hinein stehen lassen, sonst schießt er. Während der Vegetationszeit oft hacken. Auf sehr nahrhaftem Boden kann mehrmals geschnitten werden.
Empfehlenswerte Sorten: 'Vital' (gut mehltauresistent), 'Matares' (spät schießend), 'Lorelei' (besonders winterhart), 'Atlanta' (besonders zum Frosten), 'Medama' (extrem schoßfest, deshalb auch für Frühsommer), 'Früremona' (verbesserte alte 'Matador')

**Neuseeländer Spinat**
Ein spinatähnliches Gemüse, das während des ganzen Sommers geschnitten werden kann. Aussaat im März in 8-cm-Töpfchen im Kasten oder am Fensterbrett, nach den Eisheiligen im Abstand von 50x50cm auspflanzen. Die groben Samen keimen sehr langsam. Auch schon im Herbst kann ausgesät werden. Dieses Gemüse wächst auch in schattigeren Gartenteilen.

**Mangold**
Ebenfalls ein Spinatgemüse, das Anfang April im Abstand von 30x10cm gesät wird; auch Folgesaaten bis in den Sommer sind möglich. Überwinterung mit Stroh- oder Düngerdecke zwischen den Reihen. Man unterscheidet Blatt- und Rippenmangold, je nachdem welche Pflanzenteile hauptsächlich verwendet werden. Rippenmangold kann ähnlich wie Spargel zubereitet werden, Blattmangold ähnlich wie Spinat. Bekannte Sorten sind 'Lukullus', 'Glatter Silber' (beide Rippenmangold), 'Grüner Schnitt' (Blattmangold).

## Tomaten

**Anzucht aus Samen**
Normalerweise kauft der Hobbygärtner nach den Eisheiligen kräftige Ballenpflanzen in der Gärtnerei. Selbstanzucht ist aber gar nicht so schwierig. Wer Neuzüchtungen versuchen will, muß oft diesen Weg beschreiten. Bei keiner anderen Gemüsekultur ist es so notwendig, daß sachgemäß und hygienisch gearbeitet wird. Zwischen Ende Februar und dem 15. März liegt der richtige Aussaattermin. Es wird dünn in Kistchen oder Schalen gesät, die Keimtemperatur liegt zwischen 20 °C und 26 °C. Samen unbedingt beizen! Die Saatgefäße kommen auf das helle Fensterbrett oder in das heizbare Kleingewächshaus. Die Anzucht im warmen Frühbeetkasten erfordert sehr viel Aufmerksamkeit. Da nur gedrungene und wüchsige Pflanzen Vollerträge ergeben, wird sehr frühzeitig in größere Kistchen oder Obststeigen im Abstand von 5x5cm pikiert. Nach etwa vierzehn Tagen kommen die Jungpflanzen dann in Ton- oder größere Torftöpfe (11er- oder 12er-Topf!). Während der gesamten Anzuchtdauer sollte die Temperatur nicht unter 15 °C sinken. Den Töpfen mit den Jungpflanzen immer genug Platz geben, damit sie gedrungen bleiben.
Für die Anzucht keimfreie Erde verwenden, sonst tritt leicht Stengelfäule auf; deswegen gedämpfte Erde, mit Sand vermischte Blumenerde oder TKS 1 nehmen. Gegen Ende der Anzuchtzeit muß man immer stärker lüften; im Frühbeetkasten die Fenster tagsüber sogar ganz abnehmen (Abhärtung).

**Auspflanzen**

Der Pflanzplatz soll so warm und sonnig wie nur möglich sein. Besonders gut entwickeln sich Tomaten an der Südseite von Mauern. Im Gegensatz zu fast allen anderen Gartenpflanzen, die, mehrmals an die gleiche Stelle gepflanzt, Bodenmüdigkeitserscheinungen zeigen, gedeihen Tomaten, Jahr für Jahr an die gleiche Stelle gesetzt, sehr gut. Voraussetzung ist, daß die Tomaten der Vorjahrskultur gesund waren und der Boden wieder gut vorbereitet und nachgedüngt wird. Abstand von Pflanze zu Pflanze 60 cm, bei mehrreihiger Pflanzung Reihenabstand 80 cm. Das Pflanzloch wird etwa 20x20 cm ausgehoben und mit nahrhafter, humoser Erde gefüllt (Komposterde, normale Gartenerde vermischt mit Nettolin, Cofuna, California-Rinderdung). Den etwa 2 m langen Pfahl zum späteren Anbinden – meist eine dünne Fichtenstange, neuerdings auch Welldrahtstab – schlägt man vor der Pflanzung zu einem Viertel seiner Länge in die Erde.

Wer die Pflanzen kauft und nicht selbst anzieht, muß darauf achten, daß sie stämmig und gedrungen sind, einen dicken Stamm haben und schon mit kleinen Früchten besetzt sind oder zumindest mehrere Blütentrauben zeigen. Vorsichtig austopfen und gerade pflanzen, dabei ziemlich tief setzen, etwa bis zum ersten Laubblatt. Achtung, nicht zu früh auspflanzen; selbst in wärmeren Gegenden ist es vor dem 20. Mai ein Risiko! Schon Temperaturen knapp über 0 °C verursachen Wachstumsstörungen.

**Weiterkultur**

Gleich nach dem Auspflanzen wird, wie auch später, im Abstand von 25–30 cm aufgebunden. Grundsätzlich wird eintriebig erzogen. Denn was nützt ein großer Fruchtansatz, bei dem das Wachstum der Früchte verlangsamt wird, so daß ein großer Teil im Herbst nicht mehr ausreifen kann! Alle in den Blattachseln sich bildenden Nebentriebe werden ausgebrochen („ausgegeizt“), nicht mit dem Messer geschnitten. Um die Pflanze herum wird während der Vegetationsperiode öfter flach gehackt, damit der Boden locker bleibt. Eine flüssige Kopfdüngergabe in Abständen von vierzehn Tagen wirkt sich sehr günstig aus. Blaukornvolldünger auflösen! Auch organischer Horndünger wirkt positiv. Die ideale Bodenreaktion liegt bei pH 6,5. Kalkgaben sind notwendig, um die Blütenendfäule zu verhindern. Während warmer Tage muß ausreichend gewässert werden. Außer den Achseltrieben sollten keine Blatter abgeschnitten werden; die Fruchtreife wird dadurch nicht beschleunigt. Gegen Ende August werden die Blütenansätze

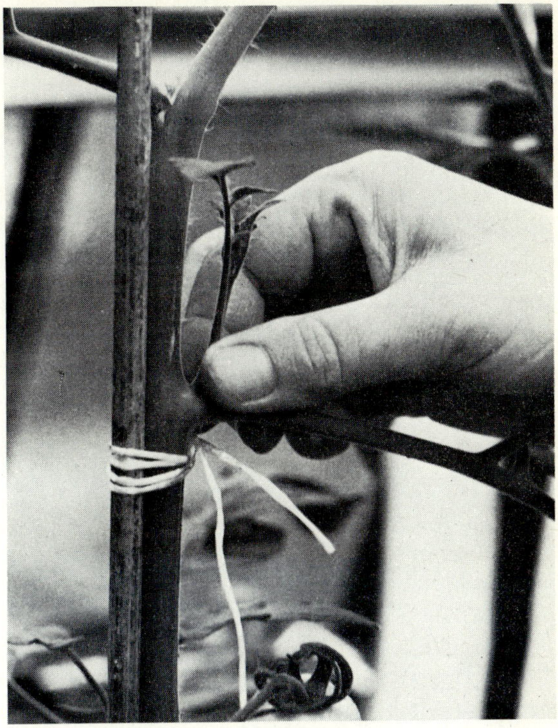

*Das rechtzeitige Entfernen der Achseltriebe bei Tomaten fördert das Wachstum der Früchte.*

ausgeschnitten, fünf bis sechs Ansätze genügen pro Pflanze. Während der ersten leichten Fröste die Pflanze gut schützen. Bevor aber tiefere Temperaturen auftreten, werden alle grünen Früchte, die groß genug sind, geerntet. Man läßt sie an einem dunkleren, warmen Ort nachreifen. Natürlich können auch ganze Büschel abgeschnitten werden.

**Pflanzenschutz**

Die Tomatenpflanzen sind leider sehr pilzanfällig. Je lockerer der Boden und je wärmer der Sommer, um so weniger treten diese Krankheiten auf. Wichtig sind die hygienischen Maßnahmen. Tomatenpfähle und -drähte werden mit Formalin (¼ l/10 l Wasser) oder einer Albisallösung desinfiziert. Die häufigsten Pilzkrankheiten bei Tomaten im Freiland sind die Kraut- und Braunfäule (spritzen z. B. mit Euparen, Dithane Ultra) und die Alternaria-Dürrfleckenkrankheit (spritzen mit Grünkupfer-Präparaten, z. B. Cupravit). Sorgfältiges Spritzen (Blattunterseiten!) ist wichtig. Treten Blattläuse auf, diese sofort bekämpfen, da sie Virusüberträger sind. Am Anfang des Be-

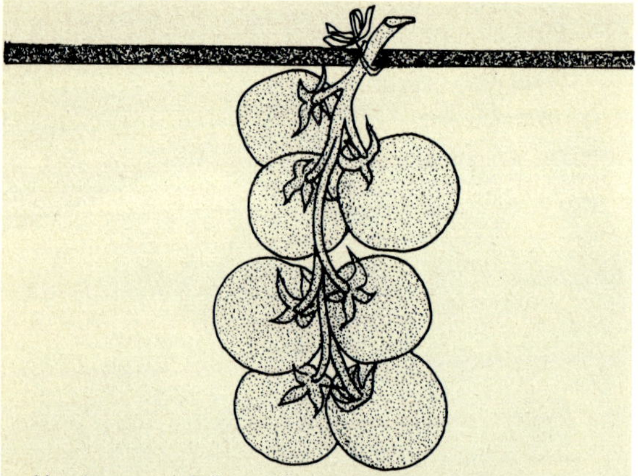

Vor den ersten Frösten die noch nicht reifen Trauben an einem dunklen, warmen Ort nachreifen lassen

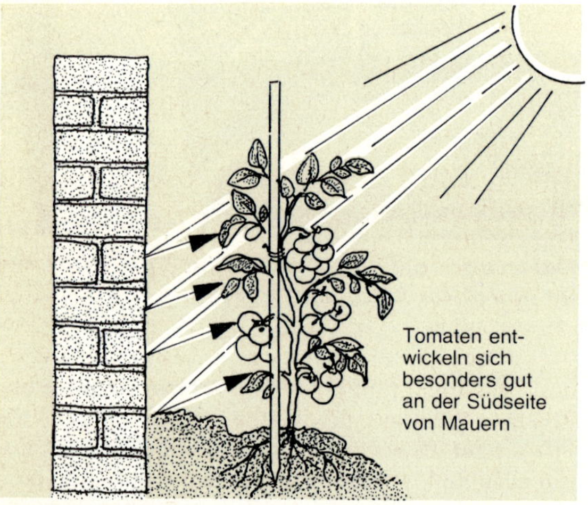

Tomaten entwickeln sich besonders gut an der Südseite von Mauern

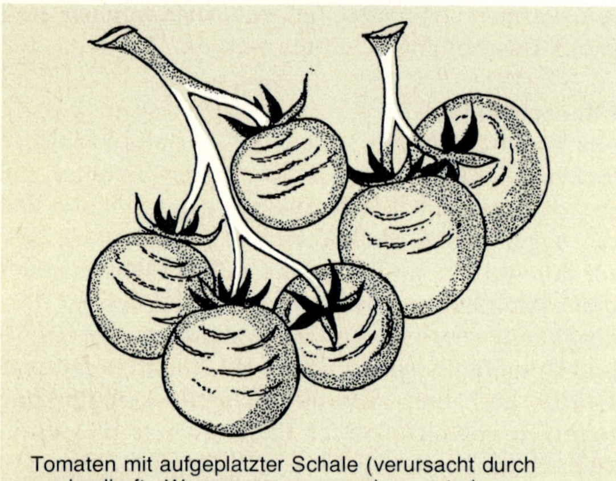

Tomaten mit aufgeplatzter Schale (verursacht durch wechselhafte Wasserversorgung oder zu starke Sonneneinstrahlung)

falls genügen Pyrethrum-Präparate. Bei starkem Befall E605 spritzen.

**Tomaten im Kleingewächshaus**

Eine spezielle Treiberei wird der Gartenbesitzer kaum vornehmen, da die Aussaat bereits im Januar erfolgt und während der ersten vier Wochen Zusatzbeleuchtung nötig ist. Da aber das Klein- oder Foliengewächshaus während des Sommers stark entlastet ist, kann die Tomatenkultur zur normalen Zeit darin empfohlen werden. Dabei muß unbedingt viel gelüftet werden. Ferner sind die Pflanzen hin und wieder zu schütteln – dadurch wird die Befruchtung gefördert. Genügende Wasser- und Kopfdüngergaben sind selbstverständlich. Statt der Stäbe kann man hier auch vom Gewächshausgiebel herunterhängende Schnüre verwenden, die mit fortschreitendem Wachstum um die Pflanze gelegt werden.

**Sortenwahl**

In den wenigsten Fällen weiß der Käufer über die Sorten Bescheid – er verläßt sich auf den Gärtner. Wer die Pflanzen selbst anzieht, muß darauf achten, daß es sich um Freiland- Stabtomaten handelt. Die niederen Buschtomaten haben sich weniger durchgesetzt. Gute Sorten sind: 'Haubners Vollendung' (mittelgroß, feinhäutig, auch fürs Kleingewächshaus), 'Rheinlands Ruhm' (witterungs- und krankheitsresistent), 'Freilandtomate Gam' (virusresitent), 'Ronald' (besonders früh), 'Ronaclave' (resistent gegen die Braunfleckenkrankheit), 'Benarys Gartenfreude' (Liebhabersorte mit vielen kleinen, süßen Früchten), 'Rotkäppchen' (sehr früh, platzfest), 'Baby' (eine kirschgroße Minitomate, sehr aromatisch), 'Linda' (enormer Ertrag), 'Frühzauber' (früh reifend).

## Mehrjähriges Gemüse

**Spargel**

Die *Bleichspargel* zu kultivieren, erfordert einen hohen Aufwand. Wo die Ansprüche an Boden und Klima nicht erfüllt werden können, sollte man davon Abstand nehmen, da für den kleinen Hausgarten der Platzbedarf auch zu hoch ist. Der Spargelboden soll sehr leicht und sandig sein, womöglich etwas anlehmig. Bei schwereren Böden müssen genügend Sand, Torfmull, Kompost und ähnliche Materialien beigemischt werden. Der Liebhaber kauft normalerweise kräftige Spargelpflanzen, am besten einjährige Pflanzen, die im April gesetzt werden. In etwa 20 cm breite und 30 cm tiefe Gräben, die bereits im Herbst vorbe-

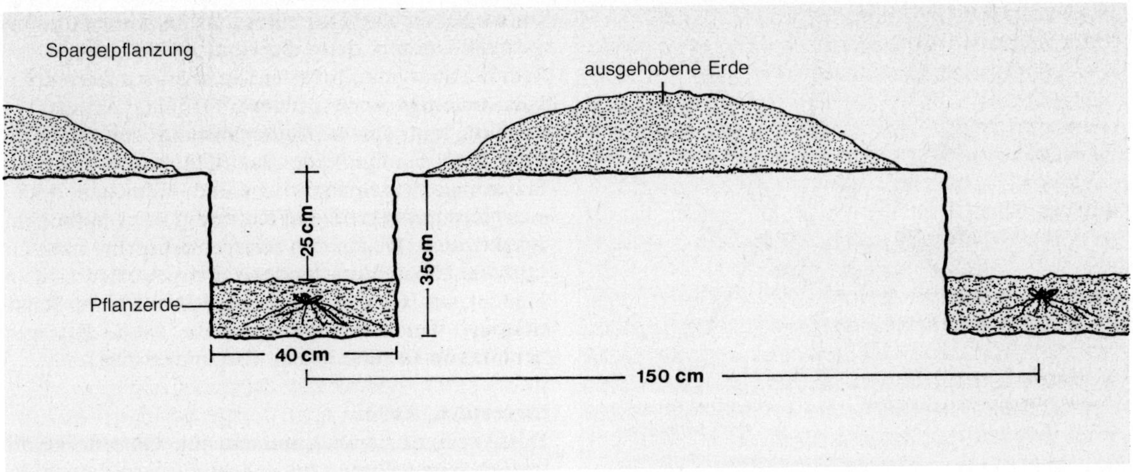


reitet wurden, wird eine Schicht Kompost oder gut verrotteter Rinderdung, gemischt mit Erde, aufgebracht. Die Pflanzen selbst werden in diesen Gräben in Abständen von etwa 50 cm auf kleine Hügel gepflanzt, damit die Wurzeln gut verteilt werden können. Die Pflanzenspitze wird dann etwa 10 cm hoch mit Erde bedeckt. Bei mehreren Reihen beträgt der Abstand etwa 1,5 m.

Damit die Fläche rationell ausgenutzt wird, können zwischen den Reihen in den ersten beiden Jahren Buschbohnen oder niedere Erbsen angebaut werden. Bei den einzelnen Spargelpflanzen selbst werden Markierstäbe angebracht, an denen die Triebe angebunden werden. Während der Vegetationsperiode mehrmals hacken und Kopfdüngerlösungen geben. Sobald sich Samenansatz zeigt, diesen abschneiden.

Im Herbst wird die Spargelpflanze tief an der Basis abgeschnitten und die Pflanzen mit strohigem Kuhmist umgeben. Das zweite Kulturjahr entspricht dem ersten; Spargelgraben mit Erde füllen.

Im dritten Jahr wird die Erde zwischen den Spargelreihen ausgehoben und etwa 40 cm hoch auf die Spargelreihen geschichtet. Das geschieht etwa um die Aprilmitte. Jetzt, im dritten Kulturjahr nach der Pflanzung, kann erstmals geerntet werden! Doch nur vier Wochen lang, bis zum 1. Juni. Anschließend viel Stickstoffdünger (Jauche, Kuhmist) geben, damit eine üppige Laubbildung einsetzt. Die Spargelhügel selbst werden über das gedüngte Land eingeebnet, und im Herbst wird wieder Dünger aufgebracht. Zur gleichen Zeit das Spargellaub nach dem Absterben vernichten, damit Krankheitsbefall verhindert wird.

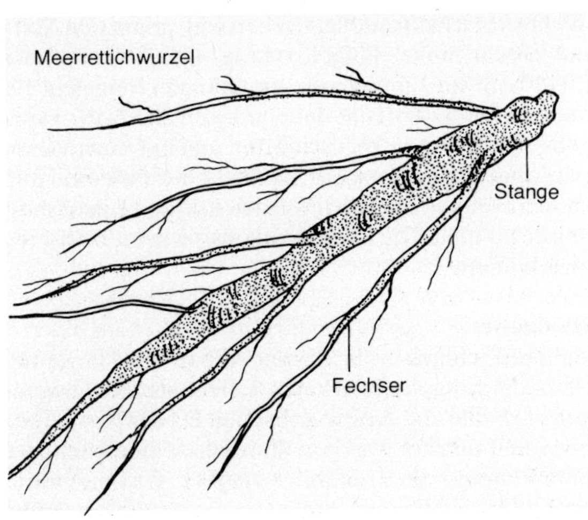


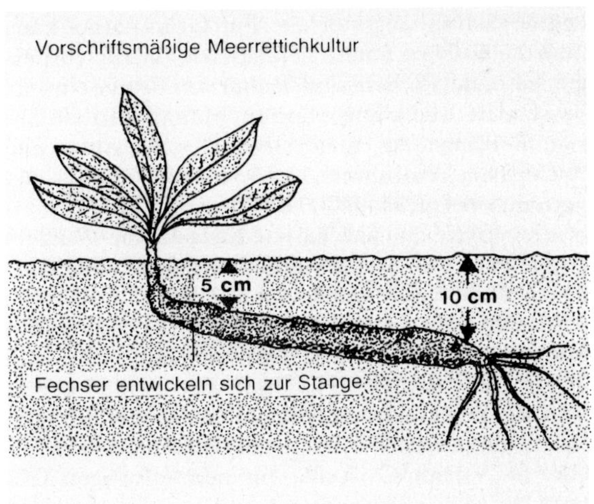

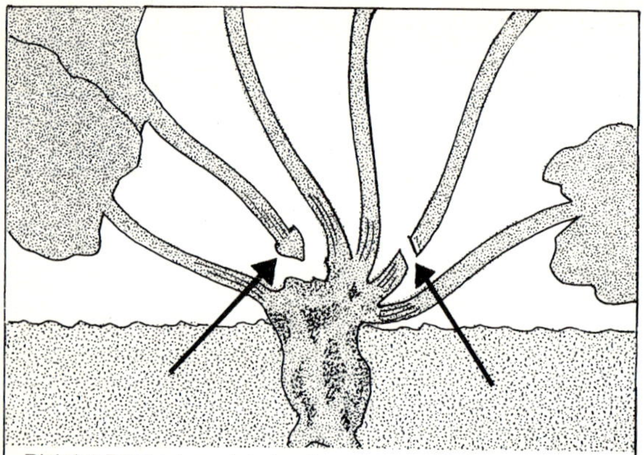
Richtig! Rhabarber abdrehen!
Falsch! Rhabarber nicht schneiden

Vom vierten Kulturjahr an werden alle Arbeiten des dritten Jahres wiederholt; jetzt kann etwas länger gestochen werden, von Mitte April bis 20. Juni. Die Pflanzen sollten aber nicht überbeansprucht werden. Es gibt spezielle Spargelstecher, doch auch mit einem Küchenmesser kommt man zurecht. Die entstandenen Löcher werden immer gleich wieder mit Erde gefüllt.

*Grünspargel,* dessen Kultur weniger heikel ist und der nicht so hohe Bodenansprüche stellt, findet gleichfalls verstärkt seine Liebhaber. Er wächst in jedem tiefgelockerten – auch schwereren – Gartenboden, der einen reichlichen Humusanteil hat. Der Grünspargel wird ohne Erdwälle angebaut; die Triebe müssen keine starke „Bleichzone" durchwachsen, sondern stoßen bald ans Tageslicht und werden grün. Etwa 5–10 cm unter der Bodenoberfläche werden sie abgestochen. Für Grünspargel kann man die gleichen Sorten nehmen wie für Bleichspargel; besonders beliebt sind 'Ruhm von Braunschweig' und andere weißköpfige Sorten. Man pflanzt einjährige Setzlinge mit mindestens vier Knospen und reichlichem Wurzelwerk in 15 cm tiefe Gräben und verteilt dabei gleichmäßig die Wurzeln. Gut ist es, etwas humosere und nahrhaftere Erde auf die Wurzeln zu geben, etwa Komposterde, vermischt mit Torf; darauf kommt etwas Erde vom Aushub. Der Graben wird noch nicht damit gefüllt, sondern erst nach dem Durchtrieb. Drei- bis viermal im Jahr gibt man 20–25 $g/m^2$ Blaukornvolldünger. Die Ernte beginnt im dritten Jahr und dauert dann stets bis zum 20. Juni. Der Grünspargel ist würziger im Geschmack und reicher an Vitamin C. Außer für den sofortigen Gebrauch eignet er sich auch gut zur Konservierung und für die Kühltruhe. Das untere Drittel muß allerdings geschält werden, denn die Haut ist oft holzig.

Wer die Spargelkultur vom Samenkorn an versuchen will, benötigt noch größere Geduld. Aussaat im Frühling mit einem Reihenabstand von 30 cm in nahrhafte, sandige Erde. Saattiefe 4 cm.

Schädlinge, wie Spargelfliege und -hähnchen, finden sich meist nur in größeren Kulturen. Bekämpfung mit Insektiziden. Gegen den Spargelrost spritzt man mit Dithane Ultra. Verschiedene Spargelsorten sind im Handel, wie 'Geo' (starke Stangen ohne blaue Schattierung), 'Huchels Staudenauslese' (hohe Erträge), 'Ruhm von Braunschweig' (besonders zart).

**Meerettich, Kren**

Der Anbau ist ziemlich einfach; eine Gartenecke mit leidlich gutem Boden tut es schon, obwohl auch der Meerrettich einen Idealboden hat: lehmiger Sand oder sandiger Lehm. Genügend Nährstoffe und Feuchtigkeit müssen vorhanden sein. Man kauft „Fechser" oder bekommt diese vom Nachbarn. Fechser sind bleistiftdicke, etwa 20 cm lange Wurzelstücke; sie werden im April oder Anfang Mai schräg in den Boden gesetzt. Vorsicht, daß der Meerrettich nicht eine größere Fläche erobert, als ihm zugedacht ist. Im ersten Jahr bildet er nur eine breitflächige Blattrosette, im zweiten schiebt er die Blütenstände, die dann vor der vollen Entwicklung entfernt werden. Ab September wird „geerntet", aber auch im Frühling können bis in den April noch stärkere Stangen dem Boden entnommen werden. Dabei bleiben immer so viele Nebenwurzeln darin, daß genügend Nachschub vorhanden ist. Man erhält mit dieser „wilden Methode" keine Prachtexemplare, aber für den Eigengebrauch reicht sie.

Wer es vorschriftsmäßig machen will, pflanzt im März auf 30 cm hohe Hügel schräg im Abstand von 30–40 cm. Im Juni werden die Stangen freigelegt bis auf den untersten Teil; dabei müssen alle Nebenwurzeln und Knospen abgeschnitten und mit einem Lappen abgerieben werden, damit keine Faserwurzeln stehen bleiben. Dadurch werden kräftige Einzelstangen gewonnen. Die Erde wird sofort wieder beidseitig angehäufelt.

**Rhabarber**

Beliebtes Gemüse, für dessen Anbau der Gartenbesitzer die Jungpflanzen kauft. Leider sind viele weniger wertvolle alte Arten verbreitet. Da der Rhabarber bis zehn Jahre am gleichen Platz verbleiben kann, vor dem Pflanzen die Erde mit Kompost, Torfmischdünger oder ähnlichem verbessern; besonders hohe

Torfmullgaben wirken sich günstig aus. Beste Pflanzzeit ist der Herbst; die Knospen sollen dabei etwa 5 cm mit Erde bedeckt sein. Vor dem Austrieb im Frühling noch eine Kopfdüngung mit einem Blaukornvolldünger geben. Erst im zweiten Jahr nach der Pflanzung ernten! Was man an Stielen wegnimmt, muß immer im richtigen Verhältnis zur Pflanzengröße bleiben; die Stöcke dürfen nicht zu sehr geschwächt werden. Nach Johanni wird nicht mehr geerntet; die Pflanzen erhalten dann nochmals eine kräftige Düngergabe. Nur rotstengelige Sorten pflanzen, wie z. B. 'Holsteiner Blut' und 'Elmsfeuer', und dabei den Platzbedarf berücksichtigen, nämlich 1 $m^2$ pro Pflanze. Beim Ernten werden die Blätter herausgezogen, nicht geschnitten!

## Kräuterbeete

Der Gartenbesitzer muß einige Gewürzkräuterarten selbst aussäen, von anderen gibt es Jungpflanzen zu kaufen. Wo wenige Stück benötigt werden, lohnt die eigene Aufzucht nicht. Die Anzucht aus Samen erfordert teilweise Vorkultur, teilweise wird aber auch direkt in das Kräuterbeet gesät. Während die ein- und zweijährigen Würzkräuter (hier: Anis bis Portulak) ihren Standort öfter wechseln, ist bei den ausdauernden Arten (Beifuß bis Zitronenmelisse) der Platz des Gewürzbeetes gut zu überlegen, da dieser dann für viele Jahre festgelegt ist. Von den staudigen Gewürzkräutern sind meist nur wenige Exemplare für eine Familie notwendig. Häufig bilden sie große Büsche, deshalb die Größenverhältnisse berücksichtigen.

**Anlage und allgemeine Kulturhinweise**
Frische Kräuter für die Küche will keine Hausfrau missen. Ein schnell erreichbarer, sonniger Platz ist günstig. Wo ein Gemüsegarten gepflegt wird, sollte das Kräuterbeet zwischen den Gemüsebeeten liegen, denn eine ganze Reihe von Schädlingen wird dadurch vom Gemüse ferngehalten. Der Grund für diese Wirkung sind die von den meisten Gewürzkräutern ausströmenden ätherischen Öle. Gewürzkräuter können einjährig, zweijährig und ausdauernd sein. Man pflanzt jeweils jede dieser Gruppen zusammen, teils zur Arbeitserleichterung, teils um leichter einmal einen Wechsel vornehmen zu können. Der Boden soll bei Gewürzkräutern gehaltvoll, aber keinesfalls frisch gedüngt sein. Gut verrotteter Kompost wirkt sich zu jeder Zeit positiv aus. Im allgemeinen macht das Gewürzkräuterbeet wenig Arbeit, nur muß das Unkraut ferngehalten werden. Die meisten Arten benötigen auch keine zusätzlichen Wassergaben, gerade bei länger anhaltender Trockenheit entwickeln sie ihre Aromastoffe besonders gut. Wichtig ist bei der jeweiligen Art der richtige Zeitpunkt der Ernte. Oberirdische Pflanzenteile sollen möglichst am Vormittag, aber völlig abgetrocknet, geerntet werden.
Die gebräuchlichen Würzkräuter – Zwiebeln, Schnittlauch und Petersilie – wurden bereits in den vorangegangenen Kapiteln „Lauchgewächse“ und „Wurzelgemüse“ mit behandelt. Hier das Sortiment empfehlenswerter Arten:

**Anis (Pimpinella anisum)**
Anis wünscht eine warme, windgeschützte Lage und kalkhaltigen, sandigen Lehmboden, der wegen der tiefgehenden Wurzeln tief vorbereitet werden muß. Frischen Samen verwenden, denn schon im zweiten Jahr ist die Keimkraft wesentlich geringer. Aussaat an Ort und Stelle. Markiersaat aus Radieschen ist anzuraten, weil der Samen meist einen Monat zum Keimen braucht. Ernte ab August; die ganze Pflanze wird abgeschnitten und in Bündeln zum Trocknen aufgehängt. Später Samenkörner ausklopfen (zu Kuchen, Likören, Obstsuppen, Aufläufen). Einjährig.

**Basilikum (Ocimum basilicum)**
Benötigt nährstoffreichen, humosen Boden in warmer, windgeschützter Lage. Vorkultur im Kleingewächshaus oder Frühbeetkasten. Basilikum ist frostempfindlich und darf erst nach den Eisheiligen ausgepflanzt werden; man benötigt 16–20 Pflanzen/$m^2$. Öfter hacken; auch eine kleine Kopfdüngung ist angebracht. Man erntet zweimal, und zwar im Juli und September, immer kurz vor Blühbeginn. Zum Trocknen kleine Büschel binden und sie luftig aufhängen. Die Blätter werden nach der Trocknung luftdicht aufbewahrt, damit die Würzkraft nicht verlorengeht. Basilikumblätter können aber auch frisch verwendet werden, (zu Kräutersoßen, -butter, -essig, Wurst, Braten, Fisch, Suppen). Einjährig.

**Bohnenkraut (Satureja hortensis)**
Stellt wenig Ansprüche an den Boden, braucht aber unbedingt volle Sonne. Nur frisches Saatgut verwenden. Jungpflanzen sind frostempfindlich; deshalb die im Kasten vorgezogenen Pflanzen erst in der zweiten Maihälfte auspflanzen, Abstand 25 x 20 cm. Einjähriges Bohnenkraut ist empfindlich gegen zu tiefes Pflanzen, deshalb gleiche Höhe wie auf dem Anzuchtbeet einhalten. Bohnenkraut wünscht leichte Kopfdüngergaben und ausreichendes Wässern. Es kann über einen längeren Zeitpunkt geerntet werden,

*Einige Gewürzpflanzen können ihren Platz auch im Ziergarten finden. Die buntblättrige Salvia officinalis 'Tricolor' schmückt den Steingarten. Die Blätter sind frisch geerntet, aber auch getrocknet eine vorzügliche Bratenwürze.*

wenn auch die Würzkraft vor der Knospenbildung am besten ist. Die Pflanze abschneiden und in kleinen Büscheln zum Trocknen aufhängen. Aufbewahrung in Leinensäckchen. Jungpflanzen von Bohnenkraut werden vielfach auch von Gärtnereien angeboten (zu Bohnen, Gurken, Fisch, Tunken, Wurst). Einjährig.

**Boretsch (Borago officinalis)**
Ideal ist ein anlehmiger Sandboden mit einem genügenden Kalkgehalt. Aussaaten ab Mitte April direkt ins sonnige Freiland aufs Kräuterbeet. Reihensaat mit einem Abstand von 25 cm ist zu empfehlen. Boretsch will es während der Kultur etwas feuchter haben als andere Gewürzkräuter. Ab Ende Juni können schon die Blätter und Triebe verwendet werden (zu Salaten, Kräutertunken). Einjährig.

**Dill (Anethum graveolens)**
Wer Dill einmal ausgesät hat, braucht sich in den kommenden Jahren nicht viel um ihn zu mühen, er geht hier und dort auf den Gemüsebeeten meist selbst auf. Er gedeiht überall und stellt hinsichtlich der Nährstoffversorgung keine Ansprüche. Im April wird an Ort und Stelle ins Freiland gesät, dann hat man ihn auch zur Zeit der Gurkenernte bei der Hand. Später Folgesaaten. Einige Samen ausfallen lassen, damit automatisch im kommenden Jahr einige Dillpflanzen zur Verfügung stehen; sie stören nirgends im Gemüsegarten. Verwendung in jedem Entwicklungsstadium zu Fisch, Tomaten, Rohkost, Quark, Gurken.

**Fenchel (Foeniculum vulgare)**
Fenchel ist zweijährig. Vollsonniger Stand ist erstes Gebot. Gesät wird im Mai auf ein gut vorbereitetes Saatbeet in Reihen, Abstand 15 cm. Dünn aussäen und auf einen Abstand von 8 cm verziehen. Die Pflanzen bleiben bis zum kommenden Frühjahr auf diesem Saatbeet. Während des Winters Frostschutz geben (10 cm hohe Torfschicht). Die Jungpflanzen können auch im Keller eingeschlagen werden. An den endgültigen Platz im zeitigen Frühjahr pflanzen. Im zweiten Kulturjahr wird der Boden mehrmals gedüngt und gelockert. Das Kraut kann nun laufend verbraucht werden. Die Fruchtstände werden im Oktober geerntet (zu Fencheltee, -honig, Gebäck, Pudding, Gurken und Sauerkraut).

**Kerbel (Anthriscus cerefolium ssp. cerefolium)**
Folgesaaten von März bis August. Während der Vegetationszeit ziemlich feucht halten. Es gibt einfache und mooskrause Sorten (zu Suppen, Kräutersoßen, Salaten, Braten, Kräuterbutter).

**Kresse (Lepidium sativum)**
Ein nicht allzu schwerer, nährstoffreicher Boden wird vorgezogen. Zur laufenden Ernte wird ab Ende März alle vierzehn Tage frisch gesät, damit laufend geerntet werden kann; der richtige Zeitpunkt liegt vor der Knospenbildung. Wichtiger als die Anzucht im Garten ist die Anzucht während der Wintermonate im Zimmer. Bei optimalen Wachstumsbedingungen kann oft schon sieben Tage nach der Aussaat geerntet werden. Es wird in Kistchen oder Blumentöpfe mit leichter, humoser Erde gesät oder einfach in eine Schale mit 2 cm starker, angefeuchteter Watte aus dem Verbandskasten. Aussaat ziemlich dicht – es wird ja im Frühstadium geerntet. Mindesttemperatur 10 °C, bei höheren Wärmegraden geht die Kultur natürlich schneller. Ernte: die Kresse mit einer Schere abschneiden; Verwendung zu Brotbelag, Salaten, Soßen. Einjährig. Vorsicht, die Kresse ist sehr frostempfindlich.

**Koriander (Coriandrum sativum)**
Nicht besonders anspruchsvoll, doch leichte, humose Böden in vollsonniger Lage werden vorgezogen. Aussaat im März/April; einige schwache Kopfdüngergaben sind angebracht. Viel hacken! Koriander erntet man etwas vor der Vollreife, da er sehr leicht ausfällt. Nach dem völligen Trocknen zur Erhaltung der Würzkraft in dicht schließenden Dosen aufbewahren. Zu Backwerk (Pfeffer- und Lebkuchen), Tee, Obstsuppen, Fleischbeizen.

**Kümmel (Carum carvi)**
Der zweijährige Kümmel liebt kalkreichen, sandigen Lehmboden. Die Lage soll möglichst windgeschützt sein, damit er den Winter gut übersteht. Aussaat im April an Ort und Stelle, Reihensaat. Als Zwischenfrucht können im ersten Jahr auch andere einjährige Gewürzkräuter angebaut werden (Dill, Kresse). Im zweiten Kulturjahr kann ab Ende Juni geerntet werden, möglichst sehr früh am Tage, damit die Körner nicht vorzeitig ausfallen.

**Majoran (Majorana hortensis)**
Liebt sehr warmen Boden mit hohem Humusgehalt. Ein beliebtes Gewürz, das im Hausgarten oft gezogen wird. Meist werden jedoch Jungpflanzen vom Gärtner gekauft, da zur Aussaat ein Frühbeet nötig ist. Man streut den sehr feinen Samen breitwürfig aus und bedeckt ihn mit einer dünnen Sandschicht. Die Sämlinge werden büschelweise ausgepflanzt – nicht vor den Eisheiligen, da Majoran frostempfindlich ist. Reihenabstand 20 cm, Büschelabstand 15 cm. Öfter hacken und etwas Kopfdünger geben. Ernten, wenn sich die Blütenknospen entwickelt haben, aber noch vor dem Aufblühen stehen. Etwa 5 cm über dem Boden abschneiden und trocknen. In einem trockenen Herbst kann ein zweites Mal geerntet werden. Verwendung zum Wursten, zu Kartoffelgerichten, Tunken, Gänse- und Entenbraten, mit Honig versetzt für hustenlösende Tees.

**Portulak (Portulaca oleracea)**
Nicht allzu sehr verbreitet. Portulak verlangt einen humosen, nährstoffreichen Boden und eine vollsonnige, windgeschützte Lage. Von Mai bis August kann in monatlichen Abständen ausgesät werden. Portulak kann nur frisch verwendet werden, er ist vor Blühbeginn zu ernten. Die fetten Blättchen ergeben einen würzigen Spinat. Gehackt, wird Portulak mit anderen Würzkräutern zum Salat gegeben. Einmal auf dem Gewürzbeet angesiedelt, sind durch Selbstaussaat immer genügend Jungpflanzen da.

**Beifuß (Artemisia vulgaris)**
Mehr Wild- als Gartenpflanze und, in dieser Aufstellung, das erste der ausdauernden Würzkräuter. Aussaat lohnt keinesfalls. Man kauft eine Teilpflanze oder erbittet ein Stück vom Nachbarn. Teilung im Frühling bei Beginn des Neuaustriebs. Braucht Licht, Sonne und einen trockenen Platz.
Beifuß, der einen großen Busch bildet, wird geerntet, bevor die Blütenknospen aufplatzen, etwa im Juli/August. Die Triebspitzen büschelweise zum Trocknen aufhängen. Zum Würzen von Schmalz, Gänse-, Hammel- und Schweinebraten.

**Ausdauerndes Bohnenkraut (Satureja montana)**
Im Geschmack ähnlich wie einjähriges Bohnenkraut. Die sich ab Juni/Juli bildenden Blütentriebe abschneiden, damit weitere Triebe nachwachsen können, die im Juli/August zur Bohnenernte verfügbar sind. Die getrockneten und zerriebenen Blättchen werden im Winter zum Würzen verwendet. Pflanzen kaufen; Aufzucht aus Samen lohnt nicht. Kann auch als Spätblüher im Steingarten stehen.

**Eberraute (Artemisia abrotanum)**
Sonnige Lage; jeder Boden wird akzeptiert, wenn er nicht zu naß ist. Vermehrung durch Teilen mehrjähriger Pflanzen im Frühling oder Herbst. Bei Austriebsbeginn etwas düngen. Geerntet werden die Triebspitzen mit den Blüten. Verwendung ähnlich wie Beifuß als Bratenwürze und zu magenstärkenden Tees. Da die Eberraute auch eine Zierpflanze ist, kann sie eben so gut im Ziergarten stehen. Halbstrauch; benötigt meist etwas Winterschutz.

**Estragon (Artemisia dracunculus)**
Der Boden soll nährstoffreich, aber nicht zu leicht sein. Standort vollsonnig. Vermehrung durch Abstechen von Ausläufern und Wurzelstockteilung. Erstanschaffung durch Stauden- oder Gewürzgärtnerei. Aus den Triebspitzen wird der Estragonessig bereitet; zu Salaten, Soßen, Gurken, Kräuterbutter, Gemüse.

**Lavendel (Lavandula angustifolia)**
Leichtere, kalkhaltige Böden werden bevorzugt, ein sonniger Standort ist wichtig. Dieser Halbstrauch ist so schön und paßt so gut zu Rosen und Stauden, daß er statt auf das Kräuterbeet lieber in den Ziergarten gepflanzt wird. Verwendung nur in geringer Menge zu Kräuterbutter, Fischsuppen, zum Räuchern zusammen mit Wacholder, häufiger als Badewasserzusatz und als Duftkissen im Wäscheschrank.

**Liebstöckel (Levisticum officinale)**
Uralte Würzpflanze, auch als Maggikraut bekannt. Mag mittelschweren, tiefgründigen Boden. Doch es gibt keinen Garten, wo Liebstöckel gedeiht, auch noch im Halbschatten und in rauhen Lagen. Anzucht aus Samen lohnt nicht; Kauf einer Pflanze ist vorzuziehen. Damit die Blätter besonders würzig sind: Blütentriebe herausschneiden! Die Würzkraft ist sehr stark, deshalb nur wenig nehmen zu Suppen, Gemüsen, Fleisch, Bratentunken, Geflügel und als Tee gegen Verdauungsbeschwerden. Alle drei Jahre wird geteilt, dabei können auch immer einige Wurzeln geerntet werden. Völlig getrocknet (nachdem sie in Streifen geschnitten wurden), können sie auch gemahlen werden. Vorsicht, die Pflanze wird in manchen Jahren stark von Blattläusen befallen.

**Staudenmajoran (Origanum vulgare)**
Verwendung ähnlich wie einjähriger Majoran. Diese staudige Art kann auch im Steingarten als Spätsommerblüher stehen und macht nicht die Mühe des alljährlichen Neupflanzens. Anspruchslos; nur sonnige Lage wird gewünscht.

**Pfefferminze (Mentha × piperita)**
Darauf achten, daß man die besonders aromatische 'Mitcham'-Pfefferminze pflanzt! Bevorzugt humus- und nährstoffreichen Boden; der Platz, an dem sie etwa drei Jahre bleiben kann, soll sonnig bis warmhalbschattig sein. Im Sommer kräftig gießen. Ernte vor der Knospenbildung; pro Jahr kann zwei- bis dreimal geschnitten werden. Vermehrung durch Ausläufer, die im Frühling neu gepflanzt werden. In sehr rauhen Lagen bei Kahlfrost etwas Schutz durch Fichtenreisig geben. Vereinzelt tritt in manchen Sommern Pfefferminzrost auf. Befallene Pflanzen sofort bis zur Basis abschneiden und die Triebe vernichten. Geeignet für Tees, andere Getränke, Tunken, Salate, Kräutermajonäse, -butter und zum Garnieren.

**Pimpinelle (Sanguisorba minor)**
Ist anspruchslos an den Boden. Blätter werden zu Salaten, Kräutersoßen, Tomaten und Eierspeisen verwendet.

**Rosmarin (Rosmarinus officinalis)**
Nicht völlig hart, übersteht die Winter nur in sehr warmer, geschützter Lage. In kalten Gegenden im Herbst in Kübel eintopfen und möglichst hell und kühl überwintern. Braucht sonnige Lage, möchte humusreichen, sandigen Lehmboden. Blätter und junge Triebe ernten, wenn sich die ersten Knospen zeigen. In kleinen Mengen zu Bohnen, Quark, Fleischsuppen, Wild, Geflügel, Schweinefleisch und Fisch. Leichte Vermehrung durch Frühjahrsstecklinge, die sich unter einem Folienbeutel schnell bewurzeln.

**Salbei (Salvia officinalis)**
Unnötig, Salbei auf dem Gewürzkräuterbeet zu ziehen – wenn die buntblättrigen Arten (*Salvia officinalis* 'Purpurascens', 'Tricolor' und 'Variegata') ohnehin im Ziergarten stehen. Salbei liebt vollsonnige Lage, einen kalkhaltigen Boden und im Winter etwas Schutz vor Wintersonne. Da nicht viel benötigt wird, können rund um das Jahr die benötigten Blätter von dem im Ziergarten stehenden Salbei entnommen werden. In kleinen Mengen zu Aalsuppe, Kräuterbutter, Braten; als Mundspülmittel und gegen Halsschmerzen als Tee. Die buntblättrigen Pflanzen werden von Staudengärtnereien bezogen.

**Thymian (Thymus vulgaris)**
Sehr anspruchslos an den Boden in warmer Lage. Kann außer im Kräuterbeet auch im Steingarten stehen. Ernte bei Beginn der Blüte. Im Winter etwas Schutz durch Fichtenreisig. Verwendung zu Suppen, Kartoffel- und Fleischgerichten.

**Tripmadam (Sedum reflexum)**
Ebenfalls eine Steingartenstaude. Alle Bodenarten, die nicht zu naß sind, eignen sich, doch nur in voller Sonne ist die Würzkraft ausreichend. Läßt sich sehr leicht durch Teilung vermehren; auch einzelne Triebe wurzeln sehr schnell. Kann nur im frischen Zustand verwendet werden; junge Triebe lassen sich während der ganzen Vegetationsperiode entnehmen. Sie sind besonders würzig, bevor sich der Blütenansatz zeigt. Zu Kräuteressig, Salaten, Tunken, Minestrone.

**Waldmeister (Galium odoratum)**
Alte Aromapflanze, besonders für Bowlen. Einen Tag vor dem Ansetzen schneiden, da die Pflanze im halbwelken Zustand die größte Aromaentwicklung hat. Die vor einiger Zeit aufgestellte Behauptung, daß die Aromastoffe zum Entstehen von Krebs beitragen, hat sich nicht bestätigt. Zarte Halbschattenpflanze unter Ziersträuchern im Garten.

**Weinraute (Ruta graveolens var. vulgaris)**
Ist mit den blaugrünen Blättern ein Schmuckstück von Halbstrauch im Staudengarten. Bevorzugt einen kalkhaltigen, warmen und durchlässigen Boden. Die Samenanzucht ist etwas langwierig; man kaufe lieber

Jungpflanzen vom Gärtner. Blätter und beblätterte Triebe können mehrmals geerntet werden. An einem schattigen, luftigen Ort schnell trocknen. Die Weinraute ruft bei empfindlichen Menschen Hautreizungen beim Ernten hervor. Verwendung zu Fleischspeisen, Salaten, Tunken, Aalsuppe, Kräuteressig, Gemüsen.

**Wermut (Artemisia absinthium)**
Kein Gewürz, sondern eine Heilpflanze; trotzdem sollte eine Pflanze auf dem Gewürzkräuterbeet oder als Rosenbeipflanze im Garten stehen. Immer etwas Blätter trocknen und als gallebitteren, aber hilfreichen Tee bei Magenverstimmungen geben. Kalk im Boden ist wichtig, ebenfalls vollsonnige Lage. Büschelweise zum Trocknen aufhängen.

**Ysop (Hyssopus officinalis)**
Ysop ist ein blaublühender Halbstrauch, der auch gut im Steingarten stehen kann. Freie, sonnige Lage ist wichtig; an den Boden stellt er keine Ansprüche. Aussaat im März ins Frühbeet. Das Teilen alter Pflanzen ist einfacher als Samenanzucht; oder man kauft eine Pflanze in der Gärtnerei. Den Boden lokkern und einige schwache Kopfdüngergaben verabreichen. Im ersten Anzuchtjahr noch nicht viel schneiden; erst im zweiten Jahr kann mehr entnommen werden. Bei frischer Verwendung ist die Würzkraft am stärksten. Ysop kann aber auch getrocknet verwendet werden als Würze zu Braten, Salaten, Tunken, Kartoffelspeisen, zu Hustentee und Magenschnaps.

**Zitronenthymian (Thymus × citriodorus)**
Steingartensträuchlein, das zitronenartig duftet, besonders während der warmen Monate vom Juli bis August. Mehr Zierstaude als Gewürzpflanze. Triebe zu Salaten, Süßspeisen, Soßen.

**Zitronenmelisse (Melissa officinalis)**
Würzige Heilpflanze, die überall ihren Platz finden kann. Kauf von kleinen Topfpflanzen beim Gärtner ist der Samenanzucht vorzuziehen, da für eine Familie eine Pflanze völlig reicht. Nicht zu trockener, nährstoffreicher Boden sagt ihr am besten zu. Genügend Wasser und einige schwache Kopfdüngergaben verabreichen. Nur bei warmem, trockenem Wetter ernten; kurz vor der Blüte ist die Würzkraft am besten. Verwendung frisch und getrocknet zu Quark, Kräuterbutter, Salat, Braten, Pilzgerichten, Aalsuppe, Fischgerichten. Zerriebene Blätter als Linderung auf Insektenstiche legen.

**Hinweise zur Verwendung**
Die hohe Kunst des feinen Würzens, die bei unseren südlichen und westlichen Nachbarn in ungebrochener Tradition weitergeführt wird, muß sich bei uns Haushalt um Haushalt zurückerobern. Und wo außer mit Salz und Pfeffer, Schnittlauch und Petersilie noch gewürzt wird, da benützt man hauptsächlich exotische Pulver und Pflanzenteile. Aber wer einen Garten besitzt oder auch nur einen Balkon oder gar bloß ein Fensterbrett, der hat das doch nicht nötig. Die raffiniertesten Würznuancen wachsen ihm ja in den heimischen Gewürzpflanzen vor der Nase. Alle Ausdauernden lassen sich meist ganz unauffällig im Ziergarten unterbringen. Sie sind eine höchst angenehme und dazu noch gesunde Bereicherung des Speisezettels und eine Herausforderung an den Gartenfreund, neue Gaumenfreuden zu entdecken.

# Obst im Garten

Auf das Vergnügen, selbstgezogenes Obst zu ernten oder wenigstens zu naschen, verzichten nur wenige Gartenbesitzer, und so gibt es eine Unmenge Gärten mit Erdbeeren, Johannis- oder Stachelbeeren, mit Kirsch-, Apfel- oder Birnbäumen, zumal die Arbeit im Obstgarten auch Freude macht; nicht wenige Hobbygärtner haben sich in der Pflege und Behandlung des Obstes zu wahren Meistern entwickelt. Wie selten in der Natur erlebt man gerade bei einem Obstbaum das Wachsen, Blühen und Fruchten in einem Gartenjahr, wobei zweifellos die Ernte der selbstgezogenen Früchte eine besondere Freude ist. Hinzu kommt, daß Obstbäume auch zu einem gestalterischen Akzent im Garten werden. Da sie, nach Wahl der Baumform, kleine oder große Kronen bilden, werden sie zwangsläufig auch zu Raumbildnern im Garten. Solche gestalterischen Überlegungen schützen auch vor der wohl größten Gefahr für das Obst und den Garten – der zu dichten Pflanzung.

**Obst ist gesund**

Das hat man längst erkannt. Obst ist arm an Eiweiß und Fett, Nüsse ausgenommen. Dafür ist es reich an Vitaminen, vor allem an Vitamin C. Den höchsten Vitamin-C-Gehalt haben die schwarzen Johannisbeeren. Bei den Äpfeln spielt die Sorte eine große Rolle. Arm an Vitamin C ist der so beliebte 'Golden Delicious'; den höchsten Gehalt hat die Sorte 'Berlepsch'. Daneben ist noch eine ganze Reihe anderer Vitamine in den Früchten enthalten, so im Apfel, in Stachel- und roten Johannisbeeren relativ viel Vitamin $B_1$ und in den Erdbeeren auch Vitamin $B_2$.
Ärzte haben festgestellt, daß der tägliche Genuß frischer Äpfel den Colesteringehalt des Blutes senkt und sich günstig auf den Kreislauf auswirkt. Äpfel enthalten auch das so wichtige Pektin.
Standort sowie Pflege und Lagerung hängen eng mit dem gesundheitlichen Wert zusammen. Das ist bei der Kultur im eigenen Garten stets zu bedenken.

**Obstbäume bestehen aus Unterlage und Edelsorte**

Nur ausnahmsweise stehen die Edelsorten unserer Obstbäume auf eigener Wurzel. In der Regel sind sie auf eine fremde Wurzel, den sogenannten Wildling oder die Unterlage veredelt. Die Wuchsstärke des verwendeten Wildlingstyps beeinflußt auch das Wachstum der Edelsorte.

Sämlingsunterlagen wachsen stark und geben durch ihr kräftiges Wurzelwerk dem Baum eine hohe Standfestigkeit. Sie werden fast ausschließlich für großkronige Hoch- und Meterstämme verwendet. Bäume auf Sämlingsunterlage fruchten spät; sie eignen sich deshalb für den Hausgarten kaum. Die vegetativ vermehrten sogenannten Typenunterlagen werden je nach Wuchsstärke für schwächer wachsende Baumformen wie Spindelbüsche, Busch- oder Spalierbäume verwendet, deren Fruchtbarkeit früh einsetzt. Mit Hilfe dieser Baumformen kann auch in kleineren Gärten ein ausreichendes Sortiment an Obstbäumen gepflanzt werden, das beachtliche Erntemengen von guter Qualität zu liefern vermag.

## Kernobst

Apfel, Birne und Quitte faßt man unter dem Begriff Kernobst zusammen.

### Äpfel

Apfelbäume stellen keine großen Ansprüche an Boden und Klima. Sie sind Flachwurzler und bilden eine breite Krone. Bei der Sortenwahl sollten im Hausgarten frühe, mittelfrühe und späte Sorten gleichmäßig berücksichtigt werden, zumal Kinder ja nur darauf warten, etwas aus dem Garten ernten zu können. Auch deswegen sind die Obstbäume vorzugsweise auf schwachwachsenden Unterlagen zu pflanzen.

Von den zahlreichen Typenunterlagen, die bekannt sind, kommen heute für den Gartenliebhaber bei Äpfeln nur noch folgende in Frage:

MIX für gute, warme Böden; langsam wachsend, fruchtet früh und regelmäßig, Ertragsdauer 15–20 Jahre. Man verwendet diesen Typ für Spindelbüsche. Neuerdings kann anstelle von MIX auch M26 verwendet werden. Pflanzabstand 2,50 m.

MIV gehört zu den mittelstark wachsenden Unterlagen und ist, wo MIX nicht verwendet werden kann, die geeignete Unterlage. Die Bäume brauchen einen Pfahl, fruchten im dritten bis vierten Standjahr und werden 25–30 Jahre alt. Pflanzabstand 3,50 m.

MVII ist eine Typenunterlage, die ähnliche Eigenschaften wie MIV hat. Eignet sich besonders für schwere Böden.

MXI ist eine starkwüchsige Unterlage, besonders für Buschbäume geeignet. In Hausgärten werden diese Bäume meist zu groß. Die Lebensdauer beträgt gut 30 Jahre; der Ertrag beginnt aber erst im fünften bis sechsten Standjahr.

Äpfel pflanzt man im Garten meist als Spindelbüsche oder Buschbäume. In Einzelfällen mag auch ein Halbstamm als Schattenspender dienen. Für das in letzter Zeit viel angewendete formlose Obstspalier bedarf es keiner besonderen Baumform. Es kann jeder Buschbaum verwendet werden.

### Birnen

Als Tiefwurzler bilden Birnen eine mehr pyramidale Krone und lieben warme, humusreiche Böden und

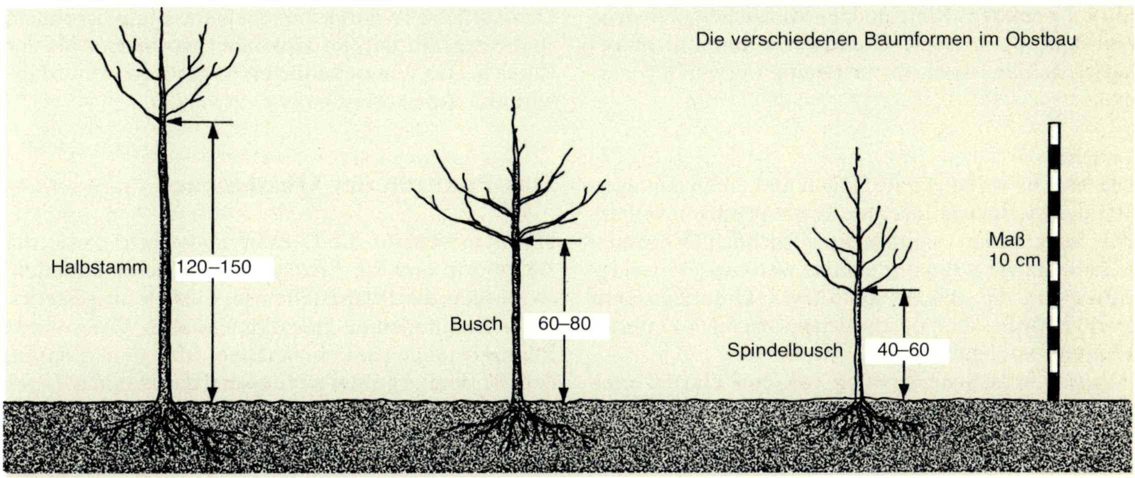

einen geschützten Standort. Die meisten Sorten wollen viel Sonne.
Als Birnenunterlage wird in schweren Böden und rauheren Lagen der Sämling verwendet. Diese Bäume brauchen aber viel Platz (Pflanzabstand 4–6 m). Sie fruchten erst im fünften oder sechsten Standjahr. Wertvoller sind die kleiner bleibenden und früher fruchtenden Bäume auf Quittenunterlage Typ A. Auch das Aroma der Früchte ist besser. Auf einem einigermaßen guten, geschützten Gartenboden ist die Quittenunterlage ideal.
Mit Quitte unverträgliche Sorten werden mit sogenannter Zwischenveredlung von 'Gellerts Butterbirne' oder 'Pastorenbirne' geliefert; das sind Sorten, die mit beiden Partnern verträglich sind, d.h. eine dauerhafte Verwachsung bilden. Bei guter Pflege können Birnen auf Quitten 30 Jahre alt werden. Pflanzabstand 3,50 m. Auch bei Birnen entscheidet man sich am besten für den Buschbaum.

### Quitten

Nach ihrer Form werden Apfel- und Birnenquitten unterschieden. Quitten brauchen Sonne – hierzulande reifen sie selten voll aus. Sie werden deshalb so spät wie möglich, allerdings vor dem ersten Frost, geerntet. Ihr Holz ist etwas frostempfindlich, doch können eventuelle Schäden durch Rückschnitt meist schnell behoben werden. Quitten werden überwiegend auf Weißdorn veredelt, seltener auf Quittenunterlage A.

## Steinobst

Zu ihm rechnen wir: Süß- und Sauerkirschen, Pflaumen, Zwetschen, Renekloden, Mirabellen, Pfirsiche und Aprikosen. Diese Obstarten können nicht gelagert werden, wohl aber vielseitig verwendet werden.

### Kirschen

Die Kirsche verlangt gute Böden und einen sonnigen Standort, wenn wir eine gute Ernte erwarten wollen. Für Süßkirschen werden hauptsächlich Vogelkirschensämlinge *(Prunus avium)* verwendet. Leider entwickeln die Bäume auf dieser Unterlage sehr große Kronen, aber an schwachwachsenden Unterlagen fehlt es eben noch.
Dagegen sind Sauerkirschen für den Garten eine ideale Frucht. Es gibt hellfrüchtige Sorten (Amarellen) und dunkelfrüchtige mit färbendem Saft (Weichselkirschen). Als Sauerkirschenunterlage verwenden die Baumschulen meist Sämlinge der Vogelkirsche. Sie wachsen etwas stärker, sind gesünder und länger lebensfähig, beginnen aber etwas später mit dem Ertrag als auf Steinweichsel *(Prunus mahaleb)* veredelte Bäume. Sauerkirschen sind weniger anspruchsvoll an Klima und Boden als Süßkirschen. In der Regel genügt ein Exemplar als Buschbaum, der am Rande der Rasenfläche oder des Gartens gepflanzt werden kann. Grundsätzlich sind selbstfruchtbare Sorten wie die Schattenmorelle vorzuziehen, also Sorten, die keine Bestäubersorte brauchen.

### Pflaumen, Renekloden, Mirabellen und Zwetschen

Bei diesen Obstarten wird die Myrobalane als Unterlage verwendet; Hauszwetschen, Mirabellen und die 'Große Reneklode' können auch wurzelecht herangezogen werden. Für gute Böden und kleinere Baumformen sollte man die 'St.-Julien-Pflaume' oder den Typ 'Brompton' wählen.
Mirabellen bevorzugen ein etwas wärmeres Klima. Diese Steinobstarten können als Busch oder als Halbstamm gepflanzt werden. Der Ertrag setzt etwa im sechsten Standjahr ein. Bei der Wahl der Steinobstarten und -sorten sollte man auch die Verwertung der Früchte berücksichtigen.

### Pfirsiche und Aprikosen

Der Pfirsich, eine beliebte, aber leider etwas frostempfindliche Obstart, bevorzugt Weinbauklima. In rauhen Gegenden ist Pfirsichanbau allenfalls an Südwänden möglich. Dazu sollte man dann auch den Pfirsichsämling verwenden, wobei der 'Kernechte vom Vorgebirge' die beste Sorte ist. Auch bei dieser Sorte sollte der Boden nicht allzu schwer und eher durchlässig sein.
Die Aprikose ist durch die sehr frühe Blüte besonders spätfrostgefährdet, im Holz aber frosthärter als der Pfirsich. Das Wärmebedürfnis ist groß. Als Unterlage wird der Aprikosensämling verwendet.

## Das Pflanzen der Obstbäume

Hat man sich für die Obstart und -sorte sowie die Baumform und die Anzahl der Bäume entschieden, so werden die Pflanzstellen im Garten ausgesteckt, unter Zuhilfenahme eines Meterstabes. Grenz- und Pflanzabstände sind einzuhalten. Man denke daran, daß die Bäume größer werden und daß sie eines Tages den empfohlenen Pflanzabstand benötigen und den Raum ausfüllen werden. Buschbäume von Apfel und Birne werden in der Regel als Reihenpflanzung in den

Garten eingeordnet, unter Berücksichtigung des gesetzlich vorgeschriebenen Grenzabstandes im Wirtschaftsgarten auch als Randpflanzung. Damit bilden sie gleichzeitig einen gewissen Sicht- oder Windschutz für den Garten.

Die Pflanzung im Herbst ist der Pflanzung im Frühjahr vorzuziehen. Die Bäume wachsen bei milder Witterung noch an. Erst bei starkem Frost setzt das Wachstum aus. Im Frühjahr kann dann mit Beginn der warmen Witterung der Baum weiterwachsen.

Solange der Boden nicht gefroren ist, kann im Herbst gepflanzt werden. Lediglich Pfirsich und Aprikose pflanzt man besser im Frühjahr. Nach Erhalt des Pflanzmaterials wird dieses sofort für einige Stunden, aber nicht länger als eine Nacht, in Wasser gestellt, damit die Wurzeln nicht austrocknen. Dann wird die Pflanzgrube gemacht, deren Größe vom Zustand des Bodens abhängt. In lockeren, humusreichen Böden können Umfang und Tiefe kleiner bleiben. Wird erst im Frühjahr gepflanzt, so sollten die Pflanzgruben dennoch schon im Herbst ausgehoben werden, damit der Frost den Boden lockert. Die Grube wird in einem Durchmesser von etwa 1 m zwei Spatenstich tief ausgehoben. Dabei ist es völlig gleichgültig, ob die Grube rund oder eckig ist.

Wenn eine allgemeine Bodenverbesserung mit Torf und Kompost durchgeführt wird, können beide Erdschichten zusammen zum Pflanzen des Baumes verwendet werden. Der Boden der Grube wird schließlich noch aufgelockert. Die Tiefe der Baumgrube ist nun etwa 40 cm. In einem guten Gartenboden ist im allgemeinen eine Vorratsdüngung nicht nötig.

Da jeder gepflanzte Baum einen Pfahl benötigt, wird dieser zuerst in die Mitte der Pflanzgrube eingeschla-

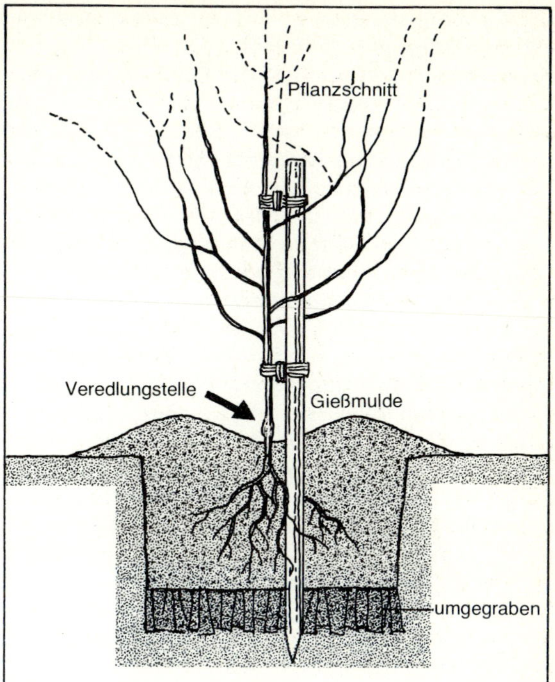


Pflanzung eines Buschbaumes

Pflanzen von Obstgehölzen

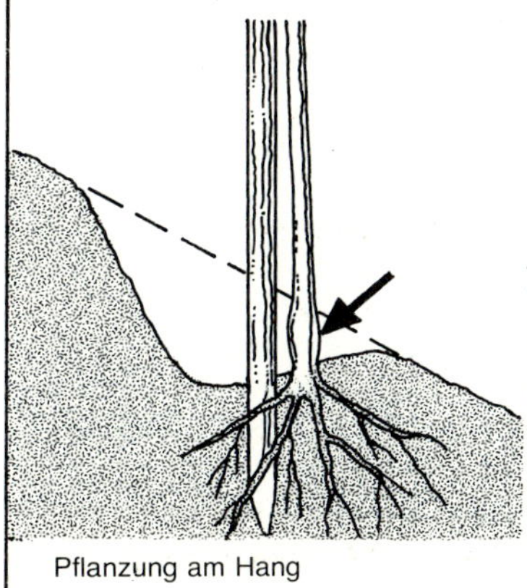

Pflanzung am Hang

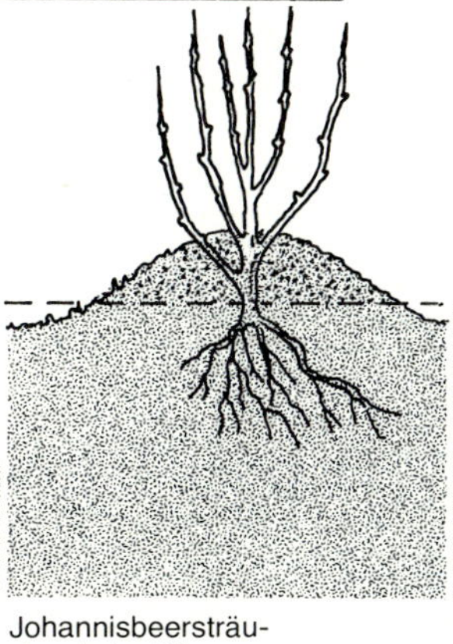

Johannisbeersträucher beim Pflanzen anhäufeln

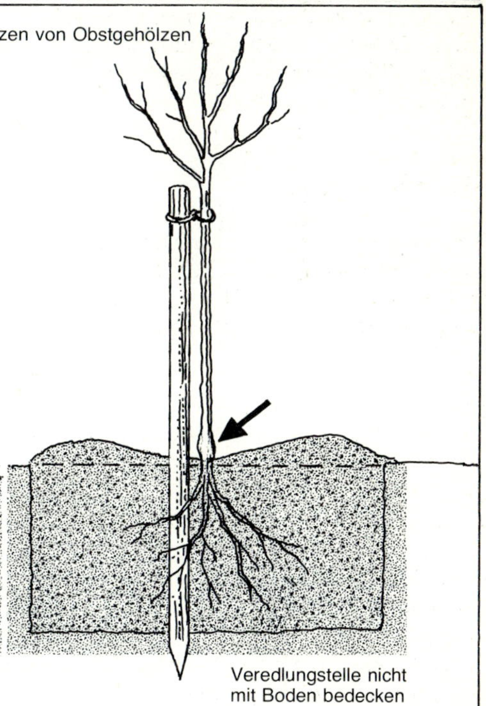

Veredlungstelle nicht mit Boden bedecken

gen. Damit er standfest ist, muß er wenigstens 40 cm tief im Boden sein. Für Hochstamm, Halbstamm, Niederstamm und Busch soll der Pfahl unterhalb des Kronenansatzes enden, damit keine Scheuerstellen entstehen. Bei Spindelbüschen muß der Pfahl dagegen durchgehend sein. Ein Buschbaum benötigt einen Pfahl von etwa 100 cm Länge, ein Halbstamm 120 cm, ein Spindelbusch bis zu 2,50 m. Die Zopfstärke ist 7–9 cm; die Zöpfe sollen gut imprägniert sein.
Beschädigte Wurzeln werden glatt angeschnitten; die Schnittfläche soll nach unten weisen. Es ist günstig, wenn der Baum viele kleine Saugwurzeln hat. Deshalb sollen die Wurzeln beim Glattschneiden nur so wenig wie möglich eingekürzt werden.
Zum Pflanzen sollte man nicht allein sein, da der Baum, während die Pflanzgrube aufgefüllt wird, durch Heben und Senken geschüttelt werden muß. Es dürfen nämlich zwischen den Wurzeln keine Hohlräume entstehen. Dann wird dicht am Stamm angetreten, und zwar von allen Seiten, und dann wieder Erde aufgefüllt.
Der Baum soll nach fertiger Pflanzung so stehen, daß die Veredlungsstelle (bei Apfel und Birne deutlich sichtbar) sich 2–3 cm über dem Erdreich befindet. Die Veredlungsstelle darf auf keinen Fall mit Erde bedeckt sein.
Dann wird die Baumscheibe mit Torf abgedeckt und der Baum angebunden. Es gibt eine Reihe guter Plastikbänder; man kann sich aber auch mit Kokosstrikken oder Weiden helfen. Zwischen Pfahl und Baumstamm muß ein Abstand von etwa 4 cm sein. In Form einer elastischen Acht bringt man dann die Baumbänder an.
Bei Frühjahrspflanzung wird der Baum gleich eingeschlämmt. Im Herbst kann man das unterlassen, vor allen Dingen, wenn der Boden gut feucht und Frost angesagt ist; es muß aber dann im Frühjahr nachgeholt werden. Von Unterkulturen sollte man Abstand nehmen. Bei Bäumen im Rasen sind Baumscheiben angebracht.

*Die Erde der Pflanzgrube wird besonders bei schweren Böden mit Styropor verbessert.*

## Ernährung und Schnitt der Obstgehölze

Eine harmonische und ausgeglichene Ernährung ist bei den Obstgehölzen notwendig, wenn sie gesund wachsen und dem Besitzer Früchte bringen sollen. Die Bäume zeigen es meist an, wenn gewisse Nährstoffe fehlen. Setzen die Triebe nur wenig Blüten an, bleiben die Früchte klein, und zeigt sich nur geringes Triebwachstum, dann kann auf Stickstoffmangel geschlossen werden.
Ein Mangel an Kali zeigt sich meist durch braune, im Spätsommer auftretende Ränder an den Blättern. Häufig wird auch Magnesiummangel sichtbar: zwischen den Blattadern erkennt man braune Flecken, die später ineinander übergehen; die unteren Blätter eines Triebes zeigen diese Mangelsymptome zuerst.

### Das Düngen

Grundlage einer richtigen Ernährung ist in jedem Falle Humus. Durch seine „Puffer"-Eigenschaften sorgt er für eine einigermaßen ausgeglichene Nährstoffversorgung und wirkt damit einer unharmonischen Ernährung entgegen. Komposterde wird daher nicht nur zum Pflanzen der Bäume verwendet, sondern dient später auch als wichtiger Lieferant für gewisse Nährstoffe und vor allem für Humus. Gelegentliches Abdecken der Baumscheiben mit Komposterde ist vorteilhaft (Herstellung von Komposterde s. Seite 40).
Im Handel sind aber auch verschiedene *organische* und *anorganische* Düngemittel. Bei der Verwendung aller Düngemittel muß man davon ausgehen, daß die Obstbäume die Nährstoffe in Wasser gelöst durch die

Wurzeln aufnehmen und in die Blätter transportieren. Dort werden sie umgewandelt und dienen dann dem Wachstum und der Bildung von Blüten und Früchten. Deshalb soll bei feuchtem Boden gedüngt werden. Die Nährstoffe werden am besten in Wasser aufgelöst verabfolgt. Von den fünf Hauptnährstoffen – Stickstoff (N), Phosphor (P), Kali (K), Kalk (Ca) und Magnesium (Mg) – hat jeder eine ganz spezielle Wirkung und Aufgabe in der Pflanze s. Seite 43).
Für ein gesundes Wachstum sind alle diese Nährstoffe notwendig. In den üblichen Volldüngern (z. B. Nitrophoska blau, Hakaphos, Hoechst-Blaukorn, Rustica blau) ist das für durchschnittliche Böden richtige Nährstoffverhältnis gewährleistet, so daß zumindest grobe Düngungsfehler vermieden werden. Die Dünger sind gekörnt und können daher gut ausgebracht werden. Das nicht immer einfache Mischen der Einzeldünger (Einzel-Nährstoffe) entfällt dadurch.
Frisch gepflanzte Obstbäume dürfen in den ersten Wochen ihres Wachstums nicht gedüngt werden. Erst wenn sich die Triebe entwickelt haben, kann man 200 g Volldünger pro Baum ausbringen, entweder auf die Baumscheibe gestreut oder im Wasser gelöst.
Im ersten Jahr nach der Pflanzung gibt man dann je Baum 800 g, im zweiten Jahr 1200 g und im dritten Jahr 1500–1800 g eines gekörnten Volldüngers. Es ist zweckmäßig, die Menge auf drei Gaben zu verteilen, nämlich je ein Drittel im Frühjahr (März), Anfang Mai und schließlich Mitte bis Ende Juni.
Ab Juli wird nicht mehr gedüngt, um den Neutrieb besser ausreifen zu lassen. Stehen Obstbäume im vollen Ertrag, so können die Düngemengen bis auf das Doppelte erhöht werden.
Einseitige Düngung ist zu vermeiden. Zu hohe Stickstoffgaben fördern den Gummifluß am Steinobst, zu viel Kalk bindet andere Nährstoffe. Auch vor einer allgemeinen Überdüngung muß gewarnt werden.
Da Düngung und Wasser in enger Verbindung sind, muß der Baum genügend Wasser zur Verfügung haben. Der Apfel hat einen hohen Wasserbedarf. In trockenen Jahren sollte daher noch gewässert werden. Ist Feuchtigkeit und Humus im Boden vorhanden, dann können die sogenannten Mineraldünger auch nicht so leicht schädlich werden.

**Das Schneiden im Winter**

Man kann Obstgehölze, die Erträge bringen sollen, nicht sich selbst überlassen; sie müssen geschnitten, d. h. „erzogen" werden; andernfalls würden zu dichte Kronen entstehen, sich zu kleine Früchte bilden, und der Baum würde spät mit dem Fruchten einsetzen und bald vergreisen.

Triebarten der Obstgehölze

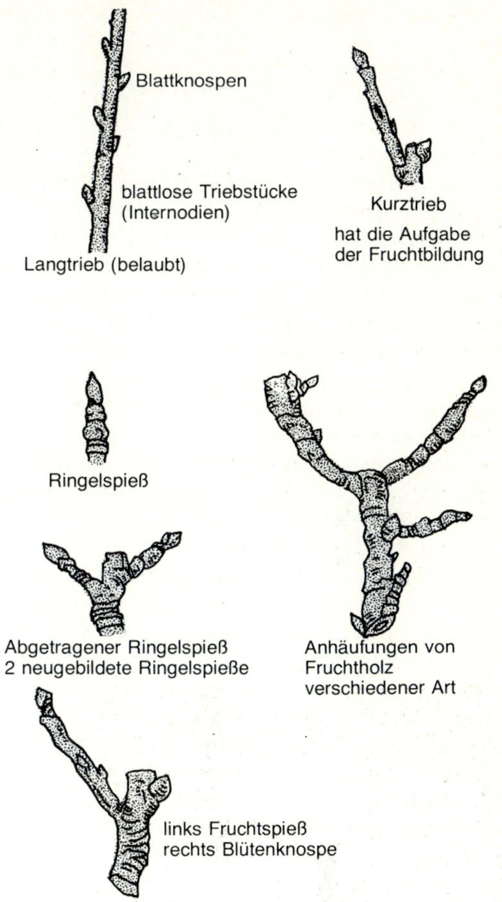


Der Obstbaumschnitt setzt eine gewisse Beobachtung und Einfühlung in den Lebensrhythmus eines Baumes voraus, muß sich also den verschiedenen Lebensstadien des Baumes von der Jugend bis zum Alter anpassen. So gibt es neben dem Pflanzschnitt den Erziehungs-, den Erhaltungs- und den Verjüngungsschnitt.
*Pflanzschnitt:* Damit wartet man nach der Pflanzung besser bis zum zeitigen Frühjahr. Ein richtig ausgeführter Pflanzschnitt ist die Voraussetzung für einen guten Kronenaufbau. Zum Kronenaufbau benötigt man einen Mitteltrieb und drei Seitentriebe, die einmal die Leitäste geben sollen. Der sogenannte Konkurrenztrieb – das ist der Trieb, der aus der ersten Knospe unterhalb der Leitastverlängerung hervorgegangen ist – wird zuerst entfernt. Die Seitentriebe

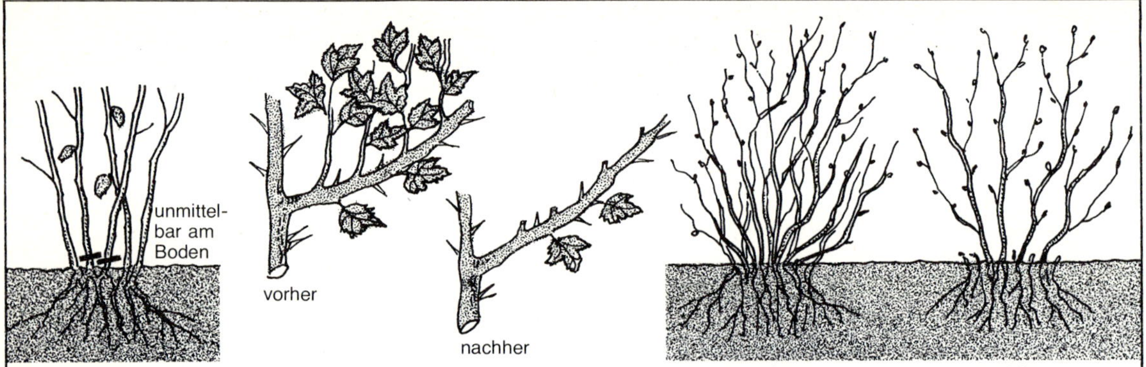


Entfernen der abgetragenen Himbeer-Ruten nach der Ernte

Sommerschnitt bei Stachelbeeren im Juni–Juli

Pflanzschnitt bei Johannisbeeren

werden auf etwa zwei Drittel ihrer Länge zurückgeschnitten, wobei sie eine Ebene bilden müssen (die sogenannte Saftwaage). Es wird immer auf ein Auge, das nach außen steht, geschnitten.
Der Mitteltrieb (Stammverlängerung) wird auf etwa eine Handspanne über den Seitentrieben zurückgenommen. Das Auge soll hier über der Schnittstelle des Vorjahrstriebes stehen, so daß eine gerade Stammverlängerung gewährleistet ist.
*Erziehungsschnitt:* Er soll der Krone die notwendige Stabilität und Form geben. Es ist wichtig, eine gute Stammverlängerung und kräftige Leitäste zu bekommen. Diese sollen zur Stammverlängerung in einem Winkel von etwa 45–60° stehen. Wachsen sie zu steil, so werden sie gespreizt; stehen sie zu flach, dann können sie auch einmal hochgebunden werden. Nur die Leitastverlängerungen werden zur Kräftigung zurückgeschnitten. Die Nebenäste dagegen, bzw. Fruchttriebe, werden heruntergebunden, d.h. waagerecht gestellt. Dadurch zwingt man sie zu früherem Fruchten, und sie wachsen nicht ins Unendliche. Sie werden dann auch nicht angeschnitten. Das beschleunigt die Bildung von Blütenknospen.
Beim Einkürzen der einjährigen Triebe oder Leitastverlängerungen wird immer auf ein nach außen stehendes Auge geschnitten. Hier und da entstehende Konkurrenztriebe der Seitenleitastverlängerungen werden entfernt. Die gute Belichtung der Krone ist wichtig. Sie wird erreicht, wenn die drei Leitäste gut verteilt und mit Seitenholz zweiter Ordnung locker besetzt sind.
Für jeden Rückschnitt gilt der alte Satz: Je schärfer man schneidet und je kürzer der verbleibende Trieb also ist, um so kräftiger werden die (wenigen) Neutriebe. Dieser Satz darf aber nicht darüber hinwegtäuschen, daß jede Schnittmaßnahme den Gesamtzuwachs eines Baumes – wenn auch oft nur geringfügig – verringert.
*Erhaltungsschnitt:* Ist die Fortsetzung des Erziehungsschnittes. Wurde dieser versäumt, so ist mit Hilfe eines Auslichtungsschnittes der Kronenaufbau so weit zu regulieren, daß mit einem Erhaltungsschnitt in den nächsten Jahren fortgesetzt werden kann. Regelmäßig wird in das Wachstum des Baumes überwachend eingegriffen. Ist der Erziehungsschnitt richtig gemacht worden, so ist der Erhaltungsschnitt keine allzu schwere Aufgabe. Wenn man mit dem Schneiden beginnt, betrachtet man zuerst die Krone, wie sie sich entwickelt hat und welche Form sie hat. Dann beginnt man mit dem Entfernen der Konkurrenztriebe und der zu dicht oder gar nach innen wachsenden Triebe. Von sich kreuzenden Trieben wird der weniger brauchbare entfernt. Auf diese Weise bearbeitet man ganz systematisch Leitast um Leitast. Feinheiten kann man dann, wenn man den Baum abschließend betrachtet, noch nachholen.
Als letztes erfolgt der Rückschnitt der Leitäste. Ob sie stark oder schwach zurückgeschnitten werden sollen, hängt von der Triebfähigkeit der Leitäste ab. Die Sorte ist hier mit ausschlaggebend; manche Sorten verzweigen sich stark, andere hingegen nur schlecht (z.B. 'Goldparmäne', 'Glockenapfel', 'Gellerts Butterbirne'). So richtet sich der Rückschnitt der Leitäste nach demjenigen, der am schwächsten ist. Alle anderen werden dann auf dieselbe Höhe zurückgeschnitten, damit man die Saftwaage erhält.
Auch beim Erhaltungsschnitt werden nur die zum Kronenaufbau benötigten Triebe eingekürzt, alle übrigen beläßt man zur baldigen Bildung der Blütenknospen. Zu dicht wachsende Triebe werden entfernt.

*Verjüngungsschnitt:* Wird nur bei älteren Obstbäumen angewendet, die zu groß geworden sind oder im Ertrag nachlassen. Dabei schneidet man ins alte Holz zurück, um die Bildung junger Triebe anzuregen. Die Krone wird dann so abgeworfen, daß die Zweigenden einen flachen Winkel bilden, beim Kernobst etwa 120°, beim Steinobst etwa 100°. Die Astquerschnitte sollten möglichst 5–8 cm Durchmesser nicht überschreiten. Bei der Verjüngung ist auch die Restkrone noch auszulichten und in den Folgejahren im Sinne eines Erziehungs- und Erhaltungsschnittes nachzubehandeln.
Alle diese Schnittmaßnahmen werden in der Regel nach dem Laubfall durchgeführt. Bei Temperaturen unter −4 °C sollte man das Schneiden einstellen. Lediglich das Auslichten älterer Kronen kann auch dann noch erfolgen, vor allem, wenn man mit der Säge arbeiten muß.
Bei den Sauerkirschen soll der Schnitt bewirken, daß die Äste viel Jungholz treiben. Sauerkirschen fruchten sehr stark am jungen Holz. Deshalb ist auch ein ständiger Rückschnitt der Astverlängerungen ratsam. Selbst die Nebenäste können zurückgeschnitten werden. Wenn man nur das Fruchten fördern will, dann läßt man die Seitentriebe ungeschnitten, schneidet also nur die Verlängerungen zurück. Man führt diese Maßnahmen im Sommer durch, etwa im August. Im Winter würde ein starker Rückschnitt leicht zu Gummifluß führen.
Bei den Pfirsichen werden die zu dicht stehenden Seitentriebe ganz entfernt; die schwächlichen Triebe, sogenannte falsche Fruchttriebe, werden ebenfalls ganz herausgenommen oder stark eingekürzt. Die Verlängerung schneidet man um ein Drittel zurück. Ältere Bäume können verjüngt, d. h. stark zurückgeschnitten werden, da der Pfirsich im Gegensatz zu anderen Steinobstarten aus den schlafenden Augen gut austreibt. Auch der Pfirsich wird unmittelbar nach der Ernte ausgelichtet. Im Winter wird dann nur noch zurückgeschnitten, am besten kurz vor dem Austrieb.

### Das Schneiden im Sommer

Führt man außerdem noch sommerliche Schnittmaßnahmen durch, so kann man die Entwicklung des Baumes weiter verbessern. Bei alten Obstbäumen ist diese Maßnahme nicht nötig, Jungbäume sind aber dankbar dafür.
Der günstigste Zeitpunkt ist im Juni, wenn der Frühjahrstrieb gut entwickelt ist. Allzu dicht stehende Triebe und die Konkurrenztriebe werden schon jetzt ganz entfernt. Nur in einzelnen Fällen, wenn der Trieb dadurch zu kahl wird, läßt man die unterste Blattrosette stehen. Zuviel sollte man aber nicht herausschneiden, da der Baum zum Wachsen seine Blätter braucht. Man muß also das Wachstum des Baumes in Betracht ziehen. Durch das Auslichten im Sommer kommt es aber zu einer besseren Belichtung und daher auch zu einer besseren Fruchtqualität. Grundsätzlich wird beim Sommerschnitt nie zurückgeschnitten, sondern nur ausgelichtet.
Schneiden, Düngen, Pflanzenschutz und Bodenpflege gehen im Obstbau Hand in Hand. Nur beim Zusammenwirken aller Faktoren kann der Baum gut wachsen und fruchten.

## Ernte, Lagerung und Verwendung des Obstes

Höhepunkt der Gartenarbeit ist die Ernte. Alle Mühe wäre umsonst, würde man zur falschen Zeit ernten oder die Früchte unsachgemäß behandeln. Um dem vorzubeugen, muß man zunächst einmal unterscheiden zwischen Pflück-, Genuß-, Baum- und Lagerreife.
Die sogenannte Pflückreife erkennt man bei Äpfeln und Birnen daran, daß sich die Frucht bei leichter Drehung nach oben an der dafür eigens vorgesehenen Bruchstelle zwischen Fruchtstiel und Fruchtkuchen gut löst; genau hier wird zur Reifezeit ein Trenngewebe ausgebildet. Beobachtet man größere Mengen nicht wurmstichigen Fallobstes unter dem Baum, so wird es meist schon höchste Zeit zum Ernten.
Bis zur Genußreife benötigen fast alle Äpfel und Birnen eine kürzere oder längere Lagerungszeit. Im Gegensatz zum Steinobst sind beim Kernobst am Baum voll ausgereifte Früchte weniger aromatisch als etwas abgelagerte. Besonders Birnen werden bei voller Baumreife mehlig. Außerdem halten sich vollreif geerntete Früchte schlecht. Lediglich einige Früh- und Herbstäpfel, wie 'Klarapfel', 'James Grieve' usw., schmecken frisch vom Baum am besten. Bei Sommer- oder Herbstsorten dauert diese Lagerreife nur wenige Tage bis zu zwei Wochen, bei Winterobst länger. Die meisten Apfel- und Birnensorten werden noch etwas grünlich oder bei beginnendem Farbwechsel von Grün zu Gelb geerntet. Auch bei rotfrüchtigen Sorten ist dieser Wechsel in der Grundfarbe meist gut erkennbar.
Beim Ernten wird das Obst stets behutsam abgelegt, nie geschüttet oder geworfen, sonst gibt es unerwünschte Druckstellen. Jede Beschädigung der Schale ist zu vermeiden, deshalb Pflückkörbe auspolstern! Bei höheren Bäumen auf gute Standsicherheit

der Leiter achten. Obstpflücker an langer Stange nur für sonst unerreichbare Früchte verwenden, weil dabei oft der Fruchtstiel ausreißt. Quitten bis Ende Oktober ernten; andernfalls würde sich das Fleisch schon nach kurzfristiger Lagerung innen bräunlich verfärben und das Aroma leiden. Quitten stets innerhalb weniger Tage verarbeiten!

Steinobst schmeckt am besten, wenn es voll am Baum ausreift. Kirschen werden der Vögel wegen oft zu früh geerntet – Netze schützen vor diesen Räubern. Kirschen möglichst nicht ohne Stiel pflücken, weiche Sorten saften dann schnell. Entweder die Stiele am Zweig abdrücken oder mit der Schere ernten. Einige Pfirsichsorten werden bei der Baumreife schnell mehlig. Man pflücke sie, sobald sie sich leicht vom Zweig lösen, und lagere sie einige Tage im Zimmer. Pflaumen und Zwetschen sollten zum Frischverzehr erst vollreif geerntet werden; zum Einkochen dürfen sie jedoch nur knapp vollreif sein, weil sonst der Säuregehalt sinkt und die konservierte Frucht dann fade schmeckt. Nur Einmachobst darf bei sofortiger Verwendung ohne Stiel gepflückt werden.

Die Lagerung des Kernobstes in einem kühlen und luftfeuchten Raum während des Winters zielt darauf ab, den Reifungsprozeß beim Winterobst möglichst zu verzögern und dadurch die Haltbarkeit des Obstes zu erhöhen. Die hohe Luftfeuchtigkeit des Lagerraumes soll unnötige Verdunstung und damit das Schrumpfen des Obstes verhindern. Deswegen den Fußboden im Lagerraum öfter befeuchten oder das Obst in Plastikfolie einschlagen. Einige winzige Löcher in der Folie reichen aus, um den an sich erwünschten Anstieg des Kohlendioxidgehaltes der Luft unterhalb der Schadgrenze zu halten. Ein mäßiger $CO_2$-Gehalt bremst die Atmung des Obstes und damit seine Reifung, ein zu hoher Gehalt kann zur Bräunung des Fruchtfleisches führen.

Die Haltbarkeit des Obstes ist sortentypisch. Bei offener Lagerung sollte man die Steigen alle drei bis vier Wochen auf Fäulnis hin durchsehen. Bei Folienlagerung ist das nicht zweckmäßig. Klarsichtfolie läßt aber auch hier Fäulnisgefahrmeist rechtzeitig erkennen.

Zwischen den einzelnen Obstarten und -sorten gibt es große Unterschiede in ihren Verwendungsmöglichkeiten. Manche Äpfel bleiben auch geschnitten schön weiß, andere haben zum Kochen zu wenig Säure. Hier helfen nur Erfahrung und Spezialkenntnisse weiter. Zum Tiefgefrieren eignen sich die wenigsten Obstarten. Kern- oder Steinobst muß beim Auftauen sofort gebacken oder gekocht werden. Nur Sauerkirschen und Beerenobst eignen sich dann noch zum Frischgenuß, aber auch sie dürfen nicht mehr lange stehen.

## Schalenobst

Die Nüsse bilden eine weitere Gruppe unter den Obstarten. Walnüsse werden ihrer großen Krone wegen wenig gepflanzt. Eine gewisse Bedeutung für den Hausgarten haben die Haselnüsse. Sie sind anspruchslos und gedeihen fast überall ohne besondere Schnittmaßnahmen – außer gelegentlichem Auslichten – sowie ohne spezielle Düngung und Pflanzenschutz.

## Beerenobst

Wohl in allen Gärten ist das Beerenobst anzutreffen, und sei es nur, damit die Kinder etwas zum Naschen haben. Zum Beerenobst zählen wir: Johannisbeere, Stachelbeere, Himbeere, Brombeere, Heidelbeere und Erdbeere.

Beerenobst stellt keine besonders hohen Ansprüche an den Boden und an das Klima, wenngleich es humusreiche, lockere Böden liebt. Unter Umständen gedeiht es noch im Halbschatten, wenn auch das Aroma der Früchte darunter leiden mag. Das gesamte Beerenobst macht außer bei der Ernte verhältnismäßig wenig Arbeit; es fruchtet meist regelmäßig und zählt daher wohl zu den beliebtesten Obstarten.

### Erdbeeren

Vielseitig verwendbar, wohlschmeckend und gesund, sind Erdbeeren die wohl beliebteste Beerenfrucht für den Garten. Ohne allzu großen Pflegeaufwand bringen sie dem Besitzer köstliche Früchte.

Botanisch gesehen, ist die Erdbeere eine Staude, da ihre Organe (Triebe) nicht verholzen. Sie trägt schon im ersten Jahr. Der Ertrag in diesem ersten Jahr nach der Pflanzung hängt aber sehr stark vom Pflanztermin ab. Erdbeeren stehen im Höchstfall bis zu drei Jahren auf demselben Beet. Ein stetiger Fruchtwechsel ist also erforderlich.

*Einjährige Kultur:* Aus intensivem einjährigem Anbau können höhere Erträge erzielt werden als aus mehrjährigem. Bei einjähriger Kultur ist der Befall durch tierische und pilzliche Schädlinge wesentlich geringer, und die Ernte beginnt, da nicht so große, schattierende Blattmassen vorhanden sind, erheblich früher. Die geerntete Stückzahl ist geringer – dafür sind die Früchte beträchtlich größer.

Für die einjährige Kultur ist die Pflanzzeit von ausschlaggebender Bedeutung; gepflanzt werden muß zwischen Anfang und Mitte August, Reihenabstand etwa 30 cm, Abstand von Pflanze zu Pflanze 20 cm. Je früher gepflanzt wird, um so größer ist der Ertrag.

Doch ist das Angebot des Handels meist zu spät am Markt; deshalb läßt sich die einjährige Kultur fast nur durch eigene Gewinnung von Jungpflanzen durchführen. Es gibt aber schon einige Betriebe, die Jungpflanzen in Jiffy-Töpfen heranziehen und vertreiben. Für den einjährigen Anbau eignen sich besonders die Frühsorten 'Regina' und 'Frühernte'.

*Zweijährige Kultur:* Wer sich nicht so intensiv mit der Erdbeerkultur beschäftigen kann, hält es besser mit der zweijährigen Anbaumethode. Aber auch hier sollte wenigstens bis Ende August alles gepflanzt sein. Wenn noch kein eigenes Pflanzgut vorhanden ist, erfolgt das Pflanzen, sobald die ersten Angebote der Gärtnereien vorliegen. Bei zweijähriger Kultur müssen die Pflanzabstände etwas größer gewählt werden. Auf ein normales, 1,20 m breites Beet kommen zwei Reihen mit 50–60 cm Abstand. Pflanzabstand in der Reihe 30 cm. Bei dieser Kultur sollte die eine Hälfte der Erdbeerbeete einjährige, die andere Hälfte zweijährige Pflanzen tragen.

*Bodenvorbereitung:* Sonnige Lage ist Voraussetzung. Ideal sind Böden, auf denen die Vorfrucht Stallmist bekommen hat oder deren Vorkultur Erbsen, Bohnen oder Frühkartoffeln waren. Im Frühling oder schon im Herbst wird tief gelockert und darauf die Vorfrucht angebaut. Erdbeeren sind sehr humusliebend und liefern nur gute Erträge, wenn sie auf humusreichen Böden wachsen können. Deshalb wird vor dem Pflanzen im August noch einmal eine kräftige Gabe Humusdünger verabreicht (gut verrotteter Stallmist, Cofuna, California-Rinderdung, Huminal, Nettolin, Torf-Mischdünger). Bei feuchten, schweren Böden kann Hygromull eingearbeitet werden.

*Gewinnung von Ablegern:* Die Jungpflanzen müssen gut bewurzelt sein. Wer seine Kulturen auf einem hohen Stand halten will, wählt schon lange vorher die Mutterpflanzen aus, von denen er Ableger gewinnen will. Alle gesunden, kräftigen, reichtragenden Büsche werden mit einem Stab oder ähnlichem markiert. Das ist nötig, weil gerade die Faulblüher viele Ranken treiben. Grundsätzlich wird nur die erste sich bildende Pflanze genommen. Zur Abnahme der Senker gibt es mehrere Methoden: Entweder nimmt man sie zu dem Zeitpunkt ab, da sie gerade Wurzeln treiben wollen, und steckt sie in feuchten Torf im Frühbeet unter Glas; zur Pflanzzeit haben sie dann einen kräftigen, vielverzweigten Wurzelballen mit Torf. Oder man füllt Torf-, Ton- oder Plastiktöpfchen mit Komposterde und setzt diese rund um die Mutterpflanze an der Stelle in die Erde, an der ein Senker festwurzeln will; es bleibt nur die Verbindung zur Mutterpflanze erhalten – die weiter weg führenden Ranken

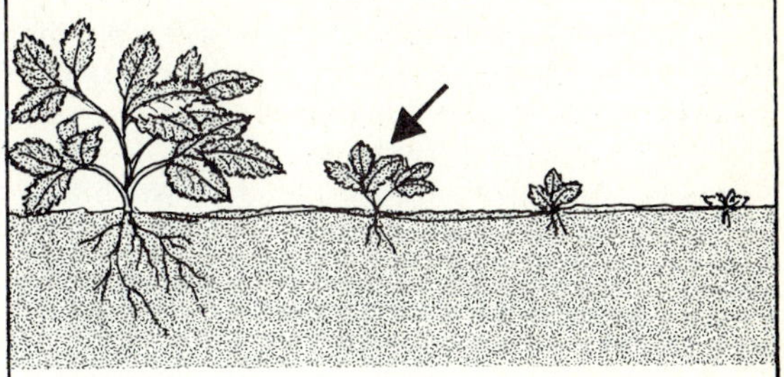
Zur Erdbeervermehrung nur die ersten Pflanzen der Ranken nehmen

Unterlage bei vollreifen Früchten: Stroh oder besser Styroporwolle

Besonders reich tragende Erdbeerpflanzen kennzeichnen für spätere Abnahme der Senker

werden entfernt. So hat man zur Pflanzzeit Topfpflanzen zur Verfügung, die am neuen Ort ohne Störung weiter wachsen. Gekaufte Pflanzen erhält man, zu Büscheln gebunden, in meist halbwelkem Zustand. Sie werden erst einmal einige Stunden ins Wasser gestellt und dann gepflanzt. Ist aus irgendwelchen Gründen die Pflanzung erst im September/Oktober möglich, so werden die Pflanzen zunächst in großen Blumentöpfen vorkultiviert.

*Pflanzen:* Man sollte möglichst bei bedecktem Himmel pflanzen, vor allen Dingen, wenn es sich um Pflanzen ohne Ballen handelt. Bei längeren Schönwetterperioden wähle man die Zeit um Sonnenuntergang. Erdbeeren wollen auf dem Kulturbeet genau so hoch stehen, wie sie vorher gestanden haben. Bestes Werkzeug ist ein kräftiger Handspaten. Nach dem Einsetzen wird angeschlämmt. In der Anfangszeit sind meist noch weitere Wassergaben nötig.

*Pflege und Düngung:* Die Hauptarbeit bei der Pflege ist die Unkrautbekämpfung und das Entfernen der sich bildenden unerwünschten Ranken. Da andererseits Erdbeeren zum guten Gedeihen Ruhe haben wollen, werden diese Arbeiten nur zweimal während der Vegetationsperiode, dann aber gründlich, durchgeführt. Die Ranken werden abgeschnitten, nicht abgerissen. Beim Abreißen werden sonst die Mutterpflanzen unerwünscht gelockert.

Im Frühling nach der Pflanzung wird nochmals Humusdünger gegeben. In trockenen Jahren muß bei Beginn der Vegetation kräftig gewässert werden. Nur ganz flach hacken. Altes, braunes Laub wird entfernt. In klimatisch weniger begünstigten Lagen leidet die Erdbeerblüte oft durch Spätfröste. Rechtzeitiges Abdecken durch Papierbahnen, Säcke usw. Keine Folie auflegen! Lediglich Folientunnel eignen sich. Zwischen den Pflanzen sollte in der Zeit zwischen Blüte und Ernte nicht gearbeitet werden. Nur gelegentliches Wässern bei Bedarf und Verabreichen von Kopfdünger ist zu empfehlen. Erdbeeren können außer mit den genannten Humusdüngern im Frühling auch eine schwache Gabe (bis zu 40 g/m²) eines üblichen Blaukornvolldüngers erhalten. Die Industrie bietet auch spezielle, auf den Nährstoffbedarf der Erdbeere eingestellte Dünger an, wie Compo-Erdbeer-Floranid, Oscorna Erdbeerdünger, Compo Erdbeerdünger mit echtem Guano. Nach der Ernte erhalten die Pflanzen bei zweijähriger Kultur ebenfalls eine kräftige Düngernachhilfe. Im folgenden Frühjahr wird wie im ersten Jahr nachgedüngt. Bei einjähriger Kultur bleiben die Beete so lange erhalten, bis genügend Senker für die Neupflanzung gewonnen wurden. Anschließend wird umgestochen und das Beet für eine Nachkultur hergerichtet. Bei zweijähriger Kultur setzt nach der Ernte eine starke Rankenbildung ein. Wenn jeder Ansatz dazu immer gleich weggeschnitten wird, regt das die Pflanze nur zu immer neuer Bildung an. Man sollte die Pflanzen ruhig erst einmal gewähren lassen und dann alles auf einmal entfernen.

*Mulchfolie und Fruchtunterlage:* Beim Erdbeeranbau können auch schwarze Polyäthylenfolien zum Mulchen verwendet werden. Vor dem Auslegen werden in den Bahnen mit einer Rasierklinge 5–10 cm lange Kreuzschnitte im gewünschten Reihen- und Pflanzenabstand angebracht; dann wird die Folie über das Pflanzenbeet gespannt. Ein kleiner, 15–20 cm tiefer Graben an den beiden kurzen Seiten nimmt die Folienenden auf. Die Erde wird wieder eingefüllt und hält so die Folie fest. Durch die Kreuzschnitte hindurch wird gepflanzt. Wie jedes Mulchen wirkt die Folienabdeckung günstig auf die Bodengare; Unkrautwuchs wird weitgehend verhindert, die Früchte werden nicht so schmutzig, der Botrytisbefall wird stark eingedämmt. Auch eine Ernteverfrühung wurde festgestellt. Dieser Folienmulch sollte besser nur auf die einjährige Kultur beschränkt bleiben.

Die aufrechtstehenden Blütenstände der Erdbeeren neigen sich mit zunehmender Fruchtreife, bis sie auf dem Boden liegen; die Früchte werden dadurch verschmutzt und fäulnisanfällig. Gut hat sich das Abdekken der Fläche mit grobfaserigem Weißtorf bewährt, so daß die Früchte nicht direkt mit der Erde in Berührung kommen. Holzwolle als Unterlage ist abzulehnen; sie trägt, feucht geworden, oft zur Verbreitung der Fäulnis bei. Besser ist Stroh als Unterlage oder auch sogenannte Styropor-Wolle, die keine Feuchtigkeit aufnimmt. Styropor-Wolle besteht aus Streifen von 20–60 cm Länge und 2 × 6 mm Querschnitt, die von Schaumstoffblöcken aus Styropor abgeschält wurden und miteinander regellos verknäult sind; sie weht leicht weg.

*Krankheiten und Schädlinge:* Bei ein- und zweijährigem Anbau im Hausgarten treten die Schädlinge nicht so stark auf wie im Großanbau, so daß meist auf den Einsatz von Insektiziden verzichtet werden kann. Lediglich die durch Pilze verursachten Krankheiten, wie Erdbeer-*Botrytis* (Grauschimmel), Weißfleckenkrankheit, Mehltau, Rotfleckenkrankheit, *Phytophthora*- und *Gnomonia*-Fäule, sollten bekämpft werden, mit Cupravit, Funguran oder Euparen. Es muß vorbeugend gespritzt werden; Vorschriften auf der Packung beachten. Auch die unter dem Laub sitzenden Blüten müssen getroffen werden. Gespritzt wird vor der Blüte und nach der Ernte.

*In Torfmull gut bewurzelte Erdbeerableger. Solche kräftigen Jungpflanzen sind die beste Ausgangsbasis.*

*Die Erdbeerjungpflanzen können auch an Ort und Stelle in Töpfen gezogen werden.*

Im Hausgarten verursachen Amseln, Drosseln und Stare oft großen Schaden; leider gewöhnen sie sich an alle Abschreckmittel. Es hilft nur das Überspannen mit Kunststoff- oder alten Fischernetzen. Schnecken müssen rechtzeitig mit den bekannten Mitteln bekämpft werden. Drahtwürmer und Engerlinge fressen an den jungen Wurzeln und können die Pflanzen vernichten. Doch tritt dies meist erst bei mehrjähriger Kultur auf, von der sowieso abgeraten wird.

*Großfrüchtige Sorten:* Jährlich erscheinen neue Sorten unter klingenden Namen, und die sind oft das einzig neue an ihnen. Immer erst auf einer kleinen Fläche erproben! Sonst wird man leicht enttäuscht. Massenträger wie 'Senga-Sengana' sind immer noch unübertroffen, befriedigen aber nicht immer im Geschmack. Grundsätzlich die Sortenbeschreibung bei Angeboten genau beachten. Bei immertragenden Züchtungen sollte besser von mehrmalstragenden gesprochen werden. Spaliererdbeeren sind mehr eine Spielerei – jede Ranke muß einzeln aufgebunden werden. Hier seien nur die wichtigsten Sorten herausgegriffen, die sich für den Hausgarten besonders eignen.

*Frühe Sorten:* 'Macherauchs Frühernte', wenig empfindlich, mittelstark wachsend; Blüte sitzt unter dem Laub, daher wenig Spätfrostgefahr; Frucht mittelgroß, sehr aromatisch.

'Regina', empfindlich gegen Frost, blüht über dem Laub, sehr aromatische Früchte, leuchtend rote Farbe.

'Senga Precosa', stark wachsend, süße Früchte, etwas frostgefährdet.

*Mittelfrühe Sorten:* 'Virgela', ertragreich, glänzend rote Früchte.

'Asieta', festfleischige, aromatisch gute Sorte, sehr ertragreich.

'Senga Sengana', eine der dankbarsten Sorten, stark wachsend, wenig frostgefährdet, gute Gefriersorte und ertragreich.

'Georg Soltwedel', süßsäuerliches, sehr gutes Aroma, guter Träger, mittelgroße, leuchtend rote Frucht, bei trockenem Wetter wässern.

'Gorella', leuchtend rote Früchte, sehr ertragreich, im Geschmack jedoch nicht immer befriedigend.

'Hummi Grande', bestechend durch ihre Größe, stark wachsend, leider etwas milbenanfällig, guter Geschmack.

*Späte Sorten:* 'Macherauchs Späternte', großfruchtig mit sehr gutem Aroma. Runde, gut gefärbte Frucht.

*Mehrmalstragende Sorten:* 'Hummi-Gento', wohlschmeckende Früchte, erster Ertrag im Juni; die zweite Ernte setzt im Juli ein; verlangt gute Pflege.

'Macherauchs Dauerernte', starker, gesunder Wuchs und gutes Aroma; trägt mit der zweiten Ernte bis in den Herbst.

*Monatserdbeeren:* Im Hausgarten dürfen Monatserdbeeren nicht fehlen. Ihre Vorzüge sind: ununterbrochene Fruchtbildung bis zum Frost, vorzügliches Aroma, geringe Krankheitsanfälligkeit. Wenn sonst kein Platz ist, können sie auch als Einfassung genommen werden. Es wird möglichst frühzeitig ausgesät, am besten in Schalen; nach etwa acht Tagen keimen die Samen, und schon bald kann pikiert werden. Von

Mai an wird ausgepflanzt. Ab August beginnt die Ernte der kleinen, aromatischen Früchte. Länger als zwei bis drei volle Erntejahre sollten auch die Monatserdbeeren nicht am gleichen Ort stehen. Bewährte Sorten sind 'Verbesserte Rügen', 'Harzland' und 'Perle von Schwaben'. Wer selbst Samen ernten will, nimmt die ersten vollreifen Beeren, zerdrückt und verrührt sie in einer Tasse Wasser und gießt das leichtere Fruchtfleisch mit dem Wasser ab – am Boden bleibt der Samen zurück; das wird wiederholt, bis er sauber ist. Dann wird er zum Trocknen auf ein Fließpapier ausgelegt. Bei Eigengewinnung des Saatgutes werden die in Töpfchen gezogenen Jungpflanzen im Herbst gepflanzt.

**Himbeeren**

Die Himbeere ist eine ideale Frucht für den Garten. Ihre Vorzüge sind: Aroma und wertvolle Inhaltsstoffe, fortlaufende Ernte, ausgezeichnete Eignung zum Tiefgefrieren. Himbeeren lieben einen kräftigen, humosen Boden. Vor der Pflanzung sollte gut verrotteter Rinderdünger oder ein anderer nährkräftiger Humusdünger eingebracht werden. Obwohl auch noch im März gepflanzt werden kann, ist die Herbstpflanzung empfehlenswerter. Denn dann können die Ruten noch anwachsen und haben im kommenden Jahr bereits starke Bodenaustriebe. Himbeeren werden in Reihen gepflanzt; Reihenabstand 1,5 m, Pflanzenabstand in der Reihe 40–60 cm. Nach dem Pflanzen die Ruten auf 30–40 cm zurückschneiden, damit die Basalaugen gut austreiben. Die meisten Himbeersorten blühen am zweijährigen Holz – deshalb die neuen Ruten schonen. Zwischen den Pflanzen den Boden unkrautfrei halten, möglichst nicht hacken! Zweimal einen chloridfreien Blaukornvolldünger geben. Als Flachwurzler sind sie für eine humose Mulchdecke besonders dankbar.

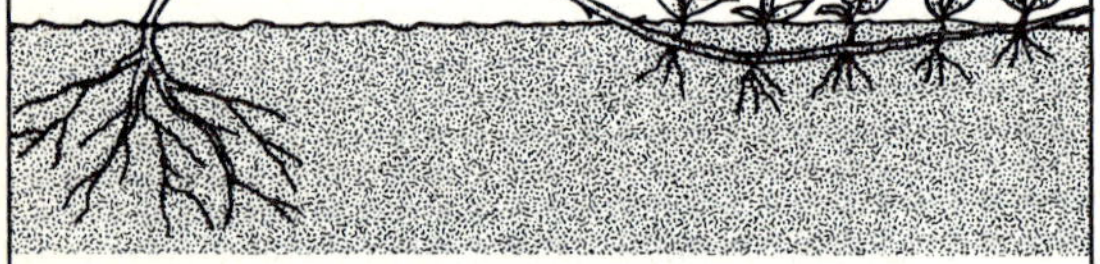

Gewinnung von Jungpflanzen bei Himbeeren und Brombeeren durch die Ablegermethode

Statt die Himbeeren frei wachsen zu lassen, sollte man ihnen lieber einen Halt durch gespannten Draht geben: Alle 3–4 m wird ein Pfahl in den Boden geschlagen; er soll 1,5 m aus dem Boden ragen. Dazwischen spannt man Drähte in 60 cm, 100 cm und in 150 cm Höhe und bindet daran die Triebe mit Bast, Band oder ummanteltem Draht fest, ohne sie abzuschnüren. Ruten, die länger als 1,80 m sind, werden bogenförmig an den obersten Draht geheftet oder eingekürzt. Die zweijährigen Ruten werden bald nach der Ernte bodennah abgeschnitten und verbrannt. Himbeer-Neuheiten können schnell durch Absenker vermehrt werden: Ruten niederbiegen und mit Erde bedecken. Die Ernte ist infolge der späten Blüte sehr regelmäßig. Himbeeren enttäuschen nur bei Trockenheit und Hitze.

*Krankheiten:* Am häufigsten tritt die Himbeer-Rutenkrankheit auf. Sie wird durch zweimaliges Spritzen mit einem Grünkupferpräparat bekämpft. Neuere Sorten sind ziemlich resistent gegen diese Krankheit. Himbeerblütenstecher und Himbeerkäfer können mit dem bienenunschädlichen Thiodan 35 flüssig bekämpft werden.

*Sortenwahl:* Alte Sorten wie 'Preußen', 'Deutschland' usw. sind hinsichtlich des Ertrages und der Krankheitsresistenz weit überholt. Zu empfehlen sind 'Schönemann' (große Früchte, stark aufrecht wachsende Triebe), 'Zewa-Herbsternte' (zweimaltragend), 'Malling Promise' (Massenträger), 'Malling Exploit Auslese' (riesige Beeren), 'Ingerta' (Massenertragssorte, mittelspäte bis späte Fruchtreife), 'Himbimba' (zweimaltragend, nur 1,2 m hoch), 'Kelleriis Nr. 5' (virusresistent), 'Roter Diamant' (sehr ertragreich). Die zweimaltragenden Sorten tragen im Herbst schon an den einjährigen Trieben und dann im folgenden Jahr zur normalen Zeit. Die sehr gute neuere Sorte 'Korbfüller' trägt im Juli/August an den einjährigen Trieben.

**Brombeeren**

Die Pflanze liebt sonnige Lage, gedeiht aber auch noch im Halbschatten. Bei entsprechender Düngung wachsen Brombeeren auf allen Böden, selbst auf sehr sandigen. Die rankenden Brombeeren benötigen ein Gerüst aus Pfählen und Draht wie die Himbeeren, nur etwas kräftiger und bis 180 cm hoch. Verschiedene Sorten treiben bis 4 m lange Ranken, deshalb entsprechenden Abstand einhalten. Auch an Zäunen können Brombeeren gezogen werden, nur entsteht dabei oft ein undurchschaubares Gewirr aus Draht und Ranken. Jährlich nur vier bis fünf Wurzeltriebe stehen lassen! Wie bei der Himbeere sind auch die Brombeertriebe nur zweijährig, deshalb die abgetragenen Ruten nach der Ernte entfernen. Im Sommer außerdem die einjährigen „Geiztriebe", die aus den einjährigen Langtrieben entstehen, auf zwei Augen einkürzen. Brombeeren soll man nur bei Vollreife ernten. Haben die Früchte noch einen rötlichen Schimmer, so sind sie sauer und ohne Aroma. Beim Pflanzen bis 30 cm über dem Boden zurückschneiden und gut einschlämmen.

*Sortenwahl:* 'Theodor Reimers', bekannteste Rankbrombeere mit sehr hohem Ertrag; in freier Lage etwas frostempfindlich, dort die Ranken abbinden, auf den Boden legen und mit Fichtenreisig bedecken. Unter den aufrechten Sorten, die nicht so viel Platz benötigen (Pflanzweite ca. 1,5 m) hat sich 'Wilsons Frühe' bewährt, deren Aroma allerdings nicht so kräftig ist; Erntezeit im Juli, deshalb für den Hausgarten wertvoll.

In den letzten Jahren werden jedoch in Hausgärten hauptsächlich die rankenden, dornenlosen Sorten gepflanzt. Sie sind recht winterhart; die immergrünen, stark geschlitzten Blätter sind außerdem so schön, daß diese Sorten vereinzelt auch im Ziergarten einen Platz finden können. Die Früchte sind sehr groß, süß und wohlschmeckend; das typische Brombeeraroma ist bei ihnen weniger ausgeprägt. Die Ernte zieht sich von August bis Oktober hin. Sorten im Angebot: 'Blacki', 'Evergreen', 'Ernterekord'.

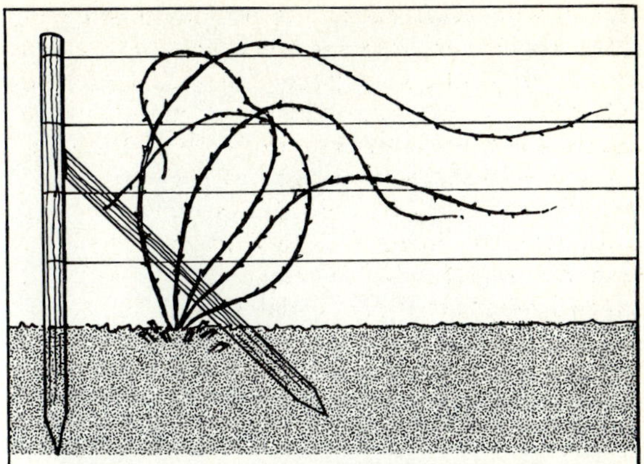

Bei der Kletterbrombeere 'Theodor Reimers' werden im Frühjahr alle Triebe bis auf 4–5 Stück pro Pflanze entfernt

**Stachel- und Johannisbeeren**

*Lohnt der Anbau?* Den Ehrgeiz, im Herbst einen vollen Schrank mit Beerenmarmelade zu haben, gibt es zwar kaum noch, aber jeder nascht gerne einige Beeren während der Reifezeit, und Johannisbeeren aus der Tiefkühltruhe sind ebenso wie Himbeeren und Brombeeren eine Köstlichkeit. Deswegen sollte jeder Garten einige Sträucher haben. Für den Hausgarten sind Hoch- oder Halbstämmchen, die die Pflückarbeit erleichtern, besonders zu empfehlen. Für diese kleinen Beeren-Hochstämmchen findet sich immer ein Platz, z. B. als Trennung vom Zier- und Gemüsegarten oder einfach entlang einem Weg, wo jeder im Vorbeigehen pflücken kann. Natürlich erhalten diese Stämmchen einen Pfahl, an dem sie mit einem Plastikband befestigt werden.

*Bodenvorbereitung und Düngung.* Vor der Pflanzung gut verrotteten Stallmist oder andere Humusdünger einbringen, deren Wirkung zwei bis drei Jahre vorhält. Nach dieser Zeit wird zweimal mit einem chloridfreien Blaukornvolldünger während der Vegetationsperiode nachgedüngt. Bei der ersten Kopfdüngung, im Frühjahr, werden 35 g/m² empfohlen, bei der zweiten, nach der Ernte, 25 g. Die Mineraldünger werden ausgestreut und leicht untergehackt.

*Johannisbeerkultur.* Sonnige Lage ist unerläßlich. Johannisbeeren pflanzt man am besten im Herbst, doch wachsen sie auch im frühen Frühjahr noch gut an. Die Erde der Pflanzgrube mit Komposterde und Torf gut vermischen. Gut einschlämmen. Im ersten Sommer ist kein großer Trieb zu erwarten.

Häufige Krankheiten der Johannisbeeren sind die Blattfallkrankheit und die Blattrandbräune; beide werden durch Kalimangel im Boden verursacht. Bei Düngung mit mineralischem Volldünger sind diese Krankheiten deshalb kaum zu fürchten. Auch tierische Schädlinge treten öfter auf, vor allem die Raupen der Stachelbeerblattwespe und des Stachelbeerspanners, die ganze Triebe kahl fressen. An Hochstämmchen werden die Raupen abgeschüttelt und vernichtet; man muß nicht gleich wie in Großkulturen mit einem Insektizid eingreifen. Bei schwarzen Johannisbeeren sind etwa auftretende „Rundknospen", die anschwellen, aber nicht austreiben, samt Trieb zu entfernen und zu verbrennen. Ursache: Johannisbeergallmilbe. Treten Pilzkrankheiten während der Vegetation auf, werden sie mit harmlosen Schwefelpräparaten bekämpft. Als Flachwurzler sind diese Sträucher dankbar für eine Mulchschicht aus Torfmull oder Kompost.

*Sortenwahl:* Auch bei den Johannisbeeren gibt es viele Neuzüchtungen, die einen wesentlichen Fortschritt hinsichtlich Fruchtgröße, -festigkeit und Traubengröße bringen.

*Rotfrüchtige Sorten:* 'Heros', frühe Sorte, lange Beerentrauben, verzweigt sich schlecht, daher kräftiger Rückschnitt; 'Jonkher van Tets', früh reifend, große Beeren, herbaromatisch, rieselt gerne; 'Rote Vierländer', mittelfrüh, ertragreich, robuste Sorte; 'Red Lake', rotfrüchtig, sehr lange Fruchtstände, hoher Vitamin-C-Gehalt, verzweigt sich gut; 'Präkanda', riesenfrüchtig, mittelfrüh; 'Rondom', gute, mittelspäte Erträge, verlangt gute Pflege; 'Heinemanns Rote Spätlese', lange und dichte Trauben, blüht reich und spät, erfriert deshalb nicht, Reifezeit August, recht sauer.

*Weißfrüchtige Sorten:* 'Weiße Versailler', reichtragend, langstielig, im Geschmack mild und süß; 'Weiße aus Jüterbog', reichtragend, mehr gelbfrüchtig, aromatisch.

*Schwarze Sorten:* 'Rosenthals langtraubige Schwarze', hoher Vitamin-C-Gehalt, etwas frostempfindlich; 'Silvergieters Schwarze', ertragreich, im Geschmack süßer und frosthärter als die Vorgenannte. Neuere Sorten sind 'Tigrendo', 'Wassil', 'Stripta' und 'Strata'.

*Stachelbeerkultur.* Als Verwandte der Johannisbeere stellt die Stachelbeere die gleichen Ansprüche. Trokkenheit verträgt sie schlecht. Die Pflanzweite bei Büschen kann wegen des geringeren Wachstums etwa 1,5 m betragen. Die Hochstammformen sollten aber noch mehr bevorzugt werden. Sie sind auf *Ribes aureum* veredelt. Die leider an der Basis oft entstehenden wilden Triebe müssen immer gleich entfernt werden. Wichtig ist, daß die Stämmchen nur knapp unterhalb der Krone an den Pfahl gebunden werden, sonst wird diese bei Sturm leicht abgebrochen. Die Krankheiten und Schädlinge der Johannisbeere sind im wesentlichen auch bei der Stachelbeere zu finden. Die Stachelbeerblattwespe tritt hier noch häufiger auf. Hinzu kommt der amerikanische Stachelbeermehltau, der mit Netzschwefel bekämpft wird. Befallene Triebspitzen abschneiden und verbrennen. So-

*Oben: Typisches Schadbild von Monila an Sauerkirschen, Zweige und Früchte vertrocknen. Rechtzeitiger, jährlicher Rückschnitt hilft vorbeugen.*

*Mitte: Oft zu sehen sind diese blasig aufgetriebenen Blätter der Johannisbeeren. Gegen die Johannisbeerblasenlaus Winterspritzung oder Austriebspritzung.*

*Unten: Befallsbild des Amerikanischen Stachelbeermehltaus an Früchten. Dieser echte Mehltaupilz wird z. B. mit Schwefelpräparaten bekämpft.*

wohl bei Johannisbeeren als auch bei Stachelbeeren hat sich in größeren Kulturen eine Winterspritzung mit 4–5%igem Obstbaum-Karbolineum bewährt.
*Sortenwahl:* Im Hausgarten sollten die Hochstämmchen durch möglichst vielerlei Sorten vertreten sein, da die Reifezeit etwas verschieden ist und auch die variierenden Geschmacksrichtungen den Naschenden erfreuen. Die 'Amerikanische Riesenstachelbeere' ist verhältnismäßig neu, unwahrscheinlich fruchtbar, mit riesigen Früchten. Weitere bewährte, gute Sorten: 'Hönings früheste Gelbe', sehr früh, behaarte Früchte; 'Rote Triumph', robust und wohlschmeckend; 'Grüne Kugel', sehr guter Geschmack, große Beeren; 'Lady Delamere', besonders zum Einmachen geeignet; 'Lauffener Gelbe', sehr fruchtbar, guter Geschmack; 'Weiße Neckartaler', edler Geschmack, beste hellfrüchtige Sorte; 'Weiße Triumph', späte Sorte; 'Rote Preisbeere', ungewöhnlich große Beeren. Neu, robust und mehltauresistent sind 'Reverta', früh- und reichtragend; 'Remarka', große, rote Früchte; 'Rochusbeere', grüne Konservierungsfrucht. Diese drei Sorten haben Züchterschutz.
*Schnitt von Johannis- und Stachelbeeren:* Johannisbeeren tragen besonders gut am zwei- und dreijährigen Holz. Ältere Triebe und schwache Jungtriebe werden knapp über dem Boden, bei Stämmchen an der Kronenbasis abgeschnitten. Bei Stachelbeeren hängt die Fruchtbarkeit noch mehr vom richtigen Schnitt ab als bei den Johannisbeeren; sie müssen immer wieder gründlich ausgelichtet werden. Je Busch läßt man nur fünf bis sieben Haupttriebe stehen. Die alten, überständigen Triebe erkennt man leicht an ihrer schwarzen Rindenfärbung. Bei Stachelbeer-Hochstämmchen wird die Krone durch einen allgemeinen Rückschnitt im Trieb gehalten. Auch nach der Neupflanzung erfolgt ein Rückschnitt, der bei Herbstpflanzung auch im Frühling durchgeführt wird. Es bleiben vier bis fünf starke Triebe stehen, die etwa um die Hälfte eingekürzt werden. Bei Hochstämmchen werden die Kronentriebe ebenfalls meist bis zur Mitte eingekürzt.

**Kulturheidelbeeren**

Vor nicht allzu langer Zeit in unseren Gärten noch völlig unbekannt, hat die amerikanische Heidelbeere oder Blueberry *(Vaccinium corymbosum)* schnell ebenso viele Liebhaber wie Enttäuschte gefunden. Dieser großfrüchtige Beerenstrauch ist nämlich nicht für jeden Boden geeignet, wenn es auch in Beschreibungen heißt, diese Kulturheidelbeere sei völlig anspruchslos. Sie gehört zu den Ericaceen (Heidekrautgewächsen) und verlangt deshalb einen leicht sauer reagierenden Boden, ähnlich den Rhododendren. In Gärten mit alkalischen Böden ist die Kultur nur mit erheblichem Aufwand möglich. Wo dagegen die natürlichen Voraussetzungen gegeben sind, sollte man nicht zögern, einige Sträucher zu pflanzen; der Platz sollte etwas geschützt sein; Abstand von Pflanze zu Pflanze 1,5 m. Während der Vegetationsperiode sind die Sträucher, die bei uns nur 1–1,5 m hoch werden, ausreichend zu wässern. Das Fruchtfleisch ist weißlich, daher färben sich die Zähne nicht so blau wie bei unserer heimischen kleinen, unübertroffen aromatischen Waldheidelbeere.
*Sortenwahl:* Es gibt neuerdings einige heimische Züchtungen, 'Top Ernte', kirschgroße Früchte, industriefest, und 'Blauweiße Goldtraube', Massenträger. Aus Amerika stammt eine große Zahl von Züchtungen; einige der besten sind: 'Adams', starker Wuchs, sehr süß; 'Blue Crop', Wuchs mittelstark, auffällig hellblaue Früchte; 'Burlington', Früchte spät reifend, vorzügliche Qualität; 'Cabot', Wuchs breit und niedrig, sehr früh fruchtend; 'Grower', dunkelblaue, aromatische Früchte, Wuchs stark; 'Ivanhoe', hervorragender Geschmack, Beeren sehr groß; 'Jersey', aufrecht wachsend; 'Pioneer', breiter Wuchs, sehr süß; 'Stanley', Strauch bis 2 m hoch, Früchte mittelgroß, aber sehr wohlschmeckend. Diese Kulturheidelbeeren fügen sich sehr gut in einen Heidegarten ein, zumal sie ähnliche Bodenansprüche haben wie andere Ericaceaen und mit Blüte und Frucht zieren.

**Lampionbeeren**

Neu und noch recht selten im Angebot ist die Lampionbeere *(Rubus illecebrosus)*. Sie ist mehr ein Bodendecker; jede Pflanze bildet viele rankende, starke Triebe, die in etwa 50 cm über dem Boden wachsen. Im Mai/Juni blüht dieser Strauch mit großen weißen Blüten. Die sich im Laufe des Sommers bildenden 3–5 cm großen Früchte sind süß und wohlschmekkend. Es ist ein etwas wilder und unkontrollierbarer Beerenstrauch aus der Brombeer-Verwandtschaft, der Platz benötigt und deshalb nur an ganz bestimmte Orte paßt. Jeder normale Gartenboden ist geeignet, die Winterhärte ist gut.

# Spezielle Lieferanten

Wenn es um die üblichen Pflanzen für den Garten geht, haben Gartencenter, Samenfachgeschäfte, Baumschulen und Staudengärtnereien am Ort oder in der näheren Umgebung fast immer das Gewünschte in guter Qualität lieferbar. Bei weitergehender Spezialisierung aber oder erwachender Sammelleidenschaft reicht das Angebot nicht mehr aus, und der Gartenbesitzer ist auf besondere Lieferfirmen angewiesen. Die folgenden Adressen sollen weiterhelfen, ohne daß sie Anspruch auf Vollständigkeit erheben.

**Blumenzwiebeln** (speziell Neuheiten und seltene Arten)
Heinrich Gewiehs, 2130 Rotenburg/Wümme
Albrecht Hoch, Postfach 110, 1000 Berlin 44
Wilhelm Pfitzer, Breitscheidstr. 74, 7000 Stuttgart 1
Albert Treppens und Co., Stresemannstr. 52, 1000 Berlin 61
Rheinische Blumenzwiebelkulturen, 4041 Rittergut Birkhof über Neuss
J. A. Mars of Haslemere, Haslemere, Surrey (England)

**Dahlien**
Rudolf Wagschal, 2057 Reinbek-Hamburg
Dahlien-Gerlach, Kanalweg 23–29, 6740 Landau/Pfalz
Wilhelm Schwieters, 4412 Legden
Otto Bergerhof, 5276 Wiehl 1
Ernst Severin, Scharnweberstr. 1–2, 1000 Berlin 52
Friedrich Werner, 5302 Beuel/Rhein
Dahlien-Schulz, Erbacher Str. 105, 6100 Darmstadt
Erwin Eggert, 8630 Coburg-Callenberg

**Gehölze** (Großsortiment)
Hesse KG., Postfach 240, 2952 Weener/Ems
Timm & Co, Postfach 1129, 2200 Elmshorn/Holstein
Rudolf Schmidt, Postfach 36, 2084 Rellingen/Holstein
Gebr. Mohr, Postfach 805, 2200 Elmshorn-Langelohe/Holstein
Ernst Wohlt, Postfach 2207, 208 Pinneberg/Holstein
Beaufays, 4401 Sudmühle-Münster
E. Sander, 2082 Tornesch/Holstein
Hermann Ulmer, Postfach 32, 7315 Weilheim/Teck
Beterams Söhne, Postfach 122, 4170 Geldern
Hillier and Sons, Winchester (England) (Weltsortiment)

**Gruppenpflanzen**
Wilhelm Pfitzer, Breitscheidstr. 74, 7000 Stuttgart 1
J. Lambert und Söhne, Postfach 2565, 5500 Trier-Nord
H. Töpperwein, 8359 Ortenburg/Ndb. (bei Großbedarf)

**Hemerocallis und Iris**
Gräfin von Zeppelin, 7841 Laufen-Müllheim
Albrecht Hoch, Postfach 110, 1000 Berlin 44

**Kakteen**
Max Schleipfer, 8901 Neusäß bei Augsburg
Karlheinz Uhlig, Lilienstr. 5, 7053 Rommelshausen
Süd-Pflanzen-Importe, Rennbahnstr. 8, 6200 Wiesbaden-Erbenheim

**Kübelpflanzen**
Dr. H. Simon, Georg-Mayr-Str. 70, 8772 Marktheidenfeld

**Lilien**
Albrecht Hoch, Postfach 110, 1000 Berlin 44
Heinrich Gewiehs, 2130 Rotenburg/Wümme

**Obstgehölze** (Neuheiten)
Geisenheimer Baumschule Hans Bartsch, Postfach 1250, 6222 Geisenheim/Rhein
Christian Fey, Postfach 1149, 5309 Meckenheim

**Orchideen** (Gewächshaus und Zimmer)
Lemförder Orchideenzucht, Postfach 11, 2844 Lemförde
H. Wichmann, Postfach 446, 3100 Celle
Hans Gülz, Samlandweg 1, 6268 Bad Vilbel (auch Bromelien)
Wilhelm Hennis, 3200 Hildesheim
Hermann Hass, Postfach 464, 4930 Detmold-Niewald
Heinz Finkam, Dreikönigstr. 3, 5252 Zulpich
Günter Hubein, Quickborner Str. 192d, 1000 Berlin 28
Doris und Rudolf Kern G. b. R., Maria-Lind-Str. 23, 5137 Waldfeucht-Braunsrath
Ludwig Vetter, Klosterstr. 2, 8330 Eggenfelden
Emil Münz, Postfach 85, 7050 Waiblingen

**Orchideen** (Freiland)
Franz Muik und Sohn, Hans-Mauracher-Str. 7, A-8044 Graz (Dt. Vertr.: Schöllkopf, Postf. 113, 7410 Reutlingen)
E. Maier, Breslauer Str. 29, 44 Münster
Kaiser und Seibert, Postfach 28, 6101 Roßdorf-Darmstadt

**Rhododendron** (Großsortimente, Neuheiten)
Dietrich G. Hobbie, 2911 Linswege bei Westerstede/Oldenburg
Hesse KG., Postfach 240, 2952 Weener/Ems
G. D. Böhlje, Postfach 1129, 2910 Westerstede/Oldenburg
Joh. Bruns, 2903 Bad Zwischenahn

**Rosen**

W. Kordes Söhne, 2201 Sparrieshop bei Elmshorn/Holstein

Rosen Tantau, Postfach 45, 2082 Uetersen

Rosen-Union EGMBH, Postfach 30, 6353 Steinfurth bei Bad Nauheim

Rich. Huber, CH-5605 Dottikon (Schweiz) (besonders alte Rosensorten)

Strobel und Co., Postfach 2049, 2080 Pinneberg

**Samen**

Albert Treppens und Co., Stresemannstr. 52, 1000 Berlin 61

Julius Wagner GmbH., Postfach 1880, 6900 Heidelberg

Wilhelm Pfitzer, Breitscheidstr. 74, 7000 Stuttgart 1

Erfurter Samenzucht KG., 6229 Walluf/Rheingau

Samen Mauser, Zürichstr. 98, CH-8600 Dubendorf-Zürich (Schweiz)

Ernst Benary, Postfach 109, 3510 Hann.-Münden 1

Thompson and Morgan, London Road, Ipswich, Suffolk IP2 OBA (England)

Hugo Reinold, Westerwikstr. 7, 4600 Dortmund-Kirchlinde

Fetzer Samen, Postfach 280, 8710 Kitzingen/Main

Klaus F. Jelitto, Horandstieg 28, 2000 Hamburg 56 (Staudensamen)

Zwaan-Kleve, Postfach 248, 4190 Kleve 1

**Staudengroßsortimente**

Kayser und Seibert, Postfach 28, 6101 Roßdorf-Darmstadt

Gräfin von Zeppelin, 7841 Laufen-Müllheim

Heinz Klose, Rosenstr. 10, 3503 Lohfelden-Kassel

Dr. Hans Simon, Georg-Mayr-Str. 70, 8772 Marktheidenfeld

Georg Arends, Postfach 210107, 5600 Wuppertal 21 (Ronsdorf)

Schöllkopf, Postfach 113, 7410 Reutlingen 11

Karl Wachter KG., 2081 Appen bei Pinneberg

Theo German, Raiffeisenstr. 34, 6720 Speyer am Rhein

H. Hagemann, 3001 Krähenwinkel bei Hannover

**Steingartenpflanzen**

F. Sündermann, Aeschacher Ufer 48, 8990 Lindau

Dr. Hans Simon, Georg-Mayr-Str. 70, 8772 Marktheidenfeld

Joachim Carl, Auf dem Berg, 7530 Pforzheim-Würm

Heinz Klose, Rosenstr. 10, 3503 Lohfelden bei Kassel

Kayser und Seibert, Postfach 28, 6101 Roßdorf-Darmstadt

Dr. Ernst Reimer, Staudengarten, 7561 Winkel über Gaggenau

Robinson Hardy Plants Crockenhill, Swanley, Kent BR8 8HD (England)

W. E. Th. Ingwersen-Ltd. Gravetye, East Grinstead, West Sussex RH19 4LE (England)

Jack Drake Inshriach Alpine Plant Nursery, Avimore, Inverness-Shire PH22 1QS (Schottland)

Eschmann, CH-6032 Emmen (Schweiz)

**Wasserpflanzen**

Karl Wachter KG., 2081 Appen bei Pinneberg

Kayser und Seibert, Postfach 28, 6101 Roßdorf-Darmstadt

Ludwig Vetter, Klosterstr. 2, 8330 Eggenfelden 1

Heinrich Junge, 3250 Hameln

Wilfried Oldehoff, 8191 Achmühle

**Ziergräser und Farne** (Großsortimente)

Dr. Hans Simon, Georg-Mayr-Str. 70, 8772 Marktheidenfeld

Kayser und Seibert, Postfach 28, 6101 Roßdorf-Darmstadt

Heinz Klose, Rosenstraße 10, 3503 Lohfelden bei Kassel

# Bildquellen

**Farbfotos**

Johannes Apel: Seite 86 oben rechts, Seite 86 unten rechts, Seite 168 unten, Seite 202 unten, Seite 269 oben links, Seite 269 unten rechts, Seite 272 mitte links, Seite 306 unten rechts, Seite 307 oben links
Andreas Bärtels: Seite 203 (2), Seite 307 unten rechts
Dr. Magda Bauckmann: Seite 319 oben
Heinz Drath: Seite 199 mitte rechts
Engelbert Ensmann: Seite 86 unten links
flora-bild (Alois Felbinger): *Schutzumschlag* (5), Seite 206 unten, Seite 272 oben
Dr. Gerhard Gröner: Seite 86 mitte links, Seite 86 mitte rechts
Martin Haberer: Seite 82 unten, Seite 83 (3), Seite 206 oben links, Seite 261 oben rechts, Seite 264 oben rechts
Ernst Niller: Seite 82 oben
Dr. Pietsch: Seite 202 oben
Dieter Schacht: Seite 307 oben rechts
Wilhelm Schacht: Seite 124 unten links, Seite 125, Seite 173
Heinz Schrempp: Seite 318 (4), Seite 319 mitte
Gabriel Schumacher: Seite 269 unten links
Hans Seibold: Seite 90 oben links, Seite 90 oben rechts, Seite 90 unten links, Seite 176 unten links, Seite 195, Seite 257 oben, Seite 261 oben links, Seite 269 oben rechts.
Sebastian Seidl: Seite 121, Seite 124 mitte links, Seite 124 mitte rechts, Seite 161 (3), Seite 176 oben, Seite 176 unten rechts, Seite 207, Seite 260, Seite 306 oben, Seite 310 (2)
Dr. Robert Silbereisen: Seite 319 unten
Günther Ulmer: Seite 314
Die übrigen 87 Farbfotos vom Verfasser

**Schwarzweißfotos**

Willi Reich: Seite 350, 354, 364 (3)
Wolf-Geräte GmbH: Seite 197, 201, 208, 210, 211, (2), 215
Die übrigen 92 Schwarzweißfotos vom Verfasser

**Zeichnungen**

Hermann Georg Lechler, Stuttgart, nach Skizzen und Vorlagen des Verfassers

# Register

Sternchen * verweisen auf Abbildungen